Werner Schneider

"So tot wie nötig – so lebendig wie möglich!"
Sterben und Tod in der fortgeschrittenen Moderne

Studien zur interdisziplinären Thanatologie

herausgegeben von
Prof. Dr. med. Detlef B. Linke (Bonn)
Prof. Dr. phil. Armin Nassehi (Münster)
Prof. Dr. päd. Franco Rest (Dortmund)
Prof. Dr. theol. Dr. phil. h.c. Georg Weber (Münster)

Band 6

LIT

Werner Schneider

"So tot wie nötig – so lebendig wie möglich!" Sterben und Tod in der fortgeschrittenen Moderne

Eine Diskursanalyse der öffentlichen Diskussion um den Hirntod in Deutschland

LIT

Als Habilitationsschrift auf Empfehlung der Sozialwissenschaftlichen Fakultät der Ludwig-Maximilians-Universität München gedruckt mit Unterstützung der Deutschen Forschungsgemeinschaft

Gedruckt auf alterungsbeständigem Werkdruckpapier entsprechend
ANSI Z3948 DIN ISO 9706

Die Deutsche Bibliothek – CIP-Einheitsaufnahme

Schneider, Werner
"So tot wie nötig – so lebendig wie möglich!" – Sterben und Tod in der fortgeschrittenen Moderne : Eine Diskursanalyse der öffentlichen Diskussion um den Hirntod in Deutschland / Werner Schneider. – Münster : LIT, 1999
  (Studien zur interdisziplinären Thanatologie ; 6.)
  Zugl.: München, Univ., Habil.schr., 1999
  ISBN 3-8258-4306-8

NE: GT

© LIT VERLAG Münster – Hamburg – London
  Grevener Str. 179 48159 Münster Tel. 0251–23 50 91 Fax 0251–23 19 72

Inhaltsverzeichnis

Seite

Prolog: Die moderne Medizin und der besiegte Tod 1

1. Einleitung: Hirntod und Organtransplantation als soziologisches Problem 5

2. Soziologie, Tod und gesellschaftlicher Wandel – Ein kursorischer Überblick zum Stand der fachwissenschaftlichen Forschung 15
   2.1. Sterben und Tod – Soziologische Begriffsannäherungen 17
   2.2. Die Gesellschaft und der Tod: Verdrängung, Tabuisierung, Diskursivierung ...? – Zur widersprüchlichen Todessemantik in der Thanatosoziologie 26
      2.2.1. Verdrängungsthese – Pro und Contra: Eine Übersicht 28
      2.2.2. Multiple Sinngebungen und fehlende Verbindlichkeiten? – Soziologische Todesprobleme im Kontext der Verdrängungsdiskussion 38
   2.3. Der ›Hirntod‹ aus soziologischer Perspektive 44
   2.4. Zusammenfassung: Thanatosoziologie, Tod und ›Hirntod‹ 57

3. Diskurs, Wissen und Kultur – Theoretische und methodische Grundlagen einer Diskursanalyse zum ›Hirntod‹ 67
   3.1. Der ›Hirntod‹ und die gesellschaftliche Ordnung des Todes – Theorie-Fundamente einer wissenssoziologisch-diskursanalytischen Herangehensweise 68
      3.1.1. Die kommunikative Konstruktion der gesellschaftlichen Wirklichkeit des Todes 70
      3.1.2. Von der Macht der Diskurse 79
   3.2. Zur Methodik der Untersuchung 90
      3.2.1. Rekonstruktive Hermeneutik, Grounded Theory und Diskursanalyse – Methodologische Grundlagen und Forschungsprogramm 90
      3.2.2. Zur Datenerhebung 96
      3.2.3. Zur Datenauswertung 101
      3.2.4. Methodenkritik 104
   3.3. Zusammenfassung: Das Analyseraster 108

4. Die Modernisierung des Todes und der ›Hirntod‹ als Tod des Menschen 111

4.1. Die Medizin und der Tod – Bausteine einer historischen
Rekonstruktion des modernen Todesdispositivs seit Beginn
der Neuzeit 112
   4.1.1. Transformationen der Deutungen zu Sterben und Tod:
Todesmetaphern im historischen Wandel 114
   4.1.2. Tod, Krankheit und Gesellschaft – Zum Wandel der
symbolischen Praxis des Leidens und Heilens 127
   4.1.3. Die Thanatopraxis der modernen Medizin – Todeswissen
und Todesdefinitionen 137
   4.1.4. Die moderne Ordnung des Todes: Todes(un)sicherheit
und Sinnungewißheit? 151
4.2. Die öffentliche Diskussion um die gesetzliche Festschreibung des
›Hirntodes als Tod des Menschen‹ – Zur Rekonstruktion der
Diskursformation ›Hirntod‹ 158
   4.2.1. ›Hirntod und Organtransplantation‹: Erste diskurskritische
Klärungsversuche 161
      4.2.1.1. ›Hirntod‹ als Todeskriterium – Das Ebenenproblem
und seine Diskursivierung 161
      4.2.1.2. Zur politischen Debatte um ein Transplantations-
gesetz in der Bundesrepublik Deutschland 169
      *Exkurs I: Gesetzliche Regelungsmodelle zur
Organentnahme* 170
   4.2.2. „Leben schenken – Organspende": Die interdiskursive
Integration der Hirntod-Definition durch Krankheit
und Leiden 176
   4.2.3. Der Hirntod als Tod des Menschen – Kontroverse Problem-
muster der Todesfeststellung in den Spezialdiskursen und
deren interdiskursive Vermittlung 188
      4.2.3.1. ›Todesfeststellung‹ und ›Todesfestschreibung‹:
Von Grenzziehungen, Grenzwächtern und
Grenzverletzungen 192
      4.2.3.2. Von der Sicherheit des Wissens und Nicht-Wissens
›im Angesicht des Todes‹ und den Folgen 202
      4.2.3.3. Das Steuerungsorgan des Menschlichen – Gehirn
und Menschenbild 222
      4.2.3.4. Phänomenale Irritationen: Der Körper lebt –
der Mensch ist tot? 239
      4.2.3.5. Zur eigentümlichen Konfusion von Leben und
Tod: Hirntod und Schwangerschaft 251
   4.2.4. Wissen und Moral: Von der Aufklärung über den guten
und den schlechten Tod 258
   Exkurs II: Würde und Gerechtigkeit 265
4.3. Zusammenfassung: Das neue Tableau des Todes in der
fortgeschrittenen Moderne 277

5. Die Transformation des modernen Todesdispositivs: Von
   der Todesverdrängung zur Vereinnahmung des Todes? 285

   5.1. Wandel und Kontinuitäten in der Todesmetaphorik: Von der
        Todes(un)sicherheit zur (Selbst-)Reflexivität von Sterben
        und Tod 285
   5.2. Subjektivität, Bio-Macht und Unsterblichkeit 293

Epilog: Reflexivität, Technik-Medizin und der integrierte Tod 303

Persönliches Nachwort 306

Literaturverzeichnis 309

Anhang: Aufstellung der verwendeten Textmaterialien
(inkl. Zitationskennzeichnung) 337

Abbildungsverzeichnis

Seite

Abb.1	Ohne Titel	1
Abb.2	Sterben und Tod – Begriffliche Differenzierungen	20
Abb.3	Der Mythos ›Auto‹	72
Abb.4	Die Relation von Körper und Geist in unterschiedlichen Weltbildern	75
Abb.5	Hirntod, Organtransplantation und Todesdispositiv	88
Abb.6	Das Analyseraster	108
Abb.7	Nikolaus Heidelbach, »Tanzeinlage« [1984]	114
Abb.8	Johann Vogel, »Icones mortis LX« [1648]	116
Abb.9	Das traditionale Szenario des Sterbens	124
Abb.10	Das moderne Szenario des Sterbens	127
Abb.11	Die Pest	132
Abb.12	Die moderne Absterbe-Ordnung	144
Abb.13	Rembrandt, »Anatomische Vorlesung des Dr. Tulp« [1632]	148
Abb.14	Leben – Leiden – Sterben – Tod: das moderne Todesdispositiv	153
Abb.15	Hirntod-Diagnose	163
Abb.16	Körper, Geist und die ›Wahrheit des Todes‹	216
Abb.17	Den Tod sehen – die ›isoelektrische Stille‹	218
Abb.18	Körper – Gehirn – Mensch als Person	227
Abb.19	Gehirn und Neurotechnologie: »Creating the Brain«	237
Abb.20	Das ›Lazaruszeichen‹ – ›enthemmte‹ Bewegung als Zeichen des Todes	243
Abb.21	»Verschenkte Herzen«	273
Abb.22	Ein neues Setting des Sterbens	282
Abb.23	Albrecht Ohly, »Aufgebahrte Tote im Krankenhaus«	303

"Trotz des Diskurses über den Tod, der überhandnimmt, seit es eine Schrift und damit eine (anfangs geistliche) Literatur gibt, bleibt das Bild das dichteste und direkteste Ausdrucksmittel des Menschen angesichts des Mysteriums des Hingangs. Es bewahrt sich manche der verdrängten, dunklen Bedeutungsschichten, die die Schrift weggefiltert hat. Und deshalb bewegt es uns so nachhaltig."

(Philippe Ariès: Bilder zur Geschichte des Todes, München: Hanser 1984, S.7)

Prolog: Die moderne Medizin und der besiegte Tod

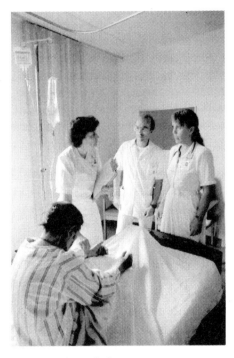

Abb.1: Ohne Titel

Wir befinden uns in einem Raum mit drei weiß gekleideten Personen ungefähr mittleren Alters – ein Mann zwischen zwei Frauen –, die an einem Bett stehen, in dem eine vierte Person – ein älterer Mann, bekleidet mit einem gestreiften losen Hemd – aufrecht sitzt und uns halb den Rücken zuwendet. Die Aufmerksamkeit der drei stehenden Personen richtet sich offenbar aufeinander bzw. genauer: der weiß gekleidete Mann und die rechts stehende Frau blicken zu der Frau linkerhand, die wiederum den älteren Mann im Bett mit spitzen Fingern knapp oberhalb des linken Handgelenks berührt. Dessen Kopf ist leicht gesenkt, sein Gesicht bleibt uns infolge der Bildperspektive weitgehend verborgen.

Folgt man ARIÈS, so ließe sich vermuten, daß das nebenstehende Bild[1] den Betrachter vielleicht nachhaltiger bewegt, als die einfache verbale Umschreibung der dargestellten Szene es vermag, die ungefähr lauten könnte: Ein dreiköpfiges Ärzte- oder Pflegeteam steht an

---

[1] Das Bild – ohne erläuternden Text und im Original farbig sowie ungefähr im Format Din A4 – stammt aus einem professionell gemachten Bildband der University of Alberta, in dem sich die Universität mit ihren verschiedenen Bereichen bis hin zur Universitätsklinik der Öffentlichkeit präsentiert (University of Alberta – A Time to Remember, Fotos von Phil Schofield, Louisville: Harmony House Publisher, o.J., S.59).

einem Krankenbett und führt an einem Patienten eine offensichtlich unproblematische Routine-Untersuchung durch. Denn ein genaueres Hinsehen auf das bildhaft Dargestellte könnte eine solchermaßen einfache und eindeutige wörtliche Situationsdefinition zutiefst erschüttern. Warum?

Der im Bett sitzende Mann wirkt keineswegs z.B. wie ein genesender, gerade vor der Entlassung stehender Patient, der in freudiger Erwartung nur noch einen letzten kurzen Gesundheits-Check über sich ergehen lassen muß, bevor er die Klinik verlassen darf. Ebenso wenig überzeugend erscheint z.B. die Vorstellung, hier werde gerade über die weitere Verfahrensweise mit einem bettlägerigen Pflegefall entschieden: Überweisung in ein Pflegeheim oder Überführung nach Hause, wo dann ein mobiler Pflegedienst die notwendige Betreuung übernimmt. Allen solchen gängigen Interpretationen anhand eines irgendwie zu bestimmenden ›normalen Patiententypus‹ verweigert sich jener dargestellte ›Patient‹, bei dem der Blick des Bildbetrachters irritiert verweilt. Seine merkwürdig gebückte, zusammengesunkene, starre Sitzhaltung mit den etwas zerzausten, dünnen Haaren, die eingefallen wirkende Wange und die in eigenartig steifer Gestik fast gerade nach vorne gestreckten Arme mit offenen, nach innen gerichteten Handflächen, sowie die spitz unter einem glatten weißen Leintuch nach oben stehenden Füße, die nicht so recht als Verlängerung der Beine passen wollen, vermitteln dem einen oder anderen Betrachter in ihrer Körpersprache und Symbolik möglicherweise eine merkwürdige, manchem vielleicht auch abwegig vorkommende Assoziation: *Dieser Mann im Bett trägt die Insignien des Todes.* Und so wird innerhalb dieses ›Wahrnehmungsrahmens‹ aus dem Leintuch plötzlich ein Leichentuch, aus dem kahl wirkenden Krankenzimmer die Totenkammer ...

Doch die anfängliche, von jenem im Bett sitzenden Mann ausgehende Irritation verstärkt sich jetzt noch, denn der Mann ist ja augenscheinlich *nicht* bereits tot – schließlich sitzt er aufrecht und ohne fremde Hilfe; aber er liegt auch *nicht* im Sterben, denn die anwesenden medizinischen Experten beschäftigen sich offenkundig hauptsächlich mit sich selbst und wenden ihre Aufmerksamkeit nicht primär dem Mann zu, wie dies in einem solchen dramatischen Moment wohl der Fall sein würde ... – kurzum, es gibt nur eine ›plausible Erklärung‹ für diese Szene: *Dieser Mann ist vom Tode erweckt worden.* Ja, der zum Leben wieder auferstandene Tote verdankt dieses jener Dreifaltigkeit entrückter medizinischer Experten, von denen er es soeben durch gottgleichen Fingerkontakt zurück empfangen hat und denen er es nun gleichsam dankend und darbietend zugleich überantwortet ...

Verlassen wir an dieser Stelle die Ebene der spekulativen Bildassoziationen und prüfen kurz die darunter liegenden (kulturspezifischen) Fundamente eines solchen, dem Leser wie plausibel oder befremdlich auch immer vorkommenden Bildverstehens. Wiederum ARIÈS folgend vermag das vorliegende Bild den Betrachter bei näherem Hinsehen vielleicht deshalb so zu bewegen, weil es in scheinbar prägnanter Form die für unser heutiges Denken (und für die moderne Gesellschaft) typische Verschränkung der modernen, (natur-) wissenschaftlichen Medizin mit *dem Tod* ausdrückt: Die Medizin entwickelte sich im Zuge der Modernisierungsprozesse seit Beginn der Neuzeit zum entscheidenden institutionellen Bereich für die gesellschaftliche Behandlung des Todes, und zwar auf der Grundlage ihres auf breitem gesellschaftlichen Konsens beruhenden Selbstverständnisses als Widerpart zum Tod im Sinne anerkennender Gegnerschaft, in der der Arzt Krankheit, Leiden und damit letztlich auch den Tod mit allen ihm zur Verfügung stehenden Mitteln bekämpft. Das vorliegende Bild repräsentiert den modernen Mythos jenes ärztlichen Kampfes gegen den Tod nun auf ganz eigene Weise, indem es sein siegreiches Ende symbolisiert und – so die metaphorische Bildbotschaft – damit endlich die Erfüllung des sehnlichsten Wunsches des modernen Subjekts als säkularisiertes Heilsversprechen einer fortschrittlichen Medizin in sich birgt: die Überwindung des Todes in der Unsterblichkeit im Diesseits (Fetscher 1988, S.19ff).

Doch – um mit Zygmunt BAUMAN zu sprechen – ein solcherart ›rationalisierter Tod‹, mit dem die Moderne ihre Dekonstruktion der Sterblichkeit betreibt (Bauman 1994, S.227ff), markiert nicht das Ende der gesellschaftlichen Entwicklung. Was passiert mit dem durch Rationalität ›weggezauberten Tod‹? Was sollten wir mit der ›erträumten Unsterblichkeit‹ anfangen? Weniger nebulös gefragt: Wie verändern sich möglicherweise solche, für unsere moderne Kultur so charakteristischen Vorstellungen von einem ›besiegbaren Tod‹ (Wunderli 1976, S.59ff) vor dem Hintergrund neuer Entwicklungen im medizinischen Bereich, wie sie sich nicht nur, aber auch z.B. insbesondere im Zuge der Diskussionen um Hirntod und Organtransplantation abzuzeichnen begonnen haben?

1. Einleitung:
Hirntod und Organtransplantation als soziologisches Problem

EPIKUR schreibt zum Tod:
„Das schaurigste der Übel also, der Tod, geht uns nichts an, denn solange wir sind, ist der Tod nicht da, wenn aber der Tod da ist, dann sind wir nicht mehr. Er geht also weder die Lebenden an noch die Toten, denn bei den einen ist er nicht, und die anderen sind nicht mehr."[2]
Obwohl – oder vielleicht gerade weil – wir hier eine recht modern anmutende Formulierung über den Tod finden, indem noch vor jeglicher Transzendenz das diesseitige Bewußtsein des Individuums zum alleinigen Maßstab für die Relevanz des Phänomens Tod benannt wird, kommen einem doch auch heute möglicherweise Zweifel, ob die Dinge wirklich so einfach liegen, wie Epikur vorgibt: Zunächst überzeugt zwar vor allem die offensichtliche Trivialität der Vorstellung, „daß wir nichts mehr spüren, nichts mehr fühlen, keinerlei Gedanken mehr haben, wenn wir tot sind; daß wir dann insbesondere weder den Tod noch sonst irgend etwas fürchten müssen" (Lenzen W. 1991, S.162). Aber auch dem heutigen Zeitgenossen dürften jene schon klassischen Bedenken und Einwände zu einer solchen Sichtweise nicht fremd sein, die seit EPIKUR oftmals formuliert wurden:[3] Sind wir wirklich nicht mehr, wenn der Tod endlich bei uns ist? Ist Leben und Tod tatsächlich jenes eindeutige Entweder-Oder? Oder gibt es vielleicht noch ein bißchen, wie auch immer verstandenes Leben im Tod bzw. vielleicht anstatt eines Todes sogar mehrere Tode im Leben, die uns nicht als Variationen eines einzigen Entweder-Oder gegenübertreten, sondern im Sterben als Abstufungen oder Nivellierungen eines ›mehr oder weniger lebendig oder tot‹ erfahrbar werden?

Tod und Sterben als zeitlos aktuelles Thema?

Man muß – zumal als Soziologe – nicht gleich in abgründiges Philosophieren verfallen, um auf diese und ähnliche Fragen Antworten zu finden. Aufschlußreicher hierfür mag z.B. ein Blick in die Medien sein, in denen seit einiger Zeit verstärkt solche schwerwiegenden Grundsatzfragen um Tod und Sterben in Kontexten wie Wiedergeburts-Religionen, Rückführungs-Hypnosen, sogenannten Nahtod-Erfahrungen und dergleichen thematisiert werden, was zumindest die erstaunlich aktuelle Brisanz solcher Überlegungen erkennen läßt und oberflächlich betrachtet weit entfernt erscheint von einem, jener epikureischen Lo-

---

[2] Entnommen aus Hossenfelder (1995, S.67).
[3] Vgl. hierzu die unterschiedlichen Diskussionen dieses Zitats z.B. in Bauman (1994, S.10ff), Hossenfelder (1995, S.67ff), Lenzen W. (1991, S.162ff), Lengeler (1991, S.86); vgl. auch z.B. Scherer (1979, S.108ff) sowie ausführlicher bei Choron (1967, S.59ff) und bei Nassehi & Weber (1989a, S.81ff).

gik folgenden und dem modernen Denken häufig unterstellten Desinteresse an den ›letzten Dingen‹. Und weniger esoterisch angehaucht, aber mindestens ebenso kontrovers, findet sich das menschliche Grundproblem um Leben, Sterben und Tod auch ganz ausdrücklich in den jüngsten Diskussionen um den ›Hirntod‹ im Rahmen der schon seit fast 25 Jahren im Raum stehenden Forderung nach einer gesetzlichen Regelung der Todesfeststellung bei Organentnahmen, die in Deutschland am 1. Dezember 1997 mit dem Inkrafttreten des sogenannten ›Transplantationsgesetzes‹ (TPG) einen ersten (vorläufigen?) Abschluß fanden.[4] Die in diesem Kontext formulierten, scheinbar so einfachen und doch so folgenschweren Fragen lauteten: Wann ist der Mensch tot? Wer kann, darf, soll bestimmen, wann der Mensch tot ist? Und welche Konsequenzen folgen aus den darauf zu gebenden Antworten?

Wer die weitgehend auch öffentlich geführten Diskussionen rund um das ›Transplantationsgesetz‹ einigermaßen aufmerksam verfolgt hat, konnte dazu eine erstaunliche Vielfalt von verschiedenen und teilweise recht kontroversen Positionen, Argumentationen und (offiziellen wie offiziösen) Stellungnahmen finden – vorgetragen insbesondere von Medizinern, Juristen, Philosophen, Theologen, Politikern, Journalisten, von betroffenen Angehörigen sogenannter ›Organspender‹ wie auch von Organempfängern selbst, von diversen Interessens- oder Berufsverbänden bis hin zu den etablierten Kirchen und anderen Religionsgemeinschaften. Doch nicht nur die *Inhalte* der jeweiligen Diskussionsbeiträge zeigen entsprechend den beteiligten Disziplinen und Perspektiven eine beachtliche Vielfältigkeit und Vielschichtigkeit, sondern auch die *Formen* ihrer kommunikativen Manifestationen und Vermittlung umfassen ein breites Spektrum: So konnte der wie auch immer am Thema Interessierte sich auf einer Vielzahl entsprechender ›kommunikativer Veranstaltungen‹ wie Tagungen, Symposien, Workshops, Diskussionsforen etc. bis hin zu den Expertenanhörungen vor dem Bundestag bzw. der letzen Bundestagsdebatte zum TPG im Sommer 1997 informieren. Daneben entstand in den letzten 30 Jahren ein mittler-

---

[4] Unter ›Hirntod‹ soll im folgenden zunächst ganz allgemein formuliert der endgültige und unwiederbringliche Ausfall aller Hirnfunktionen verstanden werden (vgl. z.B. Oduncu 1998, S.41f, Schlake & Roosen o.J., S.13). Im August 1968 veröffentlichte das AD HOC COMMITTEE OF THE HARVARD MEDICAL SCHOOL TO EXAMINE THE DEFINITION OF BRAIN DEATH jene prominent geworde Beschreibung des Hirntod-Kriteriums, welche den bis dahin gebräuchlichen Begriff des ›irreversiblen Komas‹ (coma dépassé, vgl. Mollarét & Goulon 1959, S.3ff) präzisierte (ursprünglich publiziert im Journal of the American Medical Association 1968, 205, August 5, pp.85ff, abgedruckt z.B. in Weir 1977, S.82ff; zur Geschichte der Hirntod-Debatte vgl. auch Schlich 1999, Wiesemann 1999). Eine ausführlichere Erläuterung der medizinischen Hintergründe (soweit für medizinische Laien nachvollziehbar und in der breiteren öffentlichen Diskussion rezipiert), der Begriffsgeschichte sowie vor allem eine Auseinandersetzung zu aktuellen Verwendungsproblematiken und zu den darin enthaltenen ›Definitionskomplikationen‹ (z.B. der ›Hirntod‹ als *Tod des Menschen*) erfolgt dann in Kap.4.2.

weile recht unübersichtlicher Berg von wissenschaftlicher Fach- und populärwissenschaftlicher Sachliteratur, wobei diese gesamte ›Informationspalette‹ noch durch weiteres Material flankiert wurde und wird, das von diversen Medienbeiträgen[5] bis hin zu sogenannten ›Informationsbroschüren‹ reicht, die hier im Wartesaal einer Klinik aufliegen oder dort bei einer Sportveranstaltung verteilt werden. Und selbstverständlich bietet auch das neueste Medium – das Internet – eine Fülle von Material zum ›downloaden‹, sei es z.B. auf professionellen Präsentationsseiten von Pharmakonzernen bzw. von diversen Interessensverbänden oder auf z.T. nicht minder professionell gemachten privaten Homepages engagierter Organempfänger wie Transplantationskritiker und ›Hirntod-Gegner‹;[6] und – wer möchte – konnte und kann sich schließlich gar selbst in diversen BBS- oder Chat-Foren mit seiner Sicht der Dinge zu Wort melden.

Hirntod und Organtransplantation – ein soziologisches Problem?

So weit, so unübersichtlich – ist man versucht, angesichts des so skizzierten Diskussionsfeldes zu formulieren, doch wenn, wie mit der vorliegenden Arbeit beabsichtigt, nun ›Hirntod und Organtransplantation‹ als *soziologisches* Problem entwickelt und bearbeitet werden soll, mag sich der Leser vielleicht vor allem fragen: Wenn bereits so Vieles, vermutlich schon alles Wichtige wie auch Nebensächliche auf alle möglichen Arten und Weisen gesagt und ausformuliert ist, warum dann noch ein weiterer Diskussionsbeitrag – und noch dazu von einem Soziologen? Worin sollte, außer vielleicht in einer mehr oder weniger gelingenden deskriptiven Zusammenfassung und Übersicht, der besondere Erkenntnisbeitrag des soziologischen Blicks auf ein solches Thema liegen? Um den hierin angedeuteten möglichen Vorbehalten gegenüber einer genuin soziologischen Analyse der Diskussionen rund um ›Hirntod und Organtransplantation‹ entgegentreten zu können, bedarf das folgende Unterfangen also einer präzisen Problemformulierung wie auch -eingrenzung sowie einer sorgfältigen Themenbegründung.

---

[5] Die Palette der Medienbeiträge umfaßt z.B. für das Fernsehen sich seriös gebende ›Aufklärungs-Reportagen‹ ebenso wie einfach der Abendunterhaltung dienende Umsetzungen von fiktiven oder realen ›Fallbeispielen‹ mittels TV-Spielfilmen, wie etwa den fast schon als ›Klassiker‹ zum Thema Organtransplantation und Organhandel zu bezeichnenden ›TV-Fiction-Thriller‹ mit dem Titel ›Fleisch‹ von 1978 (zuletzt gesendet im ZDF am 1.3.1998) oder den deutschen TV-Film ›Ich bin unschuldig – Ärztin im Zwielicht‹, 1995, gesendet am 3.2.1998 in SAT.1.

[6] Zum Vergleich des z.T recht unterschiedlichen ›Informationsgehaltes‹ solcher Internet-Pages siehe exemplarisch z.B. die wenig aufklärende ›Infoseite‹ der BUNDESZENTRALE FÜR GESUNDHEITLICHE AUFKLÄRUNG (http://www.bzga.de/organ.htm) im Gegensatz zu der reichhaltigen Materialsammlung des Internet-Projekts ›Selbsthilfe von Menschen mit Behinderungen in Deutschland‹ (http://www.selbsthilfe-online.de/sonstiges/dokutr.htm).

Ein erstes Standardargument für einen soziologischen Beitrag könnte ganz allgemein auf den Hinweis rekurrieren, daß gerade bei der Auseinandersetzung mit solchen komplexen Thematiken wie Krankheit, Sterben und Tod bzw. spezieller ›Hirntod und Organtransplantation‹ ein interdisziplinärer wie auch interdimensionaler Dialog (Greive 1995: 221) notwendig sei, und daß vor allem in Bezug auf soziale und gesellschaftliche Aspekte in vielen bisherigen Diskussionen eine genuin soziologische Perspektive weitgehend unberücksichtigt blieb. Und auch wenn es, wie noch zu zeigen sein wird, sogar zutrifft, daß sich die Soziologie in der Vergangenheit zwar durchaus mit dem Tod als Thema beschäftigt hat, aber bislang überwiegend unter Perspektiven, die kaum an die Hirntod-Debatte anknüpften, und daß sie vor allem in der Hirntod-Debatte selbst weitgehend unberücksichtigt geblieben ist, wirkt ein solches Argument nicht sehr überzeugend. Denn es hantiert implizit mit einer – wenn überhaupt, dann sicherlich nur Soziologen selbst sympathischen – Entgrenzungslogik, die lautet: Zu allen Themen, zu denen Soziologen sich noch nicht hinreichend geäußert haben (und wer anders sollte das bestimmen können als Soziologen selbst), sind weitere soziologische Analysen immer schon per se und gleichsam automatisch legitim. Ein so argumentierender ›Selbst-Plausibilisierungsautomatismus‹ macht es sich aber wohl zu einfach.

Ein zweites Argument, welches eventuell zumindest innerhalb der soziologischen Fachgemeinde eher akzeptiert werden könnte, nimmt jene oben knapp gezeichnete und sicher noch unvollständige Skizze des Diskussionsfeldes zum Ausgangspunkt. Diese Skizze deutet bereits an, daß vermutlich nicht viele Thematiken existieren, die zumindest hinsichtlich der Vielfalt der darin involvierten Positionen und Perspektiven in ähnlicher gesellschaftlicher Breite eine öffentliche Diskussion erfahren haben – vergleichbar vielleicht z.B. mit der Umweltthematik oder den andauernden Debatten rund um den Schwangerschaftsabbruch oder für die Zukunft möglicherweise auch die Gentechnologie betreffend. Und damit ist für Soziologen, zumal für solche, die sich aus einer kultursoziologischen wie diskursanalytischen Perspektive für ›Wissen‹, dessen diskursiver Produktion und den damit einhergehenden gesellschaftlichen Prozeduren seiner Vermittlung und Umsetzung in soziale Praxis interessieren, schon eine erste Spur gelegt, die anzeigt, hier könnte es sich um ein lohnendes soziologisches Arbeitsfeld handeln. Doch dieser Hinweis für sich allein genommen reicht ebenfalls als Begründung einer soziologischen Perspektive noch nicht aus, weil damit der jenseits eigener Fachgrenzen angesiedelte Skeptizismus gegenüber der Fruchtbarkeit und Notwendigkeit einer soziologischen Auseinandersetzung mit der Thematik nicht zu entkräften wäre.

Der Hirntod und die gesellschaftliche (Neu-?) Ordnung des Todes

Doch um die Problemstellung der vorliegenden Untersuchung deutlicher zu benennen und zu begründen, muß zur Vermeidung möglicher Mißverständnisse vorausgeschickt werden, daß neue oder gar letztgültige Antworten auf die oben genannten und wohl die meisten Menschen bewegenden ›Kernfragen‹ der

›Hirntod- und Transplantations-Debatte‹: Wann ist der Mensch *wirklich* tot? Wer kann, darf, soll dieses bestimmen?; oder gar: Sollte ich mich selbst für eine Organentnahme oder dagegen entscheiden?; *nicht* erwartet werden dürfen. Vielmehr sollen gerade diese Fragen den Ausgangspunkt einer kultursoziologischen Analyse bilden. Im Zentrum steht dabei die Absicht herauszuarbeiten, *was* das kulturell Spezifische für unser heutiges, in der aktuellen gesellschaftlichen Situation verankertes Formulieren dieser Fragen ist, *wie* heute versucht wird, hierauf Antworten zu finden, und *welche kulturellen und gesellschaftlichen Konsequenzen* aus den gegebenen Antworten bzw. präziser: aus jener Todesbestimmung anhand des ›Hirntodes‹ folgen könnten?

Anders formuliert: Diese so heiß diskutierten ›Kernfragen‹ mit ihren vielfältigen und kontroversen Antworten stehen zwar auch in der hier angestrebten Analyse im Mittelpunkt – allerdings in einem genuin kultursoziologischen Erkenntnisinteresse und insofern mit verschobener Optik, als infolge einer systematischen ›Dezentrierung des Blicks‹ – ähnlich wie Bernward JOERGES dies formuliert hat – „Beiträge zu einer de-Paradoxierung und Entkomplizierung öffentlicher Debatten nicht in Aussicht gestellt [werden]" können (Joerges 1996, S.11). Denn die angestrebte Dezentrierung soll wegführen von den vorgetragenen Sachargumenten und -zwängen als solchen, weg vom einfachen Nachvollzug der präsentierten menschlichen und moralischen Dramen von Sterben und Tod, von Krankheit und Genesung infolge eines neuen Organs, und hin zu den *dahinter* stehenden kulturellen Selbstverständlichkeiten oder Infragestellungen unseres Denkens über Leben und Tod und den damit in den Debatten über ›Hirntod und Organtransplantation‹ verknüpften Wertkonstellationen und Deutungsmustern zu Gerechtigkeit und Solidarität, zu personaler Autonomie und Subjektivität, zu Wissenschaftlichkeit, Recht und Moral usw., auf welche diese ›Sach-Darstellungen‹ und jene ›Betroffenen-Berichte‹ implizit oder explizit Bezug nehmen, die sie ins Feld führen oder verwerfen, mit denen sie spielen ... – mit einem Satz gesagt: Es geht im folgenden um die systematische *Rekonstruktion des ›Deutungsmanagements‹ in der öffentlichen ›Hirntod- und Transplantationsdiskussion‹*, also um deren Akteure, die dabei verwendeten Prozeduren der Vermittlung von ›Wissen‹, die machtvollen Strategien der ›Bedeutungsverleihung‹ der jeweiligen Positionen sowie um die Sinn-Muster selbst, die diesen komplexen Prozessen unterliegen, – und damit letztendlich um die darin sich konstituierende gesellschaftliche ›(Neu-?) Ordnung des Todes‹.[7]

---

[7] Vgl. hierzu auch den Hinweis von Joerges (1996, S.13f), der ein variantenreiches Deutungsmanagement als die unabdingliche Rückseite eines vordergründig auf rein technisch-organisatorische Systemoptimierung hin orientierten expansiven Transplantationssystems sieht, damit die Akzeptanz der Transplantation und des Organspendens in der Bevölkerung gewährleistet bleibt. Dem entsprechend muß es selbstverständlich den anderen an der Hirntod- und Transplantationsdiskussion beteiligten Akteuren ihrerseits darum gehen, ihren eigenen Perspektiven, Deutungen und Argumentationen gemäß ihren Interessen entsprechend ›Raum‹ zu verschaffen. Außerdem: Um begriffliche Verwirrung zu vermeiden, verwende ich hier bewußt *nicht* die

Insofern knüpft die hier verfolgte Fragestellung einerseits nahtlos an eine wissenssoziologische Analysetradition an, die seit Karl MANNHEIM und bis hin zu Peter L. BERGER und Thomas LUCKMANN an dem Projekt arbeitet, das ›gesellschaftliche Denken‹ (das sich zusammensetzt aus dem Denken von Menschen in verschiedenen Gruppen mit je eigenen, für ihre gemeinsame Position und Interessenslage charakteristischen Denkstilen) über seine ihm immanenten expliziten wie impliziten, problematisierten oder unhinterfragten Grundlagen aufzuklären. Andererseits wird diese Tradition aber in Anlehnung an Michel FOUCAULT diskursanalytisch zugespitzt unter der Prämisse, daß nicht die Gegenstände, die Objekte des Denkens, die darüber geführten Diskurse initiieren und formieren, sondern umgekehrt: Die Diskurse produzieren, formen die Objekte, über die sie sprechen, indem sie entlang ›machtvoller Regeln‹ über sie sprechen, und worin jene Regeln bestimmen, was in welchem Diskurs gesprochen, was als wahr anerkannt und als falsch verworfen wird.[8]

Wie läßt sich eine solche thematische und perspektivische Fokussierung auf das Thema ›Hirntod‹ begründen?

Sterben und Tod: anthropologische Konstanten und ihre soziokulturelle Variabilität

1) Zunächst kann dazu ein einfaches und nicht nur der Soziologie bekanntes Grundaxiom angeführt werden, das sich mittlerweile wohl schon zu einem „anthropologischen Gemeinplatz" (Nassehi & Weber 1989a, S.14 und 19ff) entwickelt hat: Der Tod des Menschen ist von dieser Welt. – Gerade weil Sterben und Tod wie auch ein Wissen darum (im Sinne eines Bewußtseins der Endlichkeit der menschlichen Existenz) zum einen als anthropologische Konstanten in jeder Kultur und in jeder historischen Epoche existent sind, verweisen sie zum anderen als soziale Phänomene in ihrer jeweiligen Gestalt und in den Mustern ihrer kollektiven Bearbeitung (von den vorherrschenden Todesursachen über die Arten der Todesfeststellung bis hin zu Begräbnis- und Trauerritualen) auf die dahinter liegende, je nach kulturellen und historischen Kontext spezifische gesellschaftliche Situation. Wie wir mit Tod und Sterben umgehen, ist ebenso Ausdruck unserer Kultur wie un-

---

[8] Formulierung ›Hirntod- und Transplantations*diskurs*‹, da in Kap.3 eine theoretische Klärung des Diskursbegriffs seine Verwendung im hier verfolgten Themenkontext ›Hirntod‹ bestimmen wird und derzufolge präziser von ›Diskursformationen‹ gesprochen werden muß (vgl. S.85f).

Zu dieser Perspektive auf ›gesellschaftliche Wirklichkeit‹ vgl. grundlegend z.B. Mannheim (1985 [1929], insbes. S.3ff) sowie Foucault (1978, S.21ff) und z.B. auch den kommentierenden Essay von Ralf Konersmann zu Foucaults ›Ordnung des Diskurses‹ (Foucault 1991a, insbes. S.74ff).

ser Verständnis von Krankheit und Leiden, von Menschsein und menschlichem Leben, von Ethik und Moral etc.[9]
2) Ein solcher kultursoziologischer Blick auf Gesellschaften, der sich auf die institutionellen Basisbereiche der jeweiligen Kultur mit den jeweils dazu gehörenden ›symbolischen Sinnwelten‹ richtet, wie z.b. die je kulturspezifischen Regelungen von Sexualität und Fruchtbarkeit, der materielle Austausch zwischen den Gesellschaftsmitgliedern (die Wirtschaftsweise) oder eben der Umgang mit Sterben und Tod (Berger & Luckmann 1980, S.98ff und insbes. 108ff), erscheint nicht nur deshalb besonders fruchtbar, weil er die Möglichkeit eines grundlegenden Kulturvergleichs von verschiedenen Gesellschaften eröffnet. Sondern – und für die vorliegende Arbeit wichtiger – in diesem Blick liegt auch ein Zugang zu einem traditionellen und nach wie vor hoch aktuellen soziologischen Grundproblem: der Frage nach gesellschaftlichem Wandel. Auf einen einfachen Satz reduziert besteht jenes Grundproblem darin, unterscheiden zu können zwischen dem, was sich innerhalb einer Gesellschaft „in einem gewissen Sinne ständig ›wandelt‹ (...), und dem, was in der Tat ›Wandel‹ ausmacht" (Strasser & Randall 1979, S.23). Und insofern wären, so die dahinter stehende Grundannahme, Veränderungen oder Kontinuitäten in jenen genannten institutionellen Basisbereichen womöglich ›folgenreicher‹ für die Frage nach gesellschaftlichem Wandel als in anderen gesellschaftlichen Bereichen.[10]
3) Diesen beiden ›Grundaxiomen‹ im wesentlichen folgend zentrierte die Soziologie ihre Aufmerksamkeit bislang vor allem auf gesellschaftliche, kulturelle, gruppenspezifische oder auch interaktive Umgangsweisen mit dem Phänomen Sterben und Tod, dabei aber – und das ist entscheidend – die Faktizität des bereits-tot-Seins oder noch-nicht-gestorben-Seins entsprechend den jeweils dominanten Alltagsvorstellungen bzw. Expertendeutungen und für die Perspektive der jeweiligen Gesellschaftsmitglieder immer schon als ›quasi-natürlich gegeben‹ voraussetzend. Im Gegensatz dazu – so zumindest lautet die dieser Arbeit zugrunde liegende *Leithypothese*, die es im weiteren zu prüfen und zu diskutieren gilt – kennzeichnet die jüngste gesellschaftliche Debatte um den ›Hirntod‹ jedoch eine entscheidende *Perspektivenverschiebung*. Mit den Kontroversen um das ›Hirntod-Konzept‹

---

[9] Vgl. z.B. Bauman (1994, S.11f), Elias (1991, S.11f), Nassehi & Weber (1989a, S.19f); für einen grundlegenden Einstieg in die philosophische Thanatalogie der Moderne vgl. Ebeling (1997); für einen ersten illustrativen und umfassenden Überblick zu Todesvorstellungen in den verschiedenen Kulturbereichen, Religionen oder historischen Epochen der westlich-abendländischen Kultur vgl. z.B. auch Barloewen (1996, S.9ff), Bowker (1996, S.406ff), Hunke (1986), Marten (1987), Scherer (1979), Stephenson (1980).

[10] Vgl. z.B. schon Schelsky (1970, S.20) oder als knappe einführende Übersicht zum soziologischen Institutionenbegriff und zum Problem des Wandels von Institutionen Gukenbiehl (1992, S.95ff).

offenbart sich das Phänomen ›Tod‹ in seiner *sozialen Konstruiertheit und kulturellen Bedingtheit* nicht mehr nur ausschließlich dem (professionsfokussierenden) Blick des Experten, z.B. des Kulturwissenschaftlers oder Soziologen, sondern zwingt sich infolge der spezifischen gesellschaftlichen Diskursivierung dem Bewußtsein aller am Deutungsmanagement zu Sterben und Tod beteiligten Akteure wie dem des Publikums auf. Einfacher formuliert: Das Ziehen der Trennlinie zwischen Leben und Tod erfolgt in einem *gesellschaftlichen Definitionsprozeß*, der die (biologische) Faktizität des Todes selbst jeweils neu bestimmt, und der heute in modernen Gesellschaften mit hochtechnisierten Medizinsystemen – und somit wohl auch zum erstenmal in der Kulturgeschichte – als *selbst-reflexiver Diskurs* vollzogen wird bzw. besser: vollzogen werden *muß*; d.h. als ein Diskurs, der zumindest potentiell seine eigenen Grundlagen enthüllt und womöglich aufhebt.

4) Nimmt man die Punkte eins bis drei zusammen, gelangt man schließlich zu den Konsequenzen dieser Entwicklung für die Kontinuität oder Transformation einer sich weiter modernisierenden modernen Gesellschaft, die ihrem Selbstverständnis nach zunehmend zur ›Wissens- und Reflexionsgesellschaft‹ (Stehr 1994; 1999; z.B. auch Bonß 1994, S.95ff) tendiert und in der nicht zuletzt durch technische Entwicklungen auch in der Medizin die bislang unhinterfragt als gültig angenommenen, weil vermeintlich unumstößlichen kulturellen Grundlagen ins Wanken geraten. Besonders aufschlußreich erscheint also aus einer kultursoziologischen Perspektive die Auseinandersetzung mit den folgenden *Kernfragen*: Wie und mit welchen Konsequenzen, mit welchen beabsichtigten Folgen und ungesehenen Nebenfolgen wird diese (post-?) moderne Anforderung eines *selbst-reflexiven Umgangs mit der ›Ungewißheit des Todes‹* gemeistert? Wie wird *Sicherheit bei der Frage nach lebendig oder tot*, wie *Gewißheit in den Sinngebungen* zur Bewältigung von Sterben und Tod für die Weiter-Lebenden *im Angesicht der sozialen Konstruiertheit des Todes* gesellschaftlich hergestellt? Anders gefragt: Welche *gesellschaftliche Neu-Ordnung des Todes* zeichnet sich für die fortschreitende Moderne mit dem ›Hirntod‹ ab?

Zum Vorgehen

Diskurse, verstanden als „Flüsse von sozialen Wissensvorräten durch die Zeit" (Jäger 1999, S.158), produzieren, dabei verschiedenen Interessen folgend, auf je eigene Art soziale Wirklichkeit. Eine solche Perspektive auf die ›Faktizität des Todes‹ wird sich als roter Faden durch die kommenden Überlegungen ziehen: Das diskursiv erzeugte und vermittelte Wissen über Sterben und Tod bestimmt die gesellschaftliche Wirklichkeit des Sterbenden wie auch die ›Wirklichkeit des Todes‹ für die mit dem Tod des Anderen konfrontierten Weiterlebenden. Entsprechend dieser Sichtweise soll die Prüfung und Beantwortung der genannten Leithypothese und Kernfragen *als soziologische Rekonstruktion der zentralen Diskurse um Sterben und Tod* und mit Konzentration auf die Debatte um den ›Hirntod‹ entlang folgender Argumentationsschritte verlaufen:[11]

Ein erster Schritt (Kap.2) wird anhand eines Überblicks zum derzeitigen Stand der fachwissenschaftlichen Forschung zeigen, daß die Thanatosoziologie (als ein Spezialdiskurs zu Sterben und Tod) in ihrer ›Problembehandlung des Todes‹ die mit dem ›Hirntod‹ verbundene Problematik einer ›Selbstreflexivität‹ des Umgangs mit Sterben und Tod aus Sicht der beteiligten Akteure und betroffenen Gesellschaftsmitglieder noch gar nicht thematisiert hat (zusammenfassend Kap.2.4). Deshalb entwickelt der zweite Schritt (Kap.3) das notwendige wissenssoziologisch-diskurstheoretische und methodische Instrumentarium, das die Rekonstruktion der diskursiven Konstruktion und Vermittlung der gesellschaftlichen Wirklichkeit zu Sterben und Tod in und durch die Hirntod-Diskussion ermöglicht (zusammenfassend Kap.3.3). Der dritte Schritt und eigentliche Hauptteil der Analyse (Kap.4) betreibt in einem ersten Teil (Kap.4.1) eine historisch-rekonstruktiv orientierte ›Grabungsarbeit unter den eigenen Füßen‹, bei der der besonderen diskursiven Verflechtung der Medizin mit dem Tod als gesonderten institutionellen Bereich vor dem Hintergrund gesamtgesellschaftlicher Veränderungsprozesse nachgegangen werden soll: Die ›*moderne Ordnung des Todes*‹, wie sie uns heute im diskursiv vermittelten historischen Blick zurück auf die gesellschaftlichen Modernisierungsprozesse seit Beginn der Neuzeit gegenübertritt, *vergesellschaftet den Kranken* unter dem medizinischen Primat des Lebens wie der absoluten Todesverhinderung und *expediert den Sterbenden wie den Toten* symbolisch aus dem Austausch mit der Gemeinschaft

---

[11] Um begrifflichen Mißverständnissen vorzubeugen, muß angemerkt werden: Wenn im folgenden von ›Sterben‹ und ›Tod‹ die Rede ist, dann sind damit aufgrund der wissenssoziologisch-diskurstheoretischen Perspektive grundsätzlich die damit verbundenen ›*kulturellen Konzepte*‹ gemeint als *typische und typisierbare Wissensbestände* über das ›reale Sterben‹ (im Sinne der sozialen Wirklichkeit von Sterben und Tod) – dort, wo von der ›Realität von Sterben und Tod‹ selbst die Rede sein soll, wird dies explizit kenntlich gemacht.
Analog dazu: Mit ›Hirntod‹ wird im folgenden das irreversible Erlöschen sämtlicher Hirnfunktionen bezeichnet, mit ›Hirntod-Definition‹ bzw. ›Hirntod-Konzept‹ hingegen explizit die Vorstellung, daß der irreversible Ausfall sämtlicher Hirnfunktionen (›Hirntod‹), konkretisiert anhand bestimmter ›Kriterien‹, mit dem ›Tod des Menschen‹ gleichzusetzen ist (vgl. Kap.4.2.1.1; vgl. dazu auch z.B. Kurthen & Linke 1995, S 93 sowie Manzei 1997, S.11 und 105ff; Oduncu 1998, S.144ff).
Schließlich: Wenn im folgenden Begriffe in ›Anführungszeichen‹ gesetzt werden, so dient dies unter anderem auch dazu, auf den problematischen Verwendungscharakter des so gekennzeichneten Begriffs hinzuweisen, der eine doppel- oder mehrsinnige Bedeutung transportiert, die selbst Gegenstand bzw. Resultat diskursiver Strategien ist. Ein Beispiel: Mit ›Organspender‹ unreflektiert all jene ›Personen‹, ›Menschen‹, ›Leichen‹(?) zu bezeichnen, denen Organe entnommen werden, verschleiert die Problematik der (von wem?, warum?) gegebenen Zustimmung zur Organentnahme und würde in solch unreflektierter Begriffsverwendung sprachlich genau jene diskursiven Muster reproduzieren, deren Rekonstruktion hier Ziel ist.

der Lebenden (zusammenfassend Kap.4.1.4). Vor diesem Hintergrund kann eine empirische Analyse der aktuellen öffentlichen Diskussion um den ›Hirntod‹ – konzentriert vor allem auf den politischen Bereich im Umfeld der Verabschiedung des Transplantationsgesetzes (Kap.4.2) – zeigen, wie darin die *Verschiebung der Grenzen von Leben und Tod verschleiert* wird und wie eine ›*neue Moral des Todes*‹, als moralische Verpflichtung des Subjekts gegenüber der Krankheit des Anderen, den *Sterbenden bzw. Toten wieder in die symbolische Zirkulation mit den Lebenden zurückholt* (zusammenfassend Kap.4.3). Der vierte und letzte Schritt (Kap.5) diskutiert als Blick in die Zukunft schließlich die damit möglicherweise verbundenen, durchaus ambivalent einzuschätzenden Veränderungen unseres Wissens (und Nicht-Wissens) über Leben, Sterben und Tod im Hinblick auf die zukünftige Formung von Subjektivität als Vergesellschaftungsmodus der Individuen in einer zunehmend medizintechnisch orientierten, fortschreitenden Moderne.

2. Soziologie, Tod und gesellschaftlicher Wandel – Ein kursorischer Überblick zum Stand der fachwissenschaftlichen Forschung

„Sociologists never die!" So titelte noch Anfang der 90er Jahre der britische Soziologe Tony WALTER seinen Beitrag zu einem themenbezogenen Sammelband von David CLARK (1993), in dem er eine im wesentlichen dürftige Bilanz des Diskussionsstandes zum Thema Tod für die britische Soziologie zog, obgleich er schon damals meinte, Anzeichen für ein wachsendes, auch soziologisches Interesse an Sterben und Tod identifizieren zu können (Walter 1993, S.264ff und 284ff). Und analog zu dieser Einschätzung findet sich in etwa zur gleichen Zeit in der deutschsprachigen Soziologie eine ähnliche Skizze z.B. bei Klaus FELDMANN, der die selbst formulierte Frage ›Gibt es eine Soziologie des Todes?‹ nach einer kurzen Zusammenschau der vorliegenden Fachliteratur mit folgendem, eher verhalten klingendem Fazit beantwortet (vgl. dazu auch Weber 1994, S.13):[12]

„Es gibt keine großen Entwürfe oder Theorien, der Forschungsbereich ist verglichen mit anderen soziologischen Teilbereichen unterentwickelt. Ein kontinuierlicher Zusammenhang besteht nicht. Die Situation ist vor allem im deutschen Sprachraum durch den Mangel an Interesse unter Soziologen gekennzeichnet. Das Gebiet wird hauptsächlich von Humanwissenschaftlern aus anderen Bereichen (Medizinern, Theologen, Psychologen, Historikern) beackert." (Feldmann 1990, S.18)

Doch auch FELDMANN sah bereits eine zunehmende Aktualität des Themas Sterben und Tod, indem er z.B. auf eine gestiegene Anzahl von Veröffentlichungen – in der Mehrzahl zwar keine soziologischen, sondern eher solche mit ›normativem Überhang‹ – verwies, wobei er seine eigene Arbeit als einen Beitrag zur Pflege des seiner Ansicht nach noch recht „schwach entwickelten Pflänzchens" ›Thanatosoziologie‹ verstand (ebd., S.8).[13]

Auch wenn mittlerweile neuere soziologische Publikationen jene von Feldmann u.a. identifizierten Lücken und Defizite einer Thanatosoziologie ab-

---

[12] Die folgenden Ausführungen beschränken sich im wesentlichen auf die deutschsprachige Thanatosoziologie. Ausgeblendet bleibt – bis auf wenige, auch in Deutschland rezipierte prominente Arbeiten – sowohl die US-amerikanische, britische wie insbesondere auch französische Diskussion.

[13] In diesem Zusammenhang sei nur kurz der Hinweis von Feldmann und Fuchs-Heinritz erwähnt, daß in der öffentlichen Wahrnehmung wie auch in der sozialwissenschaftlichen Fachdiskussion die in den 60er und 70er Jahren vorgelegten soziologischen Arbeiten zu Sterben und Tod von etwa zeitgleichen Publikationen aus Nachbardisziplinen – z.B. den bekannten sozialhistorischen Arbeiten von Philippe Ariès oder der nicht minder prominenten, therapeutisch ausgelegten ›Phasenlehre‹ von Elisabeth Kübler-Ross – „übertönt" wurden (Feldmann & Fuchs-Heinritz 1995a, S.7).

schwächen (ebd., S.11ff),[14] und z.B. Zygmunt BAUMAN gar von der Soziologie des Todes und Sterbens als einem mittlerweile „voll entwickelten Zweig der Sozialwissenschaften" (Bauman 1994, S.7) spricht (ohne dies allerdings näher zu belegen; vgl. hierzu z.b. Kearl 1989), so kann doch jetzt, Ende der 90er Jahre, nach wie vor festgehalten werden: Der Tod ist immer noch kein prominentes Thema in der Soziologie. Diesen Eindruck gewinnt schnell, wer durch die Bücherregale mit soziologischer Fachliteratur stöbert und z.b. allein die Anzahl der Titel rund um Sterben und Tod mit derjenigen vergleicht, die zu anderen, für menschliche Gesellschaften ähnlich grundlegenden Themenfeldern wie z.B. Geburt, Kindererziehung oder Familie publiziert werden.

Als kleine Illustration dazu, die das behauptete augenscheinliche Ungleichgewicht veranschaulichen kann, ergibt ein virtueller Rundgang durch die Datenbank SOLIS (Sozialwissenschaftliches Literaturinformationssystem), in der insgesamt derzeit weit über 200.000 Einträge zu deutschsprachigen sozialwissenschaftlichen Publikationen seit 1945 gespeichert sind,[15] mit der Suche nach den Schlagwörtern ›Tod‹ oder ›Sterben‹ ca. 1.800 Treffer, während z.B. ›Familie‹, ›Geburt‹ oder ›Kind‹ fast 17.000 Treffer zutage fördert. Daß dieses Mißverhältnis vermutlich nicht nur rein zufälliger Art oder gar ein Spezifikum der genannten sozialwissenschaftlichen Datenbank ist, demonstriert ein Blick in eine beliebige öffentliche, im hier genannten Beispiel ›virtuelle‹ Buchhandlung, deren Angebot nicht nur sozialwissenschaftliche Titel umfaßt, sondern in der auch andere Disziplinen sowie populärwissenschaftliche Literatur bis hin zur Belletristik zu finden sind. Die Suche nach den gleichen Stichwörtern über das gesamte deutschsprachige Buchangebot z.B. des TELEBUCH ABC BÜCHERDIENSTES (mittlerweile AMAZON.DE), derzeit einem der größten Online-Buchhändler mit einer internationalen Literaturdatenbank mit mehr als 1 Mio. Einträgen (davon ca. 400.000 deutschsprachige Titel), meldet ca. 1.200 Einträge zu Tod oder Sterben entgegen mehr als 11.000 Einträgen zu Familie, Geburt oder Kinder. Verknüpft man dann die gefundenen Angaben noch mit dem

---

[14] Vgl. z.B. folgende Publikationen, auf die in den nächsten Kapiteln noch näher eingegangen wird: Bauman (1994), Becker, Feldmann & Johannsen (1998), Feldmann (1997), Feldmann & Fuchs-Heinritz (1995b), Nassehi & Weber (1989a), Weber (1994).

[15] SOLIS enthält Literaturhinweise für deutschsprachige Literatur in den Sozialwissenschaften und ihren Anwendungsbereichen mit den Fachgebieten: Soziologie, Sozialpolitik, Sozialwesen, Sozialgeschichte, Bevölkerungsforschung, Arbeitsmarkt- und Berufsforschung, Kommunikationswissenschaft, Sozialpsychologie, Methoden der Sozialforschung. Der Umfang betrug 1998 ca. 215.000 Dokumenteneinträge mit einem jährlichen Zugang von ca. 15.000 Einträgen, vor allem aus Zeitschriften (50%), Monographien, einschl. Beiträgen in Sammelwerken (40%) und grauer Literatur (10%) (Quelle: Datenbanken-Kurzbeschreibung, DIMDI-Homepage DEUTSCHES INSTITUT FÜR MEDIZINISCHE DOKUMENTATION UND INFORMATION: http://www.dimdi.de).

Stichwort ›Gesellschaft‹, bleiben für Tod oder Sterben nur 11 Titel übrig, bei Familie, Geburt oder Kinder immerhin noch 86 Titel.[16]

Sicher mag die Beweiskraft solcher Zahlenspiele recht begrenzt sein, zumal sie nicht zuletzt stark von diversen Auswahlentscheidungen und vor allem von unterschiedlichen Suchstrategien abhängen. Gleichwohl verdeutlichen sie zumindest, daß man sich mit einer soziologischen Arbeit zu Sterben und Tod immer noch in keinem breit und umfassend besetzten soziologischen Kerngebiet befindet. Dies erscheint auf den ersten Blick um so erstaunlicher, als es zum einen nicht an allgemeinen Hinweisen und prominenten Mahnungen fehlt, bei Sterben und Tod handele es sich um ein für das Verständnis von menschlichen Gesellschaften grundlegenden Themenbereich, und zum anderen gerade bei dieser Thematik immer schon eine (wenn nicht *die*?) soziologische Grundfrage zur Debatte steht: das Verhältnis von Individuum und Gesellschaft.[17]

Vor dem Hintergrund dieser knappen Andeutungen zum allgemeinen Stellenwert der Thanatosoziologie innerhalb der soziologischen Fachdiskussion sollen die folgenden Kapitel *keinen* systematischen und vor allem Vollständigkeit beanspruchenden Aufriß zum vorliegenden thanatosoziologischen Literatur- und Diskussionsstand liefern. Vielmehr geht es erstens darum, anhand einer kursorischen Übersicht die Frage nach der Verbindung zwischen Sterben und Tod und gesellschaftlichen Wandel zu untersuchen, d.h. die jeweiligen theoretischen wie empirischen Perspektiven insbesondere für den deutschsprachigen Raum auszuloten, um dabei zweitens abschätzen zu können, inwiefern das Thema ›Hirntod‹ bzw. allgemeiner: die kulturelle Definition der Todesfeststellung bislang Eingang in die soziologische Diskussion gefunden hat. Die zu verfolgende Leitfrage lautet demnach: Auf welches soziologische Fundament könnte sich die hier beabsichtigte Auseinandersetzung mit der Diskussion um den ›Hirntod‹ stellen?

2.1. Sterben und Tod – Soziologische Begriffsannäherungen

Da vieles, was auf dem Literaturmarkt vor allem zu Sterben und Tod angeboten wird, explizit oder implizit ein wie im Einzelfall auch immer geartetes normatives Verständnis im Sinne eines ›richtigen Umgangs mit Sterbenden‹, eines ›erfüllten Sterbens‹ oder eines ›schönen‹ weil ›natürlichen‹, ›sanften‹ oder ›schnellen‹ Todes usw. enthält, erscheint es sinnvoll, wenn zu Beginn des Streifzuges durch die vorliegende soziologische Fachliteratur kurz geklärt wird, wovon wir eigentlich reden, wenn wir *als Soziologen* von Sterben und Tod sprechen.

---

[16] Vgl. http://www.amazon.de; die Zahlenangaben beziehen sich auf 1998.
[17] Vgl. hierzu z.B. Bauman (1994), Feldmann & Fuchs-Heinritz (1995a, S.8ff), Nassehi & Weber (1989a, S.14) oder schon Berger (1973, insbes. S.43f) sowie speziell für die deutsche Thanatosoziologie die Beiträge von v. Ferber (1963; 1970).

Man könnte diese Frage einfach gleich mit einer Aufzählung von soziologisch relevanten ›Problembereichen‹ rund um Sterben und Tod beantworten: z.B. die Veränderung von Mortalitätsziffern im Zuge gesellschaftlicher Modernisierungsprozesse, das Sterben in Institutionen, der Wandel von Trauerritualen usw. – So ähnlich, allerdings aus einer ärztlichen Perspektive, geht z.B. der Mediziner E. MATOUSCHEK (1989, S.5ff) in einem einleitenden Beitrag zu einem Sammelband mit dem Titel ›Arzt und Tod‹ vor, in dem er mit Hilfe einer gleichsam kritisch-kursorischen Alltagsphänomenologie einen Bogen von der Problematik des Lebensbeginns im Kontext von Reproduktionsmedizin, Embryonenforschung und pränataler Diagnostik bis hin zu Euthanasie und Hirntod-Definition schlägt. Für ihn kennzeichnet dabei Tod und Sterben in der heutigen modernen Gesellschaft vor allem das manifeste Spannungsfeld von medizinisch-technischen Fortschritt, ethisch-moralischen Bewertungen und ökonomischen Interessen mit den daraus resultierenden Problemen für die ärztliche Praxis. Sein Fazit lautet: Wenn wir (gemeint sind nicht nur, aber insbesondere wohl die Ärzte) heute von Sterben und Tod sprechen, sind wir dabei z.T. mit Phänomenen konfrontiert, die uns bis vor kurzem gänzlich unvertraut waren und die uns vor noch vielfach ungelösten Entscheidungsschwierigkeiten stellen (ebd., S.5 und 27). Auch aus soziologischer Sicht mag dieser ›Diagnose‹[18] wohl mancher schnell zustimmen können. Das Problem hingegen bleibt auch bei einer solchen, am Alltagsblick auf alte oder neue Phänomene orientierten Herangehensweise bestehen: Was meinen wir eigentlich, wenn wir (als Soziologen) die Begriffe Sterben und Tod verwenden?

Das Kommunikationsproblem Tod

Ein solches Insistieren auf begrifflicher Selbstvergewisserung mag um so notwendiger sein, als die unvermeidlichen Verwicklungen beim Sprechen über den Tod spätestens seit Thomas MACHOs umfassender Auseinandersetzung mit dem ›Kommunikationsproblem Tod‹ offenkundig sind (Macho 1987): Da wir den eigenen Tod nicht erfahren haben, und wir eben deshalb auch nicht am Tod eines anderen Menschen den Tod *für uns selbst* nachvollziehen können, bleibt unser Sprechen über den Tod als Referenz zwangsläufig einer eigentümlichen Leerstelle verhaftet.[19] MACHO verweist in diesem Zusammenhang auf Thomas NAGEL, der meint, wir könnten uns nicht vorstellen, wie es wäre eine Fledermaus zu sein,

---

[18] Matouschek formuliert seine Zeitdiagnose am Ende seines Beitrags übrigens weniger neutral, sondern vielmehr kulturkritisch-wertend: „So begegnen uns, verbunden mit dem medizinisch-technischen Fortschritt unserer Tage, neue, zum Teil erschreckende Facetten des Todes als Ausdruck wertfrei verstandener Utilität einer vom Pragmatismus geprägten Zeit." (Matouschek 1989, S.27)

[19] Vgl. z.B. auch Hart Nibbrig (1989, S.196f) sowie die ausführlichere Diskussion dieses Aspekts unter Rekurs auf Merleau-Ponty, Freud und zurückgehend bis zu Descartes bei Bauman (1994, S.24ff).

„weil wir uns implizit stets vorstellen müßten, wie es *für uns* wäre, eine Fledermaus zu sein. Ebendarum könnten wir uns aber auch nicht vorstellen, wie es wäre, tot zu sein: wir müßten uns als Dinge denken, die von der Voraussetzung emanzipiert sind, daß *wir* es ja sind, die vorstellen und denken. In der Vorstellung meines eigenen Todes müßte ich von mir als Subjekt dieser Vorstellung abstrahieren können (...)." [Herv. im Orig.; Anm. d. Verf.] (ebd., S.32)[20]

Gerade für die Soziologie, die sich als Erfahrungswissenschaft definiert, und zumal für eine solche, die sich gesellschaftlicher Wirklichkeit mit einem ›verstehenden‹ Zugriff zuwendet und dabei letztlich auf George H. MEADs Postulat der ›Perspektivenübernahme‹ beruht, zeigt dieser Hinweis die Grenzen von soziologischer Rekonstruktionsarbeit im Kontext von Sterben und Tod: Spätestens dann, wenn der Sterbende aus dem Kommunikationszusammenhang seiner sozialen Mitwelt herausgefallen ist, besteht auch keine Möglichkeit mehr, die soziale Wirklichkeit *aus den Perspektiven aller Beteiligten – also auch aus der des Sterbenden* – zu rekonstruieren, sondern nur noch aus der Perspektive der (Weiter-) Lebenden. Das bedeutet in letzter Konsequenz zunächst die schlichte, aber folgenreiche Erkenntnis, daß (auch) wir (als Soziologen) über ›den Tod‹ selbst nichts aussagen können, sondern bestenfalls über den Prozeß des Sterbens, und zwar ab einem gewissen Zeitpunkt ausschließlich darüber, wie er von seiten der (Weiter-) Lebenden organisiert wird.[21] Und bei diesem ›wie‹ setzt auch die Thanatosoziologie insgesamt und gängigerweise mit ihrem Begriffsverständnis von Sterben und Tod an, wobei der Zeitpunkt, ab dem sie vom ›Sterben‹ spricht, durchaus dem medizinischen oder auch alltäglichen Verständnis widersprechen kann.

Sterben und Tod als soziologische Begriffe

So unterscheidet z.B. Klaus FELDMANN zum einen zwischen dem ›eigenen Tod‹, dem ›Tod des Anderen‹ (d.h. einer Bezugsperson) und dem ›allgemeinen bzw. kollektiven Tod‹, wobei letztgenannter für ihn eine Sammelkategorie dar-

---

[20] Betrachtet man zum Vergleich das Phänomen körperlicher Schmerz, so ist die subjektive Erfahrung von Schmerzempfindungen – wie humanethologische Forschungen zeigen – z.B. durch Stöhnen, Grimassieren etc. durchaus kommunikabel, sogar ohne dabei auf gemeinsam geteilte sprachliche Symbolsysteme zurückgreifen zu müssen. Mein Gegenüber macht sich das, was ich gestisch ausdrücken will, gleichsam in einem Analogieschluß auf selbst gemachte Schmerzerfahrungen ›verstehbar‹, obwohl die jeweils eigene Schmerzempfindung infolge kulturell differenter Codierung und entsprechend verschiedenartiger Sozialisation recht unterschiedlich präformiert sein kann (z.B. als Mann in einer bestimmten Situation und bei bestimmten Verletzungen keine Schmerzen zu zeigen) (vgl. Macho 1987, S.30f, Scarry 1992, Schiefenhövel 1995, S.31ff, Williams & Bendelow 1998, S.155ff).

[21] Somit erhält der zu David Sudnows klassischer Untersuchung des Sterbens in modernen Kliniken formulierte Untertitel: „The Social Organization of Dying" einen für den soziologischen Blick auf Sterben und Tod geradezu paradigmatischen Charakter (Sudnow 1967).

stellt, die nicht einzelne Menschen, sondern Kollektive, Populationen oder soziale Gebilde in den Blick nimmt. Zum anderen differenziert er, bezugnehmend auf die abendländische Tradition einer Trennung zwischen Körper und Seele, die sich – so FELDMANN – bis heute im säkularen Bewußtsein der Menschen wie auch in der Wissenschaft erhalten hat, zwischen drei Formen des Sterbens: dem physischen Sterben, dem psychischen Sterben und dem sozialen Sterben, die, zueinander in Beziehung gesetzt, ihm folgende Orientierungsmatrix liefern, in der er dann eine Reihe von soziologisch relevanten Todes- und Sterbethemen einordnet (Feldmann 1997, S.11ff; ähnlich und teilweise differenzierter auch in Feldmann 1990, S.19ff).

Abb.2: Sterben und Tod – Begriffliche Differenzierungen

	Physisches Sterben	*Psychisches Sterben*	*Soziales Sterben*
Der eigene Tod	Lebenslänge Sterbeort Organspenderpaß	Identität Lebensqualität	Rollen- oder Statusverlust
Der Tod des anderen	Todesursache Umgang mit der Leiche	Sterbebegleitung Trauer Erinnerung	Scheidung Bezugsperson im Gefängnis
der allgemeine Tod	Krieg Genozid	Ängste vor kollektiver Vernichtung	Vertreibung Auswanderung Überleben von Katastrophen

(entnommen aus Feldmann 1997, S.13)

Zwar mag auf den ersten Blick und in Bezug auf das soeben erwähnte ›Kommunikationsproblem‹ der ›eigene Tod‹ im wörtlichen Sinne sich dem soziologischen Zugriff versperren, gemeint ist hier allerdings vor allem *das Denken des ›eigenen Todes‹* als besonderes soziokulturelles Konstrukt, das zu denken erst im Zuge der westlich-abendländischen Modernisierungsprozesse dem daraus entstandenen modernen Subjekt *als Individuum* ermöglicht wurde: Wie könnte sich das Individuum in letzter Konsequenz als Individuum anders denken als im Gedanken an den *eigenen* Tod?[22] Doch gleichgültig, inwieweit man die Zuordnung der Feldinhalte zu den einzelnen Tabellenzellen plausibel finden mag, lassen sich an dieser thematischen Ordnung insbesondere für die deutschsprachige Thanatosoziologie drei wesentliche Begriffskonzeptionen von Tod und Sterben bzw. vielleicht besser: drei begriffliche Stoßrichtungen identifizieren.

---

[22] Vgl. zur historischen Genese und zur besonderen Problematik des ›eigenen Todes‹ für das Subjekt in modernen individualisierten Gesellschaften insbesondere Ariès (1987, S.121ff, zusammenfassend S.777ff) und Elias (1991, S.81ff) sowie auch Kap.4.1.1 (S.120f).

Zum einen geht es darum, Sterben und Tod als *soziale Tatsachen* im Sinne von kollektiven Phänomenen auf aggregiertem Datenniveau zu analysieren. Erinnert sei hier nur an Émile DURKHEIM, als den ›soziologischen Stammvater‹ einer solchen Herangehensweise, mit seiner Arbeit über den Selbstmord (Durkheim 1983 [1897]). Aktuell ist diese Perspektive auch oder vor allem im Kontext von Medizinsoziologie bzw. Sozialepidemiologie wie auch teilweise in der Bevölkerungssoziologie beheimatet, wobei deren Erkenntnisse mehr oder weniger kontinuierlich Eingang in die genuin thanatosoziologische Diskussion finden.[23] Vom ›Kommunikationsproblem Tod‹ weitgehend unberührt bleibt dieser Forschungsstrang offensichtlich aus zweierlei Gründen: Einerseits dominiert hier der Tod als unproblematisches *physisches* Phänomen, was wiederum andererseits Hand in Hand geht mit einer objektivistischen erkenntnistheoretischen Grundlegung, der es explizit nicht um die Rekonstruktion von sozialer Wirklichkeit aus der Perspektive von handelnden Subjekten geht, sondern vielmehr um die gleichsam post mortem durchgeführte Analyse der je nach sozialem und kulturellem Kontext vorgegebenen strukturellen Wirkfaktoren, unter denen sich der Gestorbene zu Lebzeiten befunden hat und die sein Sterben beeinflußt haben.[24]

Die zweite dominante begrifflich-konzeptionelle Stoßrichtung, teilweise basierend auf explizit kultursoziologischen Fundamenten, zielt auf die Rekonstruktion der mit Tod und Sterben jeweils verbundenen, historisch spezifischen und gesellschaftstypischen Einstellungen zum Tod, den dazu vorherrschenden Deutungen und Sinnsystemen im Bereich der symbolischen Kultur und deren Zusammenhang mit entsprechenden materialen Ausdrucksformen (also im Bereich der materiellen Kultur z.B. die Gestaltung von Friedhöfen usw.). Das Erkenntnisziel richtet sich demnach vor allem auf Todes*vorstellungen*, auf die Sinngebung(en) der gesellschaftlichen Erfahrung von Sterben und Tod, wobei hier neben den Verbindungen insbesondere zur Religionssoziologie auch der Austausch mit Sozial- und Kulturhistorikern wie Ethnologen bis hin z.B. zur Ethnomedizin zu finden ist.[25]

---

[23] Vgl. hierzu z.B. Cromm (1994, S.78ff), Feldmann (1997, S.47ff), Schmied (1988, S.19ff), Weber (1994, S.24ff); zu einigen erstaunlicherweise immer noch vorhandenen Defiziten in diesem Kontext – z.B. die ungenügenden statistischen Erkenntnisse zum Sterbeort u.a.m. – vgl. auch Blumenthal-Barby (1998, S.64ff).

[24] Sicher zutreffend ist der von Dénes Némedi (1995, S.67ff) gegebene Hinweis, daß schon bei Durkheim letztendlich eben nicht der Selbstmord als (soziale) Handlung, sondern die Selbstmordrate das eigentliche Forschungsproblem darstellte.

[25] Genannt seien auch hier nur einige wenige exemplarische Beispiele wie etwa die Arbeiten von Fuchs (1969) oder Hahn (1968) bis hin zu Nassehi & Weber (1989a) oder Weber (1994); zusammenfassend Feldmann (1990, S.71ff, 1997, S.24ff); für eine historische Perspektive vgl. z.B. Ariès (1981, 1987), Fischer (1996), Imhof (1998, S.118ff), Imhof & Weinknecht (1994); als illustratives, weil den thematischen Bogen recht weit spannendes Beispiel für eine kulturvergleichende Perspektive auf Sterben und Tod vgl. Sich, Figge & Hinderling (1985).

Damit in enger Wechselwirkung ließe sich als dritte Stoßrichtung hinsichtlich der (nicht nur materialen) Ausdrucksformen ein weniger historisch-rekonstruktives oder kulturvergleichendes als vielmehr im direkten Sinne pragmatisch am Hier und Jetzt arbeitendes Vorgehen identifizieren, bei dem primär die Rekonstruktion und Analyse der vorfindbaren *sozialen Praktiken* der Gesellschaftsmitglieder im Umgang mit Sterbenden wie Gestorbenen im Zentrum steht (z.B. Interaktionsmuster in Institutionen der professionellen Sterbebetreuung, Trauer- und Begräbnisrituale, typische Umgangsweisen mit der Leiche etc.).[26]

Überdenkt man das vor allem den beiden letztgenannten Herangehensweisen[27] zugrundeliegende Begriffsverständnis von Sterben und Tod bezüglich des oben erläuterten ›Kommunikationsproblems‹, um deren spezifisch soziologische Fokussierung festhalten zu können, läßt sich zusammenfassen: Sterben wird hier als *sozialer Prozeß* begriffen, der eingebettet ist in die jeweils kulturell vorhandenen Todesvorstellungen und Sinnsysteme. Kurz gesagt: Für Soziologen bezeichnen hier die Begriffe ›Sterben‹ und ›Tod‹ die kulturell präformierte und in der Regel sinnhaft legitimierte soziale Praxis, in die Subjekte eingebunden sind, wenn sie *als Sterbende definiert* sind, bis hin zu jenen sozialen Praktiken, mit denen die (Weiter-) Lebenden bzw. das betrofffene soziale Kollektiv *die Erfahrung des Todes eines* (signifikanten) *Anderen* zu bewältigen suchen.

Der soziale Tod

Wann ein Subjekt als Sterbender bzw. im Anschluß an diesen Prozeß als gestorben definiert wird, kann allerdings entsprechend dem soziologischen Begriff

---

[26] Vgl. hierzu z.B. schon Berger & Lieban (1960); insbesondere aber die prominenten Arbeiten von Glaser & Strauss (1965 [dt. 1974], 1968) oder Sudnow (1967 [dt. 1973]) bis hin zu Lau (1975) oder aktueller Streckeisen (1994, 1998); interessanterweise finden sich hier bislang noch kaum systematische Anknüpfungspunkte zu einer Soziologie des Körpers (vgl. z.B. Featherstone, Hepworth & Turner 1991), obgleich eine Verbindung mit dem Thema Tod und Sterben – hier der sterbende Körper und dort der tote Körper als Leiche – naheliegen würde (Feldmann 1990, S.146ff, Feldmann 1997, S.62ff, Walter 1993, S.275f; vgl. auch die nur spärlichen Verweise auf Sterben und Tod z.B. bei Bette 1989, S.116, Soyland 1995, Turner 1992, S.254ff).

[27] Zwar dominieren die beiden letztgenannten Perspektiven wohl die meisten thanatosoziologischen Diskussionen, gleichwohl vereinen sich oft alle drei Stoßrichtungen in den einzelnen Argumentationen und führen letztlich dann bezogen z.B. auf die moderne Gesellschaft zu mittlerweile recht gängigen kulturkritischen Argumentations- und Bewertungsverkettungen – z.B.: Infolge der Veränderungen in der Sterblichkeit (längere Lebenserwartung) ist heute der Tod aus der Alltagswelt der Menschen weitgehend verschwunden, womit eben auch die Aussonderung der Sterbenden in besonderen Institutionen wie der Klinik einhergeht (mehr zu solchen und weiteren, in der Thanatosoziologie verhandelten Argumentationen in Kap.2.2).

des ›sozialen Sterbens‹ bzw. ›sozialen Todes‹ höchst variabel sein.[28] So lassen sich soziologisch betrachtet Sterben und Tod begrifflich sogar soweit ausdehnen, wie dies etwa FELDMANN mit seinen Beispielen ›Scheidung‹ oder ›Gefängnisaufenthalt einer Bezugsperson‹ in der ganz rechten Spalte seiner Übersicht impliziert. Oder man koppelt beide Begriffe (das wäre dann die andere Variante) doch enger an den (bevorstehenden oder eingetretenen) physischen Tod, worauf z.B. Gerhard SCHMIED bestanden hat, um den Aspekt der grundsätzlichen Unwiederbringlichkeit des Verlustes einer Bezugsperson aus der Sicht von Angehörigen bzw. des betroffenen sozialen Kollektivs nicht aus den Augen zu verlieren (Schmied 1988, S.116f).[29] So oder so verweisen die Begriffe ›soziales Sterben‹ und ›sozialer Tod‹ jedoch in letzter Konsequenz auf einen gesellschaftlichen Mechanismus der ›sozialen Ausgrenzung‹, durch den dem (in der Regel) physisch noch lebenden, aber als ›sterbend‹ definierten Subjekt die Mitgliedschaft in der Gemeinschaft entzogen wird. In den Worten von Hans-Joachim WEBER formuliert geht es bei diesem Mechanismus

„(...) um Selektion und Kontrolle, um die Regulierung und Differenzierung sozialer Mitgliedschaft und um Zulassung zur sozialen Kommunikation. Der Begriff ›sozialer Tod‹ charakterisiert meiner Meinung nach aber auch eine ethisch normative Dimension,

---

[28] Der Begriff des ›sozialen Todes‹ wurde insbesondere von David Sudnow in Anlehnung an Erving Goffman in der Thanatosoziologie etabliert. Goffman benutzte ihn – laut Sudnow – ursprünglich zur Kennzeichnung der Behandlung Sterbender in Anstalten für Geisteskranke (vgl. hierzu auch den Begriff des ›bürgerlichen Todes‹ in Goffman 1973, S.26), während Sudnow, als Schüler und Mitarbeiter Goffmans, in seinen, in den 60er Jahren in us-amerikanischen Kliniken durchgeführten Feldforschungen zum Umgang mit sterbenden Patienten damit jene Phase bezeichnet, in der der noch lebende, aber z.B. komatöse Patient im wesentlichen als Leiche behandelt wird, weil die vormals sozial relevanten Attribute im Umgang mit ihm nicht mehr bedeutsam sind. Als Beispiele führt er das Schließen der Augenlider durch das Pflegepersonal noch vor Eintritt des Todes des Patienten an oder das am Bett eines komatösen Patienten stattfindende ärztliche Gespräch über dessen beabsichtigte Obduktion (Sudnow 1967, S.72ff [in dt. 1973, S.96ff] sowie Weber 1994, S.44ff).

[29] Doch auch wenn man Schmied in diese Verengung folgt, kann der soziale Tod zeitlich weit vor dem eigentlichen physischen Tod liegen, und vor allem muß er auch nicht unbedingt in einem – nach unserem Verständnis – direkten ursächlichen Zusammenhang mit vorgängigen physischen Aspekten wie z.B. diversen manifesten Krankheitssymptomen liegen, sondern umgekehrt: Psychosomatische Todesursachen können auch erst als eine Folge der sozialen Definition des ›Tot-seins‹ eines Individuums durch die anderen Gesellschaftsmitglieder auftreten, wie z.B. die Diskussionen um den sogenannten ›Voodoo-death‹ oder ›psychogenen Tod‹ in der Ethnopsychologie und Ethnomedizin zeigen (vgl. hierzu die kurze Skizze dieses Phänomens in Weber 1994, S.57ff; ausführlicher z.B. Schiefenhövel 1985, S.197ff). Auf der anderen Seite kann z.B. in Kulturen, die von einer Weiterexistenz des physisch Gestorbenen im Jenseits und von einer Beeinflussung des Diesseits durch seine dortige Existenz ausgehen, der soziale Tod auch dem physischen Tod zeitlich nachgeordnet sein bzw. gar nicht erfolgen (z.B. Weber 1994, S.49; vgl. auch Bauman 1994, S.83).

indem er darauf reflektiert, welcher Wert dem Mensch-Sein im jeweiligen sozialen System eingeräumt wird und wieweit ein ›sinnvolles‹ Leben in der Gemeinschaft realisiert werden kann. Der institutionelle Umgang mit Sterben und Tod erscheint als signifikanter Vorgang, in dem Individuen als Statuslose von der Gesellschaft ausgegrenzt und als ›Unperson‹ an den Rand der Kommunikationslosigkeit gedrängt werden. Soziale Ausgrenzung wird zu einem Mechanismus sozialer Reproduktion, einem institutionalisierten Mechanismus, der in der Kommunikationsgemeinschaft über Leben und sozialen Tod entscheidet." (Weber 1994, S.50)[30]

Ungeachtet der in dem Zitat eingeführten ethisch-normativen Dimension vollzieht ein solches Begriffsverständnis von Sterben und Tod eine Perspektivenverschiebung, die weg führt von einem einfachen biophysischen, quasinatürlichen Verständnis des Sterbens und hin zu der auf den Sterbenden bezogenen sozialen Praxis der (Weiter-) Lebenden, die die ›gesellschaftliche Wirklichkeit des Todes‹, wie sie der Sterbende erfährt – gleichviel ob er sie bewußt wahrnimmt oder z.B. infolge von körperlichen Ausfallserscheinungen nur noch ›unbewußt‹ erlebt (erleidet) –, konstituiert.[31] Damit befinden wir uns zwar gleichsam immer noch mitten drin im Strudel jenes von Macho problematisierten ›Kommunikationsproblems‹, weil wir auch mit dem Begriff des ›sozialen Todes‹ selbstverständlich nicht ›den Tod‹ erfassen können. Doch wir gelangen mit diesem Schritt über die einfache, oben betriebene ›alltagsphänomenologische Aufzählungslogik‹ hinaus, indem es jetzt präziser gelingt, eine *soziologisch taugliche* Begriffsannäherung an jene, von MATOUSCHEK angesprochenen ›neuen Phänomene um Sterben und Tod‹ – wie eben den ›Hirntod‹ – zu skizzieren.

---

[30] Vorausgeschickt werden kann, daß es im Kontext der Hirntod-Debatte weniger um jene sukzessiven Ausschließungsprozeduren des Sterbenden geht, sondern grundsätzlicher um Aufrechterhaltung oder Entzug des Status einer sozialen ›Person‹ anhand der Bestimmung des Zeitpunkts des Todeseintritts, festgemacht an physischen Zuständen, die als noch-Vorhandensein oder bereits als Abwesenheit von ›Personalität‹ gewertet werden (Lindemann 1999a, S.589; vgl. auch z.B. Wackers 1994, S.170ff, Weber 1994, S.323ff sowie insbes. Kap.4.2.3).

[31] In diesem Zusammenhang nicht unerwähnt bleiben soll der Hinweis von Gerhard Schmied, nach dem gerade durch die in dem soziologischen Begriff des ›sozialen Todes‹ enthaltene ethisch-normative Dimension dieser seinen tieferen Sinn gewinnt, indem damit immer schon die Frage nach der Würde eines Sterbenden verbunden ist (Schmied 1988, S.117). Daß der ›Ausgrenzungsprozeß‹ im Anschluß an die Definition eines Subjekts als ›sterbend‹ recht unterschiedlich verlaufen kann, zeigen eine Reihe von empirischen Beispielen aus Kliniken, die eine durchaus differenzierende Interaktionspraxis im Umgang mit Sterbenden bzw. Gestorbenen erkennen lassen – so z.B. nach deren sozialer Schichtzugehörigkeit oder z.B. nach deren Alter (bei Kindern und Jugendlichen im Vergleich zu älteren Personen), wobei letzteres gleichsam als indirekter Ausdruck einer kulturspezifischen ›Wertung‹ zugunsten jüngerer Lebensalter gedeutet werden kann (z.B. Sudnow 219ff; vgl. auch Weber 1994, S.60ff).

Todesmetaphern

Wenn der von MACHO ausgeführte Hinweis auf die eigentümliche Referenzlosigkeit unseres Sprechens über den Tod zutrifft, ›dem Tod‹ – als einem Begriff, „dem keine Anschauung korrespondiert" (Macho 1987, S.181) – also eine intersubjektiv geteilte eigene Erfahrungsmöglichkeit fehlt, heißt dies aber nicht gleichzeitig, daß der Tod gar ein sinnentleertes Zeichen ohne jegliche Referenz darstellt. Vielmehr bedeutet es, daß die je nach Kultur und Gesellschaftsform unterschiedlichen Vorstellungen, Sinndeutungen zu Sterben und Tod, welche in den Köpfen der jeweiligen Gesellschaftsmitglieder vorherrschen und welche die soziale Praxis des Todes präformieren, eine zu beachtende eigene Qualität besitzen. Denn – so MACHO – immer dann, wenn wir vom Tod reden, sprechen wir letztendlich und ausschließlich in ›Metaphern‹:

„Der Begriff des Todes ist nur *leer* für den Philosophen, der das Todesproblem aus der Relation zwischen Phänomenen und Begriffen entziffern will; just *diese* Relation läßt sich aber nicht herstellen, weil die *Erfahrung des Todes* als einzig *wirklich private* Erfahrung fungiert, die wir uns vorstellen können. Und über diese einzigartige (vielleicht sogar imaginäre) »Erfahrung« läßt sich nicht kommunizieren. *Dennoch sprechen wir vom Tod.* Wenn wir die Richtigkeit des Privatsprachenarguments zugeben, stellt sich heraus, daß wir vom Tod stets in *Metaphern* sprechen – und zwar ohne, daß sich diesen Metaphern ein wahrer oder substantieller Begriff des Todes konfrontieren ließe. Unser Diskurs über den Tod kann nicht entmythologisiert werden. Der mythisch-metaphorische Charakter des Todesbegriffs in seiner alltäglichen Verwendung ist sein *einziger Sinn.*" [Herv. im Orig.; Anm. d. Verf.] (ebd., S.183)[32]

Demnach resultiert aus dem Fehlen *jeglicher* Referenz auf subjektiver Erfahrungsseite zum einen, daß das Zeichen ›Tod‹ damit grundsätzlich *jeglicher* Sinnzuweisung offen steht, weil sich solche Sinnsetzungen in letzter Konsequenz niemals an der praktischen Erfahrung des (eigenen) Todes messen lassen können (bzw. müssen); zum anderen, daß sich der Diskurs über den Tod zwar nicht entmythologisieren läßt, indem ihm ein ›wahrer Begriff‹ des Todes entgegengestellt wird, daß es aber (vor allem der Soziologie, die Sterben und Tod als soziales Sterben und als sozialen Tod fokussiert) darum gehen kann, diesen Diskurs zu rekonstruieren (z.B. welche Wahrheiten der Diskurs selbst beansprucht) und die darin vorfindbaren ›Metaphern‹ (hier verstanden als Symbole, Deutungen, Sinnsetzungen etc.) bezüglich ihrer praktischen Referenzen (den

---

[32] Um die kulturelle Relativität dieser Überlegungen deutlich zu machen, sei nebenbei angemerkt: Die Richtigkeit des *Privat*sprachenarguments erschließt sich wohl prinzipiell ausschließlich dem modernen Subjekt westlich-abendländischer Provenienz auf Grund seiner besonderen Verfaßtheit mit der Trennung von ›Öffentlichkeit‹ und ›Privatheit‹ als einem seiner wesentlichen konstitutiven Merkmale. Im Gegensatz dazu erscheint in anderen kulturellen Kontexten infolge eines Fehlens des, auf der Matrix von öffentlich-privat wahrgenommenen, *eigenen Todes* als soziokulturellem Konzept die Erfahrung *des Todes* zumindest aus der Perspektive der Gesellschaftsmitglieder durchaus kommunikabel.

Implikationen, Definitions- und Handlungsanleitungen für den Umgang der Weiterlebenden mit den Sterbenden und Toten) zu dechiffrieren.

Kehrt man nach diesen wenigen begrifflichen Vorüberlegungen schließlich zu den Hinweisen des medizinischen Praktikers MATOUSCHEK zurück, so wird jetzt deutlich, daß es heute soziologisch gesehen um mehr geht, als lediglich um ›ungelöste Entscheidungszwänge‹ (im Sinne von *Handlungsproblemen*) vor dem Hintergrund neuer medizinisch-technischer Entwicklungen wie z.B. Hirntod-Diagnostik und Organtransplantation. Denn demnach kennzeichnet den heutigen, aktuellen Diskurs über Sterben und Tod eine *doppelte* Offenheit bzw. Unsicherheit, die hinter jenen Entscheidungsschwierigkeiten steht bzw. diesen überhaupt erst ihren Problemcharakter verleiht: Unser Reden über Sterben und Tod basiert nicht nur im Sinne MACHOS auf jener grundsätzlichen (und philosophisch gesehen schon immer vorhanden gewesenen) Referenzlosigkeit, die nur ›metaphorisch‹ ausgefüllt werden kann, sondern verweist aufgrund des ›medizinisch-technischen Fortschritts‹ bzw. allgemeiner: aufgrund veränderter gesellschaftlicher Verhältnisse gewissermaßen auf neue Leerstellen (im Sinne von offenen *Deutungsproblemen*), die in gesellschaftlichen Deutungs- und Definitionsprozessen wiederum ›metaphorisch‹ aufgefüllt, d.h. also mit Sinn besetzt und in soziale Praxis umgesetzt werden müssen. Und damit liegt die eigentlich spannende Frage darin, zu klären, welche ›Todesmetaphern‹ hierbei welche Verwendung finden? Die alten? Gänzlich neue? Alte, die in neue transformiert werden? Mit welchen Konsequenzen für die sozial konstruierte Wirklichkeit des Sterbens? ...

Doch bevor nach diesen ersten grundsätzlichen Begriffsüberlegungen zu einer solchen Fragenperspektive eine soziologisch adäquate theoretisch-methodologische Zugriffsweise entwickelt werden soll, gilt es in einem nächsten Schritt zu prüfen, inwieweit hierzu in der Thanatosoziologie womöglich bereits verwertbare Fundamente vorhanden sind.

2.2. Die Gesellschaft und der Tod: Verdrängung, Tabuisierung, Diskursivierung ...? – Zur widersprüchlichen Todessemantik in der Thanatosoziologie

Der Tod wurde auf dem Weg in die moderne Industriegesellschaft zunehmend an den Rand gedrängt und ist heute weitgehend *tabuisiert* bzw. *verdrängt*. – So lautet die mittlerweile fast schon zu einer Binsenweisheit geratene kulturkritische Einschätzung zu unserem heutigen Umgang mit dem Phänomen Sterben und Tod, an deren Entstehung und Verbreitung die Soziologie, neben anderen Disziplinen wie z.B. Geschichtswissenschaft, Philosophie oder Psychologie, durchaus ihren Anteil hatte.

Als fast schon ›klassische‹ Literaturverweise aus den 50er und 60er Jahren gelten hier z.B. der Beitrag des britischen Ethnologen und Soziologen Geoffrey GORER (1955, 1965) oder auch die von Peter L. BERGER und Richard LIEBAN präsentierte Analyse von Bestattungspraktiken in den U.S.A. (Berger & Lieban

1960, S.224ff). Während GORER meinte, das Tabu einer gesellschaftlichen Auseinandersetzung mit dem Tod sei im 20. Jahrhundert an Stelle des im 19. Jahrhundert vorherrschenden viktorianischen Sexualitätstabus getreten (Gorer 1955), verweisen BERGER und LIEBAN für die Vereinigten Staaten auf den Zusammenhang zwischen der dortigen professionalisierten Bestattungspraxis – mit der ihr eigenen perfektionierten Tendenz zur Camouflage des Todes zugunsten einer Illusion des Lebens – und der zentralen Wertstruktur der US-amerikanischen Gesellschaft: dem durchgehend pragmatisch orientierten Optimismus als dominante Lebenshaltung des ›American way of life‹.[33] Für den deutschsprachigen Raum können in diesem Kontext die kulturvergleichenden Arbeiten des Schweizer Soziologen Jean ZIEGLER wie auch in einem eingeschränkten Sinn z.B. die des Medizinsoziologen Christian v. FERBER angeführt werden: v. FERBER relativiert zwar die generelle Gültigkeit einer ›Theorie der Verdrängung und Tabuisierung des Todes‹ für moderne Gesellschaften, spricht aber andererseits einer durch soziologische Forschung angestoßenen stärkeren gesellschaftlichen Auseinandersetzung mit dem Tod eine politisch befreiende Wirkung aus ›selbstverschuldeter Unmündigkeit‹ zu: das Memento mori also als Mittel zum Zurückdrängen von – das Individuum als Persönlichkeit totalisierenden – Geltungsansprüchen gesellschaftlicher Normen (z.B. v. Ferber 1963, S.338ff, 1970, S.248f; vgl. hierzu kritisch z.B. schon Fuchs 1969, S.15ff). ZIEGLER hingegen verurteilt auf der Grundlage einer explizit kapitalismuskritischen Perspektive vor allem die hegemoniale Thanatopraxis der Ärzte, die als zentrale Todes-Agenten der todvergessenen industriellen Warengesellschaft ein menschenwürdiges, weil nicht entfremdetes Sterben verhindern (Ziegler 1977; vgl. hierzu kritisch z.B. Hahn 1979, S.748ff).

Doch entgegen oder parallel zu solchen Diagnosen und Einschätzungen ist in den modernen Gesellschaften westlicher Prägung mittlerweile – zumindest seit den 80er und insbesondere in den 90er Jahren – auch eine zunehmende *Diskursivierung* des Todes zu beobachten. Neben Phänomenen wie öffentliche Diskussionen um aktive Sterbehilfe, die Entwicklung von professionellen Organisationen zur Sterbebegleitung (Hospizbewegung) oder ebenso die Ausbreitung entsprechender Selbsthilfevereine etc. bieten vor allem auch die Massenmedien der Auseinandersetzung mit Sterben und Tod zunehmend eine Plattform.[34] Schließlich deutet das Schlagwort von der ›Mediatisierung des Todes‹ (Feldmann 1997, S.73f, 1990, S.111ff) gar an, daß vielleicht noch nie eine Kultur existierte, in der die bildliche Darstellung bestimmter Formen des Sterbens, des Todes derart weit und massiv in den Alltag aller Gesellschaftsmitglieder hineinragt, wie dies heute durch die immer wieder heiß diskutierte Pro-

---

[33] Vgl. für eine recht umfassende Zusammenstellung des damaligen Diskussionsstandes zu Sterben und Tod z.B. Feifel (1959).

[34] Eine exemplarische Analyse für die besondere Form der Diskurisivierung des Themas Sterben und Tod am Beispiel von BILD liefert Jäger (1997, S.62ff).

grammgestaltung des Fernsehens im Informations- wie Unterhaltungsbereich geschieht, wo die diversen Inszenierungen eines gewaltsamen Todes als feste Skriptmarker (wie z.B. die vielzitierte obligatorische Frauenleiche im Sonntagsabends-Krimi) geradezu unvermeidlich erscheinen. Und so meint z.B. der Theologe H. POMPEY, daß auf der einen Seite wohl selten in der Geschichte der Menschheit über Tod und Sterben soviel debattiert und nach Wegen ihrer Bewältigung gesucht wurde wie heute, auf der anderen Seite aber verdrängen und tabuisieren wir, d.h. die Welt der Lebenden und Gesunden, das konkrete Sterben, den konkreten Tod eines Mitmenschen, wie dies ebenfalls noch kaum in der Menschheitsgeschichte der Fall war (Pompey 1989, S.33ff). Ein offensichtlicher Widerspruch? Oder eher ein gegenseitig sich bedingendes ›sowohl-als-auch‹? Oder vielleicht gar (auch und vor allem) ein typisches Muster der Selbstbeschreibung (post-) moderner Gesellschaften? Jedenfalls Grund genug, zunächst genauer hinzusehen, was mit der so populären Verdrängungs- bzw. Tabuisierungsthese eigentlich gemeint ist und welche unterschiedlichen Positionen dazu in der damit beschäftigten Soziologie vertreten werden.

2.2.1. Verdrängungsthese – Pro und Contra: Eine Übersicht

Erinnern wir uns an jene drei, im letzten Kapitel kurz skizzierten begrifflichen Stoßrichtungen, an denen sich die folgende Rekonstruktion der wichtigsten soziologischen Bausteine der Verdrängungsthese und deren Diskussion orientieren kann, und beginnen wir mit einer ersten groben Skizze dazu anhand dreier, für die diversen Verdrängungsrhetoriken konstitutiver Argumentationsschritte.[35]

Verdrängungsrhetoriken

Erstens: Aufgrund des Wandels vorherrschender Todesursachen, die mit zunehmend chronischen und degenerativen Leiden eher auf eine längere Krankheit vor Eintritt des Todes schließen lassen (z.B. Herz- bzw. Kreislauferkrankungen und Krebs), nehmen zum einen – grosso modo – die langen Tode zu und die kurzen ab (Schmied 1988, S.20). Zum anderen bedeutet die in westlichen Gesellschaften stark gestiegene Lebenserwartung, daß die weitaus überwiegende Mehrzahl der Sterbefälle sich erst im Alter ereignet, insofern also auch von einem ›selteneren Sterben‹ ausgegangen werden kann (ebd., S.26ff; vgl. auch z.B. Weber 1994, S.301ff). Beide Aspekte, *das lange und das seltene Sterben*, zusammengenommen und in Verbindung mit dem Hinweis auf die im Zuge gesellschaftlicher Modernisierungsprozesse seit Beginn der Neuzeit eben-

---

[35] Klaus Feldmann (1990, S.72ff) hat für eine genauere Betrachtung der ›Verdrängungsthese‹ eine recht hilfreiche, aber unstrukturierte Gegenüberstellung der wichtigsten, in den letzten Jahrzehnten verhandelten unterschiedlichen Argumentationen geliefert, die mit entsprechenden soziologischen Schlagwörtern überschrieben (im folgenden *kursiv* gesetzt) die einzelnen Facetten skizziert.

falls *veränderten Haushalts- und Familienstrukturen* – konkret: die Entwicklung hin zur ›bürgerlichen Normalfamilie‹ mit einer Elterngeneration und wenigen Kindern in einem Haushalt und im Hinblick auf die Verbreitung säkularisierter Formen des Alleinlebens sogar darüber hinaus –, führen im Kontext der Verdrängungsthese häufig zu folgender Charakterisierung des modernen Sterbens: Das Sterben vollzieht sich einerseits immer häufiger in besonders damit befaßten Institutionen – also neben der häuslichen Sterbebegleitung und neueren Institutionen wie dem Hospiz überwiegend in der Klinik bzw. im Pflegeheim (*Bürokratisierung*).[36] Andererseits wird der Einzelne im Vergleich zu historisch früheren Epochen in der Regel vor allem dann mit dem Tod konfrontiert, wenn dieser in der eigenen Familie erfolgt, d.h. durch den Tod der eigenen Eltern im schon fortgeschrittenen Erwachsenenalter bzw. den Tod der Großeltern im Erwachsenenalter, die zu diesem Zeitpunkt jedoch zumeist nicht (mehr) im selben Haushalt leben.[37] Die diesen Aspekt kennzeichnende Rede von der *Privatisierung* des Todes verweist dabei allgemein auf jene gesellschaftliche Entwicklungslinie der ›Ent-Gemeinschaftung‹ der Subjekte, in der das Sterben eines Gemeinschaftsmitgliedes vormals in traditionalen Gesellschaften als öffentliche Angelegenheit die gesamte (Haus- und Dorf-) Gemeinschaft in diesen Prozeß involvierte (Besuche am Sterbebett, Organisation des Begräbnisses etc.) (Elias 1991, S.30f). Dem gegenüber wird in modernen Gesellschaften mit der für sie konstitutiven Privatsphäre, in der das Sterben der engsten Familienangehörigen eingeschlossen bleibt, dem Tod von in diesem Sinne *nicht* signifikanten Anderen wenig Beachtung geschenkt, da dieser den Alltag der (Weiter-) Lebenden kaum noch tangiert, zumal das Sterben selbst ja immer häufiger, wie erwähnt, in jenen bürokratischen Organisationen erfolgt.[38] Speziell auf die auch

---

[36] Zwar sterben in unserer Gesellschaft mehr als 2/3 aller Menschen im Krankenhaus (ca. 90% der städtischen und ca. 60% der ländlichen Bevölkerung), auf der anderen Seite haben sich jüngst ca. 76% in einer repräsentativen Befragung bereit erklärt, sterbende Angehörige zu Hause zu pflegen (Beck, R., 1995, S.10, Schaich-Walch 1995, S.8, Becker 1995, S.13ff).

[37] Der Vollständigkeit wegen sollte in diesem Zusammenhang der Hinweis nicht fehlen, daß eine solche, gleichsam sozialstrukturell verankerte Kennzeichnung des modernen Sterbens unter anderem auch der im Zuge des von Norbert Elias beschriebenen Zivilisationsprozesses vollzogenen generellen inneren wie äußeren Befriedung moderner Gesellschaften geschuldet ist. Allerdings hat gerade das 20. Jahrhundert mit zwei Weltkriegen und Völkermord die Fragilität des erreichten Zustandes in erschreckender Weise offenbart (Elias 1991, S.74ff).

[38] In dieser Formulierung soll deutlich werden, daß das Schlagwort von der Privatisierung *nicht* primär auf die Örtlichkeit des Sterbens abstellt (denn insofern wäre der Hinweis auf das zunehmende Sterben in bürokratischen Institutionen ja gerade ein Beleg *gegen* jene Privatisierung), sondern auf die innerhalb der Gemeinschaft intersubjektiv geteilte Bedeutung und alltagspraktische Relevanz des Sterbens eines Mitgliedes, die eben – so lautet zumindest dieses Argument – in der Regel kaum noch über die Privatsphäre der betroffenen Familie hinausreicht.

für das moderne Subjekt noch existenten signifikanten Anderen – vor allem die eigenen Familienmitglieder – hin gedacht, bedeutet dies, daß, anders als wenn der eigene Lebenspartner oder ein' noch im Haushalt lebendes Kind betroffen sind, durch den Tod der Eltern oder Großeltern die Familie selbst (und noch weniger die individualisierte Single-Existenz) meistens nicht *direkt* in ihrem Fortbestand gefährdet ist. Und so liegt der Schluß nahe: „Was selten vorkommt und, dies vor allem, was einem selten zutiefst anrührt, ist selten Gegenstand der Reflexion und Kommunikation." (Schmied 1988, S.32) Noch lakonischer formuliert dies z.B. Norbert ELIAS:

„Das Leben wird länger, das Sterben wird weiter hinausgeschoben. Der Anblick von Sterbenden und Toten ist nichts Alltägliches mehr. Man kann im normalen Gang seines Lebens den Tod leichter vergessen." (Elias 1991, S.17)

Zweitens: Diese (durchaus nicht unproblematisch verallgemeinernde) Schlußfolgerung eines gleichsam generalisierten modernen ›Erfahrungsmodus‹ des langen und seltenen, bürokratisch organisierten und gleichzeitig privatisiert wahrgenommenen Sterbens bzw. Todes seitens der (Weiter-) Lebenden, was man als Symptom von ›Verdrängung‹ deuten kann, aber keinesfalls muß, führt bereits mitten hinein in den nächsten zentralen Argumentationsschritt, der auf der einen Seite den damit einhergehenden *Verlust an Primärerfahrung* im Umgang mit Sterbenden und Toten diagnostiziert. Neben verbreiteten *Kommunikationsdefiziten* wie z.B. einer alltäglichen Vermeidung des Sprechens über den Tod bis hin zum bewußten *Erfahrungsentzug* z.B. bei Kindern, indem sie von Sterbenden oder Begräbnissen ferngehalten werden, spielen bei diesem Argument vor allem die Massenmedien – insbesondere das Fernsehen – eine wichtige Rolle: In Abgrenzung zum (direkten) Erleben von Sterben und Tod in traditionalen Gesellschaften dominiert den modernen Menschen ein medial vermittelter Weltzugang, der auch im Hinblick auf Sterben und Tod zu jener – von Jean BAUDRILLARD so bezeichneten – ›Hyperrealität‹ führt, in der ›Wirklichkeit‹ nur noch als totaler Simulationszusammenhang erfahrbar bleibt und in der vor allem ausschließlich bestimmte Formen von Sterben und Tod aufscheinen (z.B. der ästhetisierte gewaltsame Tod junger Menschen und nicht das langsame, sieche Sterben Älterer usw.) (Feldmann 1997, S.73f, 1990, S.111ff).[39]

Auf der anderen Seite korrespondieren diesem, gedeutet als vom (›realen‹) Sterben entfremdenden Erfahrungsmodus verbreitete Todes*vorstellungen*, die den Tod im wesentlichen nüchtern als ›Lebensende‹, als ›natürlichen‹ (und damit notwendigen) Abschluß des Lebens (Elias 1991, S.72f) oder eher resignativ

---

[39] Die Diskussion innerhalb einer z.T. recht naiven Wirkungsforschung, daß solche Gewalt-Darstellungen vor allem bei Kindern und Jugendlichen zu einer Verrohung führen, soll hier gar nicht weiter verfolgt werden. Vielmehr scheint mir der grundsätzliche Hinweis angebracht, daß die sozialen und subjektiven Konsequenzen aus der postulierten Differenz zwischen den beiden Modi des Weltzugangs – Primär- und Sekundärerfahrung – theoretisch wie empirisch noch weitgehend ungeklärt sind (vgl. auch Feldmann 1990, S.81f und 113).

als unausweichliches Schicksal sehen. Solche Vorstellungen mögen z.T. zwar auch mit Angst besetzt sein, sind aber auf jeden Fall immer weniger religiös konnotiert im Sinne von Erlösungsvorstellungen mit der Verheißung auf eine (weitere oder neue) Existenz nach dem Tod (Pompey 1989, S.44ff; vgl. auch z.B. Finckh 1997, S.90f oder schon Wittkowski 1978, S.55ff, 1990).

Vor dem Hintergrund der bis hierher skizzierten beiden Argumentationsschritte lassen sich die tieferen Ursachen der dann so genannten Verdrängung und Tabuisierung des Todes aus Sicht der Verdrängungsthese schnell ausmachen: Sie liegen demnach in den besonderen Merkmalen der modernen Gesellschaft wie z.B. auf einer strukturellen Ebene in der zunehmenden *Individualisierung* sowie z.B. auf einer kulturellen Ebene in dem (natur-) *wissenschaftlich dominierten Weltbild* mit seiner Diesseits-Orientierung, „in dem der Glaube an überlegene wissenschaftlich-technische Gesetzmäßigkeit und Vernunft, also auch der Glaube an absolute wissenschaftliche Wahrheiten und an das umfassend Machbare" überwiegt: „Diese innerweltliche Sicht ist es, die zum Verlust des Religiösen und Transzendenten und damit auch zur Tendenz führte, den eigenen Tod zu tabuisieren." (Groll o.J., S.5)[40] Doch wichtig ist auch, eine darin schon angedeutete entscheidende Differenzierung bzw. Relativierung der allgemeinen Verdrängungs- und Tabuisierungsrhetorik festzuhalten: Es ist vor allem der *eigene* Tod, der weniger ›tabuisiert‹, sondern vielmehr ›ignoriert‹ wird, worauf schon Alois HAHN in den 60er Jahren in seiner Untersuchung hingewiesen hat (Hahn 1968, S.33ff).[41] Kritisch gegenüber der Verdrängungsrhetorik führt nach Hahn nicht die Furcht vor dem eigenen Tod zu dessen Verdrängung und Tabuisierung, sondern das eigene Sterben kann erfolgreich ignoriert werden, weil es für den Alltag eben keine zentrale Rolle (mehr) spielt: „Der größte Teil der Befragten schweigt gerade deshalb über den eigenen Tod, weil er sich *nicht* ständig vor ihm fürchtet, weil der geringe Einfluß der Notion des eigenen

---

[40] Dieses Zitat ist entnommen aus der Broschüre ›Vererben mit Sinn und Verstand‹, verfaßt von dem Juristen Klaus M. Groll (hrsg. vom Deutschen Forum für Erbrecht e.V. München, o.J.), der als weiteren Beleg für das behauptete Todes-Tabu auf die Unwilligkeit der Deutschen verweist, die ›letztwillige Verfügung‹ für den Todesfall festzulegen: Nach einer EMNID-Untersuchung von 1998 haben derzeit insgesamt nur knapp 30% (im Alter von 18 Jahren und älter) ein Testament verfasst (ebd.). Im übrigen ließe sich das im Zitat zum Ausdruck gebrachte Argument bereits mit Max Weber belegen, der jene Probleme für die Sinngebung des Todes in modernen Gesellschaften infolge des Verlustes des Jenseitsglaubens bereits gesehen hat (Weber 1920/21, S.569f; vgl. auch Hahn 1968, S.85f, 1979, S.751, Helle 1997, S.44ff).

[41] Hahn stützte sich in seiner Analyse neben einer sekundäranalytischen Auswertung damals vorliegender Untersuchungen auch auf eine selbst durchgeführte Studie. Dabei befragte er in ca. 100 Interviews (jeweils 50 in Frankfurt und in einer kleinen dörflichen Gemeinde mit weniger als 2000 Einwohnern) die Informanten (aus Gründen der Vergleichbarkeit ausschließlich verheiratete Männer: Facharbeiter und Handwerker im Alter von 30 bis 45 Jahren und ohne höherer Schulbildung) zu Quantität – von Hahn als ›Todkontakte‹ bezeichnet im Sinne einer Konfrontation mit dem Tod anderer – und Qualität von Todeserlebnissen (Hahn 1968, S.146ff).

Todes auf das alltägliche Erlebnis der Wirklichkeit des Daseins eine Verdrängung dieser Art überhaupt nicht erforderlich macht." [Herv. im Orig.; Anm. d. Verf.] (ebd., S.43) Denn ein Leben im Hier und Jetzt, ohne sich permanent durch das Sterben anderer den eigenen Tod vergegenwärtigen zu müssen, geht einher mit einer Grundhaltung, die sich gleichsam als ›*potentielle Unsterblichkeit*‹ umschreiben ließe. Anders als der religiös fundierte Glaube an die Unsterblichkeit durch eine jenseitige Existenz nach dem Tod, wird dem Subjekt diese säkulare diesseitige Alltagseinstellung eben nur noch selten durch die direkte Konfrontation mit dem Tod infolge des Sterbens signifikanter Anderer fragwürdig (ebd., S.84ff).

Drittens: Ein dergestalt kulturell und alltagsweltlich ausgegrenzter – oder wie ARIÈS seine entsprechenden Unterkapitel überschreibt: ›ausgebürgerter‹ und ›verborgener‹ – Tod (Ariès 1987, S.715ff und 741ff) kann konsequenterweise infolge gesellschaftlicher Differenzierungsprozesse nur mit einer in speziellen Institutionen und Organisationen ausgegliederten gesellschaftlichen *Thanatopraxis* einhergehen (*Segregation*), die wiederum selbst den Dilemmata ihrer zugrunde liegenden Orientierungen und Regelhaftigkeiten unterliegt. So verwundert es nicht, daß eine Reihe von mehr oder weniger bekannten Arbeiten zum Umgang mit Sterben und Tod in Kliniken z.T. expressis verbis den bisher vorgetragenen Aspekten ihren empirisch-praktischen Unterbau verleihen:[42] Die moderne Klinik dient ihrem Selbstverständnis nach (immer noch und trotz aller gesundheitsreformerischen Anstrengungen, ›ökonomischer Effizienz‹ als Zielvorgabe ein stärkeres Gewicht zu verleihen) als oberstem Ziel dem Wohl des Patienten. Doch da dieses Wohl letztlich immer schon ›Gesundung‹, ›Genesung von Krankheit‹ meint, belasten solche Patienten, denen dieses Ziel infolge unheilbarer, tödlich verlaufender Erkrankung versagt bleibt, den reibungslosen organisatorischen Ablauf. Die Folgen dieses institutionellen Dilemmas beschreiben jene Studien mit eindrucksvollen, teilweise erschütternden Beispielen, die letztlich auf eine soziale Praxis hindeuten, die weniger an den Bedürfnissen des Sterbenden orientiert ist (was immer diese auch sein mögen), als vielmehr das Sterben des Patienten vor allem für die Institution selbst, d.h. insbesondere für das Personal und nicht zuletzt auch für die Angehörigen ›erträglich‹ machen will. Somit dominiert auf der Grundlage einer zunehmenden Medikalisierung und Technisierung des finalen Krankheitsgeschehens häufig das Ausweichen,

---

[42] Ohne näher auf Detailschilderungen einschlägiger Beispiele eingehen zu wollen, sei hier lediglich auf die entsprechenden älteren, aber auch neueren Publikationen zum Klinikalltag im Umgang mit Sterbenden verwiesen, die trotz einiger Veränderungen – z.B. im Aufklärungsverhalten von Ärzten gegenüber Patienten und Angehörigen bei Krebsdiagnosen – ein immer noch recht deutliches Bild jener Verdrängungs- und Vermeidungsstrategien zeichnen (Glaser & Strauss 1974, 1980, z.B. S.56ff, Lau 1975, insbes. S.71ff, Streckeisen 1994, insbes. S.239ff, Sudnow 1973, z.B. S.57f; vgl. zusammenfassend z.B. schon v. Ferber 1970, S.241ff; aktueller z.B. Feldmann 1997, S.67ff und insbes. auch Pfeffer 1998 mit einer aufschlußreichen empirischen Studie zu einem Siegener Hospiz im Vergleich zur sozialen Organisation von Sterben und Tod im herkömmlichen Krankenhaus).

Verdrängen, Verbergen, das Unsichtbar-machen und ›hinter-die-Kulissenschieben‹ (Elias 1991, S.22ff) auch jene professionelle Betreuungspraxis des als sterbend definierten Subjekts.

Die Konsequenz aus den unter Punkt eins bis drei skizzierten Prozessen liegt insgesamt – gemäß der Verdrängungsthese – in einer gesellschaftlich produzierten, fundamentalen *Entfremdung* vom Sterben und Tod in der Moderne, die es verhindert, den Tod als universales und allzeitiges Phänomen annehmen zu müssen bzw. zu können. Vielmehr dominiert dadurch ein Blick, der Sterben und Tod als besonderes Problem von Minderheiten, von gesellschaftlichen Randgruppen identifiziert und damit – im buchstäblichen Sinn – an den Rand drängt: der Tod als Problem z.B. von AIDS-Kranken, als Problem von alten und gebrechlichen Menschen u.a. (*Partikularisierung*).

Kritik an der Verdrängungsthese: Die erfolgreiche moderne Kontrolle des Todes

In der hier gezeichneten Skizze der ›Verdrängungs- und Tabuisierungsthese‹ darf allerdings die ihr oft entgegengehaltene *Kritik* nicht fehlen. Denn im Gegensatz zu der teilweise recht einseitigen kulturkritischen Deutung der skizzierten Schlagwörter und als Ergänzung zu den bereits an einzelnen Aspekten implizit angedeuteten Relativierungen bzw. Kritikpunkten läßt sich auch eine Einschätzung formulieren und begründen, nach der der Tod in modernen Gesellschaften nicht durch Verdrängung und Tabuisierung gekennzeichnet werden kann, sondern vielmehr gerade im Gegenteil ›realitätsgerechter‹ betrachtet und ›erfolgreicher‹ bearbeitet wird, als es in traditionalen Kulturen der Fall war und ist (vgl. zusammenfassend Feldmann 1990, S.73ff).

In expliziter Abgrenzung zu BERGER und LIEBAN vertraten Talcott PARSONS und Co-Autoren (vgl. Parsons & Lidz 1967; Parsons, Fox & Lidz 1973; zusammenfassend auch Feldmann 1995, S.140ff) schon in den 60er Jahren die Argumentation, daß

„die amerikanische Gesellschaft eine stabile, dem sozialen Wandel angepaßte Todesorientierung institutionalisiert habe, die nicht eine »Verleugnung«, sondern eine Weise der Akzeptanz darstelle, die dem zentralen kulturellen Muster des instrumentellen Aktivismus angepaßt sei, also einer aktiven wissenschaftlich gesteuerten Kontrolle über die physische oder natürliche Umwelt, die sich vor allem im erfolgreichen Kampf gegen den vorzeitigen Tod und in der Senkung der Kindersterblichkeit zeige" (Feldmann 1995, S.158).[43]

---

[43] Klaus Feldmann weist in diesem Zusammenhang darauf hin, daß Parsons bereits hier mit der Unterscheidung zwischen einer *individuellen* psychischen Verdrängung, die seiner Meinung nach in den USA der 50er und 60er Jahre durchaus vorhanden sei, und einer eben *nicht* existenten *gesellschaftlichen* Verdrängung des Todes operiert, die in ähnlicher Form, wenn auch in jeweils anderen theoretischen Kontexten und vor allem mit anderen Deutungen später dann auch bei Elias (1991) oder bei Nassehi & Weber (1989a) zu finden ist, ohne daß jene Autoren auf Parsons Bezug nehmen (Feldmann 1995, S.157). Im übrigen problematisieren Parsons, Fox und

Und so ließe sich z.B. die dominierende Einstellung vom ›normalen Sterben‹ als Bild eines ›natürlichen Todes‹ auch als Entdramatisierung und Entzauberung des Todes deuten (Fuchs 1969),[44] die als unabdingbare Voraussetzung für einen selbstverständlicheren Umgang mit Sterben und Tod eine der modernen Lebenssituation angemessene Bewältigung und Kontrolle des Todes überhaupt erst zuläßt: "Man weiß wohl, daß der Tod kommen wird; aber das Wissen, daß es sich um das Ende eines Naturablaufs handelt, trägt viel dazu bei, die Beunruhigung zu dämpfen. Der Gedanke an die Unerbittlichkeit der Naturabläufe wird durch den ihrer Kontrollierbarkeit gemildert." (Elias 1991, S.73) Denn – so das dazu gehörende Argument als Gegenposition zur Verdrängungsthese – infolge des Wissens um Gesundheitsrisiken sind die Menschen immer mehr in der Lage, selbst die Kontrolle über ihr Leben, ihren Gesundheitszustand und damit auch über ihr Todesrisiko auszuüben und ›Vorsorge‹ zu betreiben. Auch kann der Verlust an Sinnverbindlichkeiten, an kollektiven Sinnzwängen als Chance zur Emanzipation von überkommenen (z.B. religiösen bis hin zu abergläubischen) Zwängen gesehen werden, womit letztlich jene für die Moderne so typische, ausgefeilte technologisch-bürokratische Organisation des Todes erst ermöglicht wurde. Und schließlich erfuhren die mit dieser Entwicklung einhergehenden Konflikte und Probleme des Sterbens und des Todes unter Bezugnahme auf das Schlagwort vom ›selbstbestimmten Sterben‹ eine zunehmend intensivere gesellschaftliche Aufmerksamkeit – belegbar z.B. anhand der öffentlichen Diskussionen über das Sterben in Kliniken, über Euthanasie, Selbstmord oder den Hirntod –, was bei der unterstellten wirksamen Verdrängung und Tabuisierung gar nicht möglich hätte sein können.

Lidz bereits 1973 die medizinische Todesdefinition anhand des Hirntod-Kriteriums innerhalb eines breiteren Kontextes sich verändernder kultureller Deutungen von Leben und Tod (vgl. auch den knappen Hinweis bei Feldmann 1995, S.167f).

[44] Als sicherlich häufigste thanatosoziologische Zitation zum Begriff des ›natürlichen Todes‹ kann die prominente Arbeit von Werner Fuchs genannt werden (Fuchs 1969). Darin unterscheidet Fuchs zwischen magisch-archaischen und modern-rationalen Todesbildern, wobei erstere den Tod als Ende leugnen oder ihn in anderer Weise ›entwerten‹, während letztere ihn entsprechend dem modernen Stand der Naturkenntnis realistisch als Endpunkt des Lebens beschreiben. Bei der Analyse der für Fuchs relevanten Frage, weshalb Orientierungen aus vergangenen Gesellschaftsformationen heute noch gelten, kommt dem Begriff des ›natürlichen Todes‹ deshalb eine besondere Bedeutung zu, weil dieses moderne Todesbild nicht nur die Gegenposition zu magisch-archaischen Vorstellungen ausdrückt, sondern gleichzeitig unter bestimmten Umständen (und fast ist man versucht zu formulieren: ganz im Geiste der 60er Jahre) ein normatives gesellschaftskritisches Potential enthält: „Daß die meisten Menschen noch heute nicht am Ende ihrer biologischen Lebenskräfte sterben, wird, gemessen an der Behauptung des natürlichen Todes, zur Anklage gegen die gesellschaftlichen Verhältnisse, die das friedliche Verlöschen nicht erlauben. Insofern enthält der Begriff des natürlichen Todes den Protest gegen die soziale Gewalt, das Verlangen nach friedlicher Einrichtung des Gesamtsystems." (Fuchs 1969, S.219)

Auch wenn der Raum fehlt, um hierzu in eine intensivere Diskussion eintreten zu können, wirkt jedenfalls eine solcherart gestrickte ›Verdrängungskritik‹ ebenso wenig überzeugend wie manche Verdrängungsrhetorik, weil sie die eigenen impliziten ›modernistischen‹ Referenzpunkte weder ausweist noch reflektiert (›realitätsgerechter‹ in Bezug auf welche Realität?; ›erfolgreicher‹ in Bezug auf welche Ziele?). Mehr noch: Inwiefern gerade das für die Moderne typische ›Gesundheitsregime‹, welches Krankheit, Leiden, Sterben und Tod als schicksalhaftes, gottgegebenes Wesensmerkmal menschlicher Existenz verabschiedet und dafür als ›gesellschaftliches Projekt‹, das es zu bewältigen gilt, definiert hat (Bauman 1994, S.227ff), auf individueller Ebene ein subjektives Gefühl von Todeskontrolle evoziert, mag zumindest als ebenso gewagte Hypothese erscheinen wie die Behauptung, der strukturell bedingte Verlust an Primärerfahrungen im Umgang mit Sterbenden und Toten führe per se zu einer ›Entfremdung‹ gegenüber dem eigenen Tod. Und schließlich – wie die Literatur zum Sexualitätsdiskurs lehrt (z.B. Foucault 1988b) – steht die Quantität der öffentlichen Diskussion eines Themas weder in einem direkten einseitigen Kausalverhältnis zur ›gesellschaftlichen Aufmerksamkeit‹ noch läßt die Zunahme von öffentlichen Diskussionen immer schon auf die Art und Weise der Behandlung des Themas wie auf dessen ›Wirkung‹ schließen: So galt der ›tabuisierten‹ Sexualität in der viktorianischen Gesellschaft gerade wegen des Tabus sicher eine hohe gesellschaftliche Aufmerksamkeit. Und ebenso zweifelhaft wie der Gedanke, die zunehmende Diskursivierung von Sexualität in der zweiten Hälfte dieses Jahrhunderts – vorangetrieben unter der Flagge der Befreiung von Repression – hätte zu einer von Zwängen befreiten, ›selbstbestimmten‹ Ars Erotica geführt (was im übrigen heute nicht einmal mehr Oswald Kolle, sondern nur noch Beate Uhse so behauptet), erscheint die Vorstellung recht naiv, die vermehrten öffentlichen Diskussionen über ›Euthanasie‹, Sterbebegleitung oder gar ›Hirntod‹ bereiten gleichsam automatisch einer neuen Ars Moriendi der Spätmoderne den Weg.[45]

Zusätzlich zu solchen, im Hinblick auf Argumentationslogik, den darin enthaltenen impliziten Wertungen wie deren empirische Absicherung also im Vergleich zu manchen ›pro-Verdrängungs-Positionen‹ z.T. nicht weniger proble-

---

[45] Als exemplarische Illustration dafür, daß ohne empirische Analyse auch solche Phänomene der ›Veröffentlichungen‹ immer schon entsprechend der eigenen Position wertend vereinnahmt werden können, sei z.B. auf Ariès verwiesen, der anhand seiner Diskussion des 1976 in den USA gesendeten Dokumentarfilms ›Dying‹ von M. Roemer, in dem das unterschiedliche Sterben von vier Krebskranken mit der Kamera beobachtet wird, eine – seiner modernisierungskritischen Perspektive entsprechende – ambivalente Deutung einer solchen medialen Offenlegung des Todes entwickelt. Eine derartige Bekanntmachung und Zurschaustellung des Todes dient Ariès zufolge letztlich wiederum nur dem gleichen Ziel wie das Verheimlichen: die emotionale Anteilnahme am Sterben anderer zu dämpfen und das Verhalten zu desensibilisieren (Ariès 1987, S.754ff) – eine Interpretation, die wohl nicht von jedem Zuschauer geteilt werden kann.

matischen Argumentationsfiguren existiert aber noch eine vor allem auch von Soziologen vorgetragene begriffliche Fundamentalkritik, die darauf hinausläuft, daß mit den Begriffen ›Tabu‹ wie auch ›Verdrängung‹ die geschilderten sozialen und kulturellen Prozesse nicht zutreffend bezeichnet bzw. gedeutet werden können.

Tabu und Verdrängung – die falschen Begrifflichkeiten?

Ganz radikal und vehement ging z.b. Werner FUCHS bereits Ende der 60er Jahre mit den (hier allerdings insbesondere nicht-soziologischen und vor allem konservativ-kulturkritischen) Verdrängungstheoretikern ins Gericht, denen er den unzulässigen Kunstgriff vorwarf, den Tod als unabhängige Variable, als Konstante jenseits von Zeit bzw. Geschichte, von Gesellschaft und Kultur zu setzen, womit dieser als gleichsam existentieller Gegenentwurf zur Vergesellschaftung des Menschen erst jene von Verdrängungstheoretikern erhoffte erlösende Wirkung für die Subjekte entfalten konnte: einerseits Distanz zu den herrschenden gesellschaftlichen Ansprüchen und Zugriffen, andererseits Erkenntnis der (nach FUCHS eben nur vermeintlich) ›wahren Bedeutung‹ menschlichen Seins (Fuchs 1969, S.19ff).

Neben dem darin kritisierten, weil solchermaßen völlig ›unsoziologischen‹ Todesverständnis scheint auch der Begriff ›Tabu‹ kaum glücklich gewählt zu sein. Z.B. stellt nach Gerhard SCHMIED der Tod in der westlich-abendländischen Kultur keinesfalls ein *Tabu* im ursprünglichen Wortsinn dar (wie bspw. das Inzesttabu), weil sonst das Phänomen Tod als genau abgegrenzter Handlungsraum gesellschaftlich strengstens normiert sein müßte, und zwar vor allem umstellt von expliziten Sanktionen im Falle einer Verletzung dieses Tabus, und insbesondere müßte auch das Wissen um das Tabu und den damit verbundenen Normen und Sanktionen jedem Gesellschaftsmitglied im Alltag permanent präsent sein. Doch daß z.B. die Beschäftigung mit dem Tod im Denken oder Sprechen oder z.B. der Besuch von Friedhöfen auch außerhalb von formellen Begräbnis- oder informellen Grabritualen wie beim allwöchentlichen Pflegen der Blumen usw. irgendwelche negativen Folgen für die Toten oder gar die Lebenden haben könnte, dürfte als Vorstellung wohl den allermeisten Menschen nicht geläufig sein. Und so ließe sich allenfalls von ganz bestimmten „Kommunikationshemmungen" ausgehen, wie etwa dem Reden über den Tod eines „in persona gegenwärtigen anderen" (Schmied 1988, S.37),[46] die dann nur

---

[46] Mit Rekurs auf Sigmund Freud, der schon 1915 über diese Vermeidung des Redens über den Tod eines in der Gesprächssituation Anwesenden reflektiert hat, über die sich in der Regel nur Kinder hinwegsetzen (dürfen), verweist Klaus Feldmann auf die dabei noch immer völlig ungeklärte soziologische (weil womöglich auch situativ recht unterschiedliche) Bedeutung dieser ›Kommunikationsregel‹: Wird das Verletzten dieser Regel von den Anwesenden z.B. als Unsensibilität gedeutet? Ein Einhalten hingegen als Rücksichtnahme oder doch vielleicht als Heuchelei? Basiert die Regel auf einem anerzogenen Peinlichkeitsgefühl? Ist sie das Resultat einer profes-

in bestimmten ›Ausnahmesituationen‹ durchbrochen werden (wie z.b. beim Gespräch von Ehepartnern mit einem Versicherungsvertreter über den Abschluß einer Lebensversicherung). „Dagegen reden wohl viele Menschen über ihren eigenen Tod und, sicherlich häufiger, über das Sterben nicht anwesender Dritter." (ebd., S.37)

Darüber hinaus deutet auch die Rede von einer *Verdrängung* des Todes in die falsche Richtung – und zwar dann, wenn man den Begriff seinem Ursprung entsprechend als psychologischen Fachterminus versteht. Verdrängung bezeichnet dort einen psychodynamischen Prozeß, der, verbunden mit Gefühlen von Unlust, das Bewußtwerden des zu Verdrängenden verhindert. Die Unsinnigkeit einer direkten und unreflektierten Übertragung dieses Begriffs auf soziale und kulturelle Prozesse ist hier offenkundig.[47] Und auch wenn man beim Individuum verbleibt, deuten empirische Daten darauf hin, daß gerade beim (schmerzhaften) Erleben von Sterben und Tod (z.B. beim Verlust eines nahen Angehörigen) in der Regel keine Verdrängung im psychologischen Sinne erfolgt, sondern dies vielmehr häufig gerade als Anlaß für eine Auseinandersetzung mit den Sinnfragen von Leben und Tod betrachtet wird (Hahn 1968, S.59ff; Schmied 1988, S.38f).

Sicher mag diese grundlegende Begriffskritik im Kern überzeugen, doch stellt sie in letzter Konsequenz die hinter den ›falschen Begriffen‹ stehenden sozialen und kulturellen Phänomene nicht in Frage, sondern verfährt eigentlich nach der Devise: *correct facts – wrong concepts!*[48] Da es in Bezug auf die hier verfolgte Fragestellung weder sinnvoll noch nötig ist, an dieser Stelle eine abschließende Einschätzung zu pro oder contra der Verdrängungsthese versuchen zu wollen, kann ein präziserer Blick auf die verwendeten, im engeren Sinne soziologischen Konzepte von Sterben und Tod sowie deren Verknüpfung mit gesellschaftstheoretischen Kategorien zum Wandel von Gesellschaft weiteren

---

sionellen Kontrollstrategie, die das Reden über den (zukünftigen) Tod eines anderen in die Kompetenz und Verfügungsgewalt einiger weniger ausgewiesener Experten – den Ärzten – eingeschlossen hat? (Feldmann 1990, S.72)

[47] Zumindest von den theoretischen Implikationen her gesehen weniger problematisch erscheint dann schon z.B. die von Elias vorgenommene Differenzierung einer zweifachen Verwendung des Verdrängungsbegriffs – zum einen auf einer individuellen und zum anderen auf einer sozialen Ebene. Den auf die soziale Ebene abzielenden Verdrängungsbegriff ordnet Elias dann innerhalb seines zivilisationstheoretischen Rahmens ein als Kennzeichnung jenes gesellschaftlichen Entwicklungsprozesses, der auch den Tod (und damit ebenso die Sterbenden) wie die anderen „großen biosozialen Gefahren des Menschenlebens (...) hinter die Kulissen des Gesellschaftslebens verlegt" (Elias 1991, S.22).

[48] Wobei der Begriff ›Fakten‹ in diesem Kontext verstanden werden soll im Sinne von weitgehend gesicherten Ergebnissen aus empirischen Studien und solche ›Fakten‹ in der gesamten Verdrängungsdiskussion in ihrer Verfügbarkeit sowieso erheblich den weitgehend empirisch losgelösten Deutungen hinterherhinken (Feldmann 1997, S.32ff).

Aufschluß über die Stoßrichtung der eigenen Fragestellung geben. In Ergänzung zu den im bislang Gesagten bereits hier und dort angedeuteten problematischen Ebenenverknüpfungen (z.B. individuelle Ebene versus gesellschaftlicher Ebene), den daraus gezogenen (z.T. implizit wertenden) Schlüssen in Bezug auf Deutungs- und Handlungsprobleme sowie den darin enthaltenen Selbstverständlichkeiten im Sinne von nicht hinterfragten Bezugspunkten (z.B. die eigene modernisierungskritische Position), soll es also im folgenden, zweiten Blick auf den Themenkomplex ›Tod und gesellschaftlicher Wandel‹ darum gehen, *wie* Sterben und Tod begrifflich konzeptualisiert und gesellschaftstheoretisch verortet werden. In Anlehnung an und mit Radikalisierung von Karl MANNHEIM[49] gilt es, die obige Devise für unser Erkenntnisinteresse einfach umzudrehen: Man benötigt nicht die korrekten Begriffe für die immer schon von der Wirklichkeit vorgegeben Fakten, sondern je nach verwendeten Begriffen stellen sich die vermeintlichen Fakten als möglicherweise recht unterschiedliche Wirklichkeiten anders dar.

2.2.2. Multiple Sinngebungen und fehlende Verbindlichkeiten? – Soziologische Todesprobleme im Kontext der Verdrängungsdiskussion

Wie sehr Sterben und Tod mit Gesellschaft und Kultur *als Gesamtheit* verknüpft sind – und damit gleichzeitig, wenn auch nicht explizit formuliert: wie wenig deshalb eine Auseinandersetzung mit den Themen Sterben und Tod auf eine explizite kultursoziologische Einbettung und gesellschaftstheoretische Verortung verzichten kann, hat Zygmunt BAUMAN deutlich gemacht:

„Zweifellos ist der Tod das ausdrückliche Ziel einer Reihe von Dingen, die wir tun und denken. Wir haben Krankenhäuser und Hospize, Friedhöfe und Krematorien, Begräbnisse und Nachrufe, Rituale des Gedenkens und der Trauer, und pflegen auf besondere Weise, mit den Hinterbliebenen und Verwaisten umzugehen. Wäre dies die ganze Geschichte, würde der Tod lediglich nach einem weiteren Fundus spezialisierter Funktionen verlangen, dann hätten wir kaum einen Grund, ihn von den vielen anderen »objektiven Umständen« in den Geschicken der Menschen abzusondern. Dies ist jedoch nicht der Fall. Am machtvollsten (und schöpferischsten) wirkt sich der Tod aus, wenn er *nicht unter seinem Namen in Erscheinung tritt*, also in Bereichen und zu Zeiten, die ihm nicht ausdrücklich gewidmet sind, genau dort, wo wir so zu leben vermögen, *als* gebe es keinen Tod oder als sei er nicht wichtig, genau dann wenn wir unserer Sterblichkeit nicht eingedenk sind, nicht vor dem Gedanken an die letztendliche Vergeblichkeit des Lebens zurückschrecken oder an ihm leiden." [Herv. im Orig.; Anm. d. Verf.] (Bauman 1994, S.16f)

Fast möchte man sagen: logischerweise – setzen die Arbeiten innerhalb der Thanatosoziologie in der Regel eben nicht dort an, wo der Tod nicht unter sei-

---

[49] „Allein die Tatsache, wie man einen Begriff definiert und in welcher Bedeutungsnuance man ihn verwertet, enthält bereits bis zu einem bestimmten Grade eine Vorentscheidung über den Ausgang des auf ihn aufgebauten Gedankenganges." (Mannheim 1952 [1929], S.173)

nem Namen erscheint, sondern, wie gezeigt, meistens in jenen Bereichen, in denen nach BAUMAN der Tod ausdrücklich beheimatet ist. Trotzdem ließe sich dieser Hinweis auch dahingehend interpretieren, daß es soziologisch keinesfalls befriedigen kann, z.B. eine Verdrängung oder Absonderung des Todes einfach zu konstatieren, um sie dann zu beklagen oder zu begrüßen. Notwendig wäre vielmehr eine konsequente Einbettung und Verortung der (empirisch mehr oder weniger abgesicherten) Diagnosen in einen kulturanalytischen Kontext und gesellschaftstheoretischen Rahmen, um den Bezug zwischen expliziter Thanatopraxis und anderen gesellschaftlichen Feldern, in denen es nicht vordergründig gesehen immer schon um Sterben und Tod geht, herstellen und damit das Problem von Kontinuität oder Wandel grundlegender angehen zu können.

Strukturelle Verdrängung als Resultat gesellschaftlicher Differenzierung

Einen Ansatzpunkt, um einen solchen Analyseanspruch einholen und diskutieren zu können, bieten z.B. Armin NASSEHI und Georg WEBER mit ihrem Versuch, die für moderne Gesellschaften typische Thanatopraxis anhand eines soziologischen ›Verdrängungsbegriffs‹ und entlang eines wissenssoziologisch wie auch systemtheoretischen Zugangs als ›*strukturelle Verdrängung*‹ zu deuten.[50] Diese schiebt zwar traditionelle Formen der Sinngebung des Todes immer mehr ins Abseits und läßt neue öffentliche Sinngebungen nicht zu, gerade das aber wird von den Autoren – hier vor allem mit Rekurs auf Niklas LUHMANN – als für die moderne Gesellschaft funktional eingeordnet (Nassehi & Weber 1989a, S.377ff; vgl. zusammenfassend z.B. auch Nassehi & Weber 1989b).[51]

---

[50] Nassehi und Weber geht es am Beispiel der Thematik Tod noch grundlegender um das für die Moderne so spezifische Spannungsverhältnis zwischen Individuum und Gesellschaft (vgl. auch schon z.B. v. Ferber 1963) und damit – in ihrer theoretischen Perspektive – auch um das Problem der Vermittlung zwischen subjektiver und objektiver Wirklichkeit (Nassehi & Weber 1989a, S.15f). Vor diesem Hintergrund erklärt sich die besondere Stoßrichtung der Argumentation, die, zumindest in ihrem wissenssoziologischen Kern, um das interpersonale und gesellschaftlich vermittelte Wissen um den Tod kreist sowie auch die Entwicklung eines (wissens-) soziologisch gefaßten Verdrängungsbegriffs betreibt (ebd., S.49f und 157ff), der (ähnlich wie bei Parsons oder bei Elias, allerdings in einem anderen gesellschaftstheoretischen Kontext und ohne übrigens auf Parsons Bezug zu nehmen) zwischen einer individuellen und einer gesellschaftlichen Ebene differenziert.

[51] Beließe man die Auseinandersetzung mit diesem Diskussionsbeitrag einfach bei einer solchen Aussage, so würde sich deren Erkenntnisgewinn weitgehend auf eine aktualisierte und theoretisch aufgepeppte soziologische Neufassung der altbewährten ›Verdrängungsrhetorik‹ reduzieren. Eine solche Rezeption (vgl. z.B. bei Feldmann 1997, S.32ff) wird dem Beitrag aber m.E. schon deshalb nicht gerecht, weil hier das in der Todesdebatte oftmals beklagte Defizit einer theoretischen Fundierung und Einordnung empirischer Argumentationen (wie abgesichert diese im einzelnen auch immer sein mögen) grundlegend angegangen wird. Doch um keine Mißverständnisse aufkommen zu lassen: Eine explizite gesellschaftstheoretische Einbettung ihrer jeweiligen Positionen pro bzw. contra der ›Verdrängungsthese‹ findet sich z.B.

Nach einer Aufarbeitung der ›Erkenntnistheorie des Todesbewußtseins‹, der Rekonstruktion der ›Geistesgeschichte des Todes‹ sowie einer Diskussion vor allem der institutionalisierten modernen Praktiken im Umgang mit Sterben und Tod (im Hospital, bei der Bestattung des Toten), die in der Gesamtheit einen deutlichen Trend zur Verinnerlichung und Individuierung des Todesbewußtseins wie auch zu einer Individualisierung der Todeserfahrung aufweisen (Nassehi & Weber 1989a, S.145ff und 270ff), gelangen NASSEHI und WEBER zu folgender These: In der intersubjektiven Sinnkonstruktion der Moderne fehlt eine plausible, homogene symbolische Sinngebung des Todes, d.h. die kulturelle Dimension des Todeswissens ist völlig unterbelichtet: „Lediglich *interpersonales* Wissen vom Tode (...) kann sich angesichts der Eliminierung des Todes aus gesellschaftlichen Wissenssystemen als einzige soziale, d.h. kommunikable Dimension des Wissens um den Tod erweisen." [Herv. im Orig.; Anm. d. Verf.] (ebd., S.274) Die Antwort auf die Frage, wie es zu einer solchen ›Eliminierung‹ kommen konnte, fällt bei den beiden Autoren nun ganz anders aus, als im Kontext eines kulturkritischen Lamentos üblich.

Im Gegensatz zu vormodernen Gesellschaftsformationen differenziert sich die moderne Gesellschaft nicht mehr nach segmentären und stratifikatorischen Kriterien, sondern nach der sozialen Funktion gesellschaftlicher Teilsysteme. Anders als in traditionalen Gesellschaften mit ihrer vertikalen Struktur, in der die Individuen (als Bauern, als Bürger, als Adelige) gemäß der darin verliehenen stabilen bzw. starren Identitäten eingebunden waren und in der ›der Tod‹ als zentraler Fixpunkt in der jeweiligen symbolischen Sinnwelt integriert war, kennzeichnet die Entwicklung zur modernen Gesellschaft, parallel zu ihrer zunehmenden Dominanz der horizontalen, funktionsspezifischen Differenzierung und den damit verbundenen Folgen einer gleichzeitigen Zuordnung der Individuen zu mehreren verschiedenen Teilsystemen (gewissermaßen als moderne ›Mischexistenzen‹), auf symbolischer Ebene eine zunehmende Selbstbezüglichkeit: Gesellschaftliche Teilsysteme – so formulieren NASSEHI und WEBER in Anlehnung an LUHMANN – „konnten sich nicht mehr allein durch Fremdreferenz, d.h. durch Orientierung an einer gesamtgesellschaftlichen Symbolik außerhalb ihrer selbst verorten, sondern orientieren sich von nun an im wesentlichen an einer neuen Systemreferenz" – der zu sich selbst (Nassehi & Weber 1989b, S.379).

---

auch bei älteren Diskussionsbeiträgen wie etwa bei Jean Ziegler (vgl. S.27f) oder auch bei Talcott Parsons (vgl. S.33). Allerdings bleiben bei diesen Beiträgen neben den heute insgesamt nicht mehr so ganz aktuellen Theoriepositionen insbesondere auch die jeweils enthaltenen Sackgassen beim Problem des gesellschaftlichen Wandels zu bemängeln, bei dem der eine (Ziegler) im Kontext seiner Kapitalismuskritik die Entwicklung hin zur sozialistischen Gesellschaft hypostasiert (Hahn 1979, S.748ff), bzw. der andere (Parsons) in letzter Konsequenz die moderne bürgerliche Gesellschaft als Endpunkt der gesellschaftlichen Entwicklung affirmiert (vgl. auch Feldmann 1995, S.167ff).

„Die *Konsequenz* für die *Sinngebung des Todes* liegt auf der Hand. Eine *kollektive* Sinngebung des Todes wird durch das Fehlen einer universalen Grundsymbolik nicht nur *unmöglich*, sondern aus der Perspektive des Gesamtsystems auch funktional nicht mehr *notwendig*. (...) Wenn aber keine kollektiv getragene, die Alltagswelt transzendierende, und das Individuum stützende Sinnstruktur mehr möglich ist, ist dies gleichbedeutend mit der *Unmöglichkeit der Integration der Sinngebung des Todes in gesellschaftliche Interaktionen*. Diese werden nämlich durch das Problem der Sterblichkeit einzelner kaum gefährdet." [Herv. im Orig.; Anm. d. Verf.] (Nassehi & Weber 1989b, S.380)

Und weiter: „Die *soziale Verdrängung des Todes* ist also keineswegs nur ein akzidentelles Merkmal moderner Gesellschaften, sondern sie ist in der Struktur moderner Wissensdistribution selbst angelegt." [Herv. im Orig.; Anm. d. Verf.] (Nassehi & Weber 1989a, S.274) Wenn also die Verdrängung sich dadurch konstituiert, daß die Übermacht der funktionalen Teilsysteme der Gesellschaft eine öffentliche Sinngebung des Todes – wie zu anderen existentiellen Topoi (z.B. Geburt) auch – deshalb nicht zulassen kann, weil die gesellschaftliche ›Vernischung‹ des Todes für die Selbstreproduktionsprozesse der Teilsysteme und ihrer Handlungsimperative funktional ist, folgt daraus:

„Also nicht die Individualisierung, Rationalisierung und wachsende Reflexivität von Normen ist die Basis der Todesverdrängung, sondern die Segmentierung der Gesellschaft in voneinander und vom Menschen relativ unabhängige Funktionsbereiche, deren sinnhaftes Band allein durch Funktion und Leistung vermittelte, damit rein funktionsspezifische Kommunikation ist." (ebd., S.274f)

Der Tod als *die* grundlegende ›Grenzsituation‹ des Menschen (Berger & Luckmann 1980, S.103) wird so also von einer gesellschaftlichen zu einer privaten und individuellen Realität ohne intersubjektive Bezüge transformiert.

Vergegenwärtigt man sich den hier skizzierten Argumentationsgang noch einmal, so erkennt man unschwer, daß das eigentliche Problem der Frage: ›Wird der Tod in der Moderne verdrängt?‹ in der Sinnproblematik verborgen liegt.

Verdrängung, Sinnverbindlichkeiten und Sinngewißheiten

Denn wenn, wie in der von NASSEHI und WEBER gegebenen Antwort auf das Sinnproblem, die Verdrängung als strukturnotwendige Folge des Ausdifferenzierungsprozesses im Zuge der Entwicklung der modernen Gesellschaft begriffen wird und die Konsequenz aus diesem soziologisch konzeptionierten Verdrängungsbegriff für die Subjekte in der Reduktion der Kommunikativität jenes existentiellen Phänomens Tod besteht, das dann insofern ›individuell‹ (im Sinne von subjektiviert) wird, als keine kollektiven Sinnmuster mehr zur Verfügung stehen, bleibt die Frage bestehen: Welche Sinnentwürfe existieren eigentlich noch in der Moderne? Welche ›Todesmetaphern‹ finden überhaupt Verwendung und wo kommen sie her?

Hier erinnert Alois HAHN mit Blick auf die gegenwärtige Situation wohl zurecht: „Es fehlt nicht an Sinngebungen und Deutungen des Sterbens, sondern an Verbindlichkeiten." (Hahn 1991, S.163; vgl. auch Hahn 1987b, S.155ff) Und m.E. müßte noch präziser formuliert werden: Es fehlt weniger an Sinnentwürfen, an Sinnangeboten zu Sterben und Tod, die *ihren Ansprüchen nach als Verbindlichkeiten* auftreten, sondern an *Sicherheiten*, an *Gewißheiten*, an denen sich solche Verbindlichkeiten *legitimieren* und damit ihren Anspruch auf Verbindlichkeit auch umsetzen könnten (und die diese Entwürfe folglich als kulturelle Muster reproduzieren, d.h. auf Dauer stellen könnten).

In einem weiteren Kritikpunkt wendet HAHN die LUHMANN'sche Perspektive gegen NASSEHI und WEBER und meint, daß gerade weil, wie beide behaupten, zentrale gesellschaftliche Funktionssysteme nicht mehr vom Todeserlebnis der Subjekte tangiert, gefährdet sind, bestehe auch keine Notwendigkeit mehr, dieses mit ›Verdrängung‹ zu meistern. Und so bleibt als zweites Problem auch bei NASSEHI und WEBER die Frage ungeklärt: Wer verdrängt was auf welche Art und woraus? HAHN meint: „Die Vorstellung jedenfalls, daß die moderne Gesellschaft den Tod aus der Kommunikation verdrängen müßte, weil sie aufgrund eines Sinngebungsdefizites mehr Angst vor dem Tod als andere Gesellschaften hätte, [erscheint] kurzschlüssig" (ebd., S.164). Dem gegenüber schlägt HAHN vor, nicht von Verdrängung, sondern auch hier von ›Differenzierung‹ zu sprechen:

„Tod ist nicht mehr wie noch vor einigen Generationen bewußtseinsaufdringliches Thema allgemeiner Kommunikation, sondern Gegenstand spezieller Subsysteme, die von ihm auf ihre je eigene Weise handeln. (..) Innerhalb der einzelnen Subsysteme der Kommunikation erscheint das Schreckliche insofern zwar nicht als überwunden, wohl aber als spezifiziert: es wird verwandelt. Die Bedrohung präsentiert sich nicht mehr als Gegenstand unbeschreiblicher Angst, sondern als Objekt höchst präzise benennbarer Befürchtungen. Der Tod wird nicht als solcher beseitigt, sondern in einer seiner jeweiligen Erscheinungen bekämpft.
Damit erklärt sich vielleicht auch das (scheinbare?) Paradox, daß die angeblich so todvergessene moderne Gesellschaft AIDS zum Medienthema machen kann. Wie könnte sie dies, wenn die Erinnerung an den aller ›Sinngebung‹ spottenden Tod ihren eigenen modus procedendi unterbräche?" (ebd., S.164)

Das klingt zwar als Entgegnung zu der von NASSEHI und WEBER vollzogenen Expedierung des Kommunikationsproblems Tod aus seinen gesellschaftlichen Bezügen plausibel, weil damit gleichzeitig eine Erklärung der konstatierten zunehmenden Diskursivierung von Todesthemen zumindest angedeutet wird. Doch was passiert, wenn – um in dieser Terminologie zu bleiben und dabei den Systembegriff sicher unzulässigerweise verfremdend – ein ›Subsystem‹ mit der ihm eigenen Behandlung des Todes entsprechend seiner spezifischen Interessenskonstellationen und Handlungszwänge darauf angewiesen ist, seine ›Behandlungsweise‹ (z.B. seine Todesdefinition, seine Bekämpfungs- und Bewältigungsstrategien etc.) allgemein verbindlich zu stellen? Was, wenn sich hier dann Inkompatibilitäten mit den Anforderungen anderer ›Subsysteme‹ auftun? Genauer noch: Wenn diese von HAHN am Beispiel von AIDS illustrierte Verwandlung, Spezifizierung und die damit auch vollbrachte Distanzierung[52] und

---

[52] Gerade das Beispiel der medialen AIDS-Diskussion ließe sich auch so interpretieren, daß hier der Tod des Anderen, des AIDS-Kranken, als Resultat einer ›zutiefst

Kontrolle nicht mehr funktioniert, da es nicht mehr um ›Randgruppen‹, sondern (potentiell) um alle Gesellschaftsmitglieder geht bzw. gehen muß?

An dieser Stelle liegt es selbstverständlich nahe, gleichsam im Vorgriff auf den eigentlichen Analyseteil dieser Arbeit das AIDS-Beispiel durch die Hirntod-Diskussion zu ersetzen: Zwar könnte man dann in Anlehnung an HAHN diese Debatte gerade dadurch kennzeichnen, daß auch sie *nicht* den Tod schlechthin, sondern ein sehr spezielles Sterben thematisiert, es vielleicht verwandelt und damit an der Differenzierung *des Todes* in einem möglicherweise entscheidenden Punkt mitwirkt. Jedoch greift der in jener Diskussion enthaltene Anspruch auf Auseinandersetzung mit Sterben und Tod (anders als bei AIDS, wo es um die Minderheit der Infizierten und um den Schutz des Restes der Bevölkerung vor Infektion geht) direkt und explizit auf *alle* Gesellschaftsmitglieder über – sei es als potentielle ›Organspender‹ oder als mögliche Organempfänger. Jenes von NASSEHI und WEBER diagnostizierte Abdrängen der Sinnbezüge von Sterben und Tod in die private, individuelle oder intersubjektive Wirklichkeit scheint somit in mancher Hinsicht – bzw. zumindest in diesem Bereich – keinesfalls funktional zu sein.

Doch bevor hieran anknüpfend im nächsten Kapitel eine Sichtung soziologisch relevanter Beiträge erfolgt, die sich explizit mit ›Hirntod‹ und Organtransplantation befassen, kann als kurzes *Zwischenfazit* der bisherigen Diskussion festgehalten werden: Eine Zusammenschau der vor allem unter dem ›Verdrängungsbegriff‹ versammelten soziologischen Diskussionsbeiträge um Sterben, Tod und zu deren Veränderungen vor dem Hintergrund soziokultureller Entwicklungsprozesse ergibt ein durchaus unbefriedigendes Bild. Nicht nur, daß im allgemeinen die empirische Fundierung der verschiedenen Positionen nach wie vor unzureichend erscheint, auch die Analysen bleiben entweder den eigenen, im schlechteren Fall nicht ausgewiesenen Grundannahmen über ein wie auch immer geartetes implizites Gesellschaftsbild verhaftet. Oder sie offenbaren – auch im besseren Fall, in welchem die eigenen Grundannahmen durch einen expliziten theoretischen Rahmen ausgewiesen sind – schon nach kurzer Diskussion die jeweiligen analytischen Grenzen z.B. bezüglich ihrer Verknüpfung von Individual- und Gesellschaftsebene, von Handlungs- und Deutungsebene oder gar in ihrer Anwendbarkeit auf aktuelle gesellschaftliche Phänomene. Deutlicher ausgedrückt: Seit Max WEBER der Moderne ein Sinngebungsproblem bezüglich des Todes attestierte, scheint die Soziologie nicht recht viel weiter gekommen zu sein: einerseits Verdrängung, Tabuisierung, Privatisierung, andererseits zunehmende öffentliche Diskussionen, Mediatisierung, Bagatellisierung, Sinnverlust hier, systemfunktionale Selbstbezüglichkeit dort ... – eine

---

moralisch besetzten‹ Krankheit zum Thema öffentlicher Auseinandersetzung gemacht wurde – und weniger das eigene oder das allgemeine, alle betreffende Sterben (Hahn, Eirmbter & Jacob 1992, S.400ff, Lenzen 1991, S.86ff; vgl. besonders zu den Krankheitsvorstellungen und Alltagstheorien zu AIDS z.B. Jacob, Eirmbter & Hahn 1992, S.520ff).

eindeutige Antwort läßt sich weder bei der Charakterisierung dieser Prozesse noch bei deren Bewertung und Deutung finden. Doch das wichtigste Defizit der soweit kurz nachgezeichneten Debatten liegt m.E. darin, daß sich alle Argumentationen explizit oder implizit ausschließlich innerhalb der Dichotomie ›traditionale versus moderne Gesellschaft‹ bewegen. Eine weiter fortschreitende gesellschaftliche Entwicklung im Rahmen der Moderne oder vielleicht gar kultureller Wandel über sie hinaus hat jedenfalls in der Thanatosoziologie offensichtlich noch keinen erkennbaren Niederschlag gefunden.

2.3. Der ›Hirntod‹ aus soziologischer Perspektive

Wenn, wie zu Beginn von Kap.2 zitiert, Soziologen sowieso nicht sterben, brauchen sie sich erst recht nicht mit dem ›Hirntod‹ zu beschäftigen. So ließe sich vor dem Hintergrund der – wie soeben gezeigt – immer noch recht dürftigen Fachdiskussion zum Thema Sterben und Tod in einem Satz polemisch zugespitzt der Stand der soziologischen Auseinandersetzung mit dem ›Hirntod‹ formulieren. Dem interessierten Leser sollen auch hierzu, selbstverständlich wiederum versehen mit den oben bereits erwähnten Einschränkungen (vgl. S.17), einige kleine illustrative Zahlenspiele nicht vorenthalten werden: So bleiben z.B. bei einem erneuten Blick in die bereits genannte sozialwissenschaftliche Datenbank SOLIS aus der ohnehin schon im Verhältnis zu anderen Themenbereichen etwas mageren Ausbeute von ca. 1.800 Titel zu ›Sterben‹ und ›Tod‹ bei der Stichwortsuche ›Hirntod‹ nur noch sieben Titel übrig. Wechselt man hingegen zu medizinischen Fachdatenbanken, findet man in der Datenbank MEDLINE[53] unter über 9 Mio. Einträgen zwar insgesamt immer noch knapp 400.000 Nennungen zu ›Sterben‹ und ›Tod‹ und fast 8.000 Nennungen zu ›Hirntod‹ bzw. ›brain death‹, darunter jedoch – kaum verwunderlich – überwiegend medizinische Beiträge, so z.B. zu Problemen der Hirntod-Diagnostik. Die Suche in der kleineren medizinischen Datenbank ETHMED,[54] die Publikationen

---

[53] Die Datenbank MEDLINE entspricht inhaltlich dem INDEX MEDICUS und einigen anderen gedruckten Bibliographien und umfaßt als Fachgebiete die gesamte Medizin, einschl. Zahn- und Veterinärmedizin, sowie Randgebiete wie z.B. Biologie, Biochemie, Biophysik und Psychologie. Der Umfang seit 1966 beträgt ca. 9.300.000 eingetragene Dokumente mit einem jährlichen Zugang von ca. 400.000 aus rund 3.800 Zeitschriften (Quelle: DIMDI-Homepage http://www.dimdi.de, Datenbanken-Kurzbeschreibung).

[54] ETHMED ist eine Literaturdatenbank in deutscher und englischer Sprache, welche die Fachgebiete Biomedizinische Ethik bzw. Ethik in der Medizin umfaßt. Die derzeit ca. 4.700 Dokumenteneinträge, die Mehrheit ab 1993, setzen sich zusammen aus Zeitschriften, Zeitungen, Monographien, grauer Literatur, Gerichtsentscheidungen, Gesetze, Verordnungen, überwiegend aus den deutschsprachigen Ländern Bundesrepublik Deutschland, Österreich und Schweiz (Quelle: DIMDI-Homepage http://www.dimdi.de, Datenbanken-Kurzbeschreibung).

zu explizit medizin-ethischen Themen enthält, ergibt für ›Tod‹ und ›Sterben‹ insgesamt ca. 1.500 deutsch- und englischsprachige Titel, für ›Hirntod‹ bzw. ›brain death‹ insgesamt ca. 700 Nennungen. Die Verknüpfung letzterer mit Begriffen wie ›Kultur‹, ›Gesellschaft‹ oder ›Soziologie‹ (in deutscher wie in englischer Sprache), reduziert schließlich die Trefferzahl auf einen Rest von nicht mehr als genau 34 Titel.

Reformuliert man diese Zahlenspiele auf der Ebene inhaltlicher Kategorien, so beschränkt sich der Erfolg einer Suche nach genuin soziologischen Arbeiten zum Thema ›Hirntod‹ bis dato einerseits auf einige wenige Aufsätze, Monographien oder Sammelbände, die dann aber in der breiteren (medizinisch-ethischen) Diskussion um Organtransplantation und Hirntod-Definition kaum erkennbaren Eingang gefunden haben.[55] Auf der anderen Seite – und was sich auch nicht in solchen Zahlen widerspiegeln kann – existieren innerhalb dieser umfangreicheren öffentlichen bzw. veröffentlichten Diskussion insbesondere (medizin- bzw. technik-) kritische Positionen, die implizit oder explizit auf ›soziologische Argumente‹ abstellen (d.h. im weitesten Sinne auf Argumente, die sich auf soziale, gesellschaftliche oder kulturelle Dimensionen beziehen), ohne daß dabei die enthaltenen soziologischen Bezugnahmen immer ausdrücklich ausgewiesen werden.[56] Um diese – aus Sicht der Soziologie wenig befriedigende – Einschätzung zumindest ansatzweise belegen und inhaltlich präzisieren zu können, beginnen wir bei der Suche nach soziologischen Aspekten zu Organ-

---

[55] Zur Verdeutlichung dieser Einschätzung: Eine Durchsicht der Inhaltsverzeichnisse neuerer Sammelbände zur Hirntod-Problematik liefert zu den abgedruckten Beiträgen ein breites Disziplinenspektrum: Medizin, Ethik, Theologie, Psychologie, Rechtswissenschaften – die Suche nach den Sparten ›gesellschaftliche, kulturelle, soziale Aspekte‹ bleibt aber meistens vergeblich (exemplarisch z.B. Ach & Quante 1997) oder endet dann z.B. in recht willkürlich anmutenden kleinen Beitragssammlungen (exemplarisch z.B. Machado 1996).

[56] Die hierin angedeutete Wissensverflechtung zwischen öffentlichen und fachwissenschaftlichen Diskursen als Austausch- und Verwertungsproblem fachwissenschaftlicher Erkenntnisse betrifft zwar im Grunde sämtliche wissenschaftliche Disziplinen, wird aber in der besonderen Spezifik für die Soziologie schon seit längerem unter dem Stichwort der ›Versozialwissenschaftlichung der Gesellschaft‹ problematisiert: Die Soziologie – salopp ausgedrückt – macht hierbei insofern keine allzu gute Figur, als daß sie zwar seit den 50er Jahren erhebliche Erkenntnisfortschritte erzielt hat, deren durch sie selbst kontrollierte Entäußerung an ›die Gesellschaft‹ jedoch immer weniger effizient wurde. Mit anderen Worten: Der durchaus hohen Zirkulation sozialwissenschaftlichen Wissens in den veralltäglichten diskursiven Selbstbeschreibungs- und praktischen Selbstproblematisierungsprozeduren in der modernen Gesellschaft steht ein nur recht vage wahrgenommenes Zurechnungsverhältnis zur Soziologie als Fachwissenschaft zur Seite (vgl. z.B. Bonß 1994, S.101ff; für eine Exemplifikation der darin angesprochenen Problematik am Beispiel des Verhältnisses zwischen Soziologie und Psychiatrie vgl. z.B. schon v. Kardoff 1985, S.229ff).

transplantation und ›Hirntod‹ zunächst bei der im engeren Sinne thanatosoziologischen Literatur.[57]

Die soziokulturelle Bedingtheit von Todesdefinitionen und deren Folgen

Als Einstieg dazu kann der von Klaus FELDMANN und Werner FUCHS-HEINRITZ in ihrer Einleitung zu dem von ihnen herausgegebenen Sammelband über den Stellenwert des Todes in den Arbeiten soziologischer Klassiker angeführte, aber nicht näher ausgeführte Hinweis dienen, wonach erst mit der juristischen Durchsetzung des ›Hirntodes‹ im Kontext der Transplantationsmedizin so recht klar wurde, daß der Todeszeitpunkt letztlich auf einer soziokulturellen Definition beruht (Feldmann & Fuchs-Heinritz 1995a, S.14, vgl. auch Feldmann 1998, S.94f). Auch wenn bei diesem Hinweis völlig unklar bleibt, wem genau was wie und wodurch klar wurde, bekommt die Feststellung ›man ist nicht überall und immer in gleicher Weise tot‹ im Kontext moderner Gesellschaften dadurch zumindest eine durchaus ernstzunehmende aktuelle Wendung.

Wohl im Bewußtsein dieser Aktualität stellte bereits in den 80er Jahren z.B. Gerhard SCHMIED die Frage ›wann ist jemand tot?‹ an den Anfang seiner Auseinandersetzung mit dem ›Tod im modernen Leben‹, in der er dann auf etwas mehr als sieben Seiten auch die Thematik um Organtransplantation und Hirntod umreißt (Schmied 1988, S.109ff).[58] Die genaue Bestimmung des Todeseintritts kann jedoch nach SCHMIED keinesfalls als ein ›modernes Problem‹ gesehen werden, das erst mit den technischen Möglichkeiten der Intensivmedizin virulent wurde, sondern diese schwierige Aufgabe existierte gewissermaßen als durchgängiges Problem in allen Kulturen und wurde mit den verschiedensten Techniken gelöst:

„Oft geht ein tiefes Koma dem Tod voran. Schon lange in der Geschichte können Menschen zwischen diesem Zustand und dem Tod unterscheiden. Und in dieser Zeit wollen sie wissen, ob der andere tot ist oder nur ohne Bewußtsein, ob er sein Leben beendet hat oder ob er noch einmal in das Leben zurückkehren wird, ob die Gesellschaft ein Mitglied verloren hat oder behält." (ebd., S.107)

---

[57] Auch hier soll selbstverständlich nicht der Anspruch erhoben werden, die vorhandene (soziologische oder soziologisch argumentierende) Literatur zu ›Hirntod und Organtransplantation‹ vollständig zu rezipieren. Vielmehr geht es mir in diesem Kapitel darum, in einer vorläufigen Auswahl und Zusammenschau der bis in die zweite Hälfte der 90er Jahre hinein vorliegenden Literatur die wesentlichen Herangehensweisen an die Hirntod-Thematik seitens der Soziologie bzw. seitens explizit oder implizit auf soziologische Fundamente rekurrierender Beiträge zu sichten und kurz zu prüfen.

[58] Wenn man bedenkt, daß das Buch in der Erstausgabe auf 1985 datiert und der zeitliche Vorlauf kalkuliert wird, den ein Buch in der Regel bis zur Publikation benötigt, bewegt sich Schmied in der ersten Hälfte der 80er Jahre hier durchaus bereits auf einem zumindest in Fachkreisen kontrovers diskutierten Terrain.

Vor allem zwei Indikatoren dienten bis in die jüngste Vergangenheit als Nachweis für den eingetretenen Tod: das Aussetzen der Herztätigkeit und der Stillstand der Atmung. Während wir der durchaus problematischen ›Eindeutigkeit‹ dieser Indikatoren, wie sie in der Geschichte immer wieder erfahrbar war und wie sie vor allem im 18. und 19. Jahrhundert im Hinblick auf das sogenannte Scheintot-sein in extenso diskutiert wurde,[59] solche bis heute uns vertrauten Praktiken der obligatorischen ärztlichen Leichenschau oder des Einhaltens eines bestimmten Zeitraums zwischen Todesfeststellung und Begräbnis verdanken (ebd., S.107f), kann die besondere Problematik einer Todesfeststellung anhand des ›Hirntodes‹ ohne Zweifel als ›modernes Phänomen‹ betrachtet werden. Zum einen verloren infolge intensivmedizinischer Fortschritte bei der Entwicklung von Reanimationsmaßnahmen wie Herzmassage oder Anschluß an ein Beatmungsgerät der Herz- und Atemstillstand ihre Qualität eines ›irreversiblen Zustandes‹,[60] zum anderen ließen sich durch andere technische Entwicklungen physiologische Vorgänge im Körperinneren darstellen – das Nachlassen der Gehirntätigkeit im Elektro-Enzephalogramm (EEG) –, die nach und nach irreparable Gehirnschädigungen als Todeskriterium in den Vordergrund rückten. Eine entscheidende Differenz gilt es jedoch zu der Frage, was nun das eigentliche Neue an dem Problem der Todesfeststellung sei, zu berücksichtigen: „In den vorangehenden Jahrhunderten war das Problem, *ob* jemand tot war. (...) Heute ist die Frage, *wann* jemand tot ist." [Herv. im Orig.; Anm. d. Verf.] (ebd., S.110)

Anders ausgedrückt: Das *moderne* Problem des Todes liegt demnach eher in der Frage, wo, wie und mit welcher Gewißheit die Grenze zwischen Leben und Tod gezogen werden kann, während früher nicht das Ziehen der Grenze als solches (etwa im Sinne einer ›fragwürdigen Grenzziehung‹) zur Disposition stand, sondern vielmehr die Frage des korrekten und sicheren Erkennens jener beiden, durch die Grenze definierten Zustände ›tot‹ bzw. ›lebendig‹ mit der gewünschten bzw. maximal zu erzielenden Sicherheit zu lösen war. Die Grenze selbst galt quasi als ›natürliche Trennlinie‹ zwischen einem *eindeutigen* ›entweder-oder‹: tot oder lebendig; das zugrunde liegende Todeskriterium wurde nicht in Frage gestellt (vgl. z.B. Lindemann 1999a, S.590, Wackers 1994, S.170ff).[61]

---

[59] Historische Quellen berichten – so Schmied –, daß es z.B. in Zeiten großer Seuchen und Epidemien bei der üblichen, um die Gefahr weiterer Ansteckungen zu minimieren, notwendigerweise schnellen Beseitigung der Leichen immer wieder zu Begräbnissen von noch Lebenden gekommen sei (Schmied 1988, S.107; zum Scheintod vgl. auch z.B. Christiansen 1996, S.77f).

[60] Ein spannende, letztlich wissenssoziologisch perspektivierte und diskursanalytisch-semiologisch argumentierende Analyse zur historischen Entwicklung der künstlichen Beatmung und ihrer Bedeutung für die Grenzziehung zwischen Leben und Tod bietet Schellong (1990).

[61] Allerdings schleicht sich in diese Überlegung gleichsam hinterrücks immer schon die mit dem Hirntod-Konzept verbundene Definitionsproblematik als solche ein, da (wie noch genauer zu untersuchen sein wird), die ›Fragwürdigkeit der Grenzzie-

Auf jeden Fall verbinden sich mit der Hirntod-Definition neben den dieser Todesbestimmung zugrundeliegenden naturwissenschaftlichen Aspekten nach SCHMIED einerseits auch Vorstellungen über den Menschen und sein Wesen, die weit über eine rein medizinische Kompetenz hinausgehen und in die Bereiche Philosophie, Ethik und Moral reichen. Andererseits dürfen die damit verbundenen gesellschaftlichen Probleme nicht übersehen werden. Denn verschärft wurde diese Problematik der Todesdefinition vor allem durch die Möglichkeit von Organtransplantationen, die, nach der ersten, als ›erfolgreich‹ bezeichneten Herzverpflanzung im Jahr 1967, als medizinische Praxis bis heute einen rasanten Aufschwung genommen hat. So befürchtete SCHMIED als zukünftige Problembereiche z.B. Konflikte zwischen dem Leben eines ›Organspenders‹ und dem eines Organempfängers: „Nach welchen Kriterien wird dann entschieden? Gibt es objektive Kriterien? Die Verantwortung des Arztes ist immens." (ebd., S.113)

In ähnlicher Weise bezüglich der Inhalte und auch im Seitenumfang recht knapp präsentiert die neuere thanatosoziologische Publikation von Klaus FELDMANN das Thema, so daß für den unbefangenen Leser leicht der Eindruck entstehen könnte, daß zumindest aus Sicht der Thanatosoziologie die Hirntod-Diskussion von den 80er bis in die 90er Jahre hinein keine wesentlichen und für die soziologische Bearbeitung von ›Sterben und Tod in modernen Gesellschaften‹ weiterführenden Einsichten bietet: FELDMANN dient der ›Hirntod‹ gleich auf der ersten Seite seiner Einleitung lediglich als exemplarischer Hinweis auf die kulturelle Vermitteltheit jeglicher Todesdefinitionen, und er behauptet:

„Die Hirntoddefinition deutet auf den Wandel im vorherrschenden Menschenbild hin – Bewußtsein, zentrale Steuerung, Rationalität. Die gesellschaftliche Anerkennung der Definition über den Gehirntod erwies sich für den Fortschritt der Medizin, z.B. für die erfolgreiche Durchführung von Organtransplantationen, als notwendige Voraussetzung. Nur das Gehirn ist wesentlich für den ›modernen‹ Menschen, die anderen Körperteile sind ersetzbar, ohne daß es zu einem Identitätsverlust kommt." (Feldmann 1997, S.7)

In weiteren knappen Sätzen folgt diesem Statement dann nur noch ein Verweis auf Japan, wo infolge eines völlig anderen Menschenbildes ›Hirntod‹ und Organtransplantation bislang auf massive Widerstände stießen,[62] sowie auf den auch in westlichen Industriegesellschaften nach wie vor fehlenden gesellschaftlichen Konsens über den Todeszeitpunkt, wofür dann als Beleg auf ›spektakuläre Beispiele von Gehirntoten‹ verwiesen wird, „die weiter am Leben erhalten werden, weil die Angehörigen und/oder Ärzte und/oder Richter dies wünschen" (ebd., S.7). Beachtenswert bei diesem Zitat erscheint mir die darin exemplarisch zum Ausdruck kommende offensichtliche Sprachverwirrung, welche die ›offizielle Lesart‹ des ›Hirntodes‹ als ›Tod des Menschen‹ insofern konterkariert, als ein Toter eben *nicht* ›am Leben‹ erhalten werden kann. Ansonsten findet sich in

---

hung‹ je nach eigenem Standpunkt zur Hirntod-Definition unterschiedlich problematisch gesehen bzw. gänzlich negiert wird.

[62] Vgl. zusammenfassend z.B. Feldman (1996, S.265ff) oder Lock (1996, 1997).

der gesamten Publikation (einschließlich des Schlußkapitels mit der Überschrift ›Die Zukunft von Sterben und Tod‹), die ihrem eigenen Untertitel folgend einen Überblick zu soziologischen Theorien und Forschungsergebnissen zum Thema Tod geben möchte, nur noch unter der Kapitelüberschrift ›Soziologie des Körpers‹ eine ca. 1 ½-seitige Darstellung vor allem der religiös-ethischen Problematik von Organtransplantationen (ebd., S.65f).[63] Als Fazit formuliert FELDMANN:

„Vor allem wird die Organtransplantation in Zusammenhang mit anderen neuen medizinischen Techniken langfristig die im Abendland angelegte dualistische Sichtweise begünstigen: Person (Identität, hochrangige software) und Körper (Instrument, hardware und untergeordnete software). Der Tod der Person (Identität) wird dadurch entnaturalisiert, er wird sozial und technisch hergestellt und damit werden auch Norm- und Wertveränderungen zur Legitimation und zur Bewältigung der Folgeprobleme erforderlich." (ebd., S.66)

Hirntod-Definition und die Manipulation des Todes

Im Gegensatz zu dieser recht dunkel und nebulos klingenden Zukunftsprognose (welche Folgeprobleme?, welche Norm- und Wertveränderungen sind gemeint?) scheint für Hans-Joachim WEBER die Sachlage schon klarer zu sein, wenngleich weniger in der konkreten Analyse, als vielmehr in der Bewertung – und zwar im Sinne einer expliziten Medizin- und Gesellschaftskritik. Ganz zum Schluß seiner Abhandlung über den ›sozialen Tod‹ und unter der Überschrift ›Sterbehilfe – Euthanasie‹ behandelt er den ›Hirntod‹. Dabei entdeckt er – als Folge aus der bis heute noch existierenden rechtlichen Leerstelle um Sterbehilfe (gemeint ist also nicht das im Publikationsjahr 1994 ja noch ausstehende Transplantationsgesetz!) – in der medizinischen Praxis bereits ›vollzogene Tatsachen‹, die eine Dimension der Manipulierbarkeit des Todes aufweisen, „welche als Konsequenz einen Substanzverlust verbindender sittlicher Grundwerte gegenüber dem menschlichen Leben hat" (Weber 1994, S.323). Vor allem auf Hans JONAS rekurrierend, der als einer der ersten Kritiker der Hirntod-Definition bereits nach 1968 auf deren ethische Problematiken hingewiesen hat (Jonas 1985, S.219ff), kritisiert WEBER dabei die ›soziale‹ Todeserklärung, die qua Hirntod-Definition den Patienten zum quasi ›lebenden‹ Leichnam macht, und der damit nicht zuletzt weiteren Verwertungsansprüchen seitens der Medizin bzw. ›der Gesellschaft‹ ausgeliefert ist. Konkret: „Setzt sich hier ein gesellschaftliches Gesamtinteresse gegen jene individuelle Abweichung [gemeint ist hier vermutlich das individuelle Sterben; Anm. d. Verf.] durch, besteht die Gefahr, daß sich der technische Imperativ im Auftrag der Lebenssicherung gegen-

---

[63] In der ansonsten in einigen Themen noch ausführlicher gehaltenen Publikation von Feldmann aus dem Jahr 1990 findet sich lediglich im Schlußkapitel unter der Überschrift ›Identitätsprobleme‹ ein auf wenige Zeilen beschränkter Hinweis auf Organtransplantationen und deren mögliche Auswirkungen auf das Identitäts- und Todesbewußtsein des modernen Individuums (Feldmann 1990, S.244).

über sittlichen Grundwerten durchsetzt und einer uneingeschränkten Organausbeute nichts mehr im Wege steht." (Weber 1994, S.328) Mit anderen Worten: Mit dem Verschwinden des (herkömmlichen) menschlichen Todes könnte nach WEBER infolge der interessensbestimmten Todesfestlegung auch eine sittliche Idee vom Menschen verloren gehen, die auf Freiheit, Autonomie, Selbstbestimmung etc. beruht. Aber um es noch einmal deutlich zu formulieren: Diese, weitgehend auf der von Hans JONAS vorgezeichneten Argumentationslinie liegende gesellschaftskritische wie kulturpessimistische Einschätzung basiert nicht auf einer dezidierten Analyse der ethischen, rechtlichen, sozialen oder kulturellen Dimensionen der Hirntodproblematik als solcher, sondern exemplifiziert gewissermaßen als Abschluß-Illustration eine Analyse, der es im Kern vor allem darum geht, zu zeigen, daß das eigentliche Todesproblem heute weniger im ›realen Sterben‹ zu sehen ist als vielmehr im ›sozialen Tod‹, im Heraussterben des Individuums aus der Gemeinschaft als Person (ebd., S.225ff und 308ff).

Versucht man an dieser Stelle ein kurzes Zwischenfazit zur thanatosoziologischen Aufarbeitung der Hirntod-Thematik zu ziehen, so bleibt zum einen das durchweg ohne systematische empirische Analyse formulierte Statement einer durch den ›Hirntod‹ veränderten Todesdefinition, deren unterstellte Folgen sich weitgehend in diffusen, entweder ambivalenten oder gar gesellschaftskritischen, auf jeden Fall aber empirisch noch kaum abgesicherten Transformationen von zentralen gesellschaftlichen Kategorien wie ›Menschenbild‹, ›Werte‹ oder in den Praktiken des Umgangs mit Sterbenden und Toten niederschlagen. Insofern reduziert sich die Thematisierung des ›Hirntodes‹ hier auf die rein illustrative Verwendung für das thanatosoziologische Grundaxiom der soziokulturellen Bedingtheit von Todesdefinitionen und -vorstellungen schlechthin, die dann teilweise einfach in die gängigerweise mit der Todesthematik verknüpfte Gesellschafts- und Kulturkritik eingebunden wird.

Tod und Körper-Technik: das Transplantationssystem

In eine völlig andere soziologische Ausrichtung einzuordnen sind eine Reihe von Publikationen – dabei insbesondere aus dem Umfeld des WISSENSCHAFTSZENTRUMS BERLIN FÜR SOZIALFORSCHUNG (WZB) –, die vor allem das Thema ›Organtransplantation‹ (und in dessen Kontext auch den ›Hirntod‹) aus einer technik- und organisationssoziologischen sowie systemtheoretischen Perspektive analysieren (z.B. Braun, Feuerstein & v. Grote-Janz 1991, Feuerstein 1995, 1996, Joerges 1996). Der mit diesen Arbeiten vorgelegte, theoretisch fundierte wie empirisch ausgerichtete soziologische Zugriff auf die hier interessierende Thematik rechtfertigt einen genaueren Blick auf die zugrundeliegende Perspektive. Gängigerweise würde man fragen, warum überhaupt die Technik als analytischer Ansatzpunkt gewählt wird, wo es doch (beim ›Hirntod‹) um Todesvorstellungen, um Todesfeststellung sowie um die damit verbundene transplantationsmedizinische Praxis geht, und dabei ja nicht ›die Technik‹ handelt, sondern der Mensch, der je nach symbolischen Deutungen technische Mittel so oder anders einsetzt.

Ein solcher Fokus auf Technik hat vor allem in der Medizinsoziologie schon Tradition, was sich insbesondere in der soziologischen Auseinandersetzung mit den Fortschritten der Intensiv-Medizin ausdrückt – Themen dabei sind z.B. die Veränderung von Wissen im Zuge technischer Entwicklungen, der Wandel der Arzt-Patienten-Beziehung, die Verdinglichung von Körperlichkeit, die Ontologisierung von Krankheit usw. (Grote-Janz & Weingarten 1983, Schneider 1985, Wagner 1995). Für den darin meistens gedachten (technikkritischen) Konnex von technischer Entwicklung und medizinischer Praxis sei stellvertretend Paul RIDDER zitiert:

„Die Isolierung des kranken Menschen von seiner Lebenswelt, seiner Krankheit, seinem Leib geht zurück auf einen verdinglichten Körperbegriff, der sich auf den biologischen Befund (nosos) beschränkt und seine eigenen, wissensmäßigen Voraussetzungen dogmatisch mit der Wirklichkeit verwechselt. Wer ein sinnhaftes Verständnis des Leibes vermeidet, hat auch keines zu Tod und Sterben. Die Medizin kann dieses Verständnis nur gewinnen, wenn ihr wieder zugänglich wird, was ihr der technische Objektivismus ausgetrieben hatte, das Subjekt." (Ridder 1983, S.117)

Gleichsam von der anderen Richtung her, in der sich dieses Verständnis von Technik und sozialer Wirklichkeit geradezu umkehrt und Technik nicht immer als vorgängig und ›nur‹ die Rahmenbedingungen setzend gedacht, sondern als soziales und gesellschaftliches Konstituens integriert wird, geht es in den WZB-Arbeiten zunächst um ein dezidiert techniksoziologisches Erkenntnisinteresse, das versucht, auch und gerade im Kontext einer Analyse des Organtransplantationswesens, die technischen Vernetzungsprozesse und die Entwicklungen solcher technisch vernetzter Systeme zu rekonstruieren. Die ›mächtigen Symboliken‹, die die Verpflanzung von menschlichen Organen gerade auch im westlich-abendländischen Kulturkreis mobilisiert und die sie zu einem begehrten Objekt der Medien macht, interessieren dabei nur am Rande:

„Natürlich sind die Irritationen, die die Transplantationsmedizin für etablierte Körperbilder, Lebens- und Todesvorstellungen mit sich bringt, soziologisch, gerade auch techniksoziologisch interessant. In jedem Fall aber sollte der Analyse der alltagsweltlichen Deutungen eines sozialen Tatbestands, zumal in einem so hochgradig technikvermittelten Fall wie der Organtransplantation, die Analyse des Tatbestandes selbst vorangehen – dies sei hier mit Blick auf den weitverbreiteten Aberglauben angemerkt, das ›eigentlich‹ soziologisch Interessante an technischen Systemen seien die von ihnen angestoßenen symbolischen Turbulenzen." (Braun, Feuerstein & v. Grote-Janz 1991, S.445)

Die Erkenntnisse, die solche technikorientierten Analysen produzieren, können nun insofern den in dieser Arbeit verfolgten Blickwinkel erweitern, als jene ›symbolischen Turbulenzen‹ – festgemacht z.B. an Fragen der semantischen Trennung zwischen künstlichen und natürlichen Organen, an Fragen nach Ursachen und Lösungsmöglichkeiten des allseits beklagten Organmangels oder nach Verteilungsgerechtigkeit des ›knappen Gutes‹ ›menschliches Organ‹ – nicht losgelöst von deren materialen Fundamenten analysiert und gedeutet werden sollten. So kann nicht außer Acht gelassen werden, daß z.B. der Organmangel in erster Linie (auch) in einem systemimmanenten Rückkoppelungseffekt gründet, während umgekehrt eine solche techniksoziologische Perspektive eine Antwort auf die Frage, warum gerade Verpflanzungen am menschlichen Gehirn den am stärksten tabuisierten Bereich der Transplantationsmedizin bilden, kaum hinreichend ergründen kann (ebd., S.459).

Für Günter FEUERSTEIN gründet der Erfolg der Transplantationstherapie, die sich innerhalb weniger Jahrzehnte von selten erfolgreichen transplantationsmedizinischen Experimenten zu einem professionell anerkannten und gesellschaftlich akzeptanzfähigen Routineverfahren entwickelt hat, auf zwei Faktoren: zum einen auf der rasanten Entwicklung wissenschaftlich-technischer Lösungsmuster für medizinische Restriktionen und logistische Probleme des Organaustausches, zum anderen auf einem ›komplexen Systembildungsprozeß‹, ohne den die notwendige Integration der ›transplantationsmedizinischen Systemumwelt‹ nicht hätte erfolgen können. Allerdings: Ihren geradezu spektakulären Charakter erhielt die Transplantationsmedizin weniger durch ihre technischen Leistungen, „als durch die Massivität, mit der das Behandlungsverfahren an gewachsene Strukturen menschlichen Selbstverständnisses, an kulturellen Normen und gesellschaftlichen Maßstäben moralisch richtigen Verhaltens gerührt hat" (Feuerstein 1995, S.13).

Die damit einhergehenden Veränderungen im Hinblick auf Sterben und Tod im Zuge der Durchsetzung der Hirntod-Definition sieht FEUERSTEIN so:

„Mit der Transplantationsmedizin wurde der Tod eines Menschen erstmals zu einer Ressource der Lebensrettung anderer. Um das damit enstandene Zugriffsbegehren nach ›lebensfrischen‹ Organen mit der – juristisch und moralisch gebotenen – Respektierung der Todesgrenze in Einklang zu bringen, bedurfte es einer grundlegenden Modernisierung der Todesvorstellungen – und damit auch der Vorstellung vom Leben. Diesen Dienst erwies die Interpretation des Hirntodes als Tod des Menschen. Die Akzeptanzfähigkeit dieses neuen Todes setzt allerdings nicht nur ein kognitiv fixiertes Menschenbild voraus, sondern verlangt aufgrund des kontraintuitiven Erscheinungsbildes ›Hirntoter‹ vor allem auch die Überwindung psycho-emotionaler Barrieren. Der Organzugriff gerät so in Konflikt mit der Kultur des Sterbens und der sozialen Rolle, die den Hinterbliebenen dabei traditionell zufällt." (ebd., S.13f)

Mit diesem Hinweis läßt sich die Entwicklung der Transplantationsmedizin also durchaus als ein in der Gesellschaft durchgeführtes soziales Experiment bezeichnen, wobei die Transplantationsmedizin ›Problemlösungen‹ auf jenen, oben genannten beiden Ebenen erzielen mußte: zum einen die funktionale Integration auch externer Akteure (Organspender, nicht-transplantierende Kliniken) zu einem hochkomplexen Netz mit den verschiedensten infrastrukturellen und kommunikativen Kanälen; zum anderen die normative Integration gesellschaftlicher Teilsysteme wie Religion, Recht, Politik, Medien, was letztlich nur auf Grund eines – wiederum auf zwei Ebenen greifenden effektiven Risiko- und Deutungsmanagements gelingen konnte:

„(...) die [Ebene; Anm. d. Verf.] der konfliktvermeidenden Gestaltung, Steuerung und Kontrolle realprozeßlicher Abläufe und die der kommunikativen Entproblematisierung des Geschehens. Skandalvermeidung, Berechenbarkeit, Verfahrenssicherheit, Angstentlastung und Vertrauenserzeugung sind bis heute die Hauptgaranten transplantationsmedizinischer Umwelt-Integration." (ebd., S.15)

Denn:

„Die Bereitschaft zur Organspende avanciert in diesem Deutungsmanagement zunehmend zu einer kritischen, durch technische Innovationen kaum positiv zu beeinflussenden Variablen. Die Aufgabe, Organspenden aus der Zone makabrer Vorstellungen und Ängste, moralischer Anfechtbarkeit oder gesunder Indifferenz hinauszudefinieren, gewinnt an Dringlichkeit." (Joerges 1996, S.13)

Ohne schon an dieser Stelle auf die in diesem Kontext vorgetragenen Analysen inhaltlich näher einzugehen, leistet eine solche Sichtweise zwar insgesamt eine durchaus stringent wirkende Integration der Makroperspektive, indem sie die Entwicklungsprozesse des Transplantationssystems auf beiden Ebenen (systemintern und auf die Systemumwelt bezogen) angeht – allerdings innerhalb der eigenen theoretischen Perspektive immer bezogen auf die Frage, wie es die Transplantationsmedizin schafft, diese ›Leistung‹ zu vollbringen. Was damit letztlich jedoch zumindest unterbelichtet bleibt, sind zwei Aspekte: zum einen die Rekonstruktion der konkreten Durchsetzungsprozesse aus den *verschiedenen beteiligten Perspektiven*, also z.B. das Deutungsmanagement der transplantationsmedizin-kritischen Akteure, sowie allgemeiner die An- und Rückbindung der Analyse an die gesellschaftstypische und kulturspezifische Thanatopraxis (an die ›Kultur des Sterbens‹), deren Wechselwirkungen mit dem Transplantationssystem zwar in Blick genommen, aber eben nur von einer Seite her analysiert werden.

Darüber hinaus wirkt die in der Einleitung gegebene Ankündigung eines „explizit diskursanalytische[n] Zugang[s] zum Transplantationsgeschehen" (Feuerstein 1995, S.21), mit dem der Verfasser die multiplen Realitäten des (gemeint ist: *innerhalb* des) Transplantationssystems ›ent-decken‹ möchte, recht verwirrend. Feuerstein meint damit konkret: Seine Analyse der Systembildungs- und Systemintegrationsprozesse beruht auf Dokumenten-Material zu systeminterner Kommunikation wie auch zur Kommunikation des Transplantationssystems mit ›systemexternen Diskursfeldern‹. Problematisch bleibt dann jedoch, neben den bereits genannten blinden Flecken der Analyse, den der gewählte theoretische Zugang produziert (wie jede Perspektive ihre eigenen blinden Flecke mit sich bringt), der ›diskursanalytische Ansatz‹ selbst: Text- bzw. Dokumentenanalyse muß nicht gleichzeitig immer schon Diskursanalyse heißen. FEUERSTEIN klärt weder theoretisch den mit seiner Forschungspraxis verbundenen Diskursbegriff (das Kapitel zum theoretischen Bezugsrahmen enthält als soziologische Referenzkategorien explizit lediglich die Begriffe Technik, Organisation und System), wie er auch dem Leser keinerlei Auskunft über die methodische Umsetzung des angekündigten diskursanalytischen Zugriffs gibt (z.B. bezüglich der Datenauswertung).

Der ›Hirntod‹ als Kampfbegriff im Kontext gesellschaftlicher Modernisierung?

Mit einem wiederum völlig anderen theoretischen Zugriff, und zwar basierend auf Max WEBERs handlungstheoretischen und rechtssoziologischen Schriften, veröffentlichte Dimitris MICHAILAKIS 1995 in Uppsala eine rechtssoziologische Studie zur Entwicklung der Diskussionen rund um ›Hirntod‹, Organtransplantation und Transplantationsgesetzgebung in Schweden, welche die dort verhandelten grundlegenden Konflikte untersucht, die aus der Verbindung von medizinischer Praxis, politisch-rechtlichen Regelungsstrategien, ökonomischen Vorgaben und damit verbundenen unterschiedlichen Wertorientierungen und Rationalitätslogiken resultieren (Michailakis 1995). Abgesehen davon, daß im deutschen Sprachraum zwar eine Reihe rechtswissenschaftlicher Untersuchungen zu Hirntod-Definition und Transplantationsgesetzgebung existieren,[64] eine umfassende rechts*soziologische* Studie zum Thema aber meines Wissens noch aussteht, deutet MICHAILAKIS mit seiner Analyse zwar zum Teil nur implizit, aber trotzdem recht überzeugend eine m.E. entscheidende Differenzierung bei der – so auch von FEUERSTEIN formulierten – These von der ›Modernisierung des Todes‹ durch die Hirntod-Definition an: Nicht die Definition als solches ›modernisiert‹ (möglicherweise) die Vorstellungen von Sterben und Tod, sondern die jeweils spezifische Art und Weise ihrer *Diskursivierung* im Hinblick auf die Deutungen von Sterben und Tod sowie die damit einhergehenden praktischen Implikationen für die Handlungsebene (ebd., S.13ff und 138ff).

Durchaus solche praktischen Implikationen anvisierend, aber weder mit Bezug zu einem wie auch immer verstandenen Diskursbegriff noch mit einem explizit ausgewiesenen gesellschaftstheoretischen Rahmen, geht es Alexandra MANZEI in ihrer soziologischen Analyse der im Hirntod-Konzept enthaltenen Diskrepanz zwischen einem ›toten Menschen‹ und seinem ›lebendigen Körper‹ um die mit dem medizin-technischen Fortschritt einhergehenden gesellschaftlichen Veränderungen von Sterben, Tod und Subjektivität, indem sie die ›hinter der Hirntod- und Transplantationsdiskussion‹ verborgenen Machtverhältnisse zu beschreiben sucht. Anhand des FOUCAULT'schen Begriffs der ›Bio-Macht‹[65] sowie einem Todesbegriff, angelehnt an die Subjektvorstellung der älteren Kritischen Theorie, kommt MANZEI zu dem Ergebnis, daß der gesamte Verlauf der Hirntod-Diskussion bis hin zur Verabschiedung des TPG als beispielhaft für den „Umgang unserer Gesellschaft mit technologischer Entwicklung gesehen werden" kann (Manzei 1997, S.107). Ohne auf Ulrich BECK zu verweisen, der unter dem Stichwort ›Subpolitik der Medizin‹ bereits 1986 genau diesen Aspekt im Verhältnis zwischen Medizin und Gesellschaft ›modernisierungstheoretisch‹ verortet hat (Beck 1986, S.329ff), meint MANZEI: Anstatt sich auf politischer Ebene kritisch mit Für und Wider des medizinischen ›Fortschritts‹ auseinanderzusetzen, „hinkt die gesellschaftliche Diskussion den Folgen hinterher und legitimiert ex post die bestehende Praxis" (Manzei 1997, S.107). Die Konsequenz aus ihrer Analyse – so MANZEI – wäre, dem exemplarisch in der Hirntod-Diskussion enthaltenen dominanten Subjekt- und Todesbegriff ein ›materialisti-

---

[64] Z.B. Höfling & Rixen (1996); Kalchschmidt (1997); Karl (1995); Kloth (1994); Küfner (1997).

[65] Vgl. hierzu insbes. Foucault (1988b); für eine knappe begriffliche Klärung vgl. z.B. Jäger, Schulte-Holtey & Wichert (1997, S.10ff).

sches‹ Todesverständnis entgegenzusetzen, welches die ›gesellschaftlichen Verhältnisse‹ unter dem Aspekt der ›Herrschaftskritik‹ faßt (ebd., S.83ff; vgl. hierzu auch Ziegler 1996, S.433ff).

Die – auch den wenigen, genuin soziologischen Publikationen zu ›Hirntod und Organtransplantation‹ unterliegenden – kontroversen Deutungen zu ›Hirntod‹ und Organtransplantation illustriert der hier nicht zu vergessende, recht umfangreiche Literaturfundus, der bis hinein in den populärwissenschaftlichen Bereich aus einem recht breiten Angebot an Sammelbänden, Monographien oder Zeitschriftenartikeln besteht. Und dieser Fundus enthält auch mehr oder weniger ausdrücklich eine Reihe soziologisch relevanter (weil auf gesellschaftliche, kulturelle, soziale Aspekte innerhalb der Hirntod- und Transplantationsdiskussion abstellende) Argumentationen.[66] Als ein ›Standardwerk‹ in diesem Sinne kann der von Johannes HOFF & Jürgen in der SCHMITTEN (1995b) (mittlerweile in einer zweiten, erweiterten Auflage) herausgegebene Reader gesehen werden, in dem neben einer Reihe von prominenten Kritikern der Hirntod-Definition (inkl. Hans JONAS selbst) ebenso – wenngleich eindeutig in der Minderzahl – Befürworter (wie z.B. der Mediziner Heinz ANGSTWURM) zu Wort kommen und aus den verschiedenen wissenschaftlichen Disziplinen, aus Politik oder Praxis heraus die unterschiedlichsten Problemfacetten ausleuchten. In eigenen Beiträgen begründen die beiden Herausgeber selbst ihre explizit hirntodkritische Haltung (vgl. Hoff & in der Schmitten 1995a, S.153ff, Hoff 1995, S.270ff, 1998, S.65ff), die auf einem letztlich soziologischen Todesverständnis beruht, welches sie dem – ihrer Meinung nach – in der Hirntod-Definition zum Ausdruck gebrachten, rein naturwissenschaftlichen Grundverständnis vom Tod entgegenstellen:

„Der Tod ist kein naturwissenschaftliches Faktum, er wird nicht nach dem Stand der Forschung definiert. Er ist ein soziokulturelles Phänomen. Wenn wir ihn nicht theologisch oder metaphysisch erklären können oder wollen, kann nur unser praktischer Umgang mit dem Sterben anderer Menschen lehren, ab wann wir einen Menschen nicht mehr als Gegenüber, sondern als totes Objekt – als Leichnam – erachten. Mediziner können uns sagen, wann ein Gehirn zerstört, wann ein Mensch für immer hirnfunktionslos ist – zu beantworten, ob das dem Zustand »tot« gleichkommt, sind sie nicht besser gerüstet als medizinische Laien." (ebd., S.10)

Die mit diesem soziologischen Todesbegriff gleichzeitig verbundene ›Experten-Kritik‹ leitet schließlich über zu einem Diskussionsbeitrag der Medizinhistorikerin Claudia WIESEMANN, der insofern recht aufschlußreich ist, als sie anhand einer Skizze zur Entwicklung der Hirntod-Diskussion in Deutschland die Frage problematisiert, inwieweit hier eine Verbindung zu allgemeinen gesellschaftlichen Veränderungstendenzen zu ziehen ist, die derzeit in der Soziologie unter

---

[66] Exemplarische Beispiele für solche Sammelbände mit zumeist kritischen Positionen zu Hirntod und Organtransplantation sind z.B. Bubner (1993), Greinert & Wuttke (1993), Herrmann (1996), Lermann (1995); dagegen für ein ›pro Hirntod-Definition und Transplantationsmedizin‹ sich gebendes populärwissenschaftliches ›Aufklärungsbuch‹ vgl. z.B. Storkebaum (1997).

den Stichworten ›Modernisierung‹ und – in Abgrenzung dazu – ›reflexive Modernisierung‹ verhandelt werden (Wiesemann 1999; vgl. auch Wiesemann 1995). In Anbetracht der mit der Hirntod-Kontroverse verbundenen, nach WIESEMANN seit den 60er Jahren weitgehend identisch gebliebenen Inhalte der pro- und contra-Argumente, ist ihrer Argumentation folgend der eigentliche Umschwung in der in Frage gestellten Glaubwürdigkeit, in dem schwindenden Vertrauen in die medizinische Expertise als solcher zu sehen, die von WIESEMANN unter Bezugnahme auf Ulrich BECK als Indiz für jene anderen Muster gesellschaftlicher Entwicklung gedeutet werden, die unter dem Stichwort ›reflexive Modernisierung‹ versammelt sind:

„The arguments for and against brain death are still quite the same as in the sixties and seventies. What has definitely changed is the belief in the natural supremacy of scientific expertise. The definition of death has become a matter of ›subpolitics‹. Beck's categories of simple and reflexive modernization help to explain how different social actors such as physicians, theologians, lawyers, politicians or the media delt with the new way of treating the dead or supposed-to-be dead in different periods. The social consensus on modernization that once allowed systematic misunderstandings of the nature of the concept of brain death to be ignored has now broken down. Whereas in simple modernity the new concept of death was considered but a minor side effect of medical progress, it has now become a risk of scientific development that has to be managed politically and is being used to regain social control over medical science." (ebd., o.S.)

Die daran anschließende Frage lautet: Meint reflexive Modernisierung wirklich nur oder vor allem das offensichtliche Riskant-werden von vormals eher zu vernachlässigenden Nebeneffekten? Ohne bereits an dieser Stelle näher auf die argumentative Verknüpfung von modernisierungstheoretischen Prämissen und Hirntod-Diskussion eingehen zu können, bleibt der grundsätzliche Versuch einer makrosoziologischen, auf gesellschaftlichen Wandel abzielenden Interpretation der Hirntod-Problematik festzuhalten, bei dem das Verhältnis des medizinischen Bereichs zu anderen ›Teilsystemen‹ der Gesellschaft (um im Sprachjargon von Günter FEUERSTEIN zu bleiben) in eine bestimmte Richtung gedacht wird: Während FEUERSTEIN das effiziente Deutungsmanagement des Transplantationsbereichs als Voraussetzung für seine weitere Entwicklung postuliert, eignet sich der WIESEMANN'schen Argumentation folgend gerade der ›Hirntod‹, als im ursprünglichen Sinne ja rein medizinisch-naturwissenschaftliche Festlegung zur Todesfeststellung, gleichsam als ›Kampfbegriff‹ (worauf z.B. die oben kurz skizzierten Argumentationen von Hans-Joachim WEBER oder der soziologische Todesbegriff von HOFF und in der SCHMITTEN bis hin zu MANZEIs Analyse ja letztlich abstellen), um an die Medizin verlorengegangenes Deutungsterrain zurückzuerobern. Ob eine solche – hier von mir sicher plakativ formulierte – Gegenüberstellung allerdings in modernisierungstheoretischen Kategorien aufgeht, bleibt im weiteren noch zu klären. Auf jeden Fall wären solche und ähnliche Interpretationen zunächst als empirisch noch zu prüfende Hypothesen anzusehen, die schließlich auch einer breiteren gesellschafts- bzw. konkreter: modernisierungstheoretischen Verortung bedürfen, um nicht vorschnell in ähnliche Kurzschlüssigkeiten zu geraten, wie sie die ›Verdrängungsdebatte‹ offenbart.

2.4. Zusammenfassung: Thanatosoziologie, Tod und ›Hirntod‹

Um das eigene Erkenntnisinteresse präzisieren und hierzu in einem nächsten Schritt ein geeignetes theoretisches Fundament wie auch ein methodisches Instrumentarium bereitstellen zu können, sollen noch einmal die soweit vorliegenden Argumentationsfäden kurz miteinander verknüpft werden. Beginnen wir in der Zusammenschau dort, wo augenscheinlich in der derzeitigen Fachdiskussion Einigkeit herrscht.

Der Tod als Grenzsituation

Für Soziologen völlig unstrittig scheint die für jede Kultur grundlegende gesellschaftliche Bedeutung von Sterben und Tod zu sein, mit der die Sterblichkeit des Menschen als anthropologische Konstante und demnach als universales Phänomen jede Gesellschaft zu allen Epochen vor das fundamentale Problem stellt, den (individuellen oder kollektiven) Tod von Gesellschaftsmitgliedern als ›*entscheidende Grenzsituation*‹ zu bewältigen. Der Tod – wie Peter L. BERGER mit Verweis auf Karl JASPERS und Martin HEIDEGGER formuliert – „ist ein ungeheures Problem für die Gesellschaft, nicht nur weil er die Kontinuität menschlicher Beziehungen unmittelbar, sondern mittelbar auch die Grundvorstellungen von Ordnung bedroht, auf denen die Gesellschaft beruht" (Berger 1973, S.24; vgl. auch Ebeling 1997, S.32ff und 63ff).

In der Regel erfolgt die Bewältigung dieser Situation auf symbolischer Ebene dadurch, Todesdeutungen so in das allgemeine Wertsystem einzubauen, daß sie langfristig angelegt sind und allgemeine Akzeptanz besitzen. Das umfaßt die Anforderung, eine ›Ordnung des Todes‹ in entsprechenden Institutionen zu objektivieren, die den Gesellschaftsmitgliedern als kollektivierte Deutungsmuster das Sterben (den Tod des anderen, den antizipierten eigenen Tod, den kollektiven Tod) mit Sinn ausstatten und ihnen als Lebende den Glauben an die Sinnhaftigkeit des individuellen und/oder kollektiven Weiterlebens im Diesseits stärken (Berger 1973, S.23f; vgl. dazu auch Feldmann 1997, S.15). Damit eng verbunden und ebenso universal tritt der real existierende Tod – im Sinne seiner konkreten Erfahrbarkeit für die Lebenden – ausschließlich als *Tod des Anderen* bzw. in Gestalt *des Toten* auf und folglich also, ohne in dieser Erfahrung die grundsätzliche Leerstelle des Todes füllen, das ›Kommunikationsproblem Tod‹ lösen zu können.[67] Dabei steht zunächst die heute im Zentrum von Hirntod-

---

[67] Auch die in der Soziologie noch kaum diskutierten sogenannten ›Near Death Experiences‹ (Knoblauch & Soeffner 1999; vgl. auch z.B. Elsaesser Valarino 1996; Ochsmann, Hettwer & Floto 1991, S.101ff) können die ›prinzipielle Leerstelle‹ des

Definition und Organtransplantation scheinbar so aktuell und neu wirkende Frage ›wann ist der Mensch tot?‹ in einer direkten Reihe mit all jenen Fragen, die in allen Kulturen und zu allen Zeiten Menschen im Kontext von Sterben und Tod stellen bzw. gestellt haben: Lebt der Sterbende noch, oder ist er bereits tot? Lebt der Tote jetzt auf eine andere Weise? Existiert er an einem anderen Ort? Unter welchen Umständen kann er wiederkommen? Unter welchen Bedingungen müssen die Toten die Gemeinschaft der Lebenden verlassen oder werden von ihr entfernt? (Feldmann 1997, S.19) Die je nach Kultur gegebenen Antworten auf solche Fragen, im Sinne von religiösen Vorstellungen und Deutungen und damit verbundene Handlungsanweisungen, umgrenzen – verkürzt formuliert – die jeweils vollzogene Lösung des Sinnproblems Tod, d.h. die je gesellschaftstypische Bewältigung jener ›Grenzsituation‹.

Sterben und Tod als soziale Konstruktionen – zur diskursanalytischen Rekonstruktion des gesellschaftlichen Sinn- und Deutungsangebotes

Doch – und auch hierin herrscht wohl noch Einigkeit – das Sinnproblem generell wie auch insbesondere das des Todes hat sich heute in modernen Gesellschaften verkompliziert, die Metaphern des Todes haben ihre ›Eindeutigkeit‹ verloren:

„Immer schon, aber in besonderem Maße in der modernen Welt, hat sich freilich herausgestellt, daß die sozialen Konstruktionssysteme keineswegs stabil, ja daß sie sterblich sind. Die modernen bzw. ›postmodernen‹ Individuen bedienen sich am Markt der sozialen Konstruktionen, der von Herrschaftsverhältnissen, ökonomischen Prozessen, Moden und Trends gesteuert wird." (ebd., S.16)

Basierend auf diesem kleinsten gemeinsamen Nenner soziologischer Fachdiskussionen konzentrierte sich der in der thanatosoziologischen Literatur präsentierte Blick bislang gängigerweise vor allem auf gesellschaftliche, kulturelle, interaktive, z.T. auch subjektive Umgangsweisen mit dem dergestalt problematisierten Phänomen Sterben und Tod, wobei je nach Ausrichtung und Erkenntnisinteresse der verschiedenen Arbeiten z.B. hier die Verdrängungsproblematik makrosoziologisch oder dort etwa mikrosoziologisch der Umgang mit Sterbenden in Institutionen den Analysegegenstand bildeten. Was allerdings – wie gezeigt – bislang in der soziologischen Auseinandersetzung zu Sterben und Tod

---

Todes nicht füllen. Aus soziologischer Sicht handelt es sich bei solchen Berichten über ›Nah-Tod-Erlebnisse‹ um – z.T. universalen, überwiegend jedoch kulturspezifischen Mustern folgende – Lösungsversuche eben jener besonderen Referenzlosigkeit des Todes, die anhand bestimmter narrativer Elemente (z.B. Entkörperlichung) zwar vom Jenseits handeln und damit die jeweilige *diesseitige* Existenz mit (neuem) Sinn ausstatten. Doch sie sind *keine* ›Erfahrungsberichte‹ von der Wirklichkeit des Tot-*seins*, auch wenn die gemachten Erfahrungen für die einzelnen Betroffenen wiederum ›wirk-lich‹ sind, weil sie *reale* Konsequenzen für ihr weiteres Leben haben (Ochsmann, Hettwer & Floto 1991, S.108, Knoblauch, Schnettler & Soeffner 1999, S.271ff; für eine kulturvergleichende Analyse verschiedener Berichte von Nah-Tod-Erlebnissen in drei Kulturkreisen vgl. Kravos 1998).

kaum bzw. gar nicht explizit thematisiert wurde, waren Fragen wie z.B.: Inwieweit existieren in Gesellschaften eventuell konkurrierende Todesdeutungen?; wie setzen sich die einen Deutungen gegenüber anderen durch?; wie wird mit der ›biologischen Faktizität‹ des Todes jeweils umgegangen?; – d.h.: Welche Begründungszusammenhänge für die Definitionen von ›tot‹ oder ›lebendig‹ finden sich und inwiefern wird ihre soziale Konstruiertheit wahrgenommen und reflektiert oder verschleiert, nicht erkannt? Im Anschluß an FELDMANN formuliert: Bedienen sich die (post-) modernen Individuen auf dem Deutungsmarkt heute auch und gerade in der ›Abteilung Sterben und Tod‹ in dem Bewußtsein, daß es sich bei den dortigen Angeboten um ›soziale Konstruktionen‹ handelt?; und schließlich: Ist es überhaupt noch notwendig, gesellschaftlichen Konsens (im Sinne von Sicherheit und Gewißheit) über Todesvorstellungen herzustellen – und wenn ja, wie gelingt dieses?

Schaut man entlang solcher Fragen genauer auf die hier skizzierte soziologische Fachdiskussion, so können dazu folgende drei Aspekte festgehalten werden:

Erstens eröffnet das vorgestellte soziologische Begriffsverständnis von Sterben und Tod[68] grundsätzlich eine Perspektive, die entgegen der vermeintlich ahistorischen, kulturell invariaten biologischen Faktizität der Sterblichkeit des menschlichen Organismus die *soziale Konstruiertheit* und *kulturelle Kontextualität* von Sterben und Tod ins Zentrum rückt. So richtete z.B. Werner FUCHS sein Augenmerk nicht auf *den* Tod, sondern auf die damit verbundenen soziokulturellen Orientierungen, also auf Todes*bilder*, auf „(...) all das, was unter dem Tod verstanden wird, wie er heißt und aussieht, was er bringt und wohin er bringt." (Fuchs 1969, S.21) Ähnlich in Bezug auf die darin angesprochene Sinn- und Deutungsdimension, doch aktueller und stärker auf deren *kommunikative Vermitteltheit* abstellend, zielt der in Anlehnung an Thomas MACHO verwendete Begriff der ›Todes*metaphern*‹ auf die besondere Referenzlosigkeit des Diskurses über den Tod. ›Bilder‹ oder ›Metaphern‹ sind in diesem Sinne *Ausdruck*, sind *Resultat* von soziokulturellen Definitionsprozessen und können somit als *Chiffren* für die jeweilige gesellschaftliche Konstruktion der Wirklichkeit von Sterben und Tod verstanden werden. Verschiedene Todesbilder oder Todesmetaphern können nebeneinander existieren, können aufeinander aufbauen, oder sie können sich gegenseitig ausschließen.

Aber *wie* gestalten sich solche, hinter Bildern und Metaphern stehende Konstruktions-, Definitions- und Legitimationsprozesse, welche diese Bilder in den Vordergrund rücken und jenen Metaphern Plausibilität und Gehör verschaffen, andere Bilder aber von der Bildfläche verschwinden lassen und wieder anderen Metaphern ihre rhetorische Kraft rauben? – Wie also solche Prozesse

---

[68] ›Sterben‹ als sozialer Definitions- und Interaktionsprozeß, der, eingebunden in die jeweils vorhandenen kulturellen Legitimationsmuster, als Ausschlußprozedur aus der Gemeinschaft der Lebenden zum ›sozialen Tod‹ des betreffenden Individuums führt (vgl. S.22f).

ablaufen, wer mit welchen Interessen daran mitwirkt, welche Prozeduren und Strategien hierbei Anwendung finden und vor allem, welche praktischen Konsequenzen sie mit sich bringen – solche Fragen implizieren letztlich eine *diskursanalytische Perspektive*, die Bedeutungs- und Handlungsebene, d.h. die *Inhalte* der kulturellen Definitionen des Todes und die gesellschaftliche Definitions*praxis* im Umgang mit dem Tod verbindet.

Zweitens: In Bezug auf den Wandel von Todesbildern oder -metaphern, von Deutungen und Sinnmustern zu Sterben und Tod bieten die Diskussionen rund um die sogenannte ›Verdrängungsthese‹ ein recht breites, z.T. kontroverses Spektrum. Doch neben den inhaltlichen Argumenten und den damit verbundenen Rhetoriken[69] fällt hier im Hinblick auf eine diskursanalytische Perspektivierung vor allem auf: Nicht nur bleibt die Frage nach dem gesellschaftlichen Wandel innerhalb der Verdrängungsdebatte durch das dominante Dichotomisierungsschema ›traditionale versus moderne Gesellschaft‹ in großen Teilen weitgehend ›rückwärtsgewandt‹, sondern ›*der Tod*‹ eignet sich in jeder Hinsicht vorzüglich zur wie auch immer gearteten *Gesellschaftskritik* – sei es von der Befreiung des Individuums von gesellschaftlichen Zwängen durch die Befreiung des entfremdeten Todes aus den Klauen der herrschenden Thanatopraktiker bis hin zum Ideal des ›natürlichen Todes‹ als Utopie einer Gesellschaft, in der die reine Biologie soziale Gerechtigkeit verwirklichen soll. Die Analyse von Todesbildern oder -metaphern gerät somit sinnvollerweise zur ›ideologiekritischen‹ Rekonstruktion jeweils interessensgeleiteter *Metaphernpolitiken* wie strategischen *Deutungsmanagements*, die unter der Oberfläche unseres Diskurses über Sterben und Tod als gleichsam kommunikative ›Ars moriendi‹ der (Post-) Moderne, welche uns helfen soll, mit dem Schicksal der Sterblichkeit fertigzuwerden, verborgen liegen. Vereinfacht gesagt: Formen und Inhalte unseres Sprechens über den Tod (nicht nur als religiöses, sondern auch als wissenschaftliches Reden, als Experten- oder Laiengespräch) können als Chiffren der Selbstbeschreibung und -bewertung der herrschenden und der jeweils erwünschten gesellschaftlichen Verhältnisse verstanden und interpretiert werden.

---

[69] Als ein Beispiel für solche Rhetoriken erläutert Feldmann, daß manche Verdrängungstheoretiker nicht nur das Nichtsprechen, sondern auch das (bzw. ein bestimmtes) Sprechen über den Tod als Beleg für dessen Verdrängung anführen. So dient demnach die zunehmende wissenschaftliche Diskussion über den Tod lediglich dazu, die Angst vor dem Tod zu entschärfen und dadurch eine gewisse Gleichgültigkeit zu erzielen, die wiederum nur eine Sonderform der Abwehr, der Negierung des Todes darstellt (Feldmann 1990, S.72). Eine recht prägnante Offenbarung solcher Argumentationslogik findet sich z.B. bei dem Volkskundler Utz Jeggle, der Alois Hahn vorwirft, mit allerhand wissenschaftlicher Apparatur (Jeggle meint: mit statistischen Datenauswertungen) dem Tod (als anthropologische Konstante) seine Bedeutung zu nehmen: „Die Behauptung, der Tod sei gar nicht verdrängt, sondern einfach weniger wichtig geworden, ist sicher eines der deutlichsten Symptome seiner Verdrängung." (Jeggle 1988, S.158)

Richtet sich ein so fokussierender diskursanalytischer Blick nun erneut auf das moderne ›Sinnproblem des Todes‹, läßt sich schließlich – *drittens* – das besondere soziologische Problem bei der Hirntod-Thematik präziser fassen: Die Problematik von Unsicherheit und Ungewißheit versus Sicherheit und Gewißheit im Kontext von Sterben und Tod beschränkte sich in der bisherigen thanatosoziologischen Diskussion (sowohl auf der Ebene von Deutungs- wie von Handlungsproblemen) weitgehend auf eine bestimmte Akzentuierung des *Sinnproblems*: Was im Zuge verschiedener gesellschaftlicher Entwicklungen verloren gegangen scheint, sind *Sicherheiten* (in Bezug auf Wissen), *Gewißheiten* (in Bezug auf Werte) und *Verbindlichkeiten in den Sinngebungen zur Bewältigung des Todes* (in Bezug auf die soziale Praxis). – Anders gesagt: Noch ist für die (Thanato-) Soziologie *nicht* ›der Tod‹ als solcher (im Sinne von: die Todesdefinition, die Todesfeststellung) in seinem Verhältnis zum Leben unsicher und ungewiß geworden. Das gesellschaftliche Problem des Todes liegt für die Thanatosoziologie derzeit vielmehr noch in der Frage, wie die (Weiter-) Lebenden nach der Erfahrung des Todes des Anderen mit *ihrem* Weiterleben vor dem Hintergrund des allseits konstatierten Verlustes an Sinnverbindlichkeiten sinnhaft umgehen können.[70]

Doch wo läge dann das *soziologische* Problem im Hinblick auf den ›Hirntod‹? Ließe sich die Hirntodthematik somit für die Soziologie nicht recht schnell abhandeln, indem man den ›Hirntod‹ bzw. die öffentliche Diskussion dazu einfach einordnet z.B. als Argument *gegen* die Verdrängungsthese und für die zunehmend ernsthafte (und angemessene) Auseinandersetzung mit Sterben und Tod in der Moderne? Oder vielleicht wäre der ›Hirntod‹ auch ein weiteres Indiz *für* die Verdrängungsthese, weil gerade die Art und Weise, wie diese Diskussion ablief und abläuft, zeigt, daß es sich letztlich nur um einen von den Medien aufgebauschten Expertendiskurs handelt, der den Alltag der Laien nicht tangiert. Und nach der Verabschiedung des Transplantationsgesetzes könnte das

---

[70] Um begriffliche Verwirrung zu vermeiden: Innerhalb eines solchen ›einfachen‹ modernisierungstheoretischen Kontextes, wie er den meisten thanatosoziologischen Arbeiten implizit unterliegt, stellt ›Sinnverbindlichkeit‹ eine Grundlage von Vertrauen dar und produziert letztlich intersubjektive Verläßlichkeit auch auf Handlungs- bzw. Interaktionsebene. Die Differenz zwischen Sicherheit (Unsicherheit) und Gewißheit (Ungewißheit) – hier beide primär auf der Deutungsebene anzusiedeln – läßt sich folgendermaßen veranschaulichen: Ich bin mir z.B. unsicher über die zukünftige gesellschaftliche Entwicklung, für mich gewiß ist aber, daß die Politik alles zum Guten wenden wird. Oder: Ich und auch die Ärzte sind sich über meinen gesundheitlichen Zustand, über die genaue Diagnose noch unsicher, aber gewiß wird alles mögliche für mich getan. Abstrakter formuliert: Während Sicherheit / Unsicherheit auf eine Wissensdimension abstellt, die sich in ›rationaler Erkenntnis‹ begründet, gründet Gewißheit / Ungewißheit auf Glaubenswissen und zielt damit auf eine Wertedimension; vgl. hierzu insbesondere die Diskussion des Begriffs ›Vertrauen‹ in Auseinandersetzung mit Luhmann bei Giddens (1995, S.43ff) sowie insgesamt die Diskussion um Wissen und Vertrauen im Kontext ›reflexiver Modernisierung‹ bei Beck, Giddens & Lash (1996).

Problem ohnehin wieder hinter den Kulissen der, das gesellschaftliche Getriebe am Laufen haltenden, durch den Tod nicht mehr irritierbaren und deshalb auch auf seine sinnhafte Bewältigung nicht mehr angewiesenen, funktionsspezifischen Teilsysteme mit ihren je eigenen Systemrationalitäten verschwinden.

Ich meine, eine solcherart argumentierende ›Analyse‹ würde letztlich zu kurz greifen, da das eigentlich interessante soziologische Problem der Todesdefinition anhand des Hirntod-Kriteriums tiefer liegt. Blicken wir noch einmal genauer auf die bislang vernachlässigte Definitionsproblematik:

„Definitionen von Leben und Tod sind (...) nicht nur akademische Expertenaktivitäten, sondern normative Produkte, abhängig von kulturellen, politischen, ökonomischen und technischen Bedingungen. Die Definitionen von Leben und Tod werden in modernen Industriegesellschaften durch naturwissenschaftliche, biologische und medizinische Erkenntnisse legitimiert, die selbst wieder historische und soziale Produkte sind. Außerdem sind die jeweiligen rechtlichen Bestimmungen auf jeden Fall soziale Setzungen, für die es keine letztlich objektive oder absolute Grundlage gibt. Sie sind Ergebnisse der Interaktion, des Aushandelns, des Kampfes von Interessengruppen. Somit erweist sich ›der Tod‹ entgegen unserem naiv-säkularen und populärwissenschaftlichen Alltagsverständnis nicht als ›natürliches Faktum‹. Doch unser Bewußtsein wehrt sich wohl gegen diese Annahme der sozialen Vermittlung. Diese erscheint uns als Beiwerk zu dem natürlichen Geschehen." (Feldmann 1997, S.8)

Der hier entwickelte Gedanke ist Soziologen vertraut: Der Tod wie das Leben – genauer: unser Verständnis von Leben und Tod – sind von dieser Welt. Unser Denken über Tod und Leben ist das Produkt unserer gesellschaftlichen Situation wie auch ebenso umgekehrt die gesellschaftliche Situation, in der wir uns befinden, (auch) durch unser Denken über Leben und Tod erst hervorgebracht wird. Aber warum sollte sich eigentlich ›unser Bewußtsein‹ – glaubt man FELDMANN – gegen die von der Soziologie betonte ›Gesellschaftlichkeit‹ des Todes wehren und dem entgegen auf dessen ›Natürlichkeit‹ beharren? – Noch dazu, wo wenige Sätze vor dem Zitat unser Denken noch als modern-aufgeklärt qualifiziert wurde und wir uns nach FELDMANN als postmoderne Individuen doch ansonsten auf dem vielfältigen Markt der sozialen Konstruktionen mehr oder weniger souverän bedienen (siehe obiges Zitat S.58).

Der ›Hirntod‹ und die (selbstreflexive?) gesellschaftliche Definition von Leben und Tod

Anders herum gedacht: Wenn Soziologen z.B. vom sozialen Tod gegenüber dem physischen Tod sprechen, so mag das soziologisch sinnvoll sein, da es auf die sozialen, interaktiven, gesellschaftlichen Prozesse abstellt, die das Verhältnis von (sterbenden) Individuum und Gesellschaft charakterisieren, was nicht zuletzt bis hin zu Phänomenen wie der Einweisung in eine geschlossene Anstalt als ›totaler Institution‹, dem Aussetzen von Alten, Schwachen oder Kranken oder gar bis zu den sozialen Praktiken rund um den sogenannten ›Voodoo-Death‹ gehen kann. Für das Thema ›Hirntod‹ entscheidend scheinen mir dabei jedoch folgende Überlegungen zu sein: Ein solcher sozialer Tod bedeutet für den Soziologen, daß die Entscheidung zwischen Leben und Tod ein gesellschaftlicher Definitionsprozeß ist: ›Die Gesellschaft‹ bzw. ihre dafür abgestellten Repräsentanten und Experten verurteilen den Mörder zu lebenslanger Haft; weisen den gemeingefährlichen Irren in die geschlossene Psychiatrie; die Stammesgemeinschaft entscheidet, wann der Alte zurückbleibt (oder der Betreffende ›entscheidet‹ in Kenntnis der an ihn gerichteten Erwartungen selbst, was auf das gleiche hinausläuft); der Schamane spricht das ›Todesurteil‹, in dem er den nicht mehr aufhebbaren bösen Zauber, der auf einer Person liegt, dem Betroffenen und der Gemeinschaft bekannt gibt.

Allerdings: *Aus der Perspektive der betreffenden Ethnie, aus der Perspektive der Handelnden ist die hinter der Entscheidung stehende Grenzziehung eben nicht Resultat eines kontingenten gesellschaftlichen Definitionsprozesses* oder gar das Ergebnis eines ›freien Aushandelns‹ im Bewußtsein soziokultureller Variabilität, die immer schon auch eine andere Praxis zuließe; aus deren Perspektive ist das Ziehen der Trennlinie zwischen Leben und Tod eben nicht ›offen‹ oder ›beliebig‹, *sondern liegt außerhalb der Kontingenz individueller wie auch kollektiver Entscheidungsbefugnis und Handlungspraxis*, weil diese in nicht (oder nur durch den Preis der individuellen Abweichung bzw. des Zusammenbruchs der gesellschaftlichen Ordnung) hintergehbaren, gesellschaftlich geregelten Bereichen wie in abstrakten Rechtsnormen, in ›gesicherten‹ wissenschaftlichen Erkenntnissen, in unhinterfragbaren Traditionen, in den komplexen und vom Menschen nicht gänzlich kontrollierbaren ›Ursache-Wirkungs-Zusammenhängen‹ magischer Universen liegen. Insofern kennzeichnet den gesellschaftlichen Definitionsprozeß von Leben und Tod in der Regel eben nur, daß hier entschieden wird, *ob* ein Individuum noch zu den Lebenden gehört oder schon zu den Toten (gehören soll), aber eben *nicht*, daß die ›Willkürlichkeit der Trennlinie‹ selbst gleichsam reflexiv in jenen Entscheidungsprozeß miteinbezogen wird und ihm damit auch unterliegt.

Und insofern mag die soziologische Mißachtung der hinter den gesellschaftlichen Prozessen der Konstruktion und Transformation jener kulturspezifischen Trennlinien stehenden diskursiven Praktiken durch den ›Forschungsgegenstand‹ (also durch die beobachtbaren Handlungen oder die Deutungen der Akteure) selbst zwar gerechtfertigt erscheinen, doch mit der Hirntod-Diskussion – und das wäre die weiterhin zu prüfende *Leitthese* – ist diese ›Unschuld‹ verloren gegangen, hat der Aspekt der prinzipiellen Selbstreflexivität in der Auseinandersetzung um Sterben und Tod gleichsam empirisch Einzug gehalten, worauf die Soziologie entsprechend reagieren muß.

Denn was die aktuelle Diskussion um den Hirntod geradezu herausfordert, ist, das Phänomen ›Tod‹ in seiner sozialen Konstruktion ›radikalisiert‹ in den Blick zu nehmen: Die Entscheidung zwischen Leben und Tod ist ein gesellschaftlicher Definitionsprozeß, der die (biologische) Faktizität des Todes selbst jeweils neu bestimmt – soweit für Soziologen sicher keine originelle Erkenntnis. Aber mit der aktuellen Hirntod-Debatte muß nun das Ziehen der diese Entscheidungen leitenden Grenzlinie selbst in einem selbstreflexiven gesellschaftlichen Prozeß vollzogen werden – und zwar gleichsam zum ersten Mal in der menschlichen Kulturentwicklung in dem Bewußtsein für beteiligte Akteure wie für das Publikum, daß diese *Grenzlinie* nichts anderes als eben eine *gesellschaftliche Konstruktion* ist.[71]

Falls diese Überlegungen zutreffen, liegt die soziologische Aufgabe also darin, zu rekonstruieren, wie im derzeitigen Diskurs um Sterben und Tod bzw. präziser: in der Diskussion um Hirntod-Definition und Organtransplantation dieses Problem des Bewußtseins der ›sozialen Konstruiertheit‹ aufscheint, welche Ausdrucksformen es annimmt, wie es bewältigt oder verdeckt wird, und wie mit dieser neuen, durch die technische Entwicklung selbst produzierten Unsicherheit und Ungewißheit des Todes – im Sinne von BECK oder GIDDENS verstanden als ›hergestellte Unsicherheiten‹ bzw. ›manufactured uncertainties‹ (Beck, Giddens & Lash 1996, S.289ff und 316ff) – umgegangen wird. Am ›grünen Tisch‹ denkbar wären mindestens vier, sich nicht in jedem Fall gegenseitig ausschließende Alternativen: das Verschleiern der auftretenden Ungewißheiten und Unsicherheiten (wie sähe dies aus?), das Festhalten an alten Sicherheiten und Gewißheiten (wie z.B. am Gesetz Gottes, an der ›objektiven Wahrheit‹ als (natur-) wissenschaftliche Erkenntnis), das Herstellen neuer Sicherheiten und Gewißheiten (welche könnten dies sein und worin lägen ihre Begründungen?) oder die Akzeptanz und Integration der vorhandenen Unsicherheiten und Ungewißheiten (wie wäre dieses gerade im Bereich von Sterben und Tod vorstellbar?).

Doch bevor sich jetzt ein naiver ›Hurra-Empirismus‹ (Hitzler 1993, S.231) auf den Weg macht, um auf ›den Hirntod-Diskurs‹ loszugehen und darin das Deutungsmanagement der Akteure und die möglichen Sinnverschiebungen zu Sterben und Tod zu identifizieren, braucht es ein dem formulierten Erkenntnisinteresse adäquates theoretisches Rüstzeug sowie ein ausgewiesenes methodisches Instrumentarium, das dessen forschungspraktische Umsetzung gewährleistet. Dies dient letztlich nicht nur einer inhaltlichen Orientierung des Analyseprozesses und dessen methodischer Offenlegung (im Sinne von: nach was soll genau gesucht und wie soll es gemacht werden?), um den Leser prinzipiell den Nachvollzug der Interpretationen und Argumentationen zu ermöglichen. Son-

---

[71] Ähnlich – wenngleich mit anderem Ausgangspunkt: der Frage nach dem Zusammenhang von Technikentwicklung und Moral – argumentiert Kurt Bayertz: „Was früher als ein Naturereignis festzustehen schien, wird nun definitionsbedürftig. (...) Zum einen müssen wir eine moralisch relevante Bestimmung, die bisher als ›naturgegeben‹ unterstellt wurde, *definieren.* (...) Wir müssen diese Definition selbst festlegen, ohne auch nur die Illusion haben zu können, wir könnten von der Natur selbst ablesen, ob sie richtig ist und ob es möglicherweise richtigere Alternativen zu ihr gibt." Und weiter: „Ebenso sicher war die Definition des Todes niemals ein Naturereignis, sondern eine soziale Konstruktion; doch es macht einen Unterschied, ob diese Konstruktion unbewußt geschieht oder bewußt vorgenommen wird. Die Moral wird zu einer reflektierten Leistung des Menschen." [Herv. im Orig.; Anm. d. Verf.] (Bayertz 1997, S.84) Kritisch zu den damit verbundenen historischen Implikationen vgl. Schlich (1999, S.81 ff).

dern es geht dabei vor allem auch darum, sich der Perspektivität des eigenen Blickwinkels auf das Thema zu vergewissern und sich hierin die, dem gewählten Vorgehen immanenten, blinden Flecke zu vergegenwärtigen, die sich in der Regel unter den eigenen Füßen befinden und die man folglich nur erkennt, wenn man zur Seite tritt und seinen eigenen Standort inspiziert.

3. Diskurs, Wissen und Kultur –
Theoretische und methodische Grundlagen
einer Diskursanalyse zum ›Hirntod‹

Bisher sollte deutlich werden: Das hier anvisierte Erkenntnisinteresse liegt *nicht* darin, zu klären, was für den Menschen der spät- oder postmodernen Gesellschaft *der Tod* an sich *ist*, sondern es zielt vielmehr darauf, was sich als *das Problem des Todes* in der (Post-) Moderne *darstellt, wie* und *warum* mit dieser Problematik – grob gesagt: der Herstellung und Sicherung von (Sinn-) Gewißheit – in dieser oder jener Art und Weise *verfahren* wird, und welche gesellschaftlichen und kulturellen *Konsequenzen* daraus möglicherweise folgen. Wenn wir also Sterben als sozialen Prozeß begreifen, der eingebettet ist in die jeweils kulturell vorhandenen und dominanten Todesvorstellungen und Sinnsysteme, dann geht es in der vorliegenden Arbeit innerhalb eines kultursoziologischen Kontexts und entlang eines diskursanalytischen Verfahrens[72] darum, *die verschiedenen Deutungen zu Sterben und Tod* (als Todesbilder bzw. Todesmetaphern) *und das ihnen zugrundeliegende Deutungsmanagment in der Hirntod-Debatte* empirisch zu rekonstruieren und systematisch zu analysieren. Doch wie hat man sich eine solche Rekonstruktionsarbeit vorzustellen? Zur Beantwortung dieser Frage muß einerseits ein theoretisches Fundament erarbeitet werden, das die Begriffe Wissen, Kultur und Diskurs aufeinander bezieht. Und andererseits bedarf es einer Explikation der methodischen Herangehensweise, welche die forschungspraktische Umsetzung der auf diesen Begriffen aufbauenden Analyse offenlegt. Dazu sollen folgende Schritte dienen:

Erstens: Auf der Grundlage des skizzierten Forschungsstandes und des formulierten soziologischen Forschungsproblems zur Hirntod-Thematik (vgl. dazu S.63f) bietet ein wissenssoziologischer Zugriff auf die soziale Konstruktion der Wirklichkeit von Sterben und Tod eine geeignete theoretische Basis. Die dabei zu leistende Verbindung von ›Wissen‹ und dessen kommunikativer Vermittlung anhand der noch näher zu bestimmenden Begriffe ›kultureller Code‹ und ›Diskurs‹ eröffnet einen kultursoziologischen Bezugsrahmen für die Analyse der Hirntod-Diskussion, in dem die bislang noch weitgehend unreflektiert verwendeten Begriffe ›Todesbilder‹ und ›Todesmetaphern‹ begrifflich operationalisiert und verortet werden können.

Zweitens: Die Umsetzung eines solchen theoretisch-begrifflichen Instrumentariums in eine konkrete Forschungspraxis erfolgt anhand einer diskursanalytischen Forschungsstrategie, die sich im Hinblick auf die praktischen

---

[72] Für einen knappen Überblick zu ›Diskursanalyse‹ aus sozialwissenschaftlicher Perspektive vgl. Keller (1997), ausführlicher zu theoretischen Fundamenten und methodischen Umsetzungen z.B. Bublitz, Bührmann, Hanke & Seier (1999), Fairclough (1992), Jäger (1999, 1993), Wetherell & Potter (1988), Wodak (1996).

Prozeduren der Datenerhebung und Datenauswertung an den Verfahrensweisen der ›Grounded Theory‹ und ›rekonstruktiven Hermeneutik‹ orientiert.

Am Ende dieser beiden Schritte einer begrifflich-theoretischen Fundierung der angestrebten Analyse und der methodischen Explikation der tatsächlichen Analysepraxis steht schließlich – *drittens* – ein Analyseraster mit den ausformulierten Forschungsfragen, die den weiteren Argumentationsgang leiten.

3.1. Der ›Hirntod‹ und die gesellschaftliche Ordnung des Todes – Theorie-Fundamente einer wissenssoziologisch-diskursanalytischen Herangehensweise

Das im folgenden zu präzisierende theoretische Werkzeug umfaßt zunächst ganz allgemein die Begriffe Kultur, Wissen, Kommunikation und Diskurs. Da diese Begriffe in den bisherigen Ausführungen noch ohne eine genauere Klärung ihrer begrifflich-theoretischen Grundlagen Anwendung fanden, müssen sie zum einen in Bezug auf Sterben und Tod theoretisch ›aufgerüstet‹ und miteinander verknüpft werden. Zum anderen ist dabei aber auch der erkenntnistheoretische Stellenwert des gewählten soziologischen Zugriffs selbst zu reflektieren, um eine Umsetzung der Forschungsfrage anhand einer adäquaten Methodik zu gewährleisten. Fassen wir aus Gründen der besseren Verständlichkeit zu Beginn kurz die zentralen Eckpunkte der nachfolgenden theoretischen Ausarbeitungen zusammen:

Das hier verfolgte Theorie-Fundament ist insgesamt einzuordnen in den Rahmen einer *kultursoziologisch orientierten, ›verstehenden‹ bzw. interpretativen Thanatosoziologie*, die mit einem *wissenssoziologisch-diskursanalytischen Ansatz* die *Vermittlung einer mikro- und makrosoziologischen Perspektive auf Sterben und Tod* herzustellen sucht. Anhand der jüngsten Diskussionen um den ›Hirntod‹ sollen die kulturspezifischen Wissensbestände zu Sterben und Tod und deren handlungspraktische Konsequenzen in ihren kulturellen Bedeutungen empirisch rekonstruiert und systematisch analysiert werden.

Zum einen kann hierbei *methodologisch* in Anlehnung an das von Clifford GEERTZ für die Ethnologie skizzierte Verfahren einer ›*dichten Beschreibung*‹ in abgewandelter und vereinfachter Form angeknüpft werden (vgl. auch Rudolph 1992): Geht man dabei vom Bedeutung erzeugenden Menschen, vom ›homo significans‹ (Roland BARTHES) aus (Assmann 1991, S.17), so meint ›dichte Beschreibung‹ im Rahmen eines semiotisch begründeten Kulturbegriffs das Herausarbeiten von Bedeutungsstrukturen im Ablauf eines Diskurses und das Bestimmen seiner gesellschaftlichen Grundlage und Tragweite (Geertz 1983, S.15ff und 30ff). Orientiert an Max WEBER bezeichnet ›*Kultur*‹ dabei für GEERTZ als „ineinandergreifende Systeme auslegbarer Zeichen (...) keine Instanz, der gesellschaftliche Ereignisse, Verhaltensweisen, Institutionen oder Prozesse kausal zugeordnet werden könnten" (ebd., S.21). Vielmehr ist sie der Kontext, in dem diese Zeichen- bzw. Symbolsysteme verständlich – nämlich

›dicht‹ – beschrieben werden können (vgl. in diesem Zusammenhang auch Posner 1991, S.37ff).

Zum anderen kann aber gerade eine so verstandene ›dichte Beschreibung‹, angewendet auf die durch plurale Wirklichkeiten, vielfältige kulturelle Kontexte, ausdifferenzierte Wissensbestände und – damit korrespondierend – durch miteinander konkurrierende Diskurse gekennzeichnete moderne Gesellschaft (wie dies ja gerade auch für den Themenbereich Sterben und Tod die Diskussion der Verdrängungsthese gezeigt hat), nicht naiv auf ein objektivierendes *erkenntnistheoretisches Selbstverständnis* rekurrieren, das die Bedeutung von (nicht nur, aber vor allem: sozial-) wissenschaftlicher Erkenntnis als „gesellschaftliche Selbstthematisierung" (Bonß & Hartmann 1985, S.12) außer Acht läßt. Für eine Soziologie, wie sie hier verfolgt wird, bedeutet dies: „Die Beobachtung der Konstruktion sozialer Realität ist selbst Konstruktion von Realität." (Stenger 1993, S.92) Und weiter gedacht: Eine Soziologie, die nicht nur beobachtet, sondern in den Worten von Hans-Georg SOEFFNER die ›Rekonstruktion der gesellschaftlichen Konstruktion der Wirklichkeit‹ (Soeffner 1991, 1992) betreibt und diese wiederum an ›die Gesellschaft‹ entäußert, kann nicht mehr in einem naiven Verständnis von ›gesellschaftlicher Realität‹ einen privilegierten Beobachter-Standort beanspruchen, von dem aus sie ›hinter die Dinge‹ blicken und diese analysieren und erklären kann. Indem sie selbst Bestandteil der Konstruktionen ist, die sie rekonstruiert, ist sie immer schon mehr als ein ›einfaches Annäherungsverfahren an Gesellschaft‹, sie ist ein „spezifischer, historisch-selbstreflexiver Erkenntnisstil" (ebd., S.269), der sich auch um die Aufklärung der eigenen Praxis bemüht (Soeffner & Hitzler 1994, S.49ff). In letzter Konsequenz beinhaltet dies jedoch, die gewonnenen Erkenntnisse nicht nur theoretisch und methodisch ›selbst-reflexiv‹ zu fundieren und abzusichern, sondern – auch und gerade bei Forschungen in ethisch strittigen Gebieten wie z.B. der Debatte um ›Hirntod und Organtransplantation‹ – deren gesellschaftliche Bedeutung (z.B. im Sinne ihres wirklichkeitsgenerierenden Potentials) zu reflektieren.

Damit sind auch gleichzeitig Stellenwert und Grenzen von Aussagen zu *möglichen zukünftigen Konsequenzen* aus den solchermaßen rekonstruierten Konstruktionen sozialer Wirklichkeiten markiert. Für SOEFFNER besteht soziologische Prognostik im Kontext einer so konzipierten Soziologie

„in dem – oft zweifelhaften – Versuch, sich und anderen auf der Grundlage wissenschaftlicher Deutungen und Rekonstruktionen verflossener [und darauf aufbauender gegenwärtiger; Anm. d. Verf.] Wirklichkeiten Möglichkeiten oder Wahrscheinlichkeiten ›neuer‹ gesellschaftlicher Wirklichkeitsentwürfe vorzustellen." (Soeffner 1991, S.264)

3.1.1. Die kommunikative Konstruktion der gesellschaftlichen Wirklichkeit des Todes

Jeder Soziologe, gleich welcher theoretischen Richtung er sich später vielleicht verbunden fühlt, lernt in den ersten Fachsemestern eines der wichtigsten Grundaxiome einer verstehenden bzw. interpretativen Soziologie kennen, wie es HERBERT BLUMER als einen der Grundsätze des Symbolischen Interaktionismus einprägsam formuliert hat: Menschen handeln den ›Dingen‹ gegenüber auf der Grundlage der Bedeutungen, die diese Dinge für sie besitzen (Blumer 1981, S.81). Ohne zu weit ausholen zu wollen, erscheint es dennoch sinnvoll, vor dem Hintergrund der beabsichtigten Rekonstruktion der Deutungen von Sterben und Tod in der Hirntod-Debatte bei deren theoretischer Fundierung mit dem Begriff ›Bedeutung‹ zu beginnen; – zumal der hier in Anlehnung an GEERTZ erwähnte Kulturbegriff auf Zeichen- und Symbolsysteme rekurriert, deren Bedeutungsstrukturen im Ablauf eines Diskurses ›dicht beschrieben‹ werden sollen.

Der Begriff der ›Bedeutung‹ und die sinnvolle ›Ordnung der Dinge‹

Zum linguistischen kleinen Einmaleins gehört die auf Ferdinand SAUSSURE zurückgehende Unterscheidung von (verbalen) Zeichen in einerseits das Lautbild (signifiant, Signifikant, das Bezeichnende) und andererseits das damit korrespondierende Konzept (signifié, Signifikat, das Bezeichnete). Die Beziehung zwischen Signifikant und Signifikat ist dabei arbiträr, also lediglich konventionell, und erst die Verknüpfung beider Seiten des Zeichens macht es ›sinn-voll‹. Seine *Bedeutung* enthält das Zeichen durch seine Stellung, seine Relation zu anderen Zeichen, indem sein Lautbild von anderen unterschieden wird – d.h. das Zeichen ist ›diakritisch‹ (Barthes 1981, S.31ff). Dabei werden Zeichen in zwei verschiedene Interpretationsketten gestellt:

„In der einen, der ›syntagmatischen‹ Kette, wird das Zeichen in Beziehung zu den vorangehenden und nachfolgenden Zeichen gesetzt. In der anderen, der ›paradigmatischen‹ Kette, wird es zu den potentiell anderen gesetzt, die an seiner Stelle stehen könnten, diese Beziehung beruht also auf einer Ähnlichkeit (z.B. könnte in dem Satz ›ein Glas Wasser trinken‹ statt Glas ein Krug oder eine Flasche stehen. In der syntagmatischen Beziehung ergibt sich Wasser aus der Nähe zu Glas und trinken)." (Weiss 1993, S.130)

Die Bedeutungen von Zeichen bilden je nach Kultur verschiedene Systeme, die auf Unterscheidungen, Klassifikationen und Gegensätzen beruhen. Dabei kann die ›Bedeutungsebene‹, die ›Rede‹ im Sinne des konkreten Sprechens (la parole) von der ihr zugrundeliegenden System-Form der ›Sprache‹ im Sinne des dahinter stehenden abstrakten Zeichensystems (la langue) unterschieden werden, welche zwar nicht unmittelbar in Erscheinung tritt, der Redehandlung aber ihre (sinnvolle) Ordnung vorgibt. SAUSSURE verwendete dazu den Begriff des ›Codes‹ einer Sprache. „Nur als Rede wird Sprache zwar wirklich, aber die Bedeutung eines Wortes könnte nie aus seiner Lautgestalt allein identifiziert werden. Die Entschlüsselung erfolgt gemäß einer Ordnung, die nicht der Rede (parole) angehört." (Weiss 1993, S.131; vgl. auch Barthes 1981, S.13ff)

Das Wirken einer solchen, ›hinter‹ der einzelnen Rede stehenden ›Be-Deutungs-Ordnung‹ läßt sich anschaulich anhand eines Beispiels illustrieren, mit dem Michel FOUCAULT seine wissenschaftshistorische Studie zur Geschichte der abendländischen Humanwissenschaften einleitet. Dort konfrontiert er den Leser mit einem Auszug aus einem Text von Jorge Luis BORGES, in dem eine aus einer ›gewissen chinesischen Enzyklopädie‹ stammende Klassifikation von Tieren geschildert wird:

„Tiere gruppieren sich wie folgt:
a) Tiere, die dem Kaiser gehören, b) einbalsamierte Tiere, c) gezähmte, d) Milchschweine, e) Sirenen, f) Fabeltiere, g) herrenlose Hunde, h) in diese Gruppierung gehörige, i) die sich wie Tolle gebärden, k) die mit einem ganz feinen Pinsel aus Kamelhaar gezeichnet sind, l) und so weiter, m) die den Wasserkrug zerbrochen haben, n) die von weitem wie Fliegen aussehen." (Foucault 1988d, S.17)

Wir ›verstehen‹ zwar die einzelnen Begriffe, mit denen die hier vorgestellten Tiere benannt, gekennzeichnet und kategorisiert werden, allerdings irritiert und verwirrt diese Tierklassifikation sowohl syntagmatisch wie paradigmatisch, weil die dahinter stehende Ordnung unserem gewohnten Denken über eine *›sinnvolle‹ Ordnung der Dinge* (hier von Tieren) völlig zuwider läuft. Jene ›chinesische Ordnung‹ verweist in ihrer für uns offensichtlichen ›Unsinnigkeit‹ auf die dahinter stehenden, uns fremden Bedeutungs- und Wissenssysteme, und ihre Konfrontation mit der ›Ordnung der Dinge‹ in unseren Köpfen, der wir in unserem Reden Ausdruck verleihen, befördert uns in einem Sprung an die uns so selbstverständlichen Grenzen unseres Denkens in der schieren Unmöglichkeit, diese Klassifikationsordnung überhaupt zu denken. Die daraus zu ziehende Schlußfolgerung ist grundlegend: Die Welt und unser Blick darauf (hier exemplifiziert am Beispiel von Tieren) kann weder von der Welt selbst (also z.B. von den Tieren als solchen) noch von uns selbst (im Sinne eines die wahre, wirkliche Welt erkennenden Subjekts) her rekonstruiert werden, da der Blick, mit dem wir die Welt erschließen, nicht von uns stammt, sondern eine bestimmte, kulturspezifische ›Wissens-Ordnung‹ uns diesen je besonderen Blick verleiht, ihn uns gleichsam einsetzt. Weniger philosophisch und mehr soziologisch gedacht haben diesen Sachverhalt des – wie FOUCAULT sich metaphorisch ausdrückt – ›eingesetzten Blicks‹ (vgl. auch Weiss 1993, S.143) bereits BERGER und LUCKMANN mit der viel zitierten ›Dialektik von Gesellschaft als objektiver und subjektiver Wirklichkeit‹ umschrieben (Berger & Luckmann 1980).

Allerdings bleiben solche Wissens-Ordnungen über den Zeitverlauf nicht unbedingt oder vielleicht sogar nur in den wenigsten Fällen konstant. Entgegen einer strukturalistisch-semiologisch orientierten Perspektive, die sich weitgehend der Rekonstruktion solcher *gegebenen* Zeichen-Ordnungen widmet, nimmt ein poststrukturalistischer Blick die *›Arbeit an den Bedeutungen‹*, ihr Ordnen und Neu-Ordnen in den Blick. Aber wie hat man sich Veränderungen, Verschiebungen, Transformationen in solchen Bedeutungssystemen, in solchen Wissens-Ordnungen vorzustellen?

Das Neu-Ordnen der Dinge: Bedeutungs-Verschiebungen

Wie sich Bedeutungsverschiebungen zumindest in der konkreten Beziehung zwischen Zeichen und ihrer Bedeutung vollziehen, indem – wie Roland BARTHES sich ausdrückt – Signifikant und Signifikat in ein anderes ›semiologisches System‹ eingestellt werden und damit die ›Ordnung der Dinge‹ eine andere wird, beschreibt der semiologische Begriff des ›*Mythos*‹:[73]

Abb.3: Der Mythos ›Auto‹

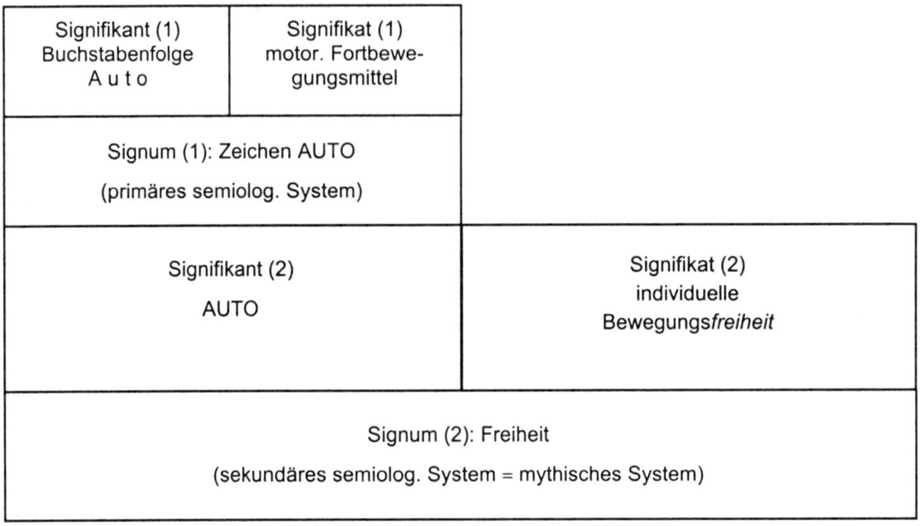

Signifikant (1) Buchstabenfolge A u t o	Signifikat (1) motor. Fortbewegungsmittel
Signum (1): Zeichen AUTO (primäres semiolog. System)	
Signifikant (2) AUTO	Signifikat (2) individuelle Bewegungs*freiheit*
Signum (2): Freiheit (sekundäres semiolog. System = mythisches System)	

BARTHES unterscheidet hierbei zwei ›semiologische Systeme‹ (vgl. Abb.3): das primäre und das sekundäre. Verkürzt dargestellt beruht die ›mythologische Aufladung‹ eines Zeichens auf einer Bedeutungsverschiebung der ursprünglichen Zeichenrelation im primären System (in dem z.B. der Signifikant ›Auto‹ das Signifikat ›motorisiertes Fortbewegungsmittel‹ bezeichnet) durch ein übergestülptes sekundäres System, in dem das Zeichen ›Auto‹ nun wiederum zum Signifikanten wird und jetzt z.B. ›Freiheit‹ oder ›Statusgewinn‹ bezeichnet und damit gleichzeitig in diesem Beispiel eine Aufladung mit bestimmten kulturellen Werten erfährt. Anders gesagt: „Das objektsprachliche Zeichen erster Ordnung wird über seinen ›Sinn‹ hinaus mit metasprachlicher ›Bedeutung‹ versehen." (Hirseland 1992, S.229)

---

[73] Anders als im alltäglichen Sprachgebrauch meint hier der Begriff des ›Mythos‹ nicht z.B. überlieferte Erzählungen, Sagen, Dichtungen usw., sondern er bezieht sich auf eine genau bestimmte, formal zu analysierende ›Weise des Bedeutens‹ im Sinne einer besonderen Konstellation von Signifikant und Signifikat (Barthes 1964, 1981; vgl. für eine knappe Zusammenfassung und exemplarische empirische Anwendung auch Hirseland 1992, S.229, oder auch Hirseland & Schneider 1991, S.133ff).

Doch worin besteht nun der eigentliche soziologische Gewinn dieser, vom Ergebnis her uns geläufigen und leicht wie semiologische Spiegelfechtereien wirkenden Überlegung?

„Die ›Bedeutung‹ oder der ›Wert‹ sind sozio-kulturelle Mentefakte, die der zeichenhaften Repräsentation bedürfen. Auf der Ebene des mythologischen Systems ›suchen‹ sich also die Bedeutungen (...) in gewissem Sinne ihre ›Signifikanten‹ aus dem Sinnangebot der Zeichen erster Ordnung aus. Ihnen wird, wegen der Arbitrarität der Zeichenrelation, Bedeutung verliehen, die ihnen auch wieder entzogen werden kann. Indem das Zeichen auf der Ebene des sekundären Systems lediglich als Signifkant fungiert, wird es seines ursprünglichen Sinns ›entleert‹, der jedoch nicht einfach verlorengeht, sondern jetzt selektiv der Bedeutung unterworfen ist und deren *Präsenz* im Signifikanten ermöglicht. Die Bedeutung wird so naturalisiert, da sie als immanenter Bestandteil der Ordnung der Dinge *gilt* (wobei jede Geltung immer sozial bedingt ist). Auf der Ebene des Mythos wird das ›Zeichen‹, das als Ausgangsmaterial der (mythologischen) Signifikation dient, austauschbar. Es wird zum bloßen Beispiel der Bedeutung. Indem das Auto (...) zum Signifikanten der Freiheit gemacht wird, wird das Fahren um der Freiheit willen zur Natur der Freiheit (v)erklärt." [Herv. im Orig.; Anm. d. Verf.] (ebd., S.229)

Überträgt man diese Überlegungen auf das hier interessierende Themenfeld um Sterben und Tod, so finden sich Beispiele von häufig tödlich verlaufenden Krankheiten wie Krebs oder AIDS, die eine analoge ›mythologische Aufladung‹ erfahren haben, indem z.B. das Zeichen ›Krebs‹ nicht mehr ›nur‹ und vor allem eine jeweils genau bestimmte medizinische Diagnose und deren je individuelle, den Erkrankten betreffende Konsequenzen ›bezeichnet‹, sondern immer schon (auch und vor allem) als metasprachliches Zeichen dient im Sinne von z.B. ›Krebs als Geißel der Moderne‹. Somit steht das Zeichen ›Krebs‹ gleichsam ›paradigmatisch‹ insgesamt für den von der modernen Medizin geführten Kampf gegen Krankheit, Leiden und Tod, wobei dieser mit allen Mitteln zu führende, von der Medizin ausgefochtene gesellschaftliche Kampf selbst in seiner soziokulturellen Bestimmtheit (beruhend auf einem bestimmten Krankheits-, Gesundheits- und Technikverständnis, auf einem bestimmten Menschen- und Weltbild) nicht mehr ›verfügbar‹, ›hinterfragbar‹, sondern quasi ›naturalisiert‹ ist.[74] In Bezug auf den ›Hirntod‹ wären demnach genau solche ›Be-Deutungsprozeduren‹ von Interesse, die zum einen ›den Hirntod‹ als neue tech-

---

[74] Mit welchen konkreten Konsequenzen für die Betroffenen solche gesellschaftlichen ›Be-Deutungspraktiken‹ letztlich einhergehen, verdeutlicht der Hinweis, daß insbesondere bei schweren Krankheiten wie Krebs oder AIDS die individuelle Fähigkeit, auf die Krankheitsdiagnose mit angemessenen Bewältigungsstrategien zu reagieren, durch die Bereitschaft und Kompetenz der sozialen Mitwelt des Erkrankten zur Auseinandersetzung mit Themen wie Krankheit, Sterben, Tod bzw. mit der jeweiligen konkreten Erkrankung gefördert oder behindert wird. Doch je „stärker eine Krankheit tabuisiert ist, je mehr metaphorische Aspekte mit ihr assoziiert sind, desto schwerer wird es dem Einzelnen die Barriere von Vorurteilen und irrationalen Ängsten zu durchbrechen. (...) AIDS [und wohl auch (noch immer) Krebs; Anm. d. Verf.] ist in besonderem Maße metaphorisch und emotional besetzt" (Lucchetti 1991, S.146).

nische Diagnose-Möglichkeit im Sterbensprozeß (ob als dessen Endpunkt oder aber als entscheidenden Schritt auf dem Weg zum Tod) *jenseits* der konkreten medizinischen Diagnostik zu den vorhandenen Deutungen von Sterben und Tod in Beziehung setzen bzw. diese mit (welchen?) gesellschaftlichen Werten (wie?) verbinden. Z.B.: Der ›Hirntod‹ als *eindeutig feststellbarer, endgültiger Tod eines Individuums*, der in unserer Vorstellung aus dem Tod des einen Menschen die Lebensquelle für einen anderen Menschen werden läßt. Oder: Der ›Hirntod‹ als wesentliche Wegmarke im Sterbensprozeß eines Individuums, an dem *der Sterbende zur Leiche deklariert* wird, um den Verwertungsinteressen einer Transplantationsmedizin zu genügen (vgl. Kap.2.3). Zu fragen wäre hier also, wie jeweils konkret die unterschiedlichen Bedeutungen des Zeichens ›Hirntod‹ kommunikativ hergestellt werden und mit welchen darüber hinaus weisenden Wertungen diese ›aufgeladen‹ werden.

Doch offensichtlich genügen für solche Überlegungen dann nicht mehr nur einfache Signifikant-Signifikat-Relationen, sondern sie greifen auf jene oben angesprochenen, hinter den einzelnen Zeichen stehenden Wissens-Ordnungen (zu Leben und Tod, Krankheit und Gesundheit etc.) zurück. D.h.: Um einen begrifflich-formalen Zugriff auf solche kulturspezifischen Wissens-Ordnungen zu erhalten und möglichen Verschiebungen und Transformationen in den ›Be-Deutungen‹ und ihren gegenseitigen Relationen zueinander nachspüren zu können, benötigen wir gleichsam ›oberhalb‹ der konkreten Signifikant-Signifikat-Relation und ›unterhalb‹ des Kulturbegriffs noch ein begriffliches Werkzeug, das es erlaubt, die Bedeutungen hinsichtlich ihrer Inhalte wie ihrer Beziehungen zueinander analytisch aufzuschlüsseln.

Wissen und kultureller Code: Todesbilder und Todesmetaphern

Eine solche Möglichkeit bietet der in den Sozial- und Kulturwissenschaften über das SAUSSURE'sche linguistische Begriffsverständnis von ›Code‹ hinausgehende Begriff des ›*kulturellen Codes*‹.[75]

Jede Gesellschaft verfügt über einen ihr eigenen kulturellen Code, der als spezifisches Bedeutungssystem (im Sinne einer impliziten Wissensstruktur), also als wechselseitig vernetztes Zeichen-System es den Individuen ermöglicht, sich selbst und ihre Umwelt zu deuten und zu interpretieren. Dieser kulturelle Code als gleichsam ›implizites Weltbild‹ läßt sich nun rekonstruieren, indem man versucht, seine *Bedeutungsformen* und *Bedeutungsinhalte* zu identifizieren: Damit sind zum einen die vorhandenen Kategorien zur Wahrnehmung und Ordnung von Wirklichkeit gemeint (Bedeutungsinhalt), sowie zum anderen deren jeweils gedachte Beziehungen zueinander (Bedeutungsformen) (Bauernfeind 1995, S.254ff). Mit einem einfachen Beispiel illustriert können die beiden Kategorien ›Körper‹ und ›Geist‹ – noch gleichgültig was dabei im einzelnen z.B.

---

[75] Für eine grundlegende und umfassende Diskussion des Code-Begriffs im Kontext einer kultursoziologischen Perspektive vgl. Bauernfeind (1995, insbes. S.67ff).

unter ›Geist‹ jeweils verstanden werden soll – folgende drei Beziehungsformen aufweisen und damit jeweils völlig unterschiedliche Weltbilder hinsichtlich des gedachten Verhältnisses von Materiellem und Immateriellem begründen.

Abb.4: Die Relation von Körper und Geist in unterschiedlichen Weltbildern

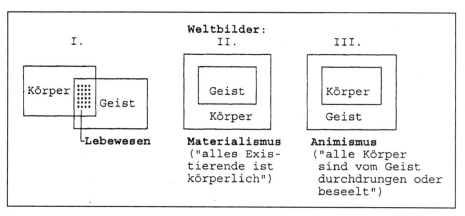

(entnommen aus Bauernfeind 1995, S.259)

Das einfache Beispiel macht deutlich, daß Kategorien wie Körper und Geist, und damit zusammenhängend z.B. tot und lebendig usw., nicht schon durch ihre Begriffs*inhalte* als solche hinreichend geklärt werden können, sondern erst durch ihre jeweiligen *Relationen zueinander* eine spezifische Bedeutung gewinnen. Darüber hinaus zeigt das Beispiel zum einen, daß zwar in jeder Kultur innerhalb des jeweiligen kulturellen Codes (unter anderem) ›irgendeine Lösung‹ zur Frage nach der Stellung von bzw. Beziehung zwischen Materiellem und Immateriellem enthalten sein muß, zum anderen es aber plausibel erscheint, gerade für (post-) moderne Gesellschaften zu prüfen, inwiefern sinnvollerweise noch von einem *einzigen* kulturellen Code ausgegangen werden kann (der dann gleichsam als kulturelle Suprastruktur den pluralen Weltdeutungen unterläge). Vielmehr kennzeichnen ja gerade die Hirntod-Diskussion nicht nur die Differenzen in der Bedeutung des ›Hirntodes‹ als Tod des Menschen, sondern womöglich auch das damit verbundene Auseinanderbrechen der Codierungen z.B. von Leben und Tod, Gesundheit und Krankheit, von Mensch-Sein und von dem, was ›Gesellschaft‹ bedeutet usw. Die Klärung oder zumindest Diskussion genau dieser Fragen ist gemeint, wenn hier nicht nur von der Rekonstruktion der verschiedenen Deutungen in der Hirntod-Diskussion, sondern auch von deren gesellschaftlichen und kulturellen Konsequenzen gesprochen werden soll: Wie verändert sich möglicherweise die für moderne Gesellschaften typische kulturelle Codierung von Sterben und Tod durch den ›Hirntod‹?

Vor dem Hintergrund der bisherigen Erläuterungen zu Bedeutung, Wissen und kultureller Codierung, können jetzt die bislang weitgehend unreflektiert und implizit synonym verwendeten Begriffe ›*Todesbilder*‹ bzw. ›*Todesmetaphern*‹ präziser operationalisiert werden: Beide Begriffe bezeichnen die ›*zeichenhaften*‹

Repräsentationen der jeweiligen Codierungen von Sterben und Tod sowohl in Bezug auf *Bedeutungsinhalte* wie *Bedeutungsformen*, deren Kontinuitäten oder mögliche Veränderungen und Transformationen im Kontext der Hirntod-Diskussion rekonstruiert werden sollen. Das bedeutet z.B.: Wie wird jeweils tot oder lebendig definiert?; welche zentralen Kategorien in welchen Bedeutungsrelationen finden dabei Verwendung (z.B. Körper versus Geist, toter Körper versus lebender Körper usw.)?[76]

Kultur und Wissen: Die kommunikative Herstellung der Wissens-Ordnung

Wenn sich die hinter den Zeichen und deren Bedeutungen stehenden Wissens-Ordnungen über den Begriff des kulturellen Codes entschlüsseln lassen, bleibt schließlich noch die Frage zu klären, an welchen ›kommunikativen Orten‹ sich jene kulturellen Codes ›materialisieren‹ bzw. wo sie ihren kommunikativen Ausdruck finden.[77] Dazu müssen wir noch einmal auf den Kultur-Begriff zurückgreifen.

Die neuere Wissenssoziologie mit und nach BERGER und LUCKMANN wandte sich zunehmend nicht nur der Verteilung des gesellschaftlichen Wissens, sondern auch dessen kommunikativer Vermittlung zu:

„Das klassische Thema der Wissenssoziologie, nämlich das Bedingungsverhältnis von gesellschaftlichen Wissensformen und Sozialstruktur, wird nunmehr in der Kommunikation verortet: Kommunikativ sind Vorgänge der Wissensproduktion und -vermittlung, und in der Kommunikation werden zugleich soziale Strukturen erzeugt und reproduziert." (Knoblauch 1995, S.5)[78]

---

[76] Dabei soll im folgenden bevorzugt der Begriff der ›Todesmetapher‹ Anwendung finden, der zwar oberflächlich gesehen synonym zum Begriff des ›Todesbildes‹ verstanden werden kann, darüber hinaus jedoch jenes grundsätzliche ›Kommunikationsproblem‹ des Todes (vgl. S.25f) mittransportiert, das es m.E. zu beachten gilt: Der Modus der Metapher zeichnet sich durch die Behauptung einer Ähnlichkeit zwischen zwei Gegenständen aus, die sich der Wahrnehmung als offensichtlich verschiedene darbieten. Die Aussage ›A ist wie B‹ – der Tod ist (wie) ein endloser Schlaf; der ›Hirntod‹ gleicht einer ›inneren Enthauptung‹ usw. – signalisiert die Wahrnehmung sowohl einer Ähnlichkeit als auch eines Unterschiedes zwischen den zwei bezeichneten Gegenständen (White 1986, S.293). Allerdings – wir erinnern uns an Macho – bleibt beim Zeichen ›Tod‹ bzw. ›Hirntod‹ das Signifikat grundsätzlich leer, mit der Konsequenz, daß die Metapher der *einzige* Zugang zu dem bezeichneten Phänomen an sich ist. Konkret: B, C oder D usw. stellen für uns die einzigen Möglichkeiten dar, von A ›sinn-voll‹ zu sprechen, da das, was A bezeichnet unserer Erfahrung entzogen ist. Insofern kann A in unserem Fall niemals für sich allein stehen, weil es dabei prinzipiell ›sinn-los‹ bliebe.

[77] Andere mögliche Felder zum Aufspüren und zur Rekonstruktion kultureller Codes wären z.B. Architektur, Institutionengefüge usw. (Bauernfeind 1995, S.294ff).

[78] Hier skizziert Hubert Knoblauch theoriegeschichtlich eine direkte Linie von Alfred Schütz zu Peter L. Berger und Thomas Luckmanns theoretischen Entwurf einer Wissenssoziologie bis hin Luckmanns neueren sprachsoziologischen Arbeiten (vgl. auch Knoblauch 1995, S.22ff und 42ff).

Kultur besteht dabei nicht nur aus Wissen bzw. der Gesamtheit der verschiedenen Wissensbereiche, sondern auch aus den in kommunikativen Handlungen erzeugten Objektivierungen, die nach Hubert KNOBLAUCH, in Anlehnung an Alfred SCHÜTZ und basierend auf der Ausarbeitung von SOEFFNER, auf *drei unterschiedlichen Ebenen* angesiedelt sein können:[79] Erstens in der Welt in unmittelbarer Sicht- und Reichweite, d.h. der Wir-Welt, Mitwelt und Wirkwelt; zweitens in der Welt in ›potentieller Reichweite‹, d.h. der Welt des vermittelten, institutionell bestimmten Handelns und Wissens; und drittens in der Welt des symbolisch ausgeformten Wissens, der Kosmien[80] und Weltbilder. Hierbei handelt es sich aber nicht um drei voneinander zu scheidende Wesenheiten, in denen wir uns mal hier oder dort befinden, sondern vielmehr sind diese drei Ebenen in konkreten kommunikativen Handlungen dergestalt ineinander verschränkt, daß z.B. in der unmittelbaren Ordnung einer konkreten Kommunikationssituation ebenso die jeweils dahinter stehenden Kontextebenen repräsentiert sind und den einzelnen kommunikativen Handlungen gleichsam einen sozialen Ort verleihen (ebd., S.83f).

Thomas LUCKMANN schlug für die Gesamtheit der kommunikativen Vorgänge und der dabei verwendeten Objektivierungen in einer Gesellschaft (z.B. kommunikative Gattungen etc.) den Begriff des ›*kommunikativen Haushalts*‹ vor. Dabei geht es ihm nicht um die unendliche Vielfalt aller prinzipiell möglichen, denkbaren, technisch machbaren kommunikativen Vorgänge, sondern vielmehr um die aufgrund von je spezifischen Konventionalisierungen vorfindbaren, durchaus eingrenzbaren typischen Prozesse, Objektivierungen und Kontexte, die auf Bestand und Wandel einer Gesellschaft einwirken (Luckmann 1986, S.211; vgl. auch Knoblauch 1995, S.302ff):

„Der kommunikative Haushalt bildet zusammen mit dem gesellschaftlichen Wissensvorrat die Kultur einer Gesellschaft. Dabei stellt der kommunikative Haushalt ein Kom-

---

[79] Knoblauch kritisiert hierin die auch in der konstruktivistischen Wissenssoziologie noch fortlebende Trennung zwischen Kultur und Gesellschaft, Wissenssystem und Sozialstruktur, Sinn und Handeln: „Während Sozialsysteme aus Interaktionsmustern bestehen, wird das kulturelle System aus Ideen, Glaubensinhalten, Symbolsystemen und Wertorientierungen gebildet. Kultur und Gesellschaft gelten dann lediglich durch ›Interdependenz‹ und ›Interpenetration‹ verbunden (...)." (Knoblauch 1995, S.74) Beim unten noch zu klärenden Diskursbegriff wird sich zeigen, daß diese gängigen Zweiteilungen, wenn auch nicht so ohne weiteres grundlagentheoretisch, so doch für die vorliegende empirische Untersuchung hinreichend relativiert werden können.

[80] Vgl. zu dem von Schütz in Anlehnung an Eric Voegelin verwendeten Begriff des Kosmion Knoblauch (1995, S.297): „Kosmion umfaßt jene Prozesse der symbolischen Kommunikation, in denen die innere Struktur einer Gesellschaft und die Relationen zwischen den Gruppen und Gruppen von Gliedern durch Ritus, Mythos und Theorie appräsentiert werden." Kosmion bezeichnet also nicht nur das abstrakte Gebilde ›Gesellschaft‹ in den Köpfen der Gesellschaftsmitglieder, sondern jene symbolischen Praktiken, mit denen ›Gesellschaft‹ für die Subjekte konkret wahrnehmbar und erfahrbar wird.

plement zum gesellschaftlichen Wissensvorrat dar. Bezeichnet der gesellschaftliche Wissensvorrat als statische Kategorie das sozial abgeleitete, subjektive Wissen der Handelnden [Laien wie Experten; Anm. d. Verf.], dessen Verteilung und institutionelle Verankerung, so werden mit dem kommunikativen Haushalt gleichsam die dynamischen Aspekte der Objektivierung und Vermittlung des Wissens erfaßt." (Knoblauch 1995, S.303)

Je ausdifferenzierter sich die verschiedenen Wissensbereiche präsentieren, je unterschiedlicher diese Wissensbereiche nach Zugehörigkeit zu vielfältigen sozialen Kategorien, Gruppen oder Institutionen sich verteilen und je weniger demnach sich das subjektiv verfügbare Wissen der Handelnden typisch ähnelt, um so wichtiger wird die Rolle der kommunikativen Wissensvermittlung, in deren Vollzug sich dann die diversen kommunikativen Kontexte auf den genannten verschiedenen Ebenen ausbilden.

Entscheidend für unseren Kontext einer beabsichtigten Rekonstruktion der Deutungen und des Deutungsmanagements in der Hirntod-Debatte ist hierbei folgender Aspekt: Auf welche Ebene bzw. auf welche – um in der von KNOBLAUCH und LUCKMANN verwendeten Begrifflichkeit zu bleiben – kommunikativen Objektivierungen soll diese Rekonstruktion zugreifen?

Nach KNOBLAUCH ruht die kommunikative Konstruktion symbolischer Wirklichkeit „im wesentlichen auf den gesamtgesellschaftlichen Diskursen und den sie tragenden Diskursgemeinschaften", wie er anhand von Beispielen wie der Nichtraucherkampagne in den USA oder der Konstruktion von Ethnizität zu zeigen versucht (ebd., S.297ff und 251ff). Und demnach wäre auf der Basis der bisherigen Ausführungen der analytische Zugriff auf die Hirntod-Thematik mittels des Diskursbegriffs auf jener dritten Ebene anzusiedeln, da es sich hierbei nach Knoblauch um einen ›gesamtgesellschaftlichen Diskurs‹ handeln würde. Allerdings: Welcher Diskursbegriff ist damit eigentlich gemeint? Meint Diskurs hier einfach alle oder bestimmte objektivierte Formen öffentlicher mündlicher Kommunikation, in denen ›symbolisch ausgeformtes Wissen‹ expliziert und vermittelt wird?; oder meint der Begriff jegliche argumentative Auseinandersetzung, in denen die beteiligten Parteien gesetzten Regeln folgend ihre Positionen verhandeln?; oder geht es gar um einen, mehr oder weniger verdeckten, spezifischen Mustern folgenden symbolischen Kampf von kollektiven Akteuren[81] um die Durchsetzung ihrer Deutungen von Welt?

---

[81] Kollektive Akteure können z.B. professionelle Organisationen, Berufsverbände oder sich in Bürgerinitiativen zusammenfindende Laien usw. sein. In Anlehnung an Willy Viehöver läßt sich formulieren, daß die an Diskursen beteiligten kollektiven Akteure in der Regel ›epistemic communities‹ bilden, indem sich z.B. auch Laienverbindungen ›professionelle Expertisen‹ holen oder selbst ausbilden: „An epistemic community is a network of professionals with recognised expertise and competence in a particular domain and an authoritative claim to policy-relevant knowledge within that domain or issue area. Although an epistemic community may consist of professionals from a variety of disciplines and backgrounds, they have (1) a shared set of normative and principled beliefs; (...) (2) shared causal beliefs; (3) shared notions of validity (...), and (4) a common policy enterprise." (Haas, cit. nach Viehöver 1997,

Doch bevor in einem nächsten Schritt der hiermit angedeutete Diskursbegriff präzisiert werden muß, fassen wir das soweit erläuterte theoretische Instrumentarium kurz zusammen: Die gesellschaftliche Konstruktion von Wirklichkeit, wie sie die Theorie der Symbolischen Interaktion auf der Ebene der konkreten alltäglichen Interaktionsprozesse handelnder Subjekte analysiert (Helle 1992b) und wie sie mit einer makroperspektivischen Erweiterung in der neueren Wissenssoziologie, ausgehend von Peter L. BERGER und Thomas LUCKMANN, konzeptualisiert wird, gründet auf je kulturspezifische Wissens-Ordnungen, mit denen die Gesellschaftsmitglieder ihre Welt deuten und ihrem Handeln Sinn verleihen. Solche Ordnungen von Bedeutungen können als kulturelle Codes beschrieben werden, indem man die jeweiligen ›Tableaus‹ der Bedeutungsinhalte und -formen rekonstruiert und deren mögliche Veränderungen aufzeigt.[82] Die kommunikative Konstruktion und Vermittlung dieser Wissens-Ordnungen als soziale Praxis erfolgt auf den verschiedenen Ebenen (vom privaten Zwiegespräch bis hin zu öffentlicher Rede, in Schrift oder auch Bild), wobei symbolisch ausgeformte Wissensbestände wie z.B. unser Wissen über Sterben und Tod (in ihrer jeweiligen kulturellen Codierung) primär durch gesamtgesellschaftliche Diskurse geformt werden.

3.1.2. Von der Macht der Diskurse

Beginnen wir also bei der scheinbar einfachen Frage: Was sind ›Diskurse‹? Wie läßt sich dieser mittlerweile recht inflationär verwendete Begriff in eine hier brauchbare theoretische Form bringen?

Diskurse sind für KNOBLAUCH zunächst Ausdruck und Form der kommunikativen Konstruktion von Relevanzen, indem ein Thema durch eine Vielzahl kommunikativer Handlungen der verschiedensten Akteure und Institutionen auf mehreren Kontextebenen zugleich (für die Beteiligten wie für das Publikum) ›bedeutsam‹ gemacht wird:[83]

S.10; für eine umfassendere Diskussion des Akteurs-Begriffs vgl. ebd. 7-34 sowie z.B. Schetsche 1996, S.39ff).

[82] Solche ›Tableaus‹ als Konstruktionen zweiter Ordnung könnten dann über den historischen Zeitverlauf hinweg miteinander verglichen werden und würden damit einen ähnlichen theoretischen Stellenwert besitzen wie z.B. Goffmans ›Rahmenbegriff‹ (Goffman 1980a) im Gegensatz z.B. zu Lévi-Strauss' ›Struktur‹-Begriff (vgl. auch Weiss 1993, S.129ff).

[83] Unklar bleibt hier das Ebenenproblem: Diskurse behandeln bei Knoblauch einerseits ›gesamtgesellschaftlich relevante Probleme‹ und explizieren bzw. formieren damit jene, auf der dritten Ebene liegenden Weltbilder und Kosmien. Andererseits manifestieren sich Diskurse als kommunikative Praxis auf allen drei Ebenen, zielen dabei allerdings letztlich immer auf jenes symbolisch ausgeformte Wissen – im Gegensatz z.B. zum impliziten Handlungswissen von Akteuren in Alltagssituationen? Ich meine, daß die hiermit produzierte Verwirrung vor allem auf der diskurstheoretisch nicht hinreichend geklärten analytischen Trennung zwischen diskursiver Wis-

"Diskurse umfassen eine große Anzahl kommunikativer Aktivitäten, sie bedienen sich verschiedenster Kanäle, sie verwenden unterschiedliche Muster und können in verschiedenen Formen der Öffentlichkeit inszeniert werden. So vielfältig diese Ausdrucksformen gesellschaftlicher Diskurse sind, so kreisen sie doch um eine begrenzte Anzahl relevanter Probleme. Gesamtgesellschaftlich relevante Probleme finden gleichsam ihre ›Artikulation‹ (...) in Diskursen, d.h. Diskurse sind durch das ›Problem der Artikulation‹ direkt an gesellschaftliche Relevanzen gekoppelt." (Knoblauch 1995, S.305)

Offensichtlich versteht KNOBLAUCH den Diskursbegriff hier *nicht* im Sinne von Jürgen HABERMAS, der ihn im Rahmen seiner Theorie des kommunikativen Handelns einordnet als eine allein kommunikativer Rationalität folgende, herrschaftsfreie Art von kommunikativer Verständigung, in der jedoch im Grunde genommen das Verhältnis zwischen (idealer) Sprechsituation und (faktischer) Rede weitgehend unklar bleibt (vgl. hierzu z.B. schon Link 1986, S.5). Entgegen einem solchen HABERMAS'schen Diskursverständnis geht es KNOBLAUCH um die kommunikativ inszenierten Relevanzen, anhand derer sich gesellschaftliche Probleme artikulieren. Allerdings kreisen Diskurse keineswegs nur um eine begrenzte Anzahl von (immer schon vorgängig existierenden) gesellschaftlichen Problemen und verleihen ihnen Relevanz oder auch nicht, sondern sie erschaffen diese auch, formen sie und geben ihnen ihre Gestalt.

Die wirklichkeitskonstituierende und -formende Macht von Diskursen: Michel Foucaults Diskursbegriff

Die damit angesprochene Frage nach der ›Praxis‹ von Diskursen, nach der ›produktiven, formenden, regelnden Macht‹ in Diskursen führt zunächst zurück zu einem Diskursbegriff, der (zumindest in dieser Hinsicht) pointiert von Michel FOUCAULT ausgeführt wurde (vgl. z.B. Link & Link-Heer 1990, auch Jäger 1999, S.120ff): *Diskursformationen* werden nicht durch ihre Gegenstände, Objekte differenziert, sondern produzieren, formen die Objekte, über die sie sprechen, indem sie über sie sprechen. Was aber in welchem Diskurs gesprochen wird, was als ›wahr‹ anerkannt und was als ›falsch‹ verworfen wird, ist eine Funktion der *Macht*.

Auch wenn hier der Platz für eine eingehende Diskussion des FOUCAULT'schen Machtbegriffs fehlt,[84] sei lediglich auf eine ›Definition‹ von Macht verwiesen, die zeigt, daß es FOUCAULT weniger um eine objektivistische Theorie der Macht geht, sondern um eine Analyse der Macht*beziehungen, der konkreten Bedingungen und Ausübung von Macht in ihrem Verhältnis zum Wissen*: „Die Macht ist nicht eine Institution, ist nicht eine Struktur, ist nicht eine Mächtigkeit einiger Mächtiger. Die Macht ist der Name, den man einer komplexen strategischen Situation in einer Gesellschaft gibt." (Foucault 1988a,

---

sensproduktion und Wissensformierung hier und dessen handlungspraktischen Folgen dort beruht.

[84] Vgl. hierzu z.B. die jeweiligen Beiträge von Andrea Seier, Isabell Lorey, Ute Gerhard und Christine Hanke in Bublitz, Bührmann, Hanke & Seier (1999).

S.114; vgl. dazu auch Ewald 1978, S.10ff) Als Kennzeichnung für diese ›machtstrategische Situation‹ gelten für FOUCAULT die jeweils spezifischen Verknüpfungen von Diskursen, Praktiken und Wissen, die er mit dem Begriff des ›*Dispositivs*‹ umfaßt (Deleuze 1991, S.153ff, Fink-Eitcl 1989, S.79ff).[85]

Diskurse als jene Menge von Aussagen, die zur gleichen diskursiven Formation im Sinne eines allgemeinen Aussagesystems gehören (Marti 1988, S.42; vgl. auch Bauernfeind 1995, S.100ff), gehorchen somit bestimmten, ›machtvollen‹ Regeln:

„Die Wahrheit ist von dieser Welt; in dieser wird sie aufgrund vielfältiger Zwänge produziert, verfügt sie über geregelte Machtwirkungen. Jede Gesellschaft hat ihre eigene Ordnung der Wahrheit, ihre ›allgemeine Politik‹ der Wahrheit: d.h. sie akzeptiert bestimmte Diskurse, die sie als wahre Diskurse funktionieren läßt; es gibt Mechanismen und Instanzen, die eine Unterscheidung von wahren und falschen Aussagen ermöglichen und den Modus festlegen, in dem die einen oder anderen sanktioniert werden; es gibt einen Status für jene, die darüber zu befinden haben, was wahr ist und was nicht." (Foucault 1978, S.51)

Die (diskursanalytische) Aufgabe besteht nach FOUCAULT also darin, „nicht – nicht mehr – die Diskurse als Gesamtheiten von Zeichen (von bedeutungstragenden Elementen, die auf Inhalte oder Repräsentationen verweisen), sondern als *Praktiken* zu behandeln, die systematisch die Gegenstände bilden, von denen sie sprechen" [Herv. durch d. Verf.] (Foucault 1988a, S.74).

FOUCAULT arbeitet hier also außer mit dem Machtbegriff mit den Begriffen Diskurs, diskursive Praxis, Diskursformation und Dispositiv. Versuchen wir nun, uns kurz diese Begriffe in ihrer soziologischen Brauchbarkeit zu vergegenwärtigen und sie an die uns interessierende Thematik um Sterben und Tod anzulegen.

Diskurse, diskursive Praktiken und Diskursformation – (wissens-) soziologisch reformuliert

Soziologisch formuliert bezeichnet der Begriff des *Diskurses* nach Marten HAJER „(...) a specific ensemble of ideas, concepts and categorisations that is produced, reproduced and transformed in a particular set of practices and through which meaning is given to physical and social realities" (Hajer 1993,

---

[85] Allerdings gilt es hierbei, eine machttheoretische Metaphysik der Diskurse zu vermeiden, indem solchen diskurstheoretischen Überlegungen ein wissenssoziologisches Fundament unterlegt wird. Der zentrale Schlüssel für eine dergestalt konzipierte und hier nur andeutungsweise entwickelte wissenssoziologisch-diskursanalytische Perspektive liegt m.E. in der Integration der von Foucault akzentuierten Machtdimension anhand eines (wissens-) soziologisch brauchbaren Praxisbegriffs; vgl. übrigens in diesem Zusammenhang die nicht nur für Historiker lesenswerte ›diskurstheoretische‹ Kritik des Historikers Hayden White (1986, insbes. S.297ff) vor allem an Foucaults Analyse der Humanwissenschaften sowie zum Aspekt der sozialen Organisation von Macht als Macht*beziehungen* z.B. bei Sofsky & Paris (1994).

S.54). Recht ähnlich umschreibt Reiner KELLER Diskurse als "themenbezogene, disziplin-, bereichs- oder ebenenspezifische Arrangements von (Be-) Deutungen, in denen Welt- bzw. Wirklichkeitsordnungen und je spezifische Handlungsvoraussetzungen und -folgen (Institutionen, Praktiken) impliziert sind" (Keller 1998, S.34). Ein solches Diskursverständnis orientiert sich an der von Teun A. van DIJK (1995) aus wissenssoziologischen Traditionen übernommenen Überlegung, „daß die in Diskursen prozessierten Deutungen als typisierte und typisierbare Schemata organisiert sind, die in der diskursspezifischen Textproduktion, aber auch im Deuten und Handeln der in den Diskurs eingebundenen Akteure aktualisiert werden." (Keller 1997, S.315).

Gerade aber der in beiden recht ähnlichen Diskurs-Definitionen enthaltene unterschiedliche ›Praxisbegriff‹, der die Deutungs- mit der Handlungsebene verbindet, ist genauer zu beachten: Der Hinweis auf die praktische Ebene bei HAJER bezieht sich auf den Diskurs selbst, indem mit dem Begriff ›*diskursive Praktiken*‹ ausformuliert die Gesamtheit von Institutionen, Verfahren der Wissenssammlung und -verarbeitung, Sprecherautorisierungen und -ausschlüsse, Sprechregelungen als Eingrenzungen und Ausgrenzungen von Inhalten durch Rituale, der Regelungen zur Versprachlichung und Verschriftlichung wie ihrer medialen Umsetzung umschrieben werden kann. Bei KELLER hingegen integriert der ›Praxis-Hinweis‹ die (nicht-diskursive) Handlungsebene durch die in den Diskursinhalten enthaltenen Handlungsrezepte (als Voraussetzungen, Folgen usw.). Im HAJER'schen Kontext gesprochen bilden demnach die jeweiligen Diskurse (was wird als Wahrheit produziert?) und die damit einhergehenden diskursiven Praktiken (wie wird der Wahrheit ihr Status verliehen) zusammen die *Diskursformation* – vereinfacht gesagt: das was gesprochen und wie darüber gesprochen wird; während KELLER mit seiner Diskursdefinition die Aufhebung der naiven Trennung zwischen einer Diskurs- und Handlungsebene anmahnt (im Sinne von: so wird darüber gesprochen, aber gehandelt wird ganz anders). Die in Diskursen produzierte Wissens-Ordnung objektiviert sich nicht nur in und durch kommunikative Handlungen, sondern das darin enthaltene Wissen konstituiert auch auf der Ebene des Alltagshandelns der Subjekte gleichsam *pragmatisch* ›Wahrheit‹ (und wird damit zu gesellschaftlicher Wirklichkeit).[86]

Mit dem bei FOUCAULT entlehnten Begriff der ›Diskursformationen‹ geht es also, wie bereits Michel PÊCHEUX formulierte, nicht ausschließlich um die

---

[86] Klar ist, daß es sich hierbei allerdings um einen komplexen Vermittlungsprozeß handelt, der je nach Thematik als eigenes theoretisches wie empirisches Problem bearbeitet werden sollte, und der auf keinen Fall durch eine kurzschlüssige Analogisierung zu ersetzen ist, welche die in Diskursen rekonstruierten Deutungen und Handlungsrezepte bruchlos auf die alltäglichen Handlungs- und Deutungsroutinen der Subjekte verlängert: „Wichtig ist dabei (...) generell, daß Diskurse einen gewissen Abstraktionsgrad von den lebensweltlichen Routinen haben. Sie sind in besonderen Settings institutionalisiert und beruhen auf einer interessenbezogenen, bewußt betriebenen Interpretationsarbeit." (Keller 1998, S.35)

verwendeten Wörter und Begriffe, sondern vor allem um die (im doppelten Sinne praxis-relevanten) Konstruktionen, in denen diese Wörter verknüpft sind, weil erst darin – also durch ihren Kontext – ihre Bedeutung definiert oder auch transformiert wird und sie damit schließlich – im Sinne Herbert BLUMERs – ihre wirklichkeitskonstituierende Kraft gewinnen (Schöttler 1989, S.100).

Dimensionen und Strategien öffentlicher Diskurse: das Problemmuster ›Hirntod‹?

Die in dem Begriff der ›diskursiven Praktiken‹ bereits angesprochenen Prozeduren der Diskursregelung seitens der beteiligten kollektiven Akteure (wie z.B. Sprecherauthorisierung usw.) können noch genauer im Hinblick auf zentrale Dimensionen und Strategien des Deutungsmanagements präzisiert werden, die zur diskursiven Herstellung einer bestimmten ›Wahrheit‹ als gesellschaftliche Wirklichkeit dienen. Was muß erfolgen, damit ein Sachverhalt – z.B. die Frage nach der Todesfeststellung – zu einem öffentlichen Thema wird?[87] Blickt man dabei auf verschiedene, diskursanalytisch orientierte Untersuchungen, die z.B. zu diversen Protestbewegungen durchgeführt wurden, so zeigt sich, daß hierzu in der Regel zunächst ein Begriff notwendig ist, der kurz und prägnant den Gegenstandsbereich kennzeichnet, um den es geht.

„Nicht jeder Begriff zur Bezeichnung eines Themas ist gleich gut geeignet. Läßt sich ein komplexer Sachverhalt begrifflich *entdifferenzieren* (...), dann läßt sich leichter darüber kommunizieren: Rentenlüge, Natodoppelbeschluß, AKW sind Kürzel für einen weit über das Kürzel selbst hinausweisenden Zusammenhang, die einen komplexen Sachverhalt auf einen begrifflichen Punkt bringen, Aufmerksamkeit konzentrieren und damit eine Kommunikation über das Thema vereinfachen." [Herv. im Orig.; Anm. d. Verf.] (Gerhards 1992, S.310)

Zu prüfen wäre also z.B., inwieweit ›Hirntod‹ und ›Organspende‹ selbst schon solche begrifflichen Qualitäten besitzen, die einen komplexen Sachverhalt gleichsam ›auf den Punkt bringen‹ und dabei in ihren (mythischen) Bedeutungen weit über ihren ursprünglichen Sinn (z.B. als Bezeichnung einer spezifischen medizinischen Diagnosetechnik zur Feststellung von Hirnaktivitäten bei comatösen Patienten oder als die explizit gegebene Zustimmung zur Organentnahme am eigenen Körper) hinausweisen. Darüber hinaus muß das Thema möglichst glaubwürdig erscheinen in dem Sinne, als ›empirische Verifikationen‹ der Deutungen zum Thema innerhalb des Diskurses verfügbar sind (diese Rolle können z.B. statistische Zahlenkolonnen ebenso wie exemplarische Falldarstellungen übernehmen) (Gerhards 1992, S.310ff; vgl. auch Schetsche 1996, S.21ff).

Allerdings reicht es nicht aus, aus einem Sachverhalt ›nur‹ ein öffentliches Thema zu machen, er muß als ein ›Problem‹ erscheinen. Der Problemcharakter manifestiert sich durch die Diskrepanz zwischen einem Ist- und einem Soll-

---

[87] Für die folgenden Ausführungen vgl. exemplarisch z.B. Gerhards (1992) und Schetsche (1996).

Zustand, wobei bereits eine Präferenz für eine Seite im Sinne einer ›richtigen‹ Deutung in diese Dichotomie eingebaut ist, die sozusagen im Idealfall gleich mit praktischen Handlungsanweisungen zur Verwirklichung oder Sicherstellung des präferierten Zustandes (im Sinne einer Zielvorgabe) verbunden ist. Insgesamt gesehen können hierzu grob folgende Muster identifiziert werden: Einerseits eine Konkretisierung des Themas durch Herstellung von (allgemeiner) Betroffenheit und eines direkten lebensweltlichen Bezugs und im gegenläufigen Prozeß durch Abstraktion infolge der Einbindung des Themas in einen größeren Wertezusammenhang. Außerdem wird die Dringlichkeit eines Problems sowie seiner Lösung noch erhöht, wenn es gelingt, eine Verschärfung des Problems für die Zukunft zu unterstellen, was z.B. durch die Strategie der Dramatisierung geleistet werden kann. Weitere ›erfolgversprechende‹ Strategien sind die Definition von Ursachen des Problems und die Benennung von Verursachern in Form von konkreten Personen (Personalisierung), eine damit verbundene Intentionalisierung (d.h. dem oder den Verursachern eine intendierte Absicht für deren Handlungen zu unterstellen) sowie Moralisierung (z.B. die Befriedigung partikularer Interessen auf Kosten der Allgemeinheit).

„Läßt sich die Entstehung eines sozialen Problems auf einen Verursacher attribuieren, der Verursacher zugleich personalisieren, moralisieren, seine Handlungen als intentional und mit partikularen Interessen verbunden interpretieren, dann erhöht sich die Chance der Aktivierung öffentlicher Meinung. Aber auch hier gilt: Alle Strategien der Kausalattribution können nur wirken, wenn sie empirisch plausibel gemacht werden können, wenn ihnen ›empirical credibility‹ (...) zukommt." (Gerhards 1992, S.312)

Und schließlich geht es auch darum, ›Glaubwürdigkeit‹ nicht nur in der Sache, sondern auch im Sinne von Vetrauenswürdigkeit für die eigene Person als Akteur bzw. für die Angehörigen des eigenen ›Akteurs-Kollektivs‹ herzustellen (in dem z.B. prominente und zugleich ›moralisch integere‹ Personen rekrutiert werden usw.) und damit eine öffentlich Selbstlegitimation zu schaffen, die ein uneigennütziges Vertreten der eigenen Sache um der Sache willen impliziert.[88]

Zusammengefaßt: Die von bestimmten Akteuren verfolgte Strategie der ›Deutung-als-Problem‹ basiert auf einem jeweils empirisch zu identifizierenden Problemmuster, bestehend aus bestimmten inhaltlichen Komponenten und Deutungsverfahren, gegen die entweder andere Akteure mit ihren Strategien Alternativdeutungen stellen, die den Diskursgegenstand zwar auch als soziales

---

[88] Am deutlichsten zeigt sich diese Verknüpfung vielleicht in der Strategie, für das eigene Kollektiv in der öffentlichen Wahrnehmung einen Begriff zu etablieren, der das jeweils verfolgte Problemmuster gleich in der gewünschten Weise (z.B. am besten anhand eines nicht infrage stehenden zentralen gesellschaftlichen Wertes) okkupiert (Gerhards 1992, S.313f). So machte z.B. allein die Bezeichnung ›Friedensbewegung‹ jeglichen Kritiker zunächst immer schon zu einem (zumindest potentiellen) ›Friedensgegner‹ und zwang diesen zu rhetorischen Rechtfertigungsanstrengungen, mit denen er sich zwangsläufig bereits in die Definitionsmacht des ›gegnerischen‹ Problemmusters begeben mußte: „Auch ich bin selbstverständlich für den Frieden ...".

Problem deuten, allerdings mit Hilfe von differenten Problemmustern, oder gegen die Akteure gar Deutungen setzten, in denen die ›Deutung-als-Problem‹ abgelehnt wird. Ob sich eine und wenn ja welche ›Problemwahrnehmung‹ durchsetzt, hängt neben nicht zu vernachlässigenden strukturellen Faktoren wie verfügbaren Ressourcen (Budget, Personalausstattung, technische Möglichkeiten etc.) also vor allem von der diskursiv erzeugten Deutungsqualität des Problemmusters ab, weil diese bestimmt, ob es moralisch-normativ und emotional in vielen Individuen verankert werden kann.

Die generelle Frage, die in der folgenden Analyse empirisch zu klären ist, lautet demzufolge: Inwieweit können die hier skizzierten Dimensionen und Strategien öffentlicher Diskurse in der Diskussion um ›Hirntod und Organtransplantation‹ konkretisiert und ausformuliert werden. D.h.: Welche der genannten Dimensionen finden sich wieder, und welche Strategien lassen sich bei welchen beteiligten Akteuren aufzeigen?

Die Ordnung des Todes: Der Hirntod und das (post-)moderne Todesdispositiv

Wenn wir jetzt versuchen, diese mehr oder weniger abstrakten diskurstheoretischen Überlegungen unter Bezugnahme auf das vorangegangene Kapitel über Wissen, Kommunikation und Kultur für die hier verfolgte Problemstellung des Hirntodes zu bilanzieren, so muß zunächst die Frage geklärt werden, wie im folgenden der Diskursbegriff Anwendung finden soll. Erinnern wir uns an den Hinweis, daß in modernen Gesellschaften mit ihren zunehmend sich ausdifferenzierenden Wissensbeständen deren kommunikative Vermittlung immer wichtiger wird.

„In der modernen Gesellschaft kommt es zur Ausdifferenzierung von Sonderwissensbeständen, die von entsprechenden Expertengruppen getragen werden und spezifische Subsinnwelten mit entsprechenden Zugangsregeln, Praktiken und Rückstrahlungen auf den Alltag konstituieren (...). Träger dieser in ihrer Produktion und Reproduktion auf Dauer gestellten (institutionalisierten) Sonderwissensbestände sind die Professionen, die verschiedenen wissenschaftlichen Subdisziplinen, die gesellschaftlichen Teilsysteme (z.B. Religion, Wirtschaft, Politik)." (Keller 1998, S.35)

Refomuliert man diesen Befund in einer diskurstheoretischen Begrifflichkeit, bedeutet dies: Zur Hirntod- und Transplantationsthematik differenzieren sich verschiedene Wissensbestände entlang der jeweiligen beteiligten professionellen Diskurse aus (medizinische, juristische, theologische, ethische, etc.), die zusammen mit den jeweiligen diskursiven Praktiken spezifische Diskursformationen ergeben. Hier scheint der Plural deshalb notwendig, weil, wie in Kap.2.3 gezeigt, die Hirntod-Thematik selbst zwar auf das engste mit der Frage nach Organtransplantation verbunden ist und beide sich insofern in weiten Teilen aufeinander beziehen, doch wie diese Verbindung gesehen und gedeutet wird, ist zunächst eine empirisch noch zu klärende Frage. Andererseits beinhaltet die Diskursformation ›Organtransplantation‹ z.T. eigene Wissens- und Deutungsprobleme, die keinesfalls in ein ›deckungsgleiches‹ Verhältnis zur Hirntod-Thematik zu bringen sind.[89] Insofern soll im folgenden aus Gründen der begrifflich-analytischen Klarheit *nicht* von ›dem Hirntod-Diskurs‹ gesprochen werden (weil damit alles, einschließlich ›Organtransplantation‹, gleichsam in einen großen Diskurs-Topf fallen würde), sondern von den beiden *Diskursformationen* ›*Hirntod*‹ und ›*Organtransplantation*‹, wobei das hier verfolgte Erkenntnisinteresse infolge der gewählten thematischen Verankerung in der Thanatosoziologie konsequenterweise primär am Hirntod ansetzt.

Wie aber ist dann die Verbindung solcher Diskursformationen wie ›Hirntod‹ und ›Organtransplantation‹ analytisch (also nicht empirisch!) zu denken? Jürgen LINK skizziert das Verhältnis von Diskursformationen so:

„Auf der Basis der für die Moderne fundamentalen Dialektik der Arbeitsteilung (bzw. funktionalen Ausdifferenzierung: Luhmann) tendieren die diskursiven Formationen zum einen zu immanenter Spezialisierung, zur spezifischen und irreduktibel besonderen Konstituierung ihrer Gegenstände, zu eigenem ›Lexikon‹ und eigener ›Grammatik‹ – gegenläufig dazu tendieren sie jedoch gleichzeitig stets zu einem gewissen Maß an Reintegration, Koppelung mit anderen diskursiven Formationen." (Link 1988, S.285)

Mit Hinweis auf FOUCAULT, der vor allem in ›Überwachen und Strafen‹ (Foucault 1991b) wie auch in ›Der Wille zum Wissen‹ (Foucault 1988b) nach Ansicht von LINK die *interdiskursive* Komponente ins Zentrum seines Interesses rückte, indem er mit dem Begriff des *Dispositivs* letztlich auf *interdiskursive Netzwerke* (im Sinne von ›Rhizomen‹) abstellte, „durch die auf selektive Weise das Wissen bzw. die Rituale verschiedener Spezialdiskurse (etwa medizinische, ökonomische und juristische) gekoppelt und gebündelt zum Einsatz gebracht werden können" (Link 1988, S.286), unterscheidet LINK bei der Analyse von Diskursformationen zwischen *spezialdiskursiven* und *interdiskursiven* Elementen.[90] In unserem Kontext wären also die medizinischen, juristischen, philosophischen etc. Aspekte der Hirntod-Debatte zum einen jenen besonderen Spezi-

---

[89] Ein einfaches Beispiel zur Illustration: Ein diskutiertes Problem bei der Organtransplantation von einem ›hirntoten Spender‹ besteht in grundsätzlicher ethischer Hinsicht und mit Blick auf die psychologischen Folgen in der Frage, wie der Organempfänger damit umgehen kann, daß sein Weiterleben erst durch den Tod eines anderen Menschen ermöglicht wurde. Selbstverständlich ganz anders sowohl in seiner ethischen Dimension wie den psychologischen Folgen konstituiert sich das Problem für den Organempfänger bei einem Lebendspender (z.B. beim Ehepartner) oder gar (als zukünftige Option) bei einer Xenotransplantation (Übertragung eines Tierorgans). In allen drei Fällen bleibt aus transplantations*medizinischer* Sicht vor allem das in jeweils recht unterschiedlicher Qualität vorhandene Problem der Abwehrreaktionen des Immunsystems des Organempfängers zu lösen, während die besondere Verknüpfung von ›Leben‹ und ›Tod‹ offensichtlich jenseits der eigentlichen medizinischen Problematik (überlebt der Organ*empfänger* die Transplantation) nur im ersten Fall eine besondere Aufmerksamkeit erfordert.

[90] Vgl. auch Link (1999, S.148ff) sowie Foucault (1988a); für eine zusammenfassende Darstellung und Diskussion der Link'schen Diskurstheorie vgl. z.B. auch Jäger (1999, S.127ff).

aldiskursen zuzurechnen, denen allerdings zum anderen an entscheidenden Nahtstellen (an welchen soll noch genauer geprüft werden) interdiskursive Relevanz zukommt.[91] Die Leistung, die diese interdiskursive Vermittlung und Integration der in Spezialdiskursen ausdifferenzierten Wissensbestände vollbringt, ist also eine selektive Popularisierung und Totalisierung von Teilen der Wissensbestände aus den jeweiligen Spezialdiskursen, die z.T. von den jeweiligen Akteuren (sei es z.b. wie oben skizziert als bewußte Strategien zu den eigenen Deutungen oder zu denjenigen der ›Gegenseite‹) impliziert werden kann oder aber auch jenseits davon verläuft.[92]

Die Vermittlung bzw. interdiskursive Integration der in den jeweiligen Spezialdiskursen vorfindbaren Wissensbestände erfolgt dabei z.B. über sogenannte Kollektivsymbole und über spezifische Topoi. Während *Kollektivsymbole* gemeinsam geteilte Deutungsmuster repräsentieren,[93] die sich über den historischen Verlauf hinweg verändern können (Link 1988), lassen sich in Diskursen auch ›inhaltliche Verfestigungen‹ nachweisen, sogenannte *soziale Topoi* im Sinne von kommunikativen Gemeinplätzen (feststehende Redeweisen, konstante Motive, stereotype Klischees), auf die bei der Behandlung gesellschaftlich relevanter Themen zurückgegriffen werden kann. Topoi sind also keine im gesellschaftlichen Wissensvorrat eingelagerten Denk*inhalte* (wie Kollektivsym-

---

[91] Anzunehmen wäre, daß solche ›Nahtstellen‹ am ehesten entlang der jeweiligen Codierungen von Leben und Tod, von Krankheit und Gesundheit, von Recht und Unrecht etc. verlaufen, da in den darin angesprochenen, jenseits der Grenzen der jeweiligen Spezialdiskurse liegenden Fragen (was kennzeichnet den Menschen?; was ist Gesellschaft? usw.) gleichsam die Eckpunkte des jeweiligen Weltbildes markiert sind.

[92] Link differenziert in diesem Zusammenhang die Spezialdiskurse moderner industrialistischer Kulturen in drei große Teilbereiche: naturwissenschaftliche, humanwissenschaftliche und ›interdiskursiv dominierte Spezialdiskurse‹ wie bspw. Theologie und Philosophie, da jene Disziplinen keine eigenen speziellen empirischen Gegenstände haben, sondern sich mit ›Integrationen und Totalisierungen‹ der anderen Spezialdiskurse beschäftigen. Anders herum gedacht: Die interdiskursive Vernetzung ist bei den Humanwissenschaften geringer als bei Theologie oder Philosophie, aber größer als bei den Naturwissenschaften, die eine solche gänzlich leugnen oder – was Link nicht erwähnt – als besonderes Aufklärungsproblem (im Sinne der Vermittlung von Fachwissen an Laien durch eine Fachöffentlichkeit) begreifen (Link 1986, S.5).

[93] „Unter Kollektivsymbolen möchte ich Sinn-Bilder (komplexe, ikonische, motivierte Zeichen) verstehen, deren kollektive Verankerung sich aus ihrer sozialhistorischen, z.B. technohistorischen Relevanz ergibt, und die gleichermaßen metaphorisch wie repräsentativ-synekdochisch und nicht zuletzt pragmatisch verwendbar sind." (Link 1988, S.286) Als Beispiel für ein solches Kollektivsymbol und dessen sich verändernde Bedeutungen diskutiert Link recht anschaulich das Ballon-Symbol, in dem der Ballon seit seiner Erfindung durch die Gebrüder Montgolfier als ›wundersame Maschine‹ sich für die interdiskursive Vermittlung der unterschiedlichen Bewertungen des technischen und auch politischen Fortschritts eignete und darin eine Reihe von Bedeutungstransformationen durchlaufen hat.

bole), sondern inhaltlich verfestigte, kommunikativ objektivierte *Formen* (Knoblauch 1995, S.306ff).

Abb.5: Hirntod, Organtransplantation und Todesdispositiv

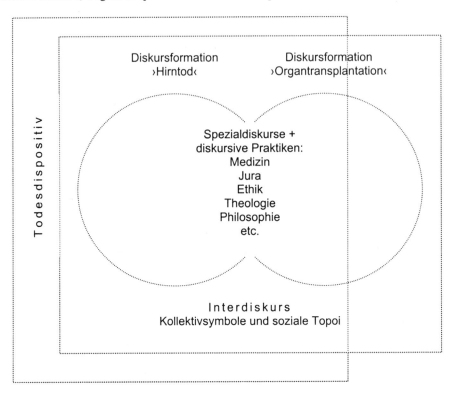

Die Gesamtheit dieser kommunikativen Konstellationen – bestehend aus den Diskursformationen (Spezialdiskurse und diskursive Praktiken) und dem Interdiskurs (mit Kollektivsymbolen und sozialen Topoi)[94] bezeichnet schließlich der Begriff des Dispositivs. Die hinter einer diskursanalytischen Aufarbeitung der Diskursformation ›Hirntod‹ liegende Zielvorgabe besteht somit in der Rekonstruktion des jeweils herrschenden *›Todesdispositivs‹* bzw. exakter formuliert: in der Rekonstruktion seiner wesentlichen Eckpunkte. Zur besseren Anschaulichkeit läßt sich die hier entwickelte Begriffs-Heuristik grafisch, wie in Abb.5 gezeigt, zueinander in Beziehung setzen.

---

[94] ›Interdiskurs‹ bezeichnet also – noch einmal formuliert – die Gesamtheit des aus den verschiedenen Spezialdiskursen stammenden und nun in besonderen Redeformen mit totalisierenden und integrierenden Charakter selektierten ›Allgemein-Wissens‹, das keiner expliziten und systematischen (spezialdiskursiven) Regelung unterliegt, in seiner Strukturiertheit aber z.B. auf die Dominanzverhältnisse zwischen den Spezialdiskursen und auf die jeweiligen Wertepräferenzen verweist (Link 1986, S.5).

Das moderne Todesdispositiv besteht in diesem Sinne zwar aus noch weiteren Diskursformationen, die nicht direkt mit dem Hirntod zusammenhängen (vgl. dazu Kap.2.2), jedoch lautet die hier formulierte Leithypothese (vgl. Kap.2.4, S.63), daß gerade die Diskussion um die Hirntod-Definition zentrale Veränderungen, Transformationen und Umdeutungen im modernen Todeswissen enthält, so daß die Fokussierung auf diese Thematik durchaus gerechtfertigt erscheint. Außerdem veranschaulicht die Grafik, daß die beiden Diskursformationen ›Hirntod‹ und ›Organtransplantation‹ einerseits miteinander verknüpft sind, andererseits verweist die Diskussion um Organtransplantation aber auch noch auf andere zentrale Dispositive – z.B. auf das (zur besseren Übersichtlichkeit) nicht eingezeichnete moderne Körperdispositiv, das es in der folgenden Analyse mitzubedenken gilt. Und schließlich vereint der so konzipierte Begriff des Dispositivs die kulturelle Codierung von Sterben und Tod (verstanden als kulturspezifische Wissens-Ordnung) mit seiner (spezial- wie inter-) diskursiven Herstellung, Vermittlung und gegebenenfalls sich dabei vollziehenden Transformation bzw. Veränderung, so daß als Ergebnis der folgenden empirischen Analyse die zentralen Kategorien von Leben und Tod, Körper und Geist u.a. – bildlich gesprochen – in der Grafik positioniert und in ihren Verknüpfungen und möglichen ›räumlichen‹ Bewegungen nachgezeichnet werden können.

Zusammenfassung: Wissenssoziologie und Diskursanalyse

Fassen wir das theoretische Instrumentarium jetzt noch einmal in vereinfachter Form zusammen: ›Diskurs‹ meint auf der Basis einer konstruktivistisch-interpretativen Grundperspektive, in der alles, was wir wahrnehmen, erfahren, spüren über sozial konstruiertes, typisiertes, in unterschiedlichen Graden als legitim anerkanntens und objektiviertes Wissen, also über Bedeutungen und Bedeutungsschemata vermittelt ist, eine inhaltlich-thematisch bestimmte, institutionalisierte ›machtvolle‹ Form der ›Textproduktion‹, mit der auf kollektiver Ebene durch Herstellung und Sicherung solchen Wissens die Konstruktion von gesellschaftlicher Wirklichkeit erfolgt. D.h.: Die symbolische Ordnung einer Gesellschaft – das ›Ordnen der Dinge‹ im Sinne der jeweils vorherrschenden oder sich neu durchsetzenden kulturellen Codierung – wird in und durch Diskurse produziert und reproduziert. Einer soziologisch interessierten Diskursanalyse geht es dementsprechend darum,

„Prozesse der sozialen Konstruktion, Objektivation, Kommunikation und Legitimation von Sinnstrukturen auf der Ebene von Institutionen, Organisationen beziehungsweise kollektiven Akteuren zu rekonstruieren und die gesellschaftlichen Wirkungen dieser Prozesse zu analysieren." (Keller 1997, S.319)

In der Verknüpfung einer so verstandenen Diskursanalyse mit der neueren Wissenssoziologie wie mit einem insgesamt verstehenden (interpretativen) Zugriff auf Gesellschaft läßt sich somit also eine Brücke schlagen zwischen Diskursen mit ihren jeweiligen diskursiven Praktiken und dem Deuten und Handeln der in die Diskursformationen eingebundenen Akteure bis hin zu den alltäglichen Typisierungen, Deutungs- und Handlungsmustern der Gesellschaftsmitglieder.

Wenn auch nur in einem kurzen Absatz und nicht weiter ausgeführt, formuliert die hier angedeutete theoretische Verbindung zwischen einer wissenssoziologisch und interpretativ-interaktionstheoretischen Perspektive einerseits und deren diskurstheoretischer Erweiterung andererseits Pertti ALASUUTARI wie folgt: „For Foucault, ›it is in discourse that power and knowledge are joined together‹. (...) Admittedly, also for Foucault discourses allow for re-readings or reconceptualizations of dominant power/knowledge couplets. However, he not only refers to speech or discussions; institutions organized according to certain forms of power/knowledge are part of the discourses. In this sense, the Foucauldian notion of discourse is an enlargement of the meaning of the interaction perspective. Our interaction with institutions and built environments can be seen as part of it. (...) The concept of discourse refers to the ever-renewing unity of words and realities: speech and language convey meaning, produce states of affairs, and construct subjects and identities all at once (...)." (Alasuutari 1995, S.115)

3.2. Zur Methodik der Untersuchung

Wie und anhand welcher Methodologie kann ein solchermaßen theoretisch ausgerüstetes Forschungsprogramm in die konkrete Forschungspraxis umgesetzt werden? Welche Forschungsstrategien hinsichtlich des methodischen Gesamtdesigns der Untersuchung, welche Prozeduren der Datenerhebung und -auswertung stehen dabei zur Verfügung?

3.2.1. Rekonstruktive Hermeneutik, Grounded Theory und Diskursanalyse – Methodologische Grundlagen und Forschungsprogramm

„Ebensowenig wie Diskursanalyse ein ›Eigenes‹ der Soziologie darstellt, kann sie unmittelbar und eindeutig auf eine spezifische sozialwissenschaftliche Methode der Datenerhebung oder Datenauswertung bezogen werden." (Keller 1997, S.310) Anstelle eines für die Soziologie verbindlichen Theoriefundaments und eines dazugehörenden, ausgewiesenen und empirisch erprobten Methodenkanons versammelt sich in den Sozialwissenschaften unter einer diskursanalytischen Fahne ein recht breit gefächertes Spektrum von theoretischen Begründungsversuchen und – damit verbunden – auch methodischen Herangehensweisen, die sich je nach Erkenntnisinteresse und Untersuchungsgegenstand z.T. erheblich voneinander unterscheiden. Im weitesten Sinne und mit kleinstem gemeinsamen Nenner läßt sich diese Vielfalt am ehesten noch als Analyse von Sprache in seiner textförmigen Dokumentation umreißen.[95] Doch gerade diese

---

[95] Vgl. für eine kurze Übersicht der je nach ›Diskursverständnis‹ – Diskurs als sprachförmige Interaktion oder als institutionalisierte Form der Textproduktion – unter-

Kennzeichnung verdeutlicht eindrücklich: Wer das Etikett ›Diskursanalyse‹ für die eigene Arbeit wählt, formuliert zunächst den *Anspruch* auf ein ›Untersuchungsprogramm‹, dessen einzelne Programmpunkte aber noch offen sind, und er kommt deshalb nicht umhin, neben einem theoretischen Fundament auch die dazu adäquate Methodik zu entwickeln und offenzulegen.

Das Erkenntnisziel

Ausgehend von dem im vorhergehenden Kapitel präzisierten wissenssoziologisch-kulturanalytisch ausgerichteten Diskursbegriff folgt die hier zu bewerkstelligende Rekonstruktionsarbeit einem empirischen Forschungskonzept, das sich methodologisch wie forschungspraktisch an den Eckpfeilern einer sozialwissenschaftlichen Hermeneutik im Anschluß an Hans-Georg SOEFFNER u.a. sowie an der ›Grounded Theory‹ nach Barney GLASER und Anselm L. STRAUSS orientiert.

Die *Zielstellung einer hermeneutischen Wissenssoziologie*, wie sie Jo REICHERTZ und Norbert SCHRÖER formulieren, lautet wie folgt:

„Ziel ist es zu (re)konstruieren, aufgrund welcher Sinnbezüge Menschen handeln, wie sie handeln. Gefragt wird, wie Subjekte, hineingeboren in eine historisch und sozial vorgedeutete Welt, diese Welt permanent deuten und somit auch verändern. Pointiert: es geht um die (Re)konstruktion der Prozesse, wie handelnde Subjekte sich in einer historisch vorgegebenen, sozialen Welt immer wieder neu ›finden‹, d.h. auch: zurechtfinden und wie sie dadurch zugleich auch diese Welt stets aufs Neue erschaffen und verändern." (Reichertz & Schröer 1994, S.59)

Die hier beabsichtigte diskursanalytische Rekonstruktionsarbeit setzt – erstens – entsprechend dem theoretisch entwickelten Diskursbegriff zunächst bei ›der historisch und sozial vorgedeuteten Welt‹ an und anschließend nur insoweit an den ›handelnden Subjekten‹, als es um die Deutungen und Deutungsprozeduren von (kollektiven) Akteuren innerhalb der öffentlichen Diskussion um ›Hirntod‹ geht. Doch – zweitens – impliziert der Blick auf die ›historisch und sozial vorgedeutete Welt‹ zwangsläufig selbst eine historische Perspektive, da sonst, die Frage nach Kontinuität oder Veränderung gar nicht gestellt, geschweige denn beantwortet werden kann. Deshalb muß das der gewählten theoretischen Perspektive adäquate Erkenntnisziel über folgende zwei Analyseschritte erreicht werden: In einem ersten Analyseschritt geht es um die *diskursorientierte Rekonstruktion* der – den entsprechenden *historischen Diskursen* zufolge – jeweils dominanten symbolischen Praktiken und institutionellen Bezüge, in denen die spezifische *kulturelle Codierung des Todes im Zuge der Entwicklung der modernen Gesellschaft* ihre Ausprägung fand, und in denen vor allem der medizinische Bereich eine zentrale Position übernommen hat. Erst auf diesen Schritt aufbauend kann dann der zweite Schritt als *diskursanalytische Rekonstruktion* der *aktuellen Diskursformation ›Hirntod‹* klären, inwieweit sich darin mögli-

---

schiedlichen theoretischen Grundlagen wie den damit verbundenen methodischen Implikationen z.B. Keller (1997, S.310ff).

cherweise jene kulturelle Codierung *verändert oder transformiert* und damit im Zuge fortschreitender gesellschaftlicher Modernisierungsprozesse sich eventuell eine *neues, post(?)-modernes Todesdispositiv* herausbildet.[96]

Einen brauchbaren methodischen Werkzeugkasten für einen solchermaßen fokussierenden ›historisch-selbstreflexiven Erkenntnisstil‹, der auf der Hintergrundannahme beruht, „daß es kein abschließendes, ahistorisch absicherbares Wissen (...) gibt" (Soeffner 1991, S.269), liefert der von GLASER und STRAUSS in die soziologische Methodologie eingebrachte Entwurf einer ›gegenstandsbezogenen Theoriebildung‹ (Grounded Theory) (z.B. Strauss 1994, Strauss & Corbin 1994). Zum einen fundiert das methodologische Konzept der Grounded Theory eben jenes von SOEFFNER, REICHERTZ, SCHRÖER u.a. angedeutete bzw. herausgearbeitete Verhältnis von Theorie und empirischer Forschung, in dem soziologische Analysen und ›theoretische Erklärungen‹ sich vom Einzelfall ausgehend an den gegebenen empirischen Phänomenen abarbeiten müssen und erst daraus in ihrer Akkumulation und Aggregation ihre theoretische Relevanz entwickeln, ausweiten und (bis auf weiteres) im Sinne wissenschaftlicher Erkenntnis legitimieren können. Zum anderen erfolgt jenes Herangehen an empirische Phänomene eben *nicht* in jenem naiven Verständnis von ›gesellschaftlicher Realität‹, in dem die ›Fakten‹ schon immer die wahren Erkenntnisse in sich bergen, solange sie nur mit den ›richtigen Methoden‹ aufgebrochen werden, sondern vielmehr in einer selbst-reflexiven forscherischen Grundhaltung, die dem methodischen (Selbst-) Zweifel verpflichtet bis hin zum wie auch immer konkret kontrollierten Umgang mit dem eigenen Kontextwissen reicht (Strauss 1994, S.35ff sowie Hitzler 1993, S.223ff, Honer 1994, S.85ff, Soeffner & Hitzler 1994, S.33ff).

Das Forschungsprogramm

Die *diskursanalytische Umsetzung* des so formulierten Erkenntniszieles in ein *forschungspraktisches Programm*, orientiert an den methodologischen Vorgaben der Grounded Theory, erfordert die Klärung mindestens folgender vier Fragen, deren Beantwortung sich aus den bisherigen Ausführungen wie folgt ergibt (vgl. hierzu auch Keller 1997, S.325ff):

1) *Welche Diskurse bilden den eigentlichen Forschungsgegenstand?*
    Eine Festlegung des oder der zu untersuchenden Diskurse kann dabei entweder thematisch (z.B. die öffentliche Diskussion über Müll, Atomkraft, Abtreibung etc.), disziplinspezifisch (z.B. der technische, der rechtliche Diskurs etc.) oder akteursspezifisch (z.B. der Diskurs der Industrie, der

---

[96] Vereinfacht formuliert geht es also *nicht* darum, im naiven historischen Blick des Soziologen zurück auf das, ›was früher war‹, die Situation heute besser ›verstehen‹ zu wollen, sondern: In einer konsequent diskursanalytischen Perspektive dient die Rekonstruktion des modernen Todesdispositivs in seinen Entwicklungszusammenhängen und Charakteristika, wie sie die derzeitigen historischen Diskurse zeichnen, der kultursoziologischen Verortung der aktuellen Diskursformation ›Hirntod‹.

Atomkraftgegner etc.) erfolgen. Entsprechend dem hier entwickelten Begriffsinstrumentarium erfolgt zwar eine Eingrenzung thematischer Art (die öffentliche Diskussion um den ›Hirntod‹), die allerdings insofern über die eigenen Grenzen hinausweist, als einerseits die Basis dieser Diskursformation und ihrer interdiskursiven Elemente – in Form einer Rekonstruktion der historischen Fundamende des modernen Todesdispositivs – miteinbezogen werden muß, um Kontinuitäten oder Veränderungen überhaupt identifizieren zu können. Andererseits dürfen die zentralen Verknüpfungen mit der Diskursformation ›Organtransplantation‹ nicht außer Acht gelassen werden, deren empirische Rekonstruktion nicht nur in den interdiskursiven Kontexten erfolgen kann, sondern eine analytische Perspektive erfordert, welche (disziplinenspezifisch) die in beiden Diskursformationen enthaltenen Spezialdiskurse beachtet.

2) *Was sind die in den Blick genommenen ›Untersuchungsgrößen‹?*
Mit ›Untersuchungsgrößen‹ ist z.B. das Problem gemeint, ob es in der Analyse mehr um die Diskursinhalte oder um die materialen Diskurspraktiken (z.B.: werden Expertenkommissionen gegründet und wie setzen sich diese zusammen?) oder um die formalen Textstrukturen (z.B.: existieren typische rhetorische Muster?) geht. Neben den eigentlichen Diskursinhalten, also den identifizierbaren Deutungen, Sinnmustern im Sinne von ›Todesmetaphern‹, die hier im Zentrum des Erkenntnisinteresses stehen, da sie Aufschluß über die jeweiligen kulturellen Codierungen geben sollen, interessieren jedoch auch materiale Diskurspraktiken ebenso wie jeweils vorliegende formale Textstrukturen. Denn, entsprechend dem in Kap.3.1 entwickelten diskurstheoretischen Fundament und wie auch in der Diskussion um die Sinnproblematik des Todes in der Moderne gezeigt (vgl. Kap.2), präsentieren sich die Diskursinhalte – zumal beim Thema ›Sterben und Tod‹ – ja nicht als gleichsam kontingente Deutungen einer pluralen Wirklichkeit, sondern ihnen wird seitens der Akteure ein jeweils eigener ›Wahrheitsanspruch‹ verliehen. Dieser Anspruch auf Wahrheit im Sinne der ›einzig legitimen Deutung‹ des jeweiligen Sachverhaltes (*die* Wirklichkeit des Todes) kann nur mittels diskursiver Praktiken bzw. durch die jeweilige Regelung der Diskurse (durch Diskursstrategien, durch rhetorische Muster, durch die Besetzung von Kollektivsymbolen, durch den Ausschluß von ›nichtlegitimen Sprechern‹ usw.) eingeholt werden, und sie gilt es, bei dem hier sich obgleich auf ›die Inhalte‹ konzentrierenden Blick nicht zu vergessen.

3) *Woraus besteht die Datengrundlage und welches Analyseverfahren wird angewendet?*
Die Analyse basiert ausschließlich auf sogenannten ›natürlichen‹ Daten, die in verschrifteter Form vorliegen, d.h. auf Texten, die im Rahmen der jeweiligen thematischen Diskurse und des Interdiskurses vom Untersuchungsfeld produziert worden sind und die *nicht* vom Forscher in irgendeiner Weise

evoziert wurden (also z.B. keine Interviews, keine ›Feldprotokolle‹ von teilnehmenden Beobachtungen auf Workshops oder Symposien etc.).[97] Aus dieser, auch der besseren Überprüfbarkeit des Datenbestandes geschuldeten Beschränkung folgt jedoch: Jene soeben unter Punkt 2) als für die Analyse grundsätzlich relevant miteinbezogenen diskursiven Praktiken lassen sich lediglich noch soweit wie überhaupt möglich und sofern ›theoretisch begründbar‹ über vorliegende Text-Dokumente rekonstruieren.[98] Zum Analyseverfahren muß wiederum unter Verweis auf das hier vorgestellte theoretische Fundament und erklärte Erkenntnisziel sowie in Anbetracht der vorhandenen Ressourcen nicht weiter begründet werden, daß ein standardisiertes Verfahren der Inhaltsanalyse von Texten wie auch eine *systematische* Erhebung grammatikalischer und rhetorischer Muster infolge der eigenen Schwerpunktsetzung ausscheidet.[99] Vielmehr fand hier eine hermeneu-

---

[97] Solche selbst erstellten ›Feldprotokolle‹ und ›Gesprächsnotizen‹, die z.B. im Anschluß an Seminarveranstaltungen zum Thema ›Hirntod‹ entstanden, die vom Verfasser im Rahmen beruflicher Weiterbildungskurse am Klinikum Großhadern mit (Intensiv-) Pflegekräften durchgeführt wurden, liegen zwar vor, wurden aber zugunsten eines einheitlichen Datenkorpus keiner systematischen Auswertung zugeführt, denn sie entstanden nicht in einer kontrollierten Datenerhebungssituation. Sicherlich: Naiv wäre zu glauben, daß solche ›Vorerfahrungen‹ gänzlich ausgeblendet werden könnten, und außerdem bleibt auch zu fragen, ob ein solches Ausblenden überhaupt sinnvoll wäre. Der praktisch nicht einfach zu beschreitende ›Königsweg‹ liegt m.E. darin, solches ›Wissen‹ als selbst-reflexiv zu verwendendes Kontextwissen (meint: auch gegenüber den eigenen vermeintlichen Gewißheiten methodische Zweifel zu setzen) in den eigentlichen Analyseprozeß miteinzubeziehen (zum Problem des Umgangs mit ›Kontextwissen‹ vgl. z.B. Hitzler 1991, S.295ff, Strauss 1994, S.36f).

[98] Der theoretische Stellenwert, den diese Texte besitzen, ist der von ›Diskursdokumenten‹ im Sinne von Diskurs*fragmenten* (Jäger 1999, S.158ff). D.h.: Nicht der einzelne Text birgt – wie im Sinne der Objektiven Hermeneutik – als Einzelfall schon immer in sich die Grundstruktur eines gesamten Diskurses, sondern der jeweilige Einzeltext, in dem sich in der Regel mehrere Diskursfragmente finden, ist im Zusammenhang mit dem Gesamtmaterial (als diskursinterner und diskursexterner Kontext) zu analysieren. ›Diskursdokumente‹ bilden demnach nur einen möglichen Zugang zu den betreffenden Diskursformationen bzw. zum Interdiskurs. Und damit ist gleichzeitig bereits allgemeiner formuliert, daß die hier vorgestellte Forschungspraxis zwar verfahrenstechnisch in weiten Teilen der Objektiven Hermeneutik nahesteht (vgl. Stichworte wie Sequenz- oder Feinanalyse), erkenntnistheoretisch wie begründungslogisch jedoch entsprechend dem gewählten Theoriefundament der wissenssoziologischen Hermeneutik verpflichtet ist (Hitzler & Honer 1997, S.18, Reichertz 1997, insbes. S.40ff).

[99] Damit soll nicht grundsätzlich in Abrede gestellt werden, daß z.B. eine computerunterstützte standardisierte Auswertung auch innerhalb der hier verfolgten Fragestellung wichtige Erkenntnisse liefern könnte, zumal hierzu mittlerweile Programminstrumente zur Verfügung stehen, die über das früher oft belächelte Niveau einer mehr oder weniger komplexen computerisierten ›Wortzählerei‹ weit hinausreichen (vgl. z.B. Fielding & Lee 1991, insbes. S.14ff, Giegler 1992, S.335ff; aktueller Ro-

tisch-rekonstruktive Einzeltextanalyse Anwendung, die sich in der konkreten Verfahrensweise an der ›Text-Praxis‹ der wissenssoziologischen Hermeneutik (ausführlicher in Kap.3.2.3) orientiert. Entgegen subsumptionslogisch ausgerichteten ›qualitativen Inhaltsanalysen‹, die den Daten die eigenen theoretischen Kategorien gleichsam überstülpen und damit eher die theoretischen Relevanzen des Forschers widerspiegeln als daß sie die Charakteristika des empirischen Feldes ›ent-decken‹, geht es jener Text-Praxis darum, im Sinne von STRAUSS erst aus den Daten heraus ›die zentralen Kategorien des Todes‹ und ihre Bedeutungen wie Beziehungen zueinander zu entwickeln (z.B. ›Körper und Geist‹ oder ‚Leib und Seele‹ etc.).

4) *Welchen Umfang hat das Datenmaterial?*
Um den eigentlichen Datenkorpus im Rahmen der vorhandenen Ressourcen forschungspragmatisch so zu wählen, daß er einerseits z.B. von der Datenmenge her noch handhabbar blieb, andererseits aber zu der gewählten Fragestellung (zumindest theoretisch plausibel begründbar) einen hinreichenden Aufschluß ermöglichte, wurde folgende Auswahlentscheidung getroffen. Den eigentlichen Datenkern bildet eine zeit- und bereichsspezifisch präzise einzugrenzende Textmenge: nämlich jener (ver-) öffentlich(t)e und zum Großteil als Drucksachen verfügbare Textkorpus, der die im interdiskursiven Feld ›Politik‹ im Zuge der Bundestagsentscheidung zum Transplantationsgesetz im Jahr 1997 eingebrachten und verhandelten Gesetzesentwürfe (inkl. dem dann verabschiedeten Transplantationsgesetz selbst), den im Vorfeld dazu erstellten schriftlichen Stellungnahmen eingeladener Experten sowie die dazu verfügbaren politischen Reden, Kommentare und Stellungnahmen bis hin zum Protokoll der letzten abschließenden Bundestagsdebatte umfaßt. Darüber hinaus wurde dieser Textkern noch durch weiteres Textmaterial aus verschiedenen Quellen erweitert, das jedoch nicht mehr als Resultat einer formal-systematischen Datensuche zu werten ist, sondern dessen Recherche und Zusammenstellung sich gemäß den Prinzipien des ›theoretical sampling‹ an theoretischen Kriterien orientierte, die sich im Zuge der Analyse des eigentlichen Datenkorpus ergaben (ausführlicher im folgenden Kap.3.2.2).[100]

---

berts 1997, insbes. S.35ff). Einige – zugegeben nicht sehr systematisch durchgeführte – Experimente mit dem hier verwendeten Datenkorpus zur maschinellen Vercodung (mittels TEXTPACK; vgl. einführend z.B. Mohler 1992, S.389ff) haben jedoch gezeigt, daß eine solche Vorgehensweise für ›theoretisch brauchbare‹ Ergebnisse (im Strauss'schen Sinn) wohl erst nach einer fundierten ›qualitativen‹ Analyse der Diskursfelder sinnvoll erscheint bzw. mit ihr Hand in Hand gehen müßte.

[100] Eine genaue Aufstellung der verwendeten Dokumente inkl. der im folgenden zur Kennzeichnung des empirischen Materials verwendeten Zitationskennzeichnung (entweder als Nummerncodierung für die entsprechenden Bundesdrucksachen oder als ›Quelle‹ einschließlich Namensnennung für weiteres Textmaterial) findet sich im Anhang.

Im Anschluß an diese Kurzdarstellung der zentralen Eckpunkte des konzipierten Forschungsprogramms sollen die beiden folgenden Kapitel die mit Punkt 3) und 4) angedeuteten Auswahlentscheidungen und -prozeduren bei der Datenerhebung sowie die Strategien und Einzelschritte bei der Datenauswertung präziser erläutern und begründen.

3.2.2. Zur Datenerhebung

Setzt man noch einmal allgemeiner bei dem theoretisch entwickelten Diskurs-Modell an, so wären für eine diskursanalytische Rekonstruktion der öffentlichen Diskussion zum ›Hirntod‹ recht verschiedene Ansatzpunkte zur Datensammlung denkbar und auch plausibel: so z.B. eine auf Interdiskursebene zu verortende und anhand der Berichterstattung in ausgewählten Printmedien durchgeführte diachrone Rekonstruktion des ›Mediendiskurses‹, die etwa einen Bogen spannen könnte seit der Verfügbarkeit medizin-technischer Möglichkeiten der künstlichen Aufrechterhaltung vitaler Funktionen über den Fall ›Karen Ann Quinlan‹, jener Amerikanerin, die Mitte der 70er Jahre zwei Jahre lang im Koma an einem Atemgerät angeschlossen war und nach Abschalten der Geräte wider Erwarten nicht starb,[101] bis hin zum sogenannten ›Erlanger Fall‹, der 1992 verunglückten und als hirntot diagnostizierten Marion P., deren ungeborenes Kind trotz intensivmedizinischer Betreuung nach fünf Wochen im Körper der Mutter starb (vgl. z.B. Bockenheimer-Lucius & Seidler 1993).[102] Ein solches Vorgehen müßte zunächst die Auswahl der Printmedien entsprechend begründen können und würde dann, je nach ins Visier genommenen Zeitraum und nach Anzahl der ausgewählten Medien, zu mehr oder weniger aufwendigen Berichtsammlungsprozeduren führen, deren produzierter Datenkorpus schließlich z.B. nach typischen Mustern der Berichterstattung, nach verwendeten Kollektivsymbolen oder wiederkehrenden sozialen Topoi durchsucht werden könnte. Eine ganz andere diskursanalytische Herangehensweise wäre hingegen bspw. die mehr oder weniger vollständige Rekonstruktion der materialen Diskurspraktiken im Kontext der Hirntod-Diskussion, bei der z.B. die Entwicklung diverser ›Experten-Kommissionen‹, Interessensorganisationen usw. bis hin zu den jeweiligen Experten-Anhörungen vor dem Bundestag nachgezeichnet und analysiert werden könnte, wobei die damit verbundenen Probleme allein schon der Datenerhebung sicherlich keinesfalls zu unterschätzen wären.

---

[101] Vgl. Schmied (1988, S.110); ausführlicher zu den Hintergründen z.B. Weir (1977, S.271ff).

[102] Ähnliche Herangehensweisen – diachron oder aber auch synchron – ließen sich ebenso für andere interdiskursive Bereiche wie Film oder Literatur konzipieren, in denen solche Fälle ihre mehr oder weniger fiktive und recht unterschiedliche ›mediatisierte‹ Aufarbeitung erfuhren.

ZUR METHODIK

Welche Daten sammeln? – Der Politikbereich als ausgewähltes Datenfeld

Die genannten Beispiele sollen lediglich verdeutlichen, daß das konkrete Vorgehen bei der Datenerhebung zuerst von der theoretisch zu fundierenden und zu begründenden Fragestellung her und dann darauf aufbauend im Hinblick auf praktische Durchführbarkeit bestimmt werden muß.[103] In Bezug auf die eigene Fragestellung gab folgende Überlegung den Ausschlag für die Entscheidung, sich *nicht* – wie vielleicht naheliegend – den kulturellen Codierungen zu Sterben und Tod im Rahmen des modernen Todesdispositivs über den interdiskursiven Bereich der Medien mit seiner ›Inszenierung‹ des Hirntod-Themas anzunähern. Da in Deutschland die Forderungen nach einer gesetzlichen Regelung der Transplantationspraxis spätestens seit Beginn der 90er Jahre auch in der Öffentlichkeit immer lauter wurden und der politische Entscheidungsfindungsprozeß in den Jahren vor 1997 eine erhebliche Dynamik gewonnen hatte, indem von verschiedensten Seiten (Interessensverbände, engagierte Laien und Experten, die Kirchen, die politischen Parteien) das Thema aufgegriffen und ›bearbeitet‹ wurde, bot es sich an, den politischen Bereich als ›interdiskursive Tür‹ zu benutzen. Denn vor dem Hintergrund der beabsichtigten und dann vollzogenen Gesetzesverabschiedung kam ja gleichsam per definitionem dem politischen Bereich die Aufgabe zu, die verschiedenen Interessen abzuwägen, auf ihre ›gesellschaftliche Verträglichkeit‹ hin zu prüfen, kontroverse Standpunkte aus den Spezialdiskursen zur Kenntnis zu nehmen, womöglich auszugleichen, zu integrieren und in einen ›gangbaren Weg‹ umzusetzen ... – kurzum: Alles das, was sich an wirklichkeitskonstituierender Kraft im Interdiskurs manifestiert, scheint mir hier im Blick auf den politischen Bereich beim Thema ›Hirntod und Organtransplantation‹ gebündelt und konzentriert vorzuliegen. Anders formuliert: Was also in diesen ›abschließenden‹ politischen Debatten im Vorfeld der Verabschiedung des Transplantationsgesetzes an Aspekten verhandelt wurde, hat – diskurstheoretisch gedacht – sich aus diversen Spezialdiskursen kommend bereits als ›allgemein bedeutsam‹ erwiesen, ist als ›relevant‹ bewertet und beansprucht nun interdiskursiv als ›Wahrheit‹ seine symbolische Umsetzung in Wirklichkeit durch die Festschreibung in einem Gesetz; – m.E. also ein hervorragendes Datenfeld für den Diskursanalytiker!

Aber diese Überlegung birgt auch gleichzeitig ein zentrales Problem in sich, das – salopp formuliert – die ganze Angelegenheit kompliziert werden läßt. Gerade weil das Datenfeld schon in diskursiv ›zugespitzter Form‹ vorliegt, kann das grundsätzliche methodische Problem der Textselektivität gar nicht ernst genug genommen werden. Zum einen scheinen in diesem Datenfeld alle jene ›nicht-bedeutsamen‹ Diskursbeiträge gar nicht mehr auf (oder wenn, dann vielleicht nur noch in kaum wahrnehmbaren Spuren), die es bis hinein in diesen

---

[103] Für manche Forschungspragmatiker mag der zweite Schritt vor dem ersten stehen, was allerdings keine Gewähr dafür bietet, daß sich zu praktikablen Datensammlungen auch immer theoretisch fruchtbare Fragestellungen finden lassen.

Bereich (aus welchen Gründen?) nicht ›geschafft haben‹. Zum anderen liegt die Vermutung nahe, daß der politische Bereich in seiner Behandlung, Bearbeitung, Präsentation von Themen einer ihm eigenen Logik folgt, die bei einer Analyse eines bestimmten Themas dann dazu führt, daß man weniger über das Thema als über die Art und Weise, wie Politik mit dem Thema umgeht, erfährt.[104] Anders gesagt: Ermöglicht der Blick auf den politischen Bereich nicht weniger eine Analyse der kulturellen Codierung von Sterben und Tod als vielmehr eine Analyse darüber, wie die Politik, die Politiker mit dem Thema ›Hirntod und Organtransplantation‹ umgehen? Auch wenn man gemäß dem hier entwickelten Theorie-Fundament m.E. plausibel entgegnen kann, daß genau der in der Frage zum Ausdruck kommende ›feine Unterschied‹ ja den gewünschten empirischen Zugang zum interessierenden Problem eröffnet, geht es doch darum, sich der mit dem gewählten Datenfeld verbundenen Begrenzungen bewußt zu sein.

Die Selektivität der Tetxauswahl wurde deshalb wenigstens z.T. entschärft, indem für einen kleinen historischen Ausschnitt und für ein bestimmtes Procedere der diskursiven Praxis (der abschließenden Debatte um das Transplantationsgesetz in Deutschland), in der Annahme, daß sich hierin *wesentliche* (keinesfalls alle!) Diskurs-Positionen wiederfinden lassen, *Vollständigkeit* beansprucht wird. Darüber hinaus wurde dieses Textmaterial dann noch ergänzt durch weitere ›Datensammlungen‹, die sich auf veröffentlichte Texte aus verschiedensten Medien erstreckten (z.B. den jeweiligen Spezialdisziplinen zuzurechnende wissenschaftliche Publikationen ebenso wie populärwissenschaftliche oder journalistische Veröffentlichungen in Zeitungen, Zeitschriften, Beiträge im Internet usw.). Nur: Nach welchen Kriterien wurde dieses Material gesammelt?

Wie die Daten sammeln?

Gemäß der ›zirkulären Forschungslogik‹ im Sinne der Grounded Theory, nach der Datenerhebung und Datenanalyse Hand in Hand gehen (Strauss 1994, S.44ff), erfolgte nach einer Sichtung und ersten Analyse der Dokumente zur abschließenden Gesetzesdebatte 1997 als dem eigentlichen Datenkorpus eine gezielte Suche nach weiteren, ergänzenden bzw. den ersten Analysen widersprechenden Materialien in den verschiedenen zur Verfügung stehenden Medien, wobei allerdings – und das ist entscheidend – nicht mehr nach Kriterien von ›Vollständigkeit‹ (z.B. orientiert an bestimmten Zeiträumen oder Medientypen oder anderen formalen Merkmalen) vorgegangen wurde, sondern sich die Suche

---

[104] Solche Bedenken artikulieren sich häufig exemplarisch bei Analysen im Medienbereich – so z.B. in dem sicher berechtigten Hinweis, daß niemand auf die Idee kommen sollte, etwas über ›den Sexualmord‹ erfahren zu wollen, indem er die Medienberichterstattung dazu recherchiert und analysiert. Die (keineswegs nur diskurstheoretisch orientierte) Soziologie hält allerdings dagegen: Für alle jene, die nicht zu dem engsten Kreis der Betroffenen (z.B. Angehörige der Opfer) gehören, konstituiert jenes Wissen über Sexualmord aus den Medien ihre ›gesellschaftliche Wirklichkeit des Sexualmordes‹.

als ›theoretical sampling‹ an theoretischen Erkenntnisinteressen ausrichtete.[105] Ein Beispiel zur Verdeutlichung: Eine erste Durchsicht der Daten (konkret: der Begründungen zu den verschiedenen Gesetzesanträgen und Änderungsentwürfen) ergab im Kontext der unterschiedlichen Positionen zur Bedeutung des Gehirns für die Kennzeichnung von ›menschlichem Leben‹ im Hinblick auf Kategorien wie ›Körper‹ und ›Geist (Seele)‹ teilweise recht undeutliche, da mitunter nur indirekt transportierte Konnotationen philosophischer oder ethischer Art. Hierzu erfolgte dann eine gezielte Suche nach ›Daten‹, die von einer Durchsicht publizierter Fachliteratur bis hin zu Recherchen in Fachzeitschriften oder einer Suche in Diskussionsforen im Internet reichte. So zeigte sich bei diesem Aspekt, daß eine recht spezifische Codierung von Körper, Geist und menschlichem Leben, wie sie etwa auch in der anthroposophischen Medizin zu finden ist, in dem ursprünglichen Datenkorpus explizit lediglich in einem Experten-Statement (13/114: Bavastro) enthalten war, diese Position aber dann nur noch in einigen wenigen Politikerreden mehr oder weniger implizit aufscheint.

Insgesamt habe ich mich bei der Datenorganisation an den von Norbert SCHRÖER für die wissenssoziologische Hermeneutik in Anlehnung an die Grounded Theory ausformulierten Forschungsschritten orientiert, die bezüglich der Anforderungen an die Datenerhebung wie -auswertung an das hier verfolgte diskursanalytische Verfahren adaptiert wurden (Schröer 1997, S.119ff).[106] SCHRÖER skizziert folgende Phasen des Forschungsprozesses:

Erste Phase: Für eine erste Orientierung geht es darum, sich ins Feld zu begeben, mit „freischwebender Aufmerksamkeit" ›alles‹ wahrzunehmen, „alles ein[zu]sammeln, was das Feld herausgibt" (ebd., S.119) sowie zu allen Dingen (generative) Fragen zu stellen. Dies bedeutete für mich, in einem ersten Schritt die Diskursformation ›Hirntod‹ soweit zu sichten, wie dies jedem informierten

---

[105] Dieses ›sekundäre Datenmaterial‹ wird selbstverständlich – soweit direkt im folgenden zitiert oder exzerpiert – mit Quellenangaben versehen und im Literaturverzeichnis bzw. im Anhang vollständig bibliographiert. Nebenbei bemerkt: Die Recherchen im Internet erwiesen sich insgesamt nicht nur in Bezug auf die ›bequemen Suchverfahren‹ als recht praktisch (wenngleich die nicht oder kaum kontrollierbare Selektivität des gefundenen Materials beachtet werden muß). Denn darüber hinaus bot das recherchierte Textmaterial den großen Vorteil, bereits in, für die Archivierung und weitere Verarbeitung am PC geeigneter, digitalisierter Form vorzuliegen und reduzierte damit den Zeit- und Arbeitsaufwand zum Einscannen von Texten erheblich. Allerdings darf hierbei die grundsätzliche Manipulierbarkeit digitaler Daten nicht vergessen werden, die durch einen – in zeitlicher Hinsicht im Vergleich zum Scannen jedoch weniger aufwendigen – Vergleich der, soweit im Datenkernbereich angesiedelten, ›downgeloadeten‹ Textdaten mit ihren Druckfassungen kontrolliert wurde.

[106] Zu den im folgenden verwendeten Begriffen ›Memos‹ und ‚Codieren‹ (hier im Sinne der Grounded Theory als *methodische* Prozedur der begrifflichen Aufschließung von Textdaten verstanden und nicht zu verwechseln mit dem *theoretischen* Begriffskonzept der ›Codierung‹ im Sinne des ›kulturellen Codes‹) und deren forschungspraktische Anwendung vgl. Strauss (1994, insbes. S.90ff und 151ff).

Laien prinzipiell möglich ist (Info-Material zu besorgen, Zeitungsbeiträge zu recherchieren etc.), die gesammelten Daten zu archivieren und erste Fragen und Memos dazu zu formulieren.

Zweite Phase: Mit weiterhin „freischwebender Aufmerksamkeit, Sammelfreudigkeit und Frageleidenschaft" (ebd., S.119) kann im Feld mit der Erhebung ›natürlicher‹ (meint nicht vom Forscher evozierter) Daten begonnen werden. Für mich umfaßte diese Phase vor allem nach einigen Überlegungen (Memos!) den Entschluß zur und die Erhebung von jenen ›natürlichen Textdaten‹ zur Verabschiedung des Transplantationsgesetzes, die schließlich den eigentlichen Datenkorpus bildeten (vgl. oben).

Dritte Phase (die zeitlich parallel zur weiteren ›Feldbeobachtung‹ und Datensammlung verläuft): Die gesammelten Daten und bislang erstellten Memos werden einer ersten Bearbeitung/Interpretation unterzogen. Konkret erfolgte hier eine ›offene Codierung‹ der Daten und die Entwicklung erster begrifflicher Kategorien als ›sensitizing concepts‹ (inkl. weiterer Memos!), die, schrittweise anhand von Sequenzanalysen von möglichst weit kontextualisierten ›Schlüsselstellen‹ durchgeführt, zu weiteren Kategorienverfeinerungen (über axiales bis zu selektiven Codieren) führten (vgl. auch Strauss 1994, S.90ff).

Vierte Phase: Ergänzt durch gezielte Aufmerksamkeit für die aus Phase drei sich ergebenden Lücken und Inkonsistenzen in den Begriffen und Interpretationen wird eine erneute Datensammlung im Feld mit gezielten (theoretisch begründeten) Suchstrategien durchgeführt. Dementsprechend wurde von mir in dieser Phase, sozusagen ›nach theoretisch zu begründenden Bedarf‹, weiteres Textmaterial recherchiert und dadurch der festumrissene Datenkorpus aus der zweiten Phase sukzessive erweitert.

Fünfte Phase (vgl. Phase drei und weitere, dazwischenliegende Phasen, die zwischen Phase drei, vier und fünf wechseln) umfaßt schließlich die Analyse des neuen Datenmaterials sowie die erneute Analyse und Interpretation des Kernmaterials, wobei das Wechseln zwischen Datenanalyse und wiederholter Datensuche bis zur ›theoretischen Sättigung‹ durchgehalten wird, – einem Zeitpunkt, an dem anhand der entwickelten begrifflichen Kategorien (im weiteren Sinne: anhand der Deutungen, Interpretationen) jegliches neu hinzukommende Datenmaterial ›aufgeschlüsselt‹, eingeordnet werden kann (vgl. auch Strauss 1994, S.65ff). Dieser Punkt (an dem ich also auf weitere Datensammlung verzichtet habe) war für mich erreicht, als das entwickelte ›Codierschema‹ den gesamten Kerntextbestand im Hinblick auf Sterben und Tod abdecken konnte.

Die *letzte Phase* schließlich beinhaltet allgemein die Formulierung von begründeten Hypothesen, die bei der hier verfolgten Thematik in – aus den Daten heraus entwickelten – Aussagen über Deutungen und Bedeutungsverschiebungen zu Sterben und Tod in der Hirntod-Diskussion münden.

Infolge der mit dem skizzierten Phasenmodell vollzogenen grundlegenden Verschränkung von Datenerhebung und -auswertung wird auch deutlich, daß die hier zur Erläuterung vorgenommene Einteilung in zwei verschiedene Kapitel keinesfalls die konkrete Forschungspraxis wiedergibt, sondern lediglich einer übersichtlicheren Gliederungsstruktur für den Leser geschuldet ist. Doch wie wurde die Auswertung ›am einzelnen Text‹ durchgeführt?

3.2.3. Zur Datenauswertung

Indem infolge des wissenssoziologisch-diskursanalytischen Theorie-Fundaments eine quantitative inhaltsanalytische Auswertung der Textdaten ebenso wenig angemessen erschien wie qualitative Techniken der Inhaltsanalyse, die explizit oder implizit den Daten anhand eines vorgängig vorhandenen, den theoretischen Relevanzen des Forschers Ausdruck verleihenden Kategoriensystems ›zu Leibe rücken‹ – gleichviel ob die ›Erkenntnisabsicht‹ dann in einer Paraphrasierung, Explikation oder Strukturierung der Daten liegt (Mayring 1990, S.85ff, 1997), lag es nahe, sich auch bei der Datenanalyse an textanalytischen Verfahren im Kontext einer sozialwissenschaftlichen Hermeneutik zu orientieren. Allerdings war erneut nötig, die bislang in der entsprechenden ›Methodenliteratur‹ vorliegenden konkreten Verfahrenshinweise in einen diskursanalytischen Auswertungskontext zu übertragen.

Analyseschritte bei der Auswertung der Texte

Im einzelnen formuliert wiederum Norbert SCHRÖER zusammenfassend folgende Richtlinien für die wissenssoziologisch-hermeneutische Auswertung von ›natürlichen‹ Daten (Schröer 1997, S.122ff):

Der *erste Explikationsschritt* gilt der ›feinanalytischen Entfaltung des relativ unproblematisch rückfragbaren Vorwissens‹ und meint, die sich beim Lesen eines Textes (in der Regel) einstellenden ad-hoc-Interpretation des Lesers in einem zweiten Blick auf den Text sofort explizit zu überprüfen und möglicherweise alternative Lesarten dazu zu entwickeln. Damit soll gewährleistet sein, daß das ›immer schon Verständliche‹ im Hinblick auf seine (in der Regel unhinterfragten) Grundlagen im Vorwissen des Interpreten explizit gemacht werden kann, indem es systematisch in Frage gestellt wird.

„Dadurch, daß der Interpret gezwungen wird, sein Vorwissen in einem unnatürlich langatmigen ›Schritt-für-Schritt-Verfahren‹ am Text begründet zu überarbeiten und zergliedert zu explizieren, zerbricht für ihn die Fraglosigkeit des ihm bislang Selbstverständlichen; das einstmals Vetraute wird ihm fremd." (ebd., S.123f)

Dieser erste Analyseschritt einer – methodologisch erwünschten – Orientierungslosigkeit war für mich zum einen in der ersten Orientierungsphase von besonderer Bedeutung, da gerade im Blick des informierten Laien auf die öffentliche Diskussion um den ›Hirntod‹ die Gefahr groß ist, aufgrund eigener ›Vor-urteile‹ recht schnell ein ›routiniertes Gesamtverständnis‹ des Feldes zu entwickeln, von dem aus sich gewissermaßen jeder weitere ›Diskussionsbeitrag‹ immer schon ›verstehen‹ (und damit einordnen und bewerten) läßt. – In einer solchen routinisierten Typisierung liegt nach Alfred SCHÜTZ ja gerade der Kern unseres Alltagsverstehens, mit dem wir uns die Welt um uns herum verstehbar machen. Zum anderen wurde die bewußt herbeigeführte Orientierungslosigkeit dann gezielt bei der ersten Sichtung des Datenkernbestandes eingesetzt, um in den darauf aufbauenden Operationen des offenen Codierens durch möglichst vielfältige alternative Lesarten die begrifflichen Kategorien zunächst so offen wie möglich zu halten.

Erst in einem *zweiten Schritt* des Interpretationsvorgangs erfolgt dann die Reduktion des komplexen Lesartenbestandes: „Die explizierten Lesarten sollen auf die Hauptlinien der Interpretation hin verdichtet werden. Fluchtpunkt dieser Verdichtung bildet die Bestimmung des fallspezifisch Besonderen." (ebd., S.124) Konkret ausgedrückt umfaßt dieser ›Reduktionsvorgang‹ die an den Daten vorgenommenen interpretativen Entscheidungsprozeduren des Forschers, im Kontext des jeweiligen Textes die mögliche Vielfalt von Bedeutungen auf jene zu konzentrieren, die *aus dem Textkontext* heraus plausibel erscheinen (und damit also keineswegs immer schon und weitgehend den Plausibilitäten im Kopf des Forschers folgen).[107]

Nachdem – so SCHRÖER – die extensiv betriebene Feinanalyse aus dem ersten Schritt in einem zweiten Schritt auf die fallspezifischen Besonderheiten hin verdichtet wurde, kann *drittens* (gleichsam als Essenz daraus) die den Einzelfall kennzeichnende ›strukturale Problemlage‹ bestimmt werden. Da hierin m.E. der eigentliche interpretatorische Kernpunkt hermeneutischer Rekonstruktionsarbeit aufgehoben ist, lohnt es sich, genauer hinzuschauen. SCHRÖER erläutert diesen dritten Schritt mit Rekurs auf SOEFFNER wie folgt:

„Geht man davon aus, daß der Einzelfall in seiner Besonderheit eine spezifische ›Lösung‹ einer handlungstypspezifischen Aufgabenstellung und Problemlage ist, dann muß mit der Bestimmung vermeintlicher Charakteristika auch schon mehr oder weniger deutlich auf Gesichtspunkte einer allgemeinen handlungsleitenden Problemlage verwiesen sein. (...) Dabei geht es nicht einfach um die Rekonstruktion der den Handelnden als subjektiv angebbar unterstellten Motive, sondern – sie überschreitend – um die Rekonstruktion des historisch geprägten und den Handelnden verbindlich vorgegebenen handlungstypspezifischen Orientierungsrahmens, in dem der subjektiv gemeinte Sinn eingelassen ist und in bezug auf den die objektive Sinnstruktur des fallspezifisch charakteristischen Handelns bestimmbar wird, die dem Handelnden fraglos selbstverständlich vertraut und von daher tentativ (immer schon) ›vergessen‹ ist." (ebd., S.124f)

Übertragen auf die hier verfolgte Fragestellung und in semiologische Begrifflichkeit übersetzt würde dieser Schritt also beinhalten, hinter den in den Texten

---

[107] Allerdings sollte man hier die Sache nicht komplizierter machen, als sie in der Praxis schon ist. Anders als bei natürlichen Daten, die z.B. auf der Basis lebensweltlich-ethnographischer Forschungen in Form transkribierter Gesprächsprotokolle von Alltagssituationen vorliegen, kennzeichnet die hier vorliegenden Texte gleichsam eine ›Textform‹, in der die Produzenten – z.B. Repräsentanten kollektiver Akteure – sehr wohl argumentative Anstrengungen darauf verwenden, daß das, was sie sagen, in einer von ihnen intendierten Absicht ›verstanden‹ wird. Das diskursanalytische Erkenntnisinteresse liegt auf dieser Ebene vereinfacht formuliert ja zunächst noch darin, zu rekonstruieren ›was gesagt wird‹ und ›wie es gesagt wird‹. Das eigentliche Rekonstruktionsproblem verkompliziert sich in unserem Kontext ›analyse*praktisch*‹ so richtig erst im nächsten Auswertungsschritt.

identifizierbaren konkreten Aussagen (als Signifikanten-Ketten) und ihrer, vom Textproduzenten mitgelieferten ›Be-Deutungshinweise‹ die von ihm (explizit oder mehr noch implizit) verwendeten Signifikationsregeln zu rekonstruieren, die es den Aussagen (den Zeichen) erlauben, ihre (im Idealfall gewünschte) Bedeutung zu erlangen. Doch schon bei dieser einfachen semiologisch-formalistischen Transformation deutet sich an, was eine weitergedachte wissenssoziologisch-diskursanalytische Explikation dieses Analyseschritts offenbart: Solche ›Signifikationsregeln‹ transzendieren die subjektiven Deutungsakte, indem sie allgemein auf die dahinter stehenden Wissens-Ordnungen verweisen und somit zwar Aufschluß über das damit verbundene ›Weltbild‹ (hier: die kulturelle Codierung von Sterben und Tod) ermöglichen. Aber dieser ›Interpretationsschritt‹ kann nicht als einfaches (induktives und vice versa deduktives) Pendeln zwischen ›dem Einzelnen‹ und dem dahinter stehenden ›Allgemeinen‹ geleistet werden, sondern kann nur als riskantes Unterfangen im Zuge *abduktiver* Schlußfolgerungen – gleichsam als Fährtensuchen und Spurenlesen – bewältigt werden. In einem Satz gesagt, vollzieht sich hier folgende Denkoperation: Ausgehend von den in einem Text vorliegenden konkreten Aussagen wird über lediglich virtuell als gültig gesetzte Praktiken und Regeln des ›Be-Deutens‹ auf die jeweils dahinter liegende Ordnung des Wissens (über Sterben und Tod) geschlossen.[108]

Der *letzte Auswertungsschritt* wendet sich schließlich in einer abschließenden Bestimmung der Fallspezifik einer Überprüfung und eventuellen Überarbeitung der aus dem dritten Schritt heraus ›explizierten Strukturhypothese‹ zu. Das hieß für mich, die aus den einzelnen Texten herauspräparierten Bedeutungsinhalte und -formen zu Sterben und Tod (im Sinne ihrer regelhaften Beziehungen zueinander) in ihren jeweiligen begrifflichen Kategorien zunächst am Text selbst erneut ›gegenzulesen‹ sowie dann über den jeweiligen Text hinaus (gewissermaßen als akkumulative vergleichende Kasuistik der ›Einzelfälle‹) zu vergleichen, um die jeweils rekonstruierten ›typischen Muster des Be-Deutens‹ zu prüfen und wenn nötig zu revidieren.[109]

---

[108] Dabei Umberto Eco (1985, S.68) zitierend umschreibt Reinhard Bauernfeind die auf Charles S. Peirce zurückgehende Prozedur des abduktiven Schließen (vereinfacht gesagt: hypothetisches Schlußfolgern) recht nah am hier verfolgten Erkenntnisinteresse: „Die Abduktion antwortet (...) auf das methodische Problem, wie von empirisch gegebenen Signifikanten auf die ihnen zugrundeliegenden, empirisch nicht sichtbaren Signifikate geschlossen werden kann und ›ist daher das versuchsweise und risikoreiche Aufspüren eines Systems von Signifikationsregeln, die es dem Zeichen erlauben, seine Bedeutung zu erlangen‹." (Bauernfeind 1995, S.271; vgl. auch Peirce 1991, insbes. S.232ff, Reichertz 1993, S.258ff).

[109] Spätestens jetzt kommt man nicht mehr an der Klärung der Frage vorbei: Worin besteht eigentlich der (Untersuchungs-) Fall (im Sinne der kleinsten Untersuchungseinheit)? Zwar kann der ›Einzelfall‹ nur in einem konkreten, bestimmten Text seinen Ausdruck finden, dementgegen wäre es jedoch unsinnig, in jedem Text einen Einzelfall zu sehen. Auf den Punkt gebracht besteht der Einzelfall in der vorliegenden

3.2.4. Methodenkritik

Wenn man sich nun im Anschluß an die bisherigen Ausführungen der eigenen blinden Flecke, die der gewählte theoretische wie damit eng verbundene forschungspraktische Zugriff auf ein empirisches Problem produziert, zumindest vergewissern will, ohne sie auch immer gleich schon ausmerzen oder relativieren zu können, braucht es wenigstens formale Referenzpunkte, von denen aus eine solche, im weiteren Sinne ›methoden-kritische Selbst-Reflexion‹ geleistet werden kann. Ich verwende dazu folgende drei Aspekte: Wo liegen erkennbare Probleme oder Beschränkungen durch die gewählte theoretische, methodologische und praktische Herangehensweise?

Beginnen wir mit zwei grundsätzlichen methodenkritischen Hinweisen, obschon wir damit gleichsam ›das Pferd von hinten aufzäumen‹ und dort ansetzen, wo die eigentliche empirische Analysearbeit schon beendet ist – beim Darstellungsproblem.

Das Darstellungs- und Operationalisierungsproblem

Jegliche hermeneutische Rekonstruktionsarbeit steht vor dem Problem, daß sie zwar ebenso wie andere methodische Praktiken verpflichtet ist, nicht nur die gewonnenen Ergebnisse, sondern auch den beschrittenen Erkenntnisweg so offenzulegen, daß eine intersubjektive Überprüfbarkeit prinzipiell gewährleistet ist. Doch wie soll das erfolgen? Eine Möglichkeit, dies annäherungsweise zu leisten, bilden jene seitenlangen Lesartenexplikationen, wie sie bevorzugt im Kontext der Objektiven Hermeneutik zu finden sind und die versuchen, mittels

---

Untersuchung aus einer jeweils thematisch zu bestimmenden und einzugrenzenden Deutung eines Sachverhaltes im Kontext der Diskursformation ›Hirntod‹ (im Sinne einer rekonstruierten Signifikant-Signifkat-Relation) inkl. ihrer (soweit wie möglich ebenfalls aus dem Text heraus zu rekonstruierenden) Art des Be-Deutens im Sinne der jeweiligen Praxis der ›Bedeutungsverleihung‹ (welche Regel findet Verwendung). Im akkumulativen Vergleich dieser Fälle können sich dann typische Muster ergeben, die Auskunft auf die damit verbundene kulturelle Codierung von Sterben und Tod geben.

Schließlich sei noch angemerkt: Die praktische Umsetzung dieser Auswertungsschritte erfolgte computerunterstützt mit dem Software-Tool WINMAX 97, mit dem die digitalisierten Textdaten eingelesen, archiviert und vercodet wurden. Nicht eigens erwähnt werden muß der Hinweis, daß eine solche Software selbstverständlich keinen der genannten vier Analyseschritte in irgendeiner Form auch nur annäherungsweise ›selbständig‹ durchführen könnte. Jedoch bietet die computerunterstützte hermeneutische Auswertung Möglichkeiten für ›interpretative Experimente‹ (z.B. im Hinblick auf alternative Vercodungen mit begrifflichen Kategorien auf Grundlage verschiedener Lesarten), bei denen der damit verbundene Kampf mit den früher üblichen Zettelkästen, Markierungsstiften und dicken Textordnern den Interpreten schon längst in die Verzweiflung getrieben hätte.

Quantität das eigentlich nicht Darstellbare darzustellen: den Interpretationsvorgang als solchen.

„Der Hermeneut ist also gezwungen, sobald er als Autor von Texten auftritt, ständig gegen das Verfahren der Sequenzanalyse zu verstoßen. Er kann nur versuchen, so weit wie möglich, oder besser: so weit wie angemessen, den tatsächlichen Gang der Sequenzanalyse zu rekonstruieren. Zwischen der Klippe: alles exakt wiederzugeben und damit langatmig und unlesbar zu werden, und der Untiefe: nur das Relevante vorzustellen und damit schnell in Subsumtionsverdacht zu geraten, kann der Forscher als Schriftsteller nur mit Hilfe eines vorab bestimmten Darstellungsinteresses schiffen, auch auf die Gefahr hin, nicht unbeschadet von der Fahrt zurückzukehren." (Reichertz & Schröer 1994, S.79)

Noch vor diesem Darstellungsproblem steht also die Nichtoperationalisierbarkeit der Methode, da es sich bei dem Verfahren letztlich um eine ›Kunstlehre‹ handelt. Kunstlehre deshalb, weil sich eine solche sozialwissenschaftliche Hermeneutik – wie kurz erläutert – in Anlehnung an Charles S. PEIRCE in ihrem Kern letztlich einer abduktiven Haltung verschreibt, die ›deduktive und induktive Kurzschlüsse‹ weitgehend zu vermeiden sucht.[110]

„Die sequenzanalytische Interpretation von Interaktionstexten – verstanden als Kunstlehre – entspricht nicht nur der logischen Form des abduktiven Schlusses, sondern ist zugleich ein Handlungsprogramm zur systematischen Herbeiführung solcher Schlüsse. Eine solche Kunstlehre kann weder exakt operationalisiert noch dargestellt werden." (ebd., S.81)

Im Hinblick auf das Operationalisierungsproblem wurde in den beiden voranstehenden Kapiteln versucht, die getroffenen forschungspraktischen Entscheidungen und Umsetzungen soweit offenzulegen und zu begründen, daß dem Leser ein prinzipieller Nachvollzug des Analyseprozesses ermöglicht wird. Das Darstellungsproblem soll im folgenden zumindest entschärft werden, indem ein Mittelweg zwischen einer Minimal- und einer Maximallösung eine möglichst materialhaltige Präsentation an den theoretisch zu plausibilisierenden und aus dem Datenmaterial herauszudestillierenden Ankerpunkten bietet, während ansonsten generell die Exemplifizierung der am Datenmaterial gewonnenen theoretischen Einsichten den Argumentationsgang leitet.

Forschungspraktische Beschränkungen

Vor dem Hintergrund dieser für alle hermeneutischen Verfahren virulenten Problematik muß infolge der eigenen forschungspraktischen Konzeption mindestens folgende weitere spezifische Engführung des Forschungsprogramms festgehalten werden: Die aus Ressourcenüberlegungen heraus getroffene forschungspragmatische Entscheidung, die aktuelle Hirntod-Diskussion im Umfeld der Verabschiedung des Transplantationsgesetzes zu analysieren, dem jedoch *keine* empirische Analyse der Entwicklungsgeschichte der fachspezifischen wie

---

[110] Vgl. zusammenfassend Schröer (1997, S.112ff); damit verbunden zum Aspekt ›Selbstreflexivität‹ Soeffner & Hitzler (1994, S.31ff).

öffentlichen Diskussionen des Hirntodes voranzustellen, sondern deren Verortung mit Blick auf das moderne Todesdispositiv anzustreben, erscheint zumindest begründungspflichtig. Sie könnte leicht in den Verdacht geraten, vorschnell Äpfel mit Obst vergleichen zu wollen.

Zum einen: Jene – hier nicht durchgeführte – systematische *empirisch-historische* Analyse der Diskursformation ›Hirntod‹ bleibt ein Desiderat weiterer Forschung. Zum anderen: Mir geht es in letzter (thanatosoziologischer) Konsequenz um den Themenkomplex ›Tod, Hirntod und gesellschaftlicher Wandel‹, der ›komplett‹ sicher mit folgenden drei Schritten (in der genannten Reihenfolge) zu umgreifen wäre: a) eine umfassende historische Rekonstruktion des modernen Todesdispositivs seit Beginn der Neuzeit mit besonderer Aufmerksamkeit für den medizinischen Bereich; b) eine mindestens bis in die fünfziger Jahre zurückreichende historische Rekonstruktion der Diskursformation ›Hirntod‹; c) eine ausführliche Rekonstruktion und Analyse der Diskursinhalte und diskursiven Praktiken im Vorfeld der Verabschiedung des Transplantationsgesetzes.

Anhand dieser diskursanalytischen ›Idealkonzeption‹ wird deutlich, wie eng letztlich der hier gewählte forschungspraktische Zugriff konzipiert ist mit seiner Konzentration auf die Diskurs*inhalte* bei c)[111] und der darin nur ›en passant‹ verarbeiteten ›Begriffsgeschichte des Hirntodes‹ (beides in Kap.4.2) sowie einer sehr gedrängten historischen Skizze des modernen Todesdispositivs (Kap.4.1). Gleichwohl läßt sich m.E. diese konzeptionelle Beschränkung dadurch rechtfertigen, daß sich die wesentlichen, relevanten Deutungen zum ›Hirntod‹ gerade wegen seiner noch jungen ›medizinisch-praktischen‹ historischen Entwicklung in den wesentlichen Aspekten in den jüngsten Debatten wiederfinden. Und insofern erscheint mir jener methodisch und praktisch etwas ›schräge Spagat‹ (Hirntod-Diskursformation hier als ›aktuelle Momentaufnahme‹ konfrontiert mit den charakteristischen Merkmalen des modernen Todesdipositivs dort) zumindest hinreichend, um die Frage nach gesellschaftlichem Wandel (in der kulturellen Codierung von Sterben und Tod) empirisch fundiert bearbeiten zu können.

Zum Wirklichkeitsbezug von Diskursanalysen

Noch diesseits solcher forschungspraktischen Beschränkungen bleibt schließlich auch die grundsätzlichere Frage zu überlegen, auf was eine Diskursanalyse eigentlich zugreift. Was erforscht und analysiert der Diskursanalytiker letztendlich mit dem Blick auf Diskurse?

Auf der Basis der theoretischen Überlegungen aus Kap.3.1 (vgl. Soeffners Ebenenmodell, S.77) wird klar, daß ein solcher Blick sich offensichtlich *nicht*

---

[111] Bei der noch dazu – wie dies Jürgen Gerhards in einem anderen Zusammenhang ausgedrückt hat – die Hardware von Diskursen nicht *systematisch* mitberücksichtigt wird, sondern die Software im Zentrum steht (Gerhards 1992, S.307).

auf die *alltäglichen* Lebenswelten von Subjekten mit den darin relevanten Deutungen und ihrer kommunikativen Vermittlung richtet, die in einem (diskurs-) theoretisch noch gar nicht näher bestimmten und empirisch im jeweiligen Fall immer erst zu prüfenden Verhältnis zu ›den (öffentlichen) Diskursen‹ stehen. Auch erhält man keinen unvermittelten Zugriff auf die *alltägliche* Praxis der im Diskurs vertretenen Akteure, da kollektive Akteure bzw. ihre Repräsentanten zwar womöglich in öffentlichen Diskursen über ihre jeweilige Alltagspraxis Auskunft geben, diese jedoch dann immer schon in einer spezifischen Weise (als Aussage in einem öffentlichen Diskurs) kontextualisiert ist und damit vielmehr über diesen Kontext mit seinen Regeln der ›Be-Deutungs-Praxis‹ Auskunft geben. Anders formuliert: Diskursanalysen wenden sich den in Form von ›natürlichen‹ Daten vorliegenden – und den jeweiligen Diskursregeln folgenden – Darstellungen und Deutungen der Darstellungen seitens der beteiligten kollektiven Akteure zu. D.h.: sie analysieren Darstellungen und wechselseitige Deutungen der Darstellungen – nicht mehr und nicht weniger!

Anne Honer bringt das hierin angedeutete grundsätzliche ›Perspektiven‹-Problem ›wort-spielerisch‹ auf den Punkt. Wenngleich sie es in ihrem Kontext einer lebensweltlichen Ethnographie verortet, läßt es sich m.E. im Kern doch auch auf ein diskursanalytisches Vorgehen übertragen (vgl. auch Hitzler 1993, S.232ff, Soeffner & Hitzler 1994, S.42ff):

„Üblicherweise neigen auch sogenannte »qualitative« Forscher dazu, Darstellungen von Erfahrungen nicht zunächst einmal als *Darstellungen* von Erfahrungen, sondern sogleich und vor allem als Darstellungen von *Erfahrungen* zu deuten – und sie selber dann wieder wie Erfahrungen (statt wie Darstellungen) darzustellen." [Herv. im Orig.; Anm. d. Verf.] (Honer 1993, S.246; vgl. auch Hitzler 1991, S.295f)

Das der hier durchgeführten Diskursanalyse zugrunde liegende Datenmaterial beinhaltet also Darstellungen von Deutungen bzw. gedeuteten Erfahrungen und deren Deutungen, die durch den Kontext der Darstellung – des öffentlichen Diskurses – (so zumindest die diskurstheoretische Grundannahme) immer schon bestimmten Regeln unterliegen, welche die Inhalte wie die Arten und Weisen der Darstellungen und Deutungen präformieren.

Diesen Punkt im Auge zu behalten scheint mir deshalb so wichtig, weil gerade im Themenbereich von Sterben und Tod, bei dem ja jedem von uns die eigene Erfahrung der Wirklichkeit des eigenen Todes und manchem auch (noch) die eigene Erfahrung der Wirklichkeit des Todes eines (signifkanten) Anderen fehlt, bei vielen vielleicht die Gefahr groß ist (vgl. die gesellschafts- und kulturkritischen Konnotationen im Umfeld der Verdrängungsthese), ›vorschnell‹ von den Darstellungen und Deutungen der gesellschaftlichen Wirklichkeit des Todes auf die (subjektiven oder typischen) Erfahrungen im konkreten Erleben und Handeln von Subjekten zu schließen – seien es Politiker oder Journalisten, Ärzte oder Pflegekräfte, Seelsorger oder Angehörige oder gar jene Betroffenen, um deren ›letzte existentielle Erfahrung‹ oder eben ›völliges Erloschen-sein jeglicher Erfahrungsmöglichkeit‹ die Hirntod-Diskussion kreist.

3.3. Zusammenfassung: Das Analyseraster

Bevor mit dem nächsten Kapitel die – der Sparsamkeitsregel folgend soweit wie sinnvoll und möglich – materialhaltige Darstellung der gewonnenen Ergebnisse beginnt, soll eine Zusammenschau der aus dem aktuellen Forschungs- und Diskussionsstand hergeleiteten Fragestellung(en) mit dem hier in Kap.3 entwickelten theoretisch-begrifflichen Fundament einschließlich seiner forschungspraktischen Umsetzung dem Leser in schematischer Übersicht das für den weiteren Argumentationsgang leitende Analyseraster vor Augen führen.

Abb.6: Das Analyseraster

	Problemstellung	Ziel	Methodik
erster Analyseschritt	*Rekonstruktion des modernen Todesdispositivs* (konzentriert auf den medizinischen Bereich): ⇨ Diskurse / Interdiskurs ⇨ diskursive Praktiken ⇨ kollektive Akteure	Klärung der dominanten kulturellen Codierung von Sterben und Tod als ›*moderne Ordnung des Todes*‹	diskursanalytisch fokussierte Sekundäranalyse vorliegender Untersuchungen
zweiter Analyseschritt	*Analyse der öffentlichen Diskussion um den Hirntod:* ⇨ Rekonstruktion der Diskursformation ›Hirntod‹ (und ›Organtransplantation‹) ⇨ mit den darin enthaltenen Spezialdiskursen und diskursiven Praktiken ⇨ und dem dabei vermittelnden Interdiskurs (Kollektivsymbole, soziale Topoi)	Klärung möglicher Kontinuitäten, Transformationen, Bedeutungsverschiebungen in der kulturellen Codierung von Sterben und Tod – auf dem Weg zu einer ›*Neu-Ordnung des Todes*‹?	hermeneutische Textanalyse des vorhandenen Datenmaterials (v.a. aus dem politischen Bereich)

Um noch einmal zu verdeutlichen, welchen Analyseanspruch eine soziologisch verstandene Diskursanalyse formuliert und welchen Analyseraum sie damit abzudecken hat, kann festgehalten werden:

„Diskurse, Diskurs-Inhalte und Diskurs-Praktiken sowie die konkrete Gestalt, in der sie sich manifestieren (eine Rede, ein Artikel, eine Demonstration ...), sind immer kontextualisiert. Das heißt, um ihre gesellschaftliche Bedeutung zu verstehen ist es notwendig, neben ihrer inhaltlich-materialen Rekonstruktion auch ihr gesellschaftliches und historisches Umfeld, die anderen Diskurse, auf die sie sich beziehen, zu berücksichtigen. Diskurse werden über sprachliche und nicht-sprachliche Praktiken aktualisiert, aufrechterhalten und verändert. Sie destabilisieren (delegitimieren) oder stabilisieren (legitimieren) bereits objektivierte Wirklichkeiten (Institutionen). (...) Sich aus dieser diskursanalytischen Perspektive mit ausgewählten Texten / Praktiken als den Dokumenten von

Wirklichkeit zu beschäftigen, heißt vor allem, sie als Diskursfragmente zu verstehen, das heißt, sie im Hinblick auf ihre Bedeutung und Funktion in einem Diskurs und gegenüber anderen Diskursen im breiteren soziohistorischen Kontext zu analysieren." (Keller 1997, S.318)

Das hier zu formulierende Analyseziel besteht in der Rekonstruktion des öffentlichen Redens von ›Experten‹ zum Thema Hirntod, und zwar unter der Prämisse des gesellschaftlichen Kontextes, in dem diese Reden zu verorten sind, auf den sie Bezug nehmen und den sie dadurch mitbestimmen, formen, gestalten, verändern.

Konkret: Die systematische Rekonstruktion des Deutungsmanagements in der öffentlichen Hirntod-Diskussion gibt unter einer diskursanalytisch-wissenssoziologischen Perspektivierung anhand des konkreten Problems einer ›neuen Art der Todesfeststellung‹, so wie es in seiner sozialen Konstruiertheit und kulturellen Bedingtheit im Zuge der Verabschiedung eines Transplantationsgesetzes diskutiert wurde, Aufschluß über die dahinter liegende Problematik des (selbst-reflexiven?) gesellschaftlichen Umgangs mit Sterben und Tod. Wie wird die Unsicherheit und Ungewißheit des Todes bewältigt? – Wie wird Sicherheit und Gewißheit im Kontext von Sterben und Tod gesellschaftlich hergestellt? Das sind die im weiteren zu verfolgenden Leitfragen zu dem *soziologischen* Problem des ›Hirntodes‹.

4. Die Modernisierung des Todes und der ›Hirntod‹ als Tod des Menschen

„In einer Welt, in der man bis zum Mond fliegen kann, braucht man sich nicht zu wundern, wenn der Weg ins eigene Grab schwieriger, weiter und einsamer geworden ist." (Jeggle 1988, S.160) Der Volkskundler Utz JEGGLE bringt damit in einem prägnanten Satz auf den Punkt, was den Kern jener in Kap.2 diskutierten Verdrängungsdiskussion bildet und vorsichtiger wie folgt reformuliert werden könnte: Die gesellschaftliche Entwicklung im abendländischen Kulturraum seit dem Ausklingen des Mittelalters – für Soziologen zu kennzeichnen mit dem vieldeutigen und vielschichtigen Begriff ›Modernisierung‹ – geht einher mit einer generellen (Sinn-) Problematisierung von Sterben und Tod.

Im Anschluß an die im vorhergehenden Kapitel vorgestellte Klärung ihrer theoretischen wie methodischen Grundlagen wendet sich die nachfolgende Analyse einem ganz bestimmten, ›modernen‹ Weg ins Grab zu: dem ›Hirntod‹, der geradezu exemplarisch mit dem (vor allem technischen) Fortschritt in der Medizin verbunden scheint. Die diskursanalytische Rekonstruktion der dabei öffentlich diskutierten Aspekte und Probleme mit ihren Prozeduren der Wissensvermittlung und des damit Hand in Hand gehenden Deutungsmanagements – so die dahinter stehende Annahme – soll Aufschluß geben über die aktuelle und eventuell sich neu gestaltende gesellschaftliche Ordnung des Todes. Dazu werden wir die Argumentationsfäden aus Kap.2 erneut aufgreifen und weiterverfolgen, allerdings um beim Blick auf die Diskursformation ›Hirntod‹ nicht mehr im generalisierenden pro- und contra-Kontext einer Verdrängungsdiskussion zu Sterben und Tod zu verbleiben, sondern dabei die Freilegung zentraler Eckpfeiler des (post-?) modernen Todesdispositivs anzustreben.

Der erste Analyseschritt umfaßt dazu die modernisierungstheoretisch orientierte, wissenssoziologisch fundierte Rekonstruktion unseres westlich-abendländischen Umgangs mit Sterben und Tod, wie er derzeit von den herrschenden historischen Diskursen ›im Blick zurück‹ gezeichnet wird, um – bildlich gesprochen – zunächst wie ein Archäologe den Boden zu untersuchen, auf dem die Diskursformation ›Hirntod‹ aufbaut. Freilich: Der Soziologe ist weder Historiker noch Archäologe. Und weder kann das Ziel der folgenden Kapitel im Referat einer umfassenden Sozial- und Kulturgeschichte des Todes liegen (die dazu vorliegende Literatur hat mittlerweile einen beträchtlichen Umfang erreicht und ließe sich wohl kaum in dem hier zur Verfügung stehenden Seitenumfang sinnvoll diskutieren),[112] noch sollten sich die Überlegungen in einer

---

[112] Als Auswahl seien hier die wichtigsten – z.T. bereits zitierten – Arbeiten genannt, auf die sich die folgenden Ausführungen im wesentlichen stützen werden: Ariès (1987), Borst, Graevenitz, Patschovsky & Stierle (1993), Condreau (1984), Choron (1967), Nassehi & Weber (1989a), Ohler (1990), als Klassiker vor allem auch Huizinga (1961).

mehr oder weniger redundanten Reformulierung der aus Kap.2.2 bereits bekannten Argumente erschöpfen. Deshalb sind Fokussierungen, Grenzziehungen und Selektionen nötig, die, dadurch stets angreifbar, sowohl das Risiko einseitiger Interpretationen wie auch die Chance zur prägnanten These in sich bergen. Und vor allem: Die folgenden Ausführungen verstehen sich *nicht* als Darstellung von ›geschichtlichen Fakten‹ (im Sinne von ›so war es tatsächlich!‹), sondern als Rekonstruktion einer *diskursiv produzierten und vermittelten ›historischen Wahrheit‹*, die unserem *derzeitigen* Verständnis von Sterben und Tod unterliegt.[113]

Konkret: Ich werde mich im folgenden ersten Analyseschritt im wesentlichen auf den Zeitraum des ausgehenden Mittelalters bzw. des Beginns der Neuzeit bis zur Mitte des 20. Jahrhunderts beschränken. Innerhalb dieses Zeithorizonts konzentriere ich mich, zurückgreifend auf vorliegende Publikationen, auf die jeweils *dominanten kulturellen Codierungen* rund um Sterben und Tod (Todesmetaphern), wie sie uns *aus heutiger Sicht* in ihrer historischen Entwicklung gegenübertreten, z.B. in entsprechenden kulturellen Objektivationen ihren Ausdruck finden und uns dergestalt Aufschluß geben über das damit jeweils verbundene Welt-, Gesellschafts- und Menschenbild. Gemäß dem eigenen Erkenntnisinteresse, orientiert am ›Hirntod‹, fokussiert die einzunehmende Perspektive dabei vor allem die kollektiven Deutungen zu und gesellschaftlichen Praktiken von Krankheit versus Gesundheit, Leiden und Heilung, Sterben und Erlösung etc. und somit insbesondere die Entwicklung der dafür zentralen institutionellen Bereiche ›Religion‹ und ›Medizin‹. Diskursanalytisch schärfer gefaßt lauten die Leitfragen für die folgenden Überlegungen: Welche Akteure präsentieren die heutigen historische Diskurse zu Sterben und Tod als ›Meister des Todes‹ und welche ›historischen Wahrheiten‹ von Leben und Tod verkünden sie?

4.1. Die Medizin und der Tod – Bausteine einer historischen Rekonstruktion des modernen Todesdispositivs seit Beginn der Neuzeit

Nun ließe sich eine solcherart thematisch interessierte historische Rekonstruktion recht schnell in einigen wenigen groben Argumentationszügen zu Papier bringen, die, basierend auf einschlägiger Literatur, in ihrer Einfachheit keineswegs falsch wäre: ›*Modernisierung*‹ umschreibt mit ihren langsam einsetzenden und sich immer weiter beschleunigenden ›Subkategorien‹ von sozialer Differenzierung und Individualisierung, von Säkularisierung und Rationalisierung

---

[113] Das diesem Hinweis unterliegende wissenssoziologische Diskursverständnis kann in seinen erkenntnistheoretischen Fundamenten vor allem mit Blick auf die Bedeutung von ›Geschichte‹ auch bis zu Georg Simmels Grundlegung einer ›Verstehenden Soziologie‹ in seiner Arbeit über „Die Probleme der Geschichtsphilosophie" zurückverfolgt werden (Simmel 1923 [1892], Helle 1988, S.78ff, 1999, S.49ff).

einen seit der Neuzeit voranschreitenden gesellschaftlichen Entwicklungsprozeß, der bezogen auf Sterben und Tod in letzter Konsequenz die Religion immer weiter zurückgedrängt und dafür die Medizin als entscheidenden institutionellen Bereich ins Zentrum gerückt hat.[114] Die damit verbundenen Transformationen ›des Todes‹ (Verweltlichung, Technisierung etc.) und ihre (meist mehr unterstellten als empirisch belegten) gesellschaftlichen Konsequenzen (Verdrängung oder optimierte Kontrolle etc.) brauchen hier als bloße Schlagworte nicht erneut wiedergegeben werden (vgl. Kap.2.2). Sie lassen sich vielmehr wiederum mit einem Zitat illustrieren, in dem der Politikwissenschaftler und Philosoph Iring FETSCHER – in der Botschaft ähnlich wie JEGGLE und nicht ohne kulturnörglerischen Unterton – formuliert, was häufig im Hinblick auf Sterben und Tod als Quintessenz dieser Entwicklung betrachtet wird:

„In einer säkularisierten Welt, die keine Hoffnung auf ein Jenseits mehr kennt, die aber auch die Sinnerfüllung im Diesseits nur den wenigsten Menschen wirklich verschaffen kann, muß der Tod als unerträgliches Versagen, als endgültige Niederlage erscheinen. So hat schon Thomas Hobbes am Beginn der Moderne empfunden: Das Leben ist ein Wettlauf, wobei Sterben eine definitive Niederlage ist." (Fetscher 1988, S.20f)

So eingängig solche Zitate in ihrer vordergründigen Prägnanz einerseits erscheinen, so wenig tragen sie andererseits zur Klärung der Hintergründe bei: Wer beteiligt sich mit welchen Interessen am Wettlauf des Lebens gegen den Tod, bei dem wir immer (und so scheint es: schlechte) Verlierer sind? Und wem bereitet der Tod die Niederlage? Schauen wir also genauer auf die Modernisierung des Todes im Zuge der Entwicklung einer modernen (natur-) wissenschaftlichen Medizin und deren Konsequenzen für unser Denken über Leben, Krankheit, Leiden und Sterben.

---

[114] Was mit dem Begriff ›Modernisierung‹ genau bezeichnet wird, variiert nach Erkenntnisinteresse, theoretischen Hintergrund und damit zusammenhängend auch nach jeweiliger Analyse-Ebene. Meist wird mit ›Modernisierung‹ ein bestimmter Typ sozialen Wandels, der die zum Teil planmäßig beschleunigte Entwicklung von der traditionalen Agrargesellschaft zur hochentwickelten, demokratisch-pluralistischen Industriegesellschaft bezeichnet, lediglich durch weitere, mitunter ebenso nebulöse Begriffe illustriert und damit nur bedingt präzisiert: Pluralisierung der Lebensformen und Lebensstile, Verwissenschaftlichung sämtlicher Lebensbereiche, wirtschaftliches Wachstum, Urbanisierung, Verstädterung, soziale Mobilität, Massenwohlstand, Steigerung der gesellschaftlichen Anpassungsfähigkeit etc. (Hartfiel & Hillmann 1982, S.510f; zu den Grundlagen des Modernisierungsbegriffs vgl. Strasser & Randall 1979, S.84ff, Wiswede & Kutsch 1978, S.70ff und Zapf 1969, S.22ff); für einen Einblick in die aktuelle soziologische Diskussion um ›einfache‹ versus ›reflexive‹ Modernisierung vgl. z.B. Beck (1994, S.21ff), ausführlicher z.B. Beck, Giddens & Lash (1996).

4.1.1. Transformationen der Deutungen zu Sterben und Tod: Todesmetaphern im historischen Wandel

Doch wo sollte der Soziologe bei der Rekonstruktion der historischen Diskurse, welche uns die Gestalt des Todes seit vormodernen Zeiten über die beginnende Neuzeit bis in unsere Tage hinein präsentieren, beginnen? Vielleicht bei den von Historikern vollzogenen Analysen einzelner, durch historische Quellen dokumentierter Todesfälle von mehr oder weniger bekannten Persönlichkeiten aus den verschiedenen Epochen?[115] Oder vielleicht bei den historischen Überlieferungen zu dem das ganze Mittelalter und noch die Neuzeit durchziehenden Massensterben infolge immer wieder ausbrechender Kriege, Seuchen und Hungersnöte (z.B. Bergdolt 1994, Ohler 1990, S.18ff; vgl. auch Daxelmüller 1996, S.9ff)?

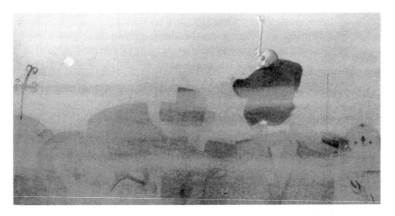

Abb.7: Der kleine dicke Tod tanzt, von Nebelschwaden umhüllt, zu Transistormusik über Grabkreuze und Grabsteine, einen Unterschenkelknochen auf dem Nasenbein balancierend. [*Nikolaus Heidelbach, »Tanzeinlage«, 1984*] (entnommen aus Stöckli 1996: 217)

Anstelle solcher ›historischen Quellenanalysen‹ werden wir zunächst in einer knappen typisierenden Gegenüberstellung des dem (Spät-) Mittelalter und der frühen Neuzeit zugeschriebenen (vormodernen) Todesverständnisses mit dem modernen ›Setting des Todes‹ den für uns relevanten zeitlichen Rahmen abstecken. Nicht weiter chronologisch differenzierend, sondern die darin enthaltenen Transformationen der Todesmetaphern thematisch ausarbeitend, sollen dann die damit jeweils verbundenen Deutungs- und Sinnkategorien aufgespürt und eingekreist werden.

---

[115] Vgl. hierzu z.B. die kurze, ebenso anschauliche wie auch für Nicht-Historiker aufschlußreiche exemplarische ›Quellendiskussion‹ zum Tode Wilhelm des Eroberers (1087) von Alexander Patschovsky (1993, S.11ff).

Für dieses Vorhaben bietet sich an, bei einem ganz bestimmten ›Vermittlungsmedium‹ anzusetzen, welches für das ausgehende Mittelalter (ca. ab dem 14. Jahrhundert) neben der verbreiteten ›Ars moriendi‹-Literatur nicht zuletzt auch wegen seiner bildlichen Darstellungskraft als zentraler Bedeutungsträger der damaligen Todesvorstellungen fungierte: der Totentanz. Die Totentänze bildeten dann über lange Zeit hinweg eine zentrale Form der gesellschaftlichen Kommunikation über den Tod, die in ihrer Kollektivsymbolik und den zur (textlichen) Kommentierung verwendeten sozialen Topoi sogar bis in die heutigen Tage reicht, wie uns Rainer STÖCKLI, weil anhand vieler Beispiele illustrierend, glaubhaft versichert (Stöckli 1996; vgl. auch Abb.7, S.114):

„Und tatsächlich tanzt der Tod fort und fort – ohne außer Atem zu kommen und, natürlich, ohne zu altern. Er tanzt aus Jahrzehnten heraus, die den Begriff des Ewigen, des Fortundfortdauernden eingebüßt haben. Er tanzt in Jahrzehnte hinein, die ihren Glauben an den figürlichen, personifizierten Tod preisgegeben haben. Viel zu viel wissen wir, wenn wir wollen, über den klinischen Tod, über den Tod auf der Intensivstation, über die technischen Möglichkeiten, den Lebenszerfall in die Länge zu ziehen. Dennoch hält sich, hartnäckig – besserem Wissen vis-à-vis – die Figuration des *Knochenmannes*. Wer den Künsten traut, hat die aufdringlich-öffentliche Warnung des späten Mittelalters nicht ausgestanden: memento mori." [Herv. im Orig.; Anm. d. Verf.] (ebd., S.8)

Doch worin lag und liegt die zentrale Botschaft des Memento mori? Welche Moral des Lebens verkündete der Tod damals und welche verkündet er uns heute?

Der spätmittelalterliche Totentanz – Die Ambivalenz des Todes als Lebensmoral

Wichtige und weniger wichtige historische Differenzierungen in der einschlägigen Literatur einfach beiseite lassend, liegt eine zentrale Bedeutung der im Spätmittelalter recht weit verbreiteten symbolischen Repräsentationen des Todes im Totentanz-Motiv mit seinen verschiedenen bildlichen Variationen (z.B. spielt ›der Tod‹ Musik, und die Lebenden oder die Toten tanzen dazu alleine, oder die Toten tanzen zusammen mit den Lebenden etc.) darin, den Tod im alltäglichen Bewußtsein der Menschen präsent zu halten (z.B. Palmer 1993, S.313ff, Pace 1993, S.335ff, Ohler 1990, insbes. S.158ff, Lang 1996, S.49ff). Philippe ARIÈS hat ja seine Untersuchungen zum Tod im Mittelalter im Original überschrieben mit ›Menschen im Angesicht des Todes‹ (l'homme devant la mort) und herausgearbeitet, daß den Menschen in der damaligen Zeit der Tod immer präsent, ja der Tod gleichsam ein untrennbarer Bestandteil des Lebens war (Ariès 1987, S.13ff; vgl. auch Weber 1994, S.179ff).

Zwei zentrale Deutungsmotive bestimmen dabei die Darstellungen des Totentanzes: Zum einen die *Gleichheit* vor dem Tod und zum anderen die *Vergänglichkeit* des Menschen wie alles Irdischen. Überspitzt formuliert repräsentiert der Totentanz eine Lebensmoral, die konsequent auf den Tod hin ausgerichtet ist, wobei beide Begriffe – Leben und Tod – in ihrer metaphorischen Botschaft zu verstehen sind: Das Leben, symbolisiert zumeist durch weltliche Versuchungen (nicht zuletzt deshalb die Tanz- und Festsemantik), denen sich die Gläubigen zu enthalten hatten, galt es gottgefällig zu führen, da das Jenseits und die damit verbundene ›Bilanzierung‹ der diesseitigen Existenz des Menschen – versinnbildlicht durch den Tod – jederzeit über sie hereinbrechen konnte (womit gleichzeitig auch eine latente ›Gesellschaftskritik‹ an der Lebensweise vor allem der höheren Stände wie Adel und Klerus formuliert war) (Nassehi & Weber 1989a, S.115ff, Weber 1994, S.195).[116]

„Das Totentanzthema lebt aus einer nicht aufzulösenden Opposition zwischen Freude und Leid. Dadurch wird der Schockeffekt vermittelt, der – wenigstens vordergründig – dazu dienen soll, das Leben in der Welt (...) zu relativieren und den einzelnen Betrachter zur Besinnung zu motivieren. Die Plötzlichkeit des Todes und die Gleichheit aller vor dem Tode werden ausdrücklich dazu dargestellt, um die Menschen zu einem tugendhaften Leben zu bekehren." (Palmer 1993, S.316)

Und gerade mit Blick auf den für die spätmittelalterlichen Totentanzdarstellungen typischen ›Festcharakter‹, dessen Wurzeln bis in vorchristliche Zeit zurückreichen und mit

Abb.8: *Johann Vogel, »Icones mortis LX« [1648]* (entnommen aus Stöckli 1996: 71)

dem der Tod in seiner Darstellung als ›inszeniertes Spektakel‹ (vgl. Abb.8) im Sinne einer kollektiven Bewältigungsstrategie eine ritualisierte ästhetische Beschwörung erfährt, kommt die besondere Ambivalenz des Todes in der Lebensmoral für die damaligen Menschen zum Ausdruck (und wird dadurch für sie auch ›sinn-haft‹, weil ›sinn-lich‹ erfahrbar): Der Tod ist als alltägliche Gefahr zwar permanent im Bewußtsein des mittelalterlichen Menschen vorhanden,

---

[116] Wie sich übrigens im Laufe der Jahrhunderte die Darstellung einer bestimmten Bildidee aus diesem Kontext ausdifferenziert und verändert hat, zeichnet Gert Kaiser eindrucksvoll anhand des ursprünglich nur einen Aspekt innerhalb des Totentanzes darstellenden Bildmotivs des schönen Mädchens und des Todes nach (Kaiser 1995, S.21ff). An der Figur des Mädchens exemplifiziert sich das Leben – so lautete die weit verbreitete Lesart im Sinne der christlichen Morallehre – gleichsam als (eitle) Schönheit, Erotik und Sexualität, die, wiederum als Blendwerk des Teufels, für die diesseitigen Anfechtungen und Versuchungen stehen, denen der (männliche) Gläubige angesichts der Unausweichlichkeit von Tod, Jenseits und Jüngstem Gericht zu widerstehen hatte. Die darin sich konstituierende Kollektivsymbolik zu Eros und Thanatos ›emanzipierte‹ sich im Laufe der Zeit aus dieser semantischen Gattungsverpflichtung und kann in den verschiedensten Transformationen (z.B. im Hinblick auf das transportierte Frauenbild) bis in die heutige ›Volkskultur‹ (popular culture) – z.B. bei Francis Ford Coppolas Dracula-Verfilmung – verfolgt werden (Kaiser 1995, S.89ff und 173ff).

sein Erscheinen jedoch ist außeralltäglich und transportiert dabei als symbolische Bedeutung sowohl *Untergang* im Diesseits wie auch mögliche *Erlösung* (oder endgültige Verdammnis) im Jenseits.[117]

Das gute und das schlechte Sterben

Von entscheidender Bedeutung für jenen Weg in das Jenseits war vor dem Hintergrund der ›permanenten Außeralltäglichkeit‹ des Todes (im Sinne von jederzeit möglich, aber eben *nicht* veralltäglicht erfahrbar) jedoch nicht nur das gelebte Leben, sondern auch die Art und Weise des Sterbens. Welcher Tod war der gute Tod? Was galt es nicht nur beim Leben, sondern auch beim Sterben zu beachten? Vor welchem Tod fürchtete man sich?

Kurz beantwortet konzentrierte sich die eigentliche Furcht vor dem Tod vor allem auf den plötzlichen, den unvorbereiteten Tod, der den Menschen ohne Geleit durch Gebete und andere gute Werke zu ereilen drohte, ohne daß der Sünder die Möglichkeit des Bereuens seiner Sünden und der Erlangung von Vergebung gehabt hätte (Ohler 1990, S.51ff, Gurjewitsch 1995, S.105). Den Bezugsrahmen für die Bewertung des Sterbens im Sinne eines ›geglückten Sterbens‹ bestimmte somit weniger das Diesseits (z.B. kein langes Leiden vor dem Tod durchstehen zu müssen), sondern vielmehr das Jenseits. Das gute Sterben unterschied sich vom schlechten Sterben dadurch, daß es wie das Vorleben selbst zur Vorbereitung auf die dem Tod folgende Existenz im Jenseits beitrug.

Der ›gezähmte Tod‹ im Weltbild des Mittelalters

Diese, anhand des Totentanzmotivs exemplarisch vorgetragenen Überlegungen verallgemeinernd, entsteht für uns heute ein von religiösen Vorstellungen dominiertes Weltbild der vormodernen Gesellschaft, in dem die kulturelle Codierung des Todes mit der spezifischen Konstitution einer *moralischen*, im Diesseits wie im Jenseits durch göttlichen Willen geordneten Welt einhergeht. Der Tod – nicht als Schlußpunkt, sondern als Doppelpunkt gedacht – umschreibt weniger ein wie auch immer geartetes Ende, sondern er gewinnt sozusagen als Schlüssel zwischen den beiden ›Welt-Räumen‹, den diesseitigen und jenseitigen Existenzweisen, einen intentionalen Sinn. Er ist die Durchgangsstation (Ohler 1990, S.158) zu jener anderen, nicht-irdischen Existenz, und damit löst er das Problem des (diesseitigen) *Leidens* auf ganz eigene Weise: Der (noch bis zu DESCARTES so gedachten) beseelten ›Natur‹ im Diesseits korrespondiert ein

---

[117] Für eine knappe Übersicht zu den verschiedenen religiösen Wurzeln der beiden Grundkonzeptionen von Tod – hier der Tod als Übergang von einer Existenzweise in eine andere im Gegensatz zum Tod als absolutes Ende – vgl. Schmied (1988, S.118ff); für eine anschauliche Darstellung mittelalterlicher Jenseitsvorstellungen vgl. Ohler (1990, S.160ff).

moralisches Jenseits, in dem der Mensch befreit von den irdischen Nöten und Zwängen Erlösung finden kann.[118]

Wenn im christlichen Kollektivbewußtsein also die Auffassung von einem *Leben nach dem Tod* dominierte,[119] dann kennzeichnete diesen Gedanken im Kern jedoch bis in das späte Mittelalter *nicht* das individuelle Sterben und die individuelle, im Jenseits erlöste Existenz. Sondern die Kategorien von Leben, Sterben, Tod und Erlösung wurden gleichsam kollektiviert im Bedeutungskontext *der Gattung ›Mensch‹* verankert: Der Mensch – nicht als Individuum, sondern als Gattungsmitglied, aufgehoben in der Gemeinschaft der Gläubigen – lebt sein Leben nach göttlichem Willen im Diesseits und stirbt den Tod des Menschen, um ins Jenseits überzugehen. Dieser ›Gang der Welt‹ offenbarte sich dem Einzelnen in seiner kollektiven Eingebettetheit und damit in einer (grosso modo gesehen undramatischen) Zwangsläufigkeit, was selbstredend nicht heißen muß, daß das je einzelne Sterben nicht durchaus als furchtbar antizipiert, dramatisch verlaufen und auch von den Beteiligten so wahrgenommen werden

---

[118] Insofern der Tod als Übergang zu einem neuen Leben gedacht wird, wären hier für eine umfassende Rekonstruktion der kulturellen Codierung des Todes für die damalige Zeit eine Reihe weiterer Detailfragen zu klären, die aber für das eigene Erkenntnisinteresse weniger zielführend sind – z.B.: Ist das neue, jenseitige Leben terminiert oder ewig? Welche Bedeutung für das neue Leben nach dem Tod hat das Diesseits? Und vice versa: Welche Bedeutung für das Diesseits hat die jenseitige Existenz eines Angehörigen oder Gemeinschaftsmitgliedes? Im Christentum dominiert bis in das 13. Jahrhundert die Vorstellung, der Tote schlafe nach seinem Ableben und befinde sich im ›Paradiesgarten‹ oder in ›Abrahams Schoß‹, um auf das Endzeitgericht und seiner letzten Bestimmung durch Gott zu harren (z.B. Ariès 1987, S.35ff). Aaron J. Gurjewitsch erklärt dazu: „Zwischen den beiden Welten bestehen ebenso dauerhafte wie lebhafte Verbindungen und Beziehungen, und zwar auffälligerweise in beide Richtungen." (Gurjewitsch 1995, S.108) Solche ›Austauschbeziehungen‹ umfassen z.B. die Totensorge der Lebenden durch Gebete, Messen, Opfergaben für Heilige; man kann aber auch – z.B. über die von Emmanuel Le Roy Ladurie (1995, S.116ff) anschaulich geschilderten ›Seelenboten‹ – mit den Toten in Kontakt treten, auch dürfen die Toten die Welt der Lebenden besuchen und sich um deren Dinge kümmern, oder Gestorbene kehren gar nach ihren Wanderungen im Jenseits in die Welt der Lebenden zurück und berichten von den dortigen Erfahrungen (Gurjewitsch 1995, S.108f). (Genauer zu prüfen wäre, ob diese verbreiteten Erzählungen ein Art vormodernes Äquivalent zu den heutigen Near Death Experiences darstellen?)

[119] Leben meint hier also sowohl irdisches wie ewiges Leben, wobei als unverzichtbarer Schritt für die Passage zwischen beidem die Taufe galt, und zwar in der richtigen Reihenfolge: Geburt – Taufe – (irdisches) Leben – Sterben – ewiges Leben. Wurde diese unabdingbare Reihenfolge (z.B. durch Totgeburt) gestört, so mußte die korrekte ›Ordnung‹ unter allen Umständen wieder hergestellt werden, indem man z.B. die Leichname der Kinder an spezielle geheiligte Stätten des Aufschubs brachte, „wo sie Lebenszeichen zu zeigen pflegten" (rote Lippen, rosige Wangen usw.), um sie dann getauft auf dem geweihten Friedhof beerdigen zu können (Imhof 1983, S.26).

konnte. Jedoch ›*der Tod*‹ war zwar gefürchtet, zumal der unvorbereitete, der plötzliche Tod, aber er war in diesem, von ARIÈS gemeinten Sinne auch ›*gezähmt*‹ (vgl. auch Bauman 1994, S.145ff).[120] Das damit verbundene besondere Merkmal eines christlichen Todesverständnisses allgemeiner formuliert lautet: „Der Tod wird von einer zerstörerischen Kraft, die einzelne Menschen und ganze Völker ›ver-nicht-en‹, d.h. ins Nichts führen kann, prinzipiell zum Tor zu einem qualitativ anderen Leben, das außerhalb der Raum-Zeit-Dimension des Irdischen ewig währt (...)." (Nassehi & Weber 1989a, S.110f)[121]

Doch wem winkt dieses Tor? Was kann durch es hindurchtreten, um zu der dahinter stehenden Verheißung des ›Lebens‹ zu gelangen? Vielleicht die als völlig körperlos gedachte, auf Ideenschau gehende ›reine Seele‹ wie noch bei PLATON? Oder doch der Mensch als ganzer? Oder nur seine, ihm zugehörige Seele? NASSEHI und WEBER schreiben dazu:[122]

„Das radikal Neue des christlichen Glaubens ist die Sicht des Menschen als Einheit, d.h. ›als leiblich-geistiges Wesen‹ (...). Nicht nur der Leib des Menschen ist vom Tode betroffen, ›der Mensch als ganzer muß sterben‹ (...). Als Ganzer wird er dann aber auch von Gott auferweckt werden und mit dem *verklärten* Leib der Auferstehung als ganzer Mensch ewig leben." [Herv. im Orig.; Anm. d. Verf.] (ebd., S.111f)

Die bis in die Antike zurückgehende Vorstellung einer *Trennung von Geist (Seele) und Körper (Leib)* erfährt im christlichen Verständnis insofern eine besondere Ausprägung, als einerseits in einer solchen Leib-Seele-Kombinatorik die Kontinuität von Personalität und die Individualität des Menschen bereits angelegt ist, die mit Tod und Auferstehung zwar verschiedene transitorische Phasen durchläuft, aber die der Tod nicht mehr grundsätzlich auflöst. Andere-

---

[120] Die an Ariès mit seiner Kennzeichnung des ›gezähmten Todes‹ von Historikern wie Arno Borst u.a. geäußerte Kritik läßt sich in dem Vorwurf zusammenfassen, ›gezähmt‹ impliziere eine unberechtigte Idyllisierung mittelalterlichen Sterbens, wo doch gerade zu dieser Zeit die Menschen von einer gewaltigen Todesfurcht erfüllt gewesen seien, die psychische, physische, existentielle wie gerade auch religiöse Wurzeln hatte (vgl. z.B. Gurjewitsch 1995, S.107, Patschovsky 1993, S.9ff). Ohne hier diesen ›Historikerstreit‹ (wie es ›*wirklich*‹ gewesen sein mag) weiter verfolgen zu wollen, genügt zur Rechtfertigung des Ariès'schen Diktums für unseren Kontext vielleicht der einfache Hinweis von Peter Meinhold (1980, S.150ff): Der Tod verliert im Christentum zwar nie seinen ihm eigenen Schrecken für den Menschen, er wird aber durch den Auferstehungsglauben überwunden (vgl. auch Nassehi & Weber 1989a, S.104ff).

[121] Wie im Vergleich zur Antike sich aus den alttestamentarischen Wurzeln dann im Christentum, basierend u.a. auf dem im Zitat angedeuteten spezifischen Raum-Zeit-Verständnis, ein Menschen- wie auch Weltbild entwickelt, welches in seiner Anthropozentrik wie auch in seinem ›verzeitlichten Fortschrittsdenken‹ für die gesamte neuzeitliche Geschichte bis hin zu seinen säkularisierten Formen in der Aufklärung bestimmend war, zeigen z.B. Nassehi & Weber (1989a, S.96ff).

[122] Für eine weitere Differenzierung des christlichen Auferstehungsglaubens in Abgrenzung zu den antiken Vorstellungen einer Unsterblichkeit der Seele vgl. z.B. auch Choron (1967, S.31ff) oder Hunke (1986, S.60ff).

seits ermöglicht diese Verbindung materiellen und geistigen Seins in ihrer impliziten Differenz zwischen Leib (als dem durchgeistigten, ›beseelten‹ Körper des Menschen) und Körper (als ent- oder unbeseelte Materie) ein ebenfalls für die abendländische Kultur spezifisches Verhältnis von Körper und Geist, das im Körper bloß die, häufig sogar übel beleumundete Behausung, immer aber als nachrangig gedachte Hülle des höherwertigen Geistes, der Seele, sieht.

Der ›eigene Tod‹ als Vorbote der Moderne

ARIÈS folgend begann die *Invidualisierung des Todes* ca. ab dem 13. Jahrhundert, und bis in die frühe Neuzeit hinein kann von einer, wenn auch nicht kontinuierlich über alle gesellschaftlichen Gruppen und Stände hinweg verlaufenden Intensivierung der Todesbeschäftigung gesprochen werden. Mit dem 12. Jahrhundert – also schon vor der Verbreitung der Totentanzdarstellungen – gewinnt die Vorstellung vom Jüngsten Gericht für die spätmittelalterliche Konzeption des Todes immer weiter an Bedeutung, weil sich damit langsam der Augenblick des Sterbens zu einem (identifizierbaren Zeit-) Punkt verwandelt, an dem noch alles gewonnen oder verloren werden konnte.[123] Anders gesagt: Der Tod konnotiert so keineswegs ein ›unproblematisches Übergangsstadium‹, sondern als Endpunkt der diesseitigen Existenz bedeutet er auch und vor allem das Ende jeglicher Handlungsmöglichkeiten, mit denen noch *selbst* etwas Heilsrelevantes bewirkt werden kann.[124] Die Sorge um das Seelenheil im Sinne einer voranschreitenden Moralisierung des (diesseitigen) Lebens (z.B. durch die Institution der Beichte, vgl. Hahn 1982, S.408ff, Hahn & Willems 1993, S.309ff) wurde somit nicht einfach nur verstärkt, intensiviert, sondern gleichsam symbolisch an einem festen Bezugspunkt verankert: Der damit ›konkret‹ antizipierte (eigene) Tod erscheint zunehmend als Lehrmeister des (dann eigenen) Lebens!

So formt sich vor dem Hintergrund des christlichen Todesverständnisses mit seinem spezifischen Auferstehungsglauben – lange vor dem ›modernen Individuum‹ der Aufklärung – durch den *eigenen* Tod auch das eigene Leben

---

[123] Mit dem Aufkommen des – in der Ariès'schen Terminologie (Ariès 1987, S.121ff) – ›eigenen Todes‹ ging die Vorstellung einer, die Seele des Verstorbenen würde sofort nach dem Ableben vor Gottes Gericht gestellt, um dann Seligkeit oder Verdammnis zu erfahren. Mit gewisser zeitlicher Verzögerung dazu erlangt mit dem ›Tod des Anderen‹ im katholischen Kontext dann das Fegefeuer als ›Ort des Verweilens‹ der Toten als Zwischenstadium zwischen individuellem Tod und Jüngstem Gericht einen eigenen Stellenwert, zu dessen Überwindung auch Gebete der Angehörigen für die armen Seelen beitragen können, womit dieser besondere – dritte – Ort zwischen Himmel und Hölle folglich eine ganz eigene Beziehung zwischen den lebenden Angehörigen und *ihren* Toten stiftete (Vovelle 1996, S.389ff; vgl. auch Ariès 1987, S.587ff, Le Goff 1991, Kirch 1996, S.43ff).

[124] Diesen Hinweis verdanke ich Alois Hahn. Nach Hahn markiert der Tod hier deshalb ein ›radikales Ende‹, weil das bis dahin geführte Leben durch den Tod unerbittlichen Endgültigkeitsstatus erhält. Diese ›Unerbittlichkeit‹ erhöht sich gerade dadurch, daß das je ›eigene Leben‹ als *metaphysische Einzigartigkeit* ernst genommen wird.

langsam zur *selbst zu verantwortenden* Lebensführung, und beides wird in einem zunehmend direkteren, auf das eigene ›Selbst‹ bezogenen Zusammenhang gebracht.[125] Insofern wäre dann – nach der Reformation – sogar die Lebenspraxis des Katholiken, sich richtend nach einer moralischen Lebensweise, die Sünden zu vermeiden sucht und sich dem Ritual der Beichte unterzieht, um beim Jüngsten Gericht Erlösung zu erlangen, in ihrer gedachten Verbindung mit dem (eigenen) Tod ähnlich der rationalen Lebensführung des Kalvinisten, deren ›Sinn‹ darin besteht, im Diesseits Anzeichen für die vorbestimmte Auserwähltheit im Jenseits zu finden. In beiden Fällen betrachtet das Subjekt *seinen* Tod als Grenze zwischen *seinem* diesseitigen Hier und Jetzt und *seinem* jenseitigen Dort und Ewig, wenngleich die jeweilige diesseitige Lebenspraxis selbst – wie Max WEBER uns mit seiner Analyse der ›protestantischen Ethik und des Geist des Kapitalismus‹ ja gezeigt hat – im Diesseits eine recht unterschiedliche gesellschaftliche Dynamik entfaltet.

Der Tod und die Aufklärung – Modernisierungsbewegungen

Die mehr oder weniger kontinuierlich bzw. diskontinuierlich verlaufende Transformation des Todes im Sinne seiner Modernisierung vollzog ihren entscheidenden Schritt – so jedenfalls die einhellige Ansicht in der Literatur[126] – mit dem 18. Jahrhundert, dem Zeitalter der Aufklärung. Mit dem Durchbruch aufklärerischen Denkens und Handelns ersetzte das (vernunftgeleitete) Erkennen und Bearbeiten, das Verändern der diesseitigen Welt die mittelalterliche Ergebenheit in die gottgewollte diesseitige wie jenseitige Seins-Ordnung. Und jenes aus dem Spätmittelalter über die Renaissance und der frühen Neuzeit sich langsam aufbauende Unbehagen gegenüber den vorhandenen, religiösen Todesdeutungen[127] geriet nun – wie religiöse Glaubensvorstellungen insgesamt – langsam

---

[125] Die, zugegeben, hier nur recht grob angedeutete historische Entwicklung des ›modernen Subjekts‹ als Individuum illustriert vielleicht im Detail der Hinweis, wie sich der Rezeptionskontext der mit dem Totentanz dargestellten Inhalte allein schon durch den Wandel der sie (im buchstäblichen Sinne) tragenden Medien verändert hat: So wanderte der Totentanz langsam von den großen öffentlichen, meist gemeinschaftlich mit anderen Gläubigen bei Bußpredigten betrachteten Gemälden an Friedhofsmauern oder Kirchenwänden – und deshalb meistens begleitet von den, die Bildbotschaft ausbuchstabierenden Worten des Predigers – zu seiner miniaturisierten Darstellung z.B. in ›Moral-Büchlein‹, deren Rezeption damit der vereinzelten (individualisierten) und ›emanzipierten‹ Wahrnehmung und Deutung des Betrachters überantwortet wurde (Kaiser 1995, S.27; vgl. für einen breiteren Zusammenhang Elias 1979, insbes. S.312ff).

[126] Vgl. z.B. Bauman (1994, S.202), Weber (1994, S.198ff); für eine differenzierte Diskussion der mit dieser historischen Umwälzung verbundenen ›Entzauberung des Todes‹ bei Weber, Groethuysen und Elias vgl. Nassehi & Weber (1989a, S.277ff).

[127] Choron (1967, S.97ff) verweist unter Rekurs auf Johan Huizinga (1961) auf die seit Ende des Mittelalters einsetzende und über die Renaissance hinweg anwachsende Krise christlicher Todesvorstellungen, wie sie u.a. durch die ambivalente Totentanz-

in den Hintergrund gegenüber neuen, (natur-) wissenschaftlichen Vorstellungen zu Leben und Sterben.[128]

Die Idee der Aufklärung, wie sie dem aus dem Mittelalter stammenden Ordo-Gedanken einer gottgegebenen Weltenordnung entgegen zu stellen ist, beinhaltet in ihrem Kern die Vorstellung von der Welt als ein durch Vernunft gestaltbares und von Menschen zu gestaltendes *Projekt*. So wie jetzt ›Natur‹ nicht mehr das vorgängig, von Gott Gegebene bezeichnet, welches das menschliche Leben (und Sterben) bestimmt, und nicht verändert werden kann und soll (weil dies wider die Natur und damit wider Gott gerichtet gewesen wäre), sondern das, was mittels kognitiver Operationen und symbolischer Praxis in *Kultur* überführt werden kann und muß, erscheint jetzt auch ›*Gesellschaft*‹ als zu gestaltende Hülle des Geistes (der reinen Vernunft).[129] Mit anderen Worten: Der Geist behält auch innerhalb der säkularisierten Variante seiner Codierung die Dominanz gegenüber dem Materiellen, dem Körperlichen.

Mit solcher Transformation des Weltbildes verwandelte sich auch die symbolische Praxis des Todes. Der Tod entfernte sich langsam von den Verantwortungsbezirken jenes institutionellen Bereichs, der für die *glaubensbasierte Vermittlung zwischen dem Jenseits und dem Diesseits* zuständig war (und noch ist) – der Kirche –, und zog immer weiter in jene weltlichen institutionellen Gefilde, die der *vernunftorientierten Bewältigung des Diesseits* gewidmet sind: dem (modernen) Staat und den (Natur-) Wissenschaften. Und das dergestalt – im WEBER'schen Sinn – ›entzauberte‹ Sterben verwandelte sich zu einem empirischen Problem der Wissenschaften wie auch zu einer verwaltungstechnischen Angelegenheit des Staates, wobei, eben gerade infolge dieser Kombination, der

---

Motivik selbst als forciertes spezifisches Memento Mori im Sinne einer „Apologie der Todesfurcht" (Choron 1967, S.98) repräsentiert wurde, deren Grundlage der permanente Zweifel an der Gottgefälligkeit der diesseitigen Existenz war bzw. die Unsicherheit, mit der man darauf hoffen konnte, den Qualen der Hölle aufgrund seines Lebenswandels auch wirklich zu entrinnen. Kurzum: Das Jenseits war für viele zu einem Ort des Schreckens geworden und der „Seelenfrieden war gestört." (Choron 1967, S.99, Nassehi & Weber 1989a, S.116; vgl. auch Gurjewitsch 1995, S.107) Für die Wurzeln einer eher indifferenten, dann als ›memento vivere‹ zum diesseitigen Leben hingewendeten Haltung gegenüber dem Tod in der Renaissance vgl. auch Romano & Tenenti (1995, S.138ff).

[128] Einem Hinweis folgend, den ich dem Medizinhistoriker Thomas Schlich verdanke, kann die in solchem Kontext häufig angeführte sog. ›Scientific Revolution‹ in ihren konkreten historischen Entwicklungslinien keinesfalls als eine eindeutige und durchgängige Gegenbewegung zu einer religiösen Weltsicht verstanden werden: z.T. fungierte gerade in der Neuzeit Religion als Hauptantrieb für eine ›neue Art‹ von Naturforschung (vgl. z.B. Shapin 1998). Das Selbstverständnis der modernen Medizin gründet erst in der zweiten Hälfte des 19. Jahrhunderts auf eindeutig naturwissenschaftlichen Fundamenten (vgl. hierzu auch Kap.4.1.3).

[129] Jenes neue Gesellschaftsbild, in dem dann der ›positive Geist‹ selbst nicht gänzlich ohne ›religiöses Beiwerk‹ auskommt, läßt sich vielleicht geradezu exemplarisch bei Auguste Comte nachlesen (Fuchs-Heinritz 1995, S.35ff, Helle 1994, S.28ff).

modernen, sich als (Natur-) Wissenschaft etablierenden Medizin eine entscheidende Rolle zukam. Denn die aufklärerische Forderung, sich das Paradies bereits auf Erden zu schaffen, bedeutete auch, die *Unsicherheit des Lebens* zu vertreiben, d.h. insbesondere den Tod von den jetzt nach oben führenden Stufen der Lebenstreppe soweit wie möglich fernzuhalten (Borscheid 1994, S.225). Der Tod – ehedem noch gedacht als ein jederzeit mögliches Ereignis, welches den Sterbenden im schlimmsten Fall völlig unvorbereitet traf, auf jeden Fall aber auch immer die Angehörigen, den Pfarrer und die weiteren Gemeindemitglieder ›be-traf‹ und damit auf den Plan rief – erscheint jetzt als eine von aller Unvorhersehbarkeit und allen Eventualitäten zu bereinigende Angelegenheit, zu der es zu allererst bürokratischer Regeln und professionalisierter Bewältigungsformen bedarf. Und als Sachwalter für beides fungierte jetzt der moderne Arzt (Bauch 1996, S.21ff, Göckenjan 1985, S.60ff).

Pointiert gesagt: Das moderne Krankheits- und Gesundheitsregime als staatlicher Verantwortungsbereich mit seinen medizinischen Agenten legt und zementiert in dieser Umwälzung der symbolischen Weltordnung die Grundsteine, auf denen unser heutiges Verständnis von Krankheit, Leiden und deren Linderung bzw. Heilung bis hin zu deren ›Schattenseiten‹, Sterben und Tod, beruht.[130] Einst als Übergang von einem Hier und Jetzt zu einem transzendenten Dort und Ewig und mit diesem Blick ins Jenseits gleichsam seine sinnkonstituierende Bewältigungsstrategie in sich tragend, verwandelt sich der Tod zu einem primär biologisch zu verstehenden Prozeß als Abschluß des (wiederum biologisch verstandenen) Lebensprozesses an sich. Dessen ›Sinnkonstituens‹ gründet jetzt in der Legitimation der Strategien der Naturbeherrschung im Diesseits – und damit in der Todesvermeidung.[131] Der Tod wurde damit im eigentlichen Wortsinn *säkularisiert*.[132]

---

[130] Im folgenden werden nur bestimmte Aspekte der historischen Entwicklung der modernen Medizin noch genauer diskutiert. Deshalb sei hier für eine umfassendere soziologische Auseinandersetzung zur Geschichte medizinischen Denkens im Zuge der Entwicklung der bürgerlichen Gesellschaft lediglich exemplarisch auf folgende Publikationen verweisen: Göckenjan (1985), Labisch (1992), Labisch & Spree (1989), Lachmund & Stollberg (1992), Paul & Schlich (1998).

[131] Leben und Tod – so die biologistisch-naturwissenschaftliche Grundannahme – eignet kein eigenes Sein, sondern sie sind nur „Beschreibungen von Zuständen, welche die Materie in lebenden Zellen einnehmen kann bzw. außerhalb von lebenden Zellen hat" (Lengeler 1991, S.85ff).

[132] Als empirische Ausdrucksformen dieser Deutungstransformationen sei lediglich auf zwei Beispiele verwiesen, die den skizzierten Säkularisierungsprozeß anschaulich illustrieren: Die Hospitalisierung der Sterbenden erfolgt ungefähr ab dem 18. Jahrhundert. Bis in die heutige Zeit hinein kann in der Krankenhaus-Architektur, die seit damals z.T. massiven Veränderungen unterzogen war (Prior 1992, S.67ff), gleichsam als ›architektonische Konstante‹ die Deutung des Todes als möglichst zu vermeidenden Schlußpunkt des Lebens nachgezeichnet werden (Murken 1988). Ähnliches, wenngleich in völlig anderem Bedeutungskontext, gilt für die Plazierung und Ausgestaltung der Friedhöfe, wie z.B. der Sozialhistoriker Norbert Fischer bereits

Zum Wandel der Figuration des Sterbens – Zwei idealtypische Settings

Fassen wir kurz die bisherigen Überlegungen zusammen, in dem wir uns gleichsam das kulturelle ›Setting‹ des Todes in der Veränderung, welche die skizzierten historischen Diskurse präsentieren, idealtypisch vor Augen halten.

Abb.9: Das traditionale Szenario des Sterbens

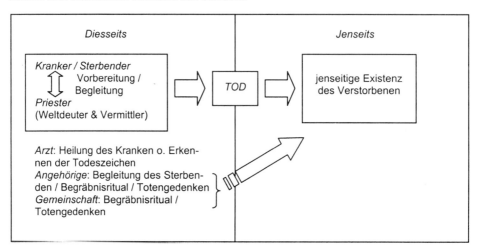

Im ersten, vormodernen Setting – ich bezeichne es der Einfachheit wegen als ›traditional‹ (vgl. Abb.9) – gruppiert sich die Sterbens-Szenerie, bestehend aus dem sterbenden Kranken, den Angehörigen, der weiteren Gemeinschaft, dem Priester, dem Arzt und dem Tod, um das zentrale Interaktionspaar ›Sterbender und Priester‹. Der Priester als gewissermaßen ›allkompetenter Weltdeuter‹ in seiner durch die Institution Kirche legitimierten und auf Glauben basierenden Vermittlerrolle zwischen dem Diesseits und Jenseits ist neben dem Sterbenden selbst der zentrale Akteur des Todes. Er ist es, der den Sinn von Krankheit und Leiden, von Sterben und Tod mittels seines Glaubenswissens und seiner symbolischen Praktiken erfahrbar und damit ›wahr‹ werden läßt. Seine, gemeinsam mit dem Sterbenden, zu bewältigende Aufgabe besteht somit in der Vorbereitung und Begleitung des Sterbenden für jenen Übergang in die andere Existenzweise.[133]

---

mit seinem Titel ›Vom Gottesacker zum Krematorium‹ (Fischer 1996) zum Ausdruck bringt, oder wie auch Ariès mit seinen Bildern von Friedhöfen dokumentieren kann (Ariès 1984, insbes. S.228ff).

[133] Welche Bedeutung für das ›gute Sterben‹ in dieser Vorstellungswelt die anwesende Gemeinschaft der Angehörigen, Freunde, Bekannten des Sterbenden hatte, weil sie in ihren Gebeten die Vorbereitung auf das Jenseits ›beförderten‹, läßt sich z.B. an der Darstellung des Todes Marias als Inbegriff des christlichen Sterbens verdeutlichen (Schreiner 1993, S.261ff, Ohler 1990, S.57f; vgl. allgemeiner zur besonderen

Für den Arzt hingegen war bis in das ausgehende Mittelalter und die frühe Neuzeit die Rollenzuschreibung bezüglich Krankheit und Tod recht klar: Der Arzt sollte die Heilung des Patienten unterstützen. Falls ohne Aussicht auf Erfolg – was dann den guten Arzt vor dem schlechten auszeichnete –, sollte er die Zeichen des Todes erkennen und seine ärztliche Kunst einstellen.

„Für den antiken Arzt war es der Höhepunkt seiner Kunst und zugleich die schwerste Aufgabe, die Unheilbarkeit zu erkennen und damit das Ende seiner Kunst und Zuständigkeit zu bekennen. Dem antiken Arzt war es deswegen erlaubt, ja geboten, den Kranken am Sterbebett zu verlassen, wenn seine Kunst sich als vergebens erwies. Mittelalterliche Sterbeszenen zeigen uns: Der Arzt wendet sich, das Uringlas betrachtend, zur Tür – der Tod tritt durch eine andere Tür ein – Familie und Priester bleiben bei dem Sterbenden." (Hartmann 1998, S.52)

Die Legitimation für solches Verhalten lag im ärztlichen Selbstverständnis als ›Handlanger der Natur‹, die – wie bereits diskutiert –, verstanden als eingebunden in die göttliche Ordnung, ihren Lauf nahm, und gegen die jeglicher Widerstand (z.B. widernatürliche Lebensverlängerung) ein undenkbarer Akt gewesen wäre.

Dem entgegen verschiebt sich das zentrale Interaktionspaar im zweiten – ›modernen‹ – Setting (vgl. Abb.10, S.127) insofern in einer entscheidenden Qualität, als der Arzt an die Stelle des Priesters tritt. Die Aufgabe des Arztes, als (durch wissenschaftliches Wissen legitimierter) Experte des Lebens[134] und damit als (quasi-natürlicher) Widersacher des Todes, besteht darin, gleichsam als Grenzwächter des Diesseits unter mehr oder weniger aktiver Anteilnahme des Sterbenden diesen so lange wie möglich in der Welt der Lebenden zu halten. Der Pfarrer – bei Wunsch des Sterbenden zwar nach wie vor für seine traditionelle Vermittler- und Begleiterrolle bereitstehend – verwandelt sich dergestalt von einem allkompetenten Weltdeuter zu einem gewissermaßen populärpsychologisch orientierten Trostspender, zu einem ›Trost-Experten‹, nicht nur für den Sterbenden, sondern insbesondere auch für die betroffenen Angehöri-

---

Bedeutung des Sterbens von Heiligen im mittelalterlichen Todesverständnis Metzler 1996, S.27ff).

[134] Ein Experte auf einem bestimmten Gebiet zeichnet sich gegenüber dem Laien durch eine spezifische Wissensdifferenz aus (Hitzler 1994, S.26): „Sein unterstelltes und / oder beanspruchtes Wissen umfaßt typischerweise nicht selbstverständliche Kenntnisse, die man braucht, um auf einem Gebiet kompetent handeln zu können. (D.h. er kennt typischerweise den Wissensbestand, der für ein bestimmtes Gebiet bezeichnend bzw. relevant ist, er hat sozusagen einen Überblick über einen Sonderwissensbereich und kann innerhalb dessen prinzipielle Problemlösungen anbieten bzw. auf Einzelfragen applizieren." Diese dem Experten verfügbaren Wissensbestände werden in der Regel von Laien nachgefragt, wobei der Laie den Experten konsultiert und damit die Differenz zwischen Expertenwissen vs. Laienwissen eine spezifische Form einer sozialen Beziehung stiftet. Wenn man so will, könnte man mit dieser ›Expertendefinition‹ den Priester im vormodernen Setting als den einzig legitimen ›Weltexperten‹ bezeichnen.

gen.[135] Die Angehörigen selbst schließlich – wenn am Sterbensprozeß direkt (also als präsente Akteure) anteilnehmend – finden sich nicht mehr in einer weder funktions- noch bedeutungslosen Begleiterrolle, wie sie sie vormals noch innehatten, sondern sie stören im schlimmsten Fall jenen Kampf um das (diesseitige) Leben bzw. tragen in jedem Fall nichts wesentliches dazu bei, während die weitere Gemeinschaft zumindest für den Sterbeprozeß völlig bedeutungslos geworden ist.[136] Doch in dem Maße, wie der Arzt jenen Platz in der Krankenbehandlung bis zum (Lebens-) Ende besetzt, den einst der Priester (oder die pflegende Nonne) einnahm, verlor auch die christliche Auffassung von Krankheit und Tod an Boden.[137]

„Nach dem 18. Jahrhundert, zur gleichen Zeit, da die Macht der Kirche über die Gesellschaft schwand, verloren die Vorstellungen von Verfehlung und Erlösung an Einfluß. Auch das Gefühl dem Tode gegenüber wandelte sich, und die Furcht, die er einflößte, konnte nicht mehr vom religiösen Ritual gezügelt werden. Während sich im 19. Jahrhundert schließlich der Glaube an die Wissenschaft entwickelte und der medizinische Aktivismus, ob wirksam oder nicht, anwuchs, fühlten Arzt und Kranker sich nicht länger vom Willen Gottes beherrscht. Ihrem Dafürhalten nach waren sie mit organischen Prozessen konfrontiert, die man erkennen und beherrschen kann. Die Resignation verblaßte daher vor dem Wunsch, um jeden Preis zu leben. Das Gefühl von Verfehlung, das Annehmen des göttlichen Willens und die Hoffnung auf das Heil hörten auf, die

---

[135] So fällt z.B. bei Medienberichten zu Unglücken mit Todesfällen auf, daß der Hinweis auf ›vor Ort‹ befindliche Priester meist in den Kontext von Hilfe und Unterstützung für anwesende Angehörige oder das Hilfspersonal gestellt wird. Neben der möglichst schnellen Bergung von Überlebenden durch die technischen Helfer und medizinischen Retter geht es also den anwesenden Priestern (*so jedenfalls in der medialen Darstellung!*) keineswegs primär um die möglichst schnelle ›religiöse Versorgung‹ der in der Regel wohl unvorbereitet vom Tod ereilten Verunglückten mittels der dafür vorgesehenen Rituale. Eine für unser heutiges Denken keinesfalls auffällige, sondern vielmehr selbstverständliche Vernachlässigung der Toten gegenüber den Lebenden, die dem vormodernen Denken völlig fremd gewesen sein dürfte.

[136] Was hier in seiner idealtypischen Überzeichnung für den Leser hoffentlich nicht bereits ins Polemische abdriftet, soll keinesfalls eine (implizit wertende) Beschreibung einer im Zuge der Durchsetzung moderner Gesellschaften verfallenden Sterbekultur wiedergeben. Und noch weniger soll diese idealtypische Skizze, mißverstanden als irgendwie generalisierende ›empirische Skizze‹, z.B. in Abrede stellen, daß die Pflege von chronisch Kranken bis hin zu Sterbenden in nicht unerheblichem Maße gerade (auch) von Angehörigen geleistet wurde und wird, oder gar unterstellen, daß Priester heute ihre Aufgaben gegenüber dem Sterbenden vernachlässigen. Vielmehr soll sie (als typisierende Rekonstruktion) lediglich prägnant die grobe symbolische Transformationsbewegung der jeweils dominanten Formationen der Sterbe-Szenerie verdeutlichen, die es im folgenden weiter zu differenzieren gilt.

[137] Der Arzt verdrängt zwar den Beichtvater, doch eine vorschnelle *empirische* Generalisierung der alltagspraktischen Auswirkungen des damit ausbrechenden ›medizinischen Zeitalters‹ täuscht darüber hinweg, daß der regelmäßige und bei der kleinsten körperlichen Störung unabdingbare Arztbesuch erst seit Einführung von Sozialversicherungen gängige gesellschaftliche Praxis wurde (Labisch 1992, S.142ff; vgl. z.B. auch Loetz 1993).

Haltung zur Krankheit [und damit auch zum Sterben; Anm. d. Verf.] zu bestimmen."
(Herzlich & Pierret 1991, S.178)

Abb.10: Das moderne Szenario des Sterbens

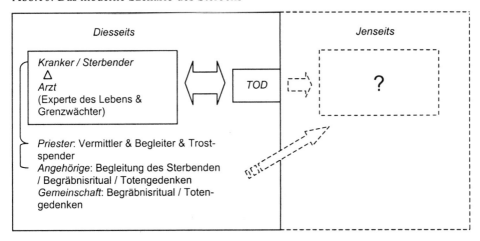

In der Mitte des 19. Jahrhunderts ist der Umschwung vollzogen: Die Ärzte gelten von nun an als die zentralen Akteure bei der gesellschaftlichen Definition des Todes, sie verwandeln sich zu den (von Jean ZIEGLER so bezeichneten) ›modernen Herren des Todes‹ (Ziegler 1996, S.433), und ein (natur-) wissenschaftliches Verständnis von Sterben und Tod dringt bis in das Alltagswissen ein und ersetzt weitgehend die traditionellen religiösen Deutungen. Das moderne Todesverständnis kreist in seinem Kern um den ›bedeutungslosen Sinn‹, ›sterben zu müssen‹, an den sich noch mögliche religiöse Deutungen anschließen können, aber das Todesereignis selbst hat jedenfalls seinen mythischen Charakter, der den Sterbenden und die Gemeinschaft der (Weiter-) Lebenden wie die Toten miteinander verband, verloren (Weber 1994, S.205).

Versuchen wir jetzt, ausgehend von diesen ersten Hinweisen zur modernen Medizin, in einem nächsten Schritt genauer zu klären, welche Codierungen zu Krankheit, Leiden und Heilen, Sterben und Tod in dieser idealtypischen Skizze den Übergang zur modernen Gesellschaft markieren.

4.1.2. Tod, Krankheit und Gesellschaft – Zum Wandel der symbolischen Praxis des Leidens und Heilens

Die Transformation des Todes – als einem der zentralen ›Akteure‹ in den beiden skizzierten Settings – wurde in den bisherigen Ausführungen lediglich durch den Begriff der ›Säkularisation‹ gekennzeichnet, was graphisch in der geringfügigen Verschiebung seiner räumlichen Plazierung im modernen Setting seinen Niederschlag fand. Doch wie grundlegend sich die ›gesellschaftliche Ordnung des Todes‹ im Kontext der generellen Säkularisierung des gesamten Weltbildes geändert hat, zeigt z.B. bereits der Wandel im (öffentlichen) Sprechen über den Tod.

Der Tod und die Moderne: Begründungspflicht mit Ursachenforschung

In der Moderne stirbt man nicht mehr, weil nach Gottes unergründlichen Ratschluß die Lebensuhr abgelaufen ist (eine Vorstellung, die noch bis in die Neuzeit reicht), sondern man stirbt infolge einer angebbaren Todes*ursache*, die damit gleichzeitig schon immer die Frage nach ihrer möglichen *Vermeidbarkeit* in sich trägt. Nach Zygmunt BAUMAN kennzeichnet die Moderne eine spezifische Sprachlosigkeit des Todes: „Der Tod ist ein besonderes Ereignis, das allein durch die Aufgabe, es hervorzurufen oder zu verhindern, es geschehen oder nicht geschehen zu lassen, wahrgenommen oder nicht wahrgenommen in den Bereich des ›Bedeutungsvollen‹ vordringt." (Bauman 1994, S.199) Anders herum formuliert: Die Moderne läßt keine andere Todesmetaphorik zu als jene, dem Tod mit einer Aktivismus-Rhetorik zu begegnen, indem er entweder – mit einem Wort von Horst E. RICHTER – durch „kämpferische Geschäftigkeit" (cit. nach Hoffmann 1988, S.10) siegreich aus dem Feld geschlagen wird, oder im Falle seines Sieges die Lehren aus der Niederlage von heute für das nächste Gefecht von morgen zu ziehen sind.[138]

Der Tod hat aufgehört, als ein gottgewolltes oder natürliches Phänomen und damit als ein unabdingbares oder notwendiges zu gelten. Er wird vielmehr zum Zwischenfall, der seine Ursachen hat, zumeist auf Versäumnissen gründet und bei dem Verantwortlichkeiten festzumachen sind, die es zu erkennen gilt, um sie beim nächsten Mal vermeiden zu können: die ärztliche Unfähigkeit als Kunstfehler, der alkoholisierte Autofahrer, der technische Defekt beim Hochge-

---

[138] Wie sehr diese Transformation des Todes bis in die äußersten traditionellen Todesbezirke vordringt, zeigte eindrucksvoll die medial verbreitete Kriegsrhetorik im Umfeld des Golfkrieges, die – einer etablierten Analogie zwischen Medizin- und Militärsprache folgend, diesmal allerdings in der gegenläufigen Richtung – von ›chirurgischen Schlägen‹ kündete, welche den Gegner durch Zerstörung von Infrastruktur-Einrichtungen und dergl. in die Knie zwingen sollten, ohne Opfer an Menschenleben zu fordern. Jeder dann doch ›ver*schuld*ete‹ (!) Kriegstote erwartete gleichsam vor der ›Weltöffentlichkeit‹ seine ganz eigene ›Ent*schuld*igung‹ z.B. als Folge von technischen Defekten oder eines Versagens der ›Feindaufklärung‹ usw. – Vergangen sind also keinesfalls die Zeiten der Kriegstoten selbst, verklungen scheint allerdings deren allgemein akzeptierte Vorab-Exkulpation durch ein kollektiviertes ›Sterben für das Vaterland‹ (oder für was auch immer). Den Mythos vom ›guten‹ (weil für die rechte Sache stehenden) Krieg okkupiert der Mythos vom ›sauber‹ (weil ohne Mitwirkung des Todes) zu führenden Hi-Tech-Kampf, in dem *der Tod* – zumindest im westlichen Denken – immer weniger die *diesseitige Würdigung* des Heldentodes garantiert oder gar *jenseitige Erlösung* für den Märtyrer verspricht, sondern eine Klärung der *diesseitigen Schuld*frage verlangt (für eine kritische Auseinandersetzung mit den in diesem Zusammenhang interessanten poststrukturalistischen Medientheoremen im Kontext der Diskussionen um den Golfkrieg vgl. z.B. Weisenbacher 1995, S.284ff).

schwindigkeitszug, die gesundheitsfeindliche Lebensweise des Rauchers oder die Herzschwäche der 86-Jährigen. Eine Todesursache läßt sich auf diese Weise immer isolieren, das Sterben wird zum individuellen ›Er-Leiden‹, das auf jeden Fall irgendwie behandelt werden muß. D.h.: Die Ärzte kämpfen ihren Kampf nicht gegen die Sterblichkeit, aber gegen die Ursachen der Sterblichkeit. Der Sieg gegen die tödliche Krankheit wird bejubelt, der Tod als Niederlage der ärztlichen Kompetenz empfunden. Gegen die Ursachen des Todes zu kämpfen, wird zum Sinn des Lebens, und zwar nicht nur für den Mediziner (Bauman 1994, S.207ff). Im Sprachgebrauch der Medizin und verobjektiviert im amtlichen Totenschein liest sich das in solcher Sicht immer auch *behandelbare* Todesproblem als Problem der Ursachenfestschreibung wie folgt (Hartmann 1998, S.38): Tod durch ..., Tod an ..., Tod im ...; tot durch eine äußere Ursache wie Unfall, Ertrinken; gestorben an einer diagnostisch bekannten Störung im Körper wie einer inneren Blutung, Lungenentzündung; Exitus im Schockzustand, im Krampfanfall als komplexere pathogene Zusammenhänge, die überraschend, therapeutisch nicht erwartbar waren usw.

Aber woher kommt dieser konstatierte Veränderungsprozeß, dieser spezifische Begründungszwang, der einen Blick impliziert, welcher konsequent nach erklärenden Ursachen des Todes forscht, wo doch gerade das Phänomen Tod zu jeder Zeit und in jeder Kultur eine ›Begründung‹ (im Sinne einer sinnhaften Deutung) erfahren hat? Hierzu ließe sich zwar einfach wieder auf die Aufklärung, auf die damit einhergehende Dominanz der vernunftorientierten Wissenschaften verweisen, aber damit scheint mir die Besonderheit jenes modernen Blicks auf den Tod im Hinblick auf seine Wurzeln und seine daraus folgenden modernisierungsrelevanten Wechselwirkungen mit dem institutionellen Bereich der Medizin noch nicht hinreichend geklärt zu sein. Denn die Beantwortung dieser Frage erfordert eine differenziertere Betrachtung von *Krankheit* (als ›Todesursache‹ bzw. als dem, was in der Regel dem Tod vorausgeht), da ohne sie ein Verstehen der spezifisch abendländischen ›modernen Ordnung des Todes‹ nicht möglich ist.

Die Säkularisierung der Krankheit vom gottgewollten Übel zum individuellen Schicksal – Die Entdeckung des Kranken

Über den historischen Zeitverlauf vollzieht die ›*Verweltlichung von Krankheit*‹ in ihrer engen Verknüpfung mit Sterben und Tod eine ähnliche kulturelle Codierungsbewegung wie der Tod selbst: Von der bis in die Neuzeit hineinreichenden absoluten symbolischen Herrschaft der Krankheit als *Epidemie*, d.h. als einer Massenerscheinung, die als scheinbar unabwendbare Geißel Gottes die menschliche Ohnmacht ihr gegenüber und damit gegenüber dem Tod geradezu kollektiviert existentiell erfahrbar werden ließ, und in der sich die gesellschaftlichen Abwehrstrategien weitgehend auf den Ausschluß der Krankheit (und damit der Kranken) aus der Welt beschränkte, reicht der Bogen bis zu den modernen *Zivilisationskrankheiten*. Mit ihnen – schon ihre Bezeichnung verdeutlicht ihre diesseitige Verursachungszuschreibung – nistet sich ›die Krankheit‹

nicht mehr nur im Körper des Kranken ein, sondern sie verwandelt sich zu einer eigenen Lebensweise des Kranken: Die Kranken erhalten ihre Welt *innerhalb der Gesellschaft.*

Erinnern wir uns mit Hilfe der beiden französischen Soziologinnen Claudine HERZLICH und Janine PIERRET noch einmal kurz an das traditionelle Setting des Sterbens, das sie als kollektive Idealvorstellung wie folgt umschreiben (vgl. dazu auch Vovelle 1996, S.388ff):

„Der Sterbende, dem sein Zustand nicht verhehlt wurde, war der Hauptdarsteller des großen Schauspiels seines Todes; er beherrschte seine Leiden und seine Schwäche und wußte, nach welcher strengen Etikette und in welcher genauen Reihenfolge er vom Abschied von den Überlebenden zu den spirituellen Übungen übergehen mußte, die ihn auf die Begegnung mit Gott vorbereiteten. Parallel dazu enthüllte sich der Sinn der Krankheit: die grausame Trennung von dieser Welt war in den Augen aller in die glückliche Heimkehr zu Gott verwandelt." (Herzlich & Pierret 1991, S.175)

Die damit angedeutete ›sinnhafte‹ Verbindung von Krankheit und Tod und deren Einordnung in das vormoderne Weltbild korrespondiert mit einem Krankheitsverständnis, in dem Krankheit sich zwar *im Körper* des Menschen *manifestiert*, jedoch in ihrer *Verursachung außerhalb des Menschen* ihren Ursprung hat. Die Krankheit als Schicksal der Menschen und als Wille Gottes ist im Mittelalter nicht (wie noch in manchen antiken Auffassungen) die direkte und eindeutige Folge eines individuellen Fehlers. Eine spezifische Krankheit kann also nicht konkret einer persönlichen Verfehlung zugeordnet werden, denn das eine wie das andere bezieht seinen eigentlichen Ursprung aus der unvollkommenen Natur des (sündhaften) Menschen (ebd., S.170ff).

„Ein Weltbild und ein Menschenbild, das sich in der Vorstellung vom Körper als Mikrokosmos in Übereinstimmung mit dem Makrokosmos der Universums äußert, sowie allgemeine Einstellungen angesichts des unbeherrschbaren Unglücks und der Sünde, als die man die Krankheit begriff, haben zweifellos die frühere Beurteilung des kranken Körpers als Sitz des sich nach außen zeigenden Bösen geprägt." (ebd., S.94)

Doch ab dem 16. Jahrhundert weicht diese Vorstellung langsam einem Denken, welches Krankheit in die Nähe persönlicher Verfehlung bringt und sie direkter mit der Konnotation ›als Strafe‹ verbunden sieht – *der (kranke) Sünder wird zum Büßer*, wenn er die Strafe annimmt, und die (von außen gekommene) *Krankheit des Körpers* erweist sich als Vermittlerin der *Erlösung der Seele.*

Die Situation des Kranken selbst charakterisiert sich dabei so oder so als ›schicksalhaft‹, weil dem herkömmlichen Alltag gänzlich ›entfremdet‹:

„Anderssein und Ohnmacht charakterisierten die Lage des Kranken: er litt; er war nicht mehr er selbst, sondern Sitz eines von außen gekommenen Ereignisses, der Krankheit die ihn befiel und die ihm fremd war. Das Schicksal, das in Beziehung zu einer höheren Ordnung gesehen wurde, brach brutal und unabwendbar über den Kranken herein. Der Kranke war also nicht mehr Herr über sein Leben; zunächst weil ihn faktisch der Tod bedrohte, aber er war auch seinem gegenwärtigen Leben durch diese nicht zu ihm gehörige Krankheit entfremdet." (ebd., S.160)

Allerdings: Diese Vorstellung implizierte selbstverständlich nie einen Fatalismus im Sinne einer unausweichlichen Ergebenheit in die Krankheit. Selbstverständlich wurde schon immer versucht, gegen die Krankheit zu kämpfen.

Gleichwohl konnte das nur in dem begrenzten Rahmen erfolgen, in dem das Geschehen immer einen Bestandteil der gegebenen Ordnung zum Ausdruck brachte und *das Leiden* erst aus dieser Ordnung seinen Sinn erhielt (Benz 1969, S.157ff). „Der leidende Mensch geht den rechten Weg in der Nachfolge Christi, »der für uns gelitten hat«. Durch die Imitatio Christi bekommt das Leiden (...) [seinen] Sinn, der es erträglich zu machen vermag." (Bierich 1993, S.13) Die Pflege und Begleitung des Kranken wie des Sterbenden gründet somit in der christlichen Pflicht zur Barmherzigkeit, zur Nächstenliebe – „getreu dem Vorbilde Christi, der aus Liebe für seinen Nächsten den Tod erlitten hat." (ebd.) Deshalb war auch der ›Erfolg‹ der Pflege und der Heilversuche außerhalb des Wirkungskreises des Menschen zu verorten:

„Gott allein kann heilen. Diese christliche Überzeugung ist der Kernpunkt, der alle Vorstellungen bestimmte und das individuelle Leben formte; ihre Kohärenz liegt auf zwei Ebenen. Erstens gibt sie eine Antwort auf die Suche nach dem Sinn. In einer Zeit, in der sich alles um »einen guten Tod« drehte, schrieb die christliche Sicht der Krankheit eine positive Funktion als Warnung und Erlösung zu. Aber die Zuflucht bei der Kirche glich auch die Ohnmacht aus, denn gegen die Krankheit war alles menschliche Handeln machtlos; Gottes Wille galt auch für den Körper. Den Priester ans Krankenbett zu rufen, war die erste Pflicht des Arztes, aber umgekehrt konnte der Geistliche auch zur körperlichen Heilung beitragen. Die Sterbesakramente, glaubte man, ermöglichen es oft, wieder gesund zu werden." (Herzlich & Pierret 1991, S.173)[139]

Doch die vorherrschende kulturelle Codierung von Krankheit verändert sich im Zuge der Neuzeit radikal. Die Krankheit (und damit auch der Tod) rückt immer weiter in das *Innere des (individuellen wie gesellschaftlichen) Körpers.*[140] Strenggenommen ist es in der Moderne dann *die Gesellschaft*, die krank macht, bzw. ist es eine gesundheitsschädliche Lebensweise, die der Krankheit zum Ausbruch verhilft (dieser Gedanke formuliert z.B. einen in der historischen Folge dann gängigen sozialen Topos der modernisierungskritischen Argumentationen des 19. und beginnenden 20. Jahrhunderts, die sich u.a. gegen die wachsende Industrialisierung, den Zerfall dörflicher Strukturen durch Verstädterung etc. richtete) (Labisch 1992, S.105ff).

Sicher nicht im eigentlichen Sinne historisch belegen, so doch exemplarisch veranschaulichen kann diese Entwicklung vielleicht die Gegenüberstellung eines von Giovanni BOCCACCIO (1313–1375) im Dekameron gegebenen ›Berichts‹ zur Pest mit einer Anekdote, die uns Daniel DEFOE (1659–1731) – selbst kein Augenzeuge – zur Pest in London überliefert und in der ein ›Mann aus dem

---

[139] Eine solche Vorstellung, welche in der leidvollen Krankheit ihre positive Funktion aufspürt, finden wir auch heute manchmal noch bei Schwerkranken innerhalb eines explizit religiösen Kontexts (Leiden als individuelle Prüfung durch Gott) und wohl häufiger in seiner säkularisierten Variante im psychologischen Rahmen einer subjektbezogenen Bewältigungs- und Entwicklungsrhetorik: Schwere Krankheit bzw. Pflege und Sterbebegleitung erscheinen dort als entscheidende Schritte in der eigenen Persönlichkeitsentwicklung.

[140] Die Verbindung von Tod und Körper wird in Kap.4.1.3 noch näher beleuchtet.

Volk‹ (!), anscheinend absichtlich, die Krankheit zu den Bürgern bringt (vgl. Abb.11). Während wir bei BOCCACCIO mit der Pest noch die in der Totentanz-Metaphorik ausdrücklich enthaltene, schicksalshafte Moral des Todes (Gleichheit und Vergänglichkeit) mit einer noch gar nicht so schrecklichen, wohl auch eher erlösenden als Verdammnis symbolisierenden Jenseitsmetaphorik verbunden finden, vor deren Zwangsläufigkeit sogar das ohnmächtige Wissen der ärztlichen Koryphäen kapitulieren muß, präsentiert sich dem Literaten DEFOE die gleiche Krankheit einige Jahrhunderte später wesentlich anders. Die Semantik der Krankheit hat sich völlig verweltlicht, und sie offenbart eine gänzlich andere Logik der sozialen Differenzierung und Verortung des Risikofaktors ›Pest‹, indem der betroffene ›Mann aus dem Volk‹ mit seinem Krankheitsschicksal einen wenngleich leicht resignativen, dennoch

»*Giovanni Boccaccio, Decamerone*« [1353]:
„Wieviel rüstige Männer, schöne Frauen und blühende Jünglinge, denen, von anderen zu schweigen, selbst Galen, Hippokrates und Äskulap das Zeugnis blühender Gesundheit ausgestellt hätten, aßen noch am Morgen mit ihren Verwandten, Gespielen und Freunden, um am Abend des gleichen Tages in einer anderen Welt mit ihren Vorfahren das Nachtmal zu halten!"

»*Daniel Defoe, Journal of the Plague Year*« [1722]:
„Er klopft, er tritt ein. ›Ich habe die Krankheit und werde morgen abend sterben‹, erklärt der Eindringling der entsetzten Familie, die beim Abendessen sitzt." Weiter schreibt Defoe: „Der arme Mensch, im Kopfe ebenso krank wie im Körper, stand die ganze Zeit ebenso still, als habe es ihm die Sprache verschlagen. Schließlich wandte er sich um und sagte: ›Ach!‹, mit aller scheinbaren Ruhe, die man sich vorstellen kann, ›steht es so mit euch allen? Störe ich euch alle etwa? Nun, ich kann auch nach Hause gehen und dort sterben.‹"

Abb.11: Die Pest (Zitate entnommen aus: Herzlich & Pierret 1991, S.22f und 286)

explizit moralischen Hilfsappell an die bürgerliche Gesellschaft verbindet. So wie die Krankheit vom ›gottgewollten Übel‹ zunehmend zur individuellen Eigenschaft des empirischen Körpers (des individuellen wie des Gesellschaftskörpers) gerät, dessen sie sich bemächtigt, verbindet sich mit ihr die Aufforderung an die (bürgerliche) Gesellschaft, ›etwas dagegen zu tun‹ (Jütte 1992, S.23ff, Labisch 1992, S.42ff).

Dergestalt verwandelt sich ›*Krankheit*‹ zu einer *Metapher von Gesellschaft*, in der diese das *Individuum* gleichsam körperlich angreift und der Kranke zu ihrem exemplarischen Opfer wird. Vielleicht haben HERZLICH und PIERRET recht, wenn sie meinen, daß dieser, mit der Moderne sich entwickelnde Gedanke einer ›krankmachenden Gesellschaft‹ seit dem 18. Jahrhundert eines der beständigsten Themen bis in unsere heutigen Tage darstellt (Herzlich & Pierret 1991, S.281f). Sie fassen zusammen:

„Früher war die Krankheit eine Massenerscheinung, da sie Menschen in großer Zahl erfaßte und den gesellschaftlichen Rahmen einer ganzen Stadt, manchmal sogar einer Provinz oder eines Kontinents erschütterte. Andererseits werden Krankheit und der Zustand des Kranken in Zusammenhang mit einer übersinnlichen Ordnung gebracht, die außerhalb sozialer Beziehungen steht. In diesem Zusammenhang wird der Kranke kaum als solcher identifiziert: er erscheint uns vor allem als Sterbender oder als Sünder. Heute trifft die Krankheit im Gegenteil ein bestimmtes Individuum in einer geschützten Umwelt, aber von Anfang an ist *die Krankheit für das Individuum eine soziale Lage geworden*, die Beziehungen zu dem, was wir Gesellschaft nennen, erhalten neue Formen." [Herv. im Orig.; Anm. d. Verf.] (ebd., S.281)

Der Kranke (als Individuum) erscheint demnach in dem Moment auf der gesellschaftlichen Bildfläche, in dem sich ›die Gesellschaft‹ als eigenständiger, gestaltbarer Bereich ausbildet, der nicht mehr einem außerhalb des Menschen befindlichen göttlichen Willen untersteht: „Die Krankheit wird im Verhältnis zu einer Gesellschaftsordnung verstanden, die nun auch als solche aufgefaßt wird, ohne Bezugnahme auf ein übersinnliches Prinzip." (ebd., S.205) Und diese neuen Formen der Beziehung des Kranken zur Gesellschaft lassen sich für die (›einfache‹) Moderne (im Sinne Ulrich BECKs)[141] vielleicht am deutlichsten mit der von Talcott PARSONS in den 50er Jahren gegebenen Beschreibung der *Krankenrolle* formulieren, die deutlich jene ›schicksalshafte‹ soziale Lage des vormodernen Kranken kontrastiert. Nach PARSONS beinhaltet die Rolle des (modernen) Kranken in unserer Kultur vier wesentliche Aspekte:[142]

1) Der Kranke wird von seinen alltäglichen sozialen Rollenverpflichtungen befreit;
2) die kranke Person trägt nicht die Verantwortung für ihren Zustand;
3) Krankheit gilt als ein Zustand, der sozial unerwünscht ist;
4) krank zu sein, bedeutet hilfsbedürftig zu sein, und beinhaltet von daher immer auch die Verpflichtung für den Kranken, fachkundige Hilfe aufzusuchen, um möglichst bald wieder gesund zu werden (Parsons 1951, S.428ff, 1984, S.57ff; vgl. auch Pflanz 1969, S.1126ff sowie Wilson 1963, S.277f).

Ein solches Verständnis von *Krankheit* beschreibt letztlich eine physische (oder psychische) Befindlichkeits- und Verhaltenskonstellation, die das Individuum daran hindert, die an es gestellten Rollenerwartungen zu erfüllen. Die Vorkehrungen der Krankenversorgung dienen dem gemäß auch vor allem dazu, das soziale System von solchen devianten Individuen zu entlasten und diese wieder so bald als möglich zu reintegrieren.[143] Damit ist die Verbindung zwischen dem Kranken – dem ›guten Kranken‹ – und der Medizin als dem Prototyp einer modernen sozialen Institution auf das Engste wechselseitig geknüpft: Sie besteht in der beidseitigen Verpflichtung zur Behandlung und zur Heilung bzw. Gesundung (Herzlich & Pierret 1991, S.229ff). Der dabei verwendete Begriff der ›Verantwortung‹ transportiert also ein Verhältnis zwischen Gesellschaft und

---

[141] Für eine Gegenüberstellung von ›einfacher‹ und ›reflexiver Moderne‹ vgl. z.B. Beck (1993) sowie Beck, Giddens & Lash 1996, S.34ff.

[142] Vgl. dazu auch das ›erweiterte Modell‹ der modernen Krankenrolle in Schnabel (1988, S.12).

[143] Dem entsprechend korrespondiert diesem Krankheitsbegriff bei Parsons auch ein Verständnis von *Gesundheit* als den Zustand optimaler Leistungsfähigkeit des Individuums für die wirksame Erfüllung der Rollen und Aufgaben, für die es sozialisiert worden ist (Parsons 1984, S.57ff).

krankem Subjekt, das semantisch auf der einen Seite von der reinen Mild- und Wohltätigkeit zur *Solidarität* und auf der anderen Seite von Sünde und Buße zum ›*Recht* auf Krankheit‹ wie der ›Ver*pflicht*ung zur Genesung‹ gewandert ist.

Krankheit und Tod als individuell zu verantwortendes Schicksal?

Nun mag mancher diesen Überlegungen den Hinweis entgegenstellen, daß doch auch im Denken der Moderne ›Krankheit als Schicksal‹ eine durchaus ›sinnhafte‹ Deutung darstellt, doch hier zeigt sich erneut, daß die gleichen Begriffe nicht die selben Bedeutungen transportieren müssen, daß Schicksal nicht gleich Schicksal heißen muß (vgl. auch Helle 1992a). HERZLICH und PIERRET meinen, daß heutzutage fast nur Schwerkranke an der Schwelle des Todes sich auf den Schicksalsbegriff beziehen,

„(...) für die er den letzten und zerbrechlichen Schutzwall gegen die überwältigende Angst darstellt. Die scheinbare Kontinuität darf uns nicht die tiefgreifende Entwicklung unserer Haltung verhüllen, die heute ganz entschieden auf medizinisches Handeln und Beherrschung des biologischen Schicksals gerichtet ist." (ebd., S.280)

Das heißt: Das Schicksal wird heute erst dann ins Spiel gebracht, wenn alles *davor* nichts mehr geholfen hat, und ist sozusagen in der Deutung der Subjekte der Praxis nicht mehr vorgängig (›wir tun was wir können, aber letztlich ist das Schicksal vorbestimmt, gleichgültig was wir tun‹), sondern umgekehrt: Erst in der ex post-Deutung wird sich zeigen können, ob das Schicksal wirklich stärker war. Und der Tod als Endpunkt von Krankheit bleibt heute manchem zwar so etwas wie ›Schicksal‹, doch man muß sich ihm deshalb fügen, weil alles andere erfolglos war, nicht weil er von vornherein zur gegebenen Ordnung gehört. Anders gesagt: Das Schicksal wird auf sein nacktes Gerüst hin reduziert (›es ist, wie es ist‹), ohne Einbettung in ein Weltbild, welches das Ende mit Sterben und Tod sinnhaft mit einschließt (ebd., S.167ff). Und fast noch wichtiger:

„Zudem betraf das Schicksal früher die Allgemeinheit; heute sind es im Gegenteil quälend einsame Individuen, die sich von dieser Vorstellung betroffen fühlen. Die gleichen Abwandlungen unter einer scheinbaren Kontinuität können wir im Spiel der Begriffe »Sünde«, »Schuld« und »Verantwortung« beobachten, die im Laufe der Jahrhunderte beim Ausbrechen von Krankheiten laut werden. (...) Die »Sünde«, nach religiöser Auffassung Ursprung der Krankheit, trifft die menschliche Rasse insgesamt. Heutzutage trägt das Individuum die »Verantwortung« für seinen organischen Zustand, auch wenn die Gesundheit ein gesellschaftliches Kapital geworden ist." (ebd., S.280)

Vom Krankheits- zum Gesundheitsregime

Doch auch wenn ›die Krankheit‹ in diesem Sinne eine gewisse Entmoralisierung erfahren hat,[144] wäre es verfehlt, an dieser Stelle bereits abzubrechen, da

---

[144] Selbstverständlich lassen sich sofort eine Reihe von Krankheiten nennen – z.B. von der Syphilis bis zu AIDS – die in ihrer gesellschaftlichen Wahrnehmung sehr wohl in und durch ihre körperliche Manifestation auf die dahinter stehenden moralischen Verfehlungen des Krankheitsträgers verweisen. Allerdings widerlegen sie m.E. nicht

vor allem im Hinblick auf Gesundheit und Krankheit die Zeit mittlerweile über PARSONS (bzw. über die ›einfache‹ Moderne) hinweggegangen zu sein scheint. Sicherlich, die ›Ursache‹ von Krankheit liegt jetzt nicht mehr in einer ›moralischen Verfehlung‹ des Kranken, mit der er seine Seele geschädigt hat und die sich nun im Körper nach außen hin manifestiert, doch die Beeinträchtigung seines (kranken) Körpers bleibt auch noch heute als Spezifikum der Krankheit. Schon mit PARSONS repräsentiert dem entgegen Gesundheit implizit ein biologisches Kapital als Guthaben *der Gesellschaft*, das dem Einzelnen überantwortet ist. Wie bereits gesagt: Aus dem (modernen) Recht auf Krankheit resultiert konsequenterweise die Pflicht zur Gesundheit (ebd., S.275ff). Und die gegenseitige Sinnverwiesenheit zwischen Medizin und Moral erreicht mit diesem Gedanken heutzutage insofern eine neue Runde, als ›der Arzt‹ (oder auch der Gesundheitspolitiker oder -funktionär) immer deutlicher als Experte und Hüter einer *gesundheitsbezogenen Ethik der Lebensführung* auftritt.

An diesem Punkt gelangt man schließlich im Zuge einer fortschreitenden Modernisierung der modernen Gesellschaft zu einem *Gesundheits-* (nicht mehr Krankheits-) *Regime* als Kampf *für* das Gesunde (und nicht nur *gegen* das Kranke),[145] in dem der aktive, eigenverantwortliche Patient gefragt ist, der zum „»Mitarzt« seiner medizinisch zugewiesenen Krankheitslage" wird (Beck 1986, S.331). ›Eigenverantwortlich‹ meint dann in letzter Konsequenz – und somit ganz anders als noch bei PARSONS, bei dem der Kranke zwar dafür (mit-) verantwortlich war, möglichst schnell wieder gesund zu werden, seine Krankheit jedoch *nicht* zu verantworten hatte –, daß jedes Individuum durch seine Lebensführung für seine Gesundheit selbst verantwortlich zeichnet. In letzter Konsequenz verschiebt sich dadurch die kulturelle Codierung von Gesundheit und Krankheit, indem ›Gesundheit‹ ihrer – noch für die Moderne typischen – Unhinterfragbarkeit als alltägliche Selbstverständlichkeit entkleidet wird und für

---

die formulierte Behauptung einer Entmoralisierung ›der Krankheit‹, sondern bestätigen sie geradezu. Das gesellschaftliche Skandalon dieser ›moralisch verwerflichen‹ Krankheiten, wie es z.B. noch im öffentlichen AIDS-Diskurs in der zweiten Hälfte der 80er Jahre seinen Ausdruck fand, besteht ja gerade darin, daß ihre Träger den herrschenden Moralvorstellungen zufolge nicht von der Verantwortung freigesprochen werden können, gleichwohl als Kranke aber jene Aufforderung zur Hilfe an die Gesellschaft symbolisieren, wie schon Defoe's Pestinfizierter (vgl. z.B. Lenzen, D., 1991, S.86ff; zur historischen Rekonstruktion des medizinischen Diskurses um Geschlechtskrankheiten auch Ulrich 1989, S.229ff).

[145] Diese z.B. von Hagen Kühn vor allem für die U.S.A. ausführlicher analysierte Gesundheitsideologie des ›Healthismus‹ (Kühn 1993) zeigt ihre, in manchen empirischen Ausdrucksformen auch durchaus alberne Gestalt z.B. dann, wenn eine Krankenkasse plötzlich ›Gesundheitskasse‹ heißen will. Gleichwohl: ›Sprache konstituiert Wirklichkeit‹ meinen wohl auch die AOK-Manager und hoffen vielleicht, mit dieser Werbebotschaft die Finanzausgaben senken zu können, indem sie sich nicht mehr als ›Solidargemeinschaft *für* Kranke‹, sondern als ›Interessensgemeinschaft *von* Gesunden‹ präsentiert.

den (postmodernen) ›Homo Hygienicus‹ (Labisch 1992) zu einer permanenten und umfassenden *Technik des Selbst* als ›gesundheitsorientierte Sorge um sich‹ gerät (Jungbauer-Gans & Schneider 2000, S.227ff). Ein solches ›individualisiertes‹ kulturelles Konzept von ›Krankheit‹ geht auf seiner Rückseite einher mit einer ihm eigenen Vergesellschaftung von ›Gesundheit‹, die als individuell zu verantwortendes gesellschaftliches Kapital konsequenterweise zunehmend den modernen kapitalistischen Marktgesetzen unterzogen wird (Neubeck-Fischer 1993, S.87ff): Gesundheit als Ware wird durch die Mechanismen von Angebot und Nachfrage machbar, und sie erscheint als Leistung ebenso wie als Pflicht – eine Leistung, die man erbringen muß, zu der man sich selbst (seinem Körper) gegenüber und der Gesellschaft (z.B. der Gemeinschaft der Versicherten) gegenüber verpflichtet ist (vgl. auch Bauch 1996, S.75ff).

Die Krankenrolle und die Rolle des Sterbenden

Fassen wir die soweit beschriebenen Entwicklungsbewegungen der Krankheit und des Todes in einem Satz zusammen: Der Krankheit wie dem Tod wurde im Zuge der Modernisierung die Frage nach den Ursachen entgegengehalten, die ihren Ausgangspunkt bei der vormals gegenseitigen Sinnverwiesenheit beider Begriffe im Bedeutungsrahmen einer *unhinterfragbaren*, weil *göttlich gegebenen Weltordnung* nahm. Der Weg führte von dort zu den (natur-) *wissenschaftlich* zu klärenden und *vom Menschen zu gestaltenden* Bestimmungsgründen einer *gesellschaftlichen Ordnung* von Krankheit und Tod, die schließlich in ein komplexes säkularisiertes Ursachen-und-Wirkungs-Tableau der Krankheiten und deren medizinisch zu bekämpfenden Sterblichkeitsrisiken mündete.

Diese Verschiebung gilt demnach für den Kranken wie für den Sterbenden, betrifft beide gleichermaßen. Allerdings liegt der für unser Erkenntnisinteresse vielleicht wichtigste Aspekt dieser Transformation in der sich gleichzeitig ausbildenden fundamentalen *Differenz* zwischen den beiden sozialen Lagen des Kranken und des Sterbenden: Der Kranke tritt nicht mehr primär als Sünder oder Büßer auf, dem potentiell immer schon der Tod auf dem Fuß folgt, sondern er bleibt zuerst Kranker und muß – unter der Kuratel moderner Ursachenforschung und Begründungszwänge – mit allen Mitteln vor dem Wechsel in die soziale Lage ›Sterbender‹ bewahrt werden. Die Krankheit wurde im modernen Denken nicht nur in ihren diesseitigen Ursachen befragt, sondern damit in einer ihr eigenen Weise vergesellschaftet, welche den Kranken in seiner Beziehung zur Gesellschaft in spezifischer, neuer Weise normierte. Man erkrankte in der Moderne an der Gesellschaft, man erkrankt jetzt in der fortschreitenden Moderne durch persönliche Nachlässigkeit in der Lebensführung ... – und an alledem kann man sicherlich auch heute noch sterben –, aber anders als für den Kranken, für den wir gleichsam eine umfassende Sprache des Heilens und Gesundens ausgebildet haben, für den sich daraus eine Reihe von sozialen Verpflichtungen und interaktiven Wechselwirkungen (vor allem mit dem institutionellen Bereich der Medizin) ergeben, bleibt die soziale Lage des Sterbenden weitgehend diffus: Welche gesellschaftlichen Verpflichtungen ergeben sich für den Sterbenden?

Welche für die Gesellschaft gegenüber dem Sterbenden – außer den Tod solange wie möglich von ihm fernzuhalten? Welche soziologischen Merkmale bestimmen die Sterberolle in der Moderne? Dies sind Fragen, auf die uns die hier skizzierten Diskurse keine ähnlich prägnante Antwort bieten, wie sie sie uns für den modernen Kranken bis in die Mitte dieses Jahrhunderts z.B. anhand von PARSONS noch geben. Jene kulturkritischen Thanatosophen aus Kap.2.2 mögen dazu anmerken, daß diese Diffusität das unabwendbare Resultat des in den Verdrängungsrhetoriken beschworenen Niedergangs des Todes und der heutigen Sterbe(un-)kultur darstellt, die vom Sterbenden bestenfalls noch ein angepaßtes, die Welt der Lebenden nicht mehr beeinträchtigendes, ›sozialverträgliches‹ Ableben erwartet. Doch m.E. die beschriebene Entwicklung im Kern zutreffender charakterisierend, spricht Zygmunt BAUMAN weniger von der Einsamkeit der Sterbenden, sondern vielmehr vom Schweigen der Weiterlebenden, welches das Sterben der Todkranken umgibt: „Es gibt nichts, worüber wir in der einzigen, von uns beherrschten und geteilten Sprache mit ihnen reden könnten – der Sprache des Überlebens." (Bauman 1994, S.200). Festzuhalten bleibt, daß mit *der Entdeckung des modernen Kranken keine* dem adäquate *Um- oder Neudefinition des Sterbenden* in der Moderne einherging.

Nachdem die bisherigen Ausführungen den Tod und die Krankheit, den Sterbenden und den Kranken eingekreist haben, fehlt allerdings noch eine genauere Betrachtung des ihnen entsprechenden Gegenparts: der modernen Medizin und des modernen Arztes.

4.1.3. Die Thanatopraxis der modernen Medizin – Todeswissen und Todesdefinitionen

Man könnte an dem eben Gesagten gleich nahtlos anschließen: Die moderne Medizin hat sich im Zuge ihrer historischen Entwicklung zu einem eigenständigen Spezialdiskurs entwickelt (Link 1986, S.6), dem, basierend auf dem insbesondere für die modernen Naturwissenschaften konstitutiven wissenschaftsphilosophischen Grundstock des kritischen Rationalismus mit seinem ihm eigenen ›hegemonialen Wissenschaftlichkeitsanspruch‹, letztendlich und konsequenterweise der Tod als solcher verloren gegangen zu sein scheint. Eine These, die bis auf wenige Ausnahmen – wie z.B. der anthroposophischen Medizin, die sich offen und ausdrücklich zu ihrem interdiskursiven Anteil (hier verstanden im Sinne von ›ganzheitlichem Denken‹, welches sogar philosophisch-theologische Aspekte miteinbezieht) bekennt – für alle medizinischen Richtungen formuliert werden könnte. Doch auch hier gilt: Trotz der weit verbreiteten Eingängigkeit solcher Thesen, geben sie keinen Aufschluß darüber, welche Grundprinzipien diesen Spezialdiskurs und welche Merkmale seine zentralen Akteure kennzeichnen. Vor allem: Was ist konkret mit der Behauptung gemeint, der modernen Medizin sei *der Tod als solcher* verloren gegangen?

Handeln als oberste Maxime in der modernen Medizin: der Kampf gegen Krankheit, Leiden und Tod

Die grundlegende Beziehung zwischen der heutigen Medizin und der modernen Gesellschaft könnte man pointiert wie folgt charakterisieren: Die obersten Prämissen im kollektivierten Idealbild des modernen Subjekts – verstanden als ›geglücktes‹ individuelles Leben – lauten: Gesundheit, langes Leben, Lebensqualität, Leistungsfähigkeit, Vitalität, Jugendlichkeit. Die moderne Medizin entwickelte sich, wie im vorangehenden Kapitel bereits diskutiert, zum zentralen institutionellen Bereich, der die gesellschaftliche Verwirklichung jener Prämissen gewährleisten soll, in dem sie sich gegen einen ›vorzeitigen‹ (vermeidbaren) Tod, gegen Krankheit und die damit verbundenen Einschränkungen der Lebensqualität wie der Leistungsfähigkeit, gegen Alter und Siechtum etc. wendet. Die konkreten Praktiken zur Verwirklichung dieser Programmatik reichen dann heute z.B. von AOK-geförderten Gesundheitsprogrammen für den gestreßten Büroarbeiter bis hin zu den gentechnischen Bemühungen, die genetischen Grundlagen des Alternsprozesses zu entschlüsseln, um dann gentherapeutisch dem Altern von Körperzellen entgegenzusteuern.

„Die Medizin hat mit ihrer professionalisierten Entwicklung im Europa des 19. Jahrhunderts den Menschen das Leiden technisch abgenommen, es professionell monopolisiert und verwaltet. Krankheit und Leiden wurden in expertenabhängiger Fremdbewältigung pauschal an die Institution der Medizin delegiert (...)." (Beck 1986, S.331)

Der Stellenwert, den Sterben und Tod in diesem modernen Bündnis zwischen Medizin und Gesellschaft einnehmen kann, wurde in den bisherigen Ausführungen bereits deutlich:

„»Unter der Medizin« gibt es den natürlichen Tod im Grunde nicht. Alles Zulaufen auf den Tod wird paradigmatisch unter Zielvorgaben der Verhinderung oder Verzögerung des Todeseintritts gesehen. Damit wird er als Krankheit, Verletzung oder schlicht als Störung betrachtet und löst professionalisierte Konterstrategien aus. Angesichts des drohenden Todes ist Medizin auf Handeln ausgerichtet." (Wehkamp 1998, S.59)

Und das Handeln ist ein Kampf ›auf Leben und Tod‹ – so Dietrich RÖSSLER:

„Für die naturwissenschaftliche Medizin wird deshalb die Erhaltung des Lebens zum wesentlichen Ziel und die Beseitigung von Störungen [d.h. Krankheiten; Anm. d. Verf.] zur praktischen Aufgabe. Letzten Endes versteht sich diese Medizin als ein Kampf gegen den Tod, und wo er dennoch eintritt, muß sie dies als Niederlage begreifen." (Rössler 1992, S.15)

Abgesehen davon, daß der ›natürliche Tod‹ als moderne Todesmetapher im ersten der beiden Zitate sein kultur- und im engeren Sinne medizinkritisches Potential voll ausspielen kann, indem damit der nicht-verursachte, der nicht pathologisch-erklärbare Tod, das Sterben ›einfach so‹ gemeint ist (eine psychisch sicher besänftigendere Vorstellung als jene immer schon in der Konnotation des ›vermeidbar‹ daherkommenden Todesmetaphern des Tod durch..., Tod an...., Tod im...), formulieren beide Zitate die sicherste, deutlichste und allgemein akzeptierte Norm modernen medizinischen Denkens und Handelns: die *unbedingte Wiederherstellung von Gesundheit und die Vermeidung des To-*

des nach besten Kräften (Lau 1975, S.16). Entsprechend der im modernen medizinischen Denken dominierenden binären Codierung von Gesundheit/Krankheit (Luhmann 1990, S.186ff), lautet die Ausformulierung jener als Generalmaxime fungierenden Norm für Mediziner wie Laien, welche die moderne, gesundheitsorientierte ›Sorge um sich‹ umtreibt: sich bis zum (dann unvermeidbaren) Tod möglichst gesund zu erhalten und das Leben durch entsprechende gesundheitserhaltende Maßnahmen maximal zu verlängern. Somit scheint die Sachlage zum Todesbild der modernen Medizin recht klar zu sein, wie auch der Medizinhistoriker Heinz SCHOTT bestätigt:

„Die Medizin vertritt traditionell eine klare Position: der Tod gilt ihr als Feind des Lebens. Insofern sie ihre Aufgabe darin sieht, das menschliche Leben zu erhalten und zu verlängern, versteht sie ihre therapeutische Praxis als Kampf gegen den Tod und seinen Vorboten, die Krankheit. Dieses Kampfmodell der Medizin lehnt sich an die Metaphorik der militärischen Kriegsführung an: einerseits Kampf dem Feind im Inneren, z.B. durch Abtötung von Bakterien oder die Vernichtung subversiver Krebszellen, andererseits Eroberung neuen Territoriums – z.B. durch sozialhygienische Maßnahmen gegen Seuchen, um den Todfeind zurückzudrängen.
(...) So wurde der Tod von der Medizin zum Feindesland erklärt, an dessen Grenze Schutzwälle gebaut wurden, um die immer drohenden Übergriffe des Feindes abwehren und zurückschlagen zu können." (Schott 1986, S.71)

Die damit zum Ausdruck gebrachte spezifisch moderne Todesauffassung der Medizin im Verhältnis von Medizin, Subjekt und Gesellschaft umgrenzen drei normative Eckpfeiler, innerhalb derer sich der geschilderte Kampf entfalten kann (ebd., S.73):

1) Die (medizinische) Rede vom ›natürlichen Tod‹: Hier meint der ›natürliche Tod‹ nicht das als idealisierten Gegenentwurf zum medizinisch bekämpften Tod gedachte einfache Sterben am ›natürlichen‹ Ende des Lebens, sondern: Der ›natürliche Tod‹ bezeichnet die Natur des Todes, das Sterben des Menschen als Naturgesetz, dem als letzte Gewalt auch die Medizin (gerade weil sie sich als Naturwissenschaft versteht) folgen muß.

2) Die Rede vom ›Recht auf den eigenen Tod‹: Das Selbstbestimmungs- und Selbstverwirklichungsrecht des modernen Subjekts erstreckt sich bis hin zu seinem je individuellen Sterben, dem die Medizin Rechnung zu tragen hat.

3) Die Rede von der ›Sterblichkeit des Menschen‹: Der Glaube an die Unsterblichkeit gilt dem modernen medizinischen Denken als Illusion, ein Jenseits existiert nicht, womit sich die Medizin ganz auf das Diesseits einzustellen hat (das schließt selbstverständlich nicht aus, daß ein Arzt heute nicht aus seiner individuellen religiösen Einstellung heraus an ein Weiterleben der Seele in einem Jenseits glauben kann, jedoch legitimiert kein solcher ›Glaubenskonsens‹ die institutionalisierte medizinischen Praxis).

Vor dem Hintergrund solcher normativer Vorgaben und der konkreten ›materialen‹ Bedingungen des – modernen Gesellschaften eigenen – spezifischen Gesundheitsbereichs (z.B. mit dem ausgebauten Klinik- und Rettungswesen, der Bereitstellung intensivmedizinischer Möglichkeiten etc.) entfaltet sich die alltägliche medizinische Praxis, indem sie dem Gebot maximaler Therapie folgt:

›Handeln um jeden Preis‹ lautet die Devise. Die Legitimation dieses Handelns wiederum beruht zum einen auf dem ›Willen zum Wissen‹ (Michel FOUCAULT), zum anderen gründet jene Praxis auf der Selbstlegitimation der Machbarkeit, die mit jener von Peter GROSS u.a. beschriebenen modernen Mentalität der ›Machseligkeit‹ (Gross, Hitzler & Honer 1985, S.149ff) einhergeht: Was machbar ist, muß auch getan werden![146]

„Die Intensivmedizin entstand aus dem Willen – nicht nur der Ärzte – das Sterben nicht einfach hinzunehmen in Fällen, in denen es aussichtsreiche Überlebenshilfen gab: Die eiserne Lunge bei Kinderlähmung, die künstliche Niere bei akutem und chronischem Nierenversagen; schließlich die Elektrokonversion bei bedrohlichen Herzrhythmusstörungen und Einpflanzung von Herzschrittmachern; und letztlich die Transplantation von Nieren, Herzen, Lebern, Lungen." (Hartmann 1998, S.37f)

Insofern verfährt die moderne Medizin als geradezu paradigmatischer institutioneller Ausdruck modernen Denkens zumindest in ihrem ›ideologischen Überbau‹ im Gegensatz zu manchen anderen institutionellen Bereichen der modernen Gesellschaft (z.B. Familie, Beruf), in denen bis in die heutige Gegenwart hinein ›halbierte Modernen‹ (Beck 1986) lauern, konsequent entlang den historisch sich entwickelnden Modernisierungsvorgaben *instrumentell-pragmatisch orientierter Rationalität*. Die moderne Medizin also als das Musterkind der Moderne? Die Antwort muß lauten: Jein! Wenden wir uns für eine präzisere Klärung dieser Frage dem zentralen Akteur solcher Medizin zu – dem modernen Arzt.

Die moderne Rolle des Arztes und der Tod

Wenn der moderne Arzt seinen entscheidenden Part im Sterbegeschehen im Zuge der Durchsetzung der Aufklärung übernimmt, dann beginnt er in seiner Funktion als Experte des Lebens zwar nicht gleichsam an einem historischen Nullpunkt, wie uns Wolfgang WESIACK in seiner historischen Rückschau zur

---

[146] Diese Aussagen sind keineswegs im Sinne des verbreiteten Tenors gängiger Medizinschelte zu verstehen, sondern sie sollen vielmehr die grundlegende Entsprechung zwischen moderner Medizin und moderner Gesellschaft verdeutlichen. Ursula Streckeisen kann eindrucksvoll am Beispiel des Umgangs mit Sterbenskranken in einer Universitätsklinik zeigen, wie seitens des medizinischen Personals die Nicht-Voraussagbarkeit des Todeszeitpunktes (und damit die Frage: was soll man tun?) dadurch gemeistert wird, daß mittels einer freiwilligen Selbstbeschränkung der Deutungsmacht hin zu einer temporären Deutungs-Ohnmacht (›es steht schlecht, aber man kann nie wissen...‹) Unsicherheit nicht zur Handlungs-Ohnmacht führt, sondern vielmehr durch ein bewußtes Offenlassen der Zielvorgaben (z.B. kurativ oder palliativ) Handlungsmacht gesichert werden kann: „Im Nicht-Handeln zu verharren, würde dem Selbstverständnis und den Funktionsmechanismen der Medizin widersprechen. Die Vermischung von palliativen und kurativen Maßnahmen erlaubt es, angesichts des Todes zu handeln, d.h. ohne auf den Tod zu zu handeln und ohne gegen ihn anzuhandeln, ohne den Tod herbeizuholen oder ihn zurückzudrängen. Sie erlaubt es, etwas zu tun auch für den Fall, daß es nichts mehr zu tun gibt." (Streckeisen 1998, S.80)

Rolle des Arztes schildert (vgl. Wesiack 1985, S.218ff),[147] doch sein Verhältnis zum Tod scheint sich bis heute (und heute vielleicht sogar wieder in zunehmenden Maße?) einer konsequenten ›Rationalisierung‹ zu versperren.

Welche Bedeutungsgehalte charakterisieren den modernen Arzt? Für den Kranken heute soll der Arzt „Ratgeber und Helfer in Lebensfragen, Partner im persönlichen Gespräch und dann freilich auch der Experte für die Krankheit und der Fachmann für die notwendige medizinische Wissenschaft." sein (Rössler 1992, S.14) – so schreibt der Theologe und Mediziner Dietrich RÖSSLER in seiner (manchem vielleicht zu idealisierend vorkommenden) Selbstbeschreibung, liefert damit aber gleichzeitig wohl zutreffend die wesentlichen Rollenanforderungen, denen sich der moderne Arzt heute gegenübergestellt sieht.[148] Konfrontiert man diese, soweit nur recht grob umrissene moderne Arztrolle mit dem Tod, so offenbart uns z.B. die Medizinerin Gisela FISCHER in ihrer Beschreibung zum Tod (eines Patienten) in der Wahrnehmung des (seines) Arztes ein Bild, welches vordergründig der gängigen Verdrängungsrhetorik des Todes in der modernen Gesellschaft und insbesondere in der modernen Medizin zu entsprechen scheint:

„Das Sterben des Patienten erscheint dem Arzt zwangsläufig als Bankrotterklärung seiner Bemühungen und löst irrationale Ängste aus. Wir beobachten uns dabei, wie wir mit dem ausschnitthaften Blick auf noch intakte Einzelfunktionen und Laborparameter den Blick vor dem Ganzen verschließen. Immer wieder verwenden wir die Indizien dessen, was noch funktioniert, zur Aufrechterhaltung von Optimismus vor uns selbst, aber auch dem Patienten gegenüber. (...) Der Arzt versucht solange wie möglich, seinen Patienten in der Welt der Kranken zu halten, ehe er ihn endlich sozusagen freigibt in die Welt der Sterbenden." (Fischer 1998, S.54)

Soweit sich in diesem Zitat die bekannten Probleme des modernen Arztes als Experte des Lebens mit Sterben und Tod manifestieren, die vom immer noch breit diskutierten ›ärztlichen Aufklärungsverhalten gegenüber Kranken und Sterbenden‹ bis hin zur – fast möchte man sagen: bis zum bitteren Ende – durchgehaltenen Grenzwächterfunktion reichen, brauchen diese hier nicht wiederholt zu werden.[149] Blickt man aber hinter die Kulissen jener Frontstellung

---

[147] Wesiack skizziert die historische Entwicklung der Rolle des Arztes (bzw. die Rolle desjenigen, der in einer sozialen Gruppe als ›Experte‹ für die Heilung von Gruppenmitgliedern fungiert) beginnend beim Arzt als Magier – als Schamane, medizinischer Zauberer oder Medizinmann – bis hin zum Arzt als naturwissenschaftlichem Techniker des Homo faber, wobei Wesiack im Hinblick auf die aktuellen Erfordernisse an die Arztrolle vom heutigen Arzt als ›kenntnisreichem Partner‹ spricht (Wesiack 1985, S.227; vgl. auch Wesiack 1995, S.9ff).

[148] Eher nüchtern kennzeichnet hingegen die Medizinsoziologie – in Anlehnung an Talcott Parsons – die moderne *Arztrolle* mit Hilfe der Parsons'schen pattern variables als universalistisch, funktional-spezifisch, emotional neutral und kollektivitätsorientiert (Gerhardt 1989).

[149] Denkt man die Aufklärungsproblematik bis zu jenem, vielleicht problematischsten Punkt, wo der Arzt seinem Patienten die Hoffnungslosigkeit weiterer medizinischer Behandlung eröffnet, soll – so zumindest im Idealbild und Selbstverständnis – der

zwischen Arzt und Tod, so beinhaltete die Arztrolle immer schon Rollensegmente, die sich in besonderer Weise auf das Sterben und den Tod (des Patienten) bezogen haben, und die heute ihre je eigene, dem gängigen (naturwissenschaftlichen) Rationalitätsprinzip z.T. zuwider laufende Problematik entfalten (Hartmann 1998, S.43ff):

1) Der *Arzt als Sterbe-Kundiger*:
    Anders als noch sein vormoderner Vorgänger kann der moderne Arzt heute, sobald er als ›Sterbe-Kundiger‹ bei seinem Patienten die Zeichen des nahenden Todes und damit die ›Sinnlosigkeit‹ seines Engagements erkannt hat, nicht mehr die Szene verlassen. Denn nachdem ihn der zu führende medizinische Kampf gegen den Tod gleichsam bis zum letzten Atemzug des Patienten an die Szenerie gefesselt hat, halten ihn heute zwei Aspekte über den (traditionellen) Tod hinaus fest: Zum einen die Möglichkeiten der Intensivmedizin zur Lebensverlängerung, die ihm ›die Grenze des letzten Atemzuges‹ verschwimmen läßt; zum anderen die Möglichkeit der Explantation von Organen von ›Verstorbenen‹ für einen bedürftigen Kranken, welche medizinisches Handeln nicht mehr mit dem letzten dokumentierten Erlöschen jeglicher Hirnaktivität beschließt, sondern im Gegenteil darin die Aufforderung zu weiterem medizinischen Handeln gegenüber dem jetzt als ›hirntot‹ definierten ›Patienten‹ sowie gegenüber einem weiteren Patienten – dem Organempfänger – signalisiert.[150]

---

moderne *Arzt als Sterbebegleiter* Aspekte der ehemals dafür hauptverantwortlichen Priesterrolle mitübernehmen. Der Neurologe Johannes Dichgans schreibt: „Der Arzt muß sich, wenn er sich einem solchen Gespräch [über das dem Kranken bevorstehende Sterben; Anm. d. Verf.] öffnet, aus dem Widerstand gegen die Aggression der kranken Natur bis zum letzten und mit allem Raffinement moderner Möglichkeiten in eine neue Position verfügen, in eine Position, die der Annahme von Leiden und Tod, der Ergebung, das Wort redet und versucht, diesen Erfahrungen einen Sinn zu geben." (Dichgans 1992, S.204) Die damit vom Anspruch her vollzogene Hereinnahme von zwei völlig verschiedenen, ehemals durch zwei differente Rollen abgedeckten Situationsanforderungen im Krankheitsprozeß in die Arztrolle – das Bewahren und Heilen des Lebens hier und das ›sinnhafte‹ Begleiten des Sterbens dort – kann in ihrer Fundierung des zweiten Aspektes jedoch auf keinen institutionellen Rückhalt weder im Sinne von Verhaltenssicherheit noch von Sinngewißheit bauen. Dem entsprechend wird ihre Bewältigung auf ›nicht rationalisierbare‹ Rollenkompetenzen wie ‚Persönlichkeit‹, ›reine Menschlichkeit‹ und ›(Lebens-) Erfahrung‹ zurückverwiesen (Dichgans 1992, S.205f).

[150] Kenner der Transplantationspraxis wie auch aufmerksame Leser des Transplantationsgesetzes könnten jetzt sofort einwenden, daß der behandelnde Arzt selbstverständlich nicht identisch ist mit demjenigen, der die Hirntod-Diagnostik durchführt. Laut Gesetz – und auch schon vor seiner Verabschiedung entsprechend dem ›Transplantationskodex‹ (vgl. S.170) so festgelegt – müssen zwei Ärzte unabhängig voneinander den Hirntod feststellen, die wiederum nicht mit der Organentnahme sowie mit der Organübertragung beim Empfänger befaßt sein dürfen. Auch wenn aus den theoretischen Ausführungen in Kap.3 bereits grundsätzlich klar geworden sein müßte, daß es mir nicht um die empirische Beschreibung von medizinischer Praxis

2) Der *Arzt als Toten-Kundiger*:
Nicht zuletzt vor diesem Hintergrund steht der moderne Arzt – so HARTMANN – als ›Toten-Kundiger‹, als jemand, der qua seines Wissens eindeutig und mit absoluter Sicherheit entscheiden kann, ob jemand noch lebt oder bereits tot ist, vor geradezu unlösbaren Problemen. Konkret: Wenn er beantworten soll, ob nach dem festgestellten Tod ›die Person‹ (Persönlichkeit) des ›Toten‹ noch weiter existiert (ehemals als Frage an den Priester gerichtet und von ihm mittels kollektiv geteilter Glaubensvorstellungen beantwortbar) oder – die gleiche Frage nach Leben oder Tod, nur anders formuliert – ob nach Erlöschen der klinisch und apparativ nachweisbaren Hirnfunktionen ein Noch-Lebender oder ein Schon-Toter, also ein Leichnam, künstlich beatmet und herz-kreislaufstimuliert wird. Da hier zu dem einen Fall keine (medizinische) Schul- oder Lehrmeinung existiert bzw. im anderen Fall hierüber nicht einmal innerhalb einer Glaubensgemeinschaft wie z.B. der christlichen Übereinkunft herrscht (Hartmann 1998, S.49), bleibt als Konsequenz: Die Frage nach Leben und Tod kann nicht (mehr) der moderne Arzt (als Arzt mit seiner gesicherten naturwissenschaftlichen Erkenntnis- und Wahrheitsmacht im Rücken) beantworten, sie wird tendenziell (wieder) zur ausschließlich gesellschaftlich zu lösenden Glaubens- und Wertefrage.

Doch worauf gründen diese Komplikationen? Wie erkennt der Arzt den bevorstehenden und den eingetretenen Tod? Auf welches Wissen vom Tod greift er als Sterbe- wie Toten-Kundiger zurück?

Todeszeichen – Das Wissen um den Tod

Noch aus dem ›Corpus Hippocraticum‹ stammt ein Erkenntnis-Schema (›Facies Hippocratica‹), das die vor allem auch aus ärztlicher Sicht drängende Frage nach dem bevorstehenden Tod eines Menschen zu bestimmen sucht, wobei – ein nicht unwichtiger Aspekt – grundsätzlich jeder Mensch zu der Erkenntnis des nah bevorstehenden Todes befähigt ist (ganz so wie in der bis heute gängigen Alltagsvorstellung prinzipiell jeder Mensch ›instinktiv‹(?) einen toten von einem lebenden Körper unterscheiden kann). Die Stelle am Körper des Kranken, an der sich am deutlichsten der nahende Tod zu erkennen gab, war in diesem ›Todes-Wissen‹ das Gesicht:

„In akuten Krankheiten muß man auf folgendes achten: zuerst auf das Gesicht des Kranken, ob er demjenigen gesunder Menschen gleicht, vor allem aber, ob er sich selbst gleich sieht. So wäre es am günstigsten; am schlimmsten aber wäre die größte Unähnlichkeit. Dann sieht es so aus: spitze Nase, hohle Augen, eingesunkene Schläfen, die

---

geht, sondern um die Analyse der Diskursformation ›Hirntod‹, sei hier noch einmal ausdrücklich darauf hingewiesen: Gemeint ist nicht der Arzt in persona, sondern die Arztrolle als soziokulturelles Konstrukt und ihre möglichen Bedeutungsverschiebungen.

Ohren kalt und zusammengezogen, die Ohrläppchen abstehend, die Haut im Gesicht hart, gespannt und trocken." (cit. nach Hartmann 1998, S.45)

Den eindeutigen Bezugspunkt für das Erkennen des nahenden Todes bildet hier (noch) das Subjekt in seiner je eigenen Erscheinung, und zwar sowohl in seiner Beziehung zu anderen Subjekten (kranken oder gesunden) wie auch in seiner Beziehung zu sich selbst (ein mit sich selbst Identisch-sein, welches erst der nahende Tod auflöst, indem er das Subjekt bzw. den individuellen Körper vom Selbst entfremdet). Der kommende oder ausbleibende Tod läßt sich demnach wahrnehmen als *graduelle Ähnlichkeiten und Differenzen im Ausdruck des Selbst und zwischen ihm und den Anderen*, festgemacht an der *Oberfläche* des Körpers, an der ›Außenhaut‹, dort wo sich soziale Bezüge herstellen und manifestieren.[151]

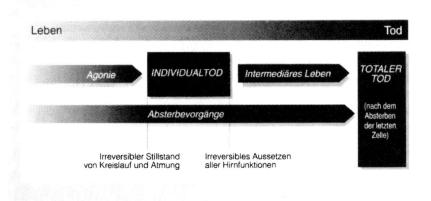

Abb.12: Die moderne Absterbe-Ordnung (entnommen aus Schlake & Roosen o.J., S.11)

Stellen wir dieser Todesmetapher die moderne Sichtweise, wie sie uns die heutige Medizin lehrt (vgl. auch Brinkmann 1986, S.118ff), zur Seite. Der Mediziner Fritz HARTMANN erläutert:

„Wie es zwischen gesund und krank, heilbar und chronisch, keine scharfe, feststellbare und vorhersagbare Grenze gibt, so auch nicht zwischen wahrscheinlichem Überleben und sicherem, unumkehrbaren Sterben in lebensbedrohlichen Krankheitslagen. Zwar geben laufende Kontrollen vitaler Meßwerte Anhaltspunkte für die wahrscheinlichen Verläufe; aber größer als 95 bis 98% ist die Voraussage des Sterbensendes als Lebensende nicht. Noch unsicherer sind die Voraussagen über Zeitpunkte. Der sogenannte »Zeit-Punkt des Todes« ist in Wirklichkeit ein Zeitraum, in dem Sterben im anthropologischen und Absterben im biologischen Sinne sich überschneiden. Bei äußeren und inneren Vergiftungen sterben Zellen in empfindlichen Organen schon ab, auch wenn

---

[151] Für eine knappe Übersicht zu Todesvorstellungen und Todeszeichen von der Antike bis in die Neuzeit vgl. z.B. Mayer (1998, S.1ff).

Herz und Lunge noch tätig sind. Sinken deren Leistungen aber unter kritische Werte, z.B. des Blutdrucks, dann sterben Zellen sauerstoffbedürftiger Organe wie des Gehirns ab; je sauerstoffbedürftiger eine Zelle oder ein Organ ist, um so eher sterben diese ab, um so kürzer ist die Zeit für Revitalisierung, z.b. beim Herzinfarkt oder Schlaganfall. Beim Angina-pectoris-Anfall gehen Herzmuskelzellen erst nach Stunden der Sauerstoffnot zugrunde. Bei Durchblutungsstörungen im Gehirn ist die vorübergehende Sauerstoffnot, die sogenannte transitorische ischämische Attacke, noch kein Schlaganfall; bei rechtzeitiger Wiederdurchblutung und Sauerstoffzufuhr erholen sich die Gehirnzellen wieder. Andererseits sind nicht alle Organe und Gewebe abgestorben, wenn Gehirn, Herz und Lunge ihre Arbeit eingestellt haben. Nach einer Absterbe-Ordnung sterben die Zellen des Körpers vor und nach dem Tod. Das setzt sich über Tage und Wochen fort. Noch länger dauert die Verwesung als Selbstauflösung, Autolyse der Zellen durch ihre eigenen, die Bausteine des Lebens auflösenden Enzyme – immer noch ein Lebensvorgang; denn Selbstauflösung von Zellen ist ein biologisches Geschehen, um verbrauchte Zellen zu beseitigen, neuen Platz zu schaffen. Und wie lange die Makromoleküle unseres je einmaligen genetischen Programms noch reproduktionsfähig erhalten bleiben, ist eine zu manchen Spekulationen und Visionen anregende Frage." (Hartmann 1998, S.44)

Was in diesem längeren Zitat dem Laien recht eindrucksvoll gegenübertritt, ist die nahezu komplette Beschreibung der *modernen menschlichen ›Absterbe-Ordnung‹*, deren Metaphorik zu kennzeichnen ist als ein durch die Zeit fortschreitender, meßbarer und (zumindest stochastisch) kalkulierbarer, naturwissenschaftlich verstehbarer biologischer Prozeß, welcher die körperliche Existenz auf einer Zell- und Organebene fixiert (vgl. auch Patzelt 1998, S.18ff; die bildhafte Repräsentation *dieser* Todesmetapher des ›modernen menschlichen Absterbens‹ illustriert Abb.12, S.144). Der Blick auf den Sterbenden ist von seiner Körperoberfläche in sein Körperinneres gewandert, keine Rede mehr ist von Ähnlichkeiten oder Differenzen zwischen einem lebenden und sterbenden Selbst, zwischen einem Selbst (als Subjekt) und den Anderen, es geht um Wahrscheinlichkeiten und Unsicherheiten komplexer organischer Systemprozesse auf unterschiedlichsten physiologischen Ebenen.[152]

---

[152] Vielleicht mit am eindrucksvollsten hat Thomas Mann – mit Bezug auf das Totentanz-Thema vom ›Tod und dem Mädchen‹ und sozusagen im Rahmen eines ›modernisierten Vanitas-Bildes‹ – im ZAUBERBERG [1982, S.357f] das hinter dieser modernen Todesmetapher stehende ›Menschenbild‹ literarisch umgesetzt, wie insgesamt die von Mann teils für die Moderne recht subtil adaptierte Motivik des Totentanzes mehr oder weniger offenkundig den ganzen Roman durchzieht (Kaiser 1995, S.102ff). In der imaginären Begegnung zwischen Hans Castorp, der sich durch eine Reihe von wissenschaftlichen Werken ›der Anatomie, Physiologie und Lebenskunde‹ gearbeitet hat, und ›dem Bild des Lebens‹, das sich ihm ›in der vom Schein des toten Gestirns erhellten Frostnacht‹ als Fülle organischer Bestandteile und physiologischer Wechselbeziehungen offenbart, formt sich für Castorp für einen flüchtigen Moment das zum ›Leben‹ gehörende Subjekt: das Bild der schönen nackten Frau; – jedoch nur, um sich gleich darauf wieder „in das Miteinander der Detailfunktionen" biochemischer Prozesse und Organfunktionen aufzulösen (Kaiser 1995, S.106).

Einen wichtigen – allerdings in der heutigen Hirntod-Kontroverse fälschlicherweise als ›historische Referenz‹ zitierten (vgl. Métraux 1998)[153] – Meilenstein einer solchen Sicht des Menschen und seines Todes bildet jene 1800 unter dem Titel ›Recherches physiologiques sur la vie et la mort‹ veröffentlichte Schrift des Pariser Arztes und Anatoms Xavier BICHAT, in der er das Leben als ›l'ensemble des fonctions qui resistent à la mort‹ – d.h. als das lebenserhaltende Zusammenspiel der Funktionen von Zellen, Geweben, Organen, Führungssystemen definiert wird (vgl. auch Foucault 1988c, S.156ff). Die von ihm getroffene zentrale Unterscheidung von animalischen und organischen Leben – ersteres beheimatet im Gehirn als Empfindungs- und Bewegungsvermögen und im Schlaf ruhend; letzteres als Stoffwechsel von Atmung und Kreislauf bestimmt und mit Sitz in Gewebe und Organen mit materialen und vitalen Eigenschaften – unterliegt bis heute unserem Verständnis von Leben und Tod:

„Die vitalen [Eigenschaften; Anm. d. Verf.] sterben nach dem Erlöschen des animalischen Lebens nach einer Absterbeordnung ab; der Leichnam verwest, löst sich auf, fault. Die materialen Eigenschaften wie Festigkeit, Elastizität, Säureresistenz können Jahrtausende überdauern: Knochen, Zähne, Haare. Wenn Atmung und Herz versagen, stirbt das Gehirn. Hört die Atmung auf, sterben Herz und Hirn. Arbeitet das Herz nicht mehr, verliert die Atmung ihre Funktion. Fällt das Gehirn als ganzes aus, dann können auch Atmung und Kreislauf nicht fortbestehen." (Hartmann 1998, S.45)

Wenn auch die Fortführung des BICHAT'schen Schemas mittlerweile in eine etwas andere Begrifflichkeit mündet, in der das Anthropologische die Erweite-

---

[153] So nehmen z.B. Hans-Peter Schlake und Klaus Roosen in ihrer, von der DEUTSCHEN STIFTUNG ORGANTRANSPLANTATION (DSO) herausgegebenen und von der BUNDESZENTRALE FÜR GESUNDHEITLICHE AUFKLÄRUNG geförderten Informationsschrift ›Der Hirntod als Tod des Menschen‹, die dem interessierten Laien einen Überblick zur Hirntod-Problematik liefern soll und für das Hirntod-Konzept wirbt, ausdrücklich auf Bichat Bezug: Mit seinem „dezentralisierten Konzept von Leben und Sterben hat Bichat in bemerkenswerter Weise heutigen Vorstellungen vorgegriffen; er prägte als erster den Begriff ›Hirntod‹." (Schlake & Roosen o.J., S.10) Auf die aus einem genaueren Blick auf die Quellen resultierende Unhaltbarkeit einer solchen historisch argumentierenden ›Kontinuitäts-Rhetorik‹ – detailliert mit Blick auf Bichat belegt dies Alexandre Métraux (1998) – und ihre Funktion in der Hirntod-Kontroverse hat Thomas Schlich (1999, S.81ff) hingewiesen: Sie diene auf Seiten der Befürworter des Hirntod-Kriteriums der ›Naturalisierung‹ der eigenen Position in dem Sinne, als daß mit der aktuellen Hirntod-Definition lediglich fortgeschrieben werde, was als eine Art „Naturzustand der Todesbestimmung" schon immer existierte. Dem entgegen verweisen die Gegner auf den radikalen Bruch mit dieser Vergangenheit, indem das Hirntod-Kriterium eine überlieferte ›natürliche Ordnung‹ des Herztodes umdefiniere. Beide Positionen sind nach Schlich Beispiele dafür, wie historische Argumente – ohne hinreichende Belege – zur Legitimierung der je eigenen Position eingesetzt werden: „Zur Verteidigung des Hirntodes findet man also häufig eine Betonung von Kontinuitäten, mit der daraus folgenden Naturalisierung. Kritik dagegen wird wirksamer, wenn man den Bruch mit der Vergangenheit betont und damit das Hirntod-Konzept als widernatürliche und willkürliche Setzung darstellt." (ebd., S.82) (vgl. hierzu ausführlicher Kap.4.2.3.1 und 4.2.3.2).

rung des Animalischen um das typisch Menschliche (aufrechte Haltung, Gang, Händigkeit, Sprachlichkeit, Geschichtlichkeit) darstellt, während das Biologische in etwa mit dem organischen identisch wäre, bleibt die Grundlogik erhalten: die *Differenz zwischen anthropologischen und biologischen Totsein* (ebd., S.45; vgl. auch List 1995, S.129ff).

Insofern stirbt der Organismus also nicht auf einmal, sondern zellgruppenweise und in einem genau festgelegten Wechselverhältnis. Und tot wäre ein Körper streng genommen erst dann, wenn ›die letzten Lebensäußerungen‹ seiner ›Substanz‹ beendet sind, was letztlich bedeutet, daß wir nach dem heutigen physiologisch-biologischen Kenntnisstand auf den Friedhöfen dauernd ›nichttote‹ menschliche *Körper* beerdigen oder verbrennen in der Gewißheit, *der Mensch* ist tot. Das eigentliche Problem dabei besteht heute in den, zumindest für einen gewissen Zeitraum möglichen, unabhängig voneinander weiter vorhandenen verschiedenen Vitalfunktionen (Herztätigkeit, Atemfunktion), die auf der anderen Seite ja gerade die Tür für intensivmedizinische Lebensrettungsmaßnahmen bilden. Auch wenn die moderne Medizin (z.B. in medizinischen Lehrbüchern) zugesteht, daß die Frage, wann jemand als tot zu betrachten sei, durchaus infolge der Komplexität des menschlichen Körpers schwierig zu beantworten sei, tangiert dies das grundsätzliche medizinische Verständnis von Sterben und Tod nur wenig: Der Sterbensprozeß als ein rein bio-physiologischer Vorgang läuft nach naturwissenschaftlichen Gesetzmäßigkeiten ab; der Tod bedeutet das Ende des Lebens für den Gesamtorganismus, gekennzeichnet durch das Aufhören sämtlicher Organfunktionen. Insofern basiert unsere *Gewißheit*, mit der wir das Risiko der unsicheren Bestimmung von ›lebendig oder tot?‹ bewältigen und hier weiterhin unsere Toten beerdigen, weil ›der Mensch‹ gestorben ist, und dort mit intensivmedizinischen Maßnahmen eingreifen, weil vitale Organfunktionen ausgefallen sind, auf jener *kulturell* akzeptierten Differenz zwischen ›dem Menschlichen‹ und der ›reinen Biologie‹, die paradoxerweise ihre ›*Sicherheit*‹ eben ausschließlich und explizit aus der reinen Biologie (Natur) schöpft.

Um den Kern dieser, bis in die jüngsten Diskussionen im Rahmen der Hirntod-Debatte reichenden (und deshalb in Kap.4.2 auch noch weiter zu diskutierende) Differenz verstehen zu können, müssen wir noch einmal kurz auf jene schon beschriebene, mit der Aufklärung einhergehende, neue Codierung von Krankheit durch die sich entwickelnde moderne Medizin zurückgreifen.

Der ärztliche Blick auf den toten Körper

Nach Michel FOUCAULT, dessen historische Studie zur ›Geburt der Klinik‹ im wesentlichen den eng begrenzten Zeitraum von der Mitte bis zum Ende des 18. Jahrhunderts umfaßt, markiert jene Epoche deshalb eine entscheidende Wendung in der abendländischen Geschichte, weil nicht zuletzt infolge einer dort zu verortenden Transformation der Beziehung des Sichtbaren zum Unsichtbaren zum ersten Mal „das konkrete Individuum der Sprache der Rationalität erschlossen wurde" (Foucault 1988c, S.12). Das meint: Der Körper des kranken

Menschen wurde deckungsgleich mit dem ›Körper der Krankheit‹ (mit ihrem Ursprung und ihrer Ausbreitung). Allerdings: Die Krankheit ist nicht mehr *am* Körper des Kranken festzumachen, sondern sie gilt es *im* Körper des Kranken zu entschlüsseln (vgl. hierzu z.B. auch Duden 1987, 1991). Damit ist klar, daß der eigentliche Schlüssel zu jenem (in Kap.4.1.2 nachgezeichneten) neuen Verständnis von Krankheit nur in der Pathologie, im *Blick auf (bzw. in) den toten Körper* liegen kann – so z.B. exemplarisch formuliert in der Aufforderung BICHATs: „Öffnen Sie einige Leichen: alsbald werden Sie die Dunkelheit schwinden sehen, welche die bloße Beobachtung [des Kranken; Anm. d. Verf.] nicht vertreiben konnte." (cit. nach Foucault 1988c, S.160f, vgl. Abb.13)[154]

Abb.13: „Die Nacht der Lebendigkeit weicht vor der Helligkeit des Todes." (Foucault 1988c, S.161) [*Rembrandt, »Anatomische Vorlesung des Dr. Tulp«, 1632*] (entnommen aus Beck 1995, S.145)

Dieser Blick basiert zumindest auf zweierlei. Zum einen wird jetzt die einst ›verborgene Krankheit‹ vom Mediziner ans Licht geholt, dessen ehemals ›prüfender Blick‹ nun nicht mehr das weite Feld der vom Kranken berichteten und vom Arzt nur an den äußeren Erscheinungen wahrnehmbaren Symptomatiken erkunden muß, um die dahinter stehenden Krankheiten mittels eines komplexen ›nosologischen Tableaus‹ zu identifizieren; – ein Tableau, welches auf den Polyvalenzen von mehr oder weniger analogen Wesenheiten ›der Krankheit‹ mit nahen und fernen Bedingungsmöglichkeiten, davon kaum unterscheidbaren

---

[154] Auch wenn die historische Tradition der Leichenöffnung selbstverständlich viel weiter als bis in das 18. Jahrhundert zurückreicht (vgl. z.B. Amann 1996, S.53ff), gewinnt Foucault zufolge die pathologische Untersuchung der Leiche erst in wechselseitiger Verbindung mit einem *klinischen* Blick auf den kranken Körper ihre neue, grundlegende Bedeutung in der Medizin und darüber hinaus: Der Tod verwandelt sich durch diesen ärztlichen Blick vom ehemals ›ganz Anderen‹ zum ›Teil des Lebens‹, der in und durch Krankheit, Vergänglichkeit etc. ›das Wesen des Menschen‹ dem wissenschaftlichen Blick offenbart (Foucault 1988c, S.137ff; vgl. auch Manzei 1997, S.33ff, Nassehi 1995, S.210ff, Schadewaldt 1994, S.202ff, Turner 1992, S.196ff).

Folgen und vom Arzt zu deutenden Ähnlichkeiten oder Differenzen beruht (ebd., S.20ff). Vielmehr ist der Arzt jetzt in der Lage, mit einem ›erspähenden Blick‹, der sich geradlinig auf ›das Wesentliche‹ konzentriert, weil er gleichsam ›durch‹ das sinnlich Wahrnehmbare hindurch sich auf die in der beobachtbaren Symptomatik verborgenen Ursachen-Wirkungs-Ketten richtet, von dieser manifesten Symptomatik auf die Krankheit zu schließen (ebd., S.122ff).

Zum anderen geht damit ein Körperbild einher, welches den Körper einerseits zwar objektiviert, ihn wie in dem bekannten cartesianischen Bild zur Maschine verwandelt (Herzlich & Pierret 1991, S.117ff), ihn aber gleichzeitig auch zum (allein) gültigen ›Wahrheitsträger‹ der Krankheit wie des Todes befördert.[155] Denn in dieser Transformation des ärztlichen Blicks auf Leben und Tod gründet nicht nur jenes moderne säkularisierte Krankheitsverständnis, sondern damit geht gleichsam eine veränderte Erkenntnisweise des ›(medizinischen) Weltzugriffs‹ einher:[156]

---

[155] Rolf Winau skizziert einen Entwicklungsbogen zur Entdeckung des Körpers in der Medizin – dabei wie in einer herkömmlichen Geschichtsschreibung ganz einzelnen Protagonisten und ihrem jeweils ›neuen Denken‹ verhaftet –, der zum einen von Vesal über Paracelsus und Descartes reicht, die erst den Boden bereiteten für jene Körperauffassung der modernen Medizin, die zum anderen dann von Morgagni über Bichat bis zu Virchow den kranken Körper in einem zunehmend mikroskopisch fokussierenden Blick nimmt (Winau 1983, S.209ff). Sein medizinkritisches Fazit lautet: „Krankheit wird (...) gesehen als Defekt einer Maschine, die möglichst adäquat repariert werden muß. Der Körper wird dabei weit über die Cartesianische Maschinentheorie hinaus reduziert auf ein technisch funktionierendes Gebilde von Einzelteilen. Da das Funktionieren dieser Einzelteile kompliziert ist und zu ihrer Reparatur immer größeres Detailwissen gehört, gibt es für jedes Einzelteil einen Spezialisten, der die gesamte Maschine gar nicht mehr kennt. Der Körper als Ganzes ist der iatrotechnischen Medizin aus dem Blick geraten. Er hat sich aufgelöst in Organe, Organteile und Funktionen." (Winau 1983, S.224; vgl. dazu auch Ridder 1996, Roloff 1983, S.97ff) Ähnlich auch bei Herzlich & Pierret: „Heute trägt die moderne Vorstellung vom Körper als Maschine dazu bei, aus dem Körper den stummen und gewissermaßen neutralisierten Sitz einer von der Medizin kontrollierbaren Krankheit zu machen." (Herzlich & Pierret 1991, S.94) Allerdings scheint mir die hier als ›stumm‹ gekennzeichnete ›Neutralisierung‹ des Körpers eher irreführend, da es doch gerade der Körper (und nicht mehr der Kranke selbst) ist, durch dessen Symptomatik – als Zeichen des ›Sichtbaren‹ – die Krankheit – als das Unsichtbare – zum Arzt ›spricht‹ (vgl. auch Foucault 1988c, S.177ff). Wie sich infolge dieser Neupositionierung des kranken Körpers mittels technisch mediatisierter Symptomidentifikationen durch den Arzt das gesamte Arzt-Patienten-Gefüge verändert, zeigt überzeugend Jens Lachmund in seiner historischen Analyse zur ›Erfindung des ärztlichen Gehörs‹ mittels Stethoskop, welches das Ohr des Arztes vom Sprechen des Patienten, von seiner Schilderung der Krankheit, die ihn befallen hat, weg und hinein in den Körper richtet (Lachmund 1992, S.235ff).

[156] Deshalb kann Foucault in Vorbereitung zu seiner Kritik der Humanwissenschaften, die er dann in der ›Ordnung der Dinge‹ (Foucault 1988d) betreiben wird, bereits in der ›Geburt der Klinik‹ resümieren: „Es ist von entscheidender Bedeutung für unsere Kultur, daß ihr erster wissenschaftlicher Diskurs über das Individuum seinen Weg

„(...) man mußte den Kranken in einen kollektiven und homogenen Raum stellen. Man mußte auch die Sprache einem ganz neuen Bereich öffnen: dem Bereich einer konstanten und objektiv fundierten Korrelation zwischen dem Sichtbaren und dem Aussagbaren. Ein absolut neuer Gebrauch des wissenschaftlichen Diskurses wurde damit definiert: eine unbedingte Treue gegenüber den Nuancierungen der Erfahrung – man sagt, was man sieht; aber auch eine Begründung und Konstituierung der Erfahrung – man macht sichtbar, indem man sagt, was man sieht; man mußte die Sprache auf jenem anscheinend sehr oberflächlichen, in Wirklichkeit aber tiefen Niveau ansiedeln, auf dem die Beschreibungsformel zugleich Enthüllungsgeste ist. Und diese Enthüllung machte ihrerseits den diskursiven Raum des Leichnams zur Ursprungs- und Manifestationsebene der Wahrheit: das entschleierte Innere." (Foucault 1988c, S.206f)

In diesem neuen Blick auf den Tod macht sich – so FOUCAULT – der moderne Mensch nicht nur selbst zum Objekt, sondern vor allem zum (einzigen) Subjekt ›wahrer Erkenntnis‹. Doch trotz oder besser: gerade infolge dieses, das Innere entschleiernden pathologischen Blicks steht der Blick auf den Körper des Anderen nach wie vor – und jetzt nur noch um ein vielfaches verkomplizziert – vor dem Problem des Unterscheidens von tot oder lebendig, weil die ›Wahrheit‹ des Körpers auch eine trügerische sein kann:

„In den Hafenstädten bilden sich in den 70er Jahren des 18. Jh.s Lebensrettungsgesellschaften; Verordnungen schreiben Wiederbelebungsmaßnahmen vor, bevor nunmehr die Ärzte und nicht mehr Angehörige oder der Priester den Tod bestätigen müssen. Den bekannten Zeichen des Totseins, Herz- und Atemstillstand, Leichenstarre, Totenflecken wurde die Nicht-Erweckbarkeit durch Geruchsreize, z.B. Tabakrauch, Sauerstoffbeatmung mit Blasebälgen, elektrische Stromstöße in der Herzgegend hinzugefügt. Die Leiche wird 3 Tage in geheizten und bewachten Leichenhäusern aufbewahrt, um die Beerdigung Scheintoter zu verhindern." (Hartmann 1998, S.38)

Halten wir uns den hier mit den letzten beiden Kapiteln skizzierten Zusammenhang zwischen dem ärztlichen Blick auf den kranken Körper, der seine ›Wahrheit‹ aus dem toten Körper schöpft, und dem modernen Subjekt in seiner gesellschaftlichen Situation noch einmal vor Augen: Der moderne ärztliche Blick auf die Krankheit nimmt seinen Anfang als Blick des ›Leichenbeschauers‹ in den Sektionssälen der Pathologen, richtet sich dabei konsequent mikroskopisch fokussierend auf das Körperinnere und reicht trotzdem oder gerade deswegen bis zu den gesundheitsgefährdenden Lebensverhältnissen in den Arbeitersiedlungen der Industriestädte und den gesundheitsorientierten Lebensstilvorgaben der fortschreitend individualisierten Moderne.

über den Tod nehmen mußte." (Foucault 1988c, S.207; vgl. auch Weber 1994, S.207ff). Ähnlich argumentiert auch Elisabeth Bronfen in ihrer kulturhistorischen Studie über den Zusammenhang von Weiblichkeit und Tod im Bild ›der weiblichen Leiche‹: Ab Mitte des 18. Jahrhunderts geht es gleichsam in einem epistemologischen Sinne um die Frage, wie man sich mit Blicken die Welt aneignet und wie das Betrachten des Todes eines anderen vorgibt, Erkenntnisse über den eigenen Tod und über die Welt jenseits des Todes vermitteln zu können (Bronfen 1987, 1994; vgl. dazu kritisch auch Kaiser 1995, S.116ff).

4.1.4. Die moderne Ordnung des Todes: Todes(un)sicherheit und Sinnungewißheit

Für eine zusammenfassende Rekonstruktion des modernen Todesdispositivs und seiner modernisierungstheoretischen Verortung als ›moderne Ordnung des Todes‹ bedarf es jetzt einer Verknüpfung der drei, in den bisherigen Ausführungen in historischer Perspektive seit Beginn der Neuzeit verfolgten Diskursstränge. Die drei Diskursstränge sind: erstens, die allgemeinen Transformationen von Tod und Sterben und der damit verbundene Wandel des Weltbildes; zweitens, die Säkularisierung der Krankheit und die damit einhergehenden Verschiebungen in der symbolischen Praxis von Leiden und Heilen; sowie drittens das den medizinischen Bereich kennzeichnende moderne Sterbe- und Todeswissen mit seinen normativen Vorgaben und seinem grundlegenden Erkenntnisprinzip.

Der moderne Totentanz

Sicher ist dem modernen Menschen jenes traditionelle Memento mori, wie es z.B. noch Johann VOGELs »Icones mortis« zeigen (vgl. Abb.8, S.116), im wesentlichen nur mehr durch die Deutungen der Historiker vertraut. Der Tod – so zumindest lautet die vorherrschende ›moderne‹ Deutung im ›Blick zurück‹ – war gezähmt durch die (auch) mit dem Totentanz symbolisierte Vergänglichkeit aller Menschen, die jedem, gleich welchem Stand er oder sie angehörte und unbeachtet seiner je eigenen Lebensumstände, eine ewig dauernde moralische Existenz ›im Guten‹ verheißen oder endgültige Verdammnis ›im Bösen‹ ankündigen konnte. Dieses galt es zu erkennen und damit das Sterben zu ertragen. Und das für das Subjekt im Hier und Jetzt erfahrbare Leiden gewann gerade in dieser Verheißung auf den Tod hin und auf das, was er eröffnete, seinen Sinn. – Auch wenn an diesem Bild noch weitere historischen Differenzierungen notwendig sein mögen, so durchzieht jedenfalls eine solche Vorstellung zu Krankheit, Sterben und Tod als kollektiv geteiltes Mentalitätsmuster heute gewiß nicht mehr unseren Alltag.

Wir, als moderne Menschen, – so zumindest die Botschaft im ›Blick auf das Hier und Jetzt‹ – sind es gewohnt, den Tod vom diesseitigen Leben her – genauer: vom je eigenen Leben – zu betrachten: „Der Tod – nicht als Übergang, sondern als Ende, und zwar als absolutes und unerbittliches Ende – entsteht erst mit und in der Existenzform des eigenen Lebens." [Herv. im Orig.; Anm. d. Verf.] (Beck, U., 1995, S.172)[157] Dieses eigene Leben, das nun in einem ande-

---

[157] Auch hier verdanke ich Alois Hahn einen wichtigen Hinweis, der auf die grundlegende Differenz aufmerksam macht zwischen einem – im Beck'schen Sinne – individualisierten ›eigenen Leben‹, bestimmt durch diesseitige Wahlchancen/-zwänge und zum ›unerbittlichen Ende‹ gebracht durch den ›eigenen Tod‹, und einem ›eigenen Leben‹, dessen ›Einzigartigkeit‹ aus „unerbittlich verantwortungspflichtigen Entscheidungsverkettungen entspringt, auf die man per saecula saeculorum festgelegt wird". Der Tod erscheint in diesem Sinne einem vormodernen Verständnis viel-

ren, vielleicht radikaleren Sinn ›vergänglich‹ ist, weil es alle Gewißheiten seiner Transzendenz verloren hat, gilt es, gerade weil es trotzdem seinem sicheren Tod entgegengeht, so lange wie möglich vor dem Sterben zu bewahren.

„Je eigener und einzigartiger das Leben, desto unersetzbarer. Der Preis für weit vorangetriebene Individualisierung ist eine durch nichts gemilderte Konfrontation mit der eigenen Vergänglichkeit. Das einzigartige Leben macht dieses kostbar, aber auch in sich zerbrechlich. Es kann in nichts und niemanden fortleben: Das eigene Leben endet mit sich selbst." (ebd., S.172)

Und insoweit liegt uns womöglich (und sofern wir es überhaupt wahrnehmen) auch das ›modernisierte‹ Memento mori des HEIDELBACH'schen kleinen dicken Todes näher (vgl. Abb.7, S.114), der, statt einer kollektiven Festivität, *seinen* Tanz allein über den Gräbern der anderen Toten vollführt, was uns vielleicht sogar ›sympathischer‹ vorkommen mag, weil es über den locker swingenden Balanceakt hinweg jene ›ungezähmte‹ Absolutheit und Unerbittlichkeit des *eigenen* Lebensendes fast schon wieder vergessen läßt. Doch die Musik, nach der der Tod heute tanzt, scheint nicht mehr die seine zu sein, das Programm kommt aus dem Radio. Tanzt der moderne Tod somit als Schlußpunkt des Lebens um seiner selbst Willen zur fremden Musik, deren Programmgestalter wir nicht mehr kennen und die uns letztlich auch nicht mehr interessieren? Rekapitulieren wir hierzu kurz die Eckpfeiler des mit dieser Totentanz-Motivik illustrierten modernen Todesdispositivs (vgl. Abb.14, S.153).

Die Eckpfeiler des modernen Todesdispositivs

Die Ablösung einer ›traditionalen Weltordnung‹, in der das vormoderne Subjekt durch seine natürliche Existenz eingebunden und dem göttlichen Willen unterworfen war, durch eine Weltordnung, die in ihrem Kern eine diesseitige, *durch menschliche Vernunft zu gestaltende Gesellschaftsordnung* begründete, ging einher mit der Konstituierung des *modernen Subjekts als Individuum* – in unserem Kontext festzumachen an einer zunehmend säkularisierten Lebensführung, deren Endpunkt der *eigene Tod*, das je *individuelle Sterben* markiert. Das *Leben*, vormals diesseitig als zeitlich begrenzt und jenseitig als ewig gedacht, reduzierte sich im Verlauf der historischen Entwicklung zur modernen bürgerlichen Gesellschaft auf das Diesseits mit der dortigen Erfüllung der ›*Verheißungen der Moderne*‹.[158] *Krankheit* und das damit verbundene *Leiden* hingegen

---

leicht als ein viel ›unerbittlicheres‹ Ende, weil er jeder Wahl ein Ende bereitet, indem er den einzelnen für die Ewigkeit auf ein nur für ihn (weil auch durch ihn) bestimmtes Jenseitsschicksal festlegt (vgl. Fußnote S.120).

[158] Klaus Wahl hat mit seinem Schlagwort von der ›Modernisierungsfalle‹ die im Zuge der Entwicklung zur modernen bürgerlichen Gesellschaft sich durchsetzenden ›Verheißungen‹ analysiert, die sich als ›Dreigestirn‹ umschreiben lassen, bestehend aus einem neuen Menschenbild (das autonome, selbstbewußte, mit Menschenwürde ausgestattete Subjekt), dem allgemeinen Fortschritt in Wissenschaft, Technik, Wirtschaft und Gesellschaft sowie einem neuen Familienmodell (die Liebesehe und das

verloren ihre traditionale Sinn-Verbindung zum Sterben und damit zum Jenseits, statt dessen repräsentieren sie im Zuge der Durchsetzung aufklärerischen Denkens die Defizite des Diesseits – der gesellschaftlichen Organisation oder der individuellen Lebensführung – und werden dadurch prinzipiell kontingent, tragen die Aufforderung ihrer Vermeidung und Beseitigung in sich, wofür vor allem der institutionelle Bereich der modernen Medizin verantwortlich zeichnet. Der *Tod* selbst schließlich kann nichts mehr verheißen, bestenfalls noch im Tod des Anderen etwas mitteilen, was der möglichen Vermeidbarkeit des je eigenen Todes dienlich scheint.

Abb.14: Leben – Leiden – Sterben – Tod: das moderne Todesdispositiv

	Traditionales Weltbild gekennzeichnet als gegebene göttliche Ordnung von Diesseits und Jenseits	*modernes Weltbild* gekennzeichnet als vom Menschen gestaltbare Gesellschaftsordnung
Leben	umfaßt die diesseitige, zeitlich begrenzte sowie die jenseitige, ewige Existenz mit ihrer dortigen Erlösungsverheißung	umfaßt die diesseitige Existenz, orientiert an der individuellen Verwirklichung der Verheißungen der Moderne im ›eigenen Leben‹
Leiden (Krankheit)	wird als Prüfung verstanden und dient der Vorbereitung der moralischen Existenz im Jenseits	verweist auf die Defizite individueller oder kollektiver Existenz einschl. der gleichzeitigen Aufforderung zu deren Vermeidung oder Beseitigung
Sterben	das ›gute Sterben‹ dient wie das Leiden zur Vorbereitung auf die jenseitige Existenz; das ›schlechte Sterben‹ ist das unvorbereitende, weil plötzliche Sterben (Bezugsrahmen: jenseitige Existenz)	wird als biologischer Vorgang verstanden; das ›gute Sterben‹ verläuft schnell und plötzlich, das ›schlechte Sterben‹ langsam und qualvoll (Bezugsrahmen: diesseitige subjektive Erfahrung)
Tod	Durchgangsstadium, symbolisiert Vergänglichkeit und Erlösung oder Verdammnis	Endpunkt des Lebens

---

Familienglück im Zuge der Durchsetzung der bürgerlichen Kleinfamilie als Ideal). Die ›Falle‹ liegt nun darin, daß die Erfüllung dieser Verheißungen – die gleichsam als ›Mythos der Moderne‹ fortexistieren – in ihrer ›realen Geschichte‹, d.h. in der erfahrenen Alltagspraxis der modernen Subjekte, nicht bruchlos eingelöst wurden bzw. im Zuge fortschreitender Modernisierungsprozesse immer brüchiger wurden und werden (Wahl 1990). Konkretisiert für unseren Kontext bestünde jene ›Modernisierungsfalle‹ also darin, daß die Einlösung der ›Versprechungen‹ von Gesundheit, Jugendlichkeit, Vitalität etc., deren Verwirklichung die Medizin garantiert, mit dem medizinischen Fortschritt selbst immer fragwürdiger wird – z.B.: Die Lebenserwartung der Menschen steigt zwar, damit verbringen aber auch immer mehr Menschen einen subjektiv gesehen immer größeren zeitlichen Anteil ihres Lebens jenseits von Jugendlichkeit, Vitalität etc. z.B. im Zustand von mehr oder weniger ernster Krankheit (vgl. hierzu z.B. Krämer 1989, 1993).

Wenn wir diese Beschreibung jetzt reformulieren, indem wir dabei die wichtigen typischen ›Akteure‹ – der Kranke, der Sterbende, der Tote, der Priester und der Arzt – einsetzen, erhalten wir Hinweise darauf, wie sich das moderne Subjekt als (krankes, sterbendes oder totes) Individuum innerhalb dieses für die Herausbildung der modernen Industriegesellschaft grundlegenden Todesdispositivs positioniert.

In der traditionalen Gesellschaft verweist *der Kranke*, der immer schon (potentiell) Sterbender war, mit seinem typischen Gegenpart – dem (heilenden) *Priester* – für die Gemeinschaft der Weiterlebenden zumal im Fall des guten Sterbens auf das jenseitige, ›wahre‹ Leben (wie auch im übrigen ebenso *der Tote* in seiner materialen körperlichen Präsenz als zerfallende Leiblichkeit). Dem entgegen symbolisiert der moderne Kranke mit seinem Gegenpart – dem modernen *Arzt* – eine konsequent zu beseitigende defizitäre diesseitige Lebensqualität, deren Deutung weder einen sinnhaften Übergang zum Sterben noch im Sterben selbst einen solchen zum Tod enthält. Während also mit der erfolgten säkularisierenden ›Entmoralisierung‹ der Krankheit als Herauslösung des Kranken aus ›Schuld und Buße‹ die Verbindung zu einem modernen Werte- und Normenzusammenhang der *Krankenrolle* (als Verantwortlichkeits- und Verpflichtungszusammenhang zu Gesundheit und Heilung zwischen Subjekt und Institution) einherging, die den Kranken gleichsam in seiner modernen Form vergesellschaftete, entsteht für *den Sterbenden* in der analogen säkularisierenden ›Entmoralisierung‹ seines Sterbens als Ende seines eigenen Lebens der gegenteilige Effekt: Er wird symbolisch gewissermaßen ›entgemeinschaftet‹, d.h. er verliert seinen kollektivierten Sinn- und Deutungshorizont für ›das Leben‹ im guten wie im schlechten Sterben, was sich jetzt nur noch im Blick auf die subjektiv wahrgenommene Ausdehnung des Leidens unterscheiden läßt (das lange und qualvolle Sterben steht dem schnellen und plötzlichen Sterben gegenüber). Und nicht einmal *der Tote* schließlich verweist noch auf eine irgendwie geartete, für das soziale Kollektiv bedeutungsrelevante transzendente Existenz, sondern er wird zu einem ›leeren Zeichen‹, welches bestenfalls noch der Sinnauffüllung seitens der weiterlebenden Angehörigen zur Sicherung für deren eigene biographische Kontinuität harrt.

Gleichsam zwischen den Zeilen dieser groben Skizze verbergen sich jedoch weitere wichtige Kennzeichen des modernen Todesdispositivs, welche die in den genannten Deutungs- und Sinnverschiebungen enthaltenen unterschiedlichen ›Wissenspolitiken‹ mit ihren jeweils spezifischen Produktionstechniken und Legitimationsmustern betreffen. Mit einem Satz gekennzeichnet verlief die historische Entwicklung hierzu als Wandel von einem ›traditionalen Glaubenswissen‹ hin zu einem ›zweckrationalen, instrumentellen Wissen‹ über Krankheit, Sterben und Tod, für den die Entwicklung der modernen Medizin mit ihrer (natur-) wissenschaftlichen Ausrichtung eine entscheidende Rolle gespielt hat (vgl. hierzu auch Nassehi & Weber 1989a, S.277ff).

Todeswissen – Todes(un)sicherheit – Sinnungewißheit

Nicht mehr der (religiöse) Glaube garantiert das richtige, weil ›Wahrheit‹ produzierende Wissen und bietet in dieser (Werte-) Gewißheit auch (Handlungs-) Sicherheit. Sondern der (säkularisierte) Glaube an das als ›wertfrei‹ gedachte, weil allein der Rationalität verpflichtete und damit ›wahre‹ Wissen produziert in der Gewißheit der Wertfreiheit des Wissens jene (Handlungs-) Sicherheit, die das moderne Subjekt für sein ›Projekt der Moderne‹ als Austreibung von Lebensunsicherheit benötigt (eine ›Wissenspolitik‹, die auf der konkreten Handlungsebene unbestreitbar vielfache Erfolge vorweisen kann). Das Problem von Handlungssicherheit/-unsicherheit im Umgang mit Krankheit und Sterben erfährt – bezogen auf die moderne Medizin – nunmehr insofern eine ›Neudefinition‹, als auf der Grundlage dieser modernen Gewißheit dem medizinischen ›Expertensystem‹[159] qua wissenschaftlicher Erkenntnis ausschließlich der (kranke wie der tote) Körper als solcher zur Quelle von Wahrheit wird. Man könnte also in Anlehnung an den von FOUCAULT verwendeten Begriff der ›Bio-Macht‹[160] sagen, daß in dem Moment, in dem die Ursache der Krankheit in den Körper wandert und damit sich der Körper zur Produktionsstätte von Wahrheit verwandelt, sich auch der Körper als Kontroll- und Disziplinierungsmedium des modernen Subjekts konstituiert (vielleicht erscheint auch gerade deshalb der Moderne der diesen Sachverhalt verschleiernde Gedanke einer Dominanz des Geistes gegenüber dem Körper so nachhaltig attraktiv). Und in dieser Perspektive ist sogar bis hin zum Tod jegliche Unsicherheit (z.B. beim Problem des ›Scheintot-seins‹) kein grundsätzliches Erkenntnis-, sondern nur ein graduelles

---

[159] Mit ›Expertensysteme‹ meint Anthony Giddens „Systeme technischer Leistungsfähigkeit oder professioneller Sachkenntnis, die weite Bereiche der materiellen und gesellschaftlichen Umfelder, in denen wir heute leben, prägen" (Giddens 1995, S.40f). Auch wenn z.B. Ärzte oder Rechtsanwälte usw. nur hin und wieder von Laien aufgesucht werden, wirken sich solche ›Systeme‹, die das Wissen der Experten integrieren, doch kontinuierlich auf unseren Alltag aus, indem sie durch ihre spezialisierten Wissensbestände, an deren ›richtiges Funktionieren‹ die Laien glauben, garantieren, daß auch über raum-zeitliche-Distanz hinweg unsere Erwartungen z.B. an soziale Institutionen erfüllt werden. Damit bilden sie nach Giddens einen der zentralen ›Entbettungsmechanismen‹ der Moderne – neben dem der Verwendung ›symbolischer Zeichen‹ wie z.B. Geld –, der im Blick auf die Laien weniger mit Wissen als vielmehr mit Vertrauen zu tun hat: „Das Vertrauen der Laien in die Expertensysteme beruht (...) weder auf vollständiger Aufklärung über diese Prozesse noch auf der Beherrschung des daraus hervorgehenden Wissens. Zum Teil ist das Vertrauen unweigerlich ein »Glaubensartikel«." (Giddens 1995, S.42) ›Vertrauen‹ versteht Giddens in diesem Zusammenhang „als Zuverlässigkeit einer Person oder eines Systems im Hinblick auf eine gegebene Menge von Ergebnissen oder Ereignissen, wobei dieses Zutrauen einen Glauben an die Redlichkeit oder Zuneigung einer anderen Person bzw. an die Richtigkeit abstrakter Prinzipien (technisches Wissen) zum Ausdruck bringt." (Giddens 1995, S.49)

[160] Vgl. Foucault (1998c) sowie Dreyfus & Rabinow (1987, S.199ff).

Wissens-Problem und insofern auch immer prinzipiell bearbeitbar, weil jegliche Unsicherheit potentiell (durch weitere Wissensproduktion) in Sicherheit verwandelt werden kann. Ein prinzipielles ›Nicht-Wissen-*Können*‹ (Beck 1996a, S.300ff) hingegen (z.B. in Bezug auf *den Tod* als einem Begriff, dem keine Erfahrung korrespondiert, wie Thomas MACHO formuliert), einhergehend mit ›ontologischer Ungewißheit‹, darf solcher modernen Logik gemäß weder entnoch bestehen, weil sonst das Vertrauen in jene Wissensbasis erschüttert wäre. Dergestalt konzentriert sich das Problem des Todes im modernen Denken auf die Bewältigung von Todesunsicherheit und die Herstellung von Todessicherheit, wohingegen *der Tod* in der Moderne seine Sinngewißheit verliert und – sozusagen unangetastet – in Sinnungewißheit verbleibt bzw. verbleiben kann (vgl. auch Nassehi & Weber 1989a, S.226ff).

Doch auch dem modernen Menschen ist klar, daß der Wunsch nach einer ›Erklärung‹ von Leiden, Krankheit, Sterben und Tod immer auch Aspekte enthält, die nicht hinreichend durch (natur-) wissenschaftliche Erkenntnisse beantwortet werden können. Denn Fragen wie: warum ich? warum jetzt? verwandeln die Suche nach Ursachen zur Suche nach Sinn:

„(...) die Medizin hat uns die Techniken erarbeitet, mit denen wir den kranken Körper mehr oder weniger präzise und genau wahrnehmen aber sie allein kann unsere Fragen über die Krankheit nicht beantworten. Unsere Fragen zielen nicht nur auf Ursachen oder Mechanismen, sie zielen immer auch auf den tieferen Sinn. Sie beziehen sich daher auf einige wesentliche Inhalte und Bezugswerte verschiedener Weltsichten: Gott oder die Ordnung des Kosmos waren lange Zeit die »primären Ursachen« der Krankheit, und mehr noch, sie haben der Krankheit einen Sinn gegeben. Heute hängen die Fragen, die wir uns über die Krankheit stellen, und die Art unserer Interpretation mit unserem Gesellschaftsbild zusammen." (Herzlich & Pierret 1991, S.159)

Wenn nun allerdings – wie diskutiert – im modernen ›Gesellschaftsbild‹ in der spezifischen Verknüpfung von Medizin und dem der modernen Gesellschaft innewohnenden Paradigma der Leidverminderung und Leidverhinderung durch die gesellschaftliche Produktion von Glück (in diesem Kontext als Gesundheit entgegen Krankheit) zwar die Sinnfrage zu Sterben und Tod unbeantwortet bleiben muß,[161] ist die Moderne damit jedoch nicht bereits zu ihrem Ende ge-

---

[161] Häufig wurde und wird im Zuge verbreiteter (v.a. auch sozialwissenschaflicher) Medizinkritik die Medizingeschichte als eine Geschichte erfolgreicher Professionalisierung nachgezeichnet, welche ein moralisches Unternehmen betreibt, das, immunisiert unter dem Deckmantel einer vermeintlichen, (natur-) wissenschaftlich gestifteten und legitimierten Objektivität, Krankheit und Gesundheit, Leben und Tod definiert. Das braucht an dieser Stelle nicht weiter ausgearbeitet zu werden, da solche Argumentationsweisen teilweise schon in Kap.2.2 angedeutet wurden und in der genannten wie auch in weiterer Literatur nachzulesen sind. Festzuhalten bleibt zunächst nur, daß die Medizin als moderne (Natur-) Wissenschaft zwar die Deutungsmacht über Sterben und Tod erlangt hat und damit die gesellschaftliche Wirklichkeit von Sterben und Tod in modernen Gesellschaften entscheidend (mit-) bestimmt, gerade aber deshalb sich die Antwort auf die Frage nach der zukünftigen Entwicklung m.E. *nicht* – wie dies häufig recht verkürzend der Fall zu sein scheint – auf das ein-

kommen. Angedeutet wurden bereits die Verschiebungen im Kontext von Krankheit und Gesundheit: Anstelle des modernen Kranken steht heute zunehmend der Gesunde im Mittelpunkt des gesundheitspolitischen Interesses (hier mit einem erweiterten ›Politik‹-Begriff gedacht), der als selbst-reflexiver ›Homo Hygienicus‹ für seine eigene Gesundheit verantwortlich zeichnen soll und der sich dabei nicht mehr primär vom krankheitsheilenden Arzt, sondern vor allem von den Vertretern einer modernen Gesundheitsethik und deren präventiven Lebensstilstrategien flankiert sieht. Modernisierungstheoretisch gewendet wäre hier die Frage nach den Folgen einer weiter voranschreitenden Modernisierung des Gesundheitsregimes im Sinne seines ›Reflexiv-werdens‹ zu diskutieren. Doch welchen gesellschaftlichen Weg eine weitere Modernisierung der skizzierten ›Leerstellen‹ von Sterben und Tod nehmen könnte, bleibt in diesem Zusammenhang das wohl größere Fragezeichen.

Kehren wir noch einmal zum Totentanz zurück und fragen: Ist uns in unserem ›modernen Totentanz‹ über die skizzierte Entwicklung hinweg, die wir entlang dem historischen Blick auf Sterben und Tod verfolgt haben, tatsächlich jene ursprünglich darin zentral enthaltene Ambivalenz im Verhältnis von Leben und Tod abhanden gekommen? Oder hat sie sich vielleicht nur gewandelt, verlagert, anders maskiert? Wer sich z.B. an die aufgeregten Mediendiskussionen rund um den bereits kurz erwähnten ›Erlanger Fall‹ erinnert (vgl. S.96 sowie insbes. S.251ff), dem kommen möglicherweise Zweifel. Damals zu hörende Bewertungen, die z.B. auf der einen Seite die ›perverse Ausbeutung eines Leichnams‹ anprangerten und auf der anderen Seite die ›Überwindung des Todes‹ der Mutter durch den versuchten Erhalt des Lebens des Kindes begrüßten, offenbaren die auch dem heutigen Denken zugrunde liegende ambivalente Verschränkung von Leben und Tod, deren Semantiken sich im Kontext von ›Hirntod‹ (und Organtransplantation) jedoch möglicherweise radikal verändern.

---

fache Konstatieren einer weiter zunehmenden, technisch forcierten Lebensverlängerung reduzieren läßt.

4.2. Die öffentliche Diskussion um die gesetzliche Festschreibung des ›Hirntodes als Tod des Menschen‹ – Zur Rekonstruktion der Diskursformation ›Hirntod‹

Die gesamte Diskussion zur gesetzlichen Regelung der Organtransplantation in Deutschland im Vorfeld und während der Bundestagsdebatte vom 25. Juni 1997 enthielt zwar eine Fülle von verschiedensten, mehr oder weniger kontroversen Teilproblemen und Detailaspekten, die z.B. von der recht einhelligen Ablehnung jeglicher Möglichkeit des freien, kommerzialisierten Organhandels bis zur strittigen ›Meldepflicht‹ von ›potentiellen Organspendern‹ für Krankenhäuser reichten, die dann auch Eingang in das TPG gefunden haben.[162] In der Bundestagsdebatte selbst kristallisierten sich dann jedoch *zwei zentrale Problemkreise* heraus, um die mehr oder weniger alle Änderungsanträge wie Redebeiträge kreisten: Dies war zum einen die Frage nach der *Festlegung des ›Hirntodes‹ als ›Tod des Menschen‹*, zum anderen die *gesetzliche Regelung zur Einwilligung bzw. Ablehnung der Organentnahme* (vgl. auch Manzei 1997, S.105).

„Die Unterschiede lagen vor allem in der Bewertung des Hirntodes und in der Frage, ob die nächsten Angehörigen eine Entscheidungsmöglichkeit im Sinne des Verstorbenen haben, wenn dieser keine Erklärung zur Organspende hinterlassen hat. Diese Unterschiede sind von elementarer Bedeutung für die Transplantationsmedizin und auch für die ethischen Fundamente unserer Rechtsordnung." (Quelle: BMfG 7.10.1997)

Die beiden Problemkreise umgibt ein ganzer Fragenkatalog, dessen Einzelfragen in komplexen gegenseitigen Verweisungszusammenhängen stehen. Einerseits: Wann ist der Mensch tot? Wann dürfen lebenswichtige Organe entnommen werden? Muß er dazu tot sein bzw. reicht es aus, wenn er ›hirntot‹ ist? Anders gefragt: Ist der Mensch, wenn er ›hirntot‹ ist, ganz tot, oder zumindest

---

[162] Um die Infrastruktur für die Organgewinnung und -verteilung weiter zu optimieren, sieht das TPG eine sogenannte ›Koordinationsstelle‹ vor, die, den einzelnen nationalen Transplantationszentren übergeordnet, neben Koordinierungs- und Dokumentationsaufgaben auch ›Qualitätssicherung‹ betreiben soll. Kontrovers beurteilt wurde dabei insbesondere die in diesem Zusammenhang im Gesetz formulierte ›Meldepflicht‹ der Krankenhäuser: „(4) (...) Die Krankenhäuser sind verpflichtet, den endgültigen, nicht behebbaren Ausfall der Gesamtfunktion des Großhirns, des Kleinhirns und des Hirnstamms von Patienten, die nach ärztlicher Beurteilung als Spender vermittlungspflichtiger Organe in Betracht kommen, dem zuständigen Transplantationszentrum mitzuteilen, das die Koordinierungsstelle unterrichtet. Das zuständige Transplantationszentrum klärt in Zusammenarbeit mit der Koordinierungsstelle, ob die Voraussetzungen für eine Organentnahme vorliegen. Hierzu erhebt das zuständige Transplantationszentrum die Personalien dieser Patienten und weitere für die Durchführung der Organentnahme und -vermittlung erforderliche personenbezogene Daten. Die Krankenhäuser sind verpflichtet, dem zuständigen Transplantationszentrum diese Daten zu übermitteln; dieses übermittelt die Daten an die Koordinierungsstelle." (TPG § 11)

so tot, daß ihm Organe entnommen werden dürfen? Oder ist er noch gar nicht tot, aber mit dem ›Hirntod‹ an einem endgültigen Punkt im von da an unumkehrbaren Sterbeprozeß angelangt, an dem – obgleich er eben noch nicht ganz tot ist – Organe entnommen werden dürfen? Und vor allem: Wer soll über solche Festlegungen entscheiden – der Gesetzgeber, die Medizin? Andererseits: Wer kann, darf, soll über die Organentnahme im jeweiligen Einzelfall in welcher Form bestimmen – der Betroffene selbst, die Angehörigen, der den Sterbenden betreuende Arzt? Und was sollen die Grundlagen der getroffenen Entscheidung sein: Der explizit geäußerte Wille des Betroffenen? Und wenn dieser nicht vorliegt, der ›mutmaßliche‹ Wille, den die Angehörigen oder vielleicht der letzte behandelnde Arzt ergründen soll? Welche Regelungsmodelle der Zustimmung oder Ablehnung von Organentnahmen dienen welchen Zielvorgaben: dem Selbstbestimmungsrecht der Person, das bis hinein in das je eigene Sterben und über den Todeseintritt hinaus zu respektieren ist?; der Beförderung von Organentnahmen?...

Es ist leicht vorzustellen, daß zu all diesen Fragen aus den verschiedensten Perspektiven – aus transplantationsmedizinischer, aus juristischer, aus ethischer oder religiöser Sicht sowie je nach betroffenen ›Akteurskollektiv‹ von z.B. auf ein Organ wartenden Organempfängern, von Angehörigen von ›(potentiellen) Organspendern‹, von Ärzten und Pflegekräften – recht unterschiedliche Antworten möglich sind und z.T. auch gegeben wurden. Doch die mit diesen Fragen verbundene Problematik verkompliziert sich auf dem zweiten Blick noch mehr, als eine einfache Gegenüberstellung von solchen, erwartbar kontroversen Antworten offenbaren würde.

Am 26. September 1997 – nach der Beratung des TPG im Bundesrat – veröffentlichte das BUNDESMINISTERIUM FÜR GESUNDHEIT (BMfG) eine Pressemitteilung des Bundesgesundheitsministers Horst SEEHOFER mit einer ›Würdigung‹ des neuen deutschen Transplantationsgesetzes, aus der folgende Passagen entnommen sind:

„Ich bin sicher, daß das Gesetz (...) zu mehr Rechtssicherheit und Vertrauen führt und daß die Bereitschaft in Deutschland wieder zunehmen wird, nach dem Tod Organe zu spenden, um damit Schwerkranken ein neues Leben oder eine neue Lebensqualität zu schenken.
(...) Aber wir dürfen nicht übersehen, daß für die Patienten in Deutschland (...) nach wie vor mehr Spenderorgane aus Nachbarländern zur Verfügung gestellt als von hier dorthin abgegeben werden. Dieser Zustand ist auf Dauer gesundheitspolitisch und ethisch nicht vertretbar.
Mit dem Transplantationsgesetz haben wir einen möglichst breiten Konsens in dieser Frage hergestellt. (...) Dies gilt insbesondere für die Aufklärung der Bevölkerung über die Möglichkeiten und Voraussetzungen der Organspende und die Bedeutung der Organübertragung für die medizinische Versorgung schwerkranker Mitbürger.
Und wir sollten uns auch gemeinsam dafür einsetzen, daß auf der Grundlage der im Gesetz vorgesehenen Zusammenarbeit zwischen den Transplantationszentren und den anderen Krankenhäusern die vorhandenen Möglichkeiten einer postmortalen Organspende in der Praxis besser als bisher wahrgenommen werden. Das sind wir allen auf eine Organtransplantation Wartenden schuldig.
Das vorliegende Transplantationsgesetz ist die beste Voraussetzung dafür, bei den Men-

schen in unserem Land die Bereitschaft zu erhöhen, Organe zu spenden. Damit ist es ein Beitrag zur Stärkung von Solidarität und Nächstenliebe in unserer Gesellschaft." (Quelle: BMfG 26.9.1997)

Damit sind fast alle Argumentationsstränge angedeutet (und in der SEEHOFER'schen Sicht ausformuliert), welche die Diskussionen rund um das TPG zu mehr gemacht haben, als lediglich zu einer gesetzgeberischen Routinedebatte, ihr gewissermaßen eine eigene Qualität gegeben haben: der quantitative ›Organmangel‹ und das damit verbundene (Verteilungs-) Gerechtigkeitsproblem, die gesellschaftliche Pflicht zur Lebensrettung von Schwerkranken, die damit verbundene Aufgabe zur Aufklärung der Bevölkerung und vor allem der gesellschaftliche Konsens, an den sich das Band knüpfen soll, welches die einzelnen Gesellschaftsmitglieder um Werte wie Solidarität und Nächstenliebe, verwirklicht durch den Akt der Spende bzw. durch den Akt der Bekundung zur Bereitschaft der Spende, vereint. Anders gesagt: In der Debatte um die gesetzliche Regelung der transplantationsmedizinischen Praxis geht es um nicht mehr und nicht weniger als um die Kernpunkte des *modernen Todesdispositivs* – um Krankheit, um Leiden und Heilen, um Menschsein und Gesellschaftsideal –, und das alles in der ganz eigenen *Todesmetaphorik des ›Hirntodes‹*.

Zum weiteren Vorgehen sei vorausgeschickt, daß die folgenden Kapitel keiner linearen Argumentationslogik folgen können, sondern sich den Diskursverschränkungen gemäß – bildlich ausgedrückt – in die Tiefe verschachteln müssen – konkret: Wir beginnen die jetzt folgenden Analyseschritte mit einer ersten diskurskritischen Begriffsklärung zum ›Hirntod‹ und einer knappen Skizze der Entwicklung der gesetzlichen Regelungsbestrebungen zum vorläufig letzten Schritt mit der Debatte um das verabschiedete TPG (Kap.4.2.1). Wie zu zeigen sein wird, markiert der konstatierte ›Organmangel‹ in seiner noch näher zu erläuternden spezifischen interdiskursiven Verknüpfung mit Leiden, Krankheit und Tod im politischen Interdiskurs den zentralen Ausgangspunkt der Diskursformation ›Hirntod‹ (Kap.4.2.2). Die anschließende Rekonstruktion der verhandelten kontroversen Argumentationen zum ›Hirntod‹ als Tod des Menschen stellt auf die ihnen jeweils zugrundeliegenden Problemmuster ab, die unterschiedliche Antworten bereitstellen zur Sicherheit und Gewißheit von Aussagen zu Sterben und Tod und – damit eng verbunden – zum Verhältnis von Körper und Geist, zum Menschenbild und zur Bedeutung des Gehirns wie auch zur Verschränkung der kulturellen Kategorien von Leben und Tod besonders am Beispiel der Schwangerschaft ›hirntoter‹ Frauen (Kap.4.2.3). Vor diesem Hintergrund geht es diesen Teil abschließend um die damit verknüpften, mitunter explizit favorisierten oder nur impliziten Deutungs- und Wertemuster als spezifische ›Wissenspolitiken‹ einer sogenannten ›Aufklärung‹ über Organtransplantation, Sterben, Tod, wie sie auch mit dem TPG für die Zukunft präformiert werden (Kap.4.2.4).

4.2.1. ›Hirntod und Organtransplantation‹:
Erste diskurskritische Klärungsversuche

Wer über den Hirntod diskutiert und von Organtransplantation redet, hat in der Regel – und sofern er medizinischer Laie ist – eine eher diffuse Vorstellung davon, was mit dem einen wie dem anderen gemeint ist und welche konkrete medizinische wie organisatorische Praxis sich damit verbindet. Die folgenden beiden Kapitel beabsichtigen *keine* einfache Zusammenschau z.B. der medizinischen, rechtlichen oder ethischen Hintergründe zur Hirntod-Diagnostik bzw. zum Transplantationsgeschehen.[163] Sondern im Gegenteil: Ausgehend von frei verfügbarem ›Aufklärungsmaterial‹ über populärwissenschaftliche Publikationen bis hin zu wissenschaftlichen Analysen geht es mir um eine erste, reflektierende Durchsicht und Aufarbeitung genau jener Wissensinhalte und Argumentationen zu ›Hirntod‹ und Organtransplantation, die zum einen dem interessierten Laien zur Verfügung stehen für den Fall, daß er sich selbst informieren möchte, und die zum anderen als spezialdiskursive Reflexionen dazu vorliegen.

4.2.1.1. ›Hirntod‹ als Todeskriterium –
Das Ebenenproblem und seine Diskursivierung

1968, sieben Monate nach der ersten ›erfolgreichen‹ Herzverpflanzung,[164] veröffentlichte das AD HOC COMMITTEE der HARVARD MEDICAL SCHOOL ein Pa-

---

[163] Vgl. hierzu als Auswahl folgende Publikationen: Ach & Quante (1997), Augustat & Augustat (1994), Baureithel & Bergmann (1999), Bubner (1993), Frey (1995), Greive & Wehkamp (1995), Greinert & Wuttke (1993), Hoff & in der Schmitten (1995b), Höfling & Rixen (1996), Höglinger & Kleinert (1998), Karl (1995), Körner (1995), Küfner (1997), Kupatt (1994), Lermann (1995), Machado (1996), Meyer (1998), Oduncu (1998), Rixen (1999), Schlaudraff (1995), Schwarz, Kröll & List (1995), Stoecker (1999), White, Angstwurm & Carrasco de Paula (1992), Veatch (1989), Vollmann (1996, 1999), Wuttke (1996), Zaner (1988).

[164] 1967 gelang dem südafrikanischen Chirurgen Christiaan Barnard die erste, als ›Erfolg‹ gewertete Herztransplantation. Der Patient überlebte die Operation 18 Tage. Generell reicht die Geschichte von Organtransplantationen bis in die 80er Jahre des 19. Jahrhunderts zurück, wo nach Tierversuchen zuerst Schilddrüse (1883), dann die Keimdrüsen und das Pankreas (1890er Jahre), später auch Nieren (1902) und Nebennieren beim Menschen transplantiert wurden (zum Teil wurden dazu sogar tierische Organe verwendet). Infolge der damals nicht durchschaubaren, therapeutischen Erfolglosigkeit durch Abstoßungsreaktionen erlahmte dann das Interesse an diesen Verfahren, bis nach dem Zweiten Weltkrieg immunologische und genetische Erkenntnisse neue Möglichkeiten zur Behandlung der Abstoßungsreaktionen eröffneten. „Die ersten ›Erfolge‹ wurden dann auch anfangs der 1950er Jahre auf dem Gebiet der Nierentransplantation erreicht, wobei sich die Erfolgskriterien ständig wandelten. Beispielsweise ist 1959 ein erster Langzeiterfolg bei zweieiigen Zwillingen unter schwacher Röntgenbestrahlung und Kortisonbehandlung dokumentiert. 1963 wurden erstmals Leber und dann auch Lunge am Menschen verpflanzt, 1966 das

pier, ein ›Gutachten‹ zum ›Hirntod‹, in dem es darum ging zu klären, wann komatöse Patienten ›eigentlich tot‹ seien, so daß z.B. eine weitere intensivmedizinische Betreuung nicht mehr durchgeführt werden muß. Die damals formulierte Begründung für die Notwendigkeit einer solchen Klärung lautete (hier zitiert als Wiederabdruck des Originaltextes, häufig wird in diversen Aufklärungsmaterialien und Publikationen eine gekürzte deutsche Übersetzung verwendet):

„Our primary purpose is to define irreversible coma [coma dépassé; Anm. d. Verf.] as a new criterion for death. There are two reasons why there is need for a definition: (1) Improvements in resuscitative and supportive measures have led to increase efforts to save those who are desperately injured. Sometimes these efforts have only partial success so that the result is an individual whose heart continues to beat but whose brain is irreversibly damaged. The burden is great on patients who suffer permanent loss of intellect, on their families, on the hospitals, and on those in need of hospital beds already occupied by these comatose patients. (2) Obsolete criteria for the definition of death can lead to controversy in obtaining organs for transplantation. Irreversible coma has many causes, but we are concerned here only with those comatose individuals who have no discernible central nervous system activity." (cit. nach Weir 1977, S.82)

Im weiteren Fortgang dieser Veröffentlichung wurde dann die Diagnose des ›irreversiblen Komas‹ detailliert umschrieben, die – bis zu den heutigen diagnostischen Differenzierungen, Änderungen und Weiterentwicklungen – letztlich dazu dient, das sichere Erlöschen sämtlicher Gehirnfunktionen (Großhirn, Kleinhirn, Stammhirn) festzustellen und den Nachweis zu führen, daß dieser Zustand irreversibel ist (vgl. Abb.15, S.163).[165] So legt die dritte Fortschreibung der ›Kriterien des Hirntodes‹ der BUNDESÄRZTEKAMMER, die der medizinischen Praxis als standardisierte ›Entscheidungshilfen zur Feststellung des Hirntodes‹ dienen, fest: „Der Hirntod wird definiert als Zustand der irreversibel erloschenen Gesamtfunktion des Großhirns, des Kleinhirns und des Hirnstamms. Dabei wird durch kontrollierte Beatmung die Herz- und Kreislauffunktion noch künstlich aufrechterhalten." (Arbeitsgruppe des Wissenschaftlichen Beirats der Bundesärztekammer 1997, S.1033; vgl. auch Frowein, Lackner & Lanfermann 1995, S.81ff, Oduncu 1999, S.41ff, Roosen & Klein 1989, S.29ff, Schlake & Roosen 1998, S.25ff)

Pankreas und 1967 schließlich das Herz, ein Eingriff, dessen Medienpublizität einen Einschnitt in der öffentlichen Wahrnehmung dieser Behandlungsart markierte." (Tröhler 1995, o.S.; zur Geschichte der Organtransplantation vgl. insbesondere Schlich 1998a, 1998b sowie Vogt & Karbaum 1991, S.7ff)

[165] Das Gehirn stirbt ab, a) wenn die Sauerstoffversorgung des Hirngewebes mehrere Minuten unterbrochen wird (z.B. durch einen Herzstillstand), oder b) wenn der Druck im Hirnschädel den arteriellen Blutdruck übersteigt und dadurch die Hirndurchblutung aufhört (z.B. durch eine Kopfverletzung oder auch durch einen wachsenden Tumor) (vgl. z.B. Oduncu 1999, S.18ff und 41ff).

Hirntod-Definition: von den unsicheren und zu den sicheren Todeszeichen?

Innerhalb des in der HARVARD-Begründung gegebenen Kontextes einer Beendigung der intensivmedizinischen Maßnahmen bei festgestelltem ›Hirntod‹ gilt bis heute bei Befürwortern wie Kritikern die Hirntod-Konvention als unproblematisch, insoweit sie lediglich den Zeitpunkt markiert, an dem ein Abbruch der intensivmedizinischen Behandlung erfolgen kann. Die eigentliche kontroverse Diskussion entfaltete sich erst vor dem Hintergrund der instrumentellen Zugriffsmöglichkeiten für die Transplantationsmedizin, die dieses neue Todeskonzept auf den ›noch nicht zu Ende gestorbenen‹ Körper eröffnete:

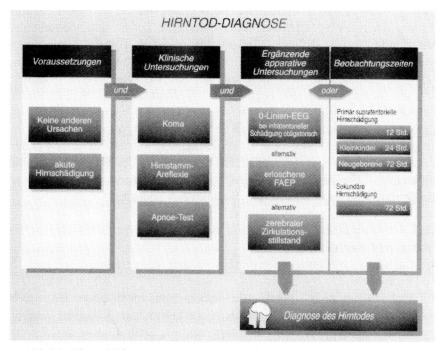

Abb.15: Hirntod-Diagnose (entnommen aus Schlake & Roosen o.J., S.11)

„Für diese Praxis öffnet sich ein ethisches und rechtliches Fenster erst durch die Konzeptualisierung des ›dissoziierten‹ Todes, einer Grenzziehung zwischen Leben und Tod, die allein an der Funktionsfähigkeit des Gehirns orientiert ist. Der apparativ funktionsfähig gehaltene Organismus eines – nach dem Stand und den Regeln der Kunst – als hirnfunktionslos diagnostizierten Menschen wurde hierdurch definitorisch zum Leichnam." (Feuerstein 1995, S.181)

Damit ist zum einen der grundsätzliche Verdacht geäußert, die Hirntod-Definition sei vor allem einer pragmatischen Haltung geschuldet, die lediglich der Erfüllung der wachsenden Verwertungsinteressen der Transplantationsmedizin dienen soll, wie ihn Hans JONAS exemplarisch, weil als einer der ersten, bereits 1969 formulierte:[166]

„Aber ein beunruhigend entgegengesetzter Zweck verbindet sich mit diesem in der Suche nach einer neuen Definition des Todes – d.h. in dem Ziel, den Zeitpunkt der Toterklärung *vor*zuverlegen: die Erlaubnis nicht nur, die Lungenmaschine abzustellen, sondern nach Wahl auch umgekehrt sie (und andere »Lebenshilfen«) weiter anzuwenden und so den Körper in einem Zustand zu erhalten, der nach älterer Definition »Leben« gewesen wäre (nach der neuen aber nur dessen Vortäuschung ist) – *damit* man an seine Organe und Gewebe unter den Idealbedingungen herankann die früher den Tatbestand der »Vivisektion« gebildet hatten." [Herv. im Orig.; Anm. d. Verf.] (Jonas 1985, S.221)

Zum anderen äußert sich in diesen Bedenken gegenüber der Hirntod-Definition gleichzeitig der grundlegende, weil unterschiedliche Todes- und Menschenbilder betreffende Zweifel, daß der ›Hirntod‹ eben *nicht* als Tod des Menschen zu akzeptieren sei, sondern dieser vielmehr lediglich einen bestimmten Punkt im Sterbeprozeß markiert, an dem nicht nur der Körper, sondern mit jenem der Mensch als Mensch noch lebt (vgl. auch z.B. Manzei 1997, S.17ff, Ziegler 1996, S.437ff).

Um den so formulierten Zweifel an der Grenzziehung zwischen Leben und Tod in seiner Argumentationslogik zu verdeutlichen,[167] bedarf es einer Ebenendifferenzierung, die hinter der einfachen Verwendung des Begriffs ›Hirntod‹ verborgen liegt.[168] Folgende Ebenen sind zu unterscheiden:
1) die attributive Ebene: Was ist das ›Subjekt‹ des Todes?;
2) die definitorische Ebene: Was ist der Tod?;
3) die kriteriologische Ebene: Anhand welcher Kriterien läßt sich der Tod erkennen (Todeszeichen)?;
4) die diagnostische Ebene: Wie (mittels welcher Testverfahren) läßt sich der Tod nachweisen?

Diese Ebenen stehen nicht unverbunden neben-, sondern in einem Bezugsverhältnis zueinander: „Tests sind nur relativ zu bestimmten Kriterien sinnvoll, Kriterien nur in Bezug auf eine Definition, und die Definition bedarf der vorgängigen Attribution." (Kurthen & Linke 1995, S.83) Betrachtet man entgegen diesem Verweisungsverhältnis, welches von Ebene 1) nach Ebene 4) zeigt, zunächst die Hirntod-Definition bezüglich Ebene 3) und 4) (diese sind also der eigentliche Gegenstand der schematischen Übersicht in Abb.15, S.163), so hat z.B. ein schwedisches Kommitte zur Untersuchung des Hirntod-Konzepts be-

---

[166] Zum historischen Zusammehang zwischen Hirntod-Definition und Transplantationspraxis und dem Stellenwert der Frage ›der Hirntod als Erfindung der Transplantationsmedizin?‹ vgl. Schlich (1999, S.83ff).

[167] Für eine knappe Gegenüberstellung der Begriffe ›Leben‹ und ›Tod‹ im Kontext der Hirntod-Debatte vgl. z.B. Stoecker (1998, S.9ff).

[168] Vgl. hierzu genauer Hoff & in der Schmitten (1995a, S.159ff), Linke & Kurthen et al. (1991, S.73ff), Kurthen (1997, S.55ff), Rosenberger (1998, S.74ff); im Überblick z.B. Vollmann (1996).

reits 1984 in seinem Plädoyer für eine neue Todeskonzeption zwischen ›sicheren‹ und ›unsicheren‹, „direct and indirect brain related criteria" unterschieden (Michailakis 1995, S.254): Herzbezogene Todeskriterien werden dieser Argumentation zufolge deshalb als ›indirekt‹ bezeichnet, weil z.B. ein Herzstillstand das Gehirn erst durch die damit einhergehende Unterversorgung mit Blut zeitverzögert ausfallen läßt. Herzstillstand stellt somit zwar eine hinreichende Voraussetzung für den Tod dar, die aber nicht notwendig zum Tod führen muß, indem der Blutkreislauf durch künstliche Hilfsmittel aufrechterhalten werden kann. Der ›Hirntod‹ geht jedoch mit direkten Todeszeichen einher, da diese ohne Bezug zu Herz (Kreislauf) oder Lungen (Atmung) mittels der in der Grafik dargestellten Diagnostik nachgewiesen werden können als irreversibler Ausfall sämtlicher Funktionen des Gehirns. Während indirekte Todeszeichen also mit recht einfacher herkömmlicher Diagnostik (sogar von medizinischen Laien) festgestellt werden können, aber eben nicht notwendige, sondern nur hinreichende Anzeichen des Todes darstellen, benötigen die direkten, hirnbezogenen und deshalb ›sicheren‹ Todeszeichen medizinische Experten mit entsprechender Ausrüstung. Dieses ›Anschaulichkeits-Problem‹ spiegelt sich auch in der Sprache des Transplantationsmediziners wider, die fast beschwörend die Analogie des Hirntodes zum herkömmlichen, alltäglichen Todesverständnis herbeizitieren will:

„Unsere ›High-Tech‹-Medizin verschleiert den Tod: Wurde das Gehirn durch Verletzung, Blutung oder Sauerstoffmangel unwiederbringlich zerstört, fehlen nicht nur die menschlichen Reaktionen, es fehlt die gesamte lebensnotwendige Regulation des Herzens, der Atmung und der Schutzreflexe. Der Inhalt des Schädels zerfällt zu einem Nichts, statt dem Gehirn ist eine abgestorbene Masse vorhanden (Nekrose). Dies ist der Hirntod. Er ist von außen als vollständiger und irreversibler Ausfall aller Gehirnfunktionen einschließlich des Hirnstamms erkennbar und begreifbar." (Fischer-Fröhlich 1997, S.17)

Doch dieses Erkennen und Begreifen hat so seine Schwierigkeiten, über die die Rede vom ›offensichtlichen körperlichen Verfall‹ nicht hinwegtäuschen kann, weil er von außen nicht sichtbar ist (und für Laien erst nach der Schädelöffnung bei einem für längere Zeit ›Hirntoten‹ ›begreifbar‹ wäre).

Die Differenz zwischen *direkten* und *indirekten Todeszeichen* transportiert also nicht nur einen, durch die Hirntod-Definition gewonnenen Zugewinn an ›Sicherheit‹ in der Feststellung ›des Todes‹, sondern sie beleuchtet einerseits die damit verbundene (wertende) Rangfolge zwischen verschiedenen, lebensrelevanten Organen, die – soweit hier erläutert – aus deren unterschiedlicher künstlicher, maschineller Ersetzbarkeit resultiert, und andererseits auch die damit verbundene Differenz in der Wahrnehmbarkeit und Deutbarkeit der Todeszeichen zwischen Laien und Experten. Der ›Hirntod‹ tritt dem Menschen somit als *maskierter Tod*‹ gegenüber, dessen – im Gegensatz zu den infolge technischer Entwicklungen unsicher gewordenen traditionellen Todeszeichen – ›sichere‹ Todeszeichen nur von Experten gesehen, durch entsprechende technische Apparatur ›sichtbar‹, und damit erst ›wahr (-nehmbar)‹ gemacht werden können.

Wer oder was stirbt mit dem Hirntod? – Das Subjekt des Todes

Zu dieser, hinsichtlich der Sicherheit des Todes diagnose- und therapietechnisch induzierten Neu-Ordnung des Körpers mit ihrem Primat des Gehirns gegenüber dem Herzen und der Lungen und der damit verbundenen ›Sichtbarkeits-Problematik‹ tritt aber noch ein weiterer und vielleicht bedeutsamerer Aspekt hinzu, der die Ebenen 2) und 1) betrifft.

In den bereits erwähnten Richtlinien der BUNDESÄRZTEKAMMER zur Feststellung des ›Hirntodes‹ heißt es unmißverständlich: „Mit dem Hirntod ist naturwissenschaftlich-medizinisch der Tod des Menschen festgestellt." (Arbeitsgruppe des Wissenschaftlichen Beirats der Bundesärztekammer 1997, S.1033) Da dieser Satz seine Botschaft in der Verknüpfung von Ebene 2) und 1): ›der Ausfall sämtlicher Funktionen des Gehirns ist der Tod des Menschen‹ entfaltet, ist es genau die in dieser Gleichsetzung enthaltene Vermengung von diagnostischer, kriteriologischer, begrifflicher und attributiver Ebene, gegen die sich die ›Hirntod-Kritiker‹ wenden: Nicht ein gesellschaftlich akzeptiertes Todesverständnis (basierend auf einem Konsens der Attribution und Definition des Todes) wird in ihrer Sicht (dann fachwissenschaftlich adäquat) kriteriologisch operationalisiert und mit geeigneten Verfahren geprüft, sondern umgekehrt: Ein infolge neuer diagnostischer Verfahren mögliches (d.h. empirisch praktikables) Todeskriterium wird, ganz im Sinn dessen, was Ulrich BECK als ›Subpolitik der Medizin‹ analysiert hat (Beck 1986, S.329ff),[169] *ohne gesellschaftliche Diskussion und Prüfung* allein durch den praktischen Vollzug zu einem Todesbegriff ›des Menschen‹ ausgeweitet (Hoff & in der Schmitten 1995a, S.163). Der Vorwurf lautet also: Das Hirntod-Konzept ist mehr als ein Todeskriterium, es beinhaltet als eine unzulässigerweise zum Todesbegriff erweiterte Todesdefinition vom ›Tod des Menschen‹ auch eine implizite Entscheidung darüber, was ›den Menschen‹ – das ›Subjekt‹ des Todes – eigentlich ausmacht (z.B. 13/136: Höfling). Im Hinblick auf die ›Sicherheit‹ des ›Hirntodes‹ ließe sich also im Kontext dieser Kritik pointiert folgende Paradoxie formulieren: Bei der Diagnose ›hirntot‹ braucht sich niemand davor zu fürchten, nicht wirklich ›hirntot‹ zu

---

[169] ›Subpolitik‹ (im Vergleich zu Politik) meint hier: „Es gibt der sozialen Struktur nach in der Subpolitik der Medizin kein Parlament, keine Exekutive, in denen die Entscheidung im vorhinein auf ihre Folgen hin untersucht werden könnten." (Beck 1986, S.336) Das Ungleichgewicht zwischen den Möglichkeiten der externen Diskussion wie Kontrolle medizinischer Praxis und der internen Definitionsmacht der Medizin basiert letztlich nicht nur auf dieser sozialen Struktur, in der – trotz dem Feigenblatt von Ethikkommissionen – das faktisch Praktizierte, immer schon legitimiert durch den medizinischen Fortschritt als Zugewinn an Leidensminderung, nur ex post einer Bewertung unterzogen wird, ohne daß damit hinter das Faktische wieder zurückgegangen werden könnte. Denn über diese ›Politik der vollendeten Tatsachen‹ (Beck 1986, S.339) hinaus bleibt im Fall der Transplantationsmedizin diese Praxis intern wie extern in besonderem Maße auf ein erfolgreiches Deutungsmanagement als Legitimationsgrundlage angewiesen, um die notwendigen Organressourcen sicherzustellen (Feuerstein 1995, S.168ff).

sein; ob er mit dem ›Hirntod‹ aber auch wirklich tot ist, hängt vom Todesbegriff ab, den man verwendet. Nur derjenige ist sicher tot, für den es gewiß ist, daß der ›Hirntod‹ der Tod des Menschen ist (13/114: Bavastro; vgl. Linke 1996b, S.114ff).

Vom wohlwollenden Beifall zum Deutungsstörfall – in der Öffentlichkeit wahrgenommene Irritationen der neuen Todes-Praxis

Wie sich nicht nur am resignierenden Unterton der von JONAS über die Jahre hinweg verfaßten Nachworte zu seiner ›Hirntod-Kritik‹ erkennen läßt (Jonas 1985, S.219ff), fand in den 70er bis Ende der 80er Jahre keine breitere öffentliche Auseinandersetzung zur Hirntod-Definition und zur Transplantationsmedizin statt (und schon gar nicht im JONAS'schen Sinne einer Kritik ihres ›Todesfundaments‹) (vgl. z.B. Kupatt 1994, S.26ff, Nickel 1999, S.59ff, Penin & Käufer 1969; vgl. auch die knappen Hinweise bei Meyer 1998, S.17ff). Trotz der Publikation der unterschiedlichen Weiterentwicklungen der HARVARD-Definition in den Richtlinien der BUNDESÄRZTEKAMMER und den immer wieder auch in den Medien berichteten Fortschritten der Transplantationsmedizin wie auch einzelner ›Problemfälle‹ kam erst in der ersten Hälfte der 90er Jahre eine breit rezipierte kontroverse öffentliche Diskussion in Gang.

Wenn auch eine systematische Rekonstruktion der Mediendiskurse seit den 50er Jahren (wie auch ingesamt der diversen Spezialdiskurse) zu Hirntod und Organtransplantation noch aussteht,[170] lassen sich Vermutungen über die möglichen Gründe diesen ›time lag‹ formulieren. Der Medizinhistorikerin Claudia WIESEMANN zufolge feierten auch in Deutschland Medien wie z.B. DER SPIEGEL oder DIE WELT die erste Herztransplantation noch als Erfolg des medizinischen Fortschritts, der hoffnungsvoll in die Zukunft blicken ließ. Die damit verbundene ›Todes-Problematik‹ (Herztod, Hirntod) blieb zumindest in der Öffentlichkeit weitgehend unbeachtet, obwohl damals bereits Expertenkritik von außen wie auch innerhalb der Medizin artikuliert wurde (Wiesemann 1999, o.S.).[171] Neben mehr oder weniger breit in der Öffentlichkeit registrierten ver-

---

[170] So arbeitet derzeit z.B. Gesa Lindemann an einer Rekonstruktion der medizinischen und juristischen Fachdiskurse zur Hirntod-Definition in Deutschland anhand von Zeitzeugen-Interviews.

[171] Claudia Wiesemann gibt einige Hinweise zum deutschen Medienecho auf Barnards Herztransplantation und schildert die damalige Sprachverwirrung zwischen Medizinern, auf der Suche nach einer neuen Definition des Todes, und Juristen oder Theologen, die, in der Annahme, die Medizin besäße ›gesicherte neue Erkenntnisse über den Tod‹ oder zumindest die Möglichkeit, solche zu erlangen, sich an dieser Suche nicht beteiligen mochten: „The result was a quite paradoxical situation. Firstly, whereas medical scientists obviously did not feel at ease with giving a new definition of death on purely medical grounds and asked for help from other fields of knowledge, theologians and lawyers stressed that they were not competent and expressed their belief in the power of rational scientific explanations." (Wiesemann

einzelten ›Skandal-Ereignissen‹ (wie z.B. die Propagierung der Verwendung anenzephaler Neugeborener als Organspender)[172] trat der Umschwung – gleichsam als Deutungs-GAU der Transplantationsmedizin – wohl erst 1992 mit dem ›Erlanger Baby‹ ein, wobei andere Fälle von sogenannten ›hirntoten Schwangeren‹ davor wenig öffentliche Aufmerksamkeit fanden (Kiesecker 1996, S.27ff und 75ff, Herranz 1995, S.167ff, Linderkamp 1998, S.31f). Man könnte dies sicherlich sowohl mit der erst seit Ende der 80er Jahre zunehmenden (nicht zuletzt technikkritisch gespeisten) Fortschritts- und Wissenschaftsskepsis in Verbindung bringen (Wiesemann 1999), wie auch mit der erst durch den gesteigerten Organbedarf im Zuge des rapiden Ausbaus der Transplantationsmedizin erforderlich gewordenen ›Aufklärungsoffensiven‹, die quasi als ihre Kehrseite ebenso das damit verbundene Sterben und den Tod ins öffentliche Bewußtsein hoben (vgl. Feuerstein 1995, S.168ff).[173]

Doch ebenso von Bedeutung scheint mir der Aspekt, daß jene soziokulturelle Deutungs-Verwerfung zu Sterben und Tod, die in dem Medien-Echo zum ›Erlanger Baby‹ zum Ausdruck kommt, ihren Ursprung in der Erschütterung der Eckpfeiler des modernen Sterbe-Settings haben könnte. In dem Moment, wo *in der medialen Aufbereitung* der in diesem Fall liegenden komplexen und komplizierten Verschränkung von Leben und Tod[174] deutlich wurde, daß die herkömmlichen medizinischen Praktiken im Umgang mit dem Sterbenden (der Arzt als Widerpart zum Tod, als Grenzwächter für den Sterbenden und als Heiler des Kranken) und die dem Eintritt des Todes folgende Praxis des Umgangs mit der Leiche (die sich im Alltagsverständnis auf die üblichen Leichen- und Begräbnisriten nach dem Tod beschränken) von nun als überholt zu gelten haben, waren die öffentlichen Irritationen über die Hirntod-Problematik nicht mehr aufzuhalten. Also genau die Todesdefinition des ›Hirntodes‹, die den Kör-

---

1999, o.S.); vgl. auch die Hinweise, die Murauer (1981, S.22ff) zur Medienrezeption des Transplantationsgeschehens in der Bundesrepublik liefert.

[172] ›Anenzephale‹ sind Neugeborene, denen wesentliche Teile des Gehirns, wie z.B. Großhirn und/oder Kleinhirn, fehlen (trotzdem können ›Restaktivitäten‹ des Gehirns festgestellt werden) und die in der Regel nur eine Lebenserwartung von wenigen Tagen haben (McCullagh 1993, S.57ff). Schlagzeilen machte der Münsteraner Gynäkologe Fritz Beller, der 1985 eine schwangere Frau dazu bewog, einen in utero als anenzephal diagnostizierten Fetus bis zur Geburtsreife auszutragen, um die Nieren des Säuglings transplantieren zu können (Feuerstein 1995, S.198ff).

[173] Vielfältige Hinweise zur medialen Diskursivierung von ›Hirntod und Organtransplantation‹ – allerdings nur auf das Jahr 1994 beschränkt – enthält auch die vom DUISBURGER INSTITUT FÜR SPRACH- UND SOZIALFORSCHUNG (DISS) präsentierte Analyse des biopolitischen Mediendiskurses anhand ausgewählter Beiträge in 8 Wochen- und Tageszeitungen (Jäger, Jäger, Ruth, Schulte-Holtey & Wichert 1997); vgl. dabei insbesondere den Beitrag von Jäger & Ruth (1997, S.30ff) zu WESTDEUTSCHE ALLGEMEINE ZEITUNG.

[174] Vgl. hierzu z.B. die Berichte der in Erlangen Beteiligten in Bockenheimer-Lucius & Seidler (1993, S.11ff).

per von Marion P. zur Leiche werden ließ, ohne daß mit ihm wie mit einer Leiche verfahren worden wäre (und sei es nur, daß unverzüglich eine Organentnahme durchgeführt worden wäre), lieferte dem von den Medien bedienten ›Laienverständnis‹ jenes Fundament, von dem aus die Frage, ob diese Frau tot war oder nicht (und damit verbunden: ob das, was dort geschah, ›richtig‹ war oder nicht) zu einer Frage für Jedermann und Jederfrau werden ließ (vgl. hierzu noch genauer S.251ff).

4.2.1.2. Zur politischen Debatte um ein Transplantationsgesetz in der Bundesrepublik Deutschland

Der Bundestag beschloß am 25. Juni 1997 in namentlicher Abstimmung mit einer Zwei-Drittel-Mehrheit ein Transplantationsgesetz, das auf einem fraktionsübergreifenden Gesetzentwurf von CDU/CSU, SPD und F.D.P. sowie einer Reihe von Änderungsanträgen beruhte (für eine Übersicht vgl. im Anhang Tab.1). 449 Abgeordnete stimmten für den von Koalition und SPD vorgelegten Entwurf, wonach auch Angehörige nach diagnostizierten Hirntod eines Patienten die Zustimmung zur Organentnahme geben können (›erweiterte Zustimmungslösung‹, zur Erläuterung vgl. Exkurs, S.170), 151 dagegen, 29 enthielten sich der Stimme.[175] Das TPG besagt konkret im Hinblick auf die beiden genannten Kernbereiche, daß vor einer Organentnahme der Ausfall des gesamten Gehirns und seiner Funktionen festgestellt werden muß. Gleichzeitig muß die Zustimmung des ›Organspenders‹ vorliegen. Hat dieser keine Erklärung abgegeben, können die Angehörigen für oder gegen eine Organentnahme entscheiden, wobei sie in ihrer Entscheidung den ›mutmaßlichen Willen‹ des Verstorbenen zu beachten haben.[176] Diese Regelung entspricht weitgehend der gesetzli-

---

[175] vgl. die Meldung in SÜDDEUTSCHE ZEITUNG, Nr. 144, 26.6.1997, S.1; vgl. auch z.B. Manzei (1997, S.105).

[176] „(1) Die Entnahme von Organen ist, soweit in Paragraph 4 nichts Abweichendes bestimmt ist, nur zulässig, wenn 1. der Organspender in die Entnahme eingewilligt hatte, 2. der Tod des Organspenders nach Regeln, die dem Stand der Erkenntnisse der medizinischen Wissenschaft entsprechen, festgestellt ist und 3. der Eingriff durch einen Arzt vorgenommen wird. (2) Die Entnahme von Organen ist unzulässig, wenn 1. die Person, deren Tod festgestellt ist, der Organentnahme widersprochen hatte, 2. nicht vor der Entnahme bei dem Organspender der endgültige, nicht behebbare Ausfall der Gesamtfunktion des Großhirns, des Kleinhirns und des Hirnstamms nach Verfahrensregeln, die dem Stand der Erkenntnisse der medizinischen Wissenschaft entsprechen, festgestellt ist." (TPG § 3) „(1) Liegt dem Arzt, der die Organentnahme vornehmen soll, weder eine schriftliche Einwilligung noch ein schriftlicher Widerspruch des möglichen Organspenders vor, ist dessen nächster Angehöriger zu befragen, ob ihm von diesem eine Erklärung zur Organspende bekannt ist. Ist auch dem Angehörigen eine solche Erklärung nicht bekannt, so ist die Entnahme unter den Voraussetzungen des Paragraph 3 Abs. 1 Nr. 2 und 3 und Abs. 2 nur zulässig, wenn ein Arzt den Angehörigen über eine in Frage kommende Organentnah-

chen Legitimierung einer über 25-jährigen Transplantationspraxis in der Bundesrepublik, die sich bis dato im wesentlichen an dem von den Transplantationszentren selbst erstellten Transplantationskodex aus dem Jahr 1987 orientiert hatte.[177] Mit dem Transplantationsgesetz von 1997, das nach der Ende September erfolgten Beratung im Bundesrat und der anschließenden Veröffentlichung im Bundesgesetzblatt zum 1. Dezember 1997 inkraft trat, hat Deutschland als einer der letzten Staaten in Europa eine gesetzliche Regelung zur Organtransplantation geschaffen.

Exkurs I: Gesetzliche Regelungsmodelle zur Organentnahme[178]
Folgende Regelungsmodelle standen insgesamt zur Diskussion, wobei die Widerspruchslösung, die Erklärungspflichtlösung wie auch die Informationslösung wegen rechtlicher Bedenken bei der Mehrheit der Parlamentarier z.T. schon im Vorfeld auf Ablehnung stießen, so daß sich der Entscheidungsprozeß in der abschließenden Bundestagsdebatte auf die Wahl zwischen der *engen* und *erweiterten Zustimmungslösung* zuspitzte.
Alle Modelle respektieren den zu Lebzeiten geäußerten, also explizit festgelegten Willen als Widerspruch gegen oder Zustimmung zu einer Organentnahme nach dem Tode:
1) *Enge Zustimmungslösung*: Die Organentnahme ist verboten, wenn der potentielle Spender zu Lebzeiten nicht ausdrücklich zugestimmt hat. Eine fehlende Einwilligung kann später durch niemanden stellvertretend nachgereicht werden, da keine Erklärung zur Organspende als Ablehnung gewertet wird. Nach der engen Zustimmungslösung ist eine Organentnahme nur dann zulässig, wenn der Organspender selbst der Entnahme zu Lebzeiten zugestimmt hat.
2) *Erweiterte Zustimmungslösung*: Die Organentnahme ist grundsätzlich unzulässig, wenn der potentielle Spender zu Lebzeiten nicht eingewilligt hat. Eine fehlende Erklärung zur Organspende

---

me unterrichtet und dieser ihr zugestimmt hat. Der Angehörige hat bei seiner Entscheidung einen mutmaßlichen Willen des möglichen Organspenders zu beachten. Der Arzt hat den Angehörigen hierauf hinzuweisen. Der Angehörige kann mit dem Arzt vereinbaren, daß er seine Erklärung innerhalb einer bestimmten, vereinbarten Frist widerrufen kann." (TPG § 4)

[177] 1987 haben sich die deutschen Transplantationszentren aufgrund fehlender rechtlicher Regelungen selbst einen Transplantationskodex gegeben, der – 1992 nochmals aktualisiert – die wichtigsten medizinischen, ärztlichen, ethischen und juristischen Grundsätze zur Todesfeststellung und Verfahrensweise bei Organtransplantationen zusammenfaßte und zu dessen Einhaltung sie sich verpflichteten (13/4355). Er regelte die ›Organentnahme bei Verstorbenen‹ so, daß als Voraussetzung der ›Hirntod‹ durch zwei, an der Organentnahme und -transplantation nicht beteiligte und vom Transplantationsteam unabhängige Ärzte festgestellt werden mußte. Außerdem war die Entnahme nur bei Einwilligung des Verstorbenen oder der Angehörigen zulässig, ohne dieser war eine Entnahme dann möglich, wenn ein ›gerechtfertigter Notstand‹ vorlag, d.h. wenn die Organentnahme die einzige Möglichkeit zur Abwendung von akuter Lebensgefahr bei einem Organempfänger darstellte (vgl. z.B. Karl 1995, S.80ff, Kloth 1994, S.138ff, Krefft 1997, S.217).

[178] Vgl. z.B. Kalchschmidt (1997, S.60ff), Karl (1995, S.68ff), Kloth (1994, S.138ff), Nickel (1999, S.19ff); für eine kurze Diskussion, die für eine erweiterte Zustimmungslösung anhand des ›mutmaßlichen Willens‹ des Verstorbenen plädiert, wie sie dann auch im TPG festgelegt wurde, vgl. z.B. Schroth (1997, S.50f); umfassender z.B. Höfling & Rixen (1996, insbes. S.76ff), Krefft (1997, S.215ff), Schreiber (1989, S.39ff, 1997, S.199ff), Taupitz (1996, S.26ff).

wird jedoch weder als Ablehnung noch als Zustimmung gewertet, sondern lediglich als ›Nichterklärung‹. In diesem Fall können ersatzweise die Angehörigen entscheiden, wobei sie dem TPG zufolge dabei den ›mutmaßlichen Willen‹ des Betroffenen zu beachten haben. Dieses Modell entspricht weitgehend der bis zum TPG geltenden Praxis, und auf dieser Basis erfolgt die Organentnahme z.B. in Großbritannien, Niederlande und Schweden.

3) *Widerspruchslösung*: Die Organentnahme ist grundsätzlich zulässig, wenn der potentielle Spender zu Lebzeiten nicht ausdrücklich schriftlich widersprochen hat. Das Fehlen einer Erklärung zur Organspende wird also als Zustimmung gewertet, Angehörige brauchen nicht zu Rate gezogen werden. Diese Regelung gilt z.B. in Frankreich, Belgien, Österreich, und sie galt auch in der DDR.

4) *Erklärungspflichtlösung*: Dieser Vorschlag, von Eckart v. Klaeden (CDU/CSU), Edzard Schmidt-Jortzig (F.D.P.) u.a. in die Diskussion eingebracht, fordert unter dem Stichwort ›Bürgerpflicht‹ von allen Bürgern zu Lebzeiten verbindlich eine Erklärung, ob sie als Organspender zur Verfügung stehen oder nicht (durchführbar z.B. bei der Ausgabe von Führerscheinen oder Personalausweisen usw.).

5) *Informationslösung*: Die Organentnahme ist nur zulässig, wenn der potentielle Spender zu Lebzeiten zugestimmt hat. Liegt keine Erklärung zur Organspende vor, sind die Angehörigen über eine beabsichtigte Organentnahme zu unterrichten. Wenn die Angehörigen innerhalb einer bestimmten, ihnen mitgeteilten oder mit ihnen vereinbarten Erklärungsfrist der Organentnahme nicht widersprochen haben, darf sie vorgenommen werden (die Informationslösung verknüpft demnach Elemente der Widerspruchslösung und der erweiterten Zustimmungslösung).

Die Vorgeschichte des Gesetzes braucht hier nicht im Detail nacherzählt zu werden (zusammenfassend z.B. Höfling & Rixen 1996, S.24ff, Kupatt 1994, S.26ff; vgl. auch Rixen 1999, S.55ff) – erwähnt seien nur einige Stationen wie z.B. der Prozeß um die 1969 in Bonn von einem Transplantationsteam um Alfred GÜTGEMANN durchgeführte Lebertransplantation, die ohne vorher eingeholte Einwilligung der Angehörigen des ›Organspenders‹ erfolgte. Im dazu von den Angehörigen angestrengten Gerichtsverfahren finden sich bereits wesentliche Kontroversen verhandelt (z.B. die Problematik der Feststellung des Todeszeitpunktes, eine Informationspflicht gegenüber den Angehörigen etc.), die bis in die aktuelle Debatte reichen (Murauer 1981, S.90ff). Genannt werden könnte z.B. auch der Gesetzesentwurf der Bundesregierung von 1978, der unter dem damaligen Bundesjustizminister Hans-Jochen VOGEL eine bundeseinheitliche Regelung für Organentnahmen auf der Basis der Widerspruchslösung vorsah, jedoch wegen Bedenken des Bundesrates fallengelassen und zur ›weiteren Reflexion‹ ad acta gelegt wurde (ebd., S.132ff), oder gar das 1994 von Rheinland-Pfalz verabschiedete Transplantationsgesetz, ebenfalls mit der Widerspruchslösung, das nach nur acht Wochen nach Inkrafttreten vom Landtag einstimmig wieder aufgehoben wurde (vgl. auch z.B. Kalchschmid 1997, S.233ff, Kloth 1994). Nachdem der Bund im Herbst 1994 die konkurrierende Gesetzgebungskompetenz für ein Transplantationsgesetz erhalten hatte, fand die erste Lesung eines neuen TPG-Entwurfs, eingebracht von CDU/CSU, SPD und F.D.P. im April 1995, am 19. April 1996 statt. Darin wurde nicht ein in sich geschlossenes Gesamtgesetz diskutiert, sondern ein sogenannter ›Omnibus‹ vorgestellt, dessen weitere Ausführungsbestimmungen durch einen interfraktionellen Antrag präzisiert werden sollten (13/4355).

So war mit Blick auf die bisher gemachten Erfahrungen von vornherein klar, daß man mit dem TPG ein ›heißes Eisen‹ in den gesetzgeberischen Händen hielt, das von einer Reihe einzuholender Expertisen zu flankieren war (deshalb auch die Omnibus-Idee), da „stark ethisch, religiös und moralisch" geprägte Probleme zur Entscheidung anstanden (13/183: Thomae F.D.P.). Nicht zuletzt deshalb wurden im Vor- und Umfeld dieser politischen Gesetzgebungsprozeduren schriftliche Stellungnahmen und öffentliche Expertenanhörungen vor dem Gesundheits- und dem Rechtsausschuß des Deutschen Bundestages organisiert und durchgeführt (am 28.6.1995, am 25.9.1996 und am 9.10.1996), die dann Eingang in die politischen Auseinandersetzungen um die verschiedenen Entwürfe und Änderungsanträge gefunden haben. Doch – kaum verwunderlich – jene dabei vorgestellten Expertisen brachten nicht für alle involvierten Parteien eine gleichermaßen wahrgenommene Klärung.

Zur Ausgangssituation in der politischen Hirntod- und Transplantationsdebatte

Rudolf DREßLER (SPD), Horst SEEHOFER (CDU/CSU) u.a. schreiben in ihrem Gruppenantrag bezüglich der öffentlichen Anhörung vom 28.6.1995 zur Bewertung des Hirntodes als Todeskriterium:

„Sie [die Anhörung; Anm. d. Verf.] hat die Auffassung der überwältigenden Mehrheit der deutschen und internationalen Ärzteschaft bestätigt, daß mit dem endgültigen, nicht behebbaren Ausfall der gesamten Hirnfunktion der Tod des Menschen eingetreten ist. Dieses im Zuge der Intensivmedizin entwickelte Todeskriterium liegt den rechtlichen Regelungen zur Organtransplantation aller anderen europäischen Länder sowie den USA und Kanadas zugrunde. Es ist seit 1967 auch in die Praxis der Organtransplantation in Deutschland eingegangen." (13/4368)

Auf die selbe Anhörung bezogen fällt das Fazit bei B'90/GRÜNE ganz anders aus:

„Die Expertenanhörung des Deutschen Bundestages am 28. Juni 1995 zur Bewertung des Explantationskriteriums ›Hirntod‹ hat demgegenüber unmißverständlich klargestellt, daß das hirnorganhierarchische Todeskonzept widerlegt ist. Eine gesetzliche Regelung, die das Hirntodkonzept als einen ›neuen Tod‹ anerkennt, würde zudem kulturelle und religiöse Traditionen verletzen. Sie würde darüber hinaus dem emotionalen und lebensweltlichen Erfahrungshintergrund breiter Bevölkerungskreise widersprechen." (13/2926)

In diesen Bewertungen der ein- und derselben Anhörung stehen sich also nicht nur lediglich die inhaltlichen Beurteilungen der von den Experten vorgetragenen Argumente zur Tauglichkeit des Hirntod-Kriteriums diametral gegenüber, sondern auch der semantische Kontext, in dem diese wahrgenommen und interpretiert werden, variiert beträchtlich: hier das sichere Plädoyer für die Hirntod-Definition unter Verweis auf deren intensivmedizinische ›Notwendigkeit‹, die Bestätigung der Expertise der Ärzteschaft als Kollektiv und die international verbreitete Praxis – dort die ebenso sichere Ablehnung basierend auf der aus dieser Perspektive eindeutigen wissenschaftlichen Unhaltbarkeit der Hirntod-Definition und deren Unvereinbarkeit mit kulturellen Traditionen und lebensweltlichen Erfahrungen.

Insofern verwundert es ebenfalls nicht, daß im Zeitrum von ca. 1994/1995 bis 1997, aber auch bereits davor, eine Reihe von Vorschlägen für Gesetzesentwürfe und Anträge, von Aufrufen und Stellungnahmen (nicht nur von den Vertretern politischer Parteien, sondern auch von ›angehörten‹ wie nicht ›angehörten‹ Experten oder Interessensverbänden[179]) in öffentlichen Beiträgen, Diskussionen usw. vorgelegt wurden, die schließlich im Juni 1997 zu folgender politischer Ausgangssituation führten:

Am Tag der abschließenden Debatte im Bundestag lagen zwei Anträge – zum einen der von Koalition und SPD (13/4355[180]), zum anderen der von B'90/ GRÜNE (13/2926) – und eine Reihe von Änderungsanträgen vor. Nachdem der Antrag von B'90/GRÜNE abgelehnt wurde, bildeten sich schließlich zwei Lager:

Das eine Lager um DREßLER, SEEHOFER und andere Abgeordnete aus den verschiedenen Parteien forderte die *Festschreibung des, nach dem Stand der ärztlichen Kunst (mit dem Hirntod-Kriterium) festgestellten Tod des Menschen* als Voraussetzung für die Organentnahme bei Nicht-Lebendspenden, und bei Nichtvorliegen eines erklärten Willens des von der Organentnahme Betroffenen die Einbeziehung der Angehörigen. Das andere Lager, insgesamt mehr als 100 Abgeordnete ebenfalls aus den verschiedenen Parteien wie z.B. dem Bundesjustizminister Edzard SCHMIDT-JORTZIG (F.D.P.), Eckart v. KLAEDEN (CDU/ CSU), Monika KNOCHE (B'90/GRÜNE), Herta DÄUBLER-GMELIN (SPD), Wolfgang WODARG (SPD) u.a., forderte eine Regelung, die den *festgestellten Hirntod als entscheidendes Entnahmekriterium im Prozeß des Sterbens festlegt* und, da der hirntote Patient demnach zum Zeitpunkt der Organentnahme noch als Lebender zu betrachten ist, ausschließlich die vom Betroffenen selbst gegebene Zustimmung als Grundlage für eine Organentnahme akzeptiert.[181]

Auf den Punkt gebracht: Die einen sehen im ›Hirntod‹ ein sicheres Todeszeichen, das dazu berechtige, den Totenschein auszustellen und davon zu sprechen, daß die benötigten Organe Toten entnommen werden – auch wenn deren Körper ›künstlich am Leben‹ erhalten wird. Die anderen sprechen erst dann vom Tod des Menschen, wenn der ganze Organismus zusammengebrochen ist, und nicht schon, wenn das Gehirn als einzelnes Organ versagt und abstirbt. Das

---

[179] So haben z.B. die ARBEITSGEMEINSCHAFT DER DEUTSCHEN TRANSPLANTATIONSZENTREN e.V. und die DEUTSCHE STIFTUNG ORGANTRANSPLANTATION bereits 1990 gemeinsam einen Entwurf für ein Transplantationsgesetz erarbeitet, das u.a. bei fehlender Einwilligung die ›Organentnahme bei Verstorbenen‹ erlaubt hätte, falls die Angehörigen nicht innerhalb einer bestimmten Frist widersprochen hätte (Schweigen wäre also als Zustimmung gedeutet worden) (Quelle: AG dt. Transplantationszentren & DSO 1990, § 2 [1]).

[180] Mit den jeweiligen, als Gruppenanträgen von verschiedenen Abgeordneten formulierten Präzisierungen und Änderungen in 13/4114, 13/4368 und 13/6591.

[181] Für eine knappe Übersicht der wichtigsten Aspekte der verschiedenen Entwürfe und Änderungsanträge vgl. z.B. das BT Presseinfo TPG sowie zum genauen Verlauf der Debatte das Sitzungsprotokoll vom 25.6.1997 (13/183).

irreversible Koma sei kein Todeskriterium, sondern ein Kriterium dafür, daß das Sterben eines Menschen nur noch hinausgezögert, aber nicht mehr abgewendet werden könne.

Einigkeit bestand somit infolge der allseits beklagten Rechtsunsicherheit lediglich in dem Wunsch, überhaupt zu einer gesetzlichen Regelung kommen zu wollen:

„Über die Notwendigkeit einer gesetzlichen Regelung sind sich alle politischen Kräfte einig. Gravierende Unterschiede bestehen jedoch hinsichtlich der Ziele, die mit einem Transplantationsgesetz verfolgt werden sollen. Umstritten ist, wer einer Organentnahme zugestimmt haben muß. Kontrovers diskutiert wird weiter, ob es sich bei der Entnahme lebenswichtiger Organe um einen Eingriff bei einem lebenden oder toten Menschen handelt." (13/2926)

Worin nun die ethisch-moralischen Komplikationen zu sehen sind und warum beide Problemaspekte so eng Hand in Hand gehen, wird sofort klar, wenn man sich vor Augen führt, daß bei der Negierung der Hirntod-Definition als Tod des Menschen das festgestellte irreversible Erlöschen sämtlicher Hirnfunktionen zum einen – wie bereits kurz diskutiert – den Punkt für die Beendigung intensivmedizinischer Maßnahmen markiert, d.h. von da an wird das Sterben sich selbst überlassen, indem der Arzt die ›lebenserhaltenden‹ Geräte abschalten darf, weil sich in dem von nun an unumkehrbaren Sterbensprozeß keine weiteren lebenserhaltenden Maßnahme mehr rechtfertigen lassen. Und nur im Falle einer Organentnahme erfolgt in diesem Verständnis bei diagnostiziertem ›Hirntod‹ eine weitere intensivmedizinische Behandlung (die Geräte bleiben angeschaltet, das Sterben wird künstlich verlängert), bis die Organentnahme durchgeführt ist und dadurch das Sterben unvermeidlich zu seinem Ende gebracht wird. Einen solchen schwerwiegenden Eingriff in das Sterben kann demzufolge nur der Betroffene selbst stattgeben. Wenn jedoch dem entgegen im anderen Verständnis im ›Hirntod‹ der Nachweis des dann bereits eingetretenen Todes des Menschen gesehen wird, so macht es bei seiner Diagnose keinen Sinn mehr, einen Toten weiter mit den Maschinen verbunden zu lassen, außer um die Zeit zu überbrücken, bis die Organentnahme vollzogen ist, wozu im Bedarfsfall auch die Angehörigen einwilligen können.

Stellt die erste Deutung für die Befürworter der zweiten Sichtweise eine unannehmbare aktive Tötungshandlung seitens des transplantierenden Arztes dar (während per definitionem beim Abschalten der Geräte keine aktive Sterbehilfe geleistet wird), enthält für die Anhänger der ersten Sichtweise der Vorgang der Transplantation keine grundsätzlich andere ›Handlungsqualität‹ als das Abschalten der Geräte, ja mehr noch: die Transplantation selbst dient schließlich nicht nur wie das Abschalten der Geräte einem ›guten‹ weil ›würdigen Sterben‹ des Betroffenen, sondern sie dient der Verwirklichung eines weiteren ethischen Ziels: der Hilfe eines ansonsten unheilbar Kranken. Damit ist man schließlich bei dem zentralen Ausgangspunkt angelangt, der gleichsam die Eingangstür in die gesamte Diskursformation bildet: dem ›Organmangel‹.

Horst SEEHOFER ließ in der bereits zitierten, vom Bundesgesundheitsministerium veröffentlichten Pressemitteilung Nr. 77 vom 26.9.1997 anläßlich der

Zustimmung des Bundesrates zum TPG vermelden, nun sei nach fast 25-jährigen Diskussionen endlich ein Schlußpunkt gesetzt, und:

„(...) In dieser an politischen Konfrontationen gewiß nicht armen Zeit ist der Werdegang des Transplantationsgesetzes beispielhaft für Konsensfindung über die Parteigrenzen hinweg und für eine konstruktive Zusammenarbeit von Bund und Ländern in einer so schwierigen Materie, die elementare Fragen von Leben und Tod berührt." (Quelle: BMfG 26.9.1997)

Gleichviel ob man wirklich von einem Schlußpunkt sprechen kann und ob die Debatte ein exemplarisches Beispiel für politische Konsensfindung, für die ›anspruchsvolle Diskussionskultur in der Bundesrepublik Deutschland‹ darstellte (vgl. auch 13/183: Seehofer CDU/CSU [1]),[182] das abschließende Fazit des BMfG klang jedenfalls, wie von vielen anderen ähnlich geäußert, optimistisch vor allem im Hinblick auf die für die Zukunft beflügelte *Spendenbereitschaft*:

„Rechtssicherheit, Transparenz und Vertrauen sind die Grundlagen für die Bereitschaft möglichst vieler Menschen in unserem Lande, nach dem Tod Organe zu spenden. Es ist zu hoffen, daß auf der Grundlage des verabschiedeten Transplantationsgesetzes bei uns diese Bereitschaft wieder dauerhaft zunehmen wird. Dieses Gesetz ist die beste Antwort auf die Verbindung des Todes eines Menschen mit dem Gedanken, durch Organe anderen Menschen das Leben zu retten oder eine neue Lebensqualität zu schenken." (Quelle: BMfG 7.10.1997)

Knüpfen wir jetzt die zentralen Diskursstränge dieser Diskursformation auf und beginnen wir dazu beim ›Organmangel‹ sowie der erklärten und in diesem Zitat formulierten Zielstellung des TPG.

---

[182] Nebenbei bemerkt: Einen ganz anderen Eindruck über die ›denkwürdige Debatte‹ im Bundestag erhält allerdings, wer z.B. in der ÄRZTE ZEITUNG den fast polemisch wirkenden Bericht von Hans-Bernhard Henkel liest: „Nach mehr als 20 Jahren Diskussion um Hirntod und Zustimmungslösungen soll die Transplantationsmedizin in der Bundesrepublik endlich auf eine rechtlich eindeutige Grundlage gestellt werden. Dementsprechend groß ist das Medieninteresse. Auf der Pressetribüne des Plenarsaales sind nahezu alle Plätze belegt, etwa zehn Kamerateams beobachten das Geschehen im Hohen Haus. Die Journalisten hoffen offenkundig auf einen denkwürdigen Schlagabtausch, auf bemerkenswerte Szenen in der Volksvertretung. Doch weit gefehlt. Das große Rund des Parlaments ist etwa eine Stunde nach Beginn der Debatte, die bis in den späten Nachmittag hinein dauert, nur knapp zu einem Drittel gefüllt. Unter den anwesenden Abgeordneten befinden sich auch eine ganze Reihe weitgehend unbekannter Gesichter: Hinterbänkler, die wegen des großen Auftriebs an Presseleuten offenkundig darauf hoffen, auch einmal ein paar Sekunden lang im Fernsehen zu erscheinen." (Henkel 1997, o.S.)

4.2.2. „Leben schenken – Organspende":
Die interdiskursive Integration der Hirntod-Definition durch Krankheit und Leiden

Wiederum war Hans JONAS einer der ersten, der in seiner Hirntod-Kritik den an die HARVARD-Kommission gerichteten Vorwurf formulierte, die Hirntod-Definition verquicke unzulässigerweise das Problem der Definition des Todes mit der Organspende zur Lebensrettung von Schwerkranken:

„So rein dies Interesse, nämlich anderes Leben zu retten, *an sich* ist, so beeinträchtigt doch sein Mitsprechenlassen den *theoretischen* Versuch einer Definition des Todes; und die Harvard-Kommission hätte sich nie erlauben dürfen, die Reinheit ihres wissenschaftlichen Befundes durch den Köder dieses externen – wiewohl höchst ehrenwerten – Gewinnes zu kontaminieren." [Herv. im Orig.; Anm. d. Verf.] (Jonas 1985, S.225ff)

Allgemeiner formuliert bedeutet dieser Vorwurf, Interessen – wie berechtigt diese auch immer sein mögen – vertrügen sich nicht mit der Redlichkeit wissenschaftlicher Wahrheitsfindung, was durchaus genauer zu diskutieren wäre. Doch entscheidender scheint mir, zu klären, mit welchen diskursiven Mustern und anhand welcher diskursiven Praktiken genau diese ›problematische Verknüpfung‹ – die Definition des Todes hier und die Heilung von Schwerkranken dort – aktuell im politischen Bereich bearbeitet wird, einem Bereich, dem es ja explizit um Interessensausgleich gehen muß, und der dabei nicht ohne den Bezug zur ›wissenschaftlichen Wahrheit‹ auskommt: Welche Verbindung geht der Tod als ›Hirntod‹ mit Leiden und Krankheit ein?

Organtransplantation – der moralische Akt

Auf die einfache Frage des medizinischen Laien, von welchen Faktoren eigentlich die Anzahl der Organtransplantationen abhängt, erläutert ihm die DEUTSCHE STIFTUNG ORGANTRANSPLANTATION (DSO):[183]

1) „von der mentalen und strukturellen Verankerung der Organspende als Versorgungsauftrag aller Krankenhäuser" (und meint damit, daß möglichst alle ›potentiellen Organspender‹ von den behandelnden Ärzten auch wirklich dem zuständigen Transplantationszentrum gemeldet werden);
2) „von der Bereitschaft der Ärzte und des Pflegepersonals, nach eingetretenem Tod eines Patienten die Möglichkeit der Lebensrettung anderer, schwerkranker Menschen, mit den Angehörigen zu besprechen und in angemessener Form um eine Organspende zu bitten" (neben dem Melden geht es also um effiziente Überzeugungsarbeit, die im übrigen nicht nur bei den

---

[183] Neben der Eurotransplant Foundation, die als internationale Koordinationsstelle für die Organvermittlung fungiert, bildet das KfH (Kuratorium für Dialyse und Nierentransplantation e.V.), das TDZ (Transplantations-Datenzentrum Heidelberg), die Arbeitsgemeinschaft der Deutschen Transplantationszentren e.V., der Arbeitskreis Organspende sowie die DSO die Eckpfeiler der nationalen Organisationsstruktur zur Koordination des Transplantationswesens (Feuerstein 1995, S.122ff).

Angehörigen, sondern auch beim involvierten medizinischen Personal zu leisten ist, um z.B. auch die ›organprotektive Intensivtherapie‹ bis zur Organentnahme zu gewährleisten);
3) „vom Vertrauen der Angehörigen in die Berechtigung und Redlichkeit der vorgetragenen Bitte" (›Vertrauen in die vorgetragene Bitte‹ dient hier offenbar als Legitimationsbasis der transplantationsmedizinischen Praxis);
4) „sowie von der kontinuierlichen Information der Bevölkerung durch die Träger des Gesundheitswesens" (wobei unklar bleibt, worüber eigentlich informiert werden soll) (Smit, Sasse, Zickgraf, Schoeppe & Molzahn 1998, S.1).

Man könnte die gestellte Laienfrage auch direkter beantworten: Die Zahl der Organtransplantationen – läßt man dabei die Lebendspende außer acht – hängt bei gegebenen Rahmenfaktoren (wie z.B. der transplantationsmedizinischen Infrastruktur) zunächst einfach von der Anzahl medizinisch geeigneter ›hirntoter Spender‹ (also solcher ohne Kontraindikationen) ab. Noch ganz abgesehen von der in dem Auszug weitgehend vermiedenen Hirntod-Problematik, reduziert sich die Anzahl der Organtransplantationen in diesen DSO-Erläuterungen im Kern auf das moralisch-ethisch konnotierte Akzeptanz- bzw. Bereitschaftsproblem der ›Organspende‹: Es gibt um so mehr Organtransplantationen, je mehr wir dazu bereit sind, diese zu wollen.[184]

---

[184] Man könnte die eingangs gestellte Frage im übrigen auch statistisch-quantitativ beantworten, käme allerdings, nachdem man sich durch eine Reihe von statistischen Unwägbarkeiten zu kämpfen hätte, auf das gleiche Grundproblem der Akzeptanz von und Bereitschaft zur ›Organspende‹. 1997 lagen insgesamt 2.044 Spendermeldungen vor, davon wurden bei 1.079 Fällen Organübertragungen realisiert (52,8%), in 612 Fällen scheiterte die Übertragung (29,9%), und in 353 Fällen verhinderten medizinische Kontraindikationen die Organentnahme (17,3%); nimmt man als Basis die Zahl der gemeldeten potentiellen Spender minus der Fälle mit medizinischen Kontraindikationen, so kamen 1997 insgesamt 82% der Organentnahmen infolge des ›mutmaßlichen Willens‹ des ›Organspenders‹, geäußert seitens der Angehörigen, zustande, nur bei 3% lag ein Organspende-Ausweis vor, bei 15% war der mündlich geäußerte Wille des Verstorbenen bekannt (Smit, Sasse, Zickgraf, Schoeppe & Molzahn 1998, S.3ff). Die Anzahl der gemeldeten Spender wiederum hängt nicht nur von der Bereitschaft zur Meldung seitens des medizinischen Personals ab, sondern auch von einer Reihe von externen Faktoren wie z.B. der Unfallhäufigkeit, wobei die genauen statistischen Korrelationen insgesamt noch weitgehend unklar sind. So korreliert nach Meinung von Fischer-Fröhlich gerade die Unfallhäufigkeit *nicht* mit der Häufigkeit von ›Organspenden‹: „Beispielsweise gibt es in Spanien mehr tödliche Verkehrsunfälle als in Deutschland, aber die Zahl der Organspenden nach tödlichem Unfall ist verglichen mit der nach anderen Todesursachen im Verhältnis zu Deutschland identisch: ein Drittel unfallbedingt, zwei Drittel andere Ursachen. Absolut gibt es in Spanien doppelt so viele Organspenden wie in Deutschland", was sich für Fischer-Fröhlich wiederum nur durch die allgemein hohe Akzeptanz der ›Organspende‹ in Spanien erklären läßt (Fischer-Fröhlich 1997, S.21). Angesprochen auf den jüngst konstatierten Rückgang von Organspenden (vgl. z.B. Baronikians in SÜDDEUTSCHE ZEITUNG 29./30.8.1998) kommentierte der niederländische Di-

Den Hintergrund des dergestalt moralisierten Quantitätsproblems bilden die kontinuierlich wachsenden ›Wartelisten‹, d.h. die chronische Unterversorgung der zur Transplantation angemeldeten Patienten. Die dabei immer weiter aufklaffende Angebots-Nachfrage-Schere hängt – FEUERSTEIN zufolge – wesentlich von zwei Faktoren ab: „zum einen von der begrenzten und auch durch technisch-organisatorische Maßnahmen nur begrenzt erhöhbaren Zahl verfügbarer Leichenorgane, zum anderen von der Indikationsstellung zur Transplantation." (Feuerstein 1995, S.171) Gerade ein genauerer Blick auf den zweiten Faktor als hochvariable Größe zeigt, wie durch die Ausweitung der Nachfrageseite die Scherenentwicklung zu einem entscheidenden Anteil ›systemimmanent‹ induziert ist, wobei die Maßnahmen zur positiven Beeinflußung der Angebotsseite innerhalb der medizinischen Bereichs sich vor allem auf die Verbesserung der Infrastruktur der Transplantationsmedizin und (wie bei der DSO angedeutet) auf die Koordination mit ihrem weiteren medizinischen Umfeld beziehen. Das zentrale Problem auf der Angebotsseite besteht aber ›in der mangelnden Integration gesellschaftlicher Orientierungssysteme‹ – d.h. konkret: in der bis vor kurzem fehlenden gesetzlichen Regelung zur Transplantationspraxis sowie in der infolge ›negativer massenmedialer Darstellungen‹ produzierten Unsicherheit (Feuerstein 1995, S.174ff). So identifiziert z.B. FISCHER-FRÖHLICH die Gründe „für die Diskrepanz zwischen der für ein hoch entwickeltes Land möglichen Zahl und der tatsächlichen Zahl von gespendeten Organen" neben den genannten medizinischen Organisations- und Koordinationsproblemen insbesondere in:

„- Unwissenheit durch mangelhafte Information bei Laien, Ärzten und Pflegekräften,
- Fehlinformationen und Verunsicherungen durch Sensationsprozesse und Unterhaltungsmedien,
- rationale und irrationale Ängste vor dem Tod bzw. dem verdrängten Lebensende,
- fehlendes Vertrauen in die Medizin und Ängste vor einer suboptimal ausgeführten Intensivtherapie bzw. inkorrekten Hirntodfeststellung, (...)
- Bedenken hinsichtlich kommerzieller Interessen bei der Organtransplantation." (Fischer-Fröhlich 1997, S.24)

Vor dem Hintergrund dieser Auflistung der von der Transplantationsmedizin identifizierten Hemmnisse einer im Hinblick auf ›Angebot und Nachfrage optimierten‹ Transplantationspraxis liegt neben der Schaffung einer rechtlichen

---

rektor von Eurotransplant in einer Hörfunk-Sendung: „Ich habe in dem Pressebericht, der erschienen ist, gesagt, daß wir das nicht wissen momentan. Besonders war, daß das in den unterschiedlichen Ländern anders liegt und auch in den unterschiedlichen Regionen anders liegen kann. Es kann sein, daß es in der einen Region weniger Unfälle gibt, in der Region gibt es einen Personalmangel usw. Wir sind dabei dies zu analysieren, aber ich kann Ihnen wirklich keinen Grund geben. Dazu kommt, daß in den Ländern, in denen die Widerspruchslösung gilt, das ist Belgien und Österreich, die Senkung der Organspender am größten ist. Umgekehrt hat z.B. die Regierung in den Niederlanden seit Anfang Dezember eine massive Öffentlichkeitsarbeit gestartet, und dort haben wir keine Steigerung gesehen. Also wir sehen unterschiedliche Entwicklungen. Meist spielen mehrere Faktoren eine Rolle." (Quelle: BR 2: Das Tagesgespräch 5.6.1998)

Grundlage für die Transplantationsmedizin eines der wichtigsten Aufgabenfelder im dazu *adäquaten Deutungsmanagement*: Das Ziel ist, mit ›konsequenter öffentlich geförderter Information und Aufklärung‹ gegen den Vorwurf der Interessensgebundenheit und gegen ›Fehlinformationen‹ z.B. seitens der Medien anzugehen, um Sicherheit und Vertrauen in die Transplantationsmedizin herzustellen (ebd., S.24f).[185]

Wie sehr bei dieser ›Informationsarbeit‹ dann vermieden wird, auch nur den geringsten Anschein eines interessensorientierten Handelns zu erwecken, und versucht wird, rhetorisch gegen eine ›*Interessens-Ethik*‹ eine ›*Ethik der Würde*‹ zu setzen (13/116: Huber), illustriert z.B. der in der DSO-Broschüre gegebene Hinweis zum zeitlichen Rahmen, innerhalb dessen Organentnahmen durchgeführt werden. Dem Text zufolge wird dieser vor allem von den Werten der Achtung und Rücksichtnahme gegenüber dem ›Spender‹ und den Angehörigen gesetzt:

„Pietät und Respekt vor dem Verstorbenen, Rücksichtnahme gegenüber den Angehörigen und die Dankbarkeit für die Hochherzigkeit der Organspende erfordern, daß Organentnahmen in einem möglichst engen Zeitraum durchgeführt werden. Auch die Aufrechterhaltung der Homöostase beim Organspender kann gefährdet werden, wenn die Entnahme verzögert wird." (Smit, Sasse, Zickgraf, Schoeppe & Molzahn 1998, S.1)

Was in dem für Laien in seiner konkreten Bedeutung völlig unverständlichen ›Fach-Hinweis‹ (›Homöostase‹ bei einer Leiche?), verkleidet als ›Sorge um den Organspender‹, zum Ausdruck gebracht wird, ist das – man könnte sagen: im Falle einer Organspende ja auch völlig legitime Interesse – möglichst schnell zu handeln, und zwar mit Blick auf die Verwertbarkeit des entnommenen Organs und die damit verbundenen Therapiechancen für den Empfänger: Je schneller die Explantation des Organs beim ›Spender‹ und dessen Implantation beim Empfänger erfolgt, um so geringer sind die Risiken einer Schädigung des Organs (die zur Verfügung stehenden Zeitpuffer hängen vom jeweiligen Organ ab; am knappsten ist die Zeittoleranz beim Herzen mit ca. 4 Stunden).

Doch allein mit solcher moralisch-ethischen ›Werte-Ausstattung‹ der Transplantationspraxis und allgemeiner der ›Organspende‹ (›Hochherzigkeit‹; vgl. dazu genauer dann Kap.4.2.4) kann die Aufmerksamkeit wie die Bereitschaft der Bevölkerung zur ›Organspende‹ nicht in ausreichendem Maße geweckt werden. Weitere ›Be-Deutungsarbeit‹ scheint notwendig zu sein, welche ›das Problem‹ zunächst einmal definiert.

---

[185] Diese Sicht der gesellschaftlichen Situation und deren Ursachen findet sich nahezu wortwörtlich auch in dem Antrag von Dreßler, Seehofer u.a.: „Zu dem Rückgang der Spendebereitschaft haben Berichte in den Medien, insbesondere über den illegalen internationalen Organhandel, und Rechtsunklarheit über die Voraussetzungen von Organspende und Organentnahme wesentlich beigetragen. Sie haben zunehmend zu Unsicherheit, Ängsten und Mißtrauen in der Bevölkerung gegenüber der Transplantationsmedizin, aber auch zu Zurückhaltung bei Ärzten und Pflegepersonen in Krankenhäusern geführt." (13/4355; ähnlich dazu auch Philipp 19.4.1996)

Betroffenheits-Entgrenzung: ein altes-neues Memento mori?

„Es sollte jeder daran denken, daß er morgen selbst auf ein Spendenorgan angewiesen sein könnte" (Philipp 19.4.1996) – so die CDU-Bundestagsabgeordnete Beatrix PHILIPP. Jeder sollte daran denken, daß er morgen mittels ›Organspende‹ vor dem Sterben bewahrt werden möchte (oder zumindest seine Lebensqualität, auch bei nicht vollständiger Heilung und Genesung, verbessert haben will), und deshalb sollte er heute Stellung zum eigenen Sterben beziehen – und zwar für die ›Organspende‹! So könnte man das Credo vieler Aufklärungs- und Informationsmaterialien rund um Organtransplantation formulieren, und so lautet auch ein zentrales Argumentationsmuster in der TPG-Debatte. Der Effekt, den diese ›*Betroffenheits-Entgrenzung*‹ leisten soll, ist offensichtlich: Es soll ausgeschlossen werden, daß man das Problem, um das es geht: ›die Organtransplantation‹ nicht zu dem seinigen machen muß.

Dieses Entgrenzungsmuster beginnt gleichsam als Wiederauflage eines durch die Moderne weitgehend vergessenen Memento mori beim *eigenen* Sterben: Jeden kann es treffen, jeder kann zu jederzeit vom Tod bzw. von einem bestimmten Tod überrascht werden. Reiner HOFMANN, selbst Herztransplantierter und Aktivist im Zeichen der Organspende, formuliert:

„Leicht erhöhter Blutdruck und Kopfschmerzen, wer hat das nicht? Das sind mitunter Vorboten für einen schlimmen Ausgang:
Leblos, mit einem Schlauch in der Luftröhre, liegt man an der Beatmungsmaschine auf der Intensivstation. Im Kopf wurde operiert, wie es ausgeht zeigt sich in den nächsten Tagen.
Jeden von uns kann es plötzlich treffen: Bewußtlosigkeit, Hirnschlag, Hirnblutung oder ein schwerer Unfall. Meistens gelingt es das Leben zu retten. Wir verdanken dies der Intensivmedizin mit einem gut strukturierten Rettungswesen sowie hervorragenden Untersuchungs-, Operations- und Behandlungsmöglichkeiten. Immer wird alles medizinisch Mögliche unternommen. Das ist oberstes Gebot. Aber es gibt Grenzen: Manchmal stirbt der Mensch noch an der Unfallstelle oder auf der Intensivstation
(...) Genauso, wie jeder der 80 Millionen Bundesbürger an Herz-, Leber- oder Niere erkranken und auf eine Transplantation angewiesen sein kann, besteht tagtäglich die Gefahr, eine schwerste Kopfverletzung, Hirnblutung oder andere Gehirnschädigung zu erleiden." (Quelle: Hofmann ›Organspende & Transplantation‹; vgl. ähnlich bzw. teilw. wörtlich identisch bei Fischer-Fröhlich 1997, S.16f)

Doch es ist in diesem Memento mori nicht mehr in einem traditionellen Sinn *der Tod* schlechthin, der am Ende der Lebensuhr jeden unweigerlich erwartet, sondern es ist ein ›bestimmter Tod‹, der völlig unvorhersehbar – gleichsam keiner Regel oder höheren Gewalt folgend und sich potentiell in jedem, auch noch so geringfügigen Unwohlfühlen bereits ankündigend – in den Alltag hereinbricht. Gemäß eines solchen entgrenzten Todesbewußtseins könnte jeder plötzlich zum ›Organspender‹ werden, indem er den Tod stirbt, der ihn als ›hirntot‹ mit noch funktionierenden Organen zur ›lebenden Leiche‹ macht. Doch genauso plötzlich könnte jeder auch zum potentiellen Organempfänger werden: Denke jederzeit nicht nur an deinen Tod, sondern auch an Deine Gesundheit! Aber: Anders als in der Leitmaxime des modernen Gesundheitsregimes, welche die individuelle Sorge um die Gesundheit als veralltäglichtes Lebensstilprojekt formuliert und in letzter Konsequenz der Todesvermeidung dient, verknüpfen sich hier der *eigene Tod* und *die Sorge um die eigene Gesundheit*, ohne daß das eigene konkrete *Sterben* problematisiert zu werden braucht. So, wie sich der ›Hirntod‹ in seiner Wahrnehmbarkeit ›maskiert‹, bleibt in dieser Rhetorik das konkrete eigene Sterben als ›Organspender‹ verdeckt. Die darin enthaltene Verweisungsregel zwischen Gesundheit und Tod entfaltet dieses Memento mori mit einem Hinweis einige Zeilen weiter unten in der gleichen Quelle, der sozusagen ein beruhigendes Rechenexempel eröffnet, das diesem Denken an den eigenen Tod durchaus kalkulatorische Vorteile zugunsten von Gesundheit/Heilung verspricht: Es ist viel wahrscheinlicher, bei diesem Memento zu den Überlebenden zu zählen und geheilt zu werden, als zu jenen, die auf die ›andere Seite‹ fallen:

„In Deutschland versterben pro Jahr 900.000 Menschen. Davon kommt es in maximal 0,5% der Fälle (ca. 4.000) zum Hirntod auf der Intensivstation. In Deutschland warten über 12.000 Menschen auf ein Organ. Es ist ein mehrfaches wahrscheinlicher auf ein Organ zu warten, als hirntot zu sein und theoretisch spenden zu können. Rechnet man die 10.000 Patienten hinzu, die aus unerklärlichen Gründen auf keiner Warteliste stehen, so beträgt das Verhältnis fünf zu eins." (Quelle: Hofmann ›Organspende & Transplantation‹)

Die diskursiven Strategien, die solchermaßen entgrenztes Denken an den Tod herstellen und plausibilisieren sowie die Skandalisierung rechtfertigen sollen, welche öffentlichen Handlungsdruck erzeugt, zeichnen sich in den bisher genannten Zitaten bereits ab: ›Zahlenspiele‹ zu der auseinanderklaffenden Angebots- und Nachfrageschere und ›Fallnarrationen‹.

Von der Macht der Zahlen und dem Eindruck von Schicksalen: der Wandel von ›Todesursachen‹ als Skandalisierungsstrategie

Beginnen wir mit einigen ›Zahlenspielen‹, was – zugegeben – in dieser Formulierung sicherlich zynisch klingen mag:

„In Deutschland stehen allerdings etwa fünfmal so viele Patienten auf der Warteliste für eine Nierentransplantation und rund doppelt so viele Patienten warten auf ein Spenderorgan für eine Herz- oder eine Lebertransplantation. Nicht wenige davon müssen wegen des Mangels an Spenderorganen vorzeitig sterben." (Quelle: BMfG 7.10.1997)

Hinter solchen Zahlen stehen immer Menschen, stehen immer Einzelschicksale:

„Mein Freund Bernd Tönnies – er war damals gemeinsam mit mir in den Führungsgremien von Schalke 04 tätig – starb an Nierenversagen. Er war gerade an der Schwelle zum 40. Lebensjahr. Es kam nicht schnell genug zur Organspende. Wir waren befreundet, und deswegen habe ich ihn beim Sterben begleitet, und zwar nicht wissend, daß ich ihn beim Sterben begleite. Wir haben in der Zeit, als er immer noch auf eine Organspende hoffte, darüber gesprochen, warum es in unserem Land so wenige gibt, die Organe spenden. Eine plausible Antwort darauf hat hier keiner." (13/183: Möllemann F.D.P.)[186]

---

[186] Ein Ende der 90er vor allem in den USA und in Italien in den Medien für Furore sorgendes Beispiel war Nicholas Green, ein amerikanischer Junge, der während ei-

Der dieser Aussage nach schlichtweg ›unerklärliche‹ Zustand liegt darin, daß Menschen sterben, obgleich ihnen grundsätzlich geholfen werden könnte. Und da der Tod in der Moderne immer seine Ursache hat, die es zu vermieden gilt, ist klar, woran sie sterben: Sie sterben aufgrund eines *Mangels*.[187] Dieser Mangel ist deshalb nicht hinnehmbar, weil er ›behandelbar‹ ist, und zwar vor allem durch die Erhöhung der Spendenbereitschaft. Auf jeden Fall kann in der derzeitigen Situation nicht nichts getan werden, denn das Leiden und die Gefahr für Menschenleben verhindern Passivität. Das Plädoyer für die Erhöhung der Spendenbereitschaft im Kontext obiger ›Betroffenheits-Entgrenzung‹ lautet:

„Im Gegensatz zu fast allen europäischen Ländern ist die schon sehr geringe Bereitschaft zur Organspende in den letzten Monaten in Deutschland weiter zurückgegangen. Die Hoffnung auf ein Spenderorgan der fast 15.000 Wartepatienten erfüllt sich für 1/3 nicht. Diese Menschen, auch Kinder, auf der Warteliste zu einer Herz-, Leber- oder Lungentransplantation müssen sterben, weil kein geeignetes Spenderorgan vorhanden ist.

›Würden Sie nicht auch alles tun um zu helfen, wenn in Ihrer Familie jemand auf ein Spenderorgan angewiesen ist um weiterzuleben ?‹. Diese Frage sollte sich jeder Mensch einmal stellen und die Organspende einmal von dieser Seite aus betrachten.

Denn je mehr Menschen bereit sind, nach Ihrem Tod die Organe zu spenden, desto mehr wird die Bereitschaft zur Organspende ein wichtiger Bestandteil unserer Gesellschaft werden." (Quelle: Hofmann: Forum Organspende & Transplantation)

---

nes gemeinsamen Italienurlaubes mit seinen Eltern durch einen Kopfschuß getötet und von den Eltern zur Organtransplantation freigegeben wurde (vgl. auch Fischer-Fröhlich 1997, S.22). Ein anderes Beispiel für solche Narrationen liefert der Neurologe und Psychiater Johann F. Spittler, der seine Entscheidung für die Organspende ähnlich den Mustern der kommunikativen Vermittlung religiöser Konversionserfahrung schildert (vgl. Knoblauch, Krech & Wohlrab-Sahr 1998, Wiesberger 1990), wo spezifisches Wissen und ein konkretes Auslöse-Erlebnis zusammenkommen: „Ich habe am Bett einer 30-jährigen Frau gesessen, Mutter einer kleinen Tochter. Die Frau litt an einer tödlichen Lebererkrankung. Nur eine Transplantationsmedizin konnte sie noch retten. Sie quälte sich damit, daß sie auf die Leber eines anderen Menschen hoffte, da sie doch zugleich dessen Tod herbeisehnen mußte. Doch die Zuversicht auf die Heimkehr zu ihrem Kind überwog. Die Frau trug sich ein in die Warteliste für eines der wenigen Spenderorgane. Die Begegnung mit ihr war, zusammen mit meinen Untersuchungen, wichtig für mich: Seit acht Jahren trage ich meinen Organspenderausweis in der Tasche." (Spittler in DIE WOCHE 28.4.1995)

[187] Diesen Deutungszusammenhang geißelt z.B. der anthroposophische Allgemeinmediziner und vehemente Hirntod-Kritiker Frank Meyer: „Längst ist es üblich, von Patienten, die im Endstadium bestimmter Erkrankungen starben, zu sagen, sie seien gestorben, weil kein geeignetes Spenderorgan zur Verfügung stand (also: weil niemand anders für sie starb), anstatt bei der Tatsache zu bleiben, die Herz-, Leber- oder Nierenausfall heißt. Am Unwort "Spendermangel" zeigt sich, wie aus dem Bedürfnis kranker Menschen nach den Organen anderer ein gesellschaftlicher Bedarf, und aus dem Bedarf ein Mangel geworden ist. So entsteht leicht der Eindruck, nicht Krankheit und Tod seien zu bewältigen, sondern der Spendermangel die große Krankheit, ein moralischer wie ökonomischer Makel, von dem unsere egoistische Kultur zu bereinigen sei." (Quelle: Meyer o.J., o.S.)

Der darin erzeugte Handlungsdruck einschließlich eines Regelungsbedarfs, der nicht weiter hinausgeschoben werden darf, basiert auf der diskursiv erzeugten Umdefinition des ›Organmangels‹ als einem eigentlichen Ressourcenproblem der Transplantationsmedizin zu einem *sozialen Problem*, indem es um das Leben und die Lebenssituation von schwerkranken Menschen geht, und im Angesicht ihres Todes erscheint (gesetzgeberisches) Handeln unabdingbar.

„Daß diese Entwicklung zu Lasten vieler, zum Teil schwerkranker Menschen geht, denen geholfen werden könnte, gäbe es rechtzeitig die entsprechenden Organe, ist auch Grund und Ursache für die jetzige Parlamentsinitiative.
(...) es besteht Handlungsbedarf, auch um Menschenleben zu retten und Leiden zu lindern." (Quelle: Philipp 19.4.1996)

„Heute ist viel von den Wartelisten gesprochen worden; auffällig ist, daß die Wartelisten bei Lunge, Leber und Herz recht kurz sind, weil sehr viele Patienten die Wartezeit nicht überleben. Auch das müssen wir uns deutlich machen." (13/183: Hintze CDU/CSU)

Die eigentliche Argumentationslogik und den damit verbundenen Deutungszusammenhang des ›Sterbens auf der Warteliste‹ als Todesursache verdeutlicht exemplarisch der Blick auf ein Presse-Info des BMfG:

„Organübertragungen gehören heute in Ländern mit hochentwickeltem Gesundheitswesen zum Standard der medizinischen Versorgung. Allein in Deutschland werden jährlich über 2.000 Nieren, rund 500 Herzen, 700 Lebern und etwa 4.000 Augenhornhäute transplantiert. Das sind beeindruckende Zahlen, vor allem, wenn man sich vergegenwärtigt, daß in jedem Fall das Leben eines Menschen gerettet oder eine schwere Krankheit weitgehend geheilt werden kann.
In Deutschland stehen allerdings etwa fünfmal so viele Patienten auf der Warteliste für eine Nierentransplantation und rund doppelt so viele Patienten warten auf ein Spenderorgan für eine Herz- oder eine Lebertransplantation. Nicht wenige davon müssen wegen des Mangels an Spenderorganen vorzeitig sterben. Und das, obwohl für die Patienten in Deutschland über die Vermittlung der gemeinnützigen Stiftung Eurotransplant in Leiden/Niederlande nach wie vor mehr Spenderorgane aus den Nachbarländern zur Verfügung gestellt als von hier dorthin abgegeben werden, allein im letzten Jahr über 200." (Quelle: BMfG 7.10.1996)

Die Therapie von bestimmten Krankheiten mittels Organtransplantation soll demnach weder als Routine noch Experiment wahrgenommen werden (Eigler 1997, S.125ff), sondern als ›*Standard*‹, der das Leben von Schwerkranken rettet oder zumindest ihr Leiden mindert. Gerade weil die Heilung kein (medizinisch) ›unsicheres‹ Experiment mehr darstellt, sondern in der Bezeichnung als ›Standard‹-Verfahren selbstverständlichen ›Anspruch‹ wie auch absolute ›Handlungssicherheit‹ transportiert (ohne die Konnotation von ›Routine‹ als ›unbedeutend‹ mitzuschleppen), bekommt die Todesursache ›Organmangel‹, an der die Erkrankten jetzt anstelle ihrer Krankheit sterben, ihre eigene Prägnanz: Indem man an den fehlenden gesunden Organen stirbt, stirbt man an der Gesellschaft, der die Bereitstellung derselben nicht gelingt, stirbt man durch die Verweigerung seiner Mitmenschen, sich zur Organspende bereit zu erklären. Damit bleibt zwar insoweit noch die Krankheit selbst ein Schicksal, welches einen (zumeist unverschuldet) trifft oder nicht, das Verbleiben in oder gar das Sterben an dieser Krankheit verweist jetzt aber weder auf die Übermacht der (tödlichen) Krankheit selbst (wie z.b. bei Krebs) noch auf die je eigenen fehlenden körperlichen Widerstandskräfte noch auf ein Unvermögen medizinischer Praxis, sondern ist ganz allein und direkt der besonderen sozialen bzw. gesellschaftlichen Situation geschuldet, in der sich der Erkrankte befindet. Doch anders als noch im modernen ›Krankheitsverständnis‹ vernebelt sich diese (krankmachende, tödliche) gesellschaftliche Situation, in der sich das Individuum in seiner Erkrankung wiederfindet, nicht mehr in mehr oder weniger abstrakten ›riskanten Lebensbedingungen‹ (Umweltgifte, ungesunde Nahrung usw.), deren Verursachungs- und Wirkungsketten zum Großteil nur schwer auszumachen sind, sondern sie ist ganz konkret im sozialen Umfeld erfahrbar, abfragbar und ausweisbar: Bereitschaft zur Organspende – ja oder nein? Dieser, hier im angeführten Zitat auch mit dem Hinweis auf die Verteilungsgerechtigkeit zwischen Deutschland und europäischen Nachbarländern ins Spiel gebrachte *soziale (Un-) Gerechtigkeitsaspekt* bildet gleichsam den Kern der ›säkularisierten Theodizee‹ zu Leiden und Sterben.

Um hier nicht mißverstanden zu werden: Es geht mir mit diesen Überlegungen weniger darum, nur aufzuzeigen, wie sozusagen in interessensgebundener Absicht (z.B. seitens der transplantationsmedizinischen Interessensverbände) zielgerichtet Deutungsmanagement betrieben wird, indem diskursive Elemente wie Leiden und Krankheit mit neuen Deutungen moralisch aufgeladen werden (dazu noch genauer in Kap.4.2.4). Sondern: Die akute und infolge systemimmanenter Prozesse wohl permanente Knappheitssituation der Transplantationsmedizin, die derzeit (noch) primär auf die systemexterne Ressource ›Leichenorgane‹ angewiesen ist, produziert diese Deutung bereits als Nebenfolge ihrer therapeutischen Kompetenz, die so oder so diskursiv bearbeitet werden muß. Auf jeden Fall hat das damit formulierte spezifische Problemmuster dann auch als Begründung für ein TPG genau so Eingang in die politische Debatte gefunden (explizit durch den Entwurf von DREßLER, SEEHOFER u.a., vgl. 13/4355).[188]

---

[188] Wie die gleiche Argumentationslogik mittels Fall-Narrationen jenseits aller kulturellen Eigenarten eines Landes gleichsam global wirkt, zeigt das Beispiel Japan: „Doctors and other proponents of transplants say Japan's resistance to such operations has cost thousands of lives. In what the proponents call an embarrassment to one of the world's more technologically advanced nations, many critically ill Japanese have been flown to the United States and elsewhere for what has become a relatively routine operation." (Quelle: Jordan in WASHINGTON POST 25.4.1997) Vor dem Hintergrund der jüngsten politischen Diskussionen zu Organtransplantationen in Japan folgt das entsprechende Beispiel zur anschaulichen Skandalisierung auf dem Fuß: „But the action came too late for Miyuki Monobe, 8, who died this month waiting for a heart transplant. Her case and similar ones were credited in large part with generating the intense publicity that helped push the bill through. When doctors publicized her case, saying that her only hope was a heart transplant, sympathizers donated $625,000 to send her to the United States for the expensive operation. (...) But Miyuki died shortly after arriving and before a compatible heart could be found." (Quelle: Jordan in WASHINGTON POST 25.4.1997)

So wie auf dieser Seite des sozialen Problems ›Organmangel‹ in der Verweigerung der ›Spende‹ die Ursache-Wirkungskette des Todes eindeutig knüpft, korrespondiert ihr auf der Gegenseite – der ›Gewährung der Spende‹ – ein analoges, in Bezug auf Krankheit, Leiden und Verantwortlichkeit ebenso kohärentes Muster.

›Leben schenken‹ wider den ›Tod auf der Warteliste‹ – Verantwortlichkeitszuschreibungen

„Organspende – Schenken Sie Leben!" – So lautet jetzt die Devise auf den Informationsbroschüren z.B. der BUNDESZENTRALE FÜR GESUNDHEITLICHE AUFKLÄRUNG in Köln (BZgA), die das frühere ›Organspende rettet Leben!‹-Motto abgelöst hat.[189] Die damit vollzogene semantische Anknüpfung an den in der westlich-abendländischen Kultur ehemals geheiligten ›schöpferischen Akt‹ des Leben-spendens durch Gott, gewissermaßen ›auf Erden‹ semantisch ausschließlich noch im Kontext von Geburt (mit der Mutter als Aktor, die dem Kind das Leben schenkt, indem sie es zur Welt bringt) Verwendung findet, geht in seinem Deutungsgehalt weit über das Retten von Leben hinaus. Anders als beim Lebensretter (vornehmlich dem Arzt oder anderen professionellen ›Rettungsexperten‹, manchmal auch der einfache Zeitgenosse als Nachbar von nebenan und vordem eben auch derjenige, der einen Organspende-Ausweis besaß), der nur das rettet, was schon existent ist, erschafft derjenige, der Leben schenkt (und jetzige Organspender) etwas Neues, nicht Existentes. In diesem ›Deutungs-Fortschritt‹ erfährt also nicht mehr die kranke Existenzweise eine Rückverwandlung in eine gesunde, indem sich ihre Heilung vollzieht, nicht mehr das gefährdete Leben wird gerettet und damit das erhalten, was schon ›da‹ war. Im semantischen Kontext des (neuen) Leben-schenkens verschwindet vielmehr das alte, kranke Leben, wird es gleichsam durch den Schöpfungsakt ausgelöscht, weil es (subjektiv) nicht erträglich ist, weil es (gesellschaftlich) nicht weiter existieren kann und darf. Eingebunden wird dieser schöpferische Akt im Hinblick auf den Aktor auch hier in eine eindeutige Ursache-Wirkungs-Kette mit unmißverständlicher Verantwortlichkeitsbeziehung. Ein Beispiel, welches die oben skizzierte persönliche Betroffenheits-Entgrenzung bis hin zur persönlichen Verantwortung treibt und diesen Zusammenhang ohne viel Auslegungsarbeit offenbart, formuliert die ARBEITSGRUPPE ORGANSPENDE (AGO) unter der Überschrift ›Tod auf der Warteliste‹ in einem 1997 an die Bundestagsabgeordneten gerichteten Aufruf.

„In Belgien, Österreich, Frankreich, Spanien muß kein Herz- oder Leberkranker wegen Organmangels sterben und die Nierenpatienten müssen nicht 5, sondern nur 2 Jahre auf eine Transplantation warten, weil man dort eine effektive Gesetzgebung mit der Widerspruchslösung hat.

---

[189] Vgl. z.B. auch die Infoseite der BUNDESZENTRALE FÜR GESUNDHEITLICHE AUFKLÄRUNG zur Organspende: http://www.bzga.de/organ/ titel.htm.

Können Sie als Politiker die Verantwortung dafür mit übernehmen, daß das unnötige Sterben und Leiden bei uns weitergeht?
(...) Sehr geehrte Damen und Herren Abgeordnete,
wir wünschen Ihnen persönlich stets gute Gesundheit! Trotzdem kann die Möglichkeit nicht völlig ausgeschlossen werden, daß Sie eines Tages zur Rettung Ihres Lebens dringend eine Transplantation von Herz oder Leber benötigen.
(...) wie Sie wissen, legt unser Grundgesetz fest, daß jeder "das Recht auf Leben und körperliche Unversehrtheit" hat [GG Art. 2 (2)]. Nachdem aber in Deutschland täglich mindestens sechs Menschen nur deshalb sterben, weil es an Organen für eine Transplantation fehlt, ist es eine Verpflichtung des Gesetzgebers, das kommende Transplantationsgesetz so zu gestalten, daß dieser Organmangel nach bester Möglichkeit behoben wird." (Quelle: AGO-Aufruf 1997/I)

Mit dem Recht auf ein neues geschenktes Leben, dessen Verwirklichung die Parlamentarier als Gesetzgeber zu verantworten haben, ist der Ausgangspunkt und die Zielstellung jeglicher gesetzlicher Regelungsbestrebungen politisch festgeschrieben: Es ist die *Behebung des ›Organmangels‹ als soziales Problem durch die Steigerung der Transplantationsrate*, die wiederum vor allem durch die *Erhöhung der Spendenbereitschaft* zu erfolgen hat.

Die Zielvorgaben einer gesetzlichen Regelung zur Organtransplantation

Wenn auch die Notwendigkeit einer gesetzlichen Regelung der Transplantationspraxis in der politischen Debatte zum TPG unbestritten war (also jener, oben erwähnte Handlungsdruck von allen beteiligten Parteien akzeptiert wurde), existierten hinsichtlich der expliziten Zielstellungen des TPG zunächst durchaus Differenzen. Abweichend zu dem Entwurf von DREßLER, SEEHOFER u.a. sollte es nach dem Entwurf von B'90/GRÜNE explizit nicht primär um eine ›möglichst optimale Organgewinnung‹ gehen, sondern um eine umfassende Klärung der von der Transplantationsmedizin aufgeworfenen medizinethischen und verfassungsrechtlichen Fragen, die alle beteiligten Interessen (auch die der ›Organspender‹ und deren Angehörigen) berücksichtigen und den Expansionsdruck der Transplantationsmedizin beschränken sollte:

„Andere defensive neue Behandlungsformen laufen bei der einseitigen Bevorzugung der Organverpflanzung Gefahr, zum Schaden schwer organkranker Menschen ins Abseits zu geraten. Aus gesundheitlicher Sicht widerspricht das Interesse an einer größtmöglichen Anzahl von Transplantaten der Aufgabe, den Kreis potentiell für die Entnahme lebenswichtiger Organe geeigneter Patienten und Patientinnen so gering wie möglich zu halten.
(...) Im Unterschied zum Gesetzentwurf der Abgeordneten Seehofer, Dreßler, Lohmann, Thomae und weiterer Abgeordneter, der einen wachsenden Organbedarf anerkennt und eine erleichterte Organentnahme vorsieht, verfolgt der vorliegende Entwurf das Ziel, die Belange von Organempfängern/-empfängerinnen wie auch von Organspendenden wirksam zu schützen. Im Bereich der Transplantationsmedizin müssen rechtliche Regelungen geschaffen werden, die im Einklang mit den ethischen Prinzipien einer zivilen, offenen und humanen Gesellschaft stehen. An der allgemeinen Übereinkunft, den Begriff von Leben und Tod vor Nützlichkeitserwägungen und Zweckrationalitäten zu schützen, darf es keinen Zweifel geben." (13/2926)

Von dieser abweichenden Zielformulierung jedoch abgesehen, schien für die Mehrheit der Parlamentarier der Ausgangspunkt ›Lösung des Organmangels‹ durchaus akzeptabel, wobei jedoch die Art und Weise der Lösung kontrovers gesehen wurde. Diese im weiteren noch genauer aufzuschlüsselnden unterschiedlichen Argumentationsmuster orientierten sich allerdings gemeinsam an folgendem Kontext-Rahmen: Zum einen geht es um die Herstellung von Vertrauen in die Transplantationsmedizin sowie zum anderen um (Rechts-) Sicherheit, die zusammen die Spendenbereitschaft erhöhen und damit den ›Organmangel‹ beseitigen sollen.[190] Dazu dienen im wesentlichen folgende zentrale Bestandteile des TPG: eine rechtliche Klärung der Hirntod-Problematik, eine dem adäquate Regelung der Frage zur Zustimmung zur Organentnahme und die Aufklärung der Bevölkerung. Was sich hinter ›ädaquat‹ jeweils verbirgt, läßt sich bereits mit folgenden Zitaten andeuten, die auch belegen, wie wenig bestimmend für die unterschiedlichen Argumentationen herkömmliche parteipolitische Differenzen waren. So sieht sich – wie im TPG dann auch festgelegt – z.B. eine PDS-Abgeordnete völlig einig mit einem F.D.P.-Politiker in der Anerkennung des ›Hirntodes‹ als Tod des Menschen und der damit ›unproblematischen‹ erweiterten Zustimmungslösung, weil eine Ablehnung der Hirntod-Definition mit einer ethisch begründeten engen Zustimmungslösung den ›Organmangel‹ ihrer Meinung nach trotz aller Aufklärungsbemühungen nur noch weiter verschärfen würde.

„Meine Besorgnis ist: Die ernstzunehmenden Argumente zum Schutz der Würde der Toten oder der unwiderruflich Sterbenden, die wir sehr hoch gewichten und die, wenn der Antrag mit der engen Zustimmungslösung die Mehrheit bekäme, uns vielleicht ein gutes Gewissen geben würden, werden leider in Tausenden von Fällen zum Tod von Menschen führen, weil diese daraufhin auf Organspenden verzichten mußten." (13/183: Möllemann F.D.P.)

„Gegen die vielfach zum Ausdruck gebrachte Hoffnung, dieser Anteil ließe sich auch bei einer engen Zustimmungslösung durch Aufklärung deutlich erhöhen, steht leider die berechtigte Befürchtung, daß Organspenden dann kaum noch vorkommen werden. Die Konsequenz wäre eine weitere Zunahme der Zahl der Wartenden und auch eine Zunahme der Zahl der Wartenden, die sterben, weil sie nicht rechtzeitig ein Spenderorgan erhalten." (13/183: Fuchs PDS)

Vertiefen wir also im nächsten Analyseschritt das Problem des Hirntodes, wie es in der TPG-Debatte behandelt und dann im verabschiedeten Gesetzestext festgeschrieben wurde: Benötigt man das Hirntod-Kriterium für eine gesetzliche Regelung der Transplantationspraxis, die den ›Organmangel‹ beseitigen oder zumindest reduzieren soll? Wenn ja in welcher Form und mit welcher Bedeu-

---

[190] Am Rande sei angemerkt: Nimmt man alle Reden und Wortmeldungen der Abgeordneten vom 25.6.1997 zusammen, so ergibt eine einfache Auszählung der wichtigsten ›wertbesetzten‹ Begriffe folgende Häufigkeitsrangfolge: Sicherheit = 39 Nennungen, Würde (des Sterbenden, des Toten, des Kranken) = 25 Nennungen, Vertrauen = 24 Nennungen und Selbstbestimmung = 11 Nennungen.

tung? Ist der hirntote ›Organspender‹ eine sterbende Person oder lediglich eine beatmete Leiche?

4.2.3. Der Hirntod als Tod des Menschen – Kontroverse Problemmuster der Todesfeststellung in den Spezialdiskursen und deren interdiskursive Vermittlung

Dieter BIRNBACHER, Philosoph, Ethiker und ein Befürworter der Hirntod-Definition als Tod des Menschen, schreibt in seinem Vorwort zu einer DSO-Informations-Broschüre zum ›Hirntod‹: „Jeder stirbt seinen eigenen Tod, und für jeden ist der Tod das Ende einer unverwechselbaren individuellen Lebensgeschichte. Aber schon angesichts der ethischen und rechtlichen Bedeutung des Lebensendes wäre es fatal, wenn wir uns über Merkmale und Zeitpunkte des Todes nicht mehr problemlos verständigen könnten." (Birnbacher in Schlake & Roosen o.J., S.7) Auch wenn sich BIRNBACHER über eine eingehendere Begründung für diese Einschätzung (an der zitierten Stelle zumindest) ausschweigt und dem Leser die weitere Ausdeutung des abstrakten Hinweises auf die ethische und rechtliche Bedeutung des Lebensendes überläßt (vgl. dazu z.B. Birnbacher 1995a, S.38f, 1997, S.49ff), bleibt soziologisch doch auch zu fragen, was das Fatale an möglichen Differenzen über Merkmale und Zeitpunkte des Todes wäre? Der Gedanke läge ja nicht fern, daß in einer pluralistischen Gesellschaft, in der viele Bereiche des Lebens einer Ausdifferenzierung unterliegen, ja in manchen Bereichen eine zunehmende Vielfalt geradezu als ›Fortschritt‹ gefeiert wird, auch die soziale Organisation von Sterben und Tod einer solchen ›Pluralisierung‹ unterliegen könnte: Die Rede vom je ›eigenen Tod‹ sich also nicht mehr nur auf die davor stehende unverwechselbare Lebensgeschichte des sterbenden Subjekts bezieht, sondern auch auf die sozialen und teilkulturellen Kontexte, in denen sich das Sterben vollzieht und in denen sich dann ›der Tod‹ (als unterschiedliche soziale Praxis im Umgang mit dem Sterbenden und dem toten Anderen) den Weiterlebenden präsentiert. Doch dem entgegen klingt bei BIRNBACHER Skepsis durch: Wohl nur *der Tod* (als für alle ein und derselbe, als *der* bestimmte Tod und eben nicht als ›die Tode‹) kann seiner Sicht nach als Stifter von Gesellschaft und gemeinsamer Kultur fungieren. Und eine Gesellschaft, die sich nicht einmal mehr über den Tod einig sein kann, wäre demnach nicht ›(über-) lebensfähig‹, wäre dem Tod geweiht? Auf jeden Fall gewinnt der Beobachter der Hirntod-Debatte im Vorfeld des TPG den Eindruck, daß eben jener Konsens im Sinne einer ›problemlosen Verständigung‹ über den Tod zutiefst erschüttert ist, die von BIRNBACHER formulierte Mahnung nicht mehr als ein frommer Wunsch bleibt.

Und eigentlich – könnte man argumentieren – wäre es doch so einfach: Zwar hat sich für den modernen Mediziner durch die medizintechnische Entwicklung das alte ›Problem des Todes‹ (ist dieser Mensch bereits tot oder lebt er noch?) insofern gewandelt, als der Tod und das Leben ihre Rollen getauscht haben, doch der sterbe- und totenkundige Arzt kann uns – den Laien – auf jeden Fall auch heute die Antwort auf diese Frage geben:

„An die Stelle des Problems der Scheintoten des 18. ist das der Schein-Lebenden unseres Jahrhunderts getreten. Für den Nicht-Sterbe- und Toten-Kundigen ist es schwer zu begreifen, daß ein Bewußtloser, der mit intensivmedizinischer Hilfe Bewegungen des Brustkorbes und des Pulsschlages zeigt, der warm ist und gut durchblutet aussieht, der Urin absondert und manchmal, wenn auch unkoordinierte, Muskelbewegungen macht, tot sein soll. Es ist schwer einzusehen, daß er aussieht, »als ob« er noch lebe, obwohl keine Hirntätigkeit mehr nachweisbar ist. Tatsächlich ist er in einem anthropologisch-animalischen Sinne ein Toter, ein »Scheinlebender«. Wenn Maßnahmen zur Erhaltung von vital- oder material-organischen Strukturen im Sinne Bichats fortgeführt werden, weil Gewebe oder Organe für Transplantationszwecke entnommen werden dürfen und sollen, so geschieht das, um bestmögliche Bedingungen zu gewährleisten für die Wiederaufnahme der vitalen und materialen Leistungen und Eigenschaften der explantierten Körperteile im Organismus des Empfängers. Es mag etwas zynisch klingen: Der Verstorbene muß juristisch hinreichend tot, biologisch müssen seine Gewebe und Organe noch hinreichend lebendig sein, damit ein Verstorbener als Gewebe- und Organspender geeignet ist." (Hartmann 1998, S.49)

Insoweit wäre das Problem der ›Schein-Lebenden‹ also gelöst: Der Tote ist tot, auch wenn er wie ein Lebender wirkt, und was an ihm noch ›lebt‹, ist lediglich den Aktivitäten der Maschinen zu verdanken, deren Einsatz einem bestimmten Zweck dient: Der Aufrechterhaltung der Funktionsfähigkeit der Organe für die Organentnahme. Doch in dieser Argumentation zeigt sich die grundlegende Verzwicktheit der darin zum Zuge kommenden Kategorien von Leben und Tod und deren sichere sinnlich-phänomenale Fixierung wie wertbezogene Deutungsgewißheit. So könnte einen irritieren, daß die moderne Medizin dem Laien ja sehr wohl den Gedanken vertraut gemacht hat, ›schein(?)-lebende Körper‹ verdanken das ihnen noch innewohnende Leben lediglich den angeschlossenen Maschinen, *ohne* daß wir dabei von einem ›toten Menschen‹ auszugehen hätten (im Gegenteil stellt diese Konstellation von Leben/Tod und Körper/Maschine ja geradezu den intensivmedizinischen Regelfall dar). Die sicher festzustellende Differenz zwischen den Lebenden und ›Schein-Lebenden‹ steckt für den Experten in der Deutungsgewißheit der besonderen Rolle des Gehirns, die dieses Organ für den Menschen besitzt, und die solche ›phänomenalen Irritationen‹ auf der Wahrnehmungsebene des Körperlichen entschärft, – zumindest gilt diese Gewißheit solange, wie sie nicht durch noch grundlegendere Komplikationen erneut in Frage gestellt wird, indem nicht mehr nur das eine Leben gegen seinen Tod steht, sondern – wie bei ›hirntoten Schwangeren‹ – der lebendige Eine (das Kind) sich im (schein-lebenden) Körper des toten Anderen (der Mutter) befindet.

Bevor wir detaillierter entlang solcher Irritationen unserer Sicherheit und Gewißheit von Leben und Tod die damit verbundenen Begründungszusammenhänge, diskursiven Prozeduren und Todes- wie Lebensmetaphern diskutieren, soll ein knapper Vor-ab-Überblick der wichtigsten Argumente zu Pro und Contra der Hirntod-Definition, wie sie über die verschiedenen Experten-Statements in die TPG-Debatte eingegangen sind, dem Leser eine bessere Übersicht zu den folgenden Detail-Diskussionen ermöglichen.

Pro und Contra Hirntod-Konzept – grundlegende Differenzen

In der Hirntod-Kontroverse geht es in kultursoziologischer Sicht vereinfacht gesprochen um die Frage, inwieweit hier eine gesellschaftliche Um- oder Neu-Definition der Todesfeststellung erfolgt, mit der womöglich eine kulturelle Veränderung der Vorstellungen von menschlichem Leben und Tod und damit auch ein Wandel der gesellschaftlichen Kontexte einhergeht, in denen sich Krankheit und Heilung, Leiden und Sterben als soziale Praxis vollziehen.

Doch hierin zeigt sich bereits eine *erste grundlegende Differenz* in der Beurteilung dessen, was eigentlich mit der Hirntod-Definition auf soziokultureller Ebene erfolgt: Während für Kritiker es völlig außer Frage steht, daß mit der ›Festlegung des Hirntod-Kriteriums als sicherem Todeszeichen‹ eine Um- oder Neu-Definition ›des Todes‹ erfolgt, weil sich die *soziale Praxis* im Umgang mit dem jetzt ›hirntot‹ diagnostizierten Menschen verändert, kontern Befürworter des Hirntod-Kriteriums mit folgendem Argument: Für den Menschen gibt es keinen alten und jetzt neuen Tod, es gibt keine verschiedenen Tode, sondern nur *den einen Tod* – unabhängig davon, ob wir ihn erkennen (wollen) oder nicht, ob unser Umgang mit dem ›Toten‹ sich ändert oder nicht –, der mittels der sicheren Todeszeichen, wie sie das Hirntod-Kriterium (als ein weiteres und eben als das beste Todeskriterium) bietet, eindeutig festgestellt werden kann: „Die naturwissenschaftlich-medizinische Feststellung des Gesamthirntodes eines Menschen ist ein Symptom *des menschlichen Todes*, aber nicht er selbst." [Herv. durch d. Verf.] (Hunold 1997, S.32) (vgl. auch z.B. Birnbacher 1995a, S.31ff)

Daraus folgt sogleich die *zweite Differenz*: Wie bereits zitiert, haben BUNDESÄRZTEKAMMER und medizinische Fachgesellschaften (nicht nur in Deutschland) erklärt, daß der unaufhebbare Ausfall aller meßbaren Funktionen des gesamten *Gehirns* mit dem Tod des Menschen identisch sei, da dieser Ausfall als sicheres Todeszeichen – und das ist der entscheidende Punkt dieser Sichtweise – auf den *bereits eingetretenen Tod* hinweise. Die gegebene Begründung für diese Verknüpfung liegt in der sowohl biologisch wie auch anthropologisch besonderen Rolle des Gehirns, welches den Menschen in seiner spezifischen Eigenart als höheres Lebewesen auszeichnet. Ein Lebewesen sei dann tot, wenn es für immer „die Lebensmerkmale verloren" hat, „die es als Lebe-Wesen kennzeichnen." Und da alle diese Lebensmerkmale „durch die Tätigkeit des Gehirns" entstünden, ist „ein Mensch tot, dessen Gehirn völlig und endgültig ausgefallen ist" (Hirntod-Erklärung 1994, S.6f; vgl. auch z.B. 13/114: Angstwurm, Angstwurm 1995, S.33ff, 1997, S.51ff, Schreiber 1997, S.203ff, 1998, S.91ff, Schroth 1997, S.48f, Steigleder 1998, S.60ff). Genau gegen die damit vollzogene Zuschreibung einer herausgehobenen Bedeutung des Gehirns für die menschliche Existenz sowie gegen die mit der Hirntod-Definition behauptete naturwissenschaftliche Exaktheit der Nachweisbarkeit des Hirntod-Kriteriums auf diagnostischer Ebene hat sich Widerstand formiert: Zum einen sei gerade diese Exaktheit selbst gar nicht zu gewährleisten, da nach derzeitigem Wissensstand nie ›*sämtliche*‹ Hirnfunktionen und deren ›*vollständiger*‹ Ausfall nachzuweisen seien. Zum anderen reduziere diese Argumentation den Sterbevorgang und das Phänomen des Todes unzulässigerweise auf einen rein biologischen Vorgang, noch dazu festgemacht an *einem* Zentralorgan, ohne die Lebenszeichen des Körpers, ohne die Ganzheitlichkeit von Körper und Geist, von Leib und Seele zur Kenntnis zu nehmen (z.B. Geisler 1996, S.87, 13/114: Geisler, Roth & Dicke 1995, S.51ff, 13/137: Roth, Seifert 1995, S.60f).

Drittens wird von den Befürwortern des Hirntod-Kriteriums der Schutz vor einer Relativierung bzw. Ausweitung des Todesbegriffs ins Feld geführt: „Ob ein Mensch lebt oder tot ist, kann nicht davon abhängen, ob *andere* ihn als lebendig oder tot sehen oder sehen wollen" [Herv. im Orig.; Anm. d. Verf.] (Birnbacher 1995a, S.38) Gegen eine solche konstruktivistische und relativistische Blickweise auf den Tod garantiere das Hirntod-Kriterium einen sicheren Schutzwall *infolge* seiner naturwissenschaftlichen Exaktheit und Eindeutigkeit, der bis hin zur Zementierung des *Tötungsverbotes* reicht. Denn die von den Hirntod-Gegnern vorgeschlagene Definition des ›Hirntoten‹ als Sterbenden führe zwangsläufig zu einer unter allen Umständen zu vermeidenden Aushebelung des Tötungsverbots, die der aktiven Sterbehilfe Tür und Tor öffne. Außerdem sei die Hirntod-Definition auch international in der überwiegenden Zahl von Ländern anerkannt, was – bei deren Ablehnung – zu einer nicht hinnehmbaren Isolation der deutschen Transplantationspraxis führen würde. Dem entgegen wenden die Kritiker ein, daß gerade vor dem Hintergrund des Verdachts einer interessensdominierten Todesdefinition durch das Hirntod-Kriterium einer weiteren Ausweitung *verwertungsorientierter Zugriffsmöglichkeiten auf* ›*das Leben*‹ Vorschub geleistet wird.[191] Allein der Hinweis auf die weltweite Praxis verschleiere nur die z.T. erheblichen nationalen Differenzen in den gesetzlichen Regelungsbestimmungen und die dazu geführten kontroversen Diskussionen wie auch die notwendige Anerkennung unseres *prinzipiellen Nicht-Wissens* über diese letzte Phase im Sterbensprozeß des Menschen.

---

[191] Die Stichwörter, welche für die Kritiker der Hirntod-Definition die Gefahr einer solchen Ausweitung begründen, sind neben der bereits erwähnten Möglichkeit der Organentnahme bei anenzephalen Neugeborenen (McCullagh 1993, S.143ff, Rosado 1995, S.221ff, Winkler 1996, S.207ff) der sogenannte Teilhirntod sowie Patienten mit apallischem Syndrom (funktioneller Ausfall der Großhirnrinde; sog. ›Wachkoma-Patienten‹). Neben Anenzepahlen, Apallikern und dem Teilhirntod-Kriterium kann in dieser Reihe auch das aus den USA kommende Schlagwort von den ›Nonheart-beating cadavers‹ genannt werden. Nach dem sogenannten ›Pittsburgh-Protokoll‹ werden herztoten Patienten mit deren Einverständnis innerhalb eines kurzen Zeitlimits (wenige Minuten nach Herzstillstand), in dem sogar noch eine Wiederbelebung medizinisch möglich wäre, Organe entnommen. In der Endfassung des TPG wurde dann gleichsam als Schutzwall gegen solche Entwicklungen der Gesamthirntod als Mindestvoraussetzung für eine Organentnahme explizit festgeschrieben (z.B. Seifert 1995, S.55ff).

Ein genauerer Blick auf die Begründungszusammenhänge, die hinter diesen kontroversen Argumentationsmustern stehen, muß allerdings, zumal wenn er sich dabei auf die TPG-Debatte richtet, auf präzises Formulieren achten. Denn strittig war nicht nur entsprechend der gesamten öffentlichen Diskussion, ob der ›Hirntod‹ mit dem Gesamttod des Menschen gleichgesetzt werden kann oder nicht. Unterschiedlich eingeschätzt wurde in der TPG-Debatte auch, ob das eine Lager (das der Befürworter des Hirntod-Kriteriums um DREßLER, SEEHOFER u.a.) eine solche Gleichsetzung überhaupt vornimmt und als Grundlage des TPG vorsieht, oder dies im Wissen um die Einwände der Kritiker und den darin vorgebrachten Bedenken gerade vermeidet.

4.2.3.1. ›Todesfeststellung‹ und ›Todesfestschreibung‹: Von Grenzziehungen, Grenzwächtern und Grenzverletzungen

Wie bereits kurz skizziert, unterschieden sich die beiden Lager in der TPG-Debatte grundsätzlich darin, daß für die einen der ›Hirntod‹ als sicheres Zeichen für den bereits eingetretenen Tod die Möglichkeit der Organentnahme bei einem *Toten* eröffnet, *ohne* jedoch – so zumindest die Lesart der eigenen Position – damit den ›Hirntod‹ als ›Tod des Menschen‹ festgeschrieben zu haben, während für die andere Position der ›Hirntod‹ als Entnahmekriterium innerhalb eines von da an unumkehrbaren Sterbens fungiert und die Organentnahme somit bei einem ›*Noch-Lebenden*‹ erfolgt.

Zum Verständnis solcher rhetorischer Spitzfindigkeiten und deren diskursiver Bedeutung, die sich bei Nichtbeachtung leicht als argumentative Stolpersteine erweisen, ist es also wichtig, hier genau hinzuhören, obwohl gleich vorausgeschickt werden muß, daß es einer soziologischen Analyse selbstverständlich *nicht* um die Prüfung und Beurteilung von juristischen Auslegungsmöglichkeiten solcher argumentativen Tiefgründigkeiten z.B. anhand des genauen Wortlautes im TPG gehen kann. Wichtiger erscheint mir die Frage, warum und wie man *den Tod* regeln möchte, ohne ihn (und sich) festlegen zu wollen.

Der ›Hirntod‹ ist nicht der Tod des Menschen – der Mensch ist trotzdem tot: Zur Logik von Grenzverschiebungen Teil I

In dem Antrag von DREßLER, SEEHOFER u.a. heißt es:[192]

„Organe sollen bei Verstorbenen nur entnommen werden können, wenn der Tod des Organspenders durch zwei Ärzte festgestellt ist, die den Verstorbenen unabhängig voneinander untersucht haben. Zur Feststellung des Todes ist als *sicheres Zeichen für den eingetretenen Tod* der endgültige, nicht behebbare Ausfall der gesamten Hirnfunktion oder der endgültige, nicht behebbare Stillstand von Herz und Kreislauf nach dem *Stand der medizinischen Wissenschaft* nachzuweisen.

---

[192] Für den genauen Wortlaut im TPG vgl. § 3 [1] und [2] sowie § 16 [1] (vgl. auch Fußnote, S.169).

(...) Organe dürfen einem Menschen - von dem Sonderfall der unter eng begrenzten Voraussetzungen zulässigen Lebendspende abgesehen - nur entnommen werden, wenn sein *Tod eindeutig und zweifelsfrei* ärztlich festgestellt ist. Diese Feststellung darf erst getroffen werden, wenn der endgültige, nicht behebbare Ausfall der gesamten Hirnfunktion (Hirntod) oder der endgültige, nicht behebbare Stillstand von Herz und Kreislauf gemäß § 5 des Entwurfs eines Transplantationsgesetzes (13/4355) nachgewiesen und dokumentiert ist. *Denn der endgültige, nicht behebbare Ausfall der gesamten Hirnfunktion ist ein sicheres Zeichen für den eingetretenen Tod eines Menschen* und auch der endgültige, nicht behebbare Stillstand von Herz und Kreislauf hat nach kurzer Zeit den endgültigen, nicht behebbaren Ausfall der gesamten Hirnfunktion zur Folge." [Herv. durch d. Verf.] (13/4368)

Zunächst fällt auf, wie hier geradezu naiv das Bild einer ›*positivistischen Wissenschaft vom Tod*‹ konstruiert wird, die – beinahe ist man versucht zu formulieren: wie vormals ›Religion‹ – in der Lage sei, ›absolute Wahrheit‹ zu produzieren; ein Wissenschaftsverständnis also, welches – als Alltagsmythos auch von der sogenannten ›Schulmedizin‹ gepflegt – gerade durch das für die Naturwissenschaften verpflichtende Falsifikationsprinzip des Kritischen Rationalismus ja selbst ad absurdum geführt wird. Für die Frage, wie dieser Nachweis des endgültigen, nicht behebbaren Ausfalls der gesamten Hirnfunktion zu führen ist, verweist der Antrag auf die Fortschreibungen der ›Kriterien des Hirntodes‹ des Wissenschaftlichen Beirats der BUNDESÄRZTEKAMMER, an deren *Zuverlässigkeit* ›keine begründeten Zweifel‹ bestünden. Rhetorisch vermeidet diese Argumentation also eine Aussage, die sich im strengen Sinne eindeutig als Todesdefinition interpretieren ließe, und verbleibt dem entgegen auf der Ebene der (›sicheren‹, ›eindeutigen‹, ›zweifelsfreien‹) Todeszeichen, die für den (zum Zeitpunkt der Feststellung der Zeichen bereits eingetretenen) Tod stehen. Kurz gesagt: Der nachgewiesene ›Hirntod‹ ist das sichere Todeszeichen für den eingetretenen Tod des Menschen, aber er *ist nicht* der Tod des Menschen, obwohl der Mensch mit diagnostiziertem ›Hirntod‹ tot ist. In seiner Rede erklärt Rudolf DREßLER (SPD) zu solcher ›Todes-Logik‹:

„Die Botschaft unseres Lösungsvorschlags ist also denkbar unkompliziert: Erstens. Ein Organspender muß tot sein, wenn er für eine Organspende in Frage kommt. Zweitens. Wann er tot ist, entscheidet die medizinische Wissenschaft; der Gesetzgeber schließt sich dem an. Drittens. Die Medizin darf dabei als unterste Schwelle den Gesamthirntod als Todeskriterium nicht unterschreiten." (13/183: Dreßler SPD)

Den damit gemachten Unterschied zwischen ›eigentlichen‹ Tod und ›Hirntod‹ erläutert explizit noch einmal Peter HINTZE (CDU/CSU):

„Mit Hilfe der Apparate ist es möglich, einzelne Organe vor dem Absterben zu bewahren, auch wenn das, was den Menschen ausmacht, nämlich die Einheit von Körper und Geist, von Leib und Seele, nicht mehr vorhanden ist. Zu welchem Zeitpunkt der Tod exakt eintritt, wann also die Verbindung von Geist und Körper aufgehoben wird und was dabei genau vorgeht, das wissen wir nicht. Wir wissen aber, daß mit der Diagnose des Hirntodes dieser Zeitpunkt erreicht ist, der Tod also bereits eingetreten ist. Ich halte es für wichtig, daß wir festhalten, daß nicht die Diagnose des Hirntodes den Punkt des Todes markiert, sondern, daß dieser Zeitpunkt schon *vor der Diagnose* tatsächlich erreicht ist." [Herv. durch d. Verf.] (13/183: Hintze CDU/CSU)

Nachdem der B'90/GRÜNE-Abgeordnete Gerald HÄFNER, diese feinsinnige Differenz in der Hirntod-Rhetorik ignorierend, sich in seiner Rede gegen die seiner Meinung nach vollzogene Gleichstellung von ›Hirntod‹ und Tod des Menschen ausgesprochen hat, meldet sich Jürgen RÜTTGERS (CDU/CSU) für eine Zwischenfrage:

„Dr. Jürgen Rüttgers (CDU/CSU): Kollege Häfner, ich melde mich deshalb zu Wort, weil ich finde, daß es dieser Debatte nicht gut tut und daß es nicht nur nicht fair ist, sondern uns wirklich auf eine schiefe Bahn führt, wenn Sie unwidersprochen die Behauptung aufstellen, daß der Entwurf, den ich unterstütze, den Hirntod mit dem Tod gleichsetzt. Dies ist gerade nicht der Fall. Das wird auch durch Wiederholungen nicht besser.
Wir haben Wochen darum gerungen, Formulierungen zu finden, die sicherstellen, daß es keine Definition von Tod und schon gar keine Gleichstellung von Tod und Hirntod gibt. Es ist nur festgelegt worden – darüber kann man sicherlich diskutieren; das tun wir den ganzen Vormittag –, ob der Tod Voraussetzung dafür ist, und zwar der Tod, der nicht durch den Gesetzgeber, sondern nach den Regeln der medizinischen Kunst festgelegt wird.
Wir haben ein Zweites getan. Wir haben gesagt: Das darf sowohl im Verfahren als auch vom Inhalt her nicht unter bestimmte Kriterien abrutschen. Dies heißt aber für jeden Juristen – das kann man, auch wenn man nicht Jura studiert hat, wirklich dem Text entnehmen –, daß die Behauptung, hier sei der Hirntod als Tod definiert, falsch ist."
(13/183: Häfner B'90/GRÜNE)

HÄFNER kontert diesen Einwand dann zwar zum einen mit dem Hinweis, daß erst jetzt in der abschließenden Fassung des TPG auf die lange Zeit vorgesehene gesetzliche Festschreibung des Hirntodes als Tod des Menschen verzichtet wurde,[193] zum anderen und wichtiger: Der Verzicht auf eine solche Formulierung sei insofern völlig unbedeutsam, da die ›Rechtswirkung‹ der jetzigen Formulierung exakt die gleiche sei (was als Gegenargument zu RÜTTGERS mit Zustimmungs- wie mit Kritikbekundungen aus dem Plenum kommentiert wurde). Allgemeiner formuliert und jenseits juristischer Kautelen gedacht: Der Verweisungszusammenhang, der zwischen der kriteriologischen, definitorischen und attributiven Ebene besteht, wird für DREßLER, SEEHOFER u.a. einfach durch ›Nicht-benennen‹ aufgehoben, die damit gleichzeitig entstehende Begründungslücke zur Legitimation der (erwünschten) identisch bleibenden sozialen Praxis (die Organentnahme) schließt der Verweis auf die ›Regeln der medizinischen Kunst‹ zur Todesfeststellung.

---

[193] Edzard Schmidt-Jortzig (F.D.P.) verbucht diese, gewissermaßen ›in letzter Minute‹ vorgenommene ›Definitionsstreichung‹ dann auch als Erfolg der Einwände der Kritiker der Hirntod-Definition: „Auch in dem Entwurf, der für eine erweiterte Zustimmungslösung plädiert, verzichtet man jetzt ja interessanterweise darauf – weil man da eben doch auch Zweifel bekommen hat; ganz im Gegensatz zu dem, was wir heute zum Teil hören –, den Hirntod per definitionem als Gesamttod des Menschen festzulegen. Das ist schon bemerkenswert. Es ist in meinen Augen auch ein beachtlicher Erfolg unserer Problematisierung." (13/183: Schmidt-Jortzig F.D.P. [2])

Es verwundert nicht, daß eine solche rhetorische ›Lösung‹ des Dilemmas, ›lebendfrische‹ Organe für eine erfolgversprechende Transplantation zu benötigen, aber dabei auf *den Tod* des Menschen als Voraussetzung für die Praxis bestehen zu wollen, von der Gegenseite genau mit jener Argumentation aufs Korn genommen wird, wovor doch aus Sicht der Befürworter das Hirntod-Kriterium gerade schützen soll: Der ›Hirntod‹ ist nichts weiter als ein definitorischer Kunstgriff, der Noch-Lebende zu Toten macht, weil man sie als Tote sehen will, um ethischen und moralischen Komplikationen auszuweichen. Die alleinige Negation dieses dergestalt betriebenen Todes-Relativismus ändert an dem eigentlichen Sachverhalt (›Hirntote‹ sind noch lebende Menschen) jedoch nichts, so die gesundheitspolitische Sprecherin von B'90/GRÜNE, Monika KNOCHE:

„Nur ist der ethische und moralische Konflikt der Explantation nicht dadurch aus der Welt zu bringen, daß man eine neue Art des Totseins festlegt.
(...) Für die Medizin ist es ungleich schwerer, zu sagen, daß die Organentnahme das Sterben verändert und keine Tötung ist. Man muß es aber dennoch sagen. Ohne neue Todesart wird es nicht mehr dazu kommen müssen, die Gefühle, die Wahrnehmungen, die viele Angehörige haben, zu verletzen. Sie können ihre Nächsten eben nicht als tot begreifen. Sie erleben ihre Belebtheit. Ein Mensch lebt, solange er als lebendig erfahrbar ist. Diesen existenziellen Konflikt können Ärzte sich und den Angehörigen nehmen, wenn wir das Sterben beim Leben lassen." (13/183: Knoche B'90/GRÜNE [2])

Die Lösung des Dilemmas liegt demnach für die Kritiker der Hirntod-Definition einfach darin, Leben und Tod in den bisherigen Grenzen zu belassen und die entstehenden ethisch-moralischen Konflikte auszutragen.

Das ›andere Leben‹ im Sterbeprozeß des Menschen: Zur Logik von Grenzverschiebungen Teil II

Der von DREßLER, SEEHOFER u.a. im Urteil ihrer Kontrahenten betriebenen ›Verdrängungs-Rhetorik‹, die ja gerade darauf besteht, keine Grenzverschiebung zu betreiben, setzte schon der Gesetzesentwurf von B'90/GRÜNE die besondere Gewichtung der Rechtsposition der ›Organspendenden‹ entgegen. Er benannte drei unterschiedliche körperliche Zustände, aufgrund derer die Explantation möglich und zulässig sein sollte, und die sich sozusagen im Einklang mit dem gängigen Verständnis von Leben und Tod befänden: die Organentnahme „bei der Lebendspende, bei Lebenden im Falle des irreversiblen Ausfalls aller meßbaren Hirnfunktionen und [die Entnahme] von Leichenteilen nach irreversiblem Herz-Kreislaufstillstand" (13/2926). Der Mensch verwandelt sich, wie dazu erläutert wird, erst dann in eine Leiche, wenn der Gesamttod im Sinne von Hirn-, Herz- und Kreislaufversagen eingetreten ist (womit sich diese Position der JONAS'schen Forderung gemäß gleichsam maximal zur Seite ›des Lebens‹ hin neigt).[194] Bei der Verwendung des Kriteriums ›irreversibler Ausfall

---

[194] „Die Grenzlinie zwischen Leben und Tod ist nicht mit Sicherheit bekannt, und eine Definition kann Wissen nicht ersetzen. Der Verdacht ist nicht grundlos, daß der

aller meßbaren Hirnfunktionen‹ für die Zulässigkeit von Organentnahmen wird ausdrücklich klargestellt, daß dieser medizinischen Voraussetzung die ausschließliche Bedeutung als *formelles Entnahmekriterium* zukommt, in ihr aber *keinesfalls ein materiales Todeszeichen* zu sehen ist. Folgerichtig ist damit die Zulässigkeit der Explantation an das unveräußerliche Persönlichkeitsrecht der spendenden Person zu binden, und sie kann somit nur im Rahmen einer engen Zustimmungsregelung erfolgen.

In eine solche eindeutige Frontstellung zu dem Antrag von DREßLER, SEEHOFER u.a. ging ebenfalls die Argumentation von SCHMIDT-JORTZIG (F.D.P.), v. KLAEDEN (CDU/CSU) u.a., wenngleich dann mit etwas anderer Akzentuierung in der Frage nach der Regelung der Zustimmung zur Organentnahme. Im Kern gründeten auch SCHMIDT-JORTZIG, v. KLAEDEN u.a. ihre Position auf dem ihrer Meinung nach vorhandenen und wachsenden Zweifel, ob der Hirntod ein wirklich ›sicheres *Todes*zeichen‹ sei, denn sowohl in der Medizin als auch in der Rechtswissenschaft, der Theologie und der Philosophie sei dies durchaus umstritten. Weitgehende Einigkeit bestünde zwar darüber, daß der Tod des Menschen dann eingetreten sei, wenn das Ende der leib-seelischen und der biologischen Einheit des Organismus als Ganzes feststeht, doch genau davon kann – anders als dies etwa HINTZE sieht – bei aufrechterhaltener Beatmung und fortgesetzter Kreislauftätigkeit eines hirntoten Menschen nicht sicher ausgegangen werden. Denn außer dem Gehirn erbringen beim ›hirntoten‹ Menschen eine Reihe weiterer wichtiger ›Organsysteme substantielle Integrationsleistungen‹, die ihn somit wesentlich von einer Leiche unterscheiden. Denn

„während ein toter Körper sich biologisch einem Zustand maximaler Unordnung und Zerstreuung immer weiter annähert (Desintegration), ist ein fortschreitender Zerfall beim hirntoten Menschen gerade nicht zu erkennen. Eine Desintegration, ein Auseinanderfallen der einzelnen Organsysteme, ein mangels Koordination und Integration fortschreitender Zersetzungs- und Verwesungsprozeß liegt nicht vor. Er wird gerade durch ärztliches Eingreifen verhindert.

Nur wenn die bei Hirntoten angewendeten intensivmedizinischen Maßnahmen unterlassen oder abgebrochen werden, kommt es zu einem raschen Zerfall und zur Ausbildung der klassischen sicheren Todeszeichen. Die Phase vor diesem endgültigen Zustand und der "Schwebezustand" davor sind unterscheidbar und von offensichtlich unterschiedlicher Qualität. Nach dem *Organtod des Gehirns* ist das Leben des Menschen dem Tod zwar sehr nahe. Die reduzierte, aber zweifellos noch vorhandene Integrationsfähigkeit des Körpers eines Hirntoten spricht jedoch dafür, die Ganzheit des menschlichen Organismus noch nicht als endgültig zerbrochen anzusehen." [Herv. durch d. Verf.] (13/6591)

---

künstlich unterstützte Zustand des komatösen Patienten immer noch ein Restzustand von Leben ist (wie er bis vor kurzem auch medizinisch allgemein angesehen wurde). D.h., es besteht Grund zum *Zweifel* daran, daß selbst ohne Gehirnfunktionen der atmende Patient vollständig tot ist. In dieser Lage unaufhebaren Nichtwissens und vernünftigen Zweifels besteht die einzig richtige Maxime für das Handeln darin, nach der Seite vermutlichen Lebens hinüberzulehnen." [Herv. im Orig.; Anm. d. Verf.] (Jonas 1985, S.233)

Die hier aus einer kritischen Perspektive unterlegte Todesmetaphorik unterscheidet sich demnach ganz wesentlich von der Hirntod-Definition, indem sie den traditionellen Gesamttod des Menschen (Herz, Kreislauf, Atmung und Gehirn als Gesamtheit) in seiner *biologischen* wie auch *metaphysischen* Komponente vereint, wenngleich die ›angebrachten Zweifel‹ dann ausschließlich in einer körperlich-biologischen Semantik ›ausbuchstabiert‹ werden. Doch anstelle des Ebenenproblems des Todes, welches diese Position konsequent dadurch vermeidet, daß sie beim ›Hirntod‹ explizit vom ›Leben‹ (vom unumkehrbaren Sterben) und nicht vom Tod des Menschen spricht und damit nach ihrem Verständnis die herkömmlichen (und gesicherten) Grenzen von Leben und Tod unangetastet läßt, produziert sie aus Sicht der Befürworter des Hirntod-Kriteriums hingegen nicht weniger problematische Grenzverschiebungen.

Den Ausgangspunkt dieses Vorwurfs bildet der Hinweis, daß eine solche ›Neubewertung des Hirntodes‹, die den endgültigen Ausfall sämtlicher Hirnfunktionen jetzt dem Sterben und damit dem Leben, und nicht mehr dem Tod, zuschlägt, die bisherige Transplantationspraxis bis hin zur Rechtsprechung auf den Kopf stellt und zudem von einem Organspender verlangt, in die aktive Beendigung seines Lebens durch den Eingriff der Organentnahme einzuwilligen. Hierdurch – so die Befürchtung – geriete nicht nur die Transplantationsmedizin in Deutschland rechtlich ins Zwielicht und wäre international isoliert, sondern auch die ethischen Fundamente im Hinblick auf die unantastbare Grenze zwischen Leben und Tod kämen unweigerlich ins Wanken: „Wer an der verfassungsrechtlichen Unantastbarkeit und Unverfügbarkeit des Lebens und an der Bindung der Ärzteschaft an diesen Grundsatz festhalten will, darf hier keine Grenzverschiebung zulassen." (Quelle: BMfG 7.10.1997)[195] Zur besseren Verdeutlichung einer solchen unterstellten Grenzverschiebung kann der durch Zwischenfragen von Wolfgang WODARG (SPD) initiierte Dialog in der Rede von

---

[195] Für die BUNDESÄRZTEKAMMER mahnte Karsten Vilmar immer wieder, daß der zum Lebensschutz verpflichtete Gesetzgeber nicht umhin komme, „eine unabhängige und nach Sachlage nur naturwissenschaftlich-medizinisch begründbare Grenze des Lebensschutzes festzulegen. Entzöge er sich dieser Aufgabe, ließen die Folgen für die Rechtsklarheit, für die Rechtssicherheit, für das Rechtsbewußtsein und für den Lebensschutz kaum auf sich warten." Und weiter: „Kein Transplantationsgesetz der Welt erlaubt oder verlangt, daß Ärzte die Organe sterbender Menschen zur Behandlung anderer schwerkranker Menschen entnehmen." (Quelle: Bundesärztekammer 1997) Ähnlich formuliert dies auch Ruth Fuchs (PDS) in ihrem Redebeitrag: „(...) Solange ein Mensch lebt oder als noch Lebender betrachtet wird, ist eine Organentnahme unakzeptabel. Das ist in der ganzen Welt so, und das muß meiner Meinung nach auch in unserem Lande so bleiben. Eine Organentnahme bei nicht Verstorbenen ist auch dann nicht zu vertreten, wenn der einzelne dem selbst zugestimmt hat. Denn dies läuft unausweichlich auf eine Tötung auf Verlangen hinaus. Dazu dürfen sich Ärzte bekanntlich nicht bereit finden. Die scharfe Ablehnung eines solchen Vorgehens seitens der Ärzte ist konsequent; steht es doch in absolutem Gegensatz zu ihrem Berufsverständnis." (13/183: Fuchs PDS)

Klaus KIRSCHNER (SPD) dienen, der hier als etwas längerer Protokoll-Auszug wiedergegeben werden soll:

„Deshalb möchte ich mich auch noch mit der Position, die den Ganzhirntod als formales Organentnahmekriterium, nicht aber als Kriterium für den eingetretenen Tod eines Menschen sieht, auseinandersetzen.
Die Bundesärztekammer hat in den Anhörungen deutlich gemacht, daß sie, sollte dieser Vorschlag die Mehrheit finden, die Organentnahme künftig ablehnt. Ich zitiere:
Eine Entnahme lebenswichtiger Organe kann und darf nur nach sicherer Todesfeststellung des betroffenen Menschen durchgeführt werden.
Der Antrag von Wolfgang Wodarg und anderen [meint insbes. 13/8025; Anm. d. Verf.] – es ist mir wichtig, noch einmal darauf hinzuweisen – erklärt die Explantation lebenswichtiger Organe an einem noch Lebenden, also eine Tötung zu fremdem Nutzen, für zulässig. Ich will daran erinnern, was Professor Schreiber dazu in der Anhörung ausgeführt hat:
Mit der Erlaubnis, Organexplantation bei noch lebenden Hirntoten vorzunehmen, wie es der eine Entwurf – nämlich Ihrer – vorsieht, werden zwei Stufen oder zwei Arten von Leben eingeführt. Dieses Leben der Hirntoten wäre ein Leben minderer Stufe, das wäre ein Leben minderer Qualität, das jedenfalls genommen werden kann, wenn der Betroffene eingewilligt hat. Ich würde das für falsch und gefährlich halten. So die Aussage von Professor Schreiber in unserer Anhörung.
Meine Damen und Herren, damit wird ein Paradigmenwechsel eingeleitet.
(...) Das muß jeder wissen, der nachher für diesen Antrag stimmt.
Vizepräsidentin Dr. Antje Vollmer: Herr Kollege Kirschner, gestatten Sie eine Zwischenfrage des Kollegen Wodarg?
Klaus Kirschner (SPD): Bitte schön.
Dr. Wolfgang Wodarg (SPD): Sehr geehrter Herr Kollege Kirschner, können Sie zugestehen, daß wir in unserem Antrag eben nicht sagen, daß hier Organe von Lebenden entnommen werden, sondern daß wir die Handlung des Arztes, der das Sterben des Patienten dadurch beendet, daß er das Beatmungsgerät ausschaltet, gleichsetzen mit der Handlung des Arztes, der dem Willen des Patienten entspricht, sein Sterben nicht auf diese Weise zu beenden, sondern durch eine Explantation lebender Organe, die in anderen Menschen weiterleben sollen? Das ist die Alternative, die zu wählen wir Sie bitten. Danke.
Klaus Kirschner (SPD): Lieber Wolfgang Wodarg, in Ihrem Antrag heißt es in der Begründung, "daß das unwiederbringliche Versagen des Organs Gehirn, der sogenannte Hirntod, einen Übergangszustand im Sterbeprozeß darstellt". Dann heißt es weiter: Dies ist der Punkt, von dem an das Sterben des betroffenen Menschen nicht mehr umzukehren ist. Der Sterbeprozeß selbst aber ist dem Leben zuzurechnen. Das heißt doch: Wenn nach Ihrer Auffassung Hirntote noch leben, dann müssen wir sie so behandeln wie andere Lebende auch. Wir dürfen keinen Einbruch in den Schutz des Lebens zulassen.
(...) Das würde einen Paradigmenwechsel einleiten. Ich weise nur darauf hin, was im Ausschuß dazu gesagt worden ist. Diese Meinung teile ich. Ich nehme sie sehr ernst. Deshalb kann ich vor einem solchen Paradigmenwechsel nur warnen.
(...) Vizepräsidentin Dr. Antje Vollmer: Gestatten Sie eine zweite Zwischenfrage des Kollegen Wodarg?
Klaus Kirschner (SPD): Bitte schön.
Dr. Wolfgang Wodarg (SPD): Herr Kollege Kirschner, weshalb ist es kein Tötungsdelikt, wenn der Arzt in den Sterbeprozeß eingreift und den Beatmungsapparat durch aktives Handeln abschaltet, so daß der Patient dann erstickt und stirbt? Weshalb ist es ein Tötungsdelikt, wenn er auf die andere Weise das Sterben des Patienten beendet? Worin sehen Sie denn den Unterschied im ärztlichen Handeln?

Klaus Kirschner (SPD): Lieber Kollege Wodarg, es geht doch hier darum, daß der Gesetzgeber feststellt, daß das, was seit 20 Jahren Praxis ist und was von der Bundesärztekammer als Ganzhirntod festgelegt worden ist, als der Tod des Menschen festzustellen ist. In Ihrem Antrag wird davon gesprochen, daß dies ein Sterbeprozeß ist, der dem Leben zuzuordnen ist. Dies ist – darauf weise ich nochmals mit aller Deutlichkeit hin – ein Paradigmenwechsel in unserer bisherigen Rechtsauffassung. Das ist der Punkt." (13/183: Kirschner SPD)

Zunächst besteht nach KIRSCHNER ein grundsätzliches Problem jener Position, die den ›Hirntoten‹ noch den Lebenden zuordnet, in dem damit verbundenen Ignorieren des Tötungsverbotes für den Arzt, was den uneingeschränkten Lebensschutz in Richtung auf eine Tötung auf Verlangen hin aufweicht (vgl. auch z.B. Ach 1996, S.26ff) und in letzter Konsequenz – so die Befürchtung und auch Drohung seitens der Transplantationsmedizin – infolge der Verweigerung der Ärzteschaft zu einem Ende der Transplantationspraxis in Deutschland führen würde.

Zwar halten die so als ›aktive Euthanasiebefürworter‹ Apostrophierten[196] wie WODARG, KNOCHE, DÄUBLER-GMELIN u.a. (z.B. 13/183: Götzer CDU/CSU) ausdrücklich dagegen, daß das auf jeden Fall zu schützende Tötungsverbot gar nicht tangiert wäre, weil die Organentnahme bei einem ›Hirntoten‹ als einem Patienten, der sich in seinem unumkehrbaren Sterbensprozeß befindet, juristisch anders zu bewerten sei als bei einem ›normalen‹ Patienten, denn die Organentnahme setzt bei einem irreversibel Sterbenden eine von ihm gewollte Lebensverlängerung allein zu dem Zweck voraus, durch die Organentnahme das Leben eines anderen zu retten. Es käme somit nicht zu einer *Lebensverkürzung* durch die Organentnahme, sondern zu einer Lebens- oder zu einer *Sterbensverlängerung* mit Einwilligung des Betroffenen, um ein sittlich hochstehendes Ziel zu erreichen, nämlich die Rettung eines anderen Menschen, nachdem bei der Behandlung des Sterbenden selbst kein weiteres Therapieziel mehr existiere.[197]

---

[196] So z.B. explizit der SPD-Abgeordnete Hansjörg Schäfer: „(...) In den anderen vorliegenden Gesetzentwürfen wird der Hirntod nur als Datum für die Organentnahme gekennzeichnet und nicht für den Tod des ganzen Menschen. Dies – da kann mich niemand beirren – bedeutet die Entnahme am Lebenden. Folgt man dieser Auffassung, so bedeutet diese Entnahme eine aktive Tötungshandlung. Das ist aktive Euthanasie. Ich bleibe bei diesem Wort." (13/183: Schäfer SPD; vgl. auch z.B. 13/136: Schreiber)

[197] Im Antrag von B'90/GRÜNE lautete die ›Verteidigungs-Argumentation‹ zu diesem Punkt so: „Es ist unbestritten, daß jedenfalls mit dem irreversiblen Hirnversagen die Pflicht des Arztes zur Aufrechterhaltung der Herz-Kreislauf- und weiterer Körperfunktionen endet und in die Verpflichtung wechselt, den natürlichen Sterbeprozeß nicht weiter aufzuhalten. Allein aus diesem Grunde ist es unhaltbar, im Falle einer nach Feststellung des irreversiblen Ausfalls der gesamten Hirnfunktionen nach dem Stand der Erkenntnisse der medizinischen Wissenschaft stattfindenden Organentnahme eine Tötung auf Verlangen und damit aktive Sterbehilfe oder Euthanasie anzunehmen; denn der Organspender "bedarf" gerade keiner Hilfe mehr, um zu sterben.

Doch auch wenn dieser ›Tötungsaspekt‹ juristisch ausgeräumt wäre, bliebe nach KIRSCHNER u.a., neben dem zu befürchtenden Rückgang der Spendenbereitschaft durch die mit dieser Sichtweise verbundene enge Zustimmungslösung, vor allem die durch nichts zu rechtfertigende Verschiebung der Grenzen zwischen Leben und Tod, wie sie KIRSCHNER mit seinem Wort vom ›Paradigmenwechsel‹ andeutet, bestehen. Indem WODARG u.a. – so ihre Kritiker – darauf bedacht sind, den Tod unangetastet zu lassen und die Position der Sterbenden dadurch zu schützen suchen, daß sie ihn vor dem definitorischen Akt der Zuschreibung des Leichenstatus bewahren, gewähren sie gleichsam durch die Hintertür *zwei Arten von Leben* Einlaß – einem noch ›richtigen Leben‹ und einem ›nicht mehr richtigen‹, weil im Sterben befindlichen Leben. Diese Bedenken werden durch ›klärende Hinweise‹, wie sie z.B. SCHMIDT-JORTZIG gibt, eher weiter genährt als entkräftet, der – wie im folgenden Auszug – dabei wohl den von ihm gemachten Unterschied als juristische Differenz mit Blick auf das Tötungsverbot verstanden wissen will, dabei aber nicht die semantische Konnotation bedenkt, die sich mit solcher juristischen Differenzierung in den Alltagsbegriffen von Leben und Sterben einnisten könnte.

„Deswegen muß man deutlich sagen: Die Anhänger der erweiterten Zustimmungslösung setzen wie die Anhänger der engen Zustimmungslösung als Voraussetzung beim Hirntod an. Und es ist falsch und nicht sachgerecht, zu sagen: Ihr wollt ja Lebende explantieren. Vielmehr wollen wir Hirntote explantieren. Das ist ein deutlicher Unterschied." (13/183: Schmidt-Jortzig F.D.P. [2])

Denn wenn das Sterben wie gemeinhin üblich und von beiden Lagern unbestritten dem Leben zuzuordnen ist und der ›Hirntod‹ den Eintritt einer bestimmten Phase im Sterben markiert, dann werden bei ›hirntoten Spendern‹ Lebende explantiert, wenngleich vielleicht juristisch nicht anfechtbar und gemäß ihrem eigenen Willen und um der Verwirklichung eines sittlich hochstehenden Ziels – der Heilung von Schwerkranken – zu dienen. Gleichwohl produziert das von Außen vorgenommene Eingreifen in den Sterbensprozeß einen kategorialen Unterschied durch die verschiedenen, dahinter stehenden Absichten – und zwar noch diesseits ihrer juristischen wie auch ethischen Bewertung: hier das Abschalten der Maschine, das sich auf das Sterben hin zum Tod des Betroffenen richtet, dort die Explantation, die ebenfalls auf das Sterben des Einen und dann aber hin auf das Leben des Anderen zielt. So formuliert liegt dem kultursoziologischen Beobachter bei dieser ›Paradigmen-Kontroverse‹ der

---

Allerdings ist es gerechtfertigt, in den natürlichen Sterbeprozeß dann verlängernd einzugreifen, wenn es um die Verwirklichung des altruistischen Willens des Sterbenden, nämlich die Rettung eines anderen Menschenlebens durch Organspende, geht. Diese Situation unterscheidet sich diametral von der des § 216 StGB, der eine Lebensverkürzung auf Tötungsverlangen, aber nicht einen verlängernden Eingriff in das sonst sittlich gebotene Sterbenlassen pönalisiert. Durch die zweifelsfreie und sichere Diagnose von irreversiblem Hirnversagen ist nachweisbar eine Schwelle erreicht, von der an der Prozeß des Sterbens unumkehrbar geworden ist und der Tod unmittelbar bevorsteht." (13/8025; vgl. dann auch vgl. auch 13/4114)

Begriff des ›*Opfertodes*‹ auf der Zunge (worauf wir in Kap.4.2.4 noch zurückkommen werden), der doch im medizinischen Feld im Kontext der westlich-abendländischen Kultur bislang ein unumstößliches Tabu bildet. An dieser Stelle wichtiger festzuhalten bleibt aber auf jeden Fall, daß auch hier bei den Kritikern des ›Hirntodes‹ als Tod des Menschen sich ein Muster andeutet, das darauf hinausläuft, *Grenzverschiebungen zu Leben und Tod zu negieren* – ja im Gegenteil: auf eine (die einzig) adäquate (rechtliche) Umsetzung nicht veränderlicher Grenzen zu bestehen.

Erstes Zwischenfazit: Leben und Tod sind nicht von dieser Welt

Ziehen wir also eine erste Zwischenbilanz zur Todesfeststellung und -festschreibung, wie sie die TPG-Debatte problematisiert hat: Jede Position unterstellt der Gegenseite, die Grenzen von Leben und Tod unzulässigerweise zu verschieben, während für die eigene Seite beansprucht wird, die Unverrückbarkeit dieser Grenzen mit der eigenen Sichtweise angemessen zu respektieren. Die einzelnen Begründungsmuster für solche Interpretationen und Bewertungen unterschieden sich je nach Kontext und Stoßrichtung und reichen von der Unumstößlichkeit naturwissenschaftlicher Einsichten in die biologischen Lebens- und Sterbensvorgänge über kulturelle Traditionen und subjektive Erfahrungen bis hin zu gängiger Rechtssprechung und der Rechtfertigung durch die bestehende Praxis. Auf jeden Fall aber geht es beiden Positionen im Kern um die *Garantie einer Wertesicherheit* im Hinblick auf die *Grenzsicherung zwischen Leben und Tod* (also z.B. uneingeschränkter Schutz des Lebens, Achtung der Würde des Sterbenden usw.), die die *Qualität der Grenzen* selbst ausblendet. Was also – wie sich im folgenden noch deutlicher zeigen wird – beide Positionen scheuen, ist das Verständnis von Leben, Sterben und Tod als *kulturelle Kategorien* in den Blick zu nehmen und von deren kultureller Variabilität und *gesellschaftlicher Konstruiertheit* auszugehen. Jenseits der grundlegenden Differenzen zu Leben und Tod entsteht beim Blick auf beide Lager – gleichsam als beiderseits Verwendung findende Diskursstrategie – der Eindruck, hier werde etwas gesetzlich festgeschrieben, weil es so ist, wie es ist (und dies unzulässigerweise von der jeweiligen Gegenseite verändert werden will), und nicht deshalb, weil es das Resultat von *vorgängigen* Wertentscheidung ist. Leben und Tod sollen auf keinen Fall als prinzipiell kontingente Mehrheitsentscheidungen daherkommen, sondern als ›*ontologische Apriori*‹ sind sie einfach, was sie sind und immer sein werden (bzw. bleiben sollen) – das gilt es, so die Botschaft des politischen Interdiskurses, festzustellen und festzuschreiben!

Eine solche Todesmetaphorik scheint jedenfalls noch weit entfernt davon zu sein, die Rede vom ›Sterben und Tod als gesellschaftliche Phänomene‹ wirklich beim Wort nehmen zu wollen – der ›Gevatter Tod‹ und ›das Leben‹ stehen sich vielmehr als ›eigensinnige Agenten‹ gegenüber, sie sind in letzter Konsequenz nicht von dieser Welt, d.h. nicht vom Menschen gemacht. Uns Menschen steht es nur an, ihnen zu ihrem jeweiligen Recht zu verhelfen. Ein solches zwiespältiges Deutungsfeld von Grenzziehungen und Grenzverschiebungen führt zu der nächsten zu vertiefenden Frage: Wer oder was könnte welcher Position welche Sicherheiten und Gewißheiten bieten oder zumindest die Gewißheit des Zweifels begründen?

4.2.3.2. Von der Sicherheit des Wissens und Nicht-Wissens ›im Angesicht des Todes‹ und den Folgen

„Da wir die genaue Grenzlinie zwischen Leben und Tod nicht kennen, genügt nichts Geringeres als die maximale »Definition« (besser: Merkmalsbestimmung) des Todes – Hirntod plus Herztod plus jeder sonstigen Indikation, die von Belang sein mag, bevor endgültige Gewalt stattgreifen mag." [Herv. im Orig.; Anm. d. Verf.] (Jonas 1985, S.222)

Indem Hans JONAS in seiner Rede vom Nichtwissen über die Grenzlinien von Leben und Tod der Transplantationsmedizin allein durch die Verwendung des Gewaltbegriffs bereits einen moralischen Schlag versetzt, wäre durch die Umsetzung der JONAS'schen ›Definitions-Forderungen‹ – wie diskutiert – zumindest in der einhelligen Einschätzung der ›Hirntod-Befürworter‹ zwar maximale, wenngleich unnötige ›Todessicherheit‹ gewährleistet, aber auch das Ende der Transplantationsmedizin besiegelt.

Das Sicherheitsmanagement für die Hirntod-Definition: von der Gewißheit wissenschaftlicher Erkenntnis

Und dabei bräuchte es eine solche Forderung nach einem Sicherheitsmaximum gar nicht, wenn man nur die *›Naturhaftigkeit‹* der modernen Absterbeordnung akzeptieren und sich darauf konzentrieren würde – so jedenfalls lautet die Botschaft der diversen medizinischen Fachgesellschaften (z.B. auch 13/136: Romanowski):

„Es gibt nur einen Tod, aber verschiedene Ursachen, Eintrittsweisen, Zeichen und Nachweisverfahren dieses einen Todes.
(...) Seine Feststellung erfolgt als Nachweis eines bereits unabänderlich bestehenden Zustandes. Daher hängt sie weder von der Uhrzeit des Todeseintritts noch von irgend etwas anderem ab, auch nicht von einer Organspende nach dem Tod.
Todeszeichen sind naturgegeben und daher unveränderlich. Sie unterscheiden sich wie die Lebenszeichen nach der betroffenen Lebenseinheit: Zelle, Gewebe, Organ, Organismus oder Lebewesen. Ein Lebewesen, dessen letzte Zelle abgestorben ist, ist zweifellos tot.
Aber ebenso gewiß ist ein Lebewesen schon dann tot, wenn es für immer die Lebensmerkmale verloren hat, die es als Lebe-Wesen kennzeichnen." (Hirntod-Erklärung 1994, S.5f)

Versteht man das Lebewesen ›Mensch‹ als gekennzeichnet durch jene Merkmale (biologische Ganzheitlichkeit und Geistigkeit auf der Basis des Gehirns), kann also am Tod des Menschen als ›Hirntod‹ nicht gerüttelt werden. Und zusätzlich zu solch fachwissenschaftlicher *Definitions*sicherheit garantiert die dazugehörige Fachpraxis durch die in sie eingebauten personellen, organisatorischen und technischen Sicherungssysteme ebensolche *Verfahrens*sicherheit, wie ein Transplantationskoordinator ›versichert‹:

„Die Hirndiagnostik ist das sicherste Verfahren, um den Tod festzustellen, das die Medizin kennt, weil sie von zwei unabhängigen Untersuchern festgestellt wird. Die Untersucher sind unabhängig vom Transplantationsteam und sind untereinander unabhängig. Es gibt ein vorgeschriebenes Protokoll von der Bundesärztekammer, das ist eine Mischung von klinischen Untersuchungen, also Untersuchungen, die sehr lange in der Medizin bekannt sind, worin Reflexe geprüft werden, ergänzt durch apparative Untersuchungen, wo die neusten Geräte, die zur Verfügung stehen, eingesetzt werden. Das heißt, es sind mehrere Sicherheitssysteme eingebaut, so daß man hundertprozentig den Hirntod feststellen kann." (Quelle: BR 2: Das Tagesgespräch 5.6.1998)

Eine solche massive und umgreifende Sicherheits- und Gewißheitsrhetorik munitioniert entsprechend die Befürworter der Hirntod-Definition in der TPG-Debatte, für die es allerdings um mehr geht als nur um die ›wissenschaftliche Wahrheit‹ des Todes. Doch zunächst können jegliche Zweifel an der wahren Erkenntnis des Todes durch den ›Hirntod‹, die zwar verständlich sein mögen, mit Verweis auf deren ›Un-Wissenschaftlichkeit‹ als ›unbegründet‹ aus dem Feld geschlagen werden:

„Soweit Zweifel am Tod durch endgültigen nicht behebbaren Ausfall der gesamten Hirnfunktion auf der jahrtausendelangen und in der Bevölkerung verankerten Erfahrung des Todes als Stillstand von Atmung und Herzschlag mit den entsprechenden sichtbaren äußeren Zeichen beruhen, sind sie im Rahmen einer gesellschaftlichen Diskussion nachvollziehbar. Sie sind jedoch medizinisch angesichts des erreichten Standes der medizinischen Wissenschaft und der intensivmedizinischen Behandlungsmöglichkeiten des Herz- und Atemstillstands nicht begründet. (...)
Es ist Aufgabe des Gesetzgebers, vor diesem Hintergrund eine eindeutige rechtliche Grenzziehung zwischen Leben und Tod zu bestimmen. Dabei ist es notwendig, im biologischen Prozeß des Absterbens des Organismus den maßgeblichen Punkt anhand medizinisch-naturwissenschaftlicher, zuverlässig feststellbarer Kriterien festzulegen, von dem an der Mensch nicht mehr lebt und das Gebot des Lebensschutzes deshalb keine Schutzwirkung mehr entfaltet." (13/4368)

Dies ist sicherlich ein dem modernen Menschen allseits vertrautes Argumentationsmuster: Gegen (›jahrtausendelange‹ – was immer das konkret meinen soll?) kulturelle Erfahrungen steht, dem modernen szientistischen Wissens-Topos entsprechend, der heute erreichte Stand der medizinischen Wissenschaft, nach dem der Tod – naturwissenschaftlich exakt gemessen – ausschließlich durch die Kompetenz der Mediziner ›fest-gestellt‹ wird.[198] Ein dergestalt produziertes Sicherheitsfeld des Todes kann sich dabei nicht nur in der Gewißheit

---

[198] „Die Feststellung des Todes richtet sich (...) nach dem Stand der Erkenntnisse der medizinischen Wissenschaft. Diese umfassen die Definition der Todeskriterien nach naturwissenschaftlich-medizinischer Erkenntnis, die diagnostischen Verfahren, mit denen die Erfüllung dieser Kriterien festgestellt werden kann, und die dazu erforderliche ärztliche Qualifikation. Den Erkenntnisstand der medizinischen Wissenschaft stellt die Bundesärztekammer in Richtlinien nach §15 Abs.1 Satz1 Nr.1 fest." (13/8027)

wiegen, daß sich eine solche Sicht eindeutig ›in der Mehrheit‹ befindet,[199] sondern – wie dies ursprünglich durch die ethische Absicherung der Hirntod-Definition von beiden großen Kirchen Deutschlands geleistet wurde[200] – auch von den ausgewiesenen ›Werte-Institutionen‹ als ›angemessen‹ abgesegnet zu sein.

„Beide Stellungnahmen [gemeint ist eine Stellungnahme von Bischof Lehmann als Vorsitzendem der Deutschen Bischofskonferenz und die Stellungnahme der Evangelischen Kirche Deutschland vom Juni 1995; Anm. d. Verf.] machen deutlich, daß es nicht Aufgabe des Gesetzgebers ist, die theologische oder philosophische Dimension des Todes zu beschreiben. Das Gesetz muß vielmehr verläßliche medizinische und naturwissenschaftliche Kriterien zum Nachweis des eingetretenen Todes benennen." (Quelle: Seehofer 19.4.1996)

Insofern also in jeder Hinsicht auf verabsolutiertes ›sicheres Wissen‹ aufbauend, kann bei der rechtlichen Grenzziehung zwischen Leben und Tod als definitorischem Akt und Aufgabe des Gesetzgebers der kulturelle Kontext von Sterben und Tod ausgeblendet bleiben, da doch der Konsens in die Legitimität ›wissenschaftlicher Wahrheit‹ als Begründung für diesen Akt nicht angezweifelt werden kann. Beatrix PHILIPP (CDU/CSU) z.B. konzidiert zwar noch eine historische Wandlungsfähigkeit von Todesvorstellungen, daß die Hirntod-Kontroverse aber irgend etwas mit gesellschaftlichen Interessenskonstellationen und ›Wertsetzungen‹ zu tun haben könnte, wird ignoriert bzw. explizit negiert. Das eigentlich Neue an der gesamten Debatte besteht für PHILIPP eben nicht in der Möglichkeit der Organtransplantation bei Schwerkranken, sondern in der Nachweisbarkeit des ›Hirntodes‹ noch vor dem Herztod:

---

[199] So z.B. Klaus Kirschner (SPD): „Der endgültige Ausfall der Hirnfunktion als sicheres Todeszeichen ist biologisch begründet und sowohl in der internationalen medizinischen Literatur anerkannt als auch in Deutschland in Stellungnahmen der vier mit dieser Thematik befaßten medizinisch-wissenschaftlichen Fachgesellschaften bestätigt worden. Alle hochentwickelten rechtsstaatlich-demokratischen Länder und auch die Kirchen gehen im übrigen – auch das möchte ich betonen – vom Ganzhirntod als Tod des Menschen aus." (13/183: Kirschner SPD) Entscheidend hierbei scheint mir zu sein, daß die Argumentation hier *nicht* einem gängigen ›Demokratie-Prinzip‹ folgt: eine Mehrheit spricht sich für die Hirntod-Definition aus und deshalb ist die Entscheidung dafür richtig. Sondern umgekehrt: Weil die Hirntod-Definition die einzig ›wahre‹ Erkenntnis des Todes beinhaltet, folgt ihr auch die Mehrheit (zumindest derjenigen, die in der Lage sind, diese Wahrheit zu erkennen).

[200] In einer gemeinsamen Erklärung der DEUTSCHEN BISCHOFSKONFERENZ und des RATES DER EVANGELISCHEN KIRCHE IN DEUTSCHLAND hieß es noch unmißverständlich: „Der Hirntod bedeutet ebenso wie der Herztod den Tod des Menschen." (Sekretariat der Dt. Bischofskonferenz u.a. 1990, S.15; vgl. auch 13/136: Bocklet, 13/137: Gründel bzw. 13/140: Gründel). Im Zuge der sich intensivierenden Diskussion in den 90ern wurde dann diese Sicht auch einer vermehrten (z.T. innerkirchlichen) Relativierung bzw. radikalen Kritik unterzogen (Quelle: Lehmann 10.1.1996; vgl. 13/116: Huber, 13/114: Jörns, Jörns 1993, 1995b, S.93ff, 1995a, S.33ff, 1997; vgl. auch z.B. Barth 1995, S.1ff, Golser 1997, S.29ff, Poliwoda 1995, S.141ff).

„(...) daß nämlich der Tod des Organspenders nach Regeln, die dem Stand der Erkenntnisse der medizinischen Wissenschaft entsprechen, festgestellt wird, folgt konsequent der Tatsache, daß es in den vergangenen Jahrhunderten unterschiedliche Todesfeststellungen gegeben hat. Ich denke an den Atem- oder Herzstillstand. Beide sind heute reversibel, also nicht mehr gültig.
Damit ist der Gesamthirntod aber keine Erfindung der Transplantationsmedizin. (...) Es ist völlig unbestritten und nicht neu, daß der Hirntod den Tod des Menschen markiert. Neu sind die naturwissenschaftlichen, das heißt die pathophysiologischen Erkenntnisse bzw. die Nachweisbarkeit des irreversiblen Zustandes vor dem endgültigen Herzstillstand." (13/183: Philipp CDU/CSU)

Und ganz anders als eventuelle, in der Bevölkerung verankerte ›alte‹ Erfahrungen mit dem Tod, die gegenüber den neuen wissenschaftlichen Erkenntnissen keinerlei Bestand beanspruchen können, sondern bestenfalls wohlwollendes Verständnis erhoffen dürfen, dokumentieren professionelle Erfahrungen eines Arztes, wie z.B. die des Abgeordneten Hansjörg SCHÄFER (SPD), die Gültigkeit jenes sicheren Todes-Wissens:

„Wann ist der Mensch tot? Aus meiner 26-jährigen Erfahrung als praktizierender Arzt bin ich der festen Überzeugung: Der Hirntod beendet die Einheit von Geist und Körper, die erst den Menschen ausmacht. Der Hirntod ist das Ende des Menschen, sein Tod. Das Lebewesen Mensch ist eine Einheit und eben nicht nur die Summe verschiedener Körperteile. Mit Eintritt des Hirntodes ist die Rückkehr zum Leben mit absoluter Sicherheit ausgeschlossen. Es ist weltweit kein Fall bekannt, wo nach Feststellung des Hirntodes eine Besserung eingetreten ist." (13/183: Schäfer SPD)[201]

---

[201] Entsprechend der Diskursstrategie der Transplantations-Protagonisten, die in der Verwendung von Falldarstellungen besteht (vgl. Kap.4.2.2), besitzen analoge Falldarstellungen von ›hirntot‹ diagnostizierten Patienten, die nach Abschalten der lebenserhaltenden Geräte – in welcher konkreten Form auch immer – Lebensäußerungen gezeigt haben (z.B. eigenständige Atmung oder selbständige Kreislaufstabilisierung) bis hin zur mehr oder weniger vollständigen Genesung des vormals ›Hirntoten‹, für die Hirntod-Kritik eine ähnliche Relevanz. Ein exemplarisches Beispiel für eine solche ›Fallschilderung‹, findet sich in einem Betroffenen-Bericht im Rahmen einer WDR-Hörfunk-Sendung. Darin schildert ein Ehemann das Sterben seiner Frau, und dabei macht er seine Wahrnehmung des Zustands der Frau an ihrer (maschinenvermittelten) Kommunikativität fest: „Der Befund der ersten Untersuchung lautete: Ihre Frau ist zu 95 Prozent hirntot mit einer sich verschlechternden Erwartung. Meine Frau wurde auf die Intensivstation verlegt, ich blieb den ganzen Tag bei ihr. Als ich abends schon müde war, sagte ich, tschüss, ich geh jetzt nach Hause, um ein bißchen zu schlafen. Zu meiner großen Verwunderung gab es bei diesen Worten auf dem Herzfrequenzschreiber, der bislang ein ganz gleichmäßiges Bild abgegeben hatte, einen wilden Ausschlag bis an die Ober- und Untergrenze des Bildes. Für mich bedeutete das, meine Frau hat mir geantwortet und gleichsam voller Schrecken zugerufen, du kannst mich in dieser Situation doch nicht alleine lassen. Ich blieb die ganze Nacht bei ihr, und im Hinsprechen auf meine Frau wiederholte sich dieses Ausschlagen der Kurve öfter. Am nächsten Tag wurde ich vom Stationsarzt gefragt, können wir die Organe ihrer Frau entnehmen. Das ist für mich eine sehr bestürzende Frage gewesen, weil ich ja subjektiv meine Frau in der Nacht durchaus als kommunikativ, also psychisch lebendig erfahren hatte. Ich habe dann nein geantwortet, habe die Explantation abgelehnt. Daraufhin kam der Chefarzt und sagte, wir werden ihre

Die Frage, warum denn dann überhaupt ein TPG notwendig sei, wo doch die bisherige Praxis mit all diesen Sicherheiten und Gewißheiten jenseits aller Wissenspropblematisierungen ›funktioniert‹ habe, beantwortet der Abgeordnete Dieter THOMAE (F.D.P.) weniger pragmatisch (um die Spendenbereitschaft zu erhöhen), sondern vielmehr ›im Grundsätzlichen‹: Seinen Worten zufolge braucht es für alle, die direkt oder indirekt am Transplantationsgeschehen beteiligt sind, Sicherheit (vor allem gedacht als Rechtssicherheit durch eindeutige Regelungen) und Vertrauen (13/183: Thomae F.D.P.). Denn nur die *Eindeutigkeit* in der Todesdefinition konstituiert die (anscheinend auch für eine Erhöhung der Spendenbereitschaft) notwendige und unabdingbare Verhaltens- und Handlungssicherheit in der Transplantationsmedizin. Eine Ungewißheit dem Tode gegenüber, ein ›offenes Fragezeichen des Todes‹, führt auf jeden Fall zu ›Zielkonflikten‹:

„Meine Damen und Herren, deshalb ist es notwendig, daß alle, die an einer Organtransplantation beteiligt sind, Klarheit über den Nachweis des Todes erhalten: die Angehörigen, denen die Totensorge obliegt, die Ärzte, das pflegende Personal sowie die Transplantationszentren. Denn der Nachweis des Todes ist entscheidend für die Zielrichtung der ärztlichen und pflegenden Tätigkeit: Vor dem Tod hat alle ärztliche und pflegerische Tätigkeit danach zu streben, dem Kranken zu helfen und sein Leiden zu lindern. Wenn nach dem nachgewiesenen Tod medizinisches Personal an dem Verstorbenen tätig wird, dann zu anderem, zu fremdem Nutzen. Nach dem Tod und keinesfalls davor ist die fremdnützige Tätigkeit, die Einwilligung vorausgesetzt, zulässig.

Für alle Beteiligten ist es deshalb von entscheidender Wichtigkeit, über drei Fragen zum Todesnachweis Klarheit zu erhalten: Erstens. Welches ist der Zeitpunkt, von dem an der Gesetzgeber den Tod als nachgewiesen erachtet? Zweitens. Steht die gesetzliche Festlegung des Nachweises im Einklang mit dem Stand der Erkenntnisse der medizinischen Wissenschaft? Drittens. Ist sichergestellt, daß die medizinische Wissenschaft die Anforderungen an den Todesnachweis nicht zum Schaden der Sterbenden und zu fremdem Nutzen willkürlich aufweichen kann?" (13/183: Kirschner SPD)

Bezeichnenderweise liegt der Kernpunkt des eigentlichen Sicherheits- und Vetrauensproblems hiernach nur oberflächlich betrachtet in der Frage nach Tod oder Leben. Denn dahinter steckt auch bei den Befürwortern der Hirntod-Definition die Bewältigung weniger eines Erkenntnisproblems des Todes, son-

---

Frau verlegen. Ich stand dabei, als die künstliche Beatmung abgestellt wurde, und war sehr erstaunt, daß meine Frau zwei Tage lang alleine noch weitergeatmet hat. Sie ist dann am 30. Oktober endgültig gestorben." (Quelle: WDR 11.12.1995) Gekontert werden solche Fälle von Befürwortern der Hirntod-Definition entweder mit dem Hinweis auf die nicht sachgerecht durchgeführte Diagnostik (der ›Hirntote‹ war nicht ›richtig‹ hirntot; vgl. z.B. Oduncu 1999, S.183) oder mit einer unzulässigen Vermengung solcher Falldarstellungen z.B. von Wachkoma-Patienten (als ›Teilhirntod‹) mit dem Gesamthirntod (Quelle: Dinkermann, Lillge & Pauls 1997). Eine Kontroverse also, die in den geschilderten Fällen kaum von einem medizinischen Laien sachgerecht beurteilt werden kann, die aber insofern innerhalb der gesamten Diskussion eine Rolle spielt, als mit solchen Narrationen selbstverständlich die Sicherheit der medizinischen Diagnose zur Disposition gestellt wird, was von der Gegenpartei bestritten werden *muß*.

dern vielmehr eines *Praxisproblems* der Medizin, das in dem möglichen Interessenszwiespalt liegt, der sich durch die Option der Organtransplantation für den Arzt eröffnet. Der Logik der ›Hirntod-Befürworter‹ gemäß stellt sich dieser Zwiespalt dann ein, wenn in die als ›dyadisches Vertrauensverhältnis‹ gedachte Arzt-Patienten-Beziehung bereits ›vor dem Tod des Patienten‹ ein weiterer Patient eindringt, dessen Heilung von den Organen des ersten Patienten abhängt. Mit anderen Worten: Das moderne Setting des Sterbens, in dem der Arzt als Grenzwächter für den kranken, sterbenden Patienten gegenüber dem Tod agiert, darf keinesfalls durch die Option der Organtransplantation bei einem anderen Patienten ›strukturell‹ ausgeweitet werden. Nur durch die eindeutige Trennung als *zeitliche Abfolge*, welche ausschließlich der Tod des ersten Patienten gewährleisten kann, kann auch das Vertrauen in die Grenzwächter-Funktion des Arztes aufrechterhalten werden.

„(...) Sie [die Ärzte; Anm. d. Verf.] haben es verdient, in Rechtssicherheit arbeiten zu können. Tod nein, aber Entnahme ja – das ist keine Rechtssicherheit. Es muß sichergestellt sein, daß Ärzte nicht nur keine Straftat begehen, sondern in völliger Übereinstimmung mit den ethischen Grundwerten dieser Gesellschaft handeln." (13/183: Schäfer SPD)

Mit der Forderung nach einem rechtlich gesicherten Raum für Organtransplantationen, der frei von jedweder ›Tötungssemantik‹ bleiben und in absoluter Übereinstimmung mit den ethischen Grundwerten stehen muß, geht demnach gleichzeitig die ›Sicherstellung‹ der Ärzte entlang ethischer Grundwerte einher, wobei allerdings noch zu klären bleibt, welche – außer dem Tötungsverbot und Lebensschutz – noch damit gemeint sein könnten.

Von der Sicherheit des Nichtwissens und der Gewißheit des Zweifels: Wider den Hirntod

Edzard SCHMIDT-JORTZIG (F.D.P.) hat zusammen mit Eckart v. KLAEDEN (CDU/CSU) in der FRANKFURTER ALLGEMEINEN ZEITUNG einen am 13. Mai 1997 erschienen Beitrag verfaßt mit dem programmatischen Titel ›Leichen bekommen kein Fieber‹, indem beide Politiker die in ihrer Sicht wesentlichen Kritikpunkte an einer gesetzlichen Festschreibung des ›Hirntodes‹ als sicheres Zeichen des eingetretenen Todes des Menschen zusammenfassen. Ihrer Meinung nach sollte der Gesetzgeber bewußt eine Definition des Todes vermeiden und vielmehr vom Schutz des Lebens, vom Recht auf Leben ausgehen. Durch eine Hirntod-Festlegung entstünde der Verdacht, der Gesetzgeber entspreche lediglich einer den Begehrlichkeiten der Transplantationsindustrie geschuldeten ›funktionalen Todesdefinition‹, wohingegen grundlegende Zweifel am Hirntod-Konzept als Tod des Menschen angebracht seien, da der Körper ihrem Verständnis nach noch lebe. Ganz allgemein gesagt fokussiert die in den einzelnen Punkten zum Ausdruck gebrachte Kritik den Einwand, daß der ›Hirntod‹ sich *gegen eine ganzheitliche Sichtweise des Menschen* richte und naturwissenschaftlichen *Reduktionismus* betreibe, indem der Mensch auf seine meßbaren Hirnströme und die darin zum Ausdruck gebrachte vorhandene oder fehlende

Geistigkeit reduziert werde (Schmidt-Jortzig & v. Klaeden in FRANKFURTER ALLGEMEINE ZEITUNG 13.5.1997; vgl. auch 13/6591).

Ähnlich dazu hat auch Monika KNOCHE (B'90/GRÜNE) die Einwände der ›Hirntod-Kritiker‹ exemplarisch zusammengefasst (vgl. auch z.B. 13/114: Bavastro):

„- Der Verlust aller Hirnfunktionen kann prinzipiell nicht nachgewiesen werden, weil die gesamten Hirnfunktionen weder bekannt noch meßbar sind.
- Es ist nicht völlig sicher, daß zum Zeitpunkt der Feststellung des sogenannten Hirntods in allen Fällen der Ausfall des ganzen Gehirns eingetreten ist.
- Die Frage, ob ein für "hirntot" erklärter Mensch noch elementare Empfindungen haben kann, läßt sich naturwissenschaftlich nicht klären. Die Grenzen des wissenschaftlich Beschreibbaren dürfen aber nicht mit den Grenzen der Wirklichkeit gleichgesetzt werden.
- Auch nach dem sogenannten Hirntod gibt es Wechselbeziehungen zwischen Organismus und Umwelt.
- Es kann nicht ausgeschlossen werden, daß auch Teile des Rückenmarks mit der Integration des autonomen Selbst zu tun haben, denn es integriert die Sensibilität und Motorik fast des gesamten Körpers.
- Die Reduktion menschlichen Lebens auf Leistungen des menschlichen Gehirns ist unzulässig." (Quelle: Knoche Feb. 1996)

Im Zentrum steht auch hier der Fundamentalvorwurf der pragmatisch motivierten Ausrichtung des Gesetzgebungsvorhabens an den Interessen und Bedürfnissen der Transplantationsmedizin, die zu einer Umdefinition des Todes führt (vgl. auch Quante 1996, S.243ff, 1997, S.21ff):

„Dem entscheidenden Schritt zur Etablierung des Hirntodkonzeptes in der westlichen Welt, der mit der Veröffentlichung eines berühmten Papiers einer Ad-hoc-Kommission der Harvard Medical School im Jahre 1968 vollzogen wurde, lag eine ausschließlich pragmatische Motivation zugrunde, nämlich der Versuch, die Knappheits- und Verteilungsprobleme der Intensiv- und Transplantationsmedizin zu lösen." (13/2926)[202]

Intensiver mit der Definitions- und Begriffspoblematik setzt sich u.a. Wolfgang WODARG (SPD) auseinander, indem er in seiner Rede noch einmal den Begriff ›Hirntod‹ hinterfragt (vgl. auch z.B. 13/116: Schwochert):

„Diese Aufrichtigkeit fängt bereits beim Wort "Hirntod" an. Es ist auffällig, daß der Begriff vom üblichen medizinischen Sprachgebrauch abweicht. Bei vergleichbaren

---

[202] So z.B. auch Herta Däubler-Gmelin (SPD) in Auseinandersetzung mit Horst Seehofer (CDU/CSU): „Die Sterbephase gehört zum Leben; man darf sie nicht als den Tod umdefinieren. Sie ist nicht der Tod. Wer die Begriffe verändert, würde vielleicht bei einigen Ärzten Ängste überwinden. Aber das wäre eine Umdefinition, die ich bei einer solchen Frage nicht für erlaubt halte, die auch kein Problem löst." (13/183: Däubler-Gmelin SPD [1]; vgl. auch ähnlich 13/183: Schenk PDS) Gegen das damit implizierte ›Medizin- und Arztbild‹ wird selbstverständlich z.T. mit entsprechender Polemik angegangen: „Wer manchen öffentlichen Diskussionsbeitrag registriert, muß festhalten: Es ist nicht wahr, daß auf der einen Seite mit gezücktem Skalpell gierig auf neue, transplantationsfähige Organe wartende Ärzte stehen, die es mit dem Todeszeitpunkt dann und wann nicht so genau nehmen." (13/183: Dreßler SPD)

Schädigungen anderer lebenswichtiger Organe spricht man von Nierenversagen, Herzversagen oder Lungenversagen. Das irreversible Hirnversagen aber wird kurzweg Hirntod genannt.
Wie irreführend dieser Begriff ist, wird deutlich, wenn der sonst übliche medizinische Sprachgebrauch näher durchleuchtet wird: Von "Herzversagen" spricht man, wenn das Herz nicht mehr arbeitet, kein Blut mehr pumpt. Von "Herztod" – Sekundenherztod zum Beispiel – spricht man aber erst, wenn der ganze Mensch infolge eines Herzversagens gestorben ist.
Von "Hirntoten" dürften Ärzte eigentlich nur dann sprechen, wenn infolge des Hirnversagens ein Stadium eingetreten ist, in dem alle Organe aufgehört haben zu arbeiten und der ganze Mensch so tot ist, daß er auch begraben werden könnte." (13/183: Wodarg SPD [1])

Und er setzt hinzu:

„Liebe Kolleginnen und Kollegen, es wäre doch absurd, wenn wir einen Menschen, dessen Herz versagt hat und der an eine künstliche Blutpumpe angeschlossen wurde, um auf ein Spenderherz zu warten, als Herztoten bezeichnen würden." (13/183: Wodarg SPD [1])

Nachdem für die Kritiker der Zweifel an der Angemessenheit des Hirntod-Kriteriums für seine Festlegung als sicheres Todeszeichen des Menschen mit diesen Argumenten hinreichend begründet erscheint, erstaunt sie vor allem, so Horst SCHMIDBAUER (SPD) in Anlehnung an den Psychiater Klaus DÖRNER (13/114: Dörner), daß

„(...) wir 25 Jahre gebraucht [haben], um zu erkennen: Wir befinden uns mit der Definition des "Hirntodes als Tod des Menschen" auf einem Irrweg. Der Hirntod ist eben nicht der Zeitpunkt des Todes, sondern der Zeitpunkt der Unumkehrbarkeit des Sterbeprozesses.
Dieser Irrweg war mit Transparenz und Offenheit, war mit logischem, gesunden Menschenverstand leicht erkennbar." (13/183: Schmidbauer SPD)

Der sich dem ›logischen, gesunden Menschenverstand‹ offenbarende Irrweg, den vor allem auch – so SCHMIDBAUER – die Erfahrungen all jener aufzeigen, die praktisch davon betroffen sind: die Angehörigen von ›Spendern‹, aber auch Ärzte, Krankenschwestern und Pfleger sowie auch selbst die Organempfänger, führt ganz rational zu der Erkenntnis des *prinzipiellen Nicht-Wissens* über den Tod, was dann erhebliche Konsequenzen für den Umgang mit Sterben und Tod nach sich zieht: Denn jene ›Reste des Lebens‹, die den Zweifel am Tod im ›Hirntod‹ konstituieren, gestatten letztlich ausschließlich ein ›in dubio pro vita‹ (vgl. dagegen z.B. Ott 1997, S.58f):

„Das Mindeste jedenfalls, was sich im Blick auf einen "Hirntoten" feststellen läßt, ist, daß prinzipielles Nichtwissen darüber besteht, ob der Sterbeprozeß bereits abgeschlossen ist. Dann aber gilt als verfassungsrechtliches Gebot: in dubio pro vita. Zweifel daran, ob ein Mensch noch lebt, darf der Gesetzgeber nicht mit einem begriffsreduktionistischen Federstrich zu Lasten des Betroffenen "klären"." (13/2926; vgl. auch 13/114: Höfling bzw. 13/136: Höfling)

Neben der Rationalität des gesunden Menschenverstandes und der Einsicht in das prinzipielle Nicht-Wissen über jene letzte Phase im Sterbensprozeß gründet die Gewißheit des Zweifels für die Kritiker der Hirntod-Definition also auf wissenschaftlich fundierten Bedenken ebenso wie auf lebensweltlichen und emotionalen Erfahrungen. Das wichtigste Argument dabei bleibt jedoch an die Interessensgebundenheit der Hirntod-Definition gekettet: der ›Hirntod‹ ist eine ›wertende Beschreibung‹ und keine naturwissenschaftliche Tatsache, und damit darf die Festlegung des Todes des Menschen keinesfalls in die Monopolkompetenz der Medizin fallen:

„Die weit verbreitete These, der sogenannte Hirntod sei der Tod des Menschen, ist keineswegs - wie häufig suggeriert wird - eine naturwissenschaftliche Tatsache, sondern eine wertende Beschreibung. Diese Zuschreibung aber liegt außerhalb der naturwissenschaftlichen Zuständigkeiten. Was den Tod des Menschen eigentlich ausmacht, fällt nicht in die Monopolkompetenz der Medizin." (13/8025; vgl. auch 13/2926)

Der ›Sündenfall‹ der ›Hirntod-Befürworter‹ liegt also darin, begünstigt durch die etablierte Deutungsmacht der modernen Medizin zu Krankheit, Leiden, Sterben und Tod eine ›wertende Beschreibung‹ des Todes als naturwissenschaftliche Tatsache auszugeben, ohne die offensichtliche, weil rational erkennbare wie sinnlich wahrnehmbare ›Wahrheit des Todes‹, wie sie die Hirntod-Definition geradezu konterkariert, anzuerkennen: *Leichen leben nicht mehr, ›Hirntote‹ schon!*

Die Folgen für ›den Gesetzgeber‹: Leben und Tod als Definitionssache oder nicht?

Ein Überblick der bisherigen Ausführungen der politischen Protagonisten zeigt schon anhand der Parteizugehörigkeit, daß die Positionen zum ›Hirntod‹ nicht in die ansonsten auf politischer Ebene relevanten parteipolitischen Schubläden eingeordnet werden können. Befürworter wie Kritiker verteilen sich quer über alle Fraktionen. Allerdings greift auch eine Pro- und Contra-Dichotomisierung der politischen Akteure entlang des ›Hirntodes‹ nicht mehr, wenn man die Frage betrachtet, welche Konsequenzen sich aus den Deutungen und Wissenspolitiken für ›den Gesetzgeber‹ ergeben. Hierzu lassen sich folgende drei Positionen erkennen:

a) Die unverrückbare Ordnung des Todes und die Aufgaben der Medizin
Rudolf DREßLER (SPD) sieht die Aufgabenverteilung zwischen Gesetzgeber und Medizin weitgehend entsprechend den Vorgaben der Ärzteschaft:[203] Der

---

[203] So lauten die Vorgaben an den Gesetzgeber z.B. laut einer Pressemitteilung der BUNDESÄRZTEKAMMER vom 6. Juni 1997 wie folgt: „Die durch die anhaltende öffentliche Diskussion eingetretene Verunsicherung über die Voraussetzungen der Organentnahme habe inzwischen dazu geführt, daß in Deutschland weniger Menschen zur Organspende bereit seien als in anderen europäischen Ländern. "Die seit drei Jahrzehnten gültige Praxis der Organtransplantation muß jetzt endlich im Gesetz verankert werden. In anderen Ländern der Europäischen Union ist dies längst geschehen", betonte der Ärztepräsident. Es müsse auch in Zukunft möglich sein, daß Angehörige im Sinne des Verstorbenen über eine Organentnahme entscheiden, so Vilmar. Erst in der vergangenen Woche habe der Deutsche Ärztetag erneut gefordert, mit dem Transplantationsgesetz Rechtsklarheit darüber zu schaffen, daß die Unterscheidung zwischen Leben und Tod für die Organentnahme gelten und der

Gesetzgeber hat Rechtssicherheit zu gewährleisten, welche die Bereitschaft zur Organspende erhöht; allein die Ärzte bleiben diejenigen, die, legitimiert durch ihre wissenschaftliche Kompetenz und ihr Ethos, die von der Natur vorgegebenen Grenzen von Leben und Tod bestimmen können:

„Der dem Hause vorliegende Vorschlag zur erweiterten Zustimmungslösung trägt dem bedingungslosen Schutz des Lebens bis zum Tode in seinem § 3 Rechnung. Ich kann mir weiterhin schlechterdings nicht vorstellen, daß ein Gesetzgeber per Gesetz darüber entscheidet, wann ein Mensch tot ist und wann nicht. Diese Entscheidung kommt ihm nicht zu. *Der Tod ist ein von der Natur bestimmtes biologisches Ereignis.* Die Entscheidung darüber, ob es eingetreten ist, können nur die treffen, die dazu in der Lage sind: die medizinische Wissenschaft im allgemeinen, was die grundlegenden Entscheidungsregeln angeht, und die einzelnen Ärzte, was den Einzelfall betrifft. Der Gesetzgeber kann nur daran anknüpfen. Das bedeutet: Die Entscheidung der Medizin muß Grundlage für die entsprechende Gesetzesbestimmung sein. Genau diese Regelung wird mit dem Vorschlag zur erweiterten Zustimmungslösung getroffen." [Herv. durch d. Verf.] (13/183: Dreßler SPD)

Damit verbleibt nach DREßLER die Definitionsmacht zum ›Tod‹, dabei auf ein positivistisches Konzept vom ›natürlichen Tod‹ rekurrierend, ganz ausdrücklich bei der medizinischen Wissenschaft, die als solche ›wertneutral‹, weil auf ›Natur‹ basierend gedacht wird, und auch deshalb völlig unproblematisch ihre eigene Praxis definieren, legitimieren und kontrollieren kann. Ohne dabei auch nur ansatzweise in den Blick zu nehmen, daß ein solches postivistisches Weltbild mit dem ›natürlichen Tod‹ ebenso ein kulturelles Konstrukt darstellt, glauben (!) DREßLER, SEEHOFER u.a., daß ›Verzerrungen‹ durch ›bestimmte Menschenbilder‹, durch ›geisteswissenschaftliche Interpretationen‹, ›religiöse Auffassungen‹ und ›subjektive Vorstellungen‹, die den Blick auf die ›Fakten und Tatsachen‹ verstellen, vermieden werden.[204]

„Die Definition des Todes ist keine Aufgabe der Politik oder des Gesetzgebers.
Die Feststellung des Todes muß denen überlassen bleiben, die durch ihre Ausbildung, ihr Ethos, und ihre berufsmäßige Zielsetzung dafür geeignet sind: den Ärzten. Allein die medizinische Wissenschaft kann für alle Menschen in gleicher Weise feststellen, welche körperlichen Befunde Leben und Tod voneinander abgrenzen, unabhängig von einem bestimmten Menschenbild und dem subjektiven Verhältnis zu Leben und Tod." (Quelle: BMfG 7.10.1997)[205]

ärztlichen Verantwortung nach dem Stand der Wissenschaft übertragen bleiben müsse." (Quelle: Bundesärztekammer 1997)

[204] Hans-Hinrich Knaape (SPD): „Frau Präsidentin! Meine Damen und Herren! Gesetze, die ärztliches Handeln aus medizinischem Fortschritt regeln sollen, müssen sich auf naturwissenschaftliche Erkenntnisse der Medizin als Entscheidungsgrundlage stützen. (...) Auf keinen Fall dürfen sie durch geisteswissenschaftliche Interpretationen, religiöse Auffassungen oder subjektives Erleben verfälscht werden." (13/183: Knaape SPD; vgl. ähnlich auch 13/183: Philipp CDU/CSU)

[205] Fast identisch im Wortlaut auch Seehofer in seiner Rede (13/183: Seehofer CDU/CSU [1]).

Exemplarisch auf die ›gegebene und unveränderliche Ordnung des Todes‹ verweisend, versteht Jürgen RÜTTGERS (CDU/CSU) Tod und Leben als zwei unverrückbare Zustände, jenseits von Zeit und damit von Geschichte und Kultur liegend, die sich per se jeglicher Definitionsmanipulation entziehen:

„Es gibt keine verschiedenen Formen von Tod.
(...) Entweder lebt der Mensch, oder er ist tot.
(...) Gerade deshalb sage ich: Ich bin mit der Wahl in den Deutschen Bundestag nicht beauftragt worden, festzulegen, wann ein Mensch stirbt und wann ein Mensch lebt, (...) sondern ich stelle nur fest, daß es so, wie der Herr diese Welt geschaffen hat, diese zwei Zustände gibt.
Es gibt bisher nur eine einzige Möglichkeit, dies festzustellen, nämlich daß das diejenigen tun, die das berufsmäßig auf Grund ihrer Ausbildung, auf Grund ihres Ethos, auf Grund ihrer Zielsetzung machen, so wie dies immer gewesen ist, seitdem die Menschheit besteht. Es ist Aufgabe der Ärzte, zu sagen, dieser Mensch ist tot, dieser Mensch lebt." (13/183: Rüttgers CDU/CSU)

b) Die Grenzen des Gesetzgebers: Gegen eine gesetzliche Definition des Todes
Wesentlich vorsichtiger, zumindest im Hinblick auf die Positionsbeschreibung des Gesetzgebers, formuliert z.B. Barbara HÖLL (PDS) (vgl. auch 13/183: Götzer CDU/CSU):

„Zur Frage des irreversiblen Hirnversagens glaube ich, daß wir als Gesetzgeber uns nicht die Definitionsgewalt über den Prozeß des Sterbens anmaßen sollten. Wir sollten nur in dem Sinne über diese Frage diskutieren, daß ein formales juristisches Entnahmekriterium festgelegt wird. Ansonsten würden wir unsere Kompetenzen überschreiten." (13/183: Höll PDS)

Was der Gesetzgeber vor dem Hintergrund der so kontroversen Hirntod-Problematik nach Burkard HIRSCH (F.D.P.) überhaupt nur regeln kann, ist keinesfalls die Frage von Leben oder Tod, sondern bestenfalls die nach der *Verfügbarkeit des Körpers*:

„Die einzige Entscheidung, die wir gesetzgeberisch treffen können, ist, ob wir die Entscheidung darüber, was mit dem Körper in diesem Prozeß des Sterbens wird, ob er den normalen Weg des Todes geht oder nicht, zu irgendeinem Zeitpunkt irgendeinem anderen, einem Dritten, übertragen können. Die Übertragung auf einen Dritten bedeutet gleichzeitig, daß wir diesen Körper zu einem verfügbaren Gegenstand machen, dessen weiteres Schicksal nicht mehr im Willen des Sterbenden selbst, sondern in der Entscheidung eines anderen liegt, mag er verwandt sein oder nicht und aus welchen Motiven auch immer er entscheidet." (13/183: Hirsch F.D.P.)

c) Die Bestimmung von Leben und Tod als Aufgabe des Gesetzgebers
Für eine dritte Sichtweise steht die Notwendigkeit im Zentrum, die von außen durch den medizinischen und wissenschaftlichen Fortschritt aufgezwungene, neue moralische Herausforderung anzunehmen und Entscheidungen bewußt zu treffen:

„Vor allem ist unser Problem, daß wir sowohl hinsichtlich der Frage des Beginns als auch hinsichtlich der Frage des Endes menschlichen Lebens durch die Entwicklung der Medizin zu einer bewußten moralischen Entscheidung gezwungen werden, die sich bisher jahrtausendelang als kulturelle historische Erfahrung entwickelt hat, ohne daß wir sie durch rechtliche Entscheidungen normiert haben." (13/183: Catenhusen SPD [1]

Explizit Position beziehen B'90/GRÜNE, indem sie dafür plädieren, die Bestimmung von Leben und Tod gerade nicht bei der Medizin zu belassen, weil in der Diskussion um den ›Hirntod‹ (in dieser Hinsicht exemplarisch für viele andere medizinethische Bereiche) nicht eine Entscheidung zwischen ›subjektiven Ansichtssachen‹ zu Leben und Tod versus ›naturwissenschaftlichen Tatsachen‹ ansteht, wie vor allem die Befürworter der Hirntod-Definition glauben machen wollen. Sondern es gilt einer als wissenschaftliche Wahrheit verkleideten ›sonderethischen Definitionsmacht‹ entgegenzutreten (vgl. auch z.B. 13/183: Knoche B'90/ GRÜNE [2], 13/114: Höfling bzw. 13/136: Höfling):

„(...) Die Frage, ob der Ausfall aller meßbaren Hirnfunktionen bei aufrechterhaltenen Vitalfunktionen - der sog. Hirntod - als Tod des Menschen anzusehen ist, muß durch den Gesetzgeber beantwortet werden. (...) Die Sachverständigenanhörung des Deutschen Bundestages hat ergeben, daß es keine Übereinkunft über das Wesen des Todes gibt. Es gibt insbesondere keine sonderethische der Medizin über das Wesen des Todes." (13/2926)

Wenn auch mit gänzlich anderer Begründung und vor allem mit unterschiedlicher ›Hirntod-Position‹ plädiert Rupert SCHOLZ (CDU/CSU) ebenfalls für eine explizite Definition von Leben und Tod durch den Gesetzgeber, wobei er sich zumindest in dieser Hinsicht im Einklang mit Eckart v. KLAEDEN (CDU/CSU) befindet.[206] Dieser prophezeit den ›Hirntod-Befürwortern‹ für die Zukunft eine Welle von Gerichtsentscheiden, verursacht durch die mangelnde Deutlichkeit des TPG infolge der rhetorischen Finte, eine explizite Festlegung des Todes im Gesetz vermeiden zu wollen (13/183: Klaeden CDU/CSU [1]).

Zur symbolischen Praxis des Todes: Die Todesmetaphorik des ›Hirntodes‹

Wenn wir jetzt die soweit aus dem Datenmaterial rekonstruierten Wissenspolitiken und Deutungsstrategien der beiden Positionen zum ›Hirntod‹ und den z.T. unterschiedlich daraus gezogenen Konsequenzen für die Frage nach der gesetzlichen Regelung von Leben und Tod im TPG miteinander vergleichen wollen, müssen wir – um zu einem Zwischenfazit zu gelangen – einen ›Ebenenwechsel‹ vornehmen. D.h.: Welche *typischen Muster der Todesmetaphorik zum ›Hirntod‹ und ihrer Vermittlung* stehen gleichsam ›hinter‹ den skizzierten Positionen und Deutungen, die dann auch als ›Ankerpunkte‹ für die weitere, vertiefende Diskussion in den anschließenden Kapiteln dienen können?

---

[206] „In diesem Sinne stelle ich als erstes fest: Der Gesetzgeber muß entscheiden: Jeder, der die eine oder andere Frage bzw. gar die Frage des Todes offenlassen will, schafft nicht nur Rechtsunsicherheit in einem mehr oder weniger formalen Sinne, sondern schafft auch nicht Recht. Er schafft nicht Recht im Sinne dessen, worauf der einzelne – der Organspender wie letztlich auch derjenige, der auf ein gespendetes Organ hofft – ein verfassungsrechtliches Recht – Recht auf Leben und Gesundheit, Schutz der Menschenwürde – hat." (13/183: Scholz CDU/CSU)

1. Sterben als spezifischer Organ-Prozeß: Funktionalität und Irreversibilität

Zunächst: Die Erkenntnis, Sterben sei ein Prozeß und nicht – wie die genaue Festlegung des Todeszeitpunktes auf Stunde und Minute suggeriert – der abrupte Wechsel von einem Zustand in einen anderen, ähnlich wie bei einem Lichtschalter mit Ein- und Aus-Stellung, ist keinesfalls originell,[207] und sie kann ebenso wie dem ›Hirntod‹ auch dem ›Herz- oder Atemtod‹ entgegengestellt werden. Insofern enthielt auch die lange Zeit gültige Definition des ›Herztodes‹ eine ›pragmatische Verkürzung‹ des Sterbensprozesses, wobei allerdings die Zielrichtung der Pragmatik sich mit dem ›Hirntod‹ geändert hat: dort dem unvermeidbaren Sterben der betroffenen Person seinen Lauf zu lassen, hier das Sterben zu verlängern bzw. die Lebensfähigkeit von Organen künstlich für eine gewisse Zeit aufrechtzuerhalten. Davon abgesehen allerdings folgt der ›Hirntod‹ jetzt der gleichen Logik wie ehedem der ›Herz- und Atemtod‹. Denn bis zur Reversibilität des ›Herz- und Atemtodes‹ konnte man auch dort den Prozeßcharakter aus praktischen Gründen unberücksichtigt lassen, weil er mit dem (angenommenen) Todeseintritt (infolge der damals noch fehlenden intensivmedizinischen Techniken) nicht mehr zu beeinflussen war. Mit Eintritt des Atmungs- oder Kreislaufstillstands war sozusagen der Beginn der unumkehrbaren Absterbeautomatik umschrieben, der Prozeß war therapeutisch weder aufzuhalten noch gar umzukehren und damit der Gesamttod in nicht mehr zu beeinflussender Weise eingeleitet (Kupatt 1994, S.27f). Bislang haben nun Studien für den ›Hirntod‹ ebenfalls jene Irreversibilität bestätigt (dort, wo der Prozeß reversibel war, handelte es sich – so zumindest die medizinische Setzung – nicht um den Gesamthirntod), so daß es dieser Logik nach ebenso gerechtfertigt erscheint, jetzt vom ›Hirntod‹ als Tod des Menschen zu sprechen, wie ehedem beim ›Herz- und Atemtod‹.

Das Argument der ›Irreversibilität‹ basiert in dieser Todesmetaphorik also eindeutig auf einer biologisch dominierten funktionalen Denkweise, zu der noch ein weiterer Aspekt hinzukommt: Beide Begriffe – ›Herztod‹ und ›Hirntod‹ – umschreiben zunächst einen ›Organtod‹, weil die Funktionen nicht mehr erfüllt werden können, die dem betreffenden Organ zukommen, obwohl im Organ selbst ›Reste von Leben‹ enthalten sein können (analog zu den unterschiedlich verzögerten Absterbeprozessen von Zellverbänden bei einer Leiche im herkömmlichen Sinne, die aber nicht mehr dem Leben zugeschlagen werden). Wir zögern nicht – so lautet das Argument –, das Herz als tot zu betrachten, wenn es nicht mehr pumpt und weder durch elektrische Impulse noch durch andere medizinische Einwirkungen wieder dazu bewegt werden kann, obwohl keinesfalls mit Beendigung der Muskelkontraktion alle Muskelfasern bereits abgestorben

---

[207] Allein schon die Rede von einem ›Todes*zeitpunkt*‹ impliziert immer schon eine Differenz von einem ›vorher-nachher‹, welche die Grenze zwischen zwei eindeutigen Zuständen markiert, wobei diese Differenz-Vorstellung als kulturelles Konstrukt ganz unterschiedlich ausgestaltet werden kann.

wären. Ebenso beim Gehirn: Wenn es seine Funktionen verliert, dann ist es dieser Logik nach ebenfalls tot, gleichgültig ob eventuell noch irgendwelche Restaktivitäten (am oder im Körper) vorhanden wären oder nicht.

Eine solche ›Todes-Argumentation‹ analogisiert also ›den Tod‹ im herkömmlichen Sinn (›Herztod‹) mit dem ›Hirntod‹ und postuliert gleichzeitig einen grundlegenden Unterschied, einen qualitativen Sprung, der sich darin ausdrückt, daß die Funktionen von lebenswichtigen Organen wie Herz oder Lungen heute maschinell ersetzbar sind, diejenigen des Gehirns jedoch nicht; salopp gesagt: alles scheint wie gehabt, alles ist nur ein wenig komplizierter, technisch aufwendiger, aber eigentlich infolge der besonderen Bedeutung des Gehirns und seiner Unersetzbarkeit für die menschliche Existenz auch eindeutiger.

Doch es bleibt ein fundamentales Problem in solcher biologisch-organischen Sichtweise auf den Tod, die den ›besseren weil eindeutigeren Tod‹ im Hirntod-Kriterium sieht, zu bewältigen: Der Körper besteht zwar aus mehr oder weniger wichtigen Organen und anderen bio-physiologischen Bestandteilen, doch *die Gesamtheit des menschlichen Körpers ist mehr als die Summe der Einzelteile.* Dieser ›Mehrwert‹ des Menschlichen gegenüber seinem Körper, gegenüber einem physiologischen Organverbund ist in eigentümlicher Weise mit dem Gehirn verknüpft, und dies führt zu eklatanten symbolischen Kalamitäten für die Hirntod-Definition. Denn gemeinhin wird das Gehirn des Menschen mit seinem Geist, seinem Bewußtsein verbunden, wobei sich hierzu (seit der Neuzeit in einem spezifischen Körperbezug) in einem religiösen Kontext auch der Begriff ›Seele‹ verwenden ließe,[208] deren symbolische ›körperliche Verortung‹ auch im Alltagswissen spätestens infolge der dramatischen Entmystifizierung des Herzens nach der ersten Herztransplantation zum Gehirn gewandert ist.[209] Und daraus resultiert in Verbindung mit der ›Unanschaulichkeit‹ des ›Hirntodes‹ sowohl ein Deutungs- wie auch ein Handlungsproblem, die sich beide in den skizzierten Wissenspolitiken widerspiegeln.

2. Zur Köper-Geist-Kombinatorik im Hirntod – die neue ›Wahrheit des Todes‹

Geht man von dem für die westlich-abendländische Kultur grundlegenden Dualismus von ›Körper und Geist‹ aus, der bekanntlich mit Descartes seine spezi-

---

[208] Für einen prägnanten und doch weit gespannten historischen Überblick zur Bedeutung des Gehirns für die ›Verortung‹ des Menschlichen vgl. z.B. Hagner (1995, S.87ff); umfassender zur wissenschaftshistorischen Rekonstruktion der Transformation des neuzeitlichen ›Seelenorgans‹ zum ›modernen Gehirn‹ im Zeitraum vom 17. bis 19. Jahrhundert vgl. Hagner (1997). Einen reichhaltigen historischen Abriß des ›Seele-Konzepts‹ in der westlich-abendlischen Kultur seit der Antike (u.a. auch in seinen komplexen Verweisungszusammenhängen zum Körper) bieten mit Beiträgen aus verschiedenen Disziplinen z.B. Jüttemann, Sonntag & Wulf (1991).

[209] Vgl. Feuerstein (1995, S.188ff), Linke & Kurthen (1995, S.263f); auch Schlich (1996, S.27ff) und insbesondere Falter (1996, S.40ff).

fisch moderne Ausprägung erhält und in der darin vollzogenen strikten Trennung zwischen res cogitans und res extensa das Menschen- und Körperbild der modernen Medizin fundiert (vgl. S.147ff), so basiert das traditionelle wie auch dann moderne Verständnis von Tod vor diesem Hintergrund auf einem Leib, der sich im Tod in einen toten Körper verwandelt, und einem ›Geist‹ – im Sinne von: Bewußtsein (oder im traditionellen Sinne besser: die Seele) –, der erst in der Folge des zu Ende gestorbenen Körpers ›stirbt‹ – im Sinne von: den Körper verläßt und in einen anderen, jenseitigen Wirklichkeitsbereich wechselt. Genauer gesagt bleibt in dieser kulturellen Vorstellung also der ›Geist‹ (die Seele) eigentlich ›lebendig‹, wenn auch in einer anderen, den Lebenden prinzipiell nicht mehr zugänglichen Existenzweise, die jedoch nicht mehr direkt auf den – toten – Körper verwiesen ist (so beinhaltet z.B. die christliche Vorstellung der ›Wiederauferstehung des Fleisches‹ – wie konkret auch immer gedacht – eben *nicht* die Vorgabe zur Mumifizierung des Leichnams). Kurzum könnte man für den westlich-abendländischen Kulturraum mit Blick auf den toten Körper in der Sprache von Michel FOUCAULT formulieren: Der Tod gewann bislang seine Sicherheit für die Lebenden in und durch die Wahrheit des gestorbenen Körpers.

Abb.16: Körper, Geist und die ›Wahrheit des Todes‹

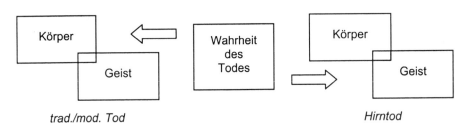

trad./mod. Tod   Hirntod

Diese für die Wahrheit des Todes konstitutive Dominanz des toten Körpers in der Dualität ›Körper – Geist‹ (*weil der Körper stirbt, stirbt der Geist bzw. muß die Seele entweichen*) kehrt sich nun mit der im ›Hirntod‹ enthaltenen Symbolik um (Abb.16; vgl. auch z.B. 13/137: Mieth): *Der Tod tritt ein, wenn der Geist stirbt, unabhängig davon, ob z.B. noch im und am Körper (im traditionellen wie auch modernen Sinne) Zeichen des Lebens vorhanden sind.* Konkret: Wenn auf dem Monitor (Elektro-Enzephalogramm) keine Hirnströme mehr sichtbar sind, ist der Mensch tot, auch wenn sich z.B. infolge der künstlichen Beatmung noch der Brustkorb hebt und senkt.[210] Zu den Folgen einer solchen ›Zeichenlogik‹

---

[210] Konfrontiert man diesen Argumentationsgang mit Erkenntnissen aus kulturvergleichenden Untersuchungen zum Thema Sterben und Tod, so finden sich zwar viele Hinweise auf eine bemerkenswerte, weil scheinbar kulturübergreifende, symbolische Dominanz des toten Körpers, doch schon ein nur oberflächlicher Blick in andere Kulturräume wie z.B. Asien offenbart die jeweilige Kulturspezifität der damit verbundenen Deutungen und damit einhergehender, kulturell vorgegebener sozialer

formuliert Gesa LINDEMANN: „Die institutionellen Routinen der Hirntoddiagnostik zwingen dazu, die gleichen Zeichen, die einerseits als Hinweise auf Lebendigkeit verstanden werden, andererseits als mit dem Tod vereinbar zu verstehen. Die Veränderung der Bedeutung dieser Zeichen fördert ein Bewußtsein davon, daß die Todesfeststellung einen konventionell regulierten Interpretationsakt einschließt." (Lindemann 1999, S.595, 1999b).[211]

Man kann gegen den ›Hirntod‹ anführen, daß er eine ›wertende‹ Übereinkunft der Mediziner sei und keine naturwissenschaftliche Tatsache. Doch naturwissenschaftliche Verfahren scheinen auf jeden Fall unabdingbar, um die komplizierte Diagnose zu stellen. Denn äußerlich unterscheidet sich ein ›Hirntoter‹ ja eben *nicht* von anderen Patienten, die im Koma liegen. Und die Hirntod-Diagnostik ist gerade deswegen so auf weitere Verfeinerung bedacht, um den Befund des ›scheinbaren Hirntodes‹ (z.B. bei Drogenkonsum oder bestimmten Vergiftungen, welche die Hirntätigkeit stark herabsetzen können, ohne daß dieser Zustand von Dauer sein muß) ›mit Sicherheit‹ ausschließen zu können. Doch auf symbolischer Ebene ersetzen diese Verfahren die *sinnlich unmittelbar erfahrbaren* Zeichen des Todes als ›Wahrheit des toten Körpers‹ durch die ›Wahrheit *technisch produzierter und vermittelter Zeichen*‹, die direkt

---

Praktiken. So würde eine ähnlich schematische Skizze der Kategorien von Körper, Geist, Tod, Jenseits etc. z.B. für Japan oder Korea ein völlig anderes Bild ergeben., da die traditionellen Bestattungsriten etwa in Korea (bei denen die korrekte Behandlung des toten Körpers des Verstorbenen einen entscheidenden Beitrag zur jenseitigen Existenz des Verstorbenen leistet) oder dort verbreitete schamanistische Praktiken zur Kommunikation mit verstorbenen Verwandten auf eine völlig andersartige ›Wahrheit des Todes‹ verweisen (für Japan vgl. z.B. Feldman 1996, S.265ff, Lock 1996, 1997, 1999, Ohnuki-Tierney 1994, S.233ff; für eine ausführliche Auseinandersetzung mit der Hirntod-Definition aus der rabbinisch-orthodoxen Perspektive im Rahmen einer jüdischen Medizinethik vgl. Nordmann 1999, insbes. S.95ff; vgl. insgesamt auch Schneider 1999b).

[211] Wie infolge der institutionellen Vorgaben beim ›Hirntod‹ die Praxis der Todesfeststellung für das medizinische Personal selbst zu einem erhöhten Kontingenzbewußtsein führt, zeigt Lindemann auf der Basis von Feldforschungen auf zwei Intensivstationen. Die Praxis der Hirntod-Diagnostik mit ihrer immanenten zeitlichen Struktur, nach der der Patient ›praktisch‹ (im Sinne von: handlungsrelevant) erst dann als ›(richtig) tot‹ gilt, wenn die zweite Untersuchung zweifelsfrei den Nachweis des ›Hirntodes‹ führen kann, impliziert beim medizinischen Personal letztlich eine auf Handlungsebene wirksame ›Erkenntnistheorie‹ des ›Sein entspricht dem Wahrgenommensein‹, die dem gängigen medizinisch-naturwissenschaftlichen Selbstverständnis, daß lediglich wahrgenommen wird, was der Fall ist, diametral entgegensteht: „Das Wahrnehmen des Hirntodes läßt den Tod eintreten, denn das Wahrnehmen legt den Zeitpunkt der Existenz des Sachverhalts fest. (...) Den Tod eines Toten festzustellen ist etwas anderes, als einen Patienten durch die Feststellung des Todes zu einem Toten zu machen." (Lindemann 1999a, S.600); und an dieser ›praktischen Erfahrung‹ ändert offenbar auch eine ex cathedra-Vorgabe nichts, nach der die Feststellung des ›Hirntodes‹ immer schon auf den bereits eingetretenen Tod verweist.

auf den *gestorbenen Geist*, auf das *abhanden gekommene Bewußtsein* verweisen und die nur noch von Experten identifiziert und decodiert werden können. Die ›*Verbildlichung*‹ dieses Deutungsvorgangs, der dann auch ›anschaulich‹ die Lücke zwischen Expertenwissen und Laienverständnis schließen soll, findet sich im „hüpfend[en], piepsende[n] Lichtpunkt auf dem Bildschirm, der kometenhaft schließlich abstürzt und erlischt" (Hart Nibbrig 1989, S.14), um der sogenannten ›isoelektrischen Stille‹ zu weichen, die gleichsam ›das Schweigen der Leiche‹ symbolisiert und deren ›für immer abgebrochene Rede‹ repräsentiert (Abb. 17).

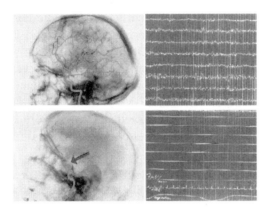

Abb.17: Den Tod sehen – die ›isoelektrische Stille‹ (entnommen aus Schlake & Roosen o.J., S.37 u. 41)

Nochmals: Mit dem Hirntod manifestiert sich eine gänzlich andere symbolische Konstellation der ›Todes-Wahrheit‹ einschließlich der ihr eigenen symbolischen Praxis der ›Sichtbarmachung‹, wie sie den vormodernen oder auch modernen Strategien der Todesfeststellung gegenübersteht, die z.B. von der Verwendung eines Spiegels oder einer Feder, gehalten vor den Mund des Sterbenden, bis hin zum erfühlten, gemessenen Pulsschlag, noch eine völlig andere ›Ordnung des Todes‹ konstituierten. Die Deutung der Zeichen des Lebens und des Todes, lange Zeit für jeden erkennbar und verstehbar, gerät mit dem ›Hirntod‹ als ›Diagnose des Tot-seins‹ nicht einfach nur zur komplizierten technischen Expertenleistung, die Hintergrundwissen und komplexe Apparatur voraussetzt. Denn mit der Veränderung der Medien, die zur Todesfeststellung verwendet werden – vom Spiegel oder der Feder hin zum EEG –, wird vor allem *der Zugang zur* ›*Wahrheit des Todes*‹ neu geregelt: Wer darf, wer kann die Medien einsetzen, die jetzt den Tod verkünden? Wer kann die Botschaften, die sie entäußern, verstehen?[212]

---

[212] Erika Schuchardt (CDU/CSU) berichtet in ihrer Rede aus einem Brief einer Mutter: „Eine Mutter fand ihr schwerverunglücktes Kind in der Intensivstation wieder. Es lag ruhig und gesund aussehend im Krankenbett. Schockartig traf die Mutter nach Tagen intensivsten Ringens um das Leben des Kindes die Frage des Arztes, ob sie einer Hirntoduntersuchung zustimmen würde, da man ihrem Kind nicht mehr helfen könne, möglicherweise aber einem anderen. Wegen allergrößter Zweifel an der

Nach JONAS vollzieht sich in der Hirntod-Definition zwar die quasinaturalistische Reinkarnation des alten Leib-Seele-Dualismus in der neuen Gestalt des Dualismus von Körper und Gehirn (als Geist, als Personalität des Menschen) (Jonas 1985, S.234). Doch die ›*quasi* naturalistische‹ Qualität läge dann darin, daß die Dominanz des Geistes gegenüber dem Körper in ihrer Zeichenhaftigkeit wiederum ›naturalistisch‹ (im Sinne von ›naturwissenschaftlich eindeutig‹) gesichert werden muß und diese damit immer weiter unter die Deutungsmacht und in den Kontrollbereich der medizinischen Experten gestellt wird. Eine solche ›Sicherung‹ des Todes korrespondiert nach außen mit einer Selbstbeschreibung der ›Hirntod-Experten‹, die ihre ›Hirntod-Feststellung‹ neben aller naturwissenschaftlichen Objektivität auch mit der Konnotation eines ›eigenen Wissens‹ und einer dazu gehörenden, eigenen ›Vermittlungspraxis‹ versehen.

3. *Expertenwissen als besonderes Todes-Wissen und seine Vermittlung*

Trotz ›eindeutiger Diagnose‹ eines ›Hirntodes‹ – oder gerade wegen dieser – bleibt z.B. ›innere Überzeugungsarbeit‹ notwendig, um eine Organentnahme durchführen zu können. So berichtet der international renommierte und 1997 verstorbene Transplantationsmediziner Rudolf PICHLMAYR in einer Hörfunk-Sendung des WDR:

„Wissen Sie, man muß persönlich absolut überzeugt sein, daß dieser Mensch tot ist. Sonst könnte man eine Organentnahme nicht durchführen. Und zu dieser Überzeugung kommt man einerseits durch die Befunde der beiden Ärzte, die den Patienten beziehungsweise den Verstorbenen untersucht haben. Aber wenn man diesen Patienten schon vorher kannte, dann hat man auch schon eine persönliche Überzeugung gewonnen, daß er nicht mehr am Leben ist. Ein Mensch, der über längere Zeit im tiefsten Koma ist, der keine Reflexe von seiten des Gehirns zeigt, mit dem kein Kontakt aufzunehmen ist, bei dem diese Situation sich laufend verschlechtert, bei dem ist man überzeugt, daß er schon meistens längere Zeit vor der dann endgültigen Feststellung des Hirntodes gestorben ist." (Quelle: WDR 11.12.1995)

Was PICHLMAYR hier zum Ausdruck bringt, ist nichts anderes als die Umschreibung eines *sozialen Sterbensprozesses*, der schon lange vor dem ›Hirntod‹ einsetzt und der auf einem ganz und gar nicht streng naturwissenschaftlichen Todesverständnis beruht, sondern sich aus dem ›tacit knowledge‹ des sterbe-

---

Richtigkeit dieser Diagnose bat die Mutter schließlich darum, bei dieser Untersuchung anwesend sein zu dürfen. Der Arzt hatte dafür Verständnis. Nun konnte und mußte die Mutter selbst erkennen, daß ihr scheinbar so rosig schlafendes Kind – ich zitiere – "absolut reaktionsunfähig, ja leblos war". Daraufhin fand sie gemeinsam mit ihrer Familie den Mut, einer Organweitergabe zuzustimmen." (13/183: Schuchardt CDU/CSU) Die Schilderung postuliert die Erfahrung der ›Wahrheit des Todes‹, ohne den eigentlich wichtigen Aspekt offenzulegen, um den es geht: Anhand welcher, interaktiv vermittelter (?) (mit dem Arzt?, mit dem Kind?) Zeichen wurde die ›Reaktionsunfähigkeit‹, ›Leblosigkeit‹ des Kindes von der Mutter so erfahren, daß ihr eine Sinnausstattung dieser Erfahrung mit der Deutung ›tot‹ möglich war.

und totenkundigen Arztes speist. Dieses intuitive, diffuse Erfahrungswissen wird interessanterweise einer strengen, naturwissenschaftlichen Hirntod-Diagnose zur Seite gestellt und in seiner Bedeutung für die ›Überzeugung‹ (nicht für die ›Feststellung‹), daß der andere tot sei, ins Feld geführt. Damit wird gleichsam den Irritationen des Todes durch die (körperlichen) Zeichen des Lebens ein hirntodadäquates ›Todeswissen‹ entgegengesetzt. Die Frage ist allerdings, wie eine solche ›Überzeugung‹, der Betreffende sei tot, jenen vermittelt werden kann, die nicht über das dazu notwendige Wissen verfügen (z.B. Angehörige). Die eine Möglichkeit liegt in jener ›Verobjektivierung‹ der ›Überzeugung‹ z.B. durch das vom EEG dokumentierte ›Schweigen‹, auch wenn die dokumentierten Zeichen selbst vom Laien nicht gedeutet werden können. Eine andere Möglichkeit liegt in der ›interaktiven Erzeugung‹ von ›Gewißheit‹ durch eine spezifische soziale Praxis im Umgang mit der ›Leiche‹.

Ein Beispiel hierzu, welches *in der Art der Darstellung* eben nicht auf jene technikinduzierte Exaktheit naturwissenschaftlich-medizinischer Praxis abstellt, sondern dem gegenüber (z.B. anwesenden Angehörigen) die Gewißheit ›ärztlicher Kunst‹ vermitteln würde, bietet die fast schon als Beschreibung einer ›schamanistischen Praxis‹ lesbare Schilderung der Hirntod-Untersuchungen durch den Münchner Neurologen Heinz ANGSTWURM, wie sie die SÜDDEUTSCHE ZEITUNG dem Leser näherbringt, und in der jede Stelle am Körper des Untersuchten ihre, nur dem Eingeweihten vertraute, ganz eigene Bedeutung für den Tod besitzt:

„Im Grunde, sagt Angstwurm, brauche er die Apparaturen nicht, um die Irreversibilität des Hirntodes zu beweisen. Er prüft all die vielen Reflexe, viele tausend Male hat er das in den vergangenen zwanzig Jahren getan: Er leuchtet in die Augen, wartet, ob sich die Pupillen nicht doch verengen; ob sie geweitet bleiben und nicht mehr so rund sind wie zu Lebzeiten. Er träufelt Eiswasser in das Ohr und schaut, ob die Augen auf diesen Reiz mit einer schnellen Bewegung reagieren; oder ob sie starr in ihrer Haltung verharren. Jede Stelle am Kopf, im Gesicht, an Armen und Beinen, im Rachen hat Bedeutung; wird eine gereizt, dann löst sie im Gehirn eine Reaktion aus, eine Bewegung, eine Veränderung der Pupillen, ein Husten, ein Würgen. Zeigt sich nicht doch eine kleine Reaktion, ein einziger winziger Reflex? Dann ist dieser Mensch hirntot." (Graupner in SÜDDEUTSCHE ZEITUNG 25.5.1997)[213]

Darin zeigt sich die spezifische Ambivalenz einer solchermaßen neuen symbolischen Praxis der technisch-naturwissenschaftlich basierten Todesfeststellung anhand des ›Hirntodes‹, die nicht ohne Rekurs auf tief verwurzelte kulturelle ›Selbstverständlichkeiten‹ und ›Unhinterfragbarkeiten‹ – wie eben dem nicht gänzlich ›verobjektivierbaren‹ Todes-Wissen des sterbe- und totenkundigen Arztes – auskommen kann. Aus kultursoziologischer Sicht ließe sich die hier als Heuristik verwendete Analogie zwischen modernem Arzt und Schamanen sogar noch fortführen: So wie der Schamane in einem rituellen Akt zur Besänftigung des Todes das Fleisch vom Skelett des erlegten Tieres nimmt, wobei das Skelett

---

[213] Vgl. hierzu auch die Darstellung der Hirntod-Diagnostik in Baureithel & Bergmann (1999, S.78ff).

selbst unverletzt bleiben muß, um dessen Wiederauferstehung zu gewährleisten (Helle 1997, S.130ff), so ließe sich die Organtransplantation durch den modernen Arzt – als Nachfolger des Schamanen und Priesters – als ritualisierte symbolische Praxis verstehen, die den Tod auf moderne Weise durch das (›gesunde‹ weil dadurch geheilte) Weiterleben eines anderen Subjekts ›besänftigt‹.

Zweites Zwischenfazit: ›tot oder lebendig‹ als gesichertes ›entweder-oder‹
Die bisherigen Ausführungen sollten die in der TPG-Debatte enthaltenen Positionen zum ›Hirntod‹ als neuem Todes-Kriterium sowie die ihnen unterliegenden Deutungs- und Wissensfundamente verdeutlichen. Als zweites Zwischenfazit können wir dazu festhalten:

Wenn wir sagen, daß das mit dem ›Hirntod‹ verwandelte Problem der ›Scheintoten‹ in das der ›Scheinlebenden‹ auf einer mehr oder weniger unsicheren Diagnostik der Todesfeststellung beruht und sich sozusagen mit wachsender diagnostischer Sicherheit entschärft, so läßt diese Problemsicht die Grenzen zwischen Leben und Tod selbst außen vor, indem sie das (un)sichere Erkennen dieser Grenzen oder deren (un)zulässiges Verschieben in den Blick nimmt. Doch wenn man nun dagegenhielte, daß das eigentliche Problem mit dem ›Hirntod‹ nicht in solchem Unsicherheitsrisiko der als gewiß geltenden Zustände von ›entweder lebendig oder tot‹ liegt, sondern in der fragwürdig gewordenen Gewißheit der Existenz jener zwei unterschiedlichen Zustände und ihrer eindeutigen Unterscheidung als solche, dann wird deutlich, daß genau an diesem Punkt unausgesprochene Einigkeit herrscht (auch bei denjenigen, die prinzipielles Nichtwissen konzidieren): Ein *Aufbrechen der strikten Dualität dieser entweder-oder-Option* zu einem mehr-oder-weniger-tot-und-lebendig ist für Befürworter wie für Kritiker der Hirntod-Definition – im eigentlichen Wortsinn – ›tabu‹. D.h.: Für die einen ist der ›Hirntote‹ tot, für die anderen ein Lebender, wenn auch sterbend. Die Kontroverse verbleibt somit konsequenterweise auch in ihrer gesetzlichen Regelungsproblematik oberflächlich auf kriteriologischer oder diagnostischer Ebene: Für die ›Hirntod-Befürworter‹ ist ihre Diagnostik zur Ermittlung der sicheren Todeszeichen absolut sicher: ›der Mensch ist sicher tot!‹; die Hirntod-Gegner halten dagegen den Zweifel, daß sich vielleicht die Diagnostik in Zukunft noch so verfeinert, daß wir merken, dieser Mensch lebt ja doch noch; oder grundlegender: wer den naturwissenschaftlich-biologischen Reduktionismus der Hirntod-Definition nicht mitvollzieht, kommt gar nicht umhin, die Diagnose ›lebendig (wenn auch sterbend)‹ zu stellen. Die Deutung eines mehr-oder-weniger-tot bzw. -lebendig, eines sowohl-tot-als-auch-lebendig ist innerhalb des gesamten Deutungsuniversums um Pro und Contra ›Hirntod‹ schlichtweg nicht existent. ›Leben‹ oder ›Tod‹ wird für Befürworter wie für Kritiker des ›Hirntodes‹ in dem Moment ›undenkbar‹, wo ihre Grenzen nicht nur als verschoben, sondern als aufgelöst zu denken wären.

Man sollte also auf jeden Fall mit der in der Literatur vielzitierten ›Modernisierung des Todes‹ im ›Hirntod‹ – gleichgültig, wie man sie bewerten mag – vorsichtig hantieren, da sich auf Deutungs- und Wissensebene im Hinblick auf die antizipierten Grenzen zwischen Leben und Tod und deren kulturellen Stellenwert weder für die eine noch für die andere Bewertung ihre grundlegende Qualität verändert. Damit ist nicht bereits behauptet, daß mit dem ›Hirntod‹ keinerlei Veränderung des Todesdispositivs einherginge, allerdings scheinen diese auf der Deutungsebene woanders zu liegen und nicht in der Grenzproblematik eines ›mehr oder weniger tot oder lebendig‹.

Deshalb erscheint es sinnvoll, in einem nächsten Schritt die bis hierher zentralen Kategorien von ›Leben‹ und ›Tod‹ anhand der obigen Skizze zur ›Wahrheit des Todes‹ weiterzuverfolgen und gleichsam in die Tiefe zu gehen – zunächst zu dem das Körperliche dominierenden Geist und seiner physiologischen Existenzbasis – dem *Gehirn*: Welchen symbolischen Wert erhält das Gehirn als Zentrum des Menschen gegenüber den anderen lebenswichtigen Organen, obwohl doch gerade mit dem ›Hirntod‹ *nicht* metaphysisch das Sterben ›des Geistes‹ postuliert werden soll, sondern lediglich das Absterben des damit in Verbindung gebrachten Organs bzw. seiner Funktionalität (so zumindest die Absicht der medizinischen Befürworter der Hirntod-Definition). Dann zu dessen Pendant, zum *Körper* selbst: Wie sind die phänomenalen Irritationen, verursacht durch die Wahrnehmung des Körpers zu interpretieren? Sind es dem Tod gegenüber widerspenstige Zeichen des körperlichen Lebens oder täuscht ein toter Körper solche nur vor, und zwar demjenigen gegenüber, der sie nicht ›richtig‹ zu deuten vermag, nämlich als körperliche Reflexe, die selbst wiederum nur das tote Körperliche repräsentieren? Und schließlich zur Komplikation, wenn sich die Kontroverse von ›Leben oder Tod‹ zum Problem des ›Lebens im Tod‹ verwandelt: zum ›Hirntod‹ und Schwangerschaft.

4.2.3.3. Das Steuerungsorgan des Menschlichen – Gehirn und Menschenbild

„Das Gehirn ist ein Organ wie jedes andere auch, allerdings ist es das wichtigste." – So antwortete eine Gießener Internistin und Transplantationsmedizinerin auf die Frage von Gymnasiasten, inwiefern das Gehirn des Menschen eine besondere Rolle für seinen Tod spiele. Ihrer Meinung nach verkenne die ›Hirntod‹-Kritik die besondere Bedeutung des Gehirns für den menschlichen Organismus, und es sei doch erstaunlich, daß, obwohl man den ›Hirntod‹ schon so lange als Tod des Menschen akzeptiert habe, dieser erst jetzt mit der Möglichkeit von Organtransplantationen in die Diskussion geraten sei (Quelle: Goetheschule Wetzlar 1997). Zu klären bleibt bei einer solchen Sicht allerdings, worin die besondere Bedeutung des menschlichen Gehirns für die Befürworter der Hirntod-Definition liegt, und wogegen sich deren Kritiker wenden?

Das Gehirn – zur biologischen Funktion und anthropologischen Deutung eines Organs

Hören wir noch einmal kurz die BUNDESÄRZTEKAMMER, die den ›Gesamtzusammenhang‹ zwischen Mensch, Gehirn und (Hirn-)Tod herstellt:

„In den »Kriterien des Hirntodes« des Wissenschaftlichen Beirates der Bundesärztekammer wird der Hirntod definiert als "Zustand des irreversiblen Erloschenseins der Gesamtfunktion des Großhirns, des Kleinhirns und des Hirnstamms, bei einer durch kontrollierte Beatmung noch aufrechterhaltenen Herz-Kreislauffunktion". Im Gegensatz zum Herz-Kreislaufstillstand ist dieser Zustand nicht mehr umkehrbar. Der Tod nach Herzstillstand tritt unter intensivmedizinischen Bedingungen erst dann ein, wenn die Funktionen des gesamten Gehirns - *als zentralem Steuerungsorgan des Menschen* - erloschen sind. Diese naturwissenschaftlichen Erkenntnisse können schwerlich bestritten werden." [Herv. durch d. Verf.] (Quelle: Bundesärztekammer 1997)

Die ›schwerlich zu bestreitende naturwissenschaftliche Erkenntnis‹, die dem ›Hirntod‹ seine eigentliche Begründung liefert, liegt demnach in der *Bedeutung der Funktion(en) des Gehirns: es steuert den Menschen*. Was man sich darunter vorzustellen hat, erläutert dem Laien die ›Hirntod-Erklärung Deutscher Wissenschaftlicher Gesellschaften‹ (z.B. 13/114: Angstwurm, 13/136: Ingvar, 13/136: Pichlmayr; vgl. auch Birnbacher, Angstwurm, Eigler & Wuermeling 1993, Bleyl 1998, S.145ff):

„Beim Menschen ist das Gehirn zudem die notwendige und unersetzliche körperliche Grundlage für das stofflich nicht faßbare Geistige. Wie auch immer der menschliche Geist, die menschliche Seele und die menschliche Person verstanden werden: Ein Mensch, dessen Gehirn abgestorben ist, kann nichts mehr aus seinem Inneren und aus seiner Umgebung empfinden, wahrnehmen, beobachten und beantworten, nichts mehr denken, nichts mehr entscheiden. Mit dem völligen und endgültigen Ausfall der Tätigkeit seines Gehirns hat der betroffene Mensch aufgehört, ein Lebewesen in körperlich-geistiger oder in leiblich-seelischer Einheit zu sein." (Hirntod-Erklärung: 1994, S.7)

Ein solches Menschenbild konnte sich auf jene, 1990 verabschiedete und in den 90ern zunehmend umstrittene ›Erklärung der deutschen Bischofskonferenz und des Rates der Evangelischen Kirchen in Deutschland‹ stützen, mit der die ›Hirnzentriertheit‹ bei der ›wesensmäßigen Umschreibung‹ des Menschen ausformuliert wurde:

„Mit dem Hirntod fehlt dem Menschen die unersetzbare und nicht wieder zu erlangende körperliche Grundlage für sein geistiges Dasein in dieser Welt. Der unter allen Lebewesen einzigartige Geist ist körperlich ausschließlich an das Gehirn gebunden. Ein hirntoter Mensch kann nie mehr eine Beobachtung oder Wahrnehmung machen, verarbeiten oder beantworten, nie mehr einen Gedanken fassen, verfolgen oder äußern, nie mehr eine Gefühlsregung empfinden oder zeigen, nie mehr irgendetwas entscheiden. Nach dem Hirntod fehlt dem Menschen zugleich die integrierende Tätigkeit des Gehirns für die Lebensfähigkeit des Organismus: die Steuerung aller anderen Organe und die Zusammenfassung ihrer Tätigkeit zur übergeordneten Einheit eines selbständigen Lebewesens, das mehr und etwas qualitativ anderes ist, als eine bloße Summe seiner Teile. Hirntod bedeutet also etwas entscheidend anderes als nur eine bleibende Bewußtlosigkeit, die allein noch nicht den Tod des Menschen ausmacht" (Quelle: Sekretariat der Dt. Bischofskonferenz u.a. 1990, S.15)

Zunächst gilt es, zwei Argumentationslinien auseinander zu halten, die sich in den angeführten Zitaten widerspiegeln und die in der Hirntod-Diskussion mit den Schlagworten einer anthropologisch argumentierenden ›*Geistigkeitstheorie*‹ und einer biologisch ausgerichteten ›*Ganzheitstheorie*‹ bezeichnet wurden (vgl. auch 13/114: Höfling bzw. 13/136: Höfling, Höfling 1998, S:85f; dagegen z.B. 13/137: Schockenhoff).

Die anthropologische Begründung für die besondere Bedeutung des Gehirns behauptet, mit dem irreversiblen Ausfall des Hirns existiere auch das ›eigentlich Menschliche‹ nicht mehr. Ein Mensch mit abgestorbenen Gehirn könne nichts mehr aus seinem Inneren und aus seiner Umgebung empfinden, nichts mehr wahrnehmen, beobachten und beantworten, nichts mehr denken, nichts mehr entscheiden. Damit habe der vom völligen und endgültigen Ausfall sämtlicher Hirnfunktionen betroffene Mensch infolge seiner unumkehrbaren und umfassenden Abkoppelung von seiner Mitwelt wie von sich selbst aufgehört, ein Lebewesen *in köperlich-geistiger oder leiblich-seelischer Einheit* zu sein.

Die biologische Begründung lautet in ihrer Grundlogik ähnlich, wenngleich sie die in der anthropologischen Begründung vorgenommene Festlegung des ›eigentlich Menschlichen‹ dadurch zu vermeiden sucht, daß sie nicht auf ›den Menschen‹ abstellt, sondern auf den menschlichen Organismus. Damit möchte man dem Vorwurf entgehen, man ›normiere‹ ›das Menschliche‹, und setzt dagegen auf reine ›Wissenschaftlichkeit‹, wie folgende Quelle, dabei Bezug nehmend auf entsprechende Äußerungen der BUNDESÄRZTEKAMMER, verdeutlicht:
„Der Feststellung des Hirntodes dürfen ausschließlich formelle, wissenschaftlich fundierte biologische Kriterien zugrunde liegen. Dies ist in Deutschland, nachzulesen in den "Kriterien des Hirntodes" (Dritte Fortschreibung 1997 des Wissenschaftlichen Beirates der Bundesärztekammer), auch der Fall.
(...) So verständlich es ist, für die Bestimmung von Anfang und Ende des Menschenlebens auf das ‚spezifisch Menschliche' bauen zu wollen, so sehr muß auf die notwendige biologische Basis des Menschen verwiesen werden, wenn es gilt, wertfrei und nicht manipulierbar festzustellen, ob ein Mensch lebt oder nicht." (Quelle: Dinkermann, Lillge & Pauls 1997)
Der Tod des Menschen ist also – dieser Logik zufolge: gänzlich wertfrei – wie der Tod eines jeden Lebewesens zu fassen, wenn man folgende Argumentation akzeptiert: Der Tod des Organismus in seiner funktionellen Ganzheit tritt als Zustand mit dem Absterben des Gehirns deshalb ein, weil das ›Zentralorgan‹ Gehirn die biologischen Lebensfunktionen des Gesamtorganismus steuert, koordiniert und integriert:[214] Der Ausfall des Gehirns bedeutet *biologisch* den unersetzbaren *Verlust von Selbständigkeit, Spontaneität, Selbststeuerung, Wech-*

---

[214] Vgl. hierzu auch die ›medizinische‹ Formulierung des gleichen Sachverhalts: „Die Daten zeigen, daß das Gehirn, wenn es bei einem Individuum einmal ausgebildet ist, zu einer unverzichtbaren Grundlage für das Wirksamwerden eines integrativen Gestaltungsprinzips geworden ist, denn offensichtlich wird diese Funktion von keinem anderen Organ des Lebewesens kompensatorisch übernommen." (Bonelli 1995, S.101; vgl. auch z.B. Marktl 1995, S.35ff, Gonzalo 1995, S.53ff)

selbeziehung mit der Umwelt (vgl. z.B. Oduncu 1998, S.93ff, zusammenfassend und kritisch kommentiert z.B. Meyer 1998, S.65ff).

In der TPG-Debatte und den entsprechenden Anträgen lesen sich diese Argumentationen zum menschlichen Gehirn dann, weitgehend identisch übernommen, wie folgt – z.B. im Antrag von DREßLER, SEEHOFER u.a.:

„Der Mensch ist mit dem Eintritt des endgültigen, nicht behebbaren Ausfalls der gesamten Hirnfunktion tot, weil sein Organismus dann unwiderruflich zu einer zentralen Selbststeuerung nicht mehr in der Lage ist. Jede Möglichkeit der bewußten Wahrnehmung, d. h. auch der Schmerzempfindung, des Denkens usw. ist unwiederbringlich verloren; eine Wiedererlangung des Bewußtseins ist ausgeschlossen. Das Gehirn ist von der Durchblutung abgekoppelt, seine Zellen zerfallen, auch wenn der übrige Körper noch künstlich durchblutet wird. Die Situation wird von Medizinern mit dem Begriff "Innere Enthauptung" [vgl. 13/114: Angstwurm; Anm. d. Verf.] umschrieben. Anders als andere Organe wie das Herz, Lunge und Niere usw. ist das Gehirn in seiner Funktion insgesamt weder durch technische Apparate noch durch eine Transplantation ersetzbar. Die intensivmedizinische Aufrechterhaltung von Kreislauf und Atmung für einen begrenzten Zeitraum ändert an dieser Unersetzlichkeit des Gehirns nichts." (13/4368)

Während hier mit einer Vermengung von biologischer und anthropologischer Argumentation ›in einem Atemzug‹ vom menschlichen Organismus und dem Wahrnehmen, Denken, Empfinden etc. gesprochen wird, ist der Schritt zu einer expliziten Festlegung ›des Menschlichen‹ durch das Absterben des Gehirns nicht weit. Auch für weitere Redebeiträge in diesem Sinne exemplarisch verdeutlicht den Zusammenhang von Mensch-sein, Tod und Gehirn Hans-Hinrich KNAAPE (SPD):

„Wenn der Hirntod festgestellt wird, dann ist nach medizinischem Wissen (...) der Tod des Menschen erfolgt, dann ist das, was seine Individualität, was seine psychische Eigenart, was seine Persönlichkeit ausmacht, das, was wir als Mensch an ihm erleben konnten, schon von uns gegangen, dann ist diese Persönlichkeit bereits verschieden." (13/183: Knaape SPD)[215]

---

[215] Die hierin enthaltene Bedeutungsrelation von ›Gehirn und Mensch‹ illustriert exemplarisch eine Erläuterung von Uwe Bleyl zur Verankerung aller menschlichen Fertigkeiten und Fähigkeiten in jenen „ungemein stark vernetzten Zellsystemen der *Großhirnhemisphären*, die das Stammhirn wie ein Mantel, ein ›Pallium‹ umschneiden" [Herv. im Orig.; Anm. d. Verf.] (Bleyl 1998, S.145): Dieser ›Mantel‹ steht für Motorik, Sensibilität, Sprachverständnis, Intelligenz und Emotionalität usw., kurzum für „unser ganzes Wesen, seine Grazie und sein Charme, die gesamte Ausstrahlung unseres Ichs" (ebd.). Er bilanziert: „Das Großhirn macht alles das aus, was wir als die *Persönlichkeit* eines Menschen empfinden und verstehen, was uns zu Persönlichkeiten macht." (ebd.) Zur Verdeutlichung verweist Bleyl auf das im Gegensatz dazu stehende ›andere Leben‹ von Apallikern: „Menschen, die eine Zerstörung dieser Großhirnhemisphären, ihres Pallium erlitten haben, bezeichnen wir als palliumlose Wesen, als A-palliker. Auch solche Menschen leben, sie ›über‹-leben, obwohl ihre beiden Großhirnhemisphären, ihr Pallium völlig zerstört ist, völlig ›ab‹-gestorben ist. Aber es ist eine entsetzliche Vision, als Apalliker ›über‹-leben, als Apalliker ›vegetieren‹ zu müssen!" [Herv. im Orig.; Anm. d. Verf.] (ebd.)

Mit anderen Worten: ›Medizinisches Wissen‹ ›be-deutet‹ uns, wann das Leben
– hier eben *nicht* (mehr) verstanden als ›rein biologisches Leben‹, sondern als
›soziales Leben‹ (oder auch psychisches Er-leben), als sozialer Austausch zwischen Ego und Alter Ego – beendet ist. Die damit eröffnete semantische Differenz zwischen einem ›organischen Tod‹ und einem ›personalen Tod‹ (als
›Kommunikationsabbruch‹ bzw. als soziale Ausgrenzung) bleibt hier zwar
gleichsam unter der Obhut des ›(Gesamt-)Hirntodes‹ noch irrelevant, dennoch
wird sie damit gleichzeitig prinzipiell verfügbar.

Mensch – Gehirn – Körper: Beziehungsprobleme und ihre Folgen

Versucht man, solche Aussagen bezüglich ihrer kulturellen Deutungssemantik
allgemeiner zu formulieren, kristallisieren sich zwei Kernfragen heraus, die je
nach Bewertung der Hirntod-Definition in einer ganz bestimmten Weise beantwortet werden: zum einen das Verhältnis des Gehirns zum ›Ich‹ des Menschen
als Person, zum anderen das Verhältnis des Gehirns zu dem es umgebenden
Körper (vgl. Abb.18, S.227).

In Bezug auf die Frage, ob das Gehirn dem ›Ich‹ gehört oder umgekehrt,
lautet überspitzt formuliert die Antwort seitens der Befürworter der Hirntod-Definition: Das ›Ich‹ ist ein Konstrukt des Gehirns, ›der Geist‹ nichts weiter als
ein bestimmter physischer Zustand neuronaler Vernetzung, und falls diesem
Zustand die physiologische Basis entzogen ist (keine elektrischen Potentiale
mehr), existiert der Zustand nicht mehr. Dem Gehirn kommt demzufolge eine
herausragende Bedeutung zu in Bezug auf die Ausprägung und den Ausdruck
der Persönlichkeit des Menschen, die nicht zu vergleichen ist mit anderen Organen wie beispielsweise dem Herzen. Jene fortschreitende Entmythologisierung
des Herzens, die, entgegen der nach wie vor existenten alltagssprachlichen Codierung, welche das Herz mit Persönlichkeit, Charakter, Gefühl eines Menschen
verbindet, vor allem mit der Transplantationsmedizin vorangetrieben wird (Feuerstein 1995, S.188ff), ist gleichsam auf ihr ›Gegenstück‹ einer kognitivistischen ›Aufwertung‹ des Gehirns als Zentralorgan angewiesen: Eine menschliche Person mit fremden Herzen *muß* ein und die selbe Person bleiben (abgesehen von möglichen psychischen Problemen, die die Persönlichkeit des Herzempfängers verändern, wobei in diesem Fall eben die Psyche, und nicht das
Organ ›Herz‹, als Aktor die ›problematischen Persönlichkeitsveränderungen
verursacht) (Probst 1997a, S.7ff, 1997b, S.4ff).

Dagegen wäre auch eine Sichtweise denkbar, die nicht das Gehirn als die
Ursache von ›Persönlichkeit‹ (hier im Sinne von höheren Funktionen wie Bewußtsein) sieht, sondern ihm lediglich die Bedeutung als ein mögliches ›Ausdrucksmedium‹ oder als notwendiges Instrument während unserer raumzeitlichen Existenz im Diesseits zuschreibt (der Geist, die Seele kann dann auch
woanders und mittels anderer ›Medien‹ existieren) (ebd., S.4ff, Viefhues 1989,

S.63ff).²¹⁶ Hierbei bleibt allerdings die ›empirische Bestimmung‹ des Todeszeitpunktes, als dem Zeitpunkt, an dem sich eine Seele vom Körper trennt (der Tod des Menschen im theologischen Sinn), dem modernen empirischen Denken unlösbar.

Abb.18: Körper – Gehirn – Mensch als Person

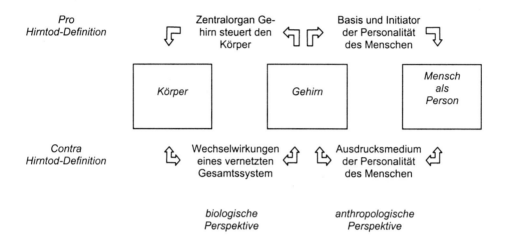

Die zweite Frage liegt in dem Problem, ob das Gehirn in einem eindeutig hierarchischen Verhältnis zu dem umgebenden Körper steht und dessen Steuerung übernimmt, oder ob die biologisch-physiologische Körperlichkeit nicht die wechselseitige Vernetztheit des gesamten Körpers impliziert, in der das Gehirn zwar ein lebenswichtiges, aber nicht ›das lebensentscheidende Organ‹ darstellt. Die Antwort auf diese Frage im Sinne der Hirntod-Definition erläutert der evangelische Theologe und Ethiker Werner STROH aus Gießen den bereits kurz erwähnten Gymnasiasten mit folgendem Bild, das deutlich macht: Die ›Lebenskraft‹ des Menschen liegt ausschließlich im Gehirn!

„(...) Stellen Sie sich ein elektrisches Kraftwerk vor. Es fällt durch einen Bombenangriff aus. Das Wasser, das die Turbinen antreibt, wird von einer Ersatzmaschine genutzt, so daß die elektrischen Geräte in den Haushalten noch funktionieren, aber das Kraftwerk funktioniert trotzdem nicht. So ist das auch beim Hirntod. Der Kreislauf kann durch eine Maschine aufrechterhalten werden, aber das Kraftwerk Gehirn bleibt zerstört, unwiederbringlich." (Quelle: Goetheschule Wetzlar 1997)

Allein schon das verwendete Bild offenbart die dieser Argumentation – anthropologisch wie biologisch – innewohnende besondere Definitionsproblematik (gegen die sich vor allem die Kritik richtet), indem sie eigentlich eine Konjunk-

---

²¹⁶ Eine solche Vorstellung impliziert nicht nur einen traditionell-religiösen Deutungskontext, sondern sie wird ähnlich z.B. explizit in der anthroposophischen Medizin reflektiert (Bavastro 1994, S.15ff, 1995).

tion aus zwei Definitionen vornimmt (also vom Kraftwerk auf die Haushalte übergreift): Was nach der Hirntod-Definition als ›Subjekt des Todes‹ stirbt, ist das Gehirn. Doch erst durch die Setzung ›Gehirn (besser: seine Funktionen) = Mensch‹ erreicht die Hirntod-Definition ihre ›Plausibilität‹ als Tod des Menschen: „Das Subjekt des menschlichen Todes ist demnach nicht der Mensch als Ganzer, sondern der Mensch in Verfügungsgewalt über jene Funktionen, die ihm *geistiges Leben* eröffnen, ihn als *selbständige Einheit* konstituieren." [Herv. im Orig.; Anm. d. Verf.] (Feuerstein 1995, S.195) Insofern – so z.B. ähnlich bei Linke & Kurthen (1995, S.264ff) – betreibe die Ganzheitlichkeits-Rhetorik der ›Hirntod-Befürworter‹ eine unzulässige ›Ganzheits-Ideologie‹ des Gehirns, die faktisch dem gängigen, funktional zergliedernden Organ-Blick der modernen Medizin folge, indem sie das Individuum in ›Hirn und extrazerebrales Körpersystem‹ dividiert.[217] Dieser Kritik zur Seite stehen zum einen die Zweifel, ob dem Gehirn in biologisch-medizinischer Hinsicht wirklich jene in solcher Ausschließlichkeit unterstellte gesamtintegrative Funktion zukommt, da durchaus körperliche Vitalfunktionen ohne maschinelle Unterstützung vorhanden sein können (Roth & Dicke 1995, S.52ff, 13/137: Roth). Und als ebenso wichtig kommt für die ›Hirntod-Kritiker‹ hinzu, daß solche ›Gehirnzentriertheit‹ jene ausschlaggebenden ›Bewußtseinsleistungen‹ ausschließlich als neurophysiologische Artefakte verabsolutiert, ohne daß wir damit irgend etwas über ›Bewußtsein‹ z.B. im Sinne eines subjektiven Wahrnehmens von ›Empfindungen‹ aussagen könnten. So argumentiert z.B. Monika KNOCHE (B'90/GRÜNE):

„Es ist nicht vertretbar, das Bewußtsein als Kriterium für Personalität zu qualifizieren. Die Grundrechtsträgerschaft und die Personalität sind nicht an Geistigkeit gebunden. Es ist wahr: Die Eindeutigkeit, die der Begriff des Todes einmal auszeichnete, hat sich durch die Intensivmedizin verändert. (...) Erkennen können wir heute lediglich einen ganz spezifischen Charakter des Erlöschens menschlichen Lebens, indem wir Hirnfunk-

---

[217] In diesem Zusammenhang gewinnt der Hinweis an Bedeutung, daß in den ursprünglichen HARVARD-Kriterien von 1968 unter ›Tod des zentralen Nervensystems‹ auch das Rückenmark eingeschlossen war, im Vergleich zum heutigen Hirntod-Konzept also noch ›totere Tote‹ verlangt wurden, die zu keinerlei rückenmarksgesteuerten Bewegungen und Reflexen fähig sind. Dem entgegen erwähnte die etwa zeitgleich erschienene Publikation der DEUTSCHEN GESELLSCHAFT FÜR CHIRURGIE keine solche ›vollständige Reglosigkeit und Areflexie‹, und heute gilt eine Reihe von Körperreflexen als durchaus vereinbar mit ›dem Tod‹ (Lindemann 1999a, S.593f, Baureithel & Bergmann 1999, S.72ff; vgl. auch das folgenden Kap.4.2.3.4). Plausibel erscheint die mit Verweis auf Georg Simmel von Lindemann formulierte These, eine solche Verengung im Verständnis des Begriffs ›zentrales Nervensystem‹ erhält (im medizinischen Expertendiskurs) Deutungssicherheit durch die Möglichkeit seiner sinnlichen Erfaßbarkeit und apparativen Darstellbarkeit: z.B. das Nervensystem innerhalb und außerhalb des Schädelknochens als ›räumlich‹ gut unterscheidbare Areale im Gegensatz zu der fehlenden ›räumlichen Eingrenzung‹ des Teilhirntodes, dem (derzeit noch) ein klar definierbares und apparativ darstellbares morphologisches Korrelat fehlt (Lindemann 1999a, S.594).

tionen messen. Wir können aber niemals ermessen, was dieser Zustand ist." (13/183: Knoche B'90/GRÜNE [2])

Schließlich steht die anthropologische Begründung der besonderen Bedeutung des Gehirns mit ihrer Reduktion des ›Menschlichen‹ auf bestimmte menschliche Fähigkeiten, die mit ›Leben‹ gleichgesetzt werden (das Potential an Kognitivität, Selbststeuerung usw.), in direkter Nähe zu entsprechenden bioethischen Argumentationsmustern, die das Lebensrecht eines Individuums nicht nur von seiner Existenz als solcher her bestimmen, sondern von spezifischen Eigenschaften dieser Existenz abhängig machen (Hoff & in der Schmitten 1995a, S.202ff). Eckart v. KLAEDEN (CDU/CSU) meint:

„Aus dem 88. Band – Seite 252 – der Bundesverfassungsgerichtsentscheidungen ergibt sich zweifelsfrei, daß es für den grundrechtlichen Status eines Menschen allein auf seine Existenz ankommt, nicht nur auf Wahrnehmen, Erleben, Wünschen, Hoffen, Wollen und Handeln, nicht auf das Bewußtsein und nicht auf Gehirnfunktionen." (13/183: Klaeden CDU/CSU [1])

Die damit ausgesprochenen Befürchtungen, daß es letztlich eine solche Bedeutungszuschreibung an das Gehirn ist, die den Grundstein dafür legt, das Verständnis von Leben und Tod den jeweils herrschenden pragmatischen Verwertungsinteressen unterzuordnen, basiert auf einer besonderen Verbindung einer Wissens(un-)sicherheit der medizinischen Experten bezüglich ›des Bewußtseins‹, die in ihrer (auch philosophisch untermauerten) Deutungsgewißheit manifeste praktische Konsequenzen zeigt.[218]

---

[218] Am Beispiel der Argumentation des Rechtswissenschaftlers und Philosophen Norbert Hoerster kann kurz gezeigt werden, wie mit solcher ›Gehirn-Bewußtseins-Konzeption‹ auch jenseits biologischer oder anthropologischer Implikationen ›ganz unkompliziert‹ der Todesbegriff ›Zweckmäßigkeitsüberlegungen‹ unterzogen werden kann: Hoerster geht von einem Begriff des Lebensinteresses der Betroffenen aus und folgert ganz einfach: wo kein Bewußtsein, dort auch keine Interessen! Und er fügt hinzu: „Sollte es eines Tages jedoch möglich sein, etwa für eine bestimmte Unterkategorie von Patienten mit apallischem Syndrom (›Wachkoma-Patienten‹) ein Kriterium anzugeben, das einwandfrei getestet werden kann und einen irreversiblen Verlust des Bewußtseins mit Sicherheit zur Folge hat, so sehe ich keine Bedenken dagegen, daß auch diese Menschen als ›tot‹ bezeichnet werden." (Hoerster 1997, S.46; vgl. auch Hoerster 1998, S.100ff) Eindrucksvoll bestätigt solche Logik vor allem, wie einfach solche Begriffe wie ›Bewußtsein‹ als kulturelle Kategorien jeglicher Deutungsanstrengung offen stehen, solange sie anhand einer symbolischen Praxis von ›Testverfahren‹ den Mantel von ›Sicherheit‹ überstreifen können. Dem entgegen sprechen Kritiker einer solchen Sichtweise z.B. von einer Vielfalt von ›Bewußtseinen‹, welche jenseits zerebraler Rationalität liegen und die menschliche Existenz in ihrer Gesamtheit auszeichnen: ›Vital-Bewußtsein‹, ›seelenverwandtes Unterbewußtsein‹, ›soziales und geschichtliches Unbewußtes‹, ›ekstatisch-spirituelles Nebenbewußtsein‹ u.a. (Rest 1995, S.41ff; vgl. z.B. auch Heisterkamp 1994, S.57ff). Das Problem liegt für sie konsequenterweise in einer viel zu „primitiven" Hirnforschung, die solche ›Bewußtseins-Zustände‹ nicht erkennen kann und ihre ›Unbegreiflichkeit‹ nicht akzeptieren will: „Die meisten der genannten Bewußtseine erscheinen den Gehirnmythologen und mit ihnen den Euthanasiasten und Tötungsethi-

Vom Wissen um ›das Bewußtsein‹ und seiner Bedeutung – Die mythische Aufladung eines Organs

Während für Deutschland der Ausfall sämtlicher Hirnfunktionen in Großhirn, Kleinhirn und Hirnstamm im TPG festgeschrieben wurde, reicht es in Großbritannien, die Zerstörung des Hirnstamms zu diagnostizieren, wo doch gerade das Großhirn als ›eigentlicher Sitz‹ des Bewußtseins und der kognitiven Fähigkeiten des Menschen gilt. Wie ist diese Diskrepanz zu verstehen? Ist der englische Patient nach englischer Definition ›tot‹, obwohl er doch nach deutschem ›Hirnverständnis‹ ohne ausgefallenes Großhirn noch ›irgendwie‹ ein Bewußtsein besitzen müßte (vgl. hierzu auch Wackers 1994, S.187ff)? Heinz ANGSTWURM kommentiert dazu in einer WDR-Hörfunk-Sendung:

„Er [der Patient; Anm. d. Verf.] kann durch den Ausfall des Hirnstamms nicht bei Bewußtsein sein, weil er nicht wach sein kann, man kann nicht ohne Hirnstamm wach sein. Wenn man aber nicht wach sein kann, kann man auch nicht denken, man kann auch nicht schlafen, auch der Schlaf geht nicht ohne die Steuerung des Großhirns durch den Hirnstamm. Was auch immer man sich überlegt, was diese elektrische Tätigkeit des Großhirns beim ausgefallenen Hirnstamm bedeutet, es ist niemandem etwas eingefallen, und darum kann man sehr wohl verstehen, daß in England gesagt wird, das hat keine Bedeutung mehr für den Menschen." (Quelle: WDR 11.12.1995)

Mir geht es selbstverständlich nicht um die eigentliche neurophysiologische Problematik, welche Hirnareale nun genau welche Steuerungsfunktionen übernehmen. Der in einem soziologischen Kontext zentrale Punkt liegt vielmehr in einem einfachen Satz, mit dem man die den ANGSTWURM'schen Erläuterungen unterliegende Deutungslogik umschreiben kann: Der Mensch ist deshalb tot, weil man sagt: Das, was neurophysiologisch feststellbar ist, hat keine Bedeutung! Dazu scheint es schon wieder fast bedeutungslos zu sein, daß eine solche ›Bedeutungssetzung‹ – so die Kritiker – nicht einmal auf einem gesicherten Wissen basiert, wie Horst BAAS, Neurologe an der Frankfurter Universitätsklinik, in derselben Sendung anmahnt (vgl. z.B. auch 13/114: Bavastro, 13/114: Dörner):

„Aus meiner persönlichen Sicht ist der Hirnstammtod als allgemeines Todeskriterium problematisch, da wir nichts Sicheres wissen über Vorgänge, die sich bei einem Patienten im Gehirn abspielen, möglicherweise auch im Seelenleben, im Gefühlsleben abspielen, möglicherweise auch bei komplett erloschenen Hirnstammfunktionen, aber noch erhaltenen Großhirnfunktionen. Derartige Krankheitsbilder kennen wir, zum Beispiel bei Hirnstamminfarkten, bei Verschlüssen der Arteria basilaris. Ob ein derartiger Patient noch etwas fühlt, ob bei diesem Patienten noch ein Ich-Bewußtsein vorhanden ist, entzieht sich unserer derzeitigen medizinischen Kenntnis." (Quelle: WDR 11.12.1995)

Was der Mensch fühlt, was er wahrnimmt, was ›Bewußtsein‹ bedeutet, alle diese Aspekte des ›spezifisch Menschlichen‹ – zu denen die einen meinen ge-

---

kern suspekt wegen ihrer fehlenden empirisch quantifizierbaren Eindeutigkeit und Ortsbestimmung." (ebd., S.44 und 48) nug zu wissen, um ihre Bedeutung festlegen zu können, andere meinen, das Wissen reiche noch nicht aus, und wieder andere vom prinzipiellen Nichtwissen sprechen – laufen auf der Deutungsebene auf Grundlogik hinaus: Die gesicherte *Abwesenheit* von spezifischen Bewußtseins*äußerungen*, die wir als solche im Analogieschluß von Ego auf Alter Ego (ähnlich wie z.B. beim Phänomen ›Schmerz‹) interpretieren, deuten wir als *gesicherte Nicht-Existenz von Bewußtsein* und verwenden dafür dann den Begriff ›(hirn-)tot‹ (Hoff & in der Schmitten 1995a, S.208). Überspitzt formuliert wäre damit die gesamte Hirntod-Diagnostik nichts weiter als der tätige Versuch, mittels symbolischer Praxis diesen Analogieschluß zu ›objektivieren‹, weil Alter Ego für die intersubjektiv herzustellende Deutungsgewißheit als Interaktionspartner ausfällt.

Praktische Folgen: die ›wertneutrale‹ soziale Definition des Todes

Mit solcher Logik im Rücken ist es nur konsequent, nicht mehr auf den Nachweis des Ausfalls sämtlicher Hirnregionen oder des Hirnstammes abzustellen, sondern z.B. lediglich auf einen Ausfall des Großhirns (noch dazu, wo ohnehin angezweifelt wird, ob ›wirklich‹ der Nachweis des Ausfalls ›sämtlicher‹ Hirnfunktionen realistischerweise geführt und deswegen auch gefordert werden kann). Weil eine solche Deutungspraxis sich in ihrem Kern um die Zeichenhaftigkeit des ›Bewußtseins‹ dreht, steht der Fall der ›Bewußtlosigkeit‹ beim Sterbenden oder Toten – wie sämtliche Lebens- oder Todeszeichen – auch jeglicher sozialen Zuschreibung offen. So gesehen führt die Hirntod-Definition tatsächlich bruchlos weiter zu einer Ausweitung des Todeskriteriums auf dann vom ›normalen Leben‹ zu differenzierende ›andere Lebensformen‹ wie beim Teilhirntod, wie bei Anenzephalen, bei Apallikern, ja auch bei ungeborenem Leben, bei schwer geistig Behinderten oder altersdementen Patienten (13/114: Höfling bzw. 13/136: Höfling; vgl. dazu auch 13/2926). Denn in dem Moment, wo eine bioethische Praxis die Personalität des Menschen (= das ›Mensch-sein‹) an spezifische Fähigkeiten des Gehirns koppelt und damit Bewußtsein und Denken zu einer notwendigen Bedingung ›personalen Daseins‹ erklärt, besitzt Leben nicht mehr durch seine Existenz ein Lebensrecht, sondern Lebensrecht wird lediglich unter den jeweils sozial normierten Voraussetzungen zuerkannt. Nach dieser ›Logik‹ sind z.B. die genannten ›Personengruppen‹ – Un- oder Neugeborene, Menschen mit schweren Teilhirnverletzungen, geistig behinderte und demente Menschen, auch anenzephale Säuglinge – keine ›Personen‹ und entbehren damit der Schutzwürdigkeit: Wo keine Person ist, kann auch keiner ein Schaden zugefügt werden bzw. muß auch niemand vor Schaden bewahrt werden.[219]

---

[219] So formulierte der Antrag von Dreßler, Seehofer u.a. zwar ausdrücklich: „Aus der gesetzliche Anerkennung des endgültigen, nicht behebbaren Ausfalls der gesamten Hirnfunktion als sicheres Todeszeichen folgt zugleich, daß der Ausfall nur von Teilen der Hirnfunktion nicht als Todeszeichen anzusehen ist. Dies gilt insbesondere auch für in einem dauerhaften Koma liegende Menschen mit dem apallischen Syndrom und für Neugeborene mit schwersten Formen angeborener Mißbildungen des

Daraus folgt: Menschen, denen eine Abweichung von einem spezifischen, westlich-abendländischen modernen Subjekt-Verständnis im Sinne von ›Selbst-Bewußtsein‹ sozial zugeschrieben werden kann, weil sie nicht mehr an einem der Norm entsprechenden sozialen Austausch teilhaben können, werden als ›tot‹ definiert. Der entscheidende Aspekt dabei ist, daß sich solche gesellschaftliche ›Wert-Entscheidungen‹ und die damit einhergehende soziale Praxis letztlich als ›wertneutral‹ geben können, weil sie nach wie vor als Legitimationsgrundlage ›wissenschaftliche Wahrheit‹ beanspruchen. Die wissenschaftliche Wahrheit solcher ›Gehirnzentriertheit‹ als ›Wahrheit des Todes‹ wiederum fußt auf einer strikten Grenzziehung zwischen Leben und Tod, die eine jenseits des Organs ›Gehirn‹ liegende Körperlichkeit (des ›Toten‹) symbolisch ausblendet bzw. dieser jegliche symbolische Signifikanz gegenüber der Frage nach Leben oder

---

Gehirns und des äußeren Schädels (Anenzephale). Diese Menschen sind nicht tot." (13/4368) Die Kritiker bezweifeln jedoch, daß solche Festschreibungen bei Bedarf nicht trotzdem angepaßt werden könnten. So warnt z.B. Monika Knoche: „In den USA werden nach einem Beschluß der American Medical Association AMA bereits Neugeborene ohne Großhirn als Organspender betrachtet, obwohl sie nach dem Kriterium "Hirntod" nicht als Tote gelten - wegen des großen Bedarfs an Organen und der "fehlenden Lebensperspektive". Unter Philosophen mehren sich bereits die Stimmen, die das Menschsein nur noch beim Vorhandensein "höherer Fähigkeiten" wie Denken, Erinnern und Kommunikationsfähigkeit anerkennen wollen: "Der Teilhirntod", so heißt es, "ist nichts anderes als der zu Ende gedachte Hirntod." Sie schlagen vor, zwischen dem Tod des Organismus und dem Tod der Person zu unterscheiden." (Quelle: Knoche Feb. 1996) So kann dann auch der Lebensbeginn mit der Entwicklung des Gehirns verknüpft werden, wie dies z.B. Hans-Martin Sass unter Verweis auf die ›unakzeptablen Doppelstandards‹ im Blick auf den Schwangerschaftsabbruch fordert. Er möchte den Beginn menschlichen Lebens mit dem Auftreten von organspezifischem Gewebe in der späteren Großhirnrinde koppeln (ab dem 57. Tag), mit dem Effekt einer ›Entproblematisierung‹ von Embryonenforschung bis hin zur Entzerrung des Angebotsdefizites bei fetalem Gewebe für Hirnzellen-Transplantation bei Alzheimer- oder Parkinson-Patienten (Sass 1989, S.168ff, Feuerstein 1995, S.217). Anstelle einer solchen utalitaristischen Begründung dominiert in der Hirntod-Diskussion hierzu jedoch häufiger eine moralisch/ethische Rhetorik von ›Schuld‹ und ›Pflicht zur Heilung‹ – exemplarisch z.B. der Bochumer Neurologe und Psychiater Johann F. Spittler: „In der selben Klinik liegen nun aber Neugeborene mit schweren Herzfehlern, die nur überleben könnten, wenn ihnen sofort ein Organ transplantiert würde. Sonst müssen sie sterben, obwohl sie die Anlagen besitzen, sich zu einem denkenden und reagierenden Menschen zu entwickeln. Sollten wir sie dann sterben lassen, weil sie kein Organ bekommen, und in der gleichen Klinik liegt ein Anenzephales? In meinen Augen machen wir uns weniger schuldig, wenn wir ein Kind sterben lassen, dem wir ohnehin nicht helfen können, als dann, wenn ein Kind stirbt, dem wir helfen können." (Quelle: Spittler in DIE WOCHE 28.4.1995, S.26) Wohlgemerkt: ›Sterben lassen‹ meint hier, den Hirntod (und zwar als Teilhirntod konzeptualisiert) zu diagnostizieren und dann die Organe zu entnehmen (für die kontroverse Diskussion zum Personenbegriff im Kontext von Bioethik, Hirntod-Definition und Sterbehilfe vgl. z.B. auch die Beiträge in Strasser & Starz 1997).

Tod im Sinne einer Zeichenhaftigkeit des Lebens absprechen *muß*. Der Dreh- und Angelpunkt für dieses Deutungsmanagement liegt dabei allein in der Frage nach der Funktionsfähigkeit des Gehirns und dessen materialer Unersetzbarkeit für den Menschen als ›geistiges Lebewesen‹.

Halten wir also fest: Das Gehirn als letzt verbliebene ›terra incognita‹ im menschlichen Körper, wo sich der Geist, das Bewußtsein, die Seele noch ungestört, wenn auch nicht unbeobachtet und schon gar nicht ungedeutet, einnisten kann, spielt für die in der Hirntod-Definition enthaltene Todesmetaphorik infolge seiner spezifischen Funktionalität und Unersetzbarkeit die entscheidende Rolle. Allerdings bleibt, auch wenn sie naiv klingt, die Frage bestehen, die auf eben jenes Fundament zielt, das solches Zeichen- und Deutungssystem in der Zukunft ins Wanken bringen könnte: Wohin wird sich das Bewußtsein, die Seele, der Geist wenden, wenn die noch relativ unbekannte Hirnlandschaft gänzlich entschlüsselt und damit ähnlich entzaubert sein wird wie das Herz?[220] Was geschieht, wenn wir die Funktionen des Gehirns ersetzen können? Was, wenn wir ein funktionsloses Gehirn durch die Transplantation eines funktionsfähigen ersetzen können? Wolfgang WODARG (SPD) räsonniert dazu recht vorsichtig:

„Ein Patient, dessen Gehirn unwiederbringlich zerstört ist, kann nicht gerettet werden. Wir können heute die Organfunktionen von Herz, Nieren und anderen Organen vorübergehend durch Maschinen ersetzen, zum Beispiel so lange, bis ein Spenderherz, eine Spenderniere gefunden wurde.
Wir können auch einige Funktionen des Gehirns für Wochen, ja, manchmal sogar für Monate ersetzen, so daß der Tod des ganzen Menschen nicht eintritt. Aber es gibt kein Spenderhirn, obwohl erste Versuche in Schweden und in den USA laufen, vermehrungsfähiges Hirngewebe von Embryonen bei Alzheimer- und Parkinsonpatienten zu transplantieren." (13/183: Wodarg SPD [1])[221]

Auch hier geht es mir nicht um die Klärung der Frage, was bei dem Gedanken an ›zukünftige Hirntransplantationen‹ Science Fiction bleiben wird und was als realistische Prognose sinnvoll erscheint. Für ein kultursoziologisches Verständnis der *jetzigen* Diskussion mag die Frage jedoch durchaus hilfreich sein, wo möglicherweise Deutungsgrenzen in der Mythisierung des Gehirns (im BARTHES'schen Sinn) aufscheinen könnten.

---

[220] Wobei hier bereits angemerkt werden sollte, daß im ›Deutungskampf‹ um die Organe durchaus ›Wiederverzauberungen‹ zu beobachten sind, wie gerade auch am Beispiel des Herzens noch zu zeigen sein wird (vgl. Kap.4.2.4, S.272ff).

[221] Zur Erinnerung der besonderen Problematik, die diesen Fragen vor dem Hintergrund der Hirntod-Definition jetzt schon innewohnt: ›Tot‹ darf das Hirngewebe des Spenders nicht sein, da es sonst nicht funktioniert, es gibt aber keinen Spender, der nicht Hirntod sein muß, um als Spender verfügbar zu sein; – die derzeitige ›praktische‹ Lösung dieses Problems lautet: Verwendung findet Fötalgewebe von abgetriebenen Embryos, die anderweitig als durch Zerstörung des Hirngewebes zu Tode gebracht werden (Linke 1996b, S.29ff).

›Körperbilder‹ und die Transplantation des ›Wesens des Menschen‹

Beginnen wir bei der einfachen Überlegung, wann entsprechend der symbolischen Bedeutungen von Körperteilen die soziale Festschreibung der ›Identität‹ des Menschen mit einer Veränderung seiner Körperlichkeit zu kollidieren beginnt.

Seit es Organtransplantationen gibt, berichtet die einschlägige Literatur immer wieder über die psychischen Probleme von Organempfängern und diskutiert (z.T. durchaus kontrovers) über deren Ursachen und Bewältigungsstrategien (z.B. Storkebaum 1998, Wellendorf 1997, 1998; vgl. auch Appelsmeyer 1999).

„Neben den körperlichen müssen auch die seelischen Probleme in die Abwägungen einbezogen werden. Die bisherige Erfahrung zeigt, daß für Organempfänger wichtig ist, zu wissen, daß das erhaltene Organ von einem Menschen stammt, der es freiwillig gespendet hat. Es ist für viele Menschen nicht leicht, zum Beispiel mit dem Herzen eines oder einer anderen zu leben. Berichte über Wesensveränderungen spiegeln einen Teil der seelischen Nöte nach einer Organverpflanzung. Seelische Beschwerden treten aus kaum erforschten Gründen auf und sind schwer zu kalkulieren. Dabei spielt es offenbar eine Rolle, welches Organ verpflanzt worden ist und wie stark die Verbesserung der Lebensqualität nach der Verpflanzung erlebt wird." (Quelle: EK Berlin-Brandenburg 1997)

Die damit angedeutete Problematik der unterschiedlichen symbolischen Bedeutung von Organen und der sozialen Definitionsprozesse der Organübertragung überspringend, konzentrieren wir uns hier gedankenexperimentell auf die soziale Situation des Organempfängers nach der Übertragung eines Organs, verstanden als körperliche Veränderung, die die Fremd- und Selbstwahrnehmung des Subjekts betrifft. Wie uns Erving GOFFMAN mit seiner ›Stigma-Analyse‹ (Goffman 1980b) gezeigt hat, benötigen Menschen mit ›unnormalen‹ körperlichen Merkmalen eine Reihe von komplexen Interaktionsstrategien, um in der Interaktion mit anderen Menschen ›erfolgreiches Identitätsmanagement‹ betreiben zu können. Neben anderen Faktoren ist nach GOFFMAN ein entscheidender Aspekt dabei die Sichtbarkeit der körperlichen Auffälligkeit. Übertragen auf die Situation von Organempfängern ließe sich dementsprechend folgern, eine übertragene Niere (und infolge der komplexeren symbolischen Bedeutung vielleicht noch mehr ein ›fremdes Herz‹) verändert zwar die körperbezogene Selbst-Wahrnehmung des Organempfängers, jedoch z.B. im Vergleich zu einer einfachen Handprothese reduziert sich infolge der Unsichtbarkeit der körperlichen Veränderung in Interaktionssituationen für ihn die Problematik des ›Identitätsmanagements‹ erheblich, da das unsichtbare ›fremde Organ‹ den Interaktionspartner in der Wahrnehmung der Körperlichkeit seines Gegenübers nicht per se irritiert. Überlegt man vor diesem Hintergrund die Problematik von Körpertransplantaten, die sichtbar wären, ergäben sich deutliche Verkomplizierungen der Situation: Eine komplette Körpertransplantation – oder vielleicht besser: Kopftransplantation – ließe sich leicht im Hinblick auf die interaktiven Verwerfungen ausmalen. Doch man muß sich vor Augen halten: Eine solche ›Kopftransplantation‹ (mit dem darin enthaltenen Gehirn) von Person X auf den Körper der (hirntoten) Person Y könnte im Horizont des hirnzentrierten Deutungssystems der Hirntod-Definition völlig problemlos, jenseits solcher alltagsweltlichen Komplikationen, integriert werden: Der Mensch als Person X bliebe diesem Verständnis nach unverändert.

Für den Blick auf den ›Hirntoten‹ erläutert uns der Mediziner Johannes BONELLI die dahinter stehende spezifische ›Körper- und Subjekt-Kombinatorik‹ der Hirntod-Definition, die eben darauf beruht, daß das *funktionsfähige* Gehirn die (nicht im soziologischen Sinne verstandene) ›Identität des Subjekts‹ bestimmt:

„Theoretisch wäre es z.B. möglich, bei zwei Hirntoten einen Tausch der inneren Organe oder eines Teils davon vorzunehmen. In einem solchen Fall könnte seriöserweise nicht mehr geklärt werden, wer nun wer ist. Dies zeigt sich am augenscheinlichsten, wenn der Organtausch bei zwei Geköpften vorgenommen wird. Aber auch wenn z.B. (gehirnlose) Köpfe vorhanden sind und diese vertauscht werden , ist die Identität der neuen Organkombination unklar. (Man könnte hier bestenfalls Gewichtsverhältnisse in Rechnung stellen). Dementsprechend variiert je nach Anzahl der funktionsfähigen Organe die Identität des Hirntoten, ähnlich wie dies beim Verwesungsprozeß beschrieben wurde. Es handelt sich offensichtlich nicht um ein und dasselbe Subjekt, sondern um mehrere Subjekte, wenn man einen Hirntoten betrachtet, dessen übriger Körper noch intakt ist, oder wenn auch die Extremitäten und andere Organe fehlen, bzw. wenn überhaupt nur mehr die inneren Organe im Verbund geblieben sind.
Ganz im Gegensatz dazu bleiben die Ganzheit und auch die Identität eines Arm- und Beinamputierten erhalten, denn er ist ganzheitlich ein- und derselbe, wie er vor der Entfernung seiner Extremitäten oder anderer Organe war." (Bonelli 1995, S.100)

Was BONELLI – bis auf den letzten, wohl allgemein verständlichen Satz – für Laien hier nur schwer nachvollziehbar durchexerziert, ist die radikalisierte Form der symbolischen Entkörperlichung des ›Toten‹ (oder ›Sterbenden‹), die sogar vom Zeichencharakter der Leiche selbst völlig abstrahiert: der ›tote‹ Körper als Baukastenprinzip, dessen Identifizierbarkeit nicht mehr ein ›vorher-nachher‹ leistet, sondern nur noch im ›hier, jetzt und so‹ liegt. Überträgt man die bisherigen Überlegungen von den ›Toten‹ auf die in jedem Fall Lebenden, bleibt dieses Prinzip bruchlos erhalten: Dies zeigt sich in dem folgenden Bericht zu den Zukunftsplänen einer Kopftransplantation des amerikanischen Arztes Robert WHITE,[222] der vielleicht nicht zufällig an jenen, oben zitierten Gießener Moraltheologen erinnert.

---

[222] Vgl. hierzu die Meldung in der ÄRZTE ZEITUNG vom 2.10.1997 unter der Überschrift: ›Transplantationsmedizin / Makabres Experiment ist bei Affen bereits gelungen. US-Neurochirurg will angeblich Köpfe von unheilbar Kranken transplantieren‹: „Cleveland (rf). Ein renommierter US-amerikanischer Neurochirurg will angeblich künfig Köpfe von unheilbar Kranken auf gesunde Körper von Hirntoten verpflanzen. So unglaublich dieser Bericht im "Stern" klingt - das Horrorszenario könnte zur Realität werden. "Eine solche Operation wäre zwar riskant, technisch gesehen aber gar nicht so problematisch", sagte Professor Detlef Linke, Oberarzt an der Neurochirurgischen Universitätsklinik Bonn, im Gespräch mit der ÄRZTE ZEITUNG." (Quelle: ÄRZTE ZEITUNG 1997)

„Die Essenz des Menschen - Wesen, Geist, Charakter - ist ausschließlich durch sein Gehirn repräsentiert. Stirbt es, gibt es keinen Menschen mehr. Der Körper ist bloß eine Kraftstation: Er schafft die Energie, das Gehirn anzutreiben. Ist es zusammengebrochen, dann good bye" (Quelle: Jungblut in STERN 1.10.1997)

Auf die Frage, was bei der Kopftransplantation mit der Seele sei, reagiert der zukünftige Kopftransplanteur laut STERN wie folgt:

„Die Augen des Professors blitzen durch die Brille. "Auch die Seele werde ich mittransplantieren." Sie sei für ihn, wie die übrige Essenz des Menschen, ausschließlich im Gehirn lokalisiert. Daß womöglich die Körperzellen neben den genetischen Informationen der DNA auch welche über den Geist enthalten könnten, schließt er aus, "sonst würde ja ein Mensch, dem das Herz eines gentechnisch veränderten Schweins eingesetzt wurde, plötzlich eine andere Seele haben". Er sinnt einen Moment. "Und was ist mit jemandem, dessen Bein amputiert wurde?" setzt er nach. "Der hat ja auch nicht einen Teil seiner Seele verloren."" (Quelle: Jungblut in STERN 1.10.1997)

Um es deutlich zu formulieren: Was hier dem Laien wie ein makabrer Scherz klingt, steht jenseits seiner derzeitigen Praktikabilität jedenfalls jetzt bereits in völligem Einklang mit dem, der Hirntod-Definition zugrundeliegenden, ›derzeitigen medizinischen Wissensstand‹ zum ›Wesen des Menschen‹ und wäre – in die Praxis umgesetzt – auf Deutungsebene absolut komplikationslos zu bewältigen. Die Deutungsgrenze wäre erst gesprengt, wenn man die Funktionsfähigkeit des Gehirns in seiner Unersetzbarkeit zur Disposition stellen würde, d.h.: wenn man nicht den Kopf als Hülle mit ihrem Inhalt – in der Vorstellung des Dr. WHITE also einschließlich der dann mittransplantierten Seele – überträgt, sondern nur das was sich darin befindet, also nur den Inhalt (vielleicht materialisiert in Form von mittels bio-engineering hergestellten Neuronen-Chips) bzw. diesen ›Inhalt‹ (die ›software‹) durch einen anderen ersetzt (Abb.19, S.237).

Daß solche Überlegungen für den Laien abstruser wirken, als sie für die damit befaßten Experten sind, liegt wohl eher daran, daß eine breite Diskussion über diese Problematik auch durch die Hirntod-Definition nicht angestoßen wurde, wohingegen die jetzt schon praktizierten Übertragungen fötalen Hirngewebes vor dem Hintergrund eines solchen ›zerebrozentristischen Menschen- und Weltbildes‹ durchaus die von Detlef LINKE polemisch zugespitzt formulierte Frage rechtfertigt: „Könnte es nicht sein, daß das Gehirn des Fetus sich im Schädel des Empfängers durchsetzt und dort noch seine eigene Geburt verwirklicht?" (Linke 1996b, S.33)[223] Die Frage nach den Folgen, die sich aus solchen Überlegungen z.B. im Hinblick auf unsere kulturell geformten Konzepte von Identität und Individualität ergeben, würde sicherlich ein eigenes Kapitel benötigen (hier müßte es dann nicht nur um die möglichen gesellschaftlichen Folgen gehen, sondern auch um die begrifflichen Konzepte, mit denen die Soziologie das Verhältnis von Individuum und Gesellschaft zu fassen versucht). Was sol-

---

[223] Vgl. auch Lindvall (1996, S.262ff), Linke (1993, S.53ff, 1996a, S.259ff); für eine ausführliche Diskussion philosophisch-ethischer Aspekte personaler Identität im Kontext von Hirngewebetransplantationen vgl. Hildt (1996, S.83ff).

che Überlegungen m.E. aber auf jeden Fall verdeutlichen, ist das ›Zukunfts-Projekt‹, an dem bereits die Hirntod-Definition einen entscheidenden Anteil hat: Denn der kultursoziologisch relevante Kernpunkt in der derzeitigen Diskussion um die Bedeutung des Gehirns liegt in der symbolischen Umverteilung zwischen Körperlichkeit und Geistigkeit, die weit über jenen alten abendländischen Dualismus hinausweist, indem durch die ›Rationalisierung‹ des Gehirns als Ort und Basis des Lebens des ›selbständigen, rationalen Subjekts‹ dieses *jeglicher körperlicher Gebundenheit* enthoben, ›virtualisiert‹ und damit einen umfassenden technischen Zugriff freigegeben wird. So wie es z.B. das erklärte Ziel moderner Reproduktionstechnik ist, die weibliche Gebärmutter in die künstliche Umgebung des Labors zu verpflanzen, geht es darum, ›das Menschliche‹ in seiner ›Essenz‹ (meint: Funktionalität) vom menschlichen Körper zu isolieren und damit der Kontrolle des Subjekts zu entziehen. Das zum ›modernen Individuum‹ gewandelten ›weltgestaltenden Subjekt‹ der Neuzeit, welches die Naturwissenschaften zur Beherrschung der Welt entwickelte, ist somit heute selber zum veränderbaren Gegenstand der Technologien geworden.

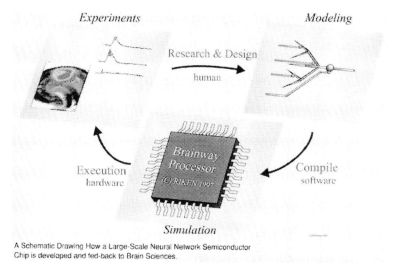

Abb.19: Gehirn und Neurotechnologie: »Creating the Brain« (entnommen aus Riken Brain Science Institute, S.19)
„Our group approaches brain sciences from a new perspective with the objective of ›reconstituting brain function‹. (Group Director Gen Matsumoto, Ph.D)

Die Mythologisierung des Gehirns *ist* auf jeden Fall schon weiter fortgeschritten als von den Parlamentariern diskutiert. Denn das Gehirn wird heute bereits grundsätzlich als maschinell reproduzierbar gedacht und auch schon (zumindest ›in Teilen‹) transplantiert – kurz gesagt: Alle Anzeichen deuten darauf hin, daß auch das Organ ›Gehirn‹ in den Dienst des sich weiter modernisierenden Gesundheitsregimes gestellt wird, und ob es dann noch als Zentrum des Wesens des Menschen dienen kann, wie es das verabschiedete TPG zwischen seinen Zeilen festzurrt, bleibt mehr als fraglich.

„The ultimate goal of brain science is to understand the reasons why humans are humans by understanding the mechanisms of intelligence and mind, in addition ›Protecting the brain‹ from aging and neurological disorders, as well as ›Creating the brain‹ to produce new information processing systems will also give the greatly benefit to humankind. Moreover, an understanding of the human mind will further promote such fields as social and industrial psychology, childcare and education, thereby providing a foundation for the healthy development of society in the future." (Riken Brain Science Institute)

Drittes Zwischenfazit: Die Entgrenzung des medizinischen Fortschritts

Wenn die bisherigen Ausführungen schlüssig sind, bleibt festzuhalten, daß die mit der Hirntod-Definition einhergehende Hirnzentriertheit *auf der Deutungsebene* von jeglicher symbolischer Körperlichkeit wie auch von der gesamten psycho-sozialen Situation des Organ-Empfängers abstrahiert, und damit die traditionelle Dominanz des Geistes über den Körper nicht nur beim Wort nimmt, sondern gleichsam radikalisiert. Damit eröffnet sie einen semantischen Freiraum, in dem sich die traditionell-moderne Fortschrittsideologie als Verheißung der humanitären Weiterentwicklung durch wachsendes Wissen und dessen technischer Praxisumsetzung frei von jeglichen ›körperlichen‹ Beschränkungen und Grenzen ausbreiten kann.

Allerdings soll nicht vernachlässigt werden, welche Widerstände hierbei im Spiel sind: Wenn es, wie gezeigt, in der Hirntod-Definition einerseits um die zentrale Frage des Wesens des Menschen und der damit verbundenen Rolle geht, die im Blick auf Leben und Tod dem Gehirn zukommt, dann erfordert die skizzierte symbolische Austreibung des Körperlichen andererseits – im gängigen medizinischen ›Kriegs-Jargon‹ formuliert – einige weitere Deutungskämpfe, die nicht nur an der einen Front: dem Gehirn, sondern auch auf der anderen Seite: dem Körper zu bestehen sind. Der – den ›Hirntod-Kritikern‹ zufolge – ›kognitivistischen Verkürzung‹ des Erlebens und Erfahrens des Subjekts hat schon Hans JONAS bis hin zu den damit implizierten praktischen Folgen Paroli geboten und damit vielen Laien einen vermutlich bis heute andauernden Schrecken versetzt:

„Wer kann wissen, wenn jetzt das Seziermesser zu schneiden beginnt, ob nicht ein Schock, ein letztes Trauma einem nichtzerebralen, diffus ausgebreiteten Empfinden zugefügt wird, das noch leidensfähig ist und von uns selbst, mit der organischen Funktion, am Leben erhalten wird? Kein Dekret der Definition kann diese Frage entscheiden." (Jonas 1985, S.222)

Und solche Zweifel werden gerade durch die Wahrnehmung des Körpers, trotz aller abstrakten Hirnfunktionsargumente, genährt, indem sich der ›tote‹ Körper fatalerweise nicht so verhält, wie das von einer Leiche zu erwarten wäre.

4.2.3.4. Phänomenale Irritationen:
Der Körper lebt – der Mensch ist tot?

Monika KNOCHE faßt die zu beobachtenden körperlichen Phänomene, mit denen ihrer Meinung nach in der ›Sprache des Körpers‹ die Hirntod-Definition grundsätzlich in Frage gestellt wird, wie folgt zusammen (vgl. z.B. auch 13/114: Geisler):

„(...) Solange ein hirntoter Mensch auf einer Intensivstation äußerlich nicht zu unterscheiden ist von bewußtlosen lebenden Patienten, solange er von seiner Umgebung, von den Pflegekräften, insbesondere aber von seinen Angehörigen als lebend erfahren und wahrgenommen wird, ist er Person in einem sozialen Kontext."
(...) - Ein Mensch im Zustand des unumkehrbaren Ausfalls aller meßbaren Hirnfunktionen auf der Intensivstation ist nicht nur warm und durchblutet, sondern bewegt sich spontan, aber auch nach Verletzung, das sogenannte Lazarussyndrom.
- Noch Tage nach der Feststellung des unumkehrbaren Ausfalls aller meßbaren Hirnfunktionen ließen sich in deutschen und japanischen Studien noch normale Spiegel von Hormonen feststellen, die nur im Gehirn produziert werden.
- Bei manchen als "hirntot" diagnostizierten Kindern ließen sich noch Durchblutung und Stoffwechselaktivitäten im Hirn nachweisen.
- Männer im Zustand des irreversiblen Ausfalls aller meßbaren Hirnfunktionen sind fortpflanzungsfähig. Sie können Erektionen und Samenergüsse bekommen.
- Schwangere im Zustand des irreversiblen Ausfalls aller meßbaren Hirnfunktionen sind in der Lage, gesunde Kinder zu gebären." (Quelle: Knoche Feb. 1996; ähnlich dazu vgl. auch z.B. Schmidt-Jortzig & v. Klaeden in FRANKFURTER ALLGEMEINE ZEITUNG 13.5.1997)

Wenig hilfreich und deshalb unnötig wäre jetzt sicherlich, die genannten Phänomene im einzelnen bezüglich ihrer wissenschaftlich gesicherten oder mehr oder weniger plausiblen Erklärungen zu diskutieren. Vielmehr geht es darum, exemplarisch die damit verbundenen Handlungsprobleme mit Blick auf die dahinter stehenden Deutungsunsicherheiten zu verstehen und deren diskursiv vermittelte Bewältigung sowie vorgeschlagene Lösungen zu rekonstruieren. Vergewissern wir uns dazu kurz noch einmal des soziologischen Zugriffs auf Leben, Sterben und Tod.

Das Leichenparadox und seine Verkomplizierung im ›Hirntod‹

Wenn wir beim Sterben in einem soziologischen Sinn vor allem den sozialen Kommunikationsabbruch sehen, dann treibt uns nicht erst das ›am eigene Leib erfahrene‹ eigene Sterben, sondern bereits das Sterben eines Mitmenschen in jene soziale Grenzerfahrung, welche die Weiterlebenden ›im Angesicht des Todes‹ befällt, und die sich in Thomas MACHOs nüchterner Beschreibung des Sterbensvorgangs vielleicht gerade wegen ihrer Nüchternheit spüren läßt:

„Der Sterbende läßt sich nicht mehr ansprechen, jeder Kontakt wird abgeschnitten, sein körperliches Aussehen verändert sich dramatisch: vom blassen Gesicht zum spitzen Kinn und zu den eingefallenen Gesichtszügen; zu den aufgerissenen Augen, von denen niemand weiß, *ob* und *was* sie noch sehen; zur langsam aussetzenden Atmung und zu den Muskelkontraktionen und Zuckungen, die uns wie mechanische Krämpfe anmuten.

Schließlich bleibt eine Leiche zurück." [Herv. im Orig.; Anm. d. Verf.] (Macho 1987, S.408)

Was sich hier im Ablauf des Sterbens als Abbruch des sozialen Austausches zwischen Sterbenden und den Anwesenden als Interaktionsprozeß vollzieht, der in seinem Verlauf die Weiterlebenden in *ihrer* Definition der Situation, in ihrer sinnhaften Deutung dessen, was da passiert, auf sich allein gestellt läßt, erreicht sein Ende im *Leichenparadox*: „Auf der einen Seite ist die Leiche ganz offensichtlich identisch mit einem bestimmten Menschen: wir wissen genau, wer da liegt und gestorben ist; auf der anderen Seite aber ist dieselbe Leiche – ebenso offensichtlich – nicht identisch mit einem bestimmten Menschen." (ebd., S.409; vgl. auch bereits Hahn 1968, S.104ff) Was bleibt sind ›Dingmenschen‹, die als Mitglieder der sozialen Welt (zumindest für unsere Kultur) versagen, indem sie nicht mehr direkt angesprochen werden können (bestenfalls noch indirekt im Gebet) und auf jeden Fall keinen aktiven Einfluß mehr auf diese Welt nehmen, gleichwohl aber *als Individuen* lokalisierbar und identifizierbar bleiben. Es ist diese durch das Leichenparadox herbeigeführte Situation, die vielleicht eine der schwierigsten und komplexesten sozialen Situationen darstellt, denen sich der Mensch ausgesetzt sieht, und in der er sich möglicherweise am bewußtesten ist, daß er hier ›der Kultur‹ bedarf, um sie zu bewältigen. Und gerade diese Situation erfuhr mit dem ›Hirntod‹ eine extreme Verkomplizierung. – Zugestanden vermutlich mehr im Bewußtsein und in der Vorstellung der Laien, als in der Alltagspraxis der medizinischen Experten, denen ihre professionellen Rituale als Stütze dienen. Doch auch die professionelle Praxis, glaubt man zumindest den davon gegebenen Berichten, blieb nicht unberührt.

Wie in Kap.4.1 diskutiert, wurde im Zuge der Modernisierung des Körperbewußtsein – pointiert ausgedrückt – aus dem Leib, der wir sind, der Körper, den wir haben. Mit der Hirntod-Definition und der damit verbundenen Transplantationspraxis gehen vor diesem Hintergrund folgende zwei zentrale ›Komplikationen‹ einher, die eng miteinander verknüpft sind:

1) das in den vorhergehenden Kapiteln bereits problematisierte Verhältnis zwischen ›der Leiche‹ und dem Individuum bzw. zwischen Körper als Leib und dem vormals damit verbundenen und darin lokalisierten Geist (Seele); diese ›Komplikation‹ wird gleichsam in dem damit verbundenen Umgang mit der Leiche und dessen sinnhafter Legitimation für die medizinischen Experten wie für die Angehörigen praxisrelevant;

2) der Prozeß des Sterbens des Individuums und die damit einhergehenden körperlichen Zeichen (wie sie MACHO schildert) hin zur Verwandlung des Individuums in eine Leiche, die als toter Körper ›Zeichen des Lebens‹ aufweist und die deshalb als phänomenale Irritationen entsprechende ›Deutungsarbeit‹ erforderlich machen.

Spinale Reflexe und andere Zeichen von Tod oder Leben – Die Pflege ›hirntoter Patienten‹

Beginnen wir mit einem kurzen Blick in die Befindlichkeiten und Einschätzungen von Pflegekräften, mit denen sie ihre beruflichen Erfahrungen mit ›Hirntod‹ und Organtransplantation schildern (z.b. Hannich 1995, S.257ff, Schlake & Roosen o.J., S.55; vgl. auch Feuerhack & Conrad 1999), und die auch in die TPG-Debatte vor allem von Seiten der Kritiker der Hirntod-Definition eingeführt wurden. So läßt z.b. Horst SCHMIDBAUER (SPD) in seiner Rede das Pflegepersonal zu Wort kommen und schildert dessen Nöte:

„Auf der chirurgischen Intensivstation muß ich immer wieder lebende Tote pflegen, die zur Organspende vorgesehen sind. Zunächst bemühen wir uns um einen schwerverletzten Patienten, bei dem alle intensivmedizinischen und pflegerischen Möglichkeiten eingesetzt werden, um sein Leben zu retten. Mit der Diagnose Hirntod beginnt aber das Dilemma des Pflegepersonals.
Dann pflegen wir einen toten Patienten. Aber ein Patient ist es nicht, der wäre nicht tot. Aber ein Toter ist es auch nicht, weil er zu leben scheint. Aber um Tote zu pflegen, haben wir diesen Beruf nicht erlernt. Er darf eigentlich nicht tot sein. Er darf aber auch nicht lebendig sein, dieser lebende Tote. Pflege eines Toten? Was heißt das für uns? Muß er noch angesprochen werden? Muß er noch gewaschen werden? Muß er noch gelagert, gebettet werden? Muß er abgesaugt werden, werden Verbände erneuert, Katheter kontrolliert, Mund-, Nasen- und Augenpflege durchgeführt?
Wir sind unsicher, und es gibt verschiedene Meinungen. Es geht um die Würde des Patienten.
Normal ist, daß man tote Menschen in Ruhe läßt. Weil wir den Stoffwechsel künstlich aufrechterhalten, sind wir verpflichtet, den Körper des Toten, der noch zu leben scheint, der beatmet wird, dessen Herz noch schlägt, auch äußerlich unversehrt und sauber zu erhalten.
Also funktionieren wir. Aber unsere Gefühle bei dieser "Pflege unter anderen Gesichtspunkten" sind zwiespältig." (13/183: Schmidbauer SPD)

Intensiv-Pflegekräfte berichten in der Literatur oft von ›persönlichen‹ (sprich: emotionalen oder psychischen) Problemen in der ›organprotektiven Pflege‹ von ›Hirntoten‹,[224] zumal bei solchen Patienten, die schon längere Zeit von ihnen betreut wurden und bei denen nach akuter Verschlechterung des Gesundheitszustandes der ›Hirntod‹ festgestellt wurde: „Da bereits eine persönliche Beziehung zu solchen Patienten und deren Angehörigen besteht, fällt die weitere Betreuung dieser Patienten bis zur Organentnahme besonders schwer." (Dietmann 1991, S.23) Aber nicht nur den Verlust in der ›persönliche Beziehung‹ zu dem ehemaligen Patienten, der nun ›verstorben‹ ist, gilt es zu bewältigen. Vielmehr liegt die Schwierigkeit zum einen in der geforderten *Kontinuität der pflegerischen Praxis*, die nun nicht mehr nach dem Tod des Patienten eingestellt werden kann, sondern die sich jetzt z.T. mit der gleichen Aufmerksamkeit und Intensität und

---

[224] Z.B. Fuchs, Marte & Metzler (1995, S.249ff), Baureithel & Bergmann (1999, S.55ff und 93ff), Meyer (1998, S.82ff), Pache (1993, S.91ff), Putz (1996, S.69ff), Rotondo (1995, S.381ff, 1997, S.75ff).

mit weitgehend ähnlichen praktischen Verrichtungen allerdings nicht mehr am Wohl des Patienten (Heilung und Genesung) orientieren kann, sondern sich an den ›hirntoten‹ Organspender richtet und der Sorge um den Zustand der Organe dient.

„Oft treten Zweifel auf, denn das Gefühl, daß bei der »Pflege der Organe« etwas menschlich sinnvolles getan wird, ist nicht immer vorhanden. Vielleicht sind Verdrängungsphänomene hierbei sinnvoll. Mir hilft es zum Beispiel bei der täglichen Arbeit, daß ich versuche, nicht daran zu denken, einen toten Menschen zu betreuen. Gespräche mit dem Toten scheinen zwar makaber, aber einfach umzustellen, fällt mir persönlich schwer." (Dietmann 1991, S.25)

Ein Intensiv-Pfleger berichtet:

„In der Zwischenzeit mache ich die Patientin »besuchsfertig« – oberflächliche Körperwäsche, Kopfkissen richten, zudecken. Beim Absaugen ertappe ich mich dabei, wie ich mit der ja sicher toten Patientin rede, und ich ärgere mich etwas. Denn wenn mir das passiert, wenn die Angehörigen im Zimmer sind, werden sie mich vielleicht fragen, wieso ich mit ihr rede, ob sie denn noch etwas verstehen könne, und diese Gesprächsthemen sind für mich nicht sehr angenehm." (Petri 1991, S.36)

Was der einen Pflegekraft als gezielt einzusetzende Bewältigungsstrategie für diese Situation dient und vom anderen Pfleger als ärgerlicher ›Ausrutscher‹ empfunden wird, verursacht durch die Macht der gewohnten pflegerischen Praxis, sich dem zu pflegenden Gegenüber in seiner Personalität zuzuwenden, wird auf jeden Fall zum Gegenstand der professionellen Reflexion: Der personale Umgang mit der Leiche in der Negation des Tot-seins des Gegenübers bedarf eines reflektierenden Rollenmanagements sich selbst gegenüber wie gegenüber seiner sozialen Mitwelt, z.B. gegenüber den Angehörigen. Bei deren Anwesenheit müssen dann die gleichen pflegerischen Tätigkeiten, anders als beim ehemals noch lebenden Patienten, so präsentiert werden, daß für sie eine solche Differenz im Tun erkennbar ist, die ihnen den ›anderen Zustand‹ des ›Patienten‹ kenntlich macht – so wird z.B. das Reden *mit* der ›Leiche‹ dann zum Reden *über* das Tun mit der ›Leiche‹, um bei den Angehörigen unbequeme Verständnisnachfragen zum Geschehen zu vermeiden. Ein solches Deutungs- und Handlungsmanagement erscheint deshalb notwendig, weil die vollzogene Praxis offensichtlich nicht mit den sie herkömmlicherweise legitimierenden Deutungen und Sinnmustern zu vereinbaren ist: Die Pflege richtet sich auf den Kranken und damit auf das Leben, nicht auf den Toten und den Tod (vgl. Hofmann 1997).

Sofern dieser ›Legitimationsshift‹ noch durch Routine oder andere gezielte Strategien (z.B. Vermeiden solcher Situationen) bearbeitbar bleibt, verkompliziert sich die Situation vor allem für Pflegekräfte jedoch zum anderen noch durch das zweite Problem: den ›Zeichen des Lebens‹, die der ›tote‹ Körper vermittelt (vgl. Abb.20, S.243).

„Daß ein Hirntod trotz intaktem Kreislauf und noch funktionsfähigen Organen vorliegen kann, ist für Laien meist schwer nachvollziehbar. Obwohl der Hirntod sicher und irrtumsfrei festgestellt wird, können auch nach Ausfall aller Hirnfunktionen durch Rükkenmarksaktivitäten Phänomene auftreten – zum Beispiel Streck- und Innenrotationsbewegungen der oberen Extremitäten –, die dann bei den Angehörigen Zweifel am Tode aufkommen lassen. Diese sogenannten spinalen Reflexe widerspechen aber der Diagnose Hirntod nicht." (Dietmann 1991, S.24)[225]

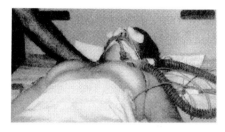

Abb.20: Das ›Lazaruszeichen‹ – ›enthemmte‹ Bewegung als Zeichen des Todes (entnommen aus Schlake & Roosen o.J., S.54)
„Die beobachteten Phänomene finden ihre Erklärung in einem Wegfall hemmender Einflüsse des Gehirns auf das Rückenmark im Hirntod. (...) Es spricht nicht gegen den Hirntod, sondern ist geradezu für diesen typisch, wenn die Muskeleigenreflexe normal oder sogar gesteigert auslösbar sind." (ebd.)

Die Journalistin Carmen THOMAS erinnert uns in ihrem ›Informationsbuch‹ zum ›Umgang mit der Leiche‹ in diesem Zusammenhang an den Piraten Störtebeker. Warum seine Geschichte nicht nehmen, wie sie ist? Der Mann wurde enthauptet und lief dann noch die Reihe seiner Kumpane entlang und rettete ihnen damit das Leben. Ein klarer Fall von ›spinalem Reflex‹, der noch dazu sein Gutes (für die Kumpane) hatte. An der davor schon vollzogenen Hinrichtung der Person Störtebeker kann sein kopflos laufender Körper ja keinen Zweifel aufkommen lassen – so jedenfalls lautet die polemische Interpretation der medizinischen Erklärung solcher Phänomene (Thomas 1994; vgl. auch Baureithel & Bergmann 1999, S.61ff):
„So befremdlich und vielleicht erschreckend derartige Phänomene auch für den Außenstehenden sein mögen, sie entstehen zweifelsfrei außerhalb des Gehirns und damit *jegli-*

---

[225] Vgl. für eine knappe Übersicht solcher ›spinalen Reflexe‹ und ›spinal-motorischer Schablonen‹, die z.B. während der Organentnahme oder z.B. als sog. ›Diskonnektionsreaktionen‹ meist 4 bis 8 Minuten nach Abschluß der maschinellen Beatmung, also nach Diskonnektion vom Respirator, auftreten können (›Lazaruszeichen‹ als systemische oder lateralisierte kopfwärts gerichtete Beugebewegung der oberen Extremität, Kreuzen der Arme vor dem Brustkorb und danach Aufrichten des Oberkörpers u.a.m.) (Rumpl, Schwarz & Fuchs 1995, S.151ff).

chen Bewußtseins auf der Ebene von Rückenmark, Nerven und Muskulatur. Sie haben mit dem personalen Leben des Menschen nichts mehr zu tun." [Herv. durch d. Verf.] (Schlake & Roosen o.J., S.54)

Die im letzten Kapitel angedeutete semantische Differenz zwischen personalem und organischem Tod gewinnt hier exemplarisch ihre Deutungsrelevanz: Weil das ›Bewußtsein‹, in der Form, wie es die Hirntod-Definition konzeptualisiert, nicht als Ursache der Bewegungen des Körpers gelten kann, verwandeln sich die ehemalige Zeichen des Lebens als ›enthemmte Bewegung‹ (vom Geist nicht mehr dominiert und kontrolliert) in die ›Zeichen des Todes‹.

In einer fast schon makaber wirkenden Weise schildert eine OP-Schwester ihre ›phänomenale Irritation‹:

„Der zweite Assistenzart beginnt mit der Hautdesinfektion. Plötzlich bewegt sich der Arm des Toten. Ein kurzes Anheben des Unterarmes nur und der Hand, dann sinkt der Arm zurück. Ich starre den Toten an, während es mir eiskalt den Rücken hinunterläuft. »Der hat sich bewegt!« Irgend jemand spricht es auch noch aus, leise fast flüsternd – aber es gräbt sich ein.
»Warum hat er sich bewegt?« »Spinaler Reflex« – die Worte kommen ruhig, sicher, fast gelangweilt vom Anästhesisten.
Ja, spinaler Reflex. das gibt es bei Hirntoten. Aber woher weiss er denn, daß das gerade ein spinaler Reflex war? Das sah so lebendig, so natürlich aus." (Grosser 1991, S.61)

Die OP-Schwester fängt an, nach Zeichen des Todes an dem ›toten‹ Menschen zu suchen, welche die soeben wahrgenommenen ›Lebenszeichen‹ entkräften sollen, und findet keine:

„Er liegt da wie die Lebenden, die hier intubiert und narkotisiert in den Saal gefahren werden. Sein Brustkorb hebt und senkt sich genauso, und sein rhythmischer Herzschlag ist laut und deutlich über den Frequenzmonitor zu hören. Was ich sehe, ist sein lebender Körper. Das tote Gehirn sehe ich nicht." (ebd., S.61)

Zwiespältige Rationalisierungen und das Wohl des Organempfängers als Sinngewißheit

Gegen solche Erlebnisse und mehr noch: gegen solchermaßen Dargestelltes ist Rationalisierung vonnöten, sei es, indem man versucht sich ›richtig‹ zu informieren, um dann die Einsicht in die obige Erklärung zu gewinnen, sei es, daß man sich (zumindest als Professioneller) auf sein Erfahrungswissen verlassen kann. Der oben erwähnte Pfleger berichtet dem Leser:

„Im Laufe der folgenden Monate betreute ich weitere hirntote Patienten. Mit zunehmender Zeit wurde dieser Arbeit zur Routine. So ganz klar schien mir die Situation jedoch immer noch nicht. Da liegt ein Mensch vor einem im Bett. Er unterscheidet sich nicht von anderen Patienten; das Herz schlägt, er ist warm, wird beatmet und »bewegt« sich manchmal. Und dieser Patient soll tot sein?" (Petri 1991, S.45)

Man könnte also formulieren: Weil sich das Leichenparadox im Umgang mit den ›neuen Toten‹ nicht oder nur schwer einstellt, bedarf es besonderer Anstrengungen, die Deutungsunsicherheit nicht in Handlungsunsicherheit umschlagen zu lassen. Der Krankenpfleger findet als Lösung das Sammeln von Informationen, er setzt sich so mit den beiden Formen des Sterbens (dem für ihn bis dahin bekannten, vertrauten Sterben und dem neuen, ungewohnten ›Hirntod‹) auseinander, um dann durch ›rationales Denken‹ zum ›Akzeptieren‹ dieser neuen Form des Sterbens zu kommen. Das immer wieder einsetzende Grübeln läßt sich durch rationales Wissen zerstreuen. Allerdings: Für seinen eigenen Sohn würde er – wie er dem Leser berichtet – eine Organtransplantation ablehnen. Am erlebten Beispiel der Eltern eines hirntoten Jungen, die die Entnahme verweigerten, stellt er sich vor, daß er sich bei seinem Sohn in solcher Situation wünschen würde „er könnte in seinem Arm »sterben«" (ebd., S.47). Mit anderen Worten: Der Tod erhält seine Wahrheit für ihn nicht allein durch rationale Einsicht, sondern erst, wenn er gleichsam im interaktiven Vollzug für die Überlebenden direkt erfahren wird, das Leichenparadox konkret erlebt werden kann.

Vor dem Hintergrund der zwei genannten Problembereiche zeichnet sich jetzt auch deutlicher ab, welche bedeutsame Rolle jenes rekonstruierte, in der öffentlichen Hirntod-Diskussion so dominante und umfassende Sinn-Muster des ›Organe spenden – Leben schenken‹ für den Praxisbereich einnimmt: Indem es sich gegen Krankheit, Leiden und Tod richtet, stellt es die einzig vorhandene Legitimationsbasis für die fortdauernde medizinische Betreuung von ›Hirntoten‹ dar:

„Trotz aller Einschränkungen scheint mir die Betreuung von Organspendern notwendig und auch sinnvoll, da durch eine herz- oder Lebertransplantation andere Menschen vor dem sicheren Tod bewahrt werden und bei einer Nierentransplantation von einer lebenslangen Dialyse befreit werden können." (Dietmann 1991, S.31)

„Organentnahmen sind für mich eigentlich nur deshalb zu akzeptieren, weil am Ende doch etwas Positives steht, die Hilfe für einen anderen Menschen." (Möller 1991, S.83)

Jedoch: Die Pflege des ›Hirntoten‹ auf der Sinnbasis der Leidminderung oder Lebensrettung des (zu dem Zeitpunkt auf jeden Fall anonymen) Organempfängers läuft symbolisch auf eine ›virtuelle Pflege‹ eines ›Patienten-Simulakrums‹ anhand von technisch basierten Aktivitäten hinaus, deren materialer Gegenstand ›in den Tod‹ eingehüllte ›Organteile‹ bilden. So gesehen gestatten vereinzelte Maßnahmen wie bspw. die Benachrichtigung des Pflegeteams des ›Organspenders‹ von der glücklichen Genesung des Organempfängers wohl nur vorläufige, für die alltägliche Praxis eher begrenzt tragfähige ›Sinnausstattungen‹ dieses Tuns. Und es könnte sein, daß dieser Aspekt bei Angehörigen von ›Organspendern‹, die, in ihrer Deutung dem ›Willen des Verstorbenen‹ gemäß, einer Organentnahme zustimmen, durchaus anders zu diskutieren wäre: Gerade weil für die Angehörigen mit der Organentnahme die Möglichkeit besteht, dem (zu diesem Zeitpunkt unvermeidlichen und der Hirntod-Definition gemäß bereits eingetretenen) Tod durch die Lebensrettung eines ›Todgeweihten‹ (und damit auch ihrer Entscheidung) einen ›Sinn‹ zu verleihen, ohne in weitere handlungsrelevante Paradoxien zu geraten, kann daraus eine ›in sich geschlossene Geschichte‹ des Sterbens des Ehepartners, des Kindes, des Elternteils etc. gebildet werden. – Soweit jedenfalls die ›Deutung des Todes‹ dabei nicht ebenfalls durch jene phänomenalen Irritationen in Frage gestellt wird.

Technik, Wahrheit und Wissen: Das simulierte Leben und der authentische Tod

Ein weiterer Aspekt, der in der obigen erfolglosen Suche der Schwester nach Todeszeichen, die nur ›Zeichen des Lebens‹ zutage fördert, ausgedrückt wird, kommt bei solcher phänomenal irritierten Deutungsproblematik von Leben und Tod noch hinzu: die Rolle der Technik. In einem Artikel, publiziert in DIE WELT, bewerkstelligt dem Verfasser zufolge eine Transplantationskoordinatorin das Problem der ›Lebenszeichen‹ bei ›Hirntoten‹ in der Wahrnehmung der Angehörigen so:

„Eine Maschine läßt seine [gemeint ist der ›Tote auf der Intensivstation‹; Anm. d. Verf.] Lungen zu dieser Zeit atmen; die Beatmung läßt das Herz schlagen; das schlagende Herz besorgt die Zirkulation des Blutes; das zirkulierende Blut badet alle Organe und alle Zellen in Sauerstoff; ein Heizkissen hält die Körpertemperatur auf 37 Grad. Am Totenbett oder im Besucherraum spricht Elke Backhaus mit den Angehörigen: "Ich kann erst um Organe bitten, wenn die Angehörigen verstanden haben, was Hirntod bedeutet und daß die Geräte ihnen etwas vorgaukeln, das nicht mehr da ist." (Quelle: Loose in DIE WELT 14.2.1996)

Der Transplantationskoordinatorin folgend ist es also ›die Technik‹, welche die Zeichen des Lebens, die den uneingeweihten Betrachter so irritieren, nur ›simuliert‹ – die gleiche Technik, die bei der Feststellung des Hirntodes aber unabdingbar ist, und mit der durch die ausschließlich technisch vermittelte Sichtbarmachung der, dort aber authentischen, ›Todeszeichen‹ die ›Wahrheit des Todes‹ gerade auch dem Laien vermittelt werden soll. Die Scheidelinie, die zwischen Simulation und Authentizität des Bezeichneten (hier ›das Leben‹ – dort ›der Tod‹) trennt, liegt demnach eindeutig beim Expertenwissen: Zum einen ist es auf der Seite des Todes gerade die fortgeschrittene Technik, die, vom Experten decodiert, unbestechlich, ›ein-eindeutig‹ die Diagnose ›Hirntod‹ liefert; zum anderen bedarf es auf der Seite des Lebens wiederum des Experten, die von der Technik vermittelten Zeichen korrekt zu decodieren, da ansonsten etwas ›vorgegaukelt‹ wird.

Und wie auch schon bei der Hirntod-Diagnostik skizziert (vgl. S.219f), steht solcher Technik ein bestimmtes Expertenwissen zur Seite, welches das reine ›technische Wissen‹ in menschliche Erkenntnis transzendiert. Mit anderen Worten: Solcher Technik-Verkomplizierung und phänomenalen Irritationen steht auf Expertenseite eine Todesgewißheit gegenüber, die, auf diffusem Erfahrungswissen beruhend, einfach weiß, ob der Gegenüber tot ist oder noch lebt. So hat eine als ›erfahren‹ beschriebene Stationsschwester auch keinerlei Zweifel am ›Hirntod‹ als ›dem richtigen Tod‹ im Sinne von ›ganz tot sein‹, indem sie – ganz hippokratisch – im Blick auf ihr Gegenüber die unterschiedlichen Gesichter der Lebenden und der Toten voneinander zu scheiden weiß, ohne darüber reflektieren zu müssen, inwieweit möglicherweise der Kontext ihren Blick in das Gesicht des Sterbenden im Krankenzimmer (!) und in das Gesicht des künstlich beatmeten ›Toten‹ auf der Intensivstation konstituiert:

„Jahrelang hat sie auf einer Intensivstation Hirntote gepflegt. Sie hat sie wie andere Patienten auch behandelt. Was für die Angehörigen oft schwer zu begreifen war. Und sie hat viele Sterbende gesehen. »Sterbende im Krankenzimmer sehen anders aus als

Hirntote, sie haben ein anderes Gesicht.«" (Quelle: Graupner in SÜDDEUTSCHE ZEITUNG 24.6.1997)

Fassen wir kurz die bislang diskutierten Aspekte zusammen, so ergeben sich *drei Muster* in der Deutung von Leben und Tod mit Blick auf den Körper, die sowohl auf ›Erfahrungswissen‹ wie auf ›rationaler Einsicht‹ beruhen können, und in denen das zweite und dritte Muster das erste, gleichsam ›traditionelle Körper-Muster‹ von Leben und Tod entkräften sollen:

1) Der (nur vermeintlich) ›tote‹ Körper zeigt eindeutige ›Lebens-Zeichen‹, die als Zeichen für (noch vorhandenes) Leben gedeutet werden;
2) zwar ermöglicht die Technik überhaupt erst die sichere Todesfeststellung, allerdings produziert sie ebenso ›Lebens-Zeichen‹, die bei fehlender Expertise als Zeichen für Leben anstelle von Zeichen von Technik mißgedeutet werden (das beobachtbare, simulierte ›Leben‹ kommt aus der Maschine);
3) beobachtbare ›Lebens-Zeichen‹ (z.B. als spinale Reflexe) sind zwar nicht technisch produziert, aber sie kommen aus dem ›toten‹ Körper, in dem kein Leben (=personales Leben) mehr existiert und gerade deshalb sind sie ›sichere‹ Todeszeichen (das beobachtbare ›Leben‹ kommt vom Tod);

Die Zeichen des Todes und des Lebens sind demnach auf jeden Fall untrüglich, allerdings muß man sie richtig zu deuten wissen. Die genannten drei Muster lassen sich weitgehend bruchlos in der politischen TPG-Debatte wiederfinden, wobei hier allerdings noch zusätzlich sich eine moralische Wertung wie auch metaphysische Aufladung feststellen läßt.

Phänomenale Irritationen als Erkenntnis- und Fortschrittshindernis – die Befürworter der Hirntod-Definition

Der Antrag von DREßLER, SEEHOFER u.a. zerstreut mit genau jenen Mustern 2) und 3) jeglichen Zweifel, ob beim ›Hirntoten‹ noch irgendwelches ›Leben‹ vorhanden sein könnte:

„Die Tatsache, daß nach Eintritt des Hirntodes der übrige Körper im Falle künstlicher Aufrechterhaltung von Atmung und Kreislauf noch durchblutet ist, spricht nicht gegen den eingetretenen Tod des Menschen. Auch nach endgültigem, nicht behebbarem Herzstillstand (der unbestritten als Tod verstanden wird) nimmt der Tod einen prozeßhaften Verlauf mit allmählichem Absterben aller Körperzellen. Das Gehirn, dessen gesamte Funktion endgültig, nicht behebbar, d. h. unwiederbringlich, ausgefallen ist, zerfällt auch bei künstlich aufrechterhaltener Atmungs- und Kreislauffunktion unaufhaltsam (aseptische Kolliquationsnekrose). (...) Soweit angenommen wird, daß auch nach Eintritt des Hirntodes noch Zeichen für Restfunktionen des Gehirns erkennbar seien, werden in der medizinischen Wissenschaft allgemein konsentierte physiologische, anatomische oder biologische Zusammenhänge außer acht gelassen. So kommen z. B. durch äußere Reize hervorrufbare reflektorische Bewegungen ausschließlich wegen des noch intakten Rückenmarks zustande und sind kein Zeichen für eine Gehirntätigkeit." (13/4368)

Und für Horst SEEHOFER (CDU/CSU) ist es zwar verständlich, daß beim Anblick eines ›Hirntoten‹ manche am Tod zweifeln, aber der (äußere An-) Schein trügt eben.

„Dieser Nachweis erfolgt bei nur noch künstlich aufrechterhaltener Atmungs- und Kreislauffunktion durch spezielle klinische und apparative Untersuchungen. Hier spricht der äußere Anschein für einen scheinbar noch lebenden Menschen. Deshalb ist es verständlich, daß manche am Todeseintritt zweifeln. Doch der Schein trügt." (Quelle: Seehofer 19.4.1996)

Die Abgeordnete Ruth FUCHS (PDS) bietet gleich die Anleitung, wie man sich dieses Scheins erwehren und ein richtiges Abbild der Wirklichkeit erreichen kann – sie plädiert für rationale (wissenschaftliche) Einsicht durch abstraktes Denken wider die sinnlichen Erfahrungen:

„(...) Außerdem muß man in diesem Zusammenhang sagen, daß die Ablehnung des Hirntodkonzeptes in vielen Fällen mit einem teilweise vorwissenschaftlichen Verständnis des menschlichen Todes verknüpft ist.
Diejenigen, die es ablehnen, den Hirntod als Tod des Menschen zu verstehen, berufen sich häufig darauf, daß der sinnlich erfahrbare Anschein dagegen spricht. Bekanntlich bieten Hirntote nicht das Bild von Verstorbenen. Diesen Zustand nach ärztlicher Diagnose dennoch als Tod zu verstehen und zu akzeptieren, bedarf tatsächlich wissenschaftlicher Erkenntnis und entsprechender Abstraktion. Aber, meine Damen und Herren: Ist es nicht völlig einsichtig, daß wir oft erst solcher Erkenntnis und des abstrakten Denkens bedürfen, um zu einer die Wirklichkeit richtig abbildenden Auffassung zu kommen?" (13/183: Fuchs PDS)

Denn – und damit soll die Reihe der hier wirklich nur illustrativen Charakter habenden Zitate auch gleich wieder beendet werden – alles andere wäre Rückschritt statt Fortschritt:

„Es ist möglich, das, was als Leiche übrigbleibt, mit moderner Technik intensiv zu pflegen und dadurch für einen beschränkten Zeitraum, also nicht für die Unendlichkeit, die Organe zu erhalten, um sie, wie es heute durch den Fortschritt der Medizin möglich ist, anderen Menschen einzupflanzen, zu implantieren. Das ist eine Weiterentwicklung der modernen Medizin. Alles andere, was von den Gegnern des Hirntodkonzeptes vertreten wird, hieße, die Medizin auf den Kopf zu stellen und wieder zu dem zurückzugehen, was im Mittelalter vertreten wurde, als die Medizin noch der Meinung war, daß im Herzen die Seele oder der Geist des Menschen ihren Sitz hätte. Das wäre nicht moderne Medizin, sondern Rückschritt." (13/183: Knaape SPD)

Von der Rationalität zur Metaphysik – die Gegner der Hirntod-Definition

Die – nach dieser Terminologie – Vertreter des Rückschritts und der irrationalen Erfahrung bleiben jedoch uneinsichtig. So bestand schon der Antrag von B'90/GRÜNE auf die Einbeziehung der Handlungsprobleme und Deutungsunsicherheiten:

„Angehörige und Pflegende bestätigten bei der Expertenanhörung die Unmöglichkeit, einen warmen durchbluteten atmenden Menschen mit potentieller Explantationsdiagnose als tot zu begreifen. (...) Das Transplantationsgeschehen greift tief in den Berufsethos von Heil- und Pflegeberufstätigen ein; nämlich immer dann, wenn die menschliche emotionale Beziehung und Behandlung schwer hirnorgangeschädigter Patienten und Patientinnen durch die Explantationsindikation zu einem intensivmedizinischen Tun an einer "belebten Leiche" wechselt." (13/2926)

Wolfgang WODARG (SPD) beharrt darauf, ›Lebens-Zeichen‹ auch als Zeichen für Leben zu deuten. Wer Hirntod sagt, muß – wie dies Burkard HIRSCH

(F.D.P.) formuliert hat – auch vom ›organlebenden Körper‹ reden (13/183: Hirsch F.D.P.), und damit lebt nach WODARG *der Mensch*:

„Dieser so doppeldeutig als Hirntod bezeichnete Zustand stellt sich meist nicht schlagartig ein, sondern entwickelt sich im Laufe von Stunden oder Tagen. Ein Unfall zum Beispiel, eine Blutung oder ein Tumor kann das ganze Gehirn unwiederbringlich zerstören.
Der Patient im Hirnversagen ist ein bewußtloser, tief komatöser Mensch, der beatmet werden muß. Reflexe, die an eine intakte Gehirnfunktion gebunden sind, zeigt er nicht mehr. Er schließt nicht die Augen, wenn Lid oder Hornhaut berührt werden. Die Pupillen sind weit und reagieren nicht mehr auf Lichtreize. Auch der Hustenreflex ist erloschen.
Reflexe, die auf ein intaktes Rückenmark schließen lassen, zeigen sich noch: der Kniesehnenreflex zum Beispiel, eine Erektion ist noch möglich und andere im Rückenmark koordinierte Reaktionen.
Aber Reflexe sind Reaktionsweisen von Lebewesen, von Lebenden. Das heißt, sie zählen eindeutig zu Lebenserscheinungen.
Sogenannte Hirntote zeigen weitere Lebensäußerungen, wie Herztätigkeit, Stoffwechsel, sie schütten Hormone aus, Blutbildung und Blutgerinnung funktionieren noch. Falsch ernährt, können diese Patienten Durchfall oder Verstopfung bekommen. Zudem sind an ihnen vegetative Reaktionen, zum Beispiel Hautrötung, Schwitzen und unkoordinierte Bewegungen, zu beobachten. Selbst Wunden können sie noch ausheilen. Daß und wie stark lebenswichtige Körperfunktionen gestört sind, läßt Rückschlüsse auf den Schweregrad einer Erkrankung zu. Es besagt jedoch nicht, daß der Mensch tot ist." (13/183: Wodarg SPD [1])

Darüber hinaus – so sind sich z.B. Gerald HÄFNER (B'90/GRÜNE) und Otto SCHILY (SPD) einig – kann die Todeserfahrung der Weiterlebenden durch das Erleben des Sterbens eines anderen nicht allein rational aufgefaßt und aufgefangen werden:

„Ich möchte hier sehr deutlich aussprechen: Der Mensch ist weitaus mehr als die Summe seiner Organe. Er ist auch sehr viel mehr als das, als wir mit naturwissenschaftlichen Methoden zählen, messen und wiegen können. Er ist ein sinnlich-übersinnliches Wesen. (...) Was sagen Sie zu den vielfältigen Erfahrungen der Menschen, die Sterbebegleitung vorgenommen und Totenwache gehalten haben und die dabei den Tod gerade nicht erlebt haben, wie das bei einem Radiogerät oder einer Maschine wäre, wenn der Schalter von "on" auf "off" geschaltet wird, sondern die ihn als einen allmählichen Übergang beschreiben, in dem sich die Wesenheit des Menschen nur allmählich verabschiedet und aus dem Körper zurückzieht?" (13/183: Häfner B'90/GRÜNE; vgl. auch ähnlich 13/183: Schily SPD [1])

Und auch Edzard SCHMIDT-JORTZIG (F.D.P.) bemüht die Metaphysik als Argument:

„Wer will eigentlich feststellen – vor allen Dingen definitiv mittelbar oder unmittelbar durch das Gesetz –, wann das, was am Menschen metaphysisch ist, etwa seine Beseeltheit, zu Ende ist? Das kann man doch nicht definitiv sagen. (...) Als Letzter kann das der Gesetzgeber." (13/183: Schmidt-Jortzig F.D.P. [2])

Auf den Punkt gebracht könnte man die diesen ›hirntod‹-kritischen Argumentationen zugrunde liegende Mensch-Körper-Tod-Figuration sogar so formulieren, daß der ›Hirntod‹ demnach sogar ein absolut ›*sicheres*‹ *Lebenszeichen* darstellt.[226]

Viertes Zwischenfazit: Das Leben der Technik und der vom Körper nicht irritierbare Geist

Fassen wir auch hier kurz zusammen: Wenn sich der mit dem ›Hirntod‹ als ›tot‹ definierte Körper nicht so verhält wie eine Leiche im herkömmlichen Sinne, und damit nicht die Zeichen des Todes vermittelt, die den Tod auch symbolisch für die Weiterlebenden ›wahr‹ werden lassen, gelingt trotz solcher ›phänomenalen Irritationen‹ eine eindeutige Grenzziehung zwischen Leben und Tod und die damit verbundene Zuweisung des ›Hirntoten‹ auf die Seite des Todes auf zweifache Weise: einerseits durch *den ›Einsatz‹ der Technik auf Deutungsebene*, indem ihr die Fähigkeit zur Simulation von Lebenszeichen zugesprochen wird; andererseits durch die *›Hirnzentriertheit‹* der Todesdefinition, die eine absolute Deutungsgewißheit in der Unterordnung ›des Körperlichen‹ unter ›das Geistige‹ gewährleistet.

Doch eines der stärksten Argumente der ›Hirntod-Kritiker‹ im Hinblick auf den ›noch lebenden Körper‹ liegt in dem Verweis auf die Fälle von schwangeren ›Hirntoten‹. Im folgenden Kapitel soll deshalb vor dem Hintergrund des bisher Gesagten geprüft werden, worin die besondere Problematik dieser Fälle liegt. Denn bis zu den ›schwangeren Hirntoten‹, den – wie reißerisch einst in der Boulevard-Presse getitelt – ›lebenden Mutterleichen‹ ist auf Deutungsebene immer noch die Aufrechterhaltung und Verteidigung einer eindeutigen Grenze zwischen Leben oder Tod möglich, sie muß nur richtig erkannt und darf nicht durch falsche Interpretation von ›Lebens- wie Todeszeichen‹ mißgedeutet werden. Mit einer durch den Einsatz von Medizin-Technik auf Dauer gestellten Verschränkung von ›totem‹ (Mutter-) Körper und darin eingeschlossenen lebenden Menschen (dem Fetus), wird die Deutung vom ›Hirntod‹ als Tod des Menschen erneut und noch grundlegender erschüttert, und sie erfordert somit seitens der ›Hirntod-Befürworter‹ im Vergleich zu ›normalen Hirntoten‹ neue Deutungsanstrengungen.

---

[226] So argumentiert im Hinblick auf die gleiche Schlußfolgerung z.B. auch Frank Schadt von der ›INTERESSENSGEMEINSCHAFT ANGEHÖRIGE‹, der als vehementer Gegner der Hirntod-Definition dabei allerdings einen streng ›naturwissenschaftlich-morphologischen‹ Kontext verwendet: „Das Krankheits- und Zustandsbild beim isolierten Ausfall der Hirnfunktion steht nach naturwissenschaftlichen und morphologischen Kriterien mit dem Tod des Menschen in keinem erkennbaren Identitätszusammenhang. Es erscheint vielmehr, interessanterweise gerade auch in Anbetracht der Möglichkeiten organprotektiv-vitalkonservierender Einflußnahme, im ganzen eindrucksvoll als sicheres Lebenszeichen." (Quelle: Schadt 1996)

4.2.3.5. Zur eigentümlichen Konfusion von Leben und Tod: Hirntod und Schwangerschaft

Wie mit dem Begriff des ›Leichenparadox‹ bereits eingeführt, verweist der *tote Körper als Leiche* für die Weiterlebenden in seinem Zeichencharakter (nicht nur, aber vor allem auch) in der westlich-abendländischen Kultur primär auf die Identität des vormals Lebenden. Einen Beleg findet dieser Zusammenhang bereits beim Wunsch, irgendetwas ›Körperliches‹ von dem Verstorbenen in irgendeiner Form beerdigen zu können – und sei es nur die mit Asche gefüllte Urne ins Meer zu streuen etc. –, bis hin zum lebendfrischen Maskieren des Toten für einen letzen Abschiedsblick. Gesetzesparagraphen wie bspw. der § 168 StGB, der sich auf die Störung der Totenruhe bezieht, machen nur Sinn, wenn der Leichnam *nicht* als Kadaver gesehen wird, sondern als ein ›etwas‹ (als ein Zeichen), das in einem symbolischen Bezug zum ehemals Lebenden steht (Schmied 1988, S.124), wobei diese Bedeutungsfunktion dann vom eigentlichen Leichnam zu seinem funktionalen Äquivalent – z.B. der Grabstätte – übergeht. Doch was passiert mit diesem Verweisungszusammenhang zwischen Leben und Tod in und durch die Leiche, wenn zusätzlich zu der diskutierten Hirntod-Problematik der betreffende Körper (als Leiche oder als noch mit einem Restleben ausgestatteter Körper) selbst nicht mehr eindeutig durch die Prä- oder Absenz von Leben gekennzeichnet werden kann, sondern sich zusätzlich durch Präsenz eines weiteren Lebens auszeichnet?

Der ›Erlanger Fall‹ – Stellenwert und Chronologie der Ereignisse

Hans-Konrat WELLMER, Präsident der Akademie für Ethik in der Medizin, eröffnete 1993 eine Tagung in Mainz zu den Vorgängen in Erlangen mit den Worten: „Das Thema ›Erlanger Baby‹ beherrschte Fernsehen und Printmedien. Selten hat ein Thema so viel Nachrichten, Berichte, Talk-Shows, Statements, Für und Wider sowie Leserbriefe verursacht. Auch im persönlichen Gespräch gab es kaum einen Menschen, der sich nicht durch die Berichte herausgefordert fühlte, ja oder nein zu sagen, wobei nein häufiger zu hören war." (Bockenheimer-Lucius & Seidler 1993, S.8f) Die besondere Relevanz des ›Erlanger Falls‹ liegt seiner Meinung nach in der außergewöhnlichen Verknüpfung der beiden ›Tabuthemen‹: Schwangerschaftsabbruch und Hirntod (ebd., S.11). Anders gesagt: Bei der Diskussion um das ›Erlanger Baby‹ ging es nicht primär um Organentnahme (also um den Tod des einen, der dadurch das Leben eines anderen rettet), sondern um den Tod der einen, die anderes Leben in sich birgt, welches – so die damals damit befaßten Mediziner – zu retten geboten ist.

Hierzu wäre sicher eine ganze Reihe von wichtigen Aspekten nicht nur aus medizinischer, rechtlicher, ethischer, sondern auch aus (kultur-) soziologischer

Sicht zu diskutieren,[227] welche weit über eine beschränkte Reflexion zum ›werdenden Kind in der Leiche der Mutter‹ hinausreichen (z.B. mit Blick auf gesellschaftliche Bedeutung der Mutter-Kind-Beziehung u.a.m.). Doch für das diese Arbeit leitende Erkenntnisinteresse möchte ich mich schon aus Platzgründen auf jene Aspekte beschränken, die bei diesem ›Fall‹ die Deutung von Leben und Tod mit Blick auf den ›Hirntod‹ umkreisen.

Nur kurz zur Erinnerung seien die wichtigsten Eckdaten erwähnt, wie sie die auf jener Diskussionsveranstaltung gegebene Darstellung eines der behandelnden Erlanger Ärzte beinhaltet, die im Detail durchaus von bekannten Berichten in der Presse sowie in der Literatur abweichen (ebd., S.11ff): Nach ihrer Einlieferung in die Klinik aufgrund eines Unfalls am 5.10.1992, bei dem sie sich ›massive Schädel-Hirnverletzungen‹ zuzog, wurde Marion P. am 8.10. als ›hirntot‹ diagnostiziert. Nachdem noch am 5.10. die Schwangerschaft von Marion P. den Ärzten mitgeteilt wurde und seitens der Eltern der Verunglückten ebenfalls von Beginn an die Ablehnung einer Organentnahme bekundet wurde, stand am 8.10. mit festgestelltem ›Hirntod‹ für die behandelnden Ärzte die Entscheidung über die weitere Verfahrensweise mit Blick auf die Schwangerschaft der ›hirntoten Patientin‹ an. Man entschloß sich dann – zunächst im Einvernehmen mit den Eltern von Marion P. (so laut dem ärztlichen Bericht von Johannes SCHEELE) – zu einer Weiterführung der Schwangerschaft unter möglichst optimaler Beobachtung und minimaler Therapie.[228] Nach fünf Wochen ›Hirntod‹ (in der Nacht vom 15. auf 16.11.) kam es dann zu einem ›Spontanabort‹, und die Behandlung wurde beendet.

Der Stellenwert des ›Erlanger Falls‹ (im Sinne seiner öffentlichen Aufmerksamkeit), der „Wasser auf die Mühlen der Zweifler" (Loose in DIE WELT 14.2.1996) war, differiert interessanterweise ganz entschieden von anderen, ebenfalls in Medien und auch in populär-wissenschaftlichen Büchern publizierten Fällen wie z.B. dem sogenannten ›Stuttgarter Fall‹, bei dem 1991 eine ebenfalls ›hirntot‹ diagnostizierte Schwangere in der anthroposophischen Filderklinik nahe Stuttgart nach zwölf Wochen einen gesunden Jungen zur Welt brachte (Bavastro 1994, S.141ff, 1995, Siegel 1993, Kiesecker 1996, S.66ff). Die Einschätzung, die allerdings keine Begründung für diese Differenz liefert, lautet:

---

[227] Vgl. z.B. Birnbacher (1995b, S.39ff), Hochreuter (1994, S.67ff), Rügheimer (1995, S.281ff), Wuttke (1993a, S.59ff, 1993b, S.199ff); insbes. auch Manzei (1997, S.11ff).

[228] Lediglich zur Illustration zu den auch formal-bürokratischen Stolpersteinen, die mit diesem ›Fall‹ verbunden waren, sei am Rande vermerkt, daß – so der Bericht von Hans-Bernhard Wuermeling – die Entgegennahme des infolge des festgestellten Hirntodes ausgestellten Totenscheins beim zuständigen Standesamt vom Standesbeamten verweigert wurde. Die Begründung lautete: Bei einer Beurkundung des Todes von Marion P. stünde er dann – bei der zukünftigen Geburt ihres Kindes – „vor der Notwendigkeit, die Geburt eines Menschen zu beurkunden, der keine Mutter habe, und das könne er nicht" (Bockenheimer-Lucius & Seidler 1993, S.21).

Erst die öffentliche Diskussion über das Geschehen um Marion P. hat gezeigt, daß die scheinbar breite Akzeptanz des Hirntod-Kriteriums auf dem blinden Vertrauen in eine Definition beruhte, deren tatsächliche Bedeutung erst in und durch die Erlanger Vorkommnisse für medizinische Laien unbegreiflich bleiben mußte (Anthofer 1997, S.22; vgl. Hoff & in der Schmitten 1995b, S.11).

Verwirrung in der TPG-Debatte: >hirntot< oder nicht?

Ausgangspunkt der Kritiker der Hirntod-Definition war die ihrer Meinung nach völlige Unvereinbarkeit der beiden Konzepte >Hirntod< als Tod des Menschen einerseits und Schwangerschaft im Sinne von erfolgreicher biologischer Mutterschaft andererseits. Wiederum hat die mit dem Hirntod-Konzept implizierte Vorstellung von >beides ist möglich<, wie sie auch die beteiligten Mediziner vermittelten, Hans JONAS in einem Brief an Hans-Bernhard WUERMELING, der 1992 an der Entscheidung, die Schwangerschaft von Marion P. mit intensivmedizinischer Betreuung fortzuführen, maßgeblich beteiligt war, mit den Worten gegeißelt:[229]

„Daß es ein »Leichnam« sein soll, der da ein Fieber entwickelt, wenn in einem darin eingeschlossenen Organismus etwas schief geht, und das dies der Uterus einer »Toten« sei, der dann die Kontraktionen vollführt, die das nun tote Kind ausstoßen – das ist doch ein offenbarer verbaler Unfug, ein semantischer Willkürakt im Dienst eines äußeren Zwecks (...). Der spontan abortierende Leib gab rückläufig und endgültig jedem Augenschein des rosig durchblutenden warmen Leibes recht, den die gelehrten Herrn uns archaischen Laien für trügerisch erklärten." (Jonas 1995, S.23)

Wolfgang WODARG (SPD) prangert dann auch in seiner Rede an, daß der Öffentlichkeit mit der Behandlung von Marion P. >brutal< vor Augen geführt wurde, wie die heutige Technik-Medizin die Vereinbarkeit von Tod und Schwangerschaft herstellen möchte, was im Plenum jedoch den unverzüglich artikulierten Widerspruch hervorruft, bei Marion P. handelte es sich gar nicht um eine >richtige Hirntote<:

„Patientinnen im Hirnversagen, die schwanger sind, beweisen geradezu, daß sie zwar sehr schwer krank, aber doch noch am Leben sind. Die Entwicklung eines Kindes im Mutterleib ist eine der wundervollsten, höchst integrativen Lebenserscheinungen, die wir kennen.

In Erlangen wurde im Oktober 1992 die schwangere Marion Ploch für tot erklärt. Mit ihr wurde einer breiten Öffentlichkeit brutal vor Augen geführt, daß sich heutzutage Schwangerschaft und Tod nicht mehr ausschließen und daß die Mediziner der angeblich Toten sogar zutrauten, ein gesundes Kind zur Welt zu bringen.

---

[229] Hierauf nahmen dann z.B. Edzard Schmidt-Jortzig und Eckart v. Klaeden in ihrem bereits erwähnten Beitrag in der FRANKFURTER ALLGEMEINEN ZEITUNG vom 13.5.1997 explizit Bezug, den sie mit >Leichen bekommen kein Fieber< (und tragen keine Kinder aus) überschrieben haben und der wesentliche Kritikpunkte, wie sie in der TPG-Debatte seitens der >Hirntod-Kritiker< eingebracht wurden, für die breitere Öffentlichkeit ausformulierte (Quelle: Schmidt-Jortzig & v. Klaeden in FRANKFURTER ALLGEMEINE ZEITUNG 13.5.1997).

(Wolfgang Lohmann [Lüdenscheid] [CDU/CSU]: Aber nicht bei Hirntoten! Bei Koma!) Das hat zwar im Fall des Erlanger Babys nicht geklappt, ist aber in anderen Fällen bereits gelungen. Es schafft einfach Verwirrung und Mißtrauen, wenn in einigen Bundesländern die Ärzte einem Menschen mit noch schlagendem Herzen genau den gleichen Totenschein ausstellen wie einer Leiche." (13/183: Wodarg SPD [1])

Das gleiche rhetorische Muster – hier die Widerlegung der Hirntod-Definition durch die alleinige Existenz einer Schwangerschaft bei einem hirntoten Körper und dort der Widerspruch, daß dabei einfach kein ›Hirntod‹ vorgelegen habe – findet sich auch in der Rede von v. KLAEDEN (CDU/CSU):

„Ich gestehe zu, daß auch mir zunächst das Ansehen des Hirntodes als ein sicheres Todeszeichen plausibel erschien. Insbesondere das Bild von der "inneren Enthauptung" hat mir spontan eingeleuchtet. Der Fall der Erlanger Schwangeren, der gezeigt hat, daß bei Hirntod mit apparativer Unterstützung selbst das Austragen einer Schwangerschaft möglich ist, hat bei mir aber Zweifel geweckt.
(Dr. Dieter Thomae [F.D.P.]: Sie war noch nicht hirntot!)
– Doch, die Erlanger Schwangere war hirntot, Herr Kollege Thomae. Das hat Professor Wuermeling, der diese Behandlung begleitet hat, selbst bestätigt.
1993 definierte der wissenschaftliche Beirat der Bundesärztekammer den Tod als "Ende des Organismus in seiner funktionellen Ganzheit". Gegen diese Definition ist nichts zu sagen. Sie trifft bloß nicht zu, wenn man den Fall von Marion Ploch unvoreingenommen betrachtet. 97 Prozent ihrer Organe funktionierten. Die Patientin atmete. Nur die Bewegungen des Zwerchfellmuskels wurden durch eine Beatmungsmaschine ersetzt. Die Herz- und Kreislauffunktionen waren intakt. Nur ein Organ war definitiv ausgefallen: das gesamte Gehirn." (13/183: Klaeden CDU/CSU [1])

Und noch einmal die gleiche Kontroverse, die also darum kreist, ob jene Schwangerschaften, die in einem Fall erfolgreich, in einem anderem (bekannteren) Fall nicht erfolgreich ›abgeschlossen‹ wurde (d.h. das Baby kam per Kaiserschnitt zur Welt bzw. der Fetus starb nach einem Abgang), ›hirntoten‹ Frauen im Sinne von ›ganz toten‹ Frauen zuzuschreiben sind, zwischen Horst SEEHOFER und Herta DÄUBLER-GMELIN:

„Ich persönlich halte die Zweifel, die heute vorgetragen werden, für plausibel, weil es schon eine Menge an begrifflichen Definitionskunststücken verlangt, ein schlagendes Herz, ein lebendes Organ einem Körper zu entnehmen, der "tot" sein soll. Daß eine Schwangere, deren Kind
(Dr. Dieter Thomae [F.D.P.]: Stimmt doch gar nicht!)
– doch, Herr Thomae, ich komme gleich darauf zurück – durch Kaiserschnitt zum Leben gebracht werden kann, nach der Feststellung des Ausfalls der Hirnfunktionen "tot" sein soll, meine Damen und Herren, werden Sie ernsthaft nicht behaupten können. Da hier der Einwand gekommen ist, dies sei nicht der Fall, möchte ich Sie daran erinnern, daß bei dem Erlanger Baby der behandelnde Arzt, Herr Professor Scheele, deutlich darauf hingewiesen hat, daß die Hirntoddiagnose vorlag. Das gleiche war bei der Frau der Fall, deren Kind im Krankenhaus Filderstadt durch Kaiserschnitt geboren wurde.
(Horst Seehofer [CDU/CSU]: Nein!)
– Ich habe das Protokoll hier und lese es Ihnen jetzt vor. Ich bitte aber, das nicht auf meine Redezeit anzurechnen." (13/183: Däubler-Gmelin SPD [1])

Wenn wir es bei diesen Auszügen aus der in dieser Hinsicht nicht sehr aufschlußreichen TPG-Debatte belassen, wäre demnach die Deutungspolitik von

Befürwortern wie Gegnern der Hirntod-Definition, das Problem von ›Hirntod‹ als sicheres Zeichen für den Tod des Menschen und ›Schwangerschaft‹ als ebenso unumstößliches Zeichen von Leben am ehesten als ›Gottesbeweis‹ zu charakterisieren: Hier gibt es keinen menschlichen Deutungsspielraum mehr, der noch weiter auszuloten wäre, sondern entweder man glaubt daran oder man glaubt nicht daran, und als Glaubensbeweis dient so oder so die Schwangerschaft (gleichgültig ob mit oder ohne ›Erfolg‹). Die gegenseitigen rhetorischen Vorwürfe lauten einfach: ›was nicht sein kann, darf nicht herbeigeredet werden‹ versus ›was nicht ist, kann nicht herbei definiert werden‹.

Zur Zeichenhaftigkeit der ›Mutterleiche‹ und die Dominanz des Lebens im Fötus

Doch hinter diesem relativ unergiebigen politischen Austausch standen durchaus beträchtliche Deutungsanstrengungen seitens der ›Hirntod-Befürworter‹, die Hirntod-Definition auch für diesen Kontext zu rechtfertigen.

Im wesentlichen stehen sich zwei grundsätzliche Deutungsmodelle bei ›hirntoten‹ Schwangeren gegenüber: Zum einen die vom Leben ausgehende Vorstellung von ›zwei Patienten‹, Mutter und Fetus, die sich beide in einer lebenskritischen Situation befinden, weil die Mutter sich in einem unumkehrbaren Sterbensprozeß befindet, der unweigerlich auch zum Tod des Fetus führt, wenn dieser Sterbensprozeß nicht künstlich so lange verlängert wird, bis der Fetus eine eigenständige Lebensreife entwickelt hat. In dieser Deutung scheint jegliche therapeutische Praxis legitimierbar, zumindest so lange sie nicht in den Kontext einer möglichen Schädigung des Fetus und den damit verbundenen ethischen Problemen gestellt wird. So argumentierte z.B. BIRNBACHER, daß im Falle einer ›substantiellen Wahrscheinlichkeit‹ einer so schweren Schädigung des Kindes, daß es – einmal zur Welt gekommen – keine Chancen hätte, ein für es selbst befriedigendes Leben zu führen, auch ein „Abbruch der Schwangerschaft (...) in seinem [des Kindes; Anm. d. Verf.] eigenen Interesse läge" (Bokkenheimer-Lucius & Seidler 1993, S.57). Abgesehen von der ethisch nicht unproblematischen Logik, die hier einen Fetus zu einem Subjekt mit eigenen Interessen macht, die allerdings von anderen stellvertretend wahrgenommen werden und auf die Forderung hinauslaufen, eine Abtreibung vorzunehmen, weil das erwartete Leben nicht ›lebenswert‹ (nach welchen Kriterien?) sein wird, bleibt diese ethische Problematik jedoch auch im nächsten Modell bestehen.

Darin kann zum anderen, der Hirntod-Definition gemäß, die Schwangere als gerade Verstorbene, als ›Brutkasten‹ gesehen werden, als Leichnam, der „wie ein außerkörperliches Transplantat vieler Organe gleichzeitig" die optimale Umgebung für den Fetus bildet (Herranz 1995, S.172, Oduncu 1998, S.94ff). Genau diese, den verantwortlichen Medizinern zugeschriebene Sichtweise, bildete einen zentralen Kern der vehementen Kritik an dem Erlanger Vorgehen, wobei interessant scheint, daß versucht wird, diese Kritik mit dem Hinweis auf die ›Erscheinungsweise‹ der hirntoten Schwangeren aus dem Feld zu schlagen:

„Diese negativen Meinungen vergessen aber allesamt, was deutlich sichtbar ist, nämlich, daß die HTSG [meint ›hirntote‹ Schwangere; Anm. d. Verf.], deren Lebensfunktionen aufrechterhalten werden, uns wie eine noch lebende Person erscheint, die sich äußerlich von den anderen Patienten einer Intensivstation nicht unterscheidet. Die durch Kabel und Schläuche mit Apparaten, Beuteln und Monitoren verbundene HTSG zeigt keine Anzeichen, die nach dem Tod an einem Leichnam zu beobachten sind." (ebd., S.177)

Was also gemeinhin bei ›Hirntoten‹ als phänomenale Irritationen eher ein Gegenstand der korrekten Aufklärung über den ›wirklichen Leichencharakter‹ des ›Hirntoten‹ darstellt, gerät hier zur Begründung, daß keinesfalls eine ›entwürdigende De-Subjektivierung‹ der Leiche durch die Fortführung der Behandlung zugunsten des Fetus erfolge.

Auf jeden Fall aber fiel die Deutungsmöglichkeit der Subsumption einer Schwangerschaft in ihrer körperlichen Zeichenhaftigkeit unter einer – analog zu den spinalen Reflexen – Deutungsmetaphorik von ›Zeichen des Todes‹ offensichtlich aus. Und so blieb zunächst nur als Ausweg die Technik. Manche medizinischen Protagonisten der Hirntod-Definition waren sich denn auch bei einer Schwangerschaft von ›hirntoten‹ Frauen sicher, dies sei keinesfalls als Zeichen für Leben (des ›hirntoten‹ Leichnams) zu werten, sondern – ganz im Sinne obiger Organspende-Logik – lediglich als Zeichen für das Funktionieren von einzelnen Organen, hinter denen die ›lebenserhaltenden‹ (-simulierenden?) bzw. hier besser: ›Leben produzierenden‹ Maschinen stehen[230] – so z.B. PICHLMAYR in DIE WELT:

„Dabei sind aufrechterhaltene Körpertemperatur - eine Leistung besonders der Leber - oder auch das Fortbestehen einer Schwangerschaft - "Erlanger Baby" - keine Lebenszeichen, so sehr dies auch bei oberflächlicher Betrachtung und auch psychologisch verständlich so erscheinen mag, sondern eben infolge der künstlichen Beatmung und dadurch der Herzfunktion und Blutzirkulation ein Funktionieren einzelner Organe, so wie diese nach einer Organtransplantation wieder und weiter in einem anderen Organismus arbeiten können." (Quelle: Pichlmayr in Die Welt 1995)

Allerdings, die Interpretation, daß eine Leiche als Medium einer maschinell kontrollierten und betriebenen Schwangerschaft herhalten kann, war dann als Lesart doch so manchen Befürwortern des ›Experiments‹ wiederum zu extrem bzw. erschien für sich allein genommen nicht ausreichend, so daß ein weiterer Punkt in die Diskussion eingeführt wurde. In einer anderen bzw. dazu ergänzenden Argumentation wurde dann nämlich vermutet, daß auch das Ungeborene Steuerungsfunktionen (eine sogenannten ›hormonelle Basissteuerung‹) übernehmen könne. Für den Mediziner BONELLI stellt die ›hirntote Schwangere‹ insofern einen Spezialfall dar, als dabei „offensichtlich eine zentrale Steuerung vom Embryo ausgeht, die in gewisser Weise auch den Körper der Mutter gleichsam im Sinne eines Organtransplantates integriert" (Bonelli 1995, S.98). Der Embryo übernimmt also die Integration des ›gespendeten Gesamtorganis-

---

[230] Vgl. auch Birnbacher (Bockenheimer-Lucius & Seidler 1993, S.56).

mus‹ (dem der Mutter) und schafft sich damit eine organische Umwelt (den Körper der Mutter), die er nach seinen Bedürfnissen beeinflußt.[231]

Fünftes Zwischenfazit: Die Schwangerschaft verwischt die Grenzen zwischen Leben und Tod

Der Fötus rückt symbolisch als ›eigensinniger Aktor‹ in den Vordergrund, der den toten Körper der Mutter (gleichsam mit maschineller Unterstützung) beeinflußt und dominiert – mit anderen Worten: Das neue Leben vertreibt den Tod des alten! – eine Deutung, so könnte man polemisch dazu anmerken, die jenseits ihrer medizinischen Fachproblematik kulturell auf jeden Fall ansprechend wirkt. Doch ist es das Menschliche oder das Maschinelle, das hier das eine vorbringt und sich des anderen bedient? Auf jeden Fall kann die eindeutige Grenzziehung zwischen Leben und Tod im Falle der schwangeren ›Hirntoten‹ nicht mehr kohärent aufrechterhalten werden, so daß es vor diesem Hintergrund fast nicht verwundert, daß die Parlamentarier auf Seiten der Befürworter der Hirntod-Definition sich jedenfalls bei dieser Thematik der einfacheren ›Vogel-Strauss-Haltung‹ bedient und als Politiker ›eigenmächtig‹ die medizinische Diagnose einfach korrigiert haben nach dem Motto: kein Leben, wo (Hirn-) Tod sein soll..., aber deshalb auch: kein ›Hirntod‹ bei einer Schwangeren!

---

[231] Abgesehen davon, daß hierzu noch keine ›gesicherten‹ medizinischen Erkenntnisse existieren, muß man sich vor Augen halten, daß heute in der Regel die maschinelle Unterstützung bei ›Hirntoten‹ bis zur Organentnahme lediglich ein bis zwei Tage dauert. Bislang – so der in der Literatur häufig kolportierte Hinweis – erreichte man in den wenigen dokumentierten Fällen ›Hirntoter‹, die über diese Zeitdauer hinaus ›an den Maschinen hingen‹, eine ›körperliche Überlebensdauer‹ von 2 bis 4 Wochen, bis z.B. auch mit maschineller Unterstützung keine Stabilisierung des Kreislaufs mehr möglich war. Bei ›hirntoten‹ Schwangeren hingegen mit maschinell aufrechterhaltenen Lebensfunktionen reichte dieser Zeitraum z.B. von 5 bis sogar 15 Wochen: „Man kann hier keinen eindeutigen Schluß ziehen, sondern vorläufig bloß die Vermutung äußern, daß HTSG, deren Lebensfunktionen erhalten werden, längere Überlebenszeiten aufweisen als andere Gehirntote unter ähnlichen Umständen. (...) Es ist nicht abwegig zu vermuten, daß die Reize, die vom Fetus ausgehen, eine gewisse unterstützende Wirkung auf die HTSG haben. Kurz und gut kann man annehmen, daß der Konnex aus Fetus und Plazenta auf die eine oder andere Art die überdurchschnittlich lange körperliche Überlebensdauer von HTSG ermöglicht." (Herranz 1995, S.185) Entgegen einer solchen Darstellung weist z.B. Shewmon in seiner Analyse zu ›Überlebensraten‹ von dokumentierten ›Hirntod‹-Fällen – getitelt als „Chronic ›brain death‹" – Zeiträume von mehreren Monaten und sogar Jahren aus (im längsten Fall, der zum Zeitpunkt der Untersuchung noch ›am Leben‹ war, über 14 Jahre). Er schreibt: „Contrary to popular belief, there are many well documented B[rain] D[eath] cases with survival beyond the ›few days‹ typically cited as maximum possible." (Shewmon 1998, S.1542) Und er folgert: „The phenomenon of chronic BD implies that the body's integrative unity derives from mutual interaction among its parts, not from a top down imposition of one ›critical organ‹ upon an otherwise mere bag of organs and tissues." (ebd., S.1544)

Bei soviel Unsicherheit und Ungewißheit über Leben und Tod in der interdiskursiven Bearbeitung von Hirntod und Organtransplantation bleibt zu fragen, worin denn eigentlich die gemeinsamen Bezugspunkte in der politischen Debatte um den ›Hirntod‹ gelegen sind, die – vermeintlich oder nicht – jedenfalls soviel Sicherheit und Gewißheit bieten konnten, daß eine ›Entscheidung‹ möglich war und darüber hinaus sogar – zumindest in der Sichtweise des BMfG von einem gefundenen Konsens gesprochen werden konnte? Die Antwort auf diese Frage lautet im Prinzip ganz einfach: Weder die ›Wahrheit des Todes‹, basierend auf wissenschaftlicher Erkenntnis, noch die Unterstellung kollektiver kultureller Fundamente zu Sterben und Tod bildeten eine gemeinsame Basis der Parlamentarier, sondern der Rekurs auf den auf ›das Leben‹ hin gerichteten moralischen Akt der ›Organspende‹, der, flankiert durch den modernen Mythos der ›Aufklärung durch Wissensvermittlung‹, es mit seinen kulturellen Selbstverständlichkeiten und Unhinterfragbarkeiten erlaubte, die Hirntod-Kontroverse selbst wieder hinter die Kulissen zu schieben.

4.2.4. Wissen und Moral:
Von der Aufklärung über den guten und den schlechten Tod

Wir erinnern uns: Das zentrale, wenn auch nicht gänzlich unumstrittene Ziel des TPG liegt der überwiegenden Mehrheit der politischen Stimmen nach (und im Einklang mit der Transplantationsmedizin) darin, durch „eine klare gesetzliche Regelung die Rechtssicherheit in diesem sensiblen Bereich zu erhöhen" und (wenngleich in diesem Punkt durch B'90/GRÜNE zwar nicht grundsätzlich in Frage gestellt, so doch zumindest relativiert) die ›gesellschaftliche Anerkennung der Transplantationsmedizin‹ zu befördern, um damit die Spendebereitschaft in der Bevölkerung zu erhöhen (BMfG 7.10.1997). Denn, wie bereits diskutiert, besteht das zu lösende gesellschaftliche Problem vereinfacht gesagt darin, daß – betrachtet man die Häufigkeit der ›Organspenden‹ aufgrund eines vorliegenden Organspende-Ausweises (vgl. Fußnote S.177) – kaum jemand das macht, was sich im Grunde (fast) alle politischen Parteien, Gutachter, Interessensverbände etc. wünschen: Jeder entscheidet sich selbst, ›freiwillig‹ und ›ohne weiteres‹ für die ›Organspende‹, indem er für sich selbst einen Spendeausweis ausstellt. Die gängige Lösung für solche Knappheitsprobleme in kapitalistischen Gesellschaften, die in und durch den freien Markt wirkende ›unsichtbare Hand‹ zum Zuge kommen zu lassen, fällt aus: Es besteht infolge ›grundsätzlicher ethischer Bedenken‹ absolute Einhelligkeit bei allen Beiträgen in der TPG-Debatte, jeglicher Form von Organhandel sowohl bei ›postmortalen‹ wie bei Lebendspenden eine ausdrückliche Absage zu erteilen (vgl. auch TPG §17 und §18; dazu auch Ach 1997b, S.66ff), wenngleich gerade dieser Markt, so zumindest eine Reihe von Kritikern, international schon längst floriert und nach seinen eigenen Gesetzen funktioniert (vgl. z.B. Fuchs 1996; umfassender Kimbrell 1994). Doch welche Lösungen sind jenseits von Markt oder totalitärem Dirigismus dann denkbar?

Zusammenfassend läßt sich die Botschaft der TPG-Debatte so formulieren: Um dem (wie in Kap.4.2.2 gezeigt) als soziales Problem definierten ›Organmangel‹ abzuhelfen, sollen *Vertrauen, Sicherheit und Gewißheit* den ›*aufgeklärten*‹ *Bürger* für den moralischen Akt der ›Organspende‹ gewinnen, indem das ihm zur Hand gegebene ›richtige‹ Wissen jeden davon überzeugt, mit der Ausstellung eines Organspende-Ausweises auch das (moralisch) ›*Richtige*‹ *zu tun.*[232]

Doch auf welchen Sicherheiten und Gewißheiten soll und kann nach den gezeigten ›Hirntod‹-Kalamitäten das erforderliche Vertrauen aufbauen? Eine ›eindeutige‹, weil von allen akzeptierte Grenzziehung zwischen Leben und Tod, eine unverrückbare ›moderne Ordnung des Todes‹, welche die Gewißheit für die Lebenden bis hin zu ihrem eigenen Sterben bietet, daß das Diesseits sie nach ihrem ›Tod‹ in keiner Weise mehr betrifft, scheint trotz aller Anstrengungen seitens der Befürworter der Hirntod-Definition verloren gegangen zu sein. Oder zumindest: Sie taugt infolge der damit verbundenen Todesunsicherheit nicht als gemeinsame Ausgangsbasis im Kampf gegen die konstatierte Bereitschaftsverweigerung, die dem Problemmuster des ›Organmangels‹ folgend zu Lasten der Organbedürftigen im Lande geht. Genau an diesem Punkt setzen jene ›*Moralisierungen*‹ an, welche bereits die Grundlage der Problemdefinition ›Organmangel‹ gebildet haben, und die ihre weitere Ausgestaltung und damit ihren konkreten *praktischen* Sinn aber erst vor dem Hintergrund der Hirntod-Kontroverse gewinnen. Denn das ›Organe-Spenden‹ als moralischen Akt gilt es nicht nur in eine angemessene juristische Form zu gießen, der ihn frei von möglichen ethischen Anfechtungen bleiben läßt, sondern vor allem geht es auch darum, diesen Akt mit einer solchen ›Werte-Ausstattung‹ zu versehen und an die Bevölkerung zu vermitteln, welche jegliche Sterbens- bzw. Todesungewißheit neutralisiert, vergessen läßt. Diese zwei angedeuteten Diskursstränge – die Moralisierung der ›Hirntod‹- und Transplantationsdebatte sowie die charakteristische Vermittlungsprozedur des als relevant erachteten ›Wissens‹ – sollen abschließend noch genauer betrachtet werden.

Um die soziologisch relevanten Aspekte herausarbeiten zu können, bietet es sich an, zunächst noch einmal beim ›Organmangel‹ selbst zu beginnen, d.h. bei der aus der Zielstellung des TPG resultierenden Notwendigkeit für den Gesetz-

---

[232] Daß diese Rhetorik von Sicherheit, Gewißheit und Vertrauen bis hin zu der Position von B'90/GRÜNE reicht, zeigt exemplarisch folgendes kurzes Zitat: „Was ist also für ein Transplantationsgesetz wichtig? Die Transplantationsmedizin kann Akzeptanz nur finden, wenn sie sich auf alte Werte gründet, wenn wir sie in den gültigen allgemeinen Wertekontext zurückführen. Das ist von weitreichender Bedeutung für die Zivilität und Humanität der Gesellschaft. Es wäre fatal, die Bewertung von Leben und Tod Nützlichkeitserwägungen zu unterwerfen. Denn das ist es, was im Kern Mißtrauen schafft. Diese Therapie aber braucht Vertrauen und Rechtssicherheit bei allen Beteiligten. Dies kann es nur geben, wenn sicher ist, daß mit potentiell Spendenden nichts geschieht, was sie nicht gewollt haben." (13/183: Knoche B'90/ GRÜNE [1])

geber, eine Regelung zu finden, die dieses Problem bearbeitet. Zwar machen sich alle Positionen den uneingeschränkten Rekurs auf das Selbstbestimmungsrecht zu eigen, sowohl im Hinblick auf die Befürwortung wie auch Ablehnung einer Organentnahme (d.h.: ausschließlich der Betroffene selbst, sofern er nachweislich explizit seinen Willen kundgetan hat, bestimmt, was nach festgestelltem ›Hirntod‹ mit ihm passiert), doch da dies allein, so die Befürchtung, jenen konstatierten ›Organmangel‹ nicht nur nicht lösen, sondern sogar verschärfen würde, brauchte es eine Regelung, die den erweiterten Zugriff auf ›Organspender‹ zuläßt, eine Regelung, die das Schweigen der Mehrheit ›richtig‹ deutet und zur Geltung bringt.

›Der Gesetzgeber‹ deutet das Schweigen der Bevölkerung

Der Transplantationsmediziner Gundolf GUBERNATIS analysiert die psychische Befindlichkeit des Menschen und die damit korrespondierende gesellschaftliche Situation zum Thema ›Tod‹ wie folgt:

„Zum Beispiel ist die enge Zustimmungslösung gegen die Psychologie des Menschen gemacht. Kaum ein Mensch beschäftigt sich mit seinem eigenen Tod und mit der Organspende, wenn er gesund ist. Wenn dann der Tod - zumeist plötzlich - eintritt, liegt meist keine schriftliche Erklärung vor. Alles, worüber wir diskutieren, sind deshalb Hilfskonstruktionen für den Fall, daß sich ein Mensch eben zu Lebzeiten nicht geäußert hat. Bei Schmidt-Jorzig wird Schweigen ausdrücklich mit Ablehnung gleichgesetzt. Dies stimmt aber genausowenig wie Schweigen Zustimmung bedeutet. Deshalb bin ich persönlich weder für eine enge Zustimmungslösung noch für die Widerspruchslösung." (Quelle: Gubernatis 1997)

Wie bereits erläutert, hat der Gesetzgeber für das TPG eine – infolge der Verweigerung der Menschen zu einer Auseinandersetzung mit dem Tod notwendige – Hilfskonstruktion gewählt, die das mehrheitliche Schweigen der Bevölkerung durch die Willens*mutmaßungen* seitens der weiterlebenden Angehörigen des potentiellen Organspenders ausdeuten soll (vgl. z.B. 13/4355). – Damit folgt er der Devise (juristisch gesehen vielleicht nicht gänzlich einwandfrei, weil durch die Angehörigen vermittelt): Das Selbstbestimmungsrecht des Subjekts geht auch über seinen Tod hinaus.[233]

---

[233] Betrachtet man den ›Hirntoten‹ als Sterbenden, so folgt daraus ohnehin die ›enge Zustimmungslösung‹, d.h. die „Erfordernis einer ausdrücklich und höchstpersönlich erklärten Einwilligung des Organspenders. (...) Es ist ein Ausdruck der jedem Menschen innewohnenden und unveräußerlichen Würde, daß ein Dritter nicht ohne oder gegen den Willen des Betroffenen über dessen Körper verfügen kann." (13/183: Götzer CDU/CSU). Auf der anderen Seite plädierte im Vorfeld der TPG-Debatte z.B. die AGO immer für die, im Vergleich zu einer erweiterten Zustimmungslösung, bei der die Angehörigen nach ihrem Willen über die Organentnahme entscheiden würden, für die ›menschlichere Lösung‹: die Widerspruchslösung. Die Belastung für die Angehörigen, in der Ausnahmesituation des Todes eines nahe stehenden Menschen eine solche Entscheidung zu treffen, seien immens – so die AGO. Dem gegenüber wäre die ›geringe Erklärungslast‹, die den Bürgern bei Ablehnung der ›Or-

Wider den Organmangel: Das Memento Mori als ›Bürgerpflicht‹

Um aber mit einer solchen Zustimmungslösung der Forderung nach einer Erhöhung der Spendenbereitschaft nachkommen zu können, sind nach überwiegender Meinung der Parlamentarier weitergehende Anstrengungen nötig, um die Menschen für das Projekt ›Organspende‹ zu gewinnen. Der Logik der Kommunikations- und Informationsgesellschaft gemäß braucht es ›Aufklärung‹ im Sinne von ›aufklärenden weil informierenden Werbekampagnen‹, die jene Bereitschaftsverweigerung an der Wurzel packen und eine Auseinandersetzung der Menschen – ja mit was eigentlich? – ›erzwingen‹. So z.B. exemplarisch Herta DÄUBLER-GMELIN (SPD) oder auch Burkhard HIRSCH (F.D.P.):

„Setzen wir also auf die Bürger! Fordern wir die Hausärzte auf, mit ihren Patienten über Organspenden zu reden! Bitten wir die Bundeszentrale für gesundheitliche Aufklärung, eine der Aidskampagne ähnliche Kampagne zu starten!" (13/183: Däubler-Gmelin SPD [1])

„(...) Wer die Ausdehnung der Transplantationsmedizin will – vieles spricht dafür –, der muß dafür werben. Er darf nicht in der Überzeugung resignieren, daß es möglich wäre, mehr Menschen als bisher von der Not ihrer Mitmenschen anrühren zu lassen, sie zum Nachdenken zu bewegen. Wir müssen Möglichkeiten schaffen, daß (...) jeder Mensch mit dieser Frage konfrontiert wird, daß er ihr nicht leichtherzig ausweichen kann. Das ist unsere gesetzgeberische und moralische Pflicht." (13/183: Hirsch F.D.P.)

Auf der gleichen Logik ›wider der Leichtherzigkeit‹ beruhend, allerdings in der praktischen Umsetzung noch ›zwingender‹, möchte z.B. das (dann allerdings abgelehnte) Modell der ›Erklärungspflichtlösung‹ von SCHMIDT-JORTZIG (F.D.P.), v. KLAEDEN (CDU/CSU) u.a. die individuelle ›Selbstbestimmung über den Tod‹ hinaus als ›Bürger*pflicht*‹ etablieren, nach der jeder Bürger zu verschiedenen Zeitpunkten in seinem Lebenslauf mit der Frage nach der ›Organspende‹ konfrontiert wird, eine ›fundierte Entscheidung‹ treffen soll und jenes von HIRSCH beklagte ›Ausweichen‹ verunmöglicht wird:

„Der Mensch befaßt sich nur ungern mit dem eigenen Tod. Von daher ist verständlich, daß bislang nur ein verhältnismäßig kleiner Kreis sich mit der Möglichkeit der Organspende nach eingetretenem Hirntod auseinandergesetzt und eine bewußte Entscheidung hierzu getroffen hat. Angesichts der leidensmindernden und lebensrettenden Erfolge der Transplantationsmedizin besteht jedoch ein legitimes Interesse der Allgemeinheit daran, die Bereitschaft zur Organspende durch Aufklärungsmaßnahmen zu wecken und das Potential an spendebereiten Mitbürgern auszuschöpfen.
Deshalb ist eine gezielte Information möglichst der gesamten Bevölkerung über die Voraussetzungen und Umstände einer Organtransplantation anzustreben. (...) Das Informationsmaterial soll auch die Aufforderung enthalten, sich für oder gegen die Bereitschaft zur Organspende bewußt zu entscheiden. Diese Entscheidung sollte aus dem Solidargedanken heraus einer "Bürgerpflicht" entsprechen. Erfolgt jedoch eine solche Erklärung nicht, wird daran keine Sanktion geknüpft." (13/8029)

---

ganspende‹ zugemutet würde, dies zu Lebzeiten auch kundzutun, auf jeden Fall vertretbar (Quelle: AGO-Aufruf 1997/I).

Dieser ›zwingenden‹ Auffassung nach gründet – überspitzt formuliert – die statistisch gesehen verschwindend geringe Zahl von Organspende-Ausweisen also auf der mangelnden Fähigkeit oder dem fehlenden Willen der Menschen, über ihren eigenen Tod nachdenken; bestünde man hingegen auf einer solchen Auseinandersetzung, dann wäre zu erwarten, daß die Menschen ›freiwillig‹ ihre Bereitschaft erklären, Organe zu spenden. – Dies ist insofern ein interessanter Gedankengang, als er ausdrücklich ausblendet, daß möglicherweise derzeit auch viele Menschen über ihren eigenen Tod nachdenken könnten, aber eben, aus welchen Gründen auch immer, zum gegenwärtigen Zeitpunkt keine explizite Stellung zur ›Organspende‹ beziehen möchten. Die Aufforderung zum *Memento mori* des ›Organe spenden – Leben schenken‹ als *Bürgerpflicht* soll zwar frei von der Drohung mit Sanktionen bleiben, aber keinesfalls als reine Bitte verstanden werden, der man nachkommen kann oder nicht. In aller Deutlichkeit erläutert SCHMIDT-JORTZIG (F.D.P.):

„Drittens möchten Eckart von Klaeden und ich – das ist ganz wichtig, obwohl es da nur um Worte geht –, daß dort nicht nur das Wörtchen "Bitte", sondern das Wort "Aufforderung" stehen soll. Die Menschen sollen also ausdrücklich gefordert werden, ihre Bereitschaft zur Organspende zu erklären. Das ist mehr als nur eine relativ unverbindliche Ansprache. Das ist ein gezielter Appell. Das ist ein Fassen an das ethische Portepee. Das ist ein Aktivierenwollen – wenn Sie es moralisch, wenn Sie es auch christlich haben wollen – der Mitmenschlichkeit. Das ist das Modell Bürgerpflicht, die natürlich keine rechtliche Pflicht sein kann und darf, die man irgendwie mit Zwängen durchsetzt. Aber es ist eine moralische Pflicht, die wir als solche positionieren wollen." (13/183: Schmidt-Jortzig F.D.P. [1])

Nicht verwunderlich erscheint, daß gegen solche Repressivität modernen aufklärerischen Denkens als Zwang zur Selbstreflexion des eigenen Todes mit Vehemenz auf das Recht des Nicht-Wissen-wollens und des Nicht-Entscheidens hingewiesen wurde: Was wäre mit jenen, die entgegen dem legitimen Interesse der Allgemeinheit nicht über ihren eigenen Tod nachdenken, ja gar nicht daran erinnert werden wollen, und schon gar keine diesbezügliche Entscheidungen treffen möchten?[234]

„Die meisten Menschen leben ihr Leben im Bewußtsein, daß sie über den Tod nichts wissen. Sie überlassen sich dem Sterben als einem letzten Geheimnis des Lebens. Über diese letzte Phase des Lebens nichts zu wissen, nichts wissen zu können, darüber nicht entscheiden zu wollen oder zu müssen, gehört zu den höchst persönlichen Rechten jedes Menschen." (Quelle: Knoche 1996)

---

[234] Gegen eine solche ›unliberale‹ Bürgerpflicht äußerte sich – hierin wohl stellvertretend für viele Transplantationsmediziner – z.B. auch Gundolf Gubernatis: „Schmidt-Jortzig fürchtet offenbar, daß mit seinem Modell weniger Organe gespendet werden und fordert deshalb eine Art Bürgerpflicht, sich zu erklären. Das ist extrem unliberal. Warum muß man sich gerade zu diesen Punkten - Tod, Sterben, Organspende - äußern - als moralische Verpflichtung. Wir haben aus guten Gründen keine Wahlpflicht, nun soll es so etwas wie eine Äußerungspflicht zur Organspende geben. Wo soll das noch hinführen?" (Quelle: Gubernatis 1997)

Die juristischen Bedenken zu dem Modell ›Bürgerpflicht‹ aus der TPG-Debatte sollen hier nicht ausgeführt werden (vgl. z.B. 13/183: Höll PDS u.a.), so wie es mir insgesamt auch nicht um die verschiedenen (rechtlichen) Probleme der verhandelten unterschiedlichen Regelungen und deren tatsächliche oder unterstellte Auswirkungen auf das ›Spenderaufkommen‹ geht. Erwähnenswert, weil über das solchen Überlegungen unterliegende Gesellschafts- und Subjektverständnis Aufschluß gebend, erscheint mir allerdings der von Rita SÜSSMUTH (CDU/ CSU) gegebene Hinweis, daß eine solche Entscheidung für oder gegen ›Organspende‹ nicht nur sehr ›subjektiv‹ in der Begründung sein kann, sondern womöglich auch je nach Lebenssituation, sozialen Kontext usw. variiert. Insofern wäre es recht illusorisch zu glauben, man würde sich einmal (z.B. mit 18 Jahren beim Führerscheinerwerb) zu seinem eigenen Tod – angestoßen durch ›Aufklärungsmaterial‹ – ein Bild machen, um dann eine Entscheidung zu treffen und diese und die damit verbundene Vorstellung von Sterben und Tod für den Rest seines Lebens ›bewußt‹ und ›selbstbestimmt‹ gutzuheißen (vgl. 13/183: Süssmuth CDU/CSU). Und wäre es im Hinblick auf den *mutmaßlichen* Willen, den die Angehörigen im Zweifelsfall kundtun sollen, nicht ebenso denkbar, daß während des eigenen Sterbens nicht nur keine Angehörigen anwesend sein könnten, sondern man sich, warum auch immer, gerade mit den eigenen Angehörigen nicht im Vorfeld über sein vorgestelltes, womöglich auf ganz eigenen religiösen Überzeugungen beruhendes, Sterben austauschen möchte (vgl. 13/183: Hirsch F.D.P.)? Sicherlich: Dagegen ließe sich einwenden, daß alle diese Probleme dann nicht existieren, wenn man ›in Eigenverantwortung‹ anhand eines Organspende-Ausweises (auf dem man auch die Verweigerung jeglicher Organentnahme dokumentieren kann) zu jeder Zeit seine Position zu ›Hirntod‹ und Organtransplantation dokumentiert. – Aber genau in diesem Einwand manifestiert sich erneut die in der gesamten Diskussion dominante Vorstellung des autonomen modernen Subjekts, welche dem permanenten, der modernen Medizingesellschaft geschuldeten Memento mori des ›Organe spenden – Leben schenken‹ unterliegt.

›Aufklärung‹ um jeden Preis – doch über was?

Damit gelangt man zwangsläufig an jenen Punkt, der die Frage aufwirft: Über was soll eigentlich ›aufgeklärt‹ werden? Was braucht der Bürger an Wissen, an Information, um seine Entscheidung über ›Organspende‹ treffen zu können?

Die Pflicht zur Aufklärung ist im TPG festgelegt (und an die Krankenkassen wie entsprechende behördliche Stellen in Bund und Länder adressiert, vgl. TPG §2 [1]), und sie tut auch bitter Not, glaubt man zumindest den verschiedenen Stimmen aus dem Umkreis der Transplantationsmedizin, da viele falsche Vorstellungen, Mythen, Märchen, irrationale Spekulationen den Blick auf ›die Wirklichkeit‹ verstellen und in ihrer Verzerrung die Menschen vom Organspenden abhalten (vgl. Kap.4.2.2, S.178). Auch wenn der Zusammenhang von: ›Aufklärung‹ = ›Wissensvermittlung‹ durch ›Information‹, die wiederum beim ›Aufgeklärten‹ gleichsam automatisch ›Autonomie‹ erzeuge und damit ›Selbstbestimmung‹ verwirkliche – auch wenn also dieser ›moderne Mythos‹ der Kommunikations- und Informationsgesellschaft bei allen Beteiligten Konsens zu sein scheint, gehen die Meinungen über konkrete Inhalte und Vermittlungsweisen verständlicherweise auseinander.

Betrachtet man als Beispiel folgenden Auszug aus einem populärwissenschaftlichen ›Aufklärungsbuch‹ zu Organtransplantationen, wird sofort nicht nur klar, daß – als solches eine Binsenweisheit – ›Aufklärung‹ nie wertfrei sein kann, sondern auch, daß mit der Aufklärung zu ›Hirntod‹ und Organtransplantation eine spezifisch *moralische* Neu-Ordnung von Krankheit, Sterben und Tod einhergeht:[235]

„Vieles haben Sie jetzt gelesen, was mit Transplantation zu tun hat, Erfreuliches, Trauriges, Zwiespältiges. Vielleicht ist es Ihnen bei der Lektüre ähnlich ergangen wie mir bei meiner Arbeit: Ihre ambivalenten Gefühle gegenüber der Organtransplantation haben sich zu einer aufgeschlossenen, positiven Haltung verändert, weil Sie gesehen haben, wie beglückend, wie lebensrettend, wie im Tiefsten menschlich eine Organspende sein kann. Oder weil sie in diesem Buch Informationen zum Beispiel über die Endgültigkeit und die Feststellbarkeit des Hirntods bekommen haben, über die Sie bisher nicht verfügten, die Ihnen Ihre Furcht vor einer Verkürzung des Sterbeprozesses genommen haben." (Storkebaum 1997, S.173)

Doch wenn der analytische Blick – von solcher ›Aufklärungsrhetorik‹ ausgehend – ausdrücklich die ›Werte-Latte‹ an die Diskursformation ›Hirntod‹ anlegt, noch dazu gezwungenermaßen in jenem Schnittbereich, wo sie sich mit der Diskursformation ›Organtransplantation‹ überlagert, steht man am Beginn eines weiten und unübersichtlichen Weges. Deshalb fordert schon allein der hier zur Verfügung stehende Platz, eine Eingrenzung vorzunehmen, die sich in dieser Arbeit auf den Topos der ›tiefsten Menschlichkeit‹ der Organspende und seiner diskursiven Gestaltung wie Vermittlung konzentrieren möchte, um damit die besondere Art und Weise der Moralisierung in jenem ›neuen Memento mori‹ präziser zu fassen.

---

[235] Mir geht es im folgenden weniger um eine einfache Gegenüberstellung von verschiedenen Modi und gewünschten Inhalten von Aufklärungskampagnen über ›Hirntod‹ und Organtransplantation. Eine grundlegende Kritik an der Aufklärungspraxis im Sinne der gängigen Werbekampagnen *für* Organspende, wie sie Transplantationsmedizin und entsprechende Interessensverbände wie die AGO u.a. fordern und betreiben, wurde und wird im Hinblick auf Ausgewogenheit zumindest formuliert (so daß sie hier nicht erneut wiedergegeben zu werden braucht), wenngleich sie auch bislang von den behördlichen Stellen und den Verbänden kaum praktisch berücksichtigt wird. So stellte jüngst Hans-Ullrich Gallwas fest: „Wenn eine Belehrung glücken soll, muß sie offen und ehrlich sein." Das von der Bundeszentrale für gesundheitliche Aufklärung in Bonn vor kurzem herausgegebene Informationsmaterial wurde hingegen – so Gallwas – von mehreren Experten als „unvollständig und einseitig" bezeichnet (Quelle: Ärzte Zeitung 1997).

Exkurs II: Würde und Gerechtigkeit

Betrachtet man z.b. neben der ›(Mit-) Menschlichkeit‹ zwei weitere ›Werte-Konzepte‹ – den Begriff der ›Würde‹ und den Begriff der ›Gerechtigkeit‹ –, die den Schnittbereich zwischen der Diskursformation ›Hirntod‹ und ›Organtransplantation‹ ebenso zentral kennzeichnen, so zeigen sich exemplarisch skizziert folgende Diskursivierungsmuster:
Der Begriff der ›*Würde*‹ (vgl. TPG §6), findet sich, ausgehend vom Diktum des Grundgesetzes von der ›unantastbaren Menschenwürde‹, in vielen Redebeiträgen und Antragsformulierungen, allerdings in recht verschiedenen Gebrauchsweisen, ›Ausdeutungen‹ und Verknüpfungen sowie mit ganz unterschiedlichen ›Gegen-Begriffen‹ verbunden wie z.b. die ›Nicht-Würdigung‹ oder ›Entwürdigung‹: die Würde des Menschen generell in seiner leibhaftigen Integrität; die Würde des Sterbenden, die durch seine Behandlung (welche?) gewährleistet bleiben muß; die Würde des Kranken, der auf Hilfe hofft u.a.m. Fritz Hartmann (1998, S.38ff) schreibt wohl zurecht: „Es muß uns stutzig machen, daß der Begriff Würde für die gegensätzlichsten Formen des Umgangs mit Lebensmüden, Lebensunfähigen, Sterbenden und Toten als Begründung beansprucht und benutzt wird – und als Verpflichtung an den Arzt für sein Verhalten, Urteilen, Entscheiden, Handeln, Unterlassen angesichts von Sterben und Totsein." (Hartmann 1998, S.39) Hier zur Illustration nur drei, ausgewählte Beispiele aus der TPG-Debatte:
„Wann endet die Würde des Menschen (...)? Ich glaube, daß sie nicht mit dem Bewußtsein endet, daß sie nicht mit der Tätigkeit des Gehirns endet, sondern daß der Mensch sich nicht nur in seinem Bewußtsein verwirklicht, sondern auch in der körperlichen Erscheinung, in seinem Körper." (13/183: Hirsch F.D.P.)
„Wenn man sagt: "Nur durch den Nachweis aller Hirnfunktionen ist der Mensch eine Person", dann verliert er mit dem Verlust seiner Hirnfunktionen seine Würde. Es bleibt sein materieller, verfügbarer Wert. Das ist der konkrete Utilitarismus." (13/183: Knoche B'90/GRÜNE [2])
„Im Grundgesetz heißt es: "Die Würde des Menschen ist unantastbar." Das bedeutet, daß der lebende Mensch nicht zum bloßen Mittel zur Erreichung eines Zweckes mißbraucht werden darf. Daher darf die körperliche Unversehrtheit eines Menschen nur beeinträchtigt werden, wenn eine Aussicht auf Hilfe besteht und wenn der Betroffene dieser Verletzung seiner körperlichen Integrität zugestimmt hat." (13/183: Schmidbauer SPD)
– Allein schon diese drei Beispiele, obwohl sie sich gemeinsam auf die Würde des Menschen (im Sterben) im Hinblick auf die Bedeutung von Körper und Geist beziehen und dabei gegen eine ›utilitaristische Entwürdigung‹ Stellung beziehen, zeigen bereits ohne viel Auslegungsanstrengungen entscheidende rhetorische Differenzen: Die Frage, wann die Würde des Menschen endet, ist zunächst eine andere als die, ob und wann er sie qua definitorischem Akt verliert, was wiederum offensichtlich mit den damit verbundenen Zwecken zusammenhängt. Kurzum: Ist es der Zweck, der zum Verlust der Würde eines Menschen führt? Oder ist es der definitorische Akt, gleich welchem Zweck die damit einhergehende Praxis folgt? Und vor allem: Welche Konsequenzen ergeben sich aus den unterschiedlichen Setzungen für die Legitimation sozialer Praxis im Umgang mit Sterbenden und Toten?
Ähnlich komplex und gleichsam vom anderen Ende her gedacht, aber mit dem ›Würde-Begriff‹ durchaus zusammenhängend, präsentiert sich z.B. der Begriff der ›*Gerechtigkeit*‹ im Kontext der Diskursformation ›Organtransplantation‹.
Zum einen wird dieser Begriff ganz konkret gedacht als Verteilungsgerechtigkeit unter den registrierten Organempfängern, die laut TPG völlig ›wertfrei‹ durch strenge, ausgewiesene medizinisch-ärztliche Richtlinien gewährleistet werden soll: „Die Gleichbehandlung der nach ärztlicher Entscheidung für eine Transplantation vorgesehenen Patienten soll durch medizinische Kriterien für die Vermittlung lebenswichtiger Organe gewährleistet werden. Der vorliegende Entwurf eines Transplantationsgesetzes setzt den gegebenen gesetzgeberischen Handlungsbedarf um." (13/4355; vgl. TPG §10 [2], §12 [3] und §16) Die WOCHENPOST erläutert z.B. ihren Lesern dieses ›Gerechtigkeitsproblem‹ so: „Die Vergabe des Herzens und der Leber erfolgt nach Faktoren wie Blutgruppe, Dringlichkeit, Gewebetyp und geographischer Distanz: Ein zwanzigjähriger Mann in Berlin bekommt so das Herz der Brandenburgerin zugeteilt, weil er nach einer ersten Herztransplantation das fremde Organ wieder abgestoßen hat und nun ein weiteres braucht. Aber auch diese "objektiven" Kriterien sind von Menschen gemacht. Beispiel: Da Deutschland jahrelang ein Or-

ganimportland gewesen ist, wurden am 11. März die vier Vergaberegeln durch eine fünfte ergänzt, die bewirkt, daß Deutschland erstmals mehr Organe in den Pool liefert als es bekommt. Die Leber geht so an eine Frau in Brüssel. Ein kleines Mädchen in Nürnberg bekommt eine Niere, weil sie im Unterschied zu den anderen Wartenden ein "Full House Match", also eine Übereinstimmung aller sechs HLA-Antigene mit der Spenderniere aufweist. Für die zweite Niere findet sich kein "Match", sie darf daher in der Spenderklinik selbst vergeben werden." (Quelle: Schmundt in: WOCHENPOST 23.5.1996) Grundsätzlich: Der Begriff ›medizinische Kriterien‹ konnotiert zum einen Wertneutralität und Präzision, die gegen Anzweiflung von ›Unbefugten‹ (sprich: Nicht-Medizinern) immunisiert, und monopolisiert damit die Kontrolle über die Vergabepraxis bei den medizinischen Experten (auch wenn, wie im TPG festgeschrieben, eine ›Offenlegungspflicht‹ festgeschrieben wird). Dem entgegen jedoch müßte man genauer formulieren: Die Vergabe erfolgt *nicht* nach medizinischen (naturwissenschaftlichen) Kriterien, sondern solche Kriterien werden benötigt, um die Verteilung entlang *vorgängig* getroffenen Wertentscheidungen durchführen zu können (Wiesing 1997, S.227ff, Ach 1997b, S.65ff, 1998, S.113ff; vgl. auch Ebel 1998, S.59ff). Ein einfaches Beispiel: Wenn ›medizinische Kriterien‹ vorgeben, daß der potentielle Empfänger nicht an einem Infekt leiden darf, sein Kreislauf möglichst stabil sein soll usw. dient dies offensichtlich der Minimierung des Abstoßungsrisikos des implantierten Organs. Darin enthalten ist aber bereits eine Wertentscheidung über den zu erwartenden größtmöglichen Nutzen der Implantation für das Individuum, der sich an der Zahl der Lebenstage des Patienten mit funktionierenden Transplantat orientiert: Mehr Lebenszeit bedeutet demnach immer auch bessere Lebensqualität! Dazu mag man stehen wie man will, unbestreitbar kann diese Setzung als Grundlage jener medizinischen Kriterien jedenfalls wohl nicht als ›wertneutrale‹ naturwissenschaftliche Erkenntnis bezeichnet werden.
Vor dem Hintergrund des ›Organmangels‹ lag es zum anderen nicht fern, ›Gerechtigkeit‹ im Sinne einer bereits explizit sozial konnotierten ›Verteilungsgerechtigkeit‹ zu fassen, welche die Möglichkeit der Therapie mittels Organtransplantation von der bekundeten Bereitschaft zur eigenen ›Spende‹ abhängig machen wollte. Umgesetzt wurde dieser Gedanke z.B. durch den Vorschlag eines sogenannten ›Clubmodells‹, das im Vorfeld des TPG in der Öffentlichkeit diskutiert, dann aber aufgrund mangelnder Konsensfähigkeit verworfen wurde. Monika Knoche kritisierte dieses Modell z.B. wie folgt: „Der Vorsitzende des Verbandes der angestellten und beamteten Ärzte Deutschlands e.V. (Marburger Bund), Frank U. Montgomery, stellte gar im Juni 1995 am "Tag der Organspende" die Frage, ob nicht jene vom Organempfang auszuschließen seien, die ihrerseits zu spenden nicht bereit wären. Leistung gegen Leistung. Wird hier nicht von Medizinern eine Nützlichkeitserwägung in die menschliche Lebens- und Daseinswelt implantiert?" (Quelle: Knoche 1996; für grundsätzliche Überlegungen zu solchen ›Eigentums-‹ und Zugriffsfragen‹ auf Organe vgl. auch Kliemt 1997, S.271ff)
Und schließlich würde im Zuge der Durchsetzung des modernen Gesundheitsregimes eine Übertragung des ›individualisierten Verantwortlichkeitsprinzips‹ in den Bereich der Organtransplantation gar eine Gerechtigkeitssemantik rechtfertigen, die ›gerechterweise‹ die Therapie von einer speziellen Ursachenforschung und Verantwortlichkeitszuschreibung abhängig machen würde: Wer sich nicht um seine Leber durch einen entsprechenden Lebensstil kümmert, kann nicht in jedem Fall auf die Solidargemeinschaft von ›Spendern‹ und Versicherten hoffen. Bewußt oder ungewollt in diese Richtung deutend, äußerte sich z.B. die Abgeordnete Ruth Fuchs (PDS), indem sie explizit auf den ihrer Meinung nach in der TPG-Debatte zu sehr vernachlässigten Aspekt der Prävention verwies: „Das Bemühen um Organtransplantationen und um Erhöhung der Spenderbereitschaft gewinnt an Glaubwürdigkeit, wenn zugleich sichtbar wird, daß sich Gesellschaft und Staat mit gleichem Nachdruck für die Vermeidung von vorzeitigen und lebensbedrohenden Organkrankheiten einsetzen, wie sie dies für den medizinisch-technischen Ersatz unheilbar zerstörter Organe tun. (...) Als ein Beispiel sei hier genannt, daß 20 Prozent aller Fälle mit definitivem Ausfall der Nierenfunktion infolge chronischer Niereninsuffizienz auf Schmerzmittelabusus zurückgehen." (13/183: Fuchs PDS)

Nächstenliebe und (Mit-) Menschlichkeit – Vom guten und vom schlechten Sterben

An dem moralischen Akt der (im Falle der ›postmortalen‹ Spende: Bekundung zur Bereitschaft der) ›Organspende‹ als Ausdruck von Nächstenliebe, Solidarität, Mitmenschlichkeit, Humanität besteht kein Zweifel – das zumindest ergibt sich als überwiegender Tenor vieler Verlautbarungen verschiedenster Stellen (z.B. Quelle: BMfG 7.10.1997, Quelle: EK Berlin-Brandenburg 1997; vgl. auch z.B. Ebbrecht 1995, Lange 1995). Entsprechend lautete auch die Botschaft einer Reihe von Redebeiträgen in der TPG-Debattte, wie z.B. bei Erika SCHUCHARDT (CDU/CSU):

„Nach christlichem Verständnis ist das Leben und damit der Leib ein Geschenk des Schöpfers..., das er aber aus Liebe zum Nächsten einsetzen darf." (13/183: Schuchardt CDU/CSU)

Oder exemplarisch auch nachzulesen im Redeentwurf von Horst SEEHOFER:

„Organspende: Ein besonderes Zeugnis der Mitmenschlichkeit
(...) Diese Bereitschaft ist ein besonderes Zeugnis der Mitmenschlichkeit. Denn wer sich dazu entschließt, will zuallererst kranken Menschen helfen - ohne Absichten und ohne die Gewißheit haben zu können, bei einer eigenen schweren Krankheit die gleiche Hilfe zu erhalten.
Deshalb ist die Bereitschaft zur Organspende im besten Sinne des Wortes zuallererst uneigennützig. Sie ist ein ganz persönliches Beispiel praktizierter Nächstenliebe. Und dafür kann man nur dankbar sein." (Quelle: Seehofer 19.4.1996)

Ansonsten ganz im Einklang mit der erwähnten ›Aufklärungshaltung‹, gibt z.B. die EVANGELISCHE KIRCHE BERLIN-BRANDENBURG jedoch zu bedenken:

„Klar ist, daß angesichts so schwieriger medizinischer und ethischer Probleme die Gesellschaft kein Recht auf die Organe ihrer einzelnen Mitglieder beanspruchen kann. Auch ein schweres Leiden rechtfertigt es nicht, einen Anspruch auf ein Organ eines anderen zu begründen." (Quelle: EK Berlin-Brandenburg 1997)

Damit ist ein heiß diskutierter Kernpunkt nicht nur der Bundestagsdebatte zum TPG, sondern der gesamten öffentlichen Diskussion angesprochen. Im eigentlichen Sinn geht es um den Begriff der *Spende als ›freiwilliges Opfer‹*. So formuliert z.B. der Theologe Günter EBBRECHT: „Damit Organgabe nicht zur Organentnahme wird und Spende Spende bleibt, bedarf des der Einwilligung eines Gebers bzw. Spenders (...)." (Ebbrecht 1995, S.12) Spenden im eigentlichen Wortsinn kann demnach nur, wer in einem freiwilligen Akt aus uneigennützigen Zwecken etwas gibt, und insofern knüpft der Begriff ›Organspende‹ semantisch an karitative Sozialbeziehungen von ›Geben und Empfangen‹ an, und wird auch entsprechend in der TPG-Debatte manchmal mehr oder weniger ›selbstkritisch‹, meistens jedoch recht treuherzig eingesetzt.[236] So besteht z.B. Horst

---

[236] Das Institut für Deutsche Sprache und Literatur (Frankfurt/Main), das jedes Jahr eine Rangliste der ›Unwörter des Jahres‹ an die Medien gibt, bestimmte den Begriff ›Organspende‹ zum zweiten Unwort des Jahres 1997 (nach ›Wohlstandmüll‹ als Bezeichnung für Arbeitslose auf dem ersten Rangplatz) mit folgender Begründung:

SCHMIDBAUER (SPD) zwar auf eben jener ›informierten Freiwilligkeit‹ (vgl. auch z.B. 13/4114):

„Viele Kolleginnen und Kollegen setzen ebenso wie ich auf Spenden. Spenden im Wortsinn aber setzt immer das freiwillige Geben des Spenders voraus. Organspende ist nicht irgendeine Spende. Organspende bedeutet: Einen Teil von sich selbst zu geben - persönlich, freiwillig, informiert und bei vollem Bewußtsein! Bei fehlender persönlicher Zustimmung kann nicht von einer Organspende, sondern nur von einer Organentnahme gesprochen werden." (Quelle: Schmidbauer 19.4.1996)

Allerdings – wie zu zeigen sein wird – verdeckt auch eine solche ›gemäßigte‹ Spendenrhetorik immer noch wesentliche Merkmale der Diskursivierung der Organtransplantation (vgl. auch z.B. Joerges 1996, S.10ff): Hinter dem Rücken solcher ›Freiwilligkeitsbeteuerungen‹ läuft die diskursive Praxis auf eine moralische und damit auch sozial relevante Differenzierung innerhalb des Musters ›Organ spenden – Leben schenken‹ hinaus, welche das Verhältnis von Individuen zueinander bzw. von Individuum und Gesellschaft in einer ganz bestimmten Weise formiert. Worin dieser ›Ordnungsprozeß‹ in dem aufgezeigten Deutungsfeld von ›Aufklärung über die Organspende‹ liegt, soll anhand von vier Argumentationsschritten demonstriert werden:

1) die Verschiebung des Deutungsfokus von Sterben und Tod auf Krankheit;
2) die darauf aufbauende Rückbindung von Krankheit an den Tod mittels des Konzepts ›Opfertod‹;
3) die Vermittlung der damit konstituierten symbolischen ›Neu-Ordnung‹ von Krankheit, Sterben und Tod, exemplifiziert am Beispiel der (im BARTHES'schen Sinn) mythischen Umdefinition eines Kollektivsymbols;
4) die Verortung des Subjekts in dieser symbolischen Ordnung als neue ›Technik des Selbst‹.

Das Recht auf Organe oder die Pflicht zur Solidarität – Zur Dialektik von Freiwilligkeit und Zwang

Der Theologe und vehemente ›Hirntod-Kritiker‹ Klaus-Peter JÖRNS meint, solange es nur bei der Werbung um die Zustimmung zur Organspende bliebe, könnten wir gelassen bleiben, doch – so konstatiert er – ginge es längst um die

---

„Die Entnahme von Organen bei Menschen, die im Sterbeprozeß befindlich (als sog. ›Hirntote‹) keine Entscheidung mehr treffen können, kann nicht mehr als Spende bezeichnet werden, selbst wenn sich die Betroffenen zu Lebzeiten dazu positiv geäußert haben. ›Hinterlassenschaften‹ von Toten, für die Verfügungen zu Lebzeiten fixiert wurden, heißen normalerweise ›Vermächtnis‹. Nur die Transplantationsmedizin und nun auch der Gesetzgeber nennen dies schönfärberisch eine ›Spende‹. Aber noch abstruser: Auch diejenigen, die sich zu Lebzeiten gar nicht geäußert haben, können nach ihrem ›Hirntod‹ noch ›spenden‹. Dafür befragt man die nächsten Angehörigen nach dem ›mutmaßlichen Willen‹ des Sterbenden. Also: In der Transplantationsmedizin kann nun sogar noch jemand, dem das Objekt der ›Spende‹ gar nicht gehört, ›spenden‹." (Quelle: Faxmitteilung vom 22.1.1998; vgl. auch Schlosser 1998)

zumeist verklausuliert formulierte These, daß „Patienten, die für eine Organimplantation in Frage kommen, auch ein Recht auf dieses nun einmal etablierte Behandlungsverfahren haben." (Jörns 1993, S.8) Und mit dem Recht auf das Behandlungsverfahren würde dementsprechend zumindest ein moralischer Anspruch auf Organe einhergehen, und dieses wiederum hätte eine Verpflichtung der Gesellschaft zur Folge, Organe in ausreichendem Maße zur Verfügung zu stellen. Neben der dabei zu beachtenden, recht kontrovers diskutierten juristischen Problematik (z.B. Küfner 1997, S.63ff und 81ff, Schreiber 1995b, S.112ff, 1998), antwortet in einem theologisch-ethischen Kontext der Theologe Dietz LANGE zwar stellvertretend für viele andere: Eine solche Pflicht könne ethisch keinesfalls begründet werden. Was bliebe, wäre lediglich die Notwendigkeit „eine[r] bessere[n] Information der Öffentlichkeit und eine[r] Werbung für mehr freiwillige Bereitschaftserklärungen um der Menschen willen, denen damit geholfen werden kann" (Lange 1995, S.23). Doch auch andere Stimmen waren zu vernehmen, so z.B. der Theologe Werner STROH, der die ›Organweitergabe‹ ausdrücklich als ›menschliche Pflicht‹ und nicht lediglich als Akt der Nächstenliebe verstanden wissen will (Stroh 1995, S.26).[237]

In der TPG-Debatte selbst finden sich viele Beispiele, die explizit gegen jede Form einer moralischen Verpflichtung zur ›Organspende‹ Front machen, trotz oder besser: gerade im Bewußtsein um die heikle Nähe eines – wie es der Antrag von B'90/GRÜNE formuliert – ›Wartens auf ein geschenktes Organ und dem Anspruchsdenken auf ein fremdes Organ‹, dem ›tiefempfundenen Helfenwollen durch Spendebereitschaft‹ und dem ›nicht mehr nutzlos sterben dürfen‹ als ›moralische Spendepflicht‹ (13/2926):

„Viele MedizinerInnen und PatientInnen haben sich an diese Grenzüberschreitung schon gewöhnt und haben ein Anspruchsdenken entwickelt, das wir für ethisch bedenklich halten. Denn menschliche Organe haben einen Warencharakter bekommen; sie werden nachgefragt, werden knapp. Selbstverständlich steht kranken Menschen die volle Solidarität der Gesellschaft zu. Unserer Auffassung nach endet dieser Anspruch auf Heilung jedoch an der Haut eines Dritten." (Quelle: Knoche Feb. 1996)

Hier ließe sich schnell ›ins Grundsätzliche‹ eintauchen (das dann häufig primär juristisch verhandelt wird), in dem z.B. für den ›schlimmsten Fall‹ von Kritikern der Transplantationsmedizin gar der Abgrund der ›Sozialpflichtigkeit‹ des sterbenden Körpers bzw. der Leiche an die Wand gemalt wird, was wiederum jetzt durch den Verweis auf die nun geltende ›Zustimmungsregelung‹ von Seiten der Befürworter aus dem Feld geschlagen wird. Doch aufschlußreicher als solche Grabenkämpfe scheint für unseren Zusammenhang, zunächst genauer bei

---

[237] Stroh begründet seine Position wie folgt: „Weitergabe von vergänglichen Organen ist nichts besonderes, sondern ein im Rahmen der Spezies Mensch verantwortliches Handeln. (...) Dankbar Empfangenes wird dankbar weitergereicht. Eine Instrumentalisierung des Menschen findet nicht statt. (...) Der Mensch steht (...) in einer Bringschuld gegenüber seinen Mitmenschen." (Stroh 1995, S.27)

Jürgen MÖLLEMANN (F.D.P.) zuzuhören, der von einem *Recht auf Leben* als Kernpunkt der *Würde des Menschen* spricht:

„Wenn man dieser Debatte aufmerksam folgt, dann fällt auf, daß dieser Aspekt des Themas eher beiläufig behandelt wird. Es ist sicher verständlich, vielleicht gerade auf Grund der deutschen Geschichte, daß die anderen Aspekte und die anderen Beteiligten und Betroffenen sehr stark im Mittelpunkt stehen. Aber ich möchte in meinem Beitrag sagen, daß für mich mindestens ebenso wichtig wie die Würde von Toten oder unwiderruflich im Sterbeprozeß Befindlichen das Lebensrecht, das Überlebensrecht und damit der Kernpunkt der Würde von Menschen ist, die sonst sterben müssen. Auch darum geht es schließlich. Ich glaube, auch dem müssen wir gerecht werden." (13/183: Möllemann F.D.P.)

MÖLLEMANN variiert hier scheinbar nur das bereits bekannte Argument: Der Tod durch Organmangel (›Tod auf der Warteliste‹) mit den bekannten Verantwortlichkeitszuschreibungen ist für die Betroffenen ›entwürdigend‹. Aus dem Recht auf Leben folgt die Pflicht zum Helfen, die Würde der Sterbenden und Toten beeinträchtigt damit die der Kranken, wenn nicht die ›richtigen‹ Prioritäten gesetzt werden (vgl. auch 13/183: Philipp CDU/CSU u.a.).

„Ich glaube, liebe Kolleginnen und Kollegen, wir können nicht erwarten, daß die Bevölkerung das alles, von dem wir meinen, daß es getan werden müßte, tut, nur weil wir hier Appelle an sie richten. Meine Besorgnis ist: Die ernstzunehmenden Argumente zum Schutz der Würde der Toten oder der unwiderruflich Sterbenden, die wir sehr hoch gewichten und die, wenn der Antrag mit der engen Zustimmungslösung die Mehrheit bekäme, uns vielleicht ein gutes Gewissen geben würden, werden leider in Tausenden von Fällen zum Tod von Menschen führen, weil diese daraufhin auf Organspenden verzichten mußten." (13/183: Möllemann F.D.P.)

Dagegen wendet Peter DREßEN in einer ›Kurzintervention‹ ein: Das Recht auf Leben, das Recht auf Gesundheit, auf Spenderorgane könne so nicht bestehen, weil ein Organ nun einmal kein Hüftgelenk sei:

„Ich glaube, daß Menschen, die auf ein Organ warten, nicht ein Recht auf Organe haben, sondern sie haben die Hoffnung und bestenfalls das Glück, ein Organ zu bekommen. Ich glaube, man kann da nicht von einem Recht sprechen.
Ich habe zum Beispiel ein Recht darauf, ein Hüftgelenk zu bekommen, aber bei Organen sollte man den Zungenschlag, den Sie jetzt in die Debatte gebracht haben, wirklich nicht weiter verwenden." (13/183: Dreßen SPD)

MÖLLEMANN erwidert auf diesen Einwand, daß es ihm nicht um das Recht auf Spenderorgane, sondern um das ›Recht von Kranken‹ ginge, ihre Belange (sprich: ein neues Leben durch Heilung oder mindestens Linderung der Krankheit) im Parlament ebenso vertreten zu sehen, wie die Belange von Sterbenden bzw. Toten. Nimmt man die nur scheinbare ›Gleichstellung‹ von Krankheit hier und Sterben/Tod dort beim Wort, so läßt sich diese sofort in eine eindeutige Prioritätenkonstellation auflösen: Wie Niklas LUHMAN prägnant erläutert hat, richtet sich für das Medizinsystem jegliche Aktivität auf Krankheit(en) und zielt auf den ›Reflexionswert Gesundheit‹, der als solcher nicht weiter reflektiert werden muß (Luhmann 1990, S.187ff). Dem gegenüber stehen Sterben und Tod, die für das moderne Medizinsystem bislang keine handlungsrelevanten Bezugspunkte darstellen, es sei denn – wie jetzt im Fall von ›Hirntod‹ und Organtransplantation gegeben – wiederum im Hinblick auf Krankheit/Gesundheit. Was demnach MÖLLEMANN zum Ausdruck bringt und von dem DREßEN'schen Einwand überhaupt nicht tangiert wird, ist die Dominanz des ›Wohls des kranken Patienten‹ als unhinterfragbares Ideologem des Medizinsystems, für das ein Organ ›qualitativ‹ selbstverständlich nichts anderes darstellt als ein Hüftgelenk oder eine Tablette: ein Mittel zum Zwecke der Verwirklichung von Gesundheit. Wie die mit der MÖLLEMANN'schen Argumentation eingeleitete symbolische Differenz zwischen Krankheit und Sterben/Tod dann ausgeformt wird, zeigt die Verwendung des Opfer-Begriffs in der TPG-Debatte.

Der Kranke und der Opfertod

Mit dem Begriff ›Opfer‹ wird eine weitere wichtige Dimension in der Moralisierung der ›Organspende‹ eingeführt, die Sterben und Tod nicht einfach nur dem ›Wohl des Kranken‹ *nach*ordnet, sondern diese dem Heilen *zu*ordnet. Grundsätzlich zeigt sich in vielen Kulturen eine enge, wenn auch dann jeweils recht unterschiedlich ausgestaltete Verbindung von ›Opfer‹ und ›Tod‹; und Opfertod und seine Todesofper – so Nassehi & Weber (1989a, S.262ff) – scheinen auch der Moderne nicht fremd zu sein (z.B. im konkreten Sinne von Tod als unfreiwillige ›Opfer im Straßenverkehr‹). Hören wir zunächst Otto SCHILY (SPD), der die ›Organspende‹ mit ›Opferbereitschaft‹ verbindet.

„Selbstverständlich erkenne ich an, wenn ein Mensch aus seiner individuellen Würde heraus auf Grund einer höchstpersönlichen Entscheidung sagt: Ich bin opferbereit. Ich bin in einer solchen Situation auch bereit, ein Organ zu spenden, um einem anderen das Leben zu ermöglichen." (13/183: Schily SPD [1])

Einen ganz konkreten Aufruf zur Wiederbelebung der Idee des *Opfer*todes als *Todes*opfer formuliert Konrad KUNICK (SPD):

„An diejenigen, die noch das christliche Denken gelernt haben: Es gibt in unserer Kultur und Gesellschaft seit zwei Jahrtausenden den Grundsatz: Es gibt nichts Höheres, als sein Leben hinzugeben für seine Freunde. Das bedeutet aber nicht, daß man erst tot ist und dann aus der Risikologigkeit des Totseins sein Leben für die Freunde hingibt, sondern es bedeutet, sich selber dafür aufzuopfern, daß andere weiterleben, daß vielleicht das eigene Herz einem anderen noch zu zwei Jahrzehnten Leben verhilft. Diesen Gedanken muß man ein Stück weiterbringen, wenn man mehr Transplantationsspender finden will.
Der Schutz des Grundgesetzes geht weiter und geht bis zum totalen Erlöschen des Lebens. Da ist nur die Konstruktion hilfreich, die besagt: Der Mensch darf sein Leben für seine Freunde opfern. Er darf darüber entscheiden, daß er sich in der letzten Phase seines Lebens für andere hingeben will." (13/183: Kunick SPD)

Der hiermit ausdrücklich formulierte Opfertod der ›Organspender‹ soll als Todesopfer verhindern, daß andere (ansonsten unheilbar Kranke bzw. zum Sterben Verurteilte) sinnlos und gegen ihren Willen *zum Opfer gemacht* werden. Ein Auszug aus einem ›Offenen Brief an die Patienten auf den deutschen Wartelisten zur Organtransplantation‹ verdeutlicht diesen Zusammenhang exemplarisch:

„Wir wollen nicht geopfert werden!
(...) Die ›enge Zustimmungslösung‹ wird dem Selbstbestimmungsrecht der Bürgerinnen und Bürger nicht gerecht!
Viele Menschen sind bereit, im Todesfall Organe zu spenden, doch nur wenige besorgen sich einen Organspendeausweis. Bei der ›engen Zustimmungslösung‹ scheiden deshalb alle die Menschen als Spender aus, die zwar den Wunsch haben, im Tod noch anderen Menschen zu helfen, die aber diesen Wunsch nicht ›formell‹ dokumentiert haben oder deren Organspendeausweis nicht rechtzeitig aufgefunden wird.
Die ›enge Zustimmungslösung‹ opfert uns Patienten – ohne Grund!" (Quelle: Bäumel in SÜDDEUTSCHE ZEITUNG 22./23.2.1997)[238]

Was sich hier abzeichnet, kann wohl schwerlich noch in die übliche Verdrängungsrhetorik zu Sterben und Tod, nach der das völlige Ignorieren des Todes so typisch für unsere aktuelle gesellschaftliche Situation sein soll (vgl. Kap.2.2), integriert werden, doch wichtiger noch: Die damit etablierte symbolische Differenz zwischen einem ›guten‹ Sterben, als dem Sterben mit Blick auf den Anderen, und dem ›schlechten‹ Sterben, als dem sinnlosen, weil vermeidbaren Sterben, vor dem Hintergrund von Freiwilligkeit (Selbstbestimmung, Autonomie des Subjekts) und Zwang (als moralische Verpflichtung), treibt die moderne Todesmetaphorik, wie sie in Kap.4.1 rekonstruiert wurde, nicht nur durch die ›Ent-Subjektivierung‹ des guten Sterbens voran. Sondern sie geht auch mit einer weiteren Differenzierung des ›schlechten‹ Sterbens einher, welches über seine einfache Sinnlosigkeit hinausweist, indem sie *Spender* (das Todesopfer) *und Empfänger* (der vor einem unsinnigen Opfertod bewahrt wird) in bestimmter Weise *vergesellschaftet*.

›Das geschenkte Organ‹ – Von der diskursiven Vergesellschaftung von Spender und Empfänger

Betrachtet man die Semantik der Moralisierung der Organspende am Beispiel des Herzens genauer, läßt sich daran die spezifische diskursive Transformation von kollektiven Symbolen aufzeigen. Das Herz, – anders als das Gehirn – auch und vor allem mit Emotionalität, Liebe, Intimität, personalen Bezug konnotiert, was im Bild der »verschenkten Herzen« sicher im Sinne der Gestalter hervorragend zum Ausdruck kommt (Abb.21, S.273), transformiert den moralisch aufgeladenen Akt des Bekundens der Bereitschaft zur ›Organspende‹ in den sozialen Akt des ›Schenkens‹ und damit soziologisch gesehen in die Semantik der ›Gabe‹.

Im Hinblick auf seine soziale Funktion und kulturelle Bedeutung impliziert ›der Gabentausch‹ – wie Marcel MAUSS (1989 [1925]; vgl. auch Gebauer &

---

[238] Der Verfasser Siegfried Bäumel, Dialysepatient und Vorsitzender der ›Hilfsgemeinschaft der Dialysepatienten und Transplantierten Regensburg e.V.‹, wollte mit diesem ganzseitig abgedruckten ›offenen Brief‹ alle ›Mitpatienten‹ dazu aufrufen, die jeweiligen Abgeordneten des eigenen Wahlkreises mittels vorgedrucktem und abtrennbarem Coupon zur Verwirklichung der ›erweiterten Zustimmungslösung‹ aufzufordern.

Wulf 1998, S.160ff) gezeigt hat – eine Dynamik des sozialen Austauschs, die auf einer umfassenden Reziprozitätslogik beruht und als Effekt letztlich zur Vergemeinschaftung der beteiligten Akteure führt.

Abb.21: »Verschenkte Herzen«
„Schön, wenn Sie Ihr Herz verschenkt haben. Wollen Sie's nach ihrem Tod noch einmal tun?"
(entnommen aus: Info-Broschüre „Organspende – Schenken Sie Leben", Bundeszentrale für gesundheitliche Aufklärung BZgA)

Überträgt man diese Kennzeichnung auf das ›Verschenken seines Herzens‹ im Kontext der Organtransplantation, bleibt feszuhalten: Die ›Gabe‹ kann zunächst nur eine ›virtuelle‹ sein (in der Bekundung zur Bereitschaft der Gabe), da ihre reale Umsetzung erst erfolgt, wenn der Gebende an dem Akt der Gabenübergabe nicht mehr teilhaben kann.[239] Der Adressat der Gabe bleibt anonym, ihr ›symbolischer Gehalt‹ ist weder einschätzbar (Leben schenken!) noch kann sie selbst symbolisch vom Geber ›problemlos‹ abgelöst werden (anders als z.B. bei einer karitativen Geldspende, deren Empfänger als konkrete Person zwar ebenso in der Regel anonym bleibt und meist durch ein Kollektiv ersetzt wird, durch das Medium ›Geld‹ jedoch auch der Gebende ›entpersonalisiert‹ agiert). Der Effekt dieser semantischen Kontextualisierung der ›Organspende‹ läuft also darauf hinaus, daß sich der als ›potentieller Organspender‹ Angesprochene in einer diskursiv erzeugten Solidaritätsverpflichtung gegenüber ›der Gemeinschaft‹ (der Gesunden und Kranken) wiederfindet, ohne daß das ›Versprechen auf Gemeinschaft‹ realiter eingelöst werden kann.

---

[239] Da es in dieser Arbeit um das Thema ›Tod‹ geht, können bei diesen Überlegungen mögliche Gemeinsamkeiten und Differenzen mit Blick auf die Lebendspende vernachlässigt werden.

„Yet donated organs – ›the gift of self‹, literally – are not and cannot be the gift of self because organ donation lacks the most critical element of gift giving and exchange: *social relationship*. Whether between individuals or between social groups, gift exchange facilitates interdependency among individuals in transaction, in contrast to commodity transactions, which take place between independent individuals without social ties." [Herv. im Orig.; Anm. d. Verf.] (Ohnuki-Tierney 1994, S.241).

Für die Transplantationspraxis selbst – als medizinische Therapie im Sinne einer personenbezogenen Dienstleistung – besitzt die dafür notwendige Ressource ›Organ‹ faktisch den Status eines (wenn auch hochsensiblen) Medikaments, dessen ›Geben‹ jedoch keinen ›gemeinschaftlichen‹, sondern ›gesellschaftlichen‹ Prinzipien (z.B. ›objektiven‹ medizinischen Kritieren, ›universalen‹ Gerechtigkeitsprinzipien etc.) folgt. Insofern als die Transplantationsmedizin dennoch auf die Ressourcengewinnung des ›knappen Gutes Organ‹ angewiesen ist, erkennt man hier die soziologische Relevanz der diskursiven Strategie der ›moralischen Bedeutungsaufladung‹, die hinter der einfachen Bewertung einer mehr oder weniger gut gemachten Werbekampagne zum Zweck der Ressourcengewinnung verborgen liegt. Denn zusammengedacht ergibt sich aus den bisherigen Überlegungen: Diese Art der ›Information‹ bzw. Wissensvermittlung (als Werbung für die ›Organspende‹) produziert – soziologisch interpretiert – mittels einer ›Umkontextualisierung‹ und mythischen Aufladung von Kollektivsymbolen (hier das Beispiel Herz) jene Art von *Vergesellschaftung*, die losgelöst von den konkreten sozialen Bezügen der Subjekte untereinander und abstrahierend von den Körperbezügen des Subjekts ›zu sich selbst‹ *direkt an die jeweiligen moralischen Diskurse angeknüpft* ist und damit immer mehr ohne vermittelnde soziale Instanzen auskommt. Indem ich jetzt schon bekunde, mein Herz nach meinem Tod *an die Gesellschaft* zu verschenken, kann ich mich bereits heute als Teil der großen *Solidargemeinschaft* erfahren, die über meinen Tod hinausreicht, und dazu genügt schon, sich selbst ein Formular auszustellen und in die Tasche zu stecken ... – so ließe sich die hier vermittelte Botschaft lesen, und sie wäre damit ein exemplarisches Beispiel für die von Soziologen diskutierten ›neuen Formen von Vergesellschaftung‹ jenseits traditionaler Gemeinschaftsbezüge im Kontext fortschreitender Modernisierung. Und ein weiterer entscheidender Punkt in diesen Überlegungen liegt darin, daß mittels Sterben und Tod und mittels der Bereitschaft des Einzelnen, sich mit seinem Sterben und seinem Tod prospektiv im Hinblick auf einen anonymen Anderen auseinanderzusetzen, eine moralische Ordnung im Diesseits konstituiert wird, die eine signifikante soziale (weil moralisch markierbare) Grenze zwischen den Individuen aufmacht. Die Folge ist eine Aufteilung in spendebereite und spendeunwillige Menschen, in ›soziale‹ und ›weniger soziale‹ Menschen.

Organspender und Nicht-Spender – Die neue Moral des Sterbens: Von der Bürgerpflicht zur Selbstbekenntnis-Moral und zum Geständniszwang?

Wie eine solche Differenz – produziert und gleichzeitig verschleiert in und durch die rhetorischen Gegen-Beteuerungen der Akteure – sich diskursiv einstellt, demonstriert folgendes exemplarisches Beispiel. Lesen wir zunächst Horst SEEHOFERs Position in der Darstellung der ÄRZTE ZEITUNG:

„In der Bundestagsdebatte ist Unbehagen geäußert worden, daß mancher Appell zur Organspende, auch im Abgeordnetenhaus, fast wie eine Verpflichtung klingt.
Seehofer: Wir wären eine Gesellschaft der "Ichlinge", wenn wir das Schicksal derer aus dem Blick verlieren würden, die in einer lebensbedrohlichen Situation auf ein Organ warten. Wer mit einem Kunstherzen in der Brust der Prognose nach nur wenige Monate zu leben hat, sitzt täglich in einer psychischen Todeszelle. Trotzdem bin ich ein entschiedener Gegner einer moralischen oder gar gesetzlich verankerten Pflicht zur Organspende. Verordnete Solidarität ist nicht Humanität. Es darf in dieser Frage niemand unter gesellschaftlichen Entscheidungsdruck gestellt werden." (Quelle: ÄRZTE ZEITUNG 1997)

Doch wie wenig solche Beteuerungen fruchten und wie sich der normative Zwang der Verhältnisse bei entsprechender rhetorischer Bewertung gegen die verbalisierte Botschaft durchsetzt und damit just jenen moralischen Zwang produziert, auch wenn Freiwilligkeit und Selbstbestimmung noch so sehr beschworen werden, zeigt deutlich der Fortgang der Darstellung:

„Diese Ausführungen von Schmidt-Jortzig verfolgt Außenminister Klaus Kinkel mit ernstem, fast schon versteinertem Gesicht. Das Kinn auf die wie zum Gebet gefalteten Hände gestützt, scheinen an dem F.D.P.-Mann längst vergangene Szenen an einem inneren Auge vorbeizuziehen: Kinkel mußte zusammen mit seiner Frau nach einem Unfall seiner erst 20jährigen Tochter entscheiden, ob er einer Organentnahme zustimmt oder nicht. Er hat es nicht getan.
Bundesgesundheitsminister Horst Seehofer - ein entschiedener Verfechter des Hirntod-Konzeptes und der erweiterten Zustimmungslösung, nach der auch Angehörige in eine Explantation einwilligen können - macht denn auch deutlich, daß er die ablehnende Haltung vieler Menschen zur Organspende respektiere. Angesichts der schwierigen Situation nach dem Tod eines Verwandten sei es deshalb um so bewundernswerter, wenn sich Angehörige für eine Explantation entschieden." (Quelle: ÄRZTE ZEITUNG 1997)

In einem Satz reformuliert lautet die Botschaft: Respekt gegenüber den Kinkels ja, aber die anderen (die Nicht-Kinkels) sind gerade wegen der Kinkels um so bewundernswerter. Und daran ändern auch alle Beteuerungen und Mahnungen gegen eine moralische Herabsetzung nichts, ja mehr noch: sie begründen geradezu jene moralische Differenz, die eine ›Herabsetzung‹ überhaupt erst ermöglicht, indem sie sie rhetorisch abmahnen.[240] Damit ist die Kernfrage des moder-

---

[240] Welche weiteren Verkomplizierungen sich in der Freiwilligkeitsrhetorik durch den moralisch dergestalt aufgeladenen Zwang der Verhältnisse ergeben, indem einfach die Option zur ›Organspende‹ existiert und damit zur Entscheidung zwingt, zeigt insbesondere der Blick auf die Lebendspende-Problematik zwischen Eltern und Kindern – so berichtet z.B. eine Psychologin der Uniklinik Heidelberg in einer Hörfunk-Sendung: „Wenn man nun die Bereitschaft anguckt von Eltern zu spenden, so muß man einfach sagen, daß es so eine wirkliche Freiwilligkeit, wie sich das Ethiker zum Beispiel wünschen, so ist diese Freiwilligkeit im eigentlichen Sinn überhaupt nicht gegeben. Die Eltern stehen eigentlich mit dem Rücken zur Wand. (...) Selten lehnt eine Mutter es ab, ihrem Kind eine Niere zu geben, wenn sie als Spenderin in-

nen Subjekts in diesem Zusammenhang formuliert: Wie stehe ich selbst zu der Möglichkeit, irgendwann einmal durch Entgegennahme eines fremden Organs die Chance zu bekommen, weiterzuleben, und bin ich bereit, im Falle meines Todes für andere eigene Organe zu spenden?

Gleichsam exemplarisch für die sozial differenzierende Moralisierungsstrategie des guten und schlechten Sterbens beantwortet diese Frage der Moderator in einer Hörfunk-Sendung des BAYERISCHEN RUNDFUNKs zu Organspende, indem er allen ›Organspende-Unwilligen‹ eine generell korrumpierbare bzw. spätestens durch eigene Krankheit und Todesnähe auf jeden Fall korrumpierte Moral unterstellt: „Der Irrwitz ist bei diesem Thema, wenn ein entschiedener Gegner der Organspende morgen durch seinen Arzt erfährt, daß er nur mit einer z.B. gespendeten Leber überleben wird, wird dieser Mensch schlagartig zum glühenden Befürworter." (Quelle: BR 2: Das Tagesgespräch 5.6.1998)

Damit ist auf den Punkt gebracht, was im Bezug auf das Individuum (hier verstanden als gesellschaftliche Formung von Subjektivität) der Dreh- und Angelpunkt der Moralisierung der Hirntod- und Transplantationsdebatte darstellt: Die moralische Verortung des Einzelnen entlang der Frage, wie er selbst zur Organtransplantation steht, weil damit seine moralische Integrität ausgewiesen werden kann. Und der besondere Vorteil, den dieses Thema für diese, einer langen historischen Tradition der Moderne folgenden Technik der ›Vergesellschaftung‹ durch diskursive Kontrolle bietet,[241] liegt in seiner einfachen ›Überprüfbarkeit‹ mittels eines ›objektivierbaren Zeichens‹: dem Spende-Ausweis. Jürgen MÖLLEMANN (F.D.P.) hat dazu dann auch konsequenterweise folgende Idee (die, das soll nicht verschwiegen werden, zu einigem Widerspruch bei anderen Parlamentariern führte):

„Liebe Kolleginnen und Kollegen, ich weiß, von der Geschäftsordnung her geht es nicht; aber eigentlich sähe ich gern, wenn alle, die ihre Stimmkarte nachher draußen abholen und etwa gar dafür stimmen wollen, daß künftig jedermann verbindlich seinen Willen erklären soll, vorher einmal ihren Organspendeausweis vorzeigen, mit dem sie selber mit gutem Beispiel vorangegangen sind. Ich würde mich freuen, wenn 672 Abgeordnete des Deutschen Bundestages für sich bereits diese Entscheidung getroffen hätten." (13/183: Möllemann F.D.P.)

Versucht man in einem Satz die Überlegungen zu der neuen Moral von Sterben und Tod zusammenzufassen, ließe sich formulieren: Die durch aufklärerische

---

frage kommt. Freunde und Verwandte halten die mutige Entscheidung der Mutter oft für selbstverständlich." (Quelle: WDR 7.10.1996)

[241] Der Zwang zur öffentlichen ›Selbst-Auskunft‹, zum ›ver-öffentlichten Selbstbekenntnis‹ reicht von der mittelalterlichen Beichtpraxis bis hin zu den aktuellen säkularisierten Varianten des sogenannten ›coming out‹ (was immer dabei ›geoutet‹ werden mag) und steht – wie Michel Foucault oder in anderer Weise auch Norbert Elias u.a. gezeigt haben – in einer direkten Verbindung mit gesellschaftlichen Modernisierungsprozessen, die mit einer wachsenden Fremdüberwachung und deren zunehmender Verinnerlichung als ›Selbst-Kontrollen‹ einhergingen (Hahn 1987a, S.22).

Absicht legitimierte und eingeforderte ›Selbstbestimmung‹ gerät zur individuell zuschreibbaren *Zwangsabstimmung über die ›Sozialität‹ des Betroffenen* (Nächstenliebe, (Mit-)Menschlichkeit und Solidarität) und damit zur *moralischen Selbstoffenbarung des Subjekts*.

4.3. Zusammenfassung: Das neue Tableau des Todes in der fortgeschrittenen Moderne

Eine auf den ersten Blick durchaus eingängige Interpretation des ›Hirntodes‹ würde lauten: Die Hirntod-Definition ›modernisiert‹ nicht nur die (medizinische) Praxis der Todesfeststellung, sondern auch die kulturell vorgegebenen Todesvorstellungen entsprechend den Anforderungen der Transplantationsmedizin (gleichgültig, ob man das nun in der Bewertung begrüßen oder kritisieren mag). Doch ganz abgesehen davon, daß bei einer solchen ›eindeutigen Schubladen-Einordnung‹ zunächst zu klären wäre, welchen Begriff von ›Modernisierung‹ und ›Moderne‹ man unterlegt, müßten auch die zu dieser Einschätzung führenden Kriterien und ihre empirischen Befunde ausgewiesen werden.

Daß eine simple Gegenüberstellung von unterschiedlichen, mitunter ja recht kontroversen Deutungen zu ›Hirntod‹ und Organtransplantation eine fundierte ›modernisierungstheoretische‹ Verortung im Kontext einer kultursoziologischen Analyse nicht leisten kann, bedarf keiner weiteren Begründung. Denn wie sollten Deutungen soziologisch eingeordnet werden, die z.B. auf der einen Seite den ›Hirntod‹ mit ›Nächstenliebe‹ verknüpfen, und denen auf der anderen Seite die Todesmetaphorik einer zunehmenden ›Entfremdung‹ des Todes gegenübersteht? Die eine Sichtweise, die in der alten christlichen Tradition der tätigen Nächstenliebe in der Organtransplantation den Tod mit dem Leben verbunden sieht, würde die moderne Transplantationsmedizin unversehens in eine direkte Linie mit den frühchristlichen Ärztebrüdern KOSMAS und DAMIAN stellen, die, wie die LEGENDE AUREA (1263-1273) berichtet, mit dem „Bein des heute begrabenen, noch frischen Mohren" dem Kranken sein gesundes Weiterleben sicherten (Sekretariat der Dt. Bischofskonferenz u.a. 1990, S.7). Und die Gegenseite zu einer solchen Sichtweise wäre dann z.B. mit der Rede vom ›Warencharakter des Todes‹ markiert, wie sie Hans EBELING noch zu Beginn der 80er Jahre im gänzlich anderen Kontext der Nato-Nachrüstungsbeschlüsse prägnant als Kritik der scheinbar unumkehrbaren Logik der massenhaften Produktion vom Massenvernichtungsmittel im Rahmen eines politisch-wirtschaftlichen Gesamtzusammenhangs präsentierte (Ebeling 1984). Die Ausformulierung solcher Todesmetaphorik mit Blick auf die Vereinnahmung des *einzelnen* Sterbens durch die kapitalistische Warengesellschaft in und durch Hirntod-Definition und Organtransplantation, leistete am prägnantesten sicherlich Jean ZIEGLER mit seiner Kritik an der herrschenden Klasse der Thanatokraten, die den Tod jeweils nach den von ihnen definierten und kontrollierten technischen Normen behandeln und den Sterbenden aus dem Drama, das er erlebt, ausschließen (Ziegler 1996, S.441).

Doch was aus alledem für die Frage nach dem *gesellschaftlichen Wandel in und durch den ›Hirntod‹* folgt, wäre damit bestenfalls nur dunkel angedeutet. Um hierzu eine Antwort zu finden, bedarf es eines Blicks, der hinter solche Deutungen schaut.

Die Modernisierung des Todes durch den ›Hirntod‹? – Zur ›Hirntod-Metaphorik‹ in der TPG-Debatte

Ausgehend von der modernen Totentanz-Metapher des allein über die Gräber tanzenden Todes, die dem heutigen gesellschaftlichen Bewußtsein sicher nicht mehr so aufdringlich gegenübertritt, wie jene traditionellen Totentänze dem spätmittelalterlichen Menschen, haben wir zu Beginn der Ausführungen über den ›Hirntod‹ nach *ambivalenten Verschränkungen von Leben und Tod* gefragt, die in den interdiskursiven Konstruktionen im Rahmen der Debatte um ein neues Transplantationsgesetz zum Ausdruck kommen. Und entgegen solchen einfachen Gegenüberstellungen und vorschnellen Einordnungen des ›Hirntodes‹ geht es im folgenden darum, die herausgearbeiteten wesentlichen *Verschiebungen in den kulturellen Konzepten von Leben und Tod, Leiden und Krankheit* – und damit auch das *Verhältnis von Subjekt und Gesellschaft* – in und durch ihre spezifische Diskursivierung in der ›Hirntod- und Transplantationsdiskussion‹ zu sammeln, um sie anschließend (in Kap.5) einer (thanato-) soziologischen und modernisierungstheoretischen Verortung und Diskussion zu unterziehen. Fassen wir deshalb zunächst noch einmal kurz die Debatte um die Hirntod-Definition bzw. ihr Resultat im TPG zusammen:

Wenn man davon ausgeht, daß Diskurse nicht von ihren ›Objekten‹, von den Gegenständen bestimmt werden, von denen sie handeln, sondern umgekehrt: jene ›Objekte‹ hervorbringen und formen, indem sie über sie sprechen, so hat die Frage nach ›Leben‹ und ›Tod‹ in Verbindung mit dem Problem der Organentnahme im politischen Interdiskurs eine ganz bestimmte diskursive Gestalt gewonnen, die unsere eingangs formulierte Leithypothese deutlich relativiert: Das *Ziehen der Trennlinie zwischen Leben und Tod* erfolgte im politischen Interdiskurs *nicht* als ein diskursiver Prozeß, der – wie ursprünglich vermutet (vgl. Kap.2.4, S.63) – seine eigenen Grundlagen (die kulturelle Variabilität und gesellschaftliche Konstruiertheit der Grenzziehung) enthüllt und diese ›selbst-reflexiv‹ in den Blick nimmt.[242] Warum nicht?

---

[242] Nach Hayden White handeln Diskurse immer ebenso *über* das Wesen der Interpretation selbst wie *über* ihre Gegenstände, die den jeweils manifesten Anlaß ihrer eigenen Entstehung und Gestaltung bilden (White 1986, S.11f). Und insofern könnte man sagen, daß Diskurse immer auch zu einer gewissen ›metadiskursiven Reflexivität‹ tendieren, in dem jeder Diskurs *›über sich selbst‹* wie über die Gegenstände, die sein Thema bilden, Auskunft gibt. Allerdings: Genau um diesen – *diskurstheoretisch* auf jeden Fall zu beachtenden – Sachverhalt geht es mir *nicht*. Die Frage nach ›Selbst-Reflexivität‹ zielt hier vielmehr auf den (*empirisch beobachtbaren*) Modus des Umgangs mit dem diskursiv erzeugten und vermittelten Wissen oder

Die ›natürlich‹ gegebenen Grenzen von Leben und Tod – kommunikativ konstruiert als ›ontologische Apriori‹, welche die ›Fiktion des Faktischen‹ aufrechterhalten sollen – galt es der dominanten Deutung im politischen Interdiskurs nach festzuschreiben und die Verfügbarkeit des (sterbenden bzw. toten) Körpers zu regeln, um durch (Rechts-) Sicherheit Todesgewißheit und Vertrauen (in die Transplantationsmedizin) herzustellen. Mit der ›erweiterten Zustimmungslösung‹ legt das Gesetz fest, daß bei einer fehlenden expliziten Zustimmung oder expliziten Ablehnung dem als ›hirntot‹ diagnostizierten Patienten Organe entnommen werden dürfen, sofern die Angehörigen (sich dabei am ›mutmaßlichen‹ Willen des Betroffenen orientierend) zustimmen. Der nach den Regeln der ärztlichen Kunst diagnostizierte ›Hirntod‹ muß dabei als Tod des Menschen gelten (und kann nicht lediglich als ein bestimmter Zeitpunkt im Sterbensprozeß des noch lebenden Patienten verstanden werden), damit sich die Transplantationsmedizin nicht dem Tötungsvorwurf (aktive Sterbehilfe) ausgesetzt sieht. Um die Hirntod-Definition jedoch als *sicheres Todeszeichen des Todes ›des Menschen‹* deuten zu können, braucht es eine weitere Transformation des aus dem traditionalen Leib-Seele-Konzepts hervorgegangenen modernen Körper-Geist-Konzepts, die das Gehirn als besonderes Organ des Menschen hervorhebt (als Sitz der Persönlichkeit bzw. als Steuerungszentrum des Gesamtorganismus) und seine Funktionalität oder Funktionslosigkeit als ausschlaggebendes Kriterium für menschliche Existenz schlechthin ausgibt. Entscheidend dabei ist, daß der dominanten ›Hirntod-Metaphorik‹ und ihrer gesetzlichen Umsetzung gemäß die Definitionsmacht zu Sterben und Tod ausdrücklich innerhalb der naturwissenschaftlich ausgerichteten Medizin verbleibt, begründet in einer hegemonialen Wissenspolitik der ›rationalen Erkenntnis‹. In Bezug auf den Aspekt der Organtransplantation ergibt sich als deren zentrales kulturelles Fundament der umfassende Wunsch nach und Anspruch auf ein langes, krankheitsfreies Leben. Dieser zentrale Aspekt in den ›Verheißungen der Moderne‹ führt in Verbindung mit den entsprechenden professions- und organisationsstrategischen Interessen der Transplantationsmedizin insgesamt zu einem Deutungsmanagement, das auf eine möglichst bruchlose, d.h. möglichst ›unreflektierte‹, Integration der transplantationsmedizinischen Praxis mit ihrem Grundstein ›Hirntod‹ in die moderne Sinnwelt von Krankheit, Leiden und Heilung ausgerichtet ist.

Zentrale Bedeutungsverschiebungen zu Leben und Leiden, Sterben und Tod

Für eine Einschätzung der Verschiebungen und Transformationen unseres Wissens über Sterben und Tod sowie den daraus resultierenden kulturellen und gesellschaftlichen Konsequenzen reicht diese grobe inhaltliche Übersicht zur TPG-Debatte allein allerdings noch nicht aus. Wenn wir jetzt in einem nächsten

---

Nicht-Wissen seitens der kollektiven Akteure (eine präzisere Verortung dieses Begriffs erfolgt dann mit der Diskussion in Kap.5.1).

Schritt diese, aus der Analyse des politischen Interdiskurses gewonnenen Ergebnisse mit der Skizze zu den Eckpfeilern des modernen Todesdispositivs konfrontieren (vgl. Kap.4.1.4, S.151ff), können wir folgende Aspekte festhalten:

Zunächst erscheint der Tod zwar weiterhin als Endpunkt des Lebens, doch unter der Oberfläche der Kontroversen über den Zeitpunkt seines Eintritts, zeigen sich durchaus bedeutsame Verschiebungen: Zu der ›*säkularisierten Moral*‹ *des modernen Lebens* – das *eigene* Leben im Diesseits zu verwirklichen – mit ihrem individualisierten Memento mori des einsamen Tanzes über die Gräber, der in seiner ›lockeren Unernsthaftigkeit‹ die Unerbittlichkeit des absoluten Endes der individualisierten Existenz in ihrem Tod verdeckt, gesellt sich nun eine weitere, eine *neue Moral des Todes*. Denn während der Moderne ein kollektiv präsentes Memento mori, welches symbolisch Leben, Sterben und Tod gleichsam mit einem ›Doppelpunkt‹ hinter dem Tod verband, abhanden gekommen war, ›der Tod‹ also zu einem einfachen ›Schlußpunkt‹ wurde, zeichnet sich für die Diskursformationen ›Hirntod‹ und ›Organtransplantation‹ ein neuer ›Doppelpunkt‹ ab. Die Differenz zwischen dem *guten* und *schlechten Sterben* weist jetzt über den einfachen biologischen Vorgang und seiner – diesseitigen – rein subjektiv zu erfahrenden Qualität anhand des damit verbundenen, mehr oder weniger starken körperlichen Leidens hinaus. Das *gute Sterben* ist nun ein Sterben, das wieder *über den eigenen Tod hinausführt*, wenngleich nicht in ein Jenseits und hin zu einer irgendwie gearteten dortigen metaphysischen Existenz des Subjekts. Vielmehr verbleibt es, der Moderne gemäß säkularisiert, im Diesseits und verweist auf die (kranke, in seinem Leben gefährdete) *Existenz des Anderen*, zu deren Heilung oder zumindest Fortführung das eigene Sterben nicht nur beiträgt, sondern im eigentlichen Wortsinn ›*körperliche Voraussetzung*‹ ist.

Das neue gemeinsame Memento mori von ›Hirntod und Organtransplantation‹ kreist demnach um die Auseinandersetzung mit dem zukünftigen eigenen Tod, der dem Leben des anderen dient, sofern – und das ist ein weiterer zentraler Aspekt – der Einzelne diese ›Entscheidung für das Leben‹ trifft. Das Leiden des Kranken ›be-deutet‹ somit innerhalb der Diskursformation ›Organtransplantation‹ nicht mehr (nur) die Defizite individueller oder kollektiver Existenz mit der Aufforderung zu deren Vermeidung oder Beseitigung, sondern es *konkretisiert* und *subjektiviert* diesen Verweisungszusammenhang zu einer *sozial eindeutig zuschreibbaren Verantwortlichkeitsrelation* – d.h., die Situation des ›Organkranken‹, der auf eine Transplantation wartet, ist konkret der sozialen Situation geschuldet, in der er lebt: Jeder, der keinen Organspende-Ausweis besitzt, erscheint als direkt verantwortlich für das Leiden und den Tod des Kranken. Um es deutlich zu formulieren: Nicht das Ziehen der Grenzlinie zwischen Leben und Tod, nicht die Einordnung von ›tot versus lebendig‹ wurde demnach in seiner kulturellen Legitimation und gesellschaftlichen Konstruiertheit einem ›selbst-reflexiven‹ Diskurs unterzogen, vielmehr umgekehrt: Das Resultat der Diskursformation ›Hirntod‹ besteht darin, daß dem Subjekt sein

Sterben und sein Tod ›reflexiv‹ wird, indem ihm in der (gleichviel ob moralisch oder bürokratisch erzwungenen) Auseinandersetzung mit *seinem* eigenen Sterben und Tod die Entscheidung über Leben oder Tod des kranken *Anderen* aufgebürdet wird. Eine – könnte man fast zynisch formulieren – durchaus eigenwillige Form von Vergesellschaftung von Subjekten mittels Sterben und Tod.

Mit solchen Bedeutungsverschiebungen in den ›Zeichenrelationen‹ zentraler kultureller Konzepte wie ›Leben und Leiden‹, ›Sterben und Tod‹, ›Krankheit und Heilung‹ gewinnt ein Gesellschaftsbild Konturen, das, basierend auf einem um technische Machbarkeit zentrierten Weltbild, in dem – wie Klaus-Peter JÖRNS in Anlehnung an Odo MARQUARD formuliert – jegliches ›Schicksal‹ zum ›Machsal‹ verwandelt werden *muß* (Jörns 1993, S.14f, 1997, S.124), nicht mehr eine gemeinsam zu gestaltende Ordnung als gesamtgesellschaftliche Produktion von Glück zum Wohl aller repräsentiert. Sondern ›Gesellschaft‹ bezeichnet dann den Anspruch auf die Herstellung von Glück für den Einen, dessen Verwirklichung direkt von *der Haltung des Anderen zu seinem je eigenen Tod* abhängig ist. Überspitzt gesagt und aus der Perspektive der Gegner der Hirntod-Definition auf den Punkt gebracht: Das Band, welches eine dergestalt medizinisch dominierte ›Transplantationsgesellschaft‹ zusammenhält, ist der *sozialisierte Opfertod* ihrer, durch die bekundete Bereitschaft zu einem spezifischen Sterben vergemeinschafteten Mitglieder. Nicht mehr der Tod an sich ist es, der den Fortbestand der Gemeinschaft gefährdet, sondern im Gegenteil: Ein bestimmter Tod gewährleistet ihren Zusammenhalt, indem er ›Mitglieder‹ von ›Außenstehenden‹ scheidet. Aus der Perspektive der Befürworter der Hirntod-Definition läßt sich, wenngleich in der Wortwahl weniger spektakulär, so doch der im Kern gleiche Gedanke formulieren. Allerdings ist es dann nicht mehr der ›sozialisierte Opfertod‹, der die Trennlinie zwischen dem gesellschaftlichen Innen und Außen zieht, sondern das ›sozialisierte Körper-Erbe‹, welches der Tote den Weiterlebenden zur freien Verfügung hinterläßt.

Das neue Setting des Sterbens: Der Kranke am Sterbebett und Totenlager

Reformuliert man diese Überlegungen wiederum mit Blick auf die Beziehungskonstellationen der zentralen typischen Akteure (vgl. Abb.22, S.282), ergibt sich im Vergleich zum modernen Szenario idealtypisch ein grundlegend verändertes Setting des Sterbens, das im Kern durch eine ›*Wieder-Vergemeinschaftung*‹ *des Sterbenden (bzw. des Toten)* infolge der neuen Moralisierung des Todes zu kennzeichnen ist. Vermittelt durch den Arzt, dessen zentraler Rollenaspekt in dieser Situation nicht mehr ausschließlich in seiner Grenzwächterfunktion für den Todkranken liegt, sondern sich zur allgemeinen und *ausschließlichen* Expertise zu Leben und Tod erweitert, indem nur noch er die *Wahrheit des Todes am toten Körper* erkennen kann, erscheint der andere Kranke auf der Bildfläche, bzw. wenn man so will: direkt am Sterbebett (bzw. am

Totenlager).²⁴³ Aus der seit Durchsetzung der modernen Medizin als Dyade etablierten Arzt-Patientenbeziehung, die sich bis zum Sterben des Patienten erstreckt, wird nun eine – in der symbolischen Codierung – ›existentiell miteinander verbunden‹ Triade von Sterbenden, Arzt und nächstem Patienten. D.h.: Allein durch die Faktizität der Organtransplantation als technisch verfügbare Therapie für ansonsten unheilbare Krankheiten gewinnt der Sterbende bzw. Tote seine durch die Moderne verlorene symbolische Bedeutung für das diesseitige Leben zurück, wenngleich in völlig anderen Bedeutungszusammenhängen und vor allem auf dem Boden einer gänzlich differenten sozialen Praxis, die eben jene ›tätige Entscheidung‹ (pro ›Organspende‹) des einzelnen, als autonom und selbständig gedachten Subjekts erfordert bzw. voraussetzt.

Abb.22: Ein neues Setting des Sterbens

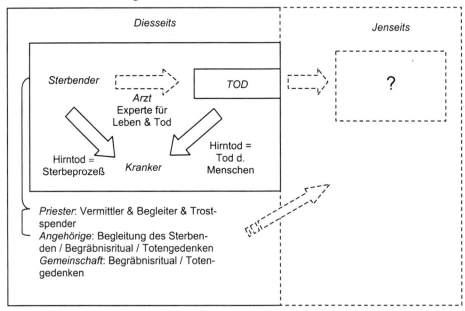

Das in dieser Erweiterung der Beziehungsstruktur enthaltene ethische Dilemma der Transplantationsmedizin ist sicher nur die eine Seite, die man als Soziologe bequem auf die Ärzteschaft und ihr Berufsethos abwälzen könnte. Die andere, die soziologisch relevante Seite solcher ›strukturellen Verschiebungen‹ geht allerdings weit über die ethische Problematik einer solchen ›Sterbender/Toter-

---

²⁴³ Auf diesen Aspekt, wenngleich dann vor allem in einem ethischen Kontext problematisiert, hat z.B. auch Monika Knoche hingewiesen (B'90/GRÜNE): „Bei jeder Heilbehandlung sind zwei Menschen - Arzt und Patient - beteiligt. Mit der Transplantation wird in diese uralte Beziehung eine dritte Person einbezogen - und diese Person muß auf jeden Fall sterben. Diese Grenzüberschreitung - Heilung durch Zugriff auf den Körper eines anderen - macht die Organverpflanzung zu einem Ausnahmefall in der Medizin." (Quelle: Knoche Feb. 1996)

Arzt-Patienten-Trias‹ hinaus. Glaubt man den Prognosen zur Entwicklung des Transplantationsgeschehens, so ist für die Zukunft anzunehmen, daß infolge der immer weiter um sich greifenden Praxis der Organtransplantation dieser ›Ausnahmefall‹ der Medizin sich immer häufiger einstellen wird (z.B. Feuerstein 1995, S.168ff). Und das bedeutet auch: Leidverminderung und Leidverhinderung als Angelpunkte des, der modernen Gesellschaft innewohnenden, Paradigmas der *gesellschaftlichen* Produktion von Glück können im medizinisch dominierten Sektor von Krankheit und Gesundheit immer weniger von der Sinnfrage von Sterben und Tod abstrahieren. Was ›*der Sinn*‹ *von Sterben und Tod* ist, kann – wie für die moderne Medizin noch konstitutiv und bis heute ›gängige Praxis‹ – für die Zukunft nicht mehr auf den reinen Kampf gegen das Sterben begrenzt und ›alles weitere‹ ausgeblendet, unbeantwortet bleiben. Oder anders gesagt: Die Beantwortung dieser Sinnfrage in einer bestimmten Art und Weise wird und bleibt solange unabdingbar, wie die Organtherapie auf ›lebende Leichenorgane‹ angewiesen ist. Deshalb muß sich zum selbst-reflexiven ›Homo-Hygienicus‹ der fortschreitenden Moderne wieder jener ›Mensch im Angesicht des Todes‹ gesellen, von dem uns ARIÈS berichtet hat – allerdings: in einer durchweg säkularisierten und, fast möchte man sagen, medizin-technisch integrierten Gestalt. Die Auffüllung der von der Moderne produzierten Leerstellen zu Sterben und Tod hat begonnen.

Damit gelangen wir schließlich zu der Frage, wie für die Zukunft die ›Ungewißheit des Todes‹ gemeistert wird, ob und wie ›Sicherheit‹ und ›Gewißheit‹ in der Bewältigung von Sterben und Tod hergestellt werden kann – und zwar sowohl auf der Makroebene kultureller Deutungen und deren korrespondierende gesellschaftliche Praxis des Umgangs mit diesem Wissen (Kap.5.1) wie auch auf der Subjektebene als Vergesellschaftungsprozeß der Individuen, in dem sich Leben, Tod und deren materiale Basis – der ›menschliche Körper‹ – in spezifischer Weise verschränken (Kap.5.2).

5. Die Transformation des modernen Todesdispositivs: Von der Todesverdrängung zur Vereinnahmung des Todes?

Der Tod geht weder die Lebenden noch die Toten an! – Dieser Taschenspieler-Trick von EPIKUR konnte wohl keine der Generationen, die uns bis heute von ihm trennen, richtig trösten. Denn – so Zygmunt BAUMAN – EPIKUR ›vergißt‹ in seiner Beschwichtigung das Wissen des Menschen um seinen Tod. Die Verbindung zwischen Tod und menschlicher Existenz vollzieht sich eben *nicht* in einer gleichsam ›animalischen Weise‹, in der das Tier ›Mensch‹ von Wissen und Sinn sowie vom Wissen um dieses Wissen befreit wäre. Gerade umgekehrt: Das Wissen um den Tod ist es, das die Sache nicht nur schwierig werden läßt, sondern auch ›das spezifisch Menschliche‹: ›*die Kultur*‹ überhaupt erst hervortreibt (Bauman 1994, S.10ff). Mit der Hirntod-Definition hat sich das Wissen um den Tod unbestritten verändert. Seine eigentliche Gestalt gewinnt es allerdings erst dadurch, daß es – vor dem Hintergrund der medizin-technischen Möglichkeiten der Verlängerung des Sterbens hier und den Therapiechancen für ehedem unheilbar oder todkranke Patienten dort – diskursiv erzeugte und vermittelte Handlungsrelevanz erlangt und die Todesmetaphorik des ›Hirntodes‹ so mit einer gesellschaftlichen Praxis verknüpft, daß eine Transformation der sozialen und subjektiven Wirklichkeit von Sterben und Tod damit einhergeht. Die folgenden Überlegungen sollen die dabei plausiblen ›Transformationsoptionen‹ für die Zukunft diskutieren.

5.1. Wandel und Kontinuitäten in der Todesmetaphorik: Von der Todes(un)sicherheit zur (Selbst-)Reflexivität von Sterben und Tod

Schauen wir noch einmal kurz auf die historische Entwicklung ›des Todes‹, wie sie Philippe ARIÈS bis in die Gegenwart zusammenfasst:

„Die Definition des Todes hat sich gewandelt. Er ist heute nicht mehr jener letzte »Augenblick«, zu dem er etwa im 17. Jahrhundert geworden war, dessen Punktualität ihm aber vorher abging. In der traditionellen Einstellung wurde die Plötzlichkeit des Todes gemildert durch die Gewißheit einer Kontinuität – nicht unbedingt die Unsterblichkeitsgewißheit der Christen (der Christen von einst!), doch eine Art steter Verlängerung. Seit dem 17. Jahrhundert hat der zunehmende Glaube an die Dualität von Seele und Leib und an deren Trennung nach dem Tode diese Vorstellung eines sich hinziehenden Todes abgeschafft. Der Tod wurde zum Augenblick. Der medizinische Tod von heute hat die zeitliche Ausdehnung wiederhergestellt, wenn auch zugunsten des Diesseits und nicht mehr des Jenseits.
Die Zeit des Todes ist zugleich verlängert und unterteilt worden. Die Soziologen haben ihre typologischen und klassifikatorischen Methoden darauf anwenden können. Es gibt den zerebralen Tod, den biologischen Tod und den Zelltod. Die alten Zeichen, so der Stillstand von Herz- und Atemtätigkeit, genügen nicht mehr, An ihre Stelle ist die Messung der zerebralen Tätigkeit getreten, das Elektro-Enzephalogramm." (Ariès 1987, S.749)

Vor dem Hintergrund der hier entwickelten Überlegungen müßte man entgegnen: Für (Kultur-) Soziologen ist das, was ARIÈS uns hier erläutert, nur die halbe Wahrheit. Zum einen macht es für den Soziologen, der den kulturellen Codierungen von Sterben und Tod nachspürt, kaum Sinn, nur vom Tod allein zu sprechen, sondern er kommt – wie gezeigt – nicht umhin, nicht nur die damit im engeren Sinne verbundenen kulturellen Kategorien (von tot und lebendig, von Diesseits und Jenseits, von Leib und Seele, Körper und Geist) zu diskutieren, sondern den Kreis weiter zu fassen: Krankheit und Gesundheit, Leiden und Heilen, Wissen und Erkenntnis, Subjekt und Gesellschaft. Denn nur so gelingt es, Veränderungen und Kontinuitäten zu identifizieren, die nicht nur einzelne Wissens-Aspekte betreffen, sondern ›das Weltbild insgesamt‹,[244] d.h.: die ›gesellschaftliche Ordnung des Todes‹ in ihrer Gesamtheit. Zum anderen richtet sich das Interesse des Soziologen nicht nur auf kulturelle Codierungen um ihrer selbst willen (womöglich noch mißverstanden als Rekonstruktion von rein symbolisch repräsentierten ideellen Wissenskonglomeraten), sondern vor allem auch um deren ›institutionelle Objektivierungen‹, weil sie in Anlehnung an Peter L. BERGER und Thomas LUCKMANN die Basis jener ›gesellschaftlichen Konstruktion der Wirklichkeit‹ bilden, wie sie bis hinein in das eigene Sterben und den erfahrenen Tod des anderen als je spezifische und dominante soziale Praxis reichen. Und schließlich geht es auch und vor allem darum, solche Verschiebungen von Wissen und sozialer Praxis gesellschaftstheoretisch einordnen und bewerten zu können.

Die moderne Gesellschaft und der verdrängte Tod –
modernisierungstheoretische Reflexionen zum ›Hirntod‹

Wir hören noch einmal Hans JONAS, wie er – und hier durchaus in Übereinstimmung mit vielen Beiträgen nicht nur in der politischen Hirntod-Debatte – die Einstellung der modernen Gesellschaft zum Tod in einen Zusammenhang mit dem ›Hirntod‹ bringt:

„Die Feigheit der modernen Säkulargesellschaft, die vorm Tode als dem unbedingten Übel zurückschreckt, braucht die Versicherung (oder Fiktion), daß er schon eingetreten sei, wenn die Entscheidung zu treffen ist. Die Verantwortung wertbeladener Entscheidung wird ersetzt durch die Mechanik wertfreier Routine. Insofern als die Neudefinierer des Todes, indem sie sagen „er ist schon tot", die Skrupel über die Abstellung des Atemgerätes zu beheben suchen, kommen sie einer zeitgenössischen Feigheit entgegen, die vergessen hat, daß der Tod seine eigene Richtigkeit und Würde haben kann und der Mensch ein Recht darauf, daß man ihn sterben läßt." (Jonas 1985, S.235)

---

[244] So kann Reinhard Bauernfeind am Beispiel des altägyptischen Weltbildes zeigen, wie die Bedeutungsverschiebung einer Begriffskategorie zwangsläufig das gesamte vernetzte Definitionssystem verändern *muß*, diese Veränderung aber nur im Gesamtzusammenhang gesehen und angemessen verstanden werden kann (Bauernfeind 1995, S.273ff).

Die Verunsicherung des Todes, wie sie die Diskursformation um den ›Hirntod‹ zum Ausdruck bringt, könnte zunächst als ein einfaches, aber eindrückliches Beispiel gesehen werden für eine jener ›hergestellten Unsicherheiten‹, wie sie sich durch den Prozeß der ›reflexiven Modernisierung‹ als ungewollte, nicht geplante, nicht beabsichtigte Nebenfolgen einstellen.[245] Doch hieße das dann, die Verkomplizierung der Trennlinie von Leben und Tod gleichsam als ›Beiprodukt‹ medizin-technischen Fortschritts bewerten zu müssen? Mitnichten! Wir haben gesehen, daß die Frage, ob ein Mensch noch lebt oder bereits tot ist, grundsätzlich keineswegs ein neues Problem umreißt. Entstanden ist also zunächst keine ›neue Unsicherheit‹, sondern mit dem ›Hirntod‹ bietet sich lediglich ein neues Medium an, der Todesunsicherheit (unter Zuhilfenahme entsprechender technischer Mittel) zu begegnen. Glaubt man den Befürwortern der Hirntod-Definition, dann müßte man den Gedanken sogar umdrehen: Noch nie war der Tod so sicher wie heute! Das eigentliche Problem der Todes(un)sicherheit, wie es die ›Hirntod‹-Metapher aufwirft, liegt demnach tiefer: Es hat zum einen mit dem Tod als besonderem Gegenstand menschlicher Erfahrung und Wissen zu tun, und zudem mit der Sinnungewißheit des Todes in der Moderne.

---

[245] Nach Ulrich Beck leben wir bereits „in einer anderen Welt, als in der, in der wir noch denken." (Beck 1993, S.61). Die mit diesem Satz angedeutete Differenz zwischen ›einfacher (industriegesellschaftlicher) Moderne‹ und ›reflexiver Moderne‹ basiert auf einer gesellschaftlichen Entwicklung, in der die Prinzipien der Moderne auf sich selbst Anwendung finden. Allerdings besitzt der Begriff ›reflexiv‹ hier zwei Bedeutungsdimensionen. Erstens: Entscheidend für den fortschreitenden Modernisierungsprozeß moderner Gesellschaften, wie er unter dem Stichwort der ›reflexiven Modernisierung‹ subsumiert und empirisch an der beobachtbaren Aufweichung und Umgestaltung der industriegesellschaftlichen Fundamente (z.B. Veränderungen in den Bereichen ›Arbeit und Beruf‹, ›Familie‹ u.a.m.) festgemacht werden kann, ist demnach, daß zwar vordergründig betrachtet nach wie vor Rationalisierung, Zweckrationalität im Weber'schen Sinne, die gesellschaftlich bestimmende Handlungslogik bleibt. Das *Medium* gesellschaftlichen Wandels allerdings – gewissermaßen ›reflexartig‹ – ist zunehmend in ›nicht intendierten Nebenfolgen‹ zu sehen. Die zweite Dimension besteht darin, daß infolge der daraus erwachsenden gesellschaftlichen Konflikte und öffentlichen Auseinandersetzungen – nicht zwangsläufig und derzeit noch eher verhalten, aber möglicherweise für die Zukunft immer stärker – ein Reflexionsprozeß einsetzt, der langsam diese Veränderungen in den Blick nimmt und reflektiert – d.h.: ›die Gesellschaft‹ wird in wachsendem Maße *selbstreflexiv*. Diese beiden Bedeutungsdimensionen zusammengenommen – also ›*Reflexivität*‹ im Sinne von ungewollter Selbstaufhebung, Selbstgefährdung durch nicht gesehene Nebenfolgen und ›*Reflexion*‹ im Sinne von Produktion und Einsatz von Wissen über diese Prozesse – ergeben jene andere Moderne mit einer neuen Gestalt von Gesellschaft, wie sie sich derzeit abzuzeichnen beginnt. Allerdings gilt es gerade bei diesem Verständnis von ›Reflexion‹ insbesondere nach Ulrich Beck zu bedenken, daß es hierbei nicht nur um ›Wissen‹, sondern ebenso um die Reflexion des ›Nicht-Wissens‹, des ›Nicht-Wissen-Könnens‹, des ›Nicht-Wissen-Wollens‹ (z.B. um eben jene Nebenfolgen) gehen kann (Beck 1993, S.36ff, insbesondere Beck 1996a, S.289ff).

Wissen – Nicht-Wissen – Zweifel

Wenn man mit Ulrich BECK u.a. als ein zentrales Kennzeichen der reflexiven Moderne die allseits um sich greifende Unsicherheit auf allen Seiten des Wissens und Nicht-Wissens betrachtet, so lautet die ›Gretchenfrage‹ reflexiver Modernisierung: Wie gehen wir – Experten, Politiker, Alltagsmenschen usw. – mit unserem Nicht-Wissen um? BECK unterscheidet dabei, wenngleich wenig trennscharf und dimensional eher verwirrend, folgende Möglichkeiten des Umgangs mit bzw. Dimensionen des Nicht-Wissens (Beck 1996a, S.302):
1) die selektive Rezeption und Vermittlung von Risikowissen;
2) die Unsicherheit des Wissens in einem konkreten und/oder prinzipiellen Sinn;
3) Irrtümer und Fehler;
4) das Nicht-Wissen-Können, das seinerseits gewußt oder verdrängt werden kann;
5) Nicht-Wissen-Wollen.

Im Hinblick auf ›den Tod‹ wäre die (theoretische) Antwort auf die Frage des Umgangs mit Wissen/Nicht-Wissen schon allein durch die hier vorgenommene Begriffsbestimmung der ›Todesmetapher‹ eindeutig gegeben, deren Kern ja auf dem prinzipiellen Nicht-Wissen-Können infolge der fehlenden Erfahrbarkeit des eigenen Todes beruht. Die ›empirische‹ Antwort auf der Basis der vorgenommenen Analyse zum ›Hirntod‹ lautet zwar anders, aber nicht weniger eindeutig: Der politische Interdiskurs ignoriert auf der Seite seiner dominanten Deutung (der Befürworter der Hirntod-Definition) genau jenes prinzipielle Nicht-Wissen-Können, welches die Erfahrung des Todes kennzeichnet.

Dem entgegen stünde dann als andere Umgangsweise mit diesem Nicht-Wissen-Können die ›Gewißheit des Zweifels‹ auf seiten der Gegner, basierend auf der gerade auch mit der Hirntod-Definition (als neuer Definition des Todes und gleichgültig ob man dabei den ›Hirntoten‹ als Toten oder als Sterbenden versteht) verbundenen Sicherheit, daß der ›Hirntote‹ selbst uns auf jeden Fall prinzipiell nicht von jenem Nicht-Wissen-Können über seinen ›Zustand‹, über seine ›Erfahrungsmöglichkeiten‹ befreien kann.

Doch auch hier muß angemerkt werden, daß sich aus Sicht der ›Hirntod-Gegner‹ solches prinzipielles Nicht-Wissen-Können auf die unhinterfragbare ›Wirklichkeit des Hirntodes‹ bezieht – der Tod als solcher in seiner Grenzziehung zum Leben bleibt ihnen und ihrer Sicht dabei ›sicher‹. Insofern besteht m.E. auch hier kein Raum für reflektiertes Nicht-Wissen, bei dem „man weiß, daß und was man nicht weiß". Solche „Bereiche des gewußten Nicht-Wissen-Könnens" (Beck 1996a, S.309) wurden den dominanten rhetorischen Mustern des politischen Interdiskurses gemäß konsequent negiert, von der Oberfläche der Deutungen um Leben und Tod verjagt.

Deshalb kann man wohl mit Fug und Recht behaupten, daß mit Blick auf die öffentliche Diskussion um den ›Hirntod‹ – zumindest auf den Teil, der hier Gegenstand der Analyse war: der politische Interdiskurs in Deutschland im Rahmen der Transplantationsgesetzgebung – eine Reihe der hier rekonstruierten

Argumentationsmuster und Deutungsstrategien (in den Gesetzesanträgen, in den Politikerreden) den Schluß zulassen, daß das Leben und der Tod zu einem erheblichen Teil in recht herkömmlichen, d.h. ›traditionell-modernen‹ Kategorien verhandelt wurden, ja sich gleichsam die lineare Modernisierung der ›Weiter-so-Modernisierer‹ auch hier bei der Frage von ›Leben oder Tod‹ Platz verschafft hat, indem sie andere Wissensformen ausgrenzte und das eigene Nicht-Wissen-Können verdrängte (ebd., S.324, Beck 1996b, S.43ff). Ihre Botschaft lautet: Das Erkennen der Grenzen zwischen Leben und Tod hat sich zwar verkompliziert, doch dem gilt es mit Vertrauen auf die Kompetenz der medizinischen Experten entgegenzutreten. Das Nicht-Wissen wird entweder kategorisch abgestritten oder in die Gewißheit des prinzipiellen Zweifels transformiert, der ebensowenig Raum für Reflexion bietet. Mit anderen Worten: Der ›Hirntod‹ (und die damit verbundene Option der Organtransplantation) mag zwar unsere Praxis (im Umgang mit Sterben und Tod, aber auch mit Leiden, Krankheit und Heilen) verändern, ›unser Denken‹ über Leben und Tod bleibt dagegen (präzise und vorsichtig ausgedrückt: so wie es das TPG festgeschrieben und repräsentiert) weitgehend jenen Wissens-Konstellationen von Körper und Geist, von Subjekt und Individualität, von Experten- und Laienbeziehung, von Wissen, Erkenntnis und Wahrheit verhaftet, wie sie im Zuge der Ausbildung der modernen bürgerlichen Gesellschaft und der modernen Medizin als Fundamente jener ›einfachen Moderne‹ entwickelt wurden.

Freilich: Die Trennlinie zwischen Leben und Tod wurde neu gezogen (bzw. die Trennlinie, welche die medizinische Praxis bereits etabliert hatte, wurde bestätigt), doch das m.E. entscheidende Argument dabei lautet: Die Eckpunkte dieser Trennlinie wurden keinem *reflektierenden Werte-Diskurs* unterzogen, sondern dem entgegen wurde *die Unverrückbarkeit von Leben und Tod als* ›*Fiktion des Faktischen*‹ gleichermaßen von Befürwortern wie Gegnern der Hirntod-Definition beschworen. Im Streit über die Sicherheiten und Unsicherheiten des Todes wurden gegen die neuen Ungewißheiten entweder die alten Gewißheiten gesetzt, die in der Rigidität der ›objektiven Wahrheit‹ der Naturwissenschaften alles andere an Wissen einfach ausgrenzen, oder die neue Gewißheit des Zweifels an den ›alten Wahrheiten‹ propagiert, die in letzter Konsequenz in ihrer Indifferenz nichts mehr einschließen kann – zumindest solange sie nicht mit einem expliziten Werte-Diskurs einhergeht.

Wissenspolitik der ›einfachen Moderne‹:

Eine 1997 im Internet veröffentlichte Projektarbeit des Seminars ›Technikbewertung‹ an der Fachhochschule Hamburg formulierte folgende ›Grundsatzfragen‹ zur Hirntod- und Transplantationsdiskussion:

„- Wissen wir, was wir tun, wenn wir Verstorbene beziehungsweise für tot Erklärte zu einer Sache erklären, über die man verfügen kann?
- Wissen wir, was wir tun, wenn wir den Tod durch die künstliche Definition des Hirntodes terminieren, ohne das objektive Wissen um den wirklichen Todeszeitpunkt zu haben?
- Wissen wir, was wir tun, wenn wir den menschlichen Geist und die Seele körperlich

ausschließlich im Gehirn ansiedeln?
- Wissen wir, was wir tun, wenn wir die Verlängerung des Lebens so sehr zum obersten Ziel machen, daß wir uns dabei über elementare Empfindungen wie über ethische und religiöse Einwände hinwegsetzen?" (Quelle: Appel 1997)

Man könnte all diese Fragen anhand verschiedener Aussagen aus dem dominanten politischen Interdiskurs heraus summarisch beantworten, indem man einfach dagegen hält: Selbstverständlich wissen wir was wir tun! Der eigentlich interessante Aspekt ginge dabei allerdings verloren: Wie läßt sich das Wissen, auf dem die Antworten auf solche Fragen beruhen, begründen bzw. legitimieren? Würde man diesbezüglich versuchen, die Antworten auf der Grundlage des politischen Interdiskurses auszuformulieren, könnten sie so lauten:
- ja, wir wissen, was wir tun, weil das Verfügen über Sachen eine grundsätzliche Technik der modernen Weltaneignung darstellt und hier noch dazu einem ›guten Zweck‹ dient;
- ja, wir wissen, was wir tun, weil das derzeitig verfügbare Wissen medizinisch-naturwissenschaftlicher Erkenntnispraxis ausreicht um den Tod ›sicher-(fest-)zustellen‹;
- ja, wir wissen, was wir tun, weil alle vorhandene wissenschaftliche Erfahrung zeigt, daß alle anderen Organe des menschlichen Körpers ersetzbar und austauschbar sind;
- ja, wir wissen, was wir tun, weil das einzige, was unser Handeln leitet, zweckrationale, instrumentelle Vernunft ist.

Die so gegebenen Antworten charakterisieren eine ›Wissenspolitik‹ in Bezug auf ›den Tod‹, die sich bereits in GOETHEs ›ERLKÖNIG‹ findet und somit selbstredend bereits von der ›klassischen Moderne‹ in Frage gestellt wurde. Denn so, wie in dem Dialog zwischen Vater und Kind die der magischen, transzendenten Todes*erfahrung* des Kindes entgegengesetzten rationalen Beschwichtigungsversuche des Vaters es ihm, trotz Grausens auch seinerseits, zwar ermöglichen, seinem Ziel weiter entgegenzureiten, gegenüber dem Kind aber ›ohnmächtig‹ bleiben, so könnte es auch uns in unserer, mit dem ›Hirntod‹ ›modernisierten‹ (?) und solcherart legitimierten sozialen Praxis des Sterbens und Todes gehen: „In seinem Rettungsversuch muß der Helfer auch seine eigene Vernunft retten und die magischen Todesbilder bannen. Er tut dies in der Pose des Überlegenen, des Wissenden, die den mit dem Tode ringenden Schützling beruhigen soll", was dem Schützling aber letztlich keine Hilfe bringt (Schott 1986, S.83). Und diese Analogie umschreibt m.E. recht eindrucksvoll den Umgang mit den emotionalen, ›magischen‹ Todesbildern, die mitunter Angehörige beim Anblick von ›Hirntoten‹ bewegen, die dann als ›phänomenale Irritationen‹ durch ›besseres Wissen‹ beseitigt und durch ›Organspende‹ als Gewissensberuhigung relativiert werden sollen.

Vertrauen und die gesellschaftliche Erfahrung des Todes

Vor dem Hintergrund dieser Überlegungen ist anzunehmen, daß aufgrund solcher Wissenspolitik der Versuch der ›Vertrauensarbeit‹, wie ihn Gesetzgeber und Transplantationsmedizin betreiben, zum Scheitern verurteilt sein wird. Um mit Anthony GIDDENS zu sprechen, bedarf nachtraditionales Vertrauen – als ›blindes Vertrauen‹ in die Funktionsfähigkeit abstrakter Wissens- und Expertensysteme – eine Umwandlung in ›*aktives Vertrauen*‹, um Gewißheit und Sicherheit herstellen sowie Verbindlichkeiten, die Kontinuität in der Praxis gewährleisten, legitimieren zu können. Ein solches ›aktives Vertrauen‹ muß gewonnen, kann nicht einfach nur abgerufen werden, es gründet nicht auf Pflicht, sondern auf begründetem und begründbarem *Glauben*. (Giddens 1995, S.102ff; vgl. auch Beck 1996a, S.291ff). Wenn nun aber gerade die für Krankheit, Leiden, Sterben und Tod relevante ›Vertrauensumwelt‹ der Moderne – das medizinische Expertensystem – die ›ontologische Sicherheit‹ (Giddens 1995, S.164) des Todes in seiner Erfahrbarkeit als Tod des Anderen für den Laien nicht mehr erfahrbar werden läßt, worauf sollte sich dann noch ›Vertrauen‹ stützen? Allen Ernstes auf ›Rechts-Sicherheit‹? Schon Christian v. FERBER formulierte kurz nach der HARVARD-Definition mit erstaunlicher Voraussicht, was sich in jüngster Zeit im Kontext der Hirntod-Diskussion vollzogen hat und uns wohl auch in Zukunft noch beschäftigen wird: Die Frage, schreibt er,

„wer mit welchen Gründen über die Grenzchancen des Überlebens [verfügt,] wird erst dann eine befriedigende Antwort finden, wenn Ärzte und Laien auf der Basis einer gemeinsamen gesellschaftlichen Erfahrung urteilen und handeln. Bis dahin werden wir die Entzweiung von ärztlichem Wissen und Laienverstand mit juristischen Kautelen zu beschwichtigen und mit theologischen und ethischen Ausflüchten zu überbrücken versuchen." (v. Ferber 1970, S.249)

Aber wie hat man sich eine solche ›gemeinsame gesellschaftliche Erfahrung‹ vorzustellen, noch dazu in einer sich weiter differenzierenden Gesellschaft, zu der Religionssoziologe Gerhard SCHMIED wohl zurecht anmerkt:

„(...) die moderne Vielfalt der Vorstellungen über den Tod und das, was nach ihm kommt, [dürfte] zu keiner Zeit in unserem Kulturraum erreicht worden sein. (...) Das einzelne Bewußtsein ist bezüglich des Sinnes von Leben und Tod ein Kaleidoskop von mehr oder minder akzeptierten ›Angeboten‹ (...)." (Schmied 1988, S.128)

Wenn der Tod keine allseits verbindlich geteilte ›*Tatsache*‹ mehr ist, was kann dann noch Gewißheit begründen? Ich meine, eine solche gemeinsame Erfahrung könnte dann nur noch in einer kollektiv geteilten Umgangsweise mit dem prinzipiellen, gewußten, reflektierten und anerkannten Nicht-Wissen-Können liegen; – und hierin hätte m.E. auch die Chance für den politischen Interdiskurs gelegen, die von den ›Weiter-so-Modernisierern‹ verspielt wurde, indem sie genau vor dieser Anerkennung zurückscheuten und sich statt dessen den Werte-Deckmantel von Humanität und Solidarität umgehängt haben, um den keineswegs per se illegitimen Ansprüchen der Transplantationsmedizin zu folgen. Ein Akzeptieren der kulturellen Variabilität und sozialen Konstruiertheit der Grenze von Leben und Tod sowie der Grenzbereiche selbst müßte ja keineswegs zwangsläufig in eine ›postmoderne‹, vielleicht ethisch bedenkliche, weil praktisch unüberschaubare Beliebigkeit von Sterben und Tod münden, vor der jeder gesetzliche Regelungsversuch zu kapitulieren hat. Vielmehr könnte gerade darin die Chance bestehen, welchen auch immer gefundenen Konsens nicht darauf zu gründen, daß ›die Dinge sind wie sie sind‹, sondern daß wir bewußt und damit ›wert-reflexiv‹ entscheiden, daß wir ›die Dinge‹ so sehen, wie wir sie (aus guten Gründen) sehen wollen. Der zweite Weg stünde m.E. weniger in der Gefahr, ständig einer gesellschaftlichen Praxis hinterher zu laufen, welche kontinuierlich die Veränderung ›der Dinge‹ betreibt, so daß sie eben morgen schon nicht mehr so sein werden, wie sie heute zu sein vorgeben (und gestern ja auch nicht waren).

Die Vereinnahmung des Todes

Insofern lautet meine modernisierungstheoretische Verortung resümierend, daß der ›Hirntod‹, wie er insgesamt im politischen Interdiskurs verhandelt und schließlich gesetzlich festgeschrieben wurde, zwar als ein Beispiel für die fortschreitende Modernisierung moderner Gesellschaften gewertet werden kann, aber sich eben *als Reflex von ungeplanten Nebenfolgen* (des medizintechnischen Fortschritts; vgl. hierzu auch Wagner 1995, S.266ff) einstellte und *im Sinne einer ›einfache Moderne‹ ›behandelt‹* wurde. Die eigentlich neue Qualität, die sich mit dieser Debatte verbindet, erschließt sich vielmehr in Bezug auf die Situation von Sterben und Tod, wie sie für die moderne Gesellschaft vor dem Hintergrund der Verdrängungsdebatte skizziert wurde (vgl. Kap.2.2), denn mit ›Hirntod und Organtransplantation‹ ist die von Jean BAUDRILLARD analysierte ›Sicherung des Todes‹ als *Sicherstellung des eigenen Todes* vollzogen, wenngleich in einem anderen Zusammenhang als von ihm ursprünglich gedacht:

„Ebenso wie die Moral vorschreibt: »Du sollst nicht töten«, so schreibt sie heute vor: »Du sollst nicht sterben« – jedenfalls nicht so, wie du willst, und wenn überhaupt, dann nur wenn Gesetz und Medizin es erlauben. Und wenn der Tod dir zugestanden wird, dann nur noch auf Anordnung. Kurz gesagt, der eigene Tod ist zugunsten von death control und Euthanasie abgeschafft (...)." (Baudrillard 1991, S.277)

Doch der Tote – den BAUDRILLARD für die Moderne aus den Austauschbeziehungen expediert sieht, weil er schon zu Lebzeiten nur noch als entfremdetes Residuum seines ›Selbst‹ existierte, um sich im Tod schließlich endgültig aus dem Staub zu machen (ebd., S.260) – bleibt weder fern, noch kehrt er zurück, er bleibt hier und wird selbst zum ›Gegenstand‹ eines ›symbolischen Austausches‹. Der Tod muß wieder in den Dienst des Lebens gestellt werden, aber nicht mehr in jener Weise des ›Hic mors vivos docet‹ (hier helfen die Toten, das Leben zu erhalten), bei der die Toten der modernen Medizin im Blick des Pathologen auf das Innere des Leichnams die Erkenntnis des modernen Subjekts offenbarten. Die Hilfe für die Lebenden liegt nunmehr nicht nur – einfach gedacht – in der Organübertragung, sondern darin, daß die ›Wahrheit des Todes‹ durch den pragmatischen Akt seiner Dienstbarmachung jetzt einem ›anderen Herrn‹ dient: nicht mehr der ›wahren Erkenntnis‹, sondern der ›wahren Moral‹ (vgl. auch Schneider 1999a).

Mit der Hirntod-Definition haben wir die „Vorstufe der Ewigkeit *im* Diesseits" [Herv. im Orig.; Anm. d. Verf.] (Beck, U., 1995, S.173) hinter uns gelassen und sind einen, vielleicht *den* entscheidenden Schritt vorangekommen, nicht weil ›der Tod‹ in den Dienst des Diesseits gestellt wird (das hat die ›einfache Moderne‹ bereits je nach Ideologie auf unterschiedliche Weise geschafft), sondern weil ›*der* Tod‹ (als das je eigene individuelle Sterben von dem Zeitpunkt an, an dem die medizinische Kunst auch in der Moderne ihre Praxis beschließen mußte, weil die Natur ihren Lauf nahm) *nicht mehr existiert*. Denn jetzt gibt es wieder verschiedene Tode – es gibt wieder ›gute‹ und ›schlechte‹ Tode – und es gibt wieder ein richtiges und falsches Verhalten auf das eigene Sterben hin, allerdings, ein solches, welches gleichsam diskursiv kurzgeschlossen direkt vergesellschaftet wird. Nicht mehr das Leben bis zum Tod soll in den Dienst der Gesellschaft gestellt werden, damit über den je eigenen Tod hinaus das diesseitig ›vollbrachte Werk‹ den je eigenen Tod transzendiert, sondern durch einen einfachen, moralisch fundierten Bekundungsakt, geschuldet dem ›tod-kranken Anderen‹, soll der eigene Tod (oder das Sterben – je nach Anschauung) in den Dienst der Gesellschaft gestellt werden!

5.2. Subjektivität, Bio-Macht und Unsterblichkeit

„Überall und zu jeder Zeit ist es das Individuum, das krank ist, aber es ist krank in den Augen seiner Gesellschaft, in Abhängigkeit von ihr und gemäß ihren Bedingungen. Die Sprache des Kranken entwickelt sich eben aus der Sprache, die in der Beziehung zwischen Individuum und Gesellschaft herrscht." (Herzlich & Pierret 1991, S.9)

Dieses Zitat läßt sich völlig analog für den Sterbenden lesen: Überall und zu jeder Zeit stirbt das Individuum, aber es stirbt vor allem in den Augen seiner Gesellschaft, in Abhängigkeit von ihr und gemäß ihren Bedingungen. Eine Sprache allerdings, mit der die Weiterlebenden zu den Sterbenden und Toten in Beziehung treten können, ist – wie gezeigt – im Zuge der gesellschaftlichen Entwicklungsprozesse hin zur Moderne verlorengegangen, weil sich das Verhältnis von Subjekt und Gesellschaft in und durch die Geburt des ›Individuums‹ geändert hat (vgl. zusammenfassend Kap.4.1.4).

Betrachtet man die Beziehung zwischen Subjekt (als Individuum) und Gesellschaft in makroskopischer Sicht, so kann als ein zentrales Merkmal des Modernisierungs- und Zivilisationsprozesses seit Beginn der Neuzeit festgehalten werden, daß jene Lebensbedingungen, welche das Resultat unserer eigenen Handlungen sind, in Relation zu der Menge unserer Lebensbedingungen insgesamt zugenommen haben und weiter zunehmen (vereinfacht gesagt: Immer mehr vom dem, was den Menschen einst z.B. als ›natürliche Umwelt‹ umgeben hat, wird vom Menschen bewußt gestaltet oder stellt sich zumindest als von ihm beeinflußt heraus).

„Zuvor Unverfügbares wird im Zivilisationsprozeß in Verfügbares verwandelt. Lebensvoraussetzungen, die zuvor schlechterdings handlungssinntranszendenten Charakter haben, werden damit unter Handlungssinngesichtspunkten validierbar. Kontingenz verwandelt sich in handlungsrational verfügbare und validierbare Daseinsvoraussetzung." (Quelle: Lübbe 1998, S.16)

Sofern es im Kontext dieses Gedankens um Subjektivität als Ausdruck des Verhältnisses zwischen Individuum und Gesellschaft geht, können hieran zwei Problemkreise angeschlossen werden: zum einen die Frage, was diese Verwandlung von Kontingenz für ›Subjektivität‹ und ihren materialen (›natürlichen‹) Ort, den menschlichen Körper, bedeutet; zum anderen die Frage, wie mit solcher ›verwandelter ehemaliger Kontingenz‹ umgegangen wird? Beginnen wir mit letzterem.

Ethik und Individualismus – Zur Formung von Subjektivität Teil I

Die EVANGELISCHE KIRCHE BERLIN-BRANDENBURG formuliert in ihrer Schlußbetrachtung zu einem Informationstext über Hirntod-Definition und Organtransplantation folgenden Ratschlag:

„Alle Beteiligten stehen vor schwierigen Entscheidungen - je nachdem, ob es um eine Organentnahme oder um eine Organeinpflanzung geht. Im Blick auf eine Organentnahme geht es um den Konflikt zwischen dem Interesse, die Würde Sterbender zu wahren, und dem Interesse, das Leben eines anderen Menschen erhalten zu wollen. Im Blick auf eine Organeinpflanzung geht es um den Konflikt zwischen dem Interesse, das Leben mit Hilfe fremder Organe verlängern zu wollen, und der Bereitschaft, das Sterben jetzt anzunehmen. Beide Konflikte lassen sich nicht auflösen; sie stellen vielmehr vor Entscheidungen, die je nach dem eigenen Verständnis von Krankheit und Tod getroffen werden müssen." (Quelle: EK Berlin-Brandenburg 1997)

Hier findet der Leser nicht mehr und nicht weniger als die religiös-ethische Ausformulierung der Aufforderung zu einer ›individualisierten Entscheidungsfindung‹ zur Organtransplantation vor dem Hintergrund wiederum individualisiert gedachter Krankheits- und Todesvorstellungen: Jeder soll und muß für sich selbst entscheiden, die Interessen (!) abwägen. Ganz abgesehen davon, daß sich hier infolge der (in Kap.4.2.2 und 4.2.4) gezeigten ›Moralisierung‹ eine gänzlich andere ›Entscheidungssituation‹ im Hinblick auf die Wahl*zwänge* ergibt, als sie solche vermeintlich unvoreingenommene, nur den eigenen Einstellungen verpflichtete ›abwägende Interessensrhetorik‹ impliziert, erstaunt doch vor allem die darin vermittelte radikale Subjektivierung des Todes. Das durchaus bequeme und jedenfalls einer modernen, sich als pluralistisch verstehenden Gesellschaft adäquate Fazit lautet: Jeder muß für sich selbst entscheiden, *wann* er meint, daß er tot sei, und *ob* er dann einer Organentnahme zustimmen will oder nicht.

Diese ›individualisierende‹ Ethik, die jegliche soziale Kontexte und gesellschaftliche Zusammenhänge negiert (ja sogar ›vergißt‹, daß am allerwenigsten der Sterbende selbst entscheiden kann, wann ihn die Weiterlebenden als tot betrachten), steht in einer direkten Linie zu den Veränderungen im ›legitimatorischen Unterbau‹ der Arzt-Patienten-Beziehung. Was macht einen Arzt in unserer Zeit vertrauenswürdig? Mit der modernen, naturwissenschaftlichen Medizin trat an die Stelle der ›*Barmherzigkeitsethik*‹ heilender Mönche und pflegender Nonnen als Legitimationsprinzip und Richtschnur heilender Praxis der Ethos wissenschaftlicher Rationalität, der dem Projekt der Aufklärung folgend, die Wohlfahrt des Menschen durch natur- und kulturbeherrschende Wissenschaft und Technik befördert. Die damit verbundene ›*Verantwortungsethik*‹ transformiert sich nun vor dem Hintergrund der fortschreitenden Entwicklung des Medizinbereichs, in dem immer weiter ›ehemalige Kontingenz‹ in rational verfügbare und validierbare Daseinsvoraussetzung verwandelt wird (nicht nur, aber vor allem auch am Lebensende und am Lebensbeginn), zu einer ›*Vertragsethik*‹ (Dichgans 1992, S.193). Die Oberfläche solcher Ethik bildet der *Mythos vom universalen, autonomen, selbstbestimmten Subjekt* jenseits seiner sozialen Kontexte und seiner jeweils konkreten biographischen Lebenssituationen, zu dem unterhalb dieser Oberfläche die diskursive Implementation einer Moral gehört, welche das Individuum über seinen eigenen Tod an das Leben des anderen knüpft und damit Vergesellschaftung als Formung von Subjektivität auf ihre eigene Art betreibt: Der Organspende-Ausweis wird zum Vertragsformular, das es nur noch auszufüllen gilt. Zu fragen bleibt allerdings, ob nicht gerade in solchen existentiellen Phasen des Lebens (zu Beginn wie am Ende beim eigenen Sterben oder beim Tod eines signifikanten Anderen) vieles nicht mehr rational entschieden werden kann, eine ›Vertragsethik‹ mit dem Bild des ›selbstbestimmten Subjekts‹ auf der Ebene der konkreten Selbsterfahrung schnell zur hohlen Phrase geraten kann, vielleicht allein schon deshalb, weil die existentiellen Erfahrungen nicht mehr rational faßbar sind.

Körper-Technik, Tod und Unsterblichkeit – Zur Formung von Subjektivität Teil II

Kommen wir zum zweiten Punkt jener Verwandlung von Kontingenz, die das Verhältnis von Subjekt und Gesellschaft grundsätzlich betrifft und dabei vor allem auch den menschlichen Körper berührt. Eine durchaus gängige Zeitgeistdiagnose, die nicht immer so wohltuend nüchtern wie im folgenden Zitat formuliert ist, lautet:

„Es ist das Sterben nach Unsterblichkeit, das heute vielfach nicht in einer religiösen Dimension als ewiges Leben im Jenseits verfolgt wird, sondern als eine Verlängerung des Lebens in dieser jetzt erfahrenen Welt und zwar möglichst ad infinitum." (Küfner 1997, S.83)

Und der Historiker Arthur E. IMHOF – ein unermüdlicher moderner Mahner für eine Ars bene moriende – ruft uns in diesem Zusammenhang im Angesicht des heutzutage für uns in der Regel erwartbaren langen und sicheren Lebens emphatisch zu:

„Und doch wollen wir in unserer Unersättlichkeit immer noch mehr und noch mehr, quantitativ und qualitativ: noch mehr Jahre und noch bessere, und möglichst auch gleich noch die ganze Ewigkeit dazu. Wo ist bloß unser Menschsein geblieben, zu dem auch die Vergänglichkeit gehört?" (Imhof 1998, S.124)

Der bei IMHOF sich artikulierende Skeptizismus, mit der erträumten Unsterblichkeit auch noch etwas anfangen zu können, wird jedoch ziemlich sicher wirkungslos in den Techno-Körper-Utopien der Unsterblichkeit verhallen. Allerdings braucht es vielleicht auch nicht ganz so viel Aufgeregtheit:

„Unsterblichkeit ist keine anzunehmende Herausforderung mehr, keine zu erfüllende Aufgabe, keine zu verdienende Belohnung. Auch ist sie kein Projekt, die dem In-der-Welt-Sein einen Sinn verleiht. In der Welt, in der es kein Sterben mehr, sondern nur noch ein *Verschwinden* gibt, löst sich Unsterblichkeit in die Melancholie der Präsenz auf, in die Monotonie endloser Wiederholung." [Herv. im Orig.; Anm. d. Verf.] (Bauman 1994, S.266)

Kommen wir zum eigentlichen Problem: Ich meine, obgleich uns das ›einfache Verschwinden‹ durch die neue Moralisierung des Sterbens wieder genommen ist, kehrt damit keineswegs ›automatisch‹ eine neue Sinnerfülltheit des Todes zurück. Konfrontiert mit der ebenfalls diskutierten ›Fragmentierung des Körpers‹, der ›Technisierung des Menschen‹, bleiben jene ›traditionell modernen‹ Wertemuster von Nächstenliebe und Solidarität, wie sie die Hirntod- und Transplantations-Diskussion (wieder) propagiert hat, brüchig, da sie offensichtlich kaum der gesellschaftlichen Erfahrung der Subjekte entsprechen. Was bleibt, ist ein weiterer Schritt in den ›Techniken des Selbst‹, die den Zugriff auf den Körper und damit auch auf das ›Selbst‹ an den noch verbliebenen Grenzen von Lebensbeginn und Lebensende betreiben.

Der Tod, ehedem bei Michel FOUCAULT noch gedacht als letzte Grenze bzw. als unüberwindbare Begrenzung der Macht (Foucault 1988b; vgl. auch Nassehi 1995, S.210ff), hat für Armin NASSEHI mittlerweile seine Stellung verloren: „Der Tod hat gegen die Macht des Lebens, gegen die Bio-Macht, keine eigenständige Bedeutung mehr. Er fällt aus dem herrschenden Machtdispositiv heraus – und vermag doch nicht ganz zu verschwinden. Er wird aber gewissermaßen desozialisiert." (Nassehi 1995, S.222) Diese ›gefahrlose‹ Desozialisierung kann für NASSEHI deswegen erfolgen, weil die „Machtprozeduren und gesellschaftlichen Reproduktionsmechanismen" (ebd., S.222) auch ohne eine Rücksicht auf den Tod von Individuen funktionieren (vgl. auch Kap.2.2.2). Dagegen ließe sich aber auch argumentieren: Gerade ›Hirntod‹ und Organtransplantation zeigen – wie Alexandra MANZEI es formuliert –, daß diese ›Bio-Macht‹ keineswegs vom Tod lassen kann.

„Vielmehr muß der Tod, mit seiner Unkontrollierbarkeit, Unfaßbarkeit und Zufälligkeit das größte Problem der Bio-Macht darstellen. Sie kann sich seiner nicht bemächtigen, ihn nicht erfassen, berechnen, ja ihn nicht einmal beschreiben. (...) Per definitionem kann diese Macht zum Leben nur versuchen, den Tod für ihre Zwecke zu instrumentalisieren: sie muß den Tod in den Dienst des Lebens stellen." (Manzei 1997, S.53; vgl. auch S.45ff)

Auch wenn der ›Hirntod‹ als Hirntod-Problem irgendwann in der Zukunft vielleicht wieder aus dem Zentrum der ›Bio-Macht‹ geschoben werden kann (weil z.B. infolge einer Lösung des transplantationsmedizinischen Knappheitsproblems jene moralisierende ›Re-Sozialisierung‹ des Todes wieder überflüssig erscheinen könnte), bleibt uns m.E. das Problem des Todes als ›Machtproblem‹ vermutlich erhalten: Die Grundfrage, die FOUCAULT aufgeworfen hat, welche gesellschaftlichen Praktiken das Subjekt (als Erkenntnissubjekt, als virtuelle Form von Subjektivität, als materialer Körper) ›leben läßt und sterben macht‹, dürfte wohl weiterhin – auch jenseits von ›Hirntod‹ und Organtransplantation – fortbestehen und diskursiv expandieren.[246]

Die entscheidende Veränderung dabei wird, neben der Formung von Subjektivität durch den Tod, in den Aspekten von Krankheit und Körperlichkeit liegen, deren weitere Bearbeitung durch jene ›Bio-Macht‹ wohl als gewiß gelten kann. Welche Ausdrucksform die damit produzierte Konstellation von Wissen, Technik, Krankheit, Tod und Leben, Sterben und Unsterblichkeit annimmt, verdeutlicht uns exemplarisch jener Internetsurfer, der in einem der vielen flüchtigen digitalen Foren auf die Frage der Woche, wie die Angehörigen im Falle des eigenen ›Hirntodes‹ sich bezüglich Organentnahme verhalten sollten, antwortet:

„Da ich nicht erwarte, daß mein Ich- Bewußtsein einen biochemischen Katyklasmus wie den Hirntod übersteht, sehe ich keinen Grund für mich, einem leidenden Menschen meine Hilfe in Form meiner noch funktionsfähigen Organe zu verweigern. Vielleicht ist es auch meinen Angehörigen ein Trost zu wissen, daß ich auch nach meinem Tode noch helfen konnte - oder vielleicht, daß ja ein Teil von mir in einem anderen Menschen weiterlebt." (Quelle: Pielage 1997)

Mir geht es hier nicht um die im Kontext von Organspende häufig verhandelten Argumente, in denen z.B. hier die Entwürdigung des menschlichen Körpers als Ersatzteillager beklagt wird und dort dann entgegengehalten wird, daß eine heilbare oder zu lindernde Krankheit bei deren Nichtbehandlung den menschlichen Körper und damit den Kranken noch mehr entwürdige. Vielmehr geht es darum, daß auch solches Argumentieren sich noch in den ›traditionell-modernen‹ Kategorien von Gesundheit und Krankheit, Leiden und Heilen, von Mensch und Körper verfängt, während, wie die Analyse der Hirntod-Debatte zeigt, sich solche Bedeutungskonzepte, wie in der Hirntod-Definition bereits implementiert, langsam weiter verschieben (vgl. auch Bayertz 1997, S.75ff). Die Richtung zeichnet sich auf jeden Fall ab: Der ›Geist‹ wird immer weiter von seiner körperlichen Ver- und Gebundenheit abgetrennt, eine Entwicklung, zu der moderne Phänomene von (wiederum zumeist technik-vermittelten)

---

[246] So schreibt z.B. der Biologe Joseph Lengeler zu der gentechnischen Möglichkeit der Bearbeitung des ›Problems des Alters‹, daß das Programm des Alterns und des Todes bei Lebewesen in jedem einzelnen Zellkern festgelegt sei (als innere Lebensuhr). „Den endgültigen Beweis für diese Hypothese bringt der Versuch, daß man heute normale Zellprogramme durch Veränderung der Genprogramme des Zellkernes so umprogrammieren kann, daß sie sich nun immer weiter teilen, oder aber sich nicht mehr teilen und sterben. Letzteres läßt sich sogar so programmieren, daß sich die Zellen bis zur Erteilung eines ›Kommandos‹ normal teilen, dann aber aufhören. Der ›Tod auf Abruf‹!" (Lengeler 1991, S.99) Auch wenn – wie Lengeler einschränkt – zum jetzigen Wissensstand noch alle Versuche, das Leben des Menschen zu verlängern bzw. den Menschen zu verjüngen, zur Erfolglosigkeit verurteilt seien, ist das dahinterstehende Projekt in seiner Sprache klar formuliert: Das Programmieren und Kommandieren von Leben und Tod (vgl. dazu auch Rössler, Kloeden & Rössler 1996, S.309ff).

›Praktiken der körperlichen Selbst-Vergewisserung‹ (vom Body-Building bis zur Schönheitsoperation) nur die Kehrseite der gleichen Medaille bilden.

Paul VIRILIO spricht in der ihm eigenen kulturskeptischen Art von ›Menschen-Maschinen‹, welche die alte Teilung zwischen menschlichem (›natürlichem‹) Körper und technischer (künstlicher) Maschine aufheben (vgl. auch Bauman 1996, S.241ff). Und weiter formuliert er in Anlehnung an NIETZSCHE: Der zukünftige Mensch wird zu allererst eines nötig haben: die ›*große Gesundheit*‹ – eine solche Gesundheit, welche man nicht nur hat, sondern beständig erwirbt und erwerben muß, weil man sie immer wieder preisgibt, preisgeben muß (Virilio 1997, S.118ff; vgl. auch Lupton 1995). Diese Vision des ›Übermenschen‹ kann man kulturkritisch wenden, wie dies VIRILIO tut, oder man kann sich einfach nur fragen, welche gesellschaftlichen Voraussetzungen dazu jetzt schon identifiziert werden können.

Wenn Organe nicht mehr als zu heilend bzw. als unheilbar krank gedacht werden, sondern als ‚krank‘ im Sinne von ›defekt‹ und ›gesund‹ im Sinne von ›ersetzbar‹ (d.h.: transplantationsmedizinisch substitutionsfähig), dann verschiebt sich hierin offensichtlich die Codierung von Krank und Gesund in Bezug auf ›Körperlichkeit‹ ganz fundamental. Man muß das nicht unbedingt so kurzschlüssig denken, daß – wie bereits kurz erwähnt – der Mensch durch die Transplantationsmedizin zum Ersatzteillager umfunktioniert würde. Allerdings: Naiv wäre auch zu glauben, daß ›Körperlichkeit‹ und ›Krankheit‹ *als soziokulturelle Konstrukte* davon unberührt bestehen bleiben könnten. Denn der gesellschaftliche Kontext dieses ›Gesundheitsmenschen‹ wäre jene *Medizingesellschaft*, in der getan werden *muß*, was getan werden *kann* (Grewel 1995, S.71), und mehr noch: in der auch *gewollt werden muß, was getan werden kann*. Und die Formung und Kontrolle dieses Wollens leisten jene Diskurse um Krankheit und Gesundheit, Sterben und Tod, deren materiale Basis der Körper, der tote, sterbende, zergliederte Körper des ›Puzzle-Menschen‹ (Jörns 1993, S.8), der Körper des von der Transplantationsmedizin hervorgebrachten ›Dividuums‹ mit seinen ›Körperkolonien‹ (Wuttke 1993c, 1995) darstellt. Und das diskursive Zentrum dieser (im umfassenden Sinne) medizinisch-technischen Deutungs- wie Behandlungspraxis des ›Gesundheitsmenschen‹ läge in einer umfassend betriebenen, medizin-technischen (Re-) Konstruktion von (menschlicher) Natur als bio-technologischer Körperlichkeit (vgl. auch Ohnuki-Tierney 1994, S.236), an deren Wissensfundamenten jetzt schon gebaut wird:

„Der Ort der Spitzentechnologie ist heute in der Tat weniger in der Grenzenlosigkeit des unendlich Großen eines beliebigen Planeten oder des Weltraums zu suchen als vielmehr im unendlich Kleinen unserer Eingeweide und Zellen, aus denen sich die lebendige Materie unserer Organe zusammensetzt." [Herv. im Orig.; Anm. d. Verf.] (Virilio 1997, S.109)

Verknüpft man diese Perspektive sowohl mit der in der Hirntod-Definition enthaltenen besonderen Codierung von ›Körper und Geist‹ als auch mit der herausragenden Bedeutung des Gehirns als Sitz von ›Geist‹, so zeigt sich eine, mit dem ›Hirntod‹ bereits eingeleitete fundamentale Modernisierung unseres Menschenbildes, derzeit noch maskiert als unernste Zukunftsutopie: Auf die Frage, was bleibt von einem Menschen nach seinem Weggang aus dem Hier und Jetzt, sofern wir das als Tod definieren, lassen sich viele Antworten geben (Johannsen 1998, S.11ff). Im herkömmlichen Sinne und in säkularisierten Konzeptionen des Weiterlebens gedacht, könnte dies z.B. die Vorstellung sein, irgend etwas bliebe ›im Hier‹, was dann vielleicht (biologisch gedacht) in den eigenen Nachfahren weiterlebt oder (ideell gedacht) im Gedächtnis späterer Generationen fortexistiert; und sei es nur in der Wahrnehmung der eigenen Grabstelle durch den anonymen Betrachter, der dadurch den Toten gleichsam im Diesseits präsent hält. Ja, man kann durchaus behaupten, das eigentlich Universale bei Sterben und Tod liegt in einem wie auch immer gearteten Weiterlebensglauben im Sinne von ›Unsterblichkeit‹, der mit einer Jenseitsvorstellung und einem dortigen Leben verbunden sein *kann* (wie im traditionellen Christentum), aber nicht unbedingt *muß* (wie z.B. in seiner einfachsten Variante einer naturmystischen Auffassung, alles Lebende sei Teil der Natur und bleibe das auch nach dem Tod) (Schmied 1988, S.124ff; vgl. auch Moltmann 1998, S.157ff).

Konfrontiert mit dem ›aktuellen Zeitgeist‹ scheint mir bei solchen Überlegungen entscheidend, daß sich durch die Veränderungen der materialen (körperlichen) Basis des Menschen auch die Grundkoordinaten von einem Hier und Jetzt und einem Dort und Ewig verschieben: In der Zukunft des Todes bzw. der Sterblichkeit, wie sie uns jene (technischen) Utopien der Unsterblichkeit eines Hans MORAVEC mit seinen ›Mind Children‹ und Frank J. TIPLERs ›Physik der Unsterblichkeit‹ (Fröhlich 1998, S.187ff) verkünden,[247] oszilliert das Leben und der Tod zwischen den ›toten‹, jedoch von Maschinen belebten Körpern und dem vollständig entkörperlichten Geist als ›Seelenwanderung‹ durch Computer-Transplantationen, mit denen ›der Geist‹ (das Menschliche) schließlich seine Unsterblichkeit in den ›unendlichen Prozessen‹ der Informationsverarbeitung findet. Mehr muß über solche ›Zukunftsvisionen‹ zum jetzigen Zeitpunkt vielleicht gar nicht gesagt werden, zumal wir nicht in absolute Phantastereien abdriften wollen, aber: Wir sollten auch nicht zu sehr darauf setzen, daß ›die Realität‹ das alles schon verhindern wird. Ich meine, hier sind wir im Denken der Welt, in der wir leben, bereits weiter voraus, als wir meinen. Denn in diesem Denken gilt bereits jetzt „Unsterblichkeit [als] (...) keine Fiktion, sondern [als] harte Realität."[248]

---

[247] Obwohl sich beide Beiträge selbst als ›wissenschaftlich seriöse Modelle der künftigen Entwicklung‹ sehen, geht es Gerhard Fröhlich folgend dabei nicht um die natur- bzw. ingenieurwissenschaftliche Plausibilität und Haltbarkeit der von Moravec oder Tipler formulierten Thesen, sondern um die darin enthaltenen weltanschaulichen Konnotationen, die letztlich nur jene Fortschrittsideologie konsequent fortschreiben, welche die Entwicklung seit der Neuzeit bestimmt (Fröhlich 1998, S.205ff; vgl. im übrigen auch Bauman 1996, S.241ff).

[248] So der Klappentext zu einem Buch von Ernst Meckelburg (1997) mit dem Titel ›Wir alle sind unsterblich. Der Irrtum mit dem Tod‹, in dem der Autor anhand allerlei illustrer ›Beweisführungen‹ belegen möchte, daß der Tod – als „Trennung des Geist/Bewußtseins-Komplexes vom materiellen Körper" – dem ›Geist‹ ein Hinüberwech-

Wagen wir also einen kurzen Blick in die Zukunft: BICHAT lehrte uns mit ›wissenschaftlicher Exaktheit‹, daß wir ›stückchenweise‹ sterben, und wir werden – so VIRILIO – auch noch erkennen, daß wir stückchenweise leben (Virlio 1997, S.117). Die (post-) moderne Ordnung des Lebens mag durch den Tod des erkennenden Subjekts umschrieben werden, die, die lebenden Subjekte kennzeichnende, Form von Subjektivität jedoch wird weiter und direkt den sie konstituierenden Diskursen folgen, in denen der Tod wohl wieder deutlicher tanzen wird, weil er uns *die Unsterblichkeit im Diesseits* verheißt.

Die Zukünfte des Todes: Diskursszenarien von morgen

Für einen, als Abschluß gedachten und weniger weit reichenden Blick in die Zukunft des Todes holen uns Claudine HERZLICH und Janine PIERRET wieder zurück auf den harten Boden der ›zukünftigen Tatsachen‹, wenn sie uns erinnern: „Die chronische Krankheit [und das dem entsprechende Sterben; Anm. d. Verf.] ist fast für jeden von uns eine sichere Zukunftsaussicht." (Herzlich & Pierret 1991, S.284) Wir sollten nicht unbedingt glauben, in der Option auf ein langes Leben und in der Hoffnung, dafür auf keine fremden Organe angewiesen zu sein, schon dem Hirntod-Problem für uns selbst entronnen zu sein. Es könnte gut sein, daß wir auch noch in jenem hohen Alter, welches uns die Statistik der Lebenserwartung verspricht, mit dem ›Hirntod‹ zu tun bekommen werden. Denn zur diskursiven Situation von ›Hirntod und Organtransplantation‹ sind für die Zukunft mindestens vier Szenarien bzw. Varianten denkbar (die sich nicht gegenseitig ausschließen):

1) Die wahrscheinlichste Variante, die (glaubt man aktuellen Meldungen in den Medien) schon Gegenwart ist, ist gekennzeichnet durch eine Stagnation bzw. durch eine weitere Verknappung des Organaufkommens, wobei sich bereits jetzt abzeichnet, daß jedenfalls der vom TPG infolge der hergestellten ›Rechtssicherheit‹ erhoffte Vertrauensschub in die Transplantationsmedizin sich bislang noch nicht in einer erhöhten Spendenbereitschaft niederschlägt. Wie auch immer die Transplantationsmedizin darauf reagieren wird, auf jeden Fall dürfte die Diskussion um ›Hirntod und Organentnahme‹ schon von seiten der Pro-Organspende-Interessensverbände weiter am Laufen gehalten werden, das Deutungsmanagement womöglich intensiviert werden.

2) Die zweite Variante liegt in einer, durch die chronische Knappheitssituation verursachten, sukzessiven Ausweitung des Hirntod-Kriteriums auf Teilhirntod, den Einbezug von Wachkoma-Patienten als Organspender, von Anenzephalen (auch Gesetze können wieder geändert werden!), was ebenfalls eine Intensivierung der verschiedenen Diskurse mit sich bringen würde (wie bereits erwähnt deuten erste Anzeichen in diese Richtung). Für dieses

---

seln in eine andere, höherdimensionale Realität (der „Hyperwelt") ermöglicht, aus der er jederzeit wiederkehren kann.

Szenario spricht auch, daß die Basis des Gesamthirntodes (bzw. der Konsens über die besondere Bedeutung des Organs ›Gehirn‹) möglicherweise bald schon durch weitere technisch-wissenschaftliche Entwicklungen und flankierende ethische Diskussionen zerbrechen könnte (Transplantation von Hirngewebe, Bio-Ethik-Diskussion). Schließlich wäre sogar denkbar, daß – durch die Hirntod-Definition befördert und forciert durch die Bio-Ethik-Diskussion, wie sie z.B. von Peter SINGER u.a. vorangetrieben wird – im Kontext einer Euthanasie-Debatte der ›Hirntod‹ auch mit Blick auf andere Koma-Patienten, demente Alte, Behinderte usw. diskutiert wird.

3) Das dritte Szenario umschreibt eine Intensivierung der praktischen Anstrengungen im Hinblick auf die vermehrte industrielle Produktion von künstlichen Ersatzorganen (z.B. aus körpereigenem Zellmaterial; vgl. Schlich 1998b, S.96ff).[249] Hier dürfte wahrscheinlich sein, daß die Codierung von Krankheit, Leiden, Leben und Tod bzw. präziser: das damit verbundene Deutungsmanagement sich zwar ab dem Zeitpunkt, von dem an auf industriell gefertigte biohybride Organe zurückgegriffen werden kann, im Hinblick auf das Hirntod-Problem entdramatisieren wird, sich dafür aber mit Blick auf die oben bereits diskutierte Verschränkung von ›Körper‹ und ›Technik‹ intensivieren dürfte (vgl. auch Feuerstein 1995, S.413ff).

4) Und schließlich wird weltweit mit forcierten Forschungsanstrengungen an der Verwirklichung von Xenotransplantationen gearbeitet, wobei vor allem durch den technologischen Fortschritt in der Gentechnik ein Durchbruch für die Zukunft denkbar erscheint (z.B. durch Züchtung von transgenen Schweinen als Organlieferanten). Die medizinischen Risiken bei der Xenotransplantation liegen zum einen bei der möglichen Übertragung von Infektionskrankheiten auf den Menschen durch tierische Viren, und zum anderen vor allem bei der sogenannten hyperakuten Abstoßungsreaktion beim Empfänger eines speziesfremden Organs. Durch medikamentöse wie gentechnische Fortschritte in der Beeinflussung des menschlichen Immunsystems sowie durch gentechnische Verfahren bei der Optimierung von gezüchteten tierischen Organen sehen manche Experten hierzu nach Tierversuchen praktikable Lösungen beim Menschen für die Zukunft (z.B. ÄRZTE ZEITUNG 37, 1996; vgl. auch Schlich 1998b, S.101ff, Ulrichs 1998). Psychische oder moralisch-ethische Bedenken scheinen dabei eher von untergeordneter Bedeutung zu sein. So wäre – einer dpa-Meldung zufolge – nicht

---

[249] Dieses Szenario besitzt für die Zukunft durchaus einen gewissen Realitätsgehalt: So ging jüngst eine Empfehlung für Aktienanleger durch die Finanzmedien, nach der unter der Überschrift „Organe im Körper einfach nachzüchten" Aktien einer us-amerikanischen Bio-Tech-Firma zum Kauf empfohlen wurden (z.B. BÖRSE ONLINE 1998, Heft 28, S.40). Erste Patentverfahren in dieser Hinsicht laufen bzw. sind schon abgeschlossen, bei denen es im Prinzip darum geht, aus körper*eigenen* oder körper*fremden* Zellen neue Gewebeteile oder ganze Organe *im Körper des Erkrankten* nachzubilden.

einmal für Moslems die Transplantation eines Schweineherzens ein Problem: „Der Koran verbietet lediglich, Schweine zu essen", meinte ein Experte von der Sultan Qaboos Universität (Oman) bei einer WHO-Tagung in Genf im Oktober 1997 (Quelle: dpa 1997). Entscheidend – so die Experten – ist auch hier die Rechtfertigung durch den akuten Organmangel, der jegliches Zögern bei der Xenotransplantation beim Menschen, sobald sie machbar erscheint, verbietet: „Wir werden diesen Punkt [der ethischen Bedenkenlosigkeit; Anm. d. Verf.] bereits dann erreichen, wenn so viele Patienten auf Organe warten und auf den Wartelisten sterben, daß wir nicht mehr darüber hinwegsehen können." So lautet die Antwort von Professor David SACHS vom Forschungszentrum für Transplantationsbiologie des General Hospitals in Boston im US-Staat Massachusetts auf die Frage, wann man zum ersten Mal mit einer Xenotransplantation beim Menschen rechnen könne (ÄRZTE ZEITUNG 37, 1997; für die damit verbundenen ethischen Probleme vgl. z.B. Ach 1997a, S.291ff). Auch hier würde also der mögliche vermehrte Gebrauch von Tierorganen die zentrale Bedeutung des Hirntod-Kriteriums für die Organtransplantation vielleicht nicht gänzlich aufheben, aber doch zumindest verringern. Doch dafür dürften dann die diversen Körper-Diskurse um die Variante ›Mensch-Tier‹ intensiviert werden – z.B. nach dem Motto: ›Wieviel Schwein verträgt der Mensch?‹

> »Ich kenne den Tod, ich bin ein alter Angestellter von ihm, man
> überschätzt ihn, glauben Sie mir! Ich kann Ihnen sagen, es ist fast
> gar nichts damit ... Wir kommen aus dem Dunkel und gehen ins
> Dunkel, dazwischen liegen Erlebnisse, aber Anfang und Ende, Ge-
> burt und Tod, werden von uns nicht erlebt, sie haben keinen sub-
> jektiven Charakter, sie fallen als Vorgänge ganz ins Gebiet des
> Objektiven, so ist es damit.«
> Hofrat Behrens zu Luise Ziemßen, deren Sohn im Sterben liegt;
>
> (Thomas Mann, ZAUBERBERG, Frankfurt/Main:
> Fischer 1982, S.674f)

Epilog: Reflexivität, Technik-Medizin und der integrierte Tod

Jean BAUDRILLARD hat nicht recht, wenn er meint: „Die Entwicklung von den Gesellschaften der Wilden zu den modernen Gesellschaften ist irreversibel: nach und nach hören die Toten auf zu existieren. Sie sind aus der symbolischen Zirkulation in der Gruppe ausgeschlossen." (Baudrillard 1991, S.197) Nicht daß die Entwicklung reversibel wäre, nein, doch die Toten sind nicht mehr länger von der symbolischen Zirkulation ausgeschlossen. Und anders als bei BAUDRILLARD gibt in der neuen sozialen Beziehung zwischen dem Leben und dem Tod sich nicht mehr das Leben an den Tod zurück, sondern umgekehrt: Der Tod ist nun ein Diener des Lebens im Diesseits.

EPIKUR kann heutzutage also mit seiner Beschwichtigung, das alles (der Tod) ginge die Toten, sobald sie tot sind, wie die Lebenden, solange sie leben, nichts an, bestimmt niemanden mehr beruhigen. „In unserer modernen Zeit geht der Tod unter den Lebenden einher und betrifft sie – durch jene zahllosen täglichen Vorschriften und Verbote, die uns nicht einen Augenblick des Vergessens erlauben" (Bauman 1994, S.211), – und denen jenes, den Tod nicht beim Namen nennende postmoderne Memento mori zugehört: Organe spenden – Leben schenken! Es ist also das in diesen moralischen Vorschriften und ethischen Ver- wie Geboten des (post-) modernen Gesundheitsregimes sich manifestierende und permanent präsente Wissen um den solchermaßen neu geordneten Tod, welches uns die von EPIKUR offengehaltene Tür als Ausweg aus dem Problem des Todes

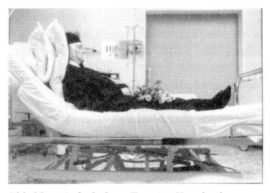

Abb.23: »Aufgebahrte Tote im Krankenhaus« [Foto von Albrecht Ohly, München] (entnommen aus Beck, R., 1995, S.247)

meiden läßt bzw. sie uns verschließt – und zwar um so fester, je mehr wir über den Tod zu wissen glauben.

Anstelle der abhanden gekommenen, beruhigenden Trivialität des Nicht-Wahrnehmens, des Ignorierens des Todes haben wir die Sicherheit gewonnen, in der Kontrolle des Todes – nicht nur in der medizinischen, sondern vor allem in der gesellschaftlichen – wieder einen entscheidenden Schritt vorangekommen zu sein: „Der Tod muß als gesellschaftlicher Service *gesichert* werden können, das heißt wie Gesundheit und Krankheit unter dem Zeichen von Planung und Sozialversicherung integriert werden." [Herv. im Orig.; Anm. d. Verf.] (Baudrillard 1991, S.277) Das ist die Strategie, mit der sich das postmoderne Subjekt seiner erträumten Unsterblichkeit im Diesseits vergewissert, und in welche sich die Diskussion um Hirntod und Organtransplantation, wie hier skizziert, nahtlos einfügt, mehr noch: von der sie ein zentraler Bestandteil ist. Der unheilbar Kranke, in der modernen Industriegesellschaft im Regelfall im Krankenhaus sterbend und spätestens ab dem Zeitpunkt seines Gestorbenseins an jenem Ort des Heilens ›fehl am Platz‹ (vgl. Abb.23, S.303), verliert als Leiche nun seine aufforderungslose Zeichenlosigkeit, seine Neutralität im Hinblick auf das Leben, die ihm die Moderne im medizinischen Blick auf den toten Körper doch erst verliehen hat, um jetzt erneut eine symbolische Differenz zum Leben zu markieren. Jedoch diese symbolische Differenz ist keineswegs mehr die, die sie z.B. noch in der vormodernen Gesellschaft war, in dem die Todeszeichen des Körpers, der Zerfall des Leibes auf das ewige Leben der Seele im Jenseits verwies. Und anstelle des säkularisierten Heilsversprechens der Überwindung *des Todes* im Diesseits in und durch die moderne Medizin tritt nun etwas Neues. Die postmoderne, reflexive Technik-Medizin konstituiert mehrere Tode, sie differenziert den Tod aus, geht eine Allianz ein (manche würden es ›Komplizenschaft‹ nennen) mit bestimmten Formen des Todes. Sie wendet sich nicht mehr in jener ›kämpferischen Geschäftigkeit‹ gegen *den Tod* als *den Feind des Lebens*, sondern integriert ihn in ihre Praktiken des Heilens und der Lebenssicherung, indem sie mit dem einen Tod den anderen ausspielt. In den Worten von Zygmunt BAUMAN formuliert: Mit der reflexiven Technik-Medizin betreibt jetzt der Tod selbst die Dekonstruktion der Sterblichkeit.

Und vielleicht ließe sich dann auf der Grundlage des bisher Gesagten spekulieren, daß die Gestalt jenes, den modernen Bildbetrachter in seinem Bildverstehen so verunsichernden, ›Patienten‹ in der im Prolog diskutierten Szene in Zukunft ihre Irritation verlieren dürfte. Wir – als ›post-moderne‹ Beobachter des Geschehens und ausgestattet mit dem Wissen um jene Neuordnung des Todes – bräuchten keine Auferstehungsmetaphorik mehr, um der Verwunderung über das Dargestellte Herr zu werden. Jener ›Patient‹ würde uns nicht mehr die Grenzen von Leben und Tod verschwimmen lassen, denn wir würden ihn ›verstehen‹, ohne solche eindeutigen Grenzen zu benötigen, weil unserem Denken *der Tod als Helfer im Diesseits* integriert wäre. Wir würden ihn sehen als das, was er für uns wäre: *so tot wie nötig, so lebendig wie möglich.*

Nicht unähnlich zu Hofrat Behrens und doch ganz anders als EPIKUR hat Norbert ELIAS versucht, uns zu beruhigen: Wir sollten den Tod wieder als das anerkennen, was er ist, nichts Dramatisches, aber etwas Unabänderliches. Doch ich meine, anders als bei den ›Angestellten des Todes‹, wird er bei uns Laien damit wohl auch weiterhin wenig Gehör finden.

„Der Tod ist nichts Schreckliches. Man fällt ins Träumen, und die Welt verschwindet – wenn es gutgeht. (...) Schrecklich sind oft die kollektiven und individuellen Phantasien, die den Tod umgeben. Sie zu entgiften, ihnen die einfache Realität des endlichen Lebens gegenüberzustellen, ist eine Aufgabe, die noch vor uns liegt. (...) Vielleicht sollte man doch offener und klarer über den Tod sprechen, sei es auch dadurch, daß man aufhört, ihn als Geheimnis hinzustellen. Der Tod verbirgt kein Geheimnis. Er öffnet eine Tür. Er ist das Ende eines Menschen. Was von ihm überlebt, ist das, was er anderen Menschen gegeben hat, was in ihrer Erinnerung bleibt." (Elias 1991, S.99f)

Gewiß, der Tod ist kein Geheimnis, sondern er ist lediglich das, was wir als Lebende mit ihm verbinden, und das birgt zwar zunehmend weniger Geheimnisvolles in sich, doch ohne daß damit zwangsläufig eine wachsende ›Offenheit‹ im Sprechen über ihn einhergehen müßte. Und da der Tod, wie ›rationalisiert‹ er in seiner fortschreitend modernisierten Metaphorik auch sein mag, uns Lebenden weniger als Abstraktum, sondern vielmehr am nachhaltigsten als Tod eines uns nahestehenden anderen Menschen gegenübertritt, bedeutet er für uns in seinem innersten Kern immer das, was wir mit dem gestorbenen Menschen verbinden. Das, was von dem Verstorbenen in Erinnerung bleibt, weil er – und nur er! – es uns gegeben hat ...

Persönliches Nachwort

In vielen Fach- und Sachbüchern läßt es sich mehr oder weniger deutlich erschließen, in so manchen gehörten Redebeiträgen äußert sich der/die Vortragende explizit dazu: seine/ihre ›ganz persönliche Wertung‹ von und Position zu Hirntod und Organtransplantation. – Oftmals beginnt das Lesen eines Buches oder eines Artikels innerhalb dieses Themenkontextes schon mit der Frage im Kopf: Wie hält der Verfasser der zu lesenden Zeilen es wohl selbst mit Hirntod und Organtransplantation?; häufig wird eine solche ›persönliche Verortung‹ auch seitens der Interviewer oder Diskussionsteilnehmer bei Vortragsveranstaltungen direkt eingefordert: „Besitzen Sie eigentlich selbst einen Organspende-Ausweis?" – lautet dann die früher oder später gestellte Frage. Wie bereits diskutiert steht der auch mit der Hirntod- und Transplantationsthematik offenbar verbundene Zwang zur Selbstauskunft in direkter Linie eines umfassenderen gesellschaftlichen Entwicklungsprozesses hin zum (öffentlichen) Selbstbekenntnis, wie er z.B. von Alois HAHN u.a. in Auseinandersetzung mit dem von Norbert ELIAS beschriebenen Zivilisationsprozeß als ›Technologien des Selbst‹ (Michel FOUCAULT) für verschiedene Bereiche analysiert wurde (Hahn & Kapp 1987). Diesem Anspruch, diesem Zwang läßt sich schwerlich entfliehen, und mich erinnerten solche Situationen, an mir selbst erlebt oder bei anderen beobachtet, immer fatal an jene Praxis der Gewissens- und Gesinnungsbefragung, welche – ›öffentlich‹ verhandelt – der jeweiligen historischen Situation entsprechend die Beurteilung der Argumente durch die Be- (bis hin zur Ver-) Urteilung der Person ersetzt.

„... *Sie sind gegen den Dienst an der Waffe, was aber wäre, wenn Sie selbst oder ihre Angehörigen bedroht wären? ...*"

„... *Sie sind gegen eine restriktive staatliche AIDS-Politik – sind Sie selbst homosexuell? ...*"

„... *Sie sprechen sich gegen das Hirntod-Kriterium aus, aber würden Sie denn im Falle einer lebensbedrohlichen Erkrankung bei sich selbst oder bei ihren Kindern eine Organtransplantation verweigern? ...*"

Um dem Leser eine solcherart orientierte Auslegungsarbeit zu ersparen und in Anbetracht des möglichen Vorwurfs, mit der hier verfolgten Perspektive auf das Thema infolge einer eingenommenen ›Meta-Position‹ (man redet nicht über die Dinge, sondern darüber, wie über die Dinge geredet wird)[250] durch rhetorisches Geschick elegant eine eindeutige Stellungnahme zu vermeiden und damit dem Selbstbekenntnis-Zwang doch noch ein Schnippchen zu schlagen, möchte

---

[250] Ein Irrtum wäre selbstverständlich, anzunehmen, eine solche ›Meta-Perspektive‹ könne für sich eine epistemologisch privilegierte Position in Anspruch nehmen, die sich gleichsam in einem ›gesellschaftlichen Außen‹ einnistet, von dem aus eine ›ideale Sprecher-Position‹ jenseits gesellschaftlich-kultureller Bedeutungskontexte und Deutungszwänge möglich wäre.

ich am Ende kurz persönlich Stellung beziehen. Mir ist klar, daß ich damit die Gefahr vergrößere, daß die auf den vorangegangenen Seiten zur Diskussion gestellten Argumente nun gleichsam von hinten her als nicht-legitime, weil im Gewand von wissenschaftlichen Aussagen daherkommende Propagierung subjektiver Wertentscheidungen ›gegen den Strich‹ gelesen werden könnten. Dennoch: Ich möchte die folgenden Aussagen als *subjektive Wertentscheidung* auf der Basis der *für mich* relevanten, wissenschaftlich korrekt zu untermauernden Aussagen verstanden wissen, wissenschaftliche ›Wahrheit‹ kann dies selbstverständlich keinesfalls beanspruchen.

Für die Zeit, bevor meine soziologische Auseinandersetzung mit Hirntod und Organtransplantation begann, läßt sich meine Haltung am ehesten mit ›uninformierter Ambivalenz‹ charakterisieren – nach dem Motto: „Organspende? – Ja, finde ich schon gut, aber ob ich selbst...? Vielleicht, ich weiß nicht...!" – Dieses (positiv gefärbte) Ignorieren war für mich damals recht bequem und wäre es eigentlich auch jetzt noch, zumal mir bis heute die Erfahrung von wie auch immer gearteter persönlicher Betroffenheit fehlt. Je intensiver ich mich dann mit der Thematik beschäftigt habe, um so stärker wuchsen meine Zweifel, und – um es auf den Punkt zu bringen – ich besitze selbst keinen Organspende-Ausweis, werde mir aus jetziger Sicht auch in nächster Zukunft keinen besorgen, und ich habe meine Angehörigen instruiert, bis auf weiteres auf keinen Fall einer Organentnahme zuzustimmen.

Die Gründe liegen keineswegs in den gängigen Bedenken gegenüber der Transplantationsmedizin (vielleicht ist man ja noch nicht richtig tot?; vielleicht wird man als ›Organspender‹ zu früh aufgegeben? ...), die m.E. – soweit ich das als medizinischer Laie beurteilen kann – unbegründet sind. Zum einen *glaube* ich, daß der sogenannte Hirntod auf jeden Fall einen unumkehrbaren Punkt innerhalb des Sterbeprozesses kennzeichnet, von dem an dem Betreffenden – wie uns nicht nur die Mediziner erklären – die unersetzbare und nicht wieder zu erlangende körperliche Grundlage für sein geistiges Dasein in der Welt fehlt. D.h. ich würde, wenn es nur um diesen Punkt ginge, *für mich selbst* das Risiko unseres prinzipiellen Nicht-Wissens um die Erfahrungsfähigkeit Sterbender zu diesem Zeitpunkt durchaus in Kauf nehmen und mich als ›hinreichend tot‹ für eine Organspende betrachten. Auch *glaube* ich nicht, und ich sehe auch keinen Grund, hier an der medizinischen Expertise und der ärztlichen Sorgfalt wie Integrität zu zweifeln, im Notfall diesen Punkt aufgrund irgendwelcher ›Verwertungsinteressen‹ vorschnell zu erreichen.

Vielmehr entscheidend ist für mich, daß die hinter diesen Entwicklungen rund um Medizin und Technik sich insgesamt abzeichnende *gesellschaftliche* (nicht nur medizinische) Praxis im Umgang mit Krankheit, Leiden und Tod, der ›*Wille zum Willen*‹ (alles was machbar ist, muß auch gewollt werden), der sich je nach pragmatischem Bedarf mit den Gewändern alter oder neuer Werte drapiert, ohne unter der Oberfläche der sogenannten ›Multioptions-Gesellschaft‹ genügend Raum für individuelle und noch weniger für gesellschaftliche Entscheidungsalternativen zu lassen, – daß also jener ›Wille zum Willen‹ als der archimedische Punkt einer zukünftigen Gesellschaft nicht meinem eigenen gesellschaftlichen Idealbild entspricht. Kurzum: Die Debatten rund um Hirntod und Organtransplantation waren in meiner Einschätzung eben *kein* Beispiel für einen (zumindest annäherungsweise eingeholten) herrschaftsfreien, der reinen Vernunft verpflichteten rationalen (Werte-) Diskurs, wie ihn Jürgen HABERMAS so verheißungsvoll an die Wand gesellschaftlicher Utopien zeichnet. Dagegen stand und steht auch jene Diskursformation, wie sie hier (in einigen wesentlichen Aspekten) rekonstruiert wurde, einschließlich ihres (vorläufigen?) ›Resultats‹ als gesetzlich festgelegtes Regelwerk, in einer Reihe mit jenen Prozeduren der machtvollen ›Wahrheitsfindung‹ der Institutionen, auf die uns Michel FOUCAULT hingewiesen hat, und in denen jene Wahrheiten nicht mehr und nicht weniger sind als der Ausdruck der dahinter stehenden institutionellen Ordnung, die – hier einmal mehr – als oberste Maxime jenem ›Willen zum Willen‹ folgt.

„Das Begehren sagt: ›Ich selbst möchte nicht in jene gefährliche Ordnung des Diskurses eintreten müssen; ich möchte nichts zu tun haben mit dem, was es Einschneidendes und Entscheidendes in ihm gibt; ich möchte, daß er um mich herum eine ruhige, tiefe und unendlich offene Transparenz bilde, in der die anderen meinem Erwarten antworten und aus der die Wahrheiten eine nach der anderen hervorgehen; ich möchte nur in ihm und von ihm wie ein glückliches Findelkind getragen werden.‹ Und die Institution antwortet: ›Du brauchst vor dem Anfangen keine Angst zu haben; wir alle sind da, um dir zu zeigen, daß der Diskurs in der Ordnung der Gesetze steht; daß man seit jeher über seinem Auftreten wacht; daß ihm ein Platz bereitet ist, der ihn ehrt, aber entwaffnet; und daß seine Macht, falls er welche hat, von uns und nur von uns stammt.‹" (Foucault 1991a: 10)

Literaturverzeichnis

Ach, Johann S. & Quante, Michael (Hg.), 1997: Hirntod und Organverpflanzung. Ethische, medizinische, psychologische und rechtliche Aspekte der Transplantationsmedizin. Stuttgart-Bad Cannstatt: Frommann-Holzboog.

Ach, Johann S., 1996: Wider die Aufweichung des Tötungsverbotes. Eine Kritik des Entwurfs eines Transplantationsgesetzes der bündnisgrünen Bundestagsfraktion. In: Vorgänge, 35, 3, S.26-32.

Ach, Johann S., 1997a: Ersatzteillager Tier. In: Ach, J.S. & Quante, M. (Hg.), Hirntod und Organverpflanzung. Ethische, medizinische, psychologische und rechtliche Aspekte der Transplantationsmedizin. Stuttgart-Bad Cannstatt: Frommann-Holzboog, S.291-314.

Ach, Johann S., 1997b: Kriterien der Organverteilung - Anspruch und Realität. In: Vorgänge (Zeitschrift für Bürgerrechte und Gesellschaftspolitik; Themenheft ›Sterben und Tod‹), 138, 2, S.61-72.

Ach, Johann S., 1998: Objektiv, transparent, gerecht? – Kriterien der Allokation von Spendeorganen. In: Höglinger, Günter & Kleinert, Stefan (Hg.), Hirntod und Organtransplantation. Berlin: de Gruyter, S.113-128.

Alasuutari, Pertti, 1995: Researching Culture. Qualitative Method and Cultural Studies. London: Sage.

Amann, Ines, 1996: "Hic mors vivos docet". Die Geschichte der Leichenöffnung. In: Daxelmüller, Christoph (Hg.), Tod und Gesellschaft - Tod im Wandel (Begleitband zur Ausstellung im Diözesanmuseum Obermünster Regensburg, 8. November bis 22. Dezember 1996). Regensburg: Schnell und Steiner, S.53-58.

Angstwurm, Heinz, 1995: Wann ist der Mensch wirklich tot? Ärztlicher Todesbegriff und Organtransplantation als Anfrage an unser Menschenbild. In: Angstwurm, H., Frey, C. & Grewel, H.u.a. (Hg.), Gehirntod und Organtransplantation als Anfrage an unser Menschenbild (Beiheft 1995 zur Berliner Theologischen Zeitschrift, 12. Jg, 1995). Berlin: Wichern-Verlag, S.33-41.

Angstwurm, Heinz, 1997: Ärztliche Aussagen zum Tod als rechtliche und politische Frage. In: Landeszentrale für politische Bildung Baden-Württemberg (Hg.), Organentnahme und Transplantation im Spannungsfeld zwischen Ethik und Gesetz (Dokumentation der gleichnamigen Fachtagung vom 16-18. Oktober 1995). Bad Urach / Stuttgart: o.V., S.51-54.

Angstwurm, Heinz, Frey, Christofer & Grewel, Hans u.a., 1995: Gehirntod und Organtransplantation als Anfrage an unser Menschenbild (Beiheft 1995 zur Berliner Theologischen Zeitschrift, 12. Jg, 1995). Berlin: Wichern-Verlag.

Anthofer, Monika, 1997: Hirntod und Organtransplantation. Zur sozialen Konstruktion des Todes in der Moderne (unveröff. Diplomarbeit), Institut für Soziologie / LMU. München 1997.

Appelsmeyer, Heide, 1999: Zwischen Unverfügbarkeit und Handlungsautonomie. Religiöse Sinnbezüge in den Selbstkonstruktionen Transplantierter (Vortrag bei der Sektion für Soziologie der Generalversammlung der Görres-Gesellschaft, Potsdam, 25.-29. September 1999) [unveröff. Manuskript].

Arbeitsgruppe des wissenschaftlichen Beirats der Bundesärztekammer, 1997: Kriterien des Hirntodes. Entscheidungshilfen zur Feststellung des Hirntodes (Dritte Fortschreibung 1997). In: Deutsches Ärzteblatt, 94, 19, S.1032-1037.

Ariès, Philippe, 1981: Studien zur Geschichte des Todes im Abendland. München: dtv.

Ariès, Philippe, 1984: Bilder zur Geschichte des Todes. München: Hanser.

Ariès, Philippe, 1987: Geschichte des Todes, 3.Aufl.. München: dtv.

Assmann, Aleida, 1991: Zur Einführung: Kultur als Lebenswelt und Monument. In: Assmann, A. & Harth, D. (Hg.), Kultur als Lebenswelt und Monument, Frankfurt/Main: Fischer, S.11-25.

Augustat, Leobrand & Augustat, Willy, 1994: Vom Leben zum Tod - und kein Ende!. München: Spirale.

Barloewen, Constatin v., 1996: Der lange Schlaf. Der Tod als universelles Phänomen der Weltkulturen und Weltreligionen. In: Barloewen, C.v. (Hg.), Der Tod in den Weltkulturen und Weltreligionen. München: Diederichs, S.9-91.

Barth, Hermann, 1995: Die Evangelische Kirche in Deutschland und die bevorstehende Transplantationsgesetzgebung. In: Schlaudraff, U. (Hg.), Transplantationsgesetzgebung in Deutschland. Streit um mehr als ein Gesetz (Loccumer Protokolle 54/94; Dokumentation einer Tagung der Evangelischen Akademie Loccum vom 2. bis 4. November 1994). Loccum: Kirchliche Verwaltungsstelle, S.1-8.

Barthes, Roland, 1964: Mythen des Alltags. Frankfurt/Main: Suhrkamp.

Barthes, Roland, 1981: Elemente der Semiologie (Aus dem Französischen von Eva Moldenhauer), 2.Aufl.. Frankfurt/Main: Syndikat.

Bauch, Jost, 1996: Gesundheit als sozialer Code. Von der Vergesellschaftung des Gesundheitswesens zur Medikalisierung der Gesellschaft. Weinheim: Juventa.

Baudrillard, Jean, 1991: Der symbolische Tausch und der Tod. München: Matthes & Seitz.

Bauernfeind, Reinhard, 1995: Sozio-Logik. Der kulturelle Code als Bedeutungssystem. Frankfurt/Main: Peter Lang.

Bauman, Zygmunt, 1994: Tod, Unsterblichkeit und andere Lebensstrategien. Frankfurt/Main: Fischer.

Bauman, Zygmunt, 1996: Unsterblichkeit, Biologie und Computer. In: Maar, C., Pöppel, E. & Christaller, T. (Hg.), Die Technik auf dem Weg zur Seele. Forschungen an der Schnittstelle Gehirn/ Computer. Reinbek: Rowohlt, S.241-256.

Baureithel, Ulrike & Bergmann, Anna, 1999: Herzloser Tod. Das Dilemma der Organspende. Stuttgart: Klett-Cotta.

Bavastro, Paolo, 1994: Anthroposophische Medizin auf der Intensivstation. Historische Hintergründe, Schlaf - Narkose - Hirntod - Organtransplantation. Eine besondere Krankengeschichte. Dornach: Verlag am Goetheaneum.

Bavastro, Paolo (Hg.), 1995: Organspende – der umkämpfte Tod. Gewissensentscheidung angesichts des Sterbens. Stuttgart: Urachhaus.

Bayertz, Kurt, 1997: Ethik, Tod und Technik. In: Ach, J.S. & Quante, M. (Hg.), Hirntod und Organverpflanzung. Ethische, medizinische, psychologische und rechtliche Aspekte der Transplantationsmedizin. Stuttgart-Bad Cannstatt: Frommann-Holzboog, S.75-100.

Beck, Rainer (Hg.), 1995: Der Tod. Ein Lesebuch von den letzten Dingen. München: C.H. Beck.

Beck, Ulrich, 1986: Risikogesellschaft. Auf dem Weg in eine andere Moderne. Frankfurt/Main.

Beck, Ulrich, 1993: Die Erfindung des Politischen. Frankfurt/ Main: Suhrkamp.

Beck, Ulrich, 1994: Vom Veralten sozialwissenschaftlicher Begriffe. Grundzüge einer Theorie reflexiver Modernisierung. In: Görg, C. (Hg.), Gesellschaft im Übergang: Perspektiven kritischer Soziologie. Darmstadt: Wissenschaftliche Buchgesellschaft, S.21-43.

Beck, Ulrich, 1995: Eigener Tod - eigenes Leben: Vergänglichkeitshoffnungen. In: Beck, U., Vossenkuhl, W. & Erdmann Ziegler, U. (Hg.), Eigenes Leben. Ausflüge in die unbekannte Gesellschaft, in der wir leben.München: C.H. Beck, S.171-174.

Beck, Ulrich, 1996a: Wissen oder Nicht-Wissen? Zwei Perspektiven ›reflexiver Modernisierung‹. In: Beck, U., Giddens, A. & Lash, S. (Hg.), Reflexive Modernisierung. Eine Kontroverse. Frankfurt/ Main: Suhrkamp, S.289-316.

Beck, Ulrich, 1996b: Das Zeitalter der Nebenfolgen und die Politisierung der Moderne. In: Beck, U., Giddens, A. & Lash, S. (Hg.), Reflexive Modernisierung. Eine Kontroverse. Frankfurt/ Main: Suhrkamp, S.19-112.

Beck, Ulrich, Giddens, Anthony & Lash, Scott, 1996: Reflexive Modernisierung. Eine Kontroverse. Frankfurt/Main: Suhrkamp.

Becker, Paul, 1995: Die Sterbesituation in unserer heutigen Gesellschaft. In: Friedrich-Ebert-Stiftung (Hg.), Der gesellschaftliche Umgang mit Sterben und Tod. Humane, medizinische und finanzielle Aspekte (Gesprächskreis Arbeit und Soziales Nr. 54). Düsseldorf: o.V., S.13-31.

Becker, Ulrich, Feldmann, Klaus & Johannsen, Friedrich (Hg.), 1998: Sterben und Tod in Europa. Wahrnehmungen, Deutungsmuster, Wandlungen. Neukirchen: Neukirchener Verlag.

Benz, Ernst, 1969: Die Todesvorstellungen der großen Religionen. In: Schaefer, H. & Pflanz, M.u.a. (Hg.), Was ist der Tod? Elf Beiträge. München: Piper, S.149-163.

Bergdolt, Klaus, 1994: Der Schwarze Tod in Europa. Die große Pest und das Ende des Mittelalters. München: C.H. Beck.

Berger, Peter L. & Lieban, Richard, 1960: Kulturelle Wertstruktur und Bestattungspraktiken in den Vereinigten Staaten. In: Kölner Zeitschrift für Soziologie und Sozialpsychologie, 12, S.224-236.

Berger, Peter L. & Luckmann, Thomas, 1980: Die gesellschaftliche Konstruktion der Wirklichkeit. Eine Theorie der Wissenssoziologie. Frankfurt/Main: Fischer.

Berger, Peter L., 1973: Zur Dialektik von Religion und Gesellschaft. Elemente einer soziologischen Theorie. Frankfurt/ Main: S. Fischer Verlag.

Bette, Karl-Heinrich, 1989: Körperspuren. Zur Semantik und Paradoxie moderner Körperlichkeit. Berlin: de Gruyter.

Bierich, Jürgen R. (Hg.), 1992: Arzt und Kranker. Ethische und humanitäre Fragen in der Medizin. Tübingen: Attempto.

Bierich, Jürgen R., 1993: Arzt und Kranker. Wandlungen des Menschenbildes in der Medizin. In: Rudolph, G. (Hg.), Medizin und Menschenbild: Eine selbstkritische Bestandsaufnahme. Tübingen: Attempto, S.11-21.

Birnbacher, Dieter, 1995a: Einige Gründe, das Hirntodkriterium zu akzeptieren. In: Hoff, J. & in der Schmitten, J. (Hg.), Wann ist der Mensch tot? Organverpflanzung und ›Hirntod‹-Kriterium. Reinbek: Rowohlt, S.28-40.

Birnbacher, Dieter, 1995b: Schwangerschaft hirntoter Frauen: Logik medizinischer Konsequenzen?. In: Greive, W. & Wehkamp, K.-H. (Hg.), Erzeugung und Beendigung des Lebens? Das Menschenbild in der Medizin und seine Konsequenzen (Loccumer Protokolle 63/ 94; Dokumentation einer Tagung der Evangelischen Akademie Loccum vom 2. bis 4. Dezemeber 1994). Loccum: Kirchliche Verwaltungsstelle, S.39-50.

Birnbacher, Dieter, 1997: Fünf Bedingungen für ein akzeptables Todeskriterium. In: Ach, J.S. & Quante, M. (Hg.), Hirntod und Organverpflanzung. Ethische, medizinische, psychologische und rechtliche Aspekte der Transplantationsmedizin. Stuttgart-Bad Cannstatt: Frommann-Holzboog, S.49-74.

Birnbacher, Dieter, Angstwurm, Heinz, Eigler, Friedrich W. & Wuermeling, Hans-Bernhard, 1993: Der vollständige und endgültige Ausfall der Hirntätigkeit als Todeszeichen des Menschen - Anthropologischer Hintergrund. In: Dt. Ärzteblatt, 90, 44, S.32-35.

Bleyl, Uwe, 1998: Das Dilemma, sterben zu müssen. In: Ruprecht-Karls-Universität Heidelberg (Hg.), Sterben und Tod: Studium Generale im Sommersemester 1997. Heidelberg: HVA, S.139-149.

Blumenthal-Barby, Kay, 1998: Sterben in Europa. In: Becker, U., Feldmann, K. & Johannsen, F. (Hg.), Sterben und Tod in Europa. Wahrnehmungen, Deutungsmuster, Wandlungen. Neukirchen: Neukirchener Verlag, S.64-72.

Blumer, Herbert, 1981: Der methodologische Standort des Symbolischen Interaktionismus. In: Arbeitsgruppe Bielefelder Soziologen (Hg.), Alltagswissen, Interaktion und gesellschaftliche Wirklichkeit (1+2), 5.Aufl.. Opladen: Westdeutscher Verlag, S.80-146.

Bockenheimer-Lucius, Gisela & Seidler, Eduard (Hg.), 1993: Hirntod und Schwangerschaft. Dokumentation einer Dikussionsveranstaltung der Akademie für Ethik in der Medizin zum ›Erlanger Fall‹. Stuttgart: Ferdinand Enke.

Bonelli. Johannes, 1995: Leben - Sterben - Tod. In: Schwarz, M. & Bonelli, J. (Hg.), Der Status des Hirntoten: Eine interdisziplinäre Analyse der Grenzen des Lebens. Wien: Springer, S.83-112.

Bonß, Wolfgang & Hartmann, Heinz, 1985: Konstruierte Gesellschaft, rationale Deutung. Zum Wirklichkeitscharakter soziologischer Diskurse. In: Bonß, W. & Hartmann, H. (Hg.), Entzauberte Wissenschaft. Zur Relativität und Geltung soziologischer Forschung (Soziale Welt, Sonderband 3). Göttingen: Otto Schwartz & Co, S.9-46.

Bonß, Wolfgang, 1994: Die Soziologie in der Gesellschaft - Verwendung und Relevanz der soziologischen Argumentation. In: Görg, C. (Hg.), Gesellschaft im Übergang. Perspektiven kritischer Soziologie. Darmstadt: Wissenschaftliche Buchgesellschaft, S.88-106.

Borscheid, Peter, 1994: Der Wandel der ›Lebensstufen‹ im Abendland. In: Imhof, A.E. & Weinknecht, R. (Hg.), Erfüllt leben - in Gelassenheit sterben (Beiträge eines interdisziplinären Symposiums vom 23.-25. Nov. an der Freien Universität Berlin). Berlin: Duncker & Humblot, S.221-230.

Borst, Arno, Graevenitz, Gerhart v., Patschovsky, Alexander & Stierle, Karlheinz (Hg.), 1993: Tod im Mittelalter. Konstanz: Universitätsverlag.

Bowker, John, 1996: Die menschliche Vorstellung vom Tod. In: Barloewen, C.v. (Hg.), Der Tod in den Weltkulturen und Weltreligionen. München: Diederichs, S.406-432.

Braun, Ingo, Feuerstein, Günter & Grote-Janz, Claudia v., 1991: Organ-Technik. Technik und Wissenschaft im Organtransplantationswesen. In: Soziale Welt, 42, 4, S.445-472

Brinkmann, Bernd, 1986: Tod, Todeszeichen und die menschliche Leiche. Eine Betrachtung aus medizinischer Sicht. In: Geyer-Kordesch, J., Kröner, P. & Seithe, P. (Hg.), Leiden, Sterben und Tod (Schriftenreihe des Westfälischen Wilhelms-Universität Münster, Neue Folge, Heft 7). Münster: Aschendorff, S.118-126.

Bronfen, Elisabeth, 1987: Die schöne Leiche. In: Berger, R. & Stephan, I. (Hg.), Weiblichkeit und Tod in der Literatur. Köln, S.87-115.

Bronfen, Elisabeth, 1994: Nur über ihre Leiche. Tod, Weiblichkeit und Ästhetik. München: Kunstmann.

Bublitz, Hannelore, Bührmann, Andrea D., Hanke, Christine & Seier, Andrea (Hg.), 1999: Das Wuchern der Diskurse. Perspektiven der Diskursanalyse Foucaults. Frankfurt/Main: Campus.

Bubner, Andrea (Hg.), 1993: Die Grenzen der Medizin.Technischer Fortschritt, Menschenwürde und Verantwortung. München: Wilhelm Heyne.

Choron, Jacques, 1967: Der Tod im abendländischen Denken. Stuttgart: Klett.

Christiansen, Franziska, 1996: Scheintod und Scheintodängste. In: Daxelmüller, Christoph (Hg.), Tod und Gesellschaft - Tod im Wandel (Begleitband zur Ausstellung im Diözesanmuseum Obermünster Regensburg, 8. November bis 22. Dezember 1996). Regensburg: Schnell und Steiner, S.77-81.

Clark, David (ed.), 1993: The Sociology of Death: Theory, Culture, Practice. Oxford: Blackwell Publishers.

Condreau, Gion, 1984: Der Mensch und sein Tod. Zürich: Benzinger.

Cromm, Jürgen, 1994: Krankheit und Sterblichkeit in ihrer Entwicklung als gesellschaftliches Phänomen. In: Reimann, H. & Müller, H.-P. (Hg.), Probleme moderner Gesellschaften (Peter Atteslander zum 65. Geburtstag). Opladen: Westdeutscher Verlag, S.78-97.

Daxelmüller, Christoph, 1996: Sterben, Tod und Tote im Mittelalter. In: ders. (Hg.), Tod und Gesellschaft - Tod im Wandel (Begleitband zur Ausstellung im Diözesanmuseum Obermünster Regensburg, 8. November bis 22. Dezember 1996). Regensburg: Schnell und Steiner, S.15-26.

Deleuze, Gilles, 1991: Was ist ein Dispositiv?. In: Ewald, F. & Waldenfels, B. (Hg.), Spiele der Wahrheit. Michel Foucaults Denken. Frankfurt/Main: Suhrkamp, S.153-162.

Dichgans, Johannes, 1992: Zur Aufklärung von Kranken und Sterbenden. In: Bierich, J.R. (Hg.), Arzt und Kranker. Ethische und humanitäre Fragen in der Medizin. Tübingen: Attempto, S.192-206.

Dietmann, Doris, 1991: Die spezielle Pflege Hirntoter zur Organentnahme. In: Striebel, H.W. & Link, J. (Hg.), Ich pflege Tote. Die andere Seite der Transplantationsmedizin. Basel: Recom, S.21-32.

Dijk, Teun A. v. (ed.), 1995: Handbook of Discourse Analysis. London: Academic Press.

Dreyfus, Hubert L. & Rabinow, Paul, 1987: Michel Foucault. Jenseits von Strukturalismus und Hermeneutik. Frankfurt/Main: Athenäum.

Duden, Barbara, 1987: Geschichte unter der Haut. Ein Eisenacher Arzt und seine Patientinnen um 1730. Stuttgart: Klett-Cotta.

Duden, Barbara, 1991: Der Frauenleib als öffentlicher Ort. Vom Mißbrauch des Begriffs Leben. Hamburg: Luchterhand.

Durkheim, Émile, 1983 [1897]: Der Selbstmord. Frankfurt/Main.

Ebbrecht, Günter, 1995: Nächstenliebe zwischen medizinischen Möglichkeiten und den Grenzen der Hilfspflicht. In: Schlaudraff, U. (Hg.), Transplantationsgesetzgebung in Deutschland. Streit um mehr als ein Gesetz (Loccumer Protokolle 54/94; Dokumentation einer Tagung der Evangelischen Akademie Loccum vom 2. bis 4. November 1994). Loccum: Kirchliche Verwaltungsstelle, S.9-18.

Ebel, Reimer W., 1998: Der Tod im Spannungsfeld von Medizin, Religion und Staat. In: Ruprecht-Karls-Universität Heidelberg (Hg.), Sterben und Tod: Studium Generale im Sommersemester 1997. Heidelberg: HVA, S.57-74.

Ebeling, Hans (Hg.), 1997: Der Tod in der Moderne. 4.Aufl., Frankfurt/Main: Hain.

Ebeling, Hans, 1984: Neue Reden an die Deutsche Nation? Vom Warencharakter des Todes. Freiburg: Karl Alber.

Eigler, Friedrich W., 1997: ›Organtransplantation - Routine oder Experiment?‹. In: Ach, J.S. & Quante, M. (Hg.), Hirntod und Organverpflanzung. Ethische, medizinische, psychologische und rechtliche Aspekte der Transplantationsmedizin. Stuttgart-Bad Cannstatt: Frommann-Holzboog, S.125-134.

Elias, Norbert, 1979: Über den Prozeß der Zivilisation. Soziogenetische und psychogenetische Untersuchungen (Zweiter Band: Wandlungen der Gesellschaft. Entwurf zu einer Theorie der Zivilisation), 6.Aufl.. Frankfurt/Main: Suhrkamp.

Elias, Norbert, 1991: Über die Einsamkeit der Sterbenden in unseren Tagen. Frankfurt/Main: Suhrkamp.

Elsaesser Valarino, Evelyn, 1996: Erfahrungen an der Schwelle des Todes. Wissenschaftler äußern sich zur Nahtoderfahrung. München: Ariston.

Fairclough, Norman, 1992: Discourse and Social Change. Cambridge: Polity Press.

Falter, Reinhard, 1996: Philosophische Aspekte des Bildes vom Herzen. In: Schlich, T., Falter, R. & Ruden, R., Herztransplantation und Ethik. Historische und philosophische Aspekte eines paradigmatischen Eingriffs der modernen Medizin (Beiträge der III. Erlanger Studientage zur Ethik in der Medizin 1995). Erlangen: Verlag Palm & Enke, S.40-88.

Featherstone, Mike, Hepworth, Mike & Turner, Bryan S. (eds.), 1991: The Body. Social Process and Cultural Theory. London: Sage.

Feifel, Herman (ed.), 1959: The Meanings of Death. New York: McGraw-Hill.

Feldmann, Eric A., 1996: Brain death: the Japanese Controversy. In: Machado, C. (ed.), Brain Death (Proceedings of the Second Conference on Brain Death Havana, Cuba, February 27 - March 1, 1996). Amsterdam: Elsevier, pp.265-284.

Feldmann, Klaus & Fuchs-Heinritz, Werner (Hg.), 1995b: Der Tod ist ein Problem der Lebenden. Beiträge zur Soziologie des Todes. Frankfurt/Main: Suhrkamp.

Feldmann, Klaus & Fuchs-Heinritz, Werner, 1995a: Der Tod als Gegenstand der Soziologie. In: Feldmann, K. & Fuchs-Heinritz, W. (Hg.), Der Tod ist ein Problem der Lebenden. Beiträge zur Soziologie des Todes. Frankfurt/Main: Suhrkamp, S.7-18.

Feldmann, Klaus, 1990: Tod und Gesellschaft. Eine soziologische Betrachtung von Sterben und Tod. Frankfurt/Main: Peter Lang.

Feldmann, Klaus, 1995: Leben und Tod im Werk von Talcott Parsons. In: Feldmann, K. & Fuchs-Heinritz, W. (Hg.), Der Tod ist ein Problem der Lebenden. Beiträge zur Soziologie des Todes. Frankfurt/Main: Suhrkamp, S.140-172.

Feldmann, Klaus, 1997: Sterben und Tod. Sozialwissenschaftliche Theorien und Forschungsergebnisse. Opladen: Leske + Budrich.

Feldmann, Klaus, 1998: Physisches und soziales Sterben. In: Becker, U., Feldmann, K. & Johannsen, F. (Hg.), Sterben und Tod in Europa. Wahrnehmungen, Deutungsmuster, Wandlungen. Neukirchen: Neukirchener Verlag, S.94-107.

Ferber, Christian v., 1963: Soziologische Aspekte des Todes. In: Zeitschrift für evangelische Ethik, 7, S.338-360.

Ferber, Christian v., 1970: Der Tod. Ein unbewältigtes Problem für Mediziner und Soziologen. In: Kölner Zeitschrift für Soziologie und Sozialpsychologie, 22, S.237-250.

Fetscher, Iring, 1988: Die Verdrängung des Todes und die Hoffnung auf Unsterblichkeit. In: Hoffmann, H. (Hg.), Jugendwahn und Altersangst. Frankfurt/Main: Athenäum, S.19-30.

Feuerhack, Maria & Conrad, Joachim, 1999: Hirntod und Organtransplantation aus der Sicht von Pflegenden. In: Dr. med. Mabuse (Zeitschrift im Gesundheitswesen), 24, 119, S.54-57.

Feuerstein, Günter, 1995: Das Transplantationssystem. Dynamik, Konflikte und ethisch-moralische Grenzgänge. Weinheim: Juventa.

Feuerstein, Günter, 1996: Body-Recycling-Management. Über ethisch-moralische Konflikte der Organtransplantation, die technische Inszenierung des Handelns, Medien der Systembeobachtung und die Neuformierung sozialer Orientierungsmuster. In: Joerges, B. (Hg.), Körper-Technik. Aufsätze zur Organtransplantation (Hg. vom Wissenschaftszentrum Berlin für Sozialforschung). Berlin: Edition Sigma, S.63-138.

Fielding, Nigel G. & LEE, Raymond M. (eds.), 1991: Using Computers in Qualitative Research. London: Sage.

Finckh, Ulrich, 1997: Am liebsten tot umfallen. Anmerkungen eines Seelsorgers. In: Vorgänge (Zeitschrift für Bürgerrechte und Gesellschaftspolitik; Themenheft ›Sterben und Tod‹), 138, 2, S.90-91.

Fischer, Gisela, 1998: Probleme des Arztes beim Umgang mit Sterbenden. In: Becker, U., Feldmann, K. & Johannsen, F. (Hg.), Sterben und Tod in Europa. Wahrnehmungen, Deutungsmuster, Wandlungen. Neukirchen: Neukirchener Verlag, S.53-63.

Fischer, Norbert, 1996: Vom Gottesacker zum Krematorium. Eine Sozialgeschichte der Friedhöfe in Deutschland seit dem 18. Jahrhundert. Köln: Böhlau.

Fischer-Fröhlich, Carl-Ludwig, 1997: Die Situation der Organtransplantation in der Bundesrepublik Deutschland und im europäischen Ausland aus medizinischer Sicht - eine Bestandsaufnahme. In: Landeszentrale für politische Bildung Baden-Württemberg (Hg.), Organentnahme und Transplantation im Spannungsfeld zwischen Ethik und Gesetz (Dokumentation der gleichnamigen Fachtagung vom 16-18. Oktober 1995). Bad Urach / Stuttgart: o.V., S.7-28.

Foucault, Michel, 1978: Dispositive der Macht. Über Sexualität, Wissen und Wahrheit. Berlin: Merve.

Foucault, Michel, 1988a: Archäologie des Wissens, 3.Aufl.. Frankfurt/Main: Suhrkamp.

Foucault, Michel, 1988b: Der Wille zum Wissen (Sexualität und Wahrheit, Bd.1), 2.Aufl.. Frankfurt/Main: Suhrkamp.

Foucault, Michel, 1988c: Die Geburt der Klinik. Eine Archäologie des ärztlichen Blicks. Frankfurt/Main: Fischer.

Foucault, Michel, 1988d: Die Ordnung der Dinge. Eine Archäologie der Humanwissenschaften, 7.Aufl.. Frankfurt/Main: Suhrkamp.

Foucault, Michel, 1991a: Die Ordnung des Diskurses (Mit einem Essay von Ralf Konersmann). Frankfurt/Main: Fischer.

Foucault, Michel, 1991b: Überwachen und Strafen. Die Geburt des Gefängnisses, 9.Aufl.. Frankfurt/Main: Suhrkamp.

Frey, Christofer, 1995: Wie verstehen wir angemessen menschliches Leben und Sterben? Der Streit der Deutungen. In: Angstwurm, H., Frey, C. & Grewel, H.u.a. (Hg.), Gehirntod und Organtransplantation als Anfrage an unser Menschenbild (Beiheft 1995 zur Berliner Theologischen Zeitschrift, 12. Jg, 1995). Berlin: Wichern-Verlag, S.13-28.

Fröhlich, Gerhard, 1998: Techno-Utopien der Unsterblichkeit aus Informatik und Physik. In: Becker, U., Feldmann, K. & Johannsen, F. (Hg.), Sterben und Tod in Europa. Wahrnehmungen, Deutungsmuster, Wandlungen. Neukirchen: Neukirchener Verlag, S.187-213.

Frowein, R.A., Lackner, K. & Lanfermann, H., 1995: Entwicklung der Hirntod-Diagnostik. In: Greive, W. & Wehkamp, K.-H. (Hg.), Erzeugung und Beendigung des Lebens? Das Menschenbild in der Medizin und seine Konsequenzen (Loccumer Protokolle 63/94; Dokumentation einer Tagung der Evangelischen Akademie Loccum vom 2. bis 4. Dezember 1994). Loccum: Kirchliche Verwaltungsstelle, S.81-86.

Fuchs, G., Marte, W. & Metzler, H., 1995: Spenderpflege. In: Schwarz, G., Kröll, W. & List, W.F. (Hg.), Schädel-Hirn-Trauma: Aspekte des prähospitalen und frühen klinischen Managements - Hirntod: Medizinische, ethische und rechtliche Aspekte. Wien: Wilhelm Maudrich, S.249-256.

Fuchs, Richard, 1996: Tod bei Bedarf. Das Mordsgeschäft mit Organtransplantationen. Frankfurt/Main: Ullstein.

Fuchs, Werner, 1969: Todesbilder in der modernen Gesellschaft. Frankfurt/Main: Suhrkamp.

Fuchs-Heinritz, Werner, 1995: Auguste Comte: Die Toten regieren die Lebenden. In: Feldmann, K. & Fuchs-Heinritz, W. (Hg.), Der Tod ist ein Problem der Lebenden. Beiträge zur Soziologie des Todes. Frankfurt/Main: Suhrkamp, S.19-58.

Gebauer, Gunter & Wulf, Christoph, 1998: Spiel, Ritual, Geste. Mimetisches Handeln in der sozialen Welt. Reinbek: Rowohlt.

Geertz, Clifford, 1983: Dichte Beschreibung. Beiträge zum Verstehen kultureller Systeme. Frankfurt/Main: Suhrkamp.

Geisler, Linus S., 1996: Ärztliche Sicht des Hirntodes. In: Herrmann, U. (Hg.), Die Seele verpflanzen? Organtransplantation als psychische und ethische Herausforderung. Gütersloh: Gütersloher Verlagshaus, S.80-88.

Gerhards, Jürgen, 1992: Dimensionen und Strategien öffentlicher Diskurse. In: Journal für Sozialforschung, 32, 3/4, S.307-318.

Gerhardt, Uta, 1989: Ideas about Illness. An Intellectual and Political History of Medical Sociology. New York: New York University Press.

Giddens, Anthony, 1995: Konsequenzen der Moderne. Frankfurt/ Main: Suhrkamp.

Giegler, Helmut, 1992: Zur computerunterstützten Analyse sozialwissenschaftlicher Textdaten: Quantitative und qualitative Strategien. In: Hoffmeyer-Zlotnik, J.H.P. (Hg.), Analyse verbaler Daten. Über den Umgang mit qualitativen Daten. Wiesbaden: Westdeutscher Verlag, S.335-388.

Glaser, Barney G. & Strauss, Anselm L., 1965: Awareness of Dying. Chicago: Aldine.

Glaser, Barney G. & Strauss, Anselm L., 1974: Interaktion mit Sterbenden. Beobachtungen für Ärzte, Schwestern, Seelsorger und Angehörige. Göttingen: Vandenhoeck und Ruprecht.

Glaser, Barney G. & Strauss, Anselm L., 1980: Time for Dying, 3rd ed.. New York: Aldine.

Gockenjan, Gerd, 1985: Kurieren und Staat machen. Gesundheit und Medizin in der bürgerlichen Welt. Frankfurt/Main: Suhrkamp.

Goffman, Erving, 1973: Asyle. Über die soziale Situation psychiatrischer Patienten und anderer Insassen. Frankfurt/Main: Suhrkamp.

Goffman, Erving, 1980a: Rahmen-Analyse. Ein Versuch über die Organisation von Alltagserfahrungen. Frankfurt/Main: Suhrkamp.

Goffman, Erving, 1980b: Stigma. Über Techniken der Bewältigung beschädigter Identität, 4.Aufl.. Frankfurt/Main: Suhrkamp.

Golser, Karl, 1997: Die Diskussion um den Hirntod aus der Perspektive eines katholischen Moraltheologen. In: Ethica, 5, 1, S.29-43.

Gonzalo, Luis M., 1995: Gehirn und Geist. In: Schwarz, M. & Bonelli, J. (Hg.), Der Status des Hirntoten: Eine interdisziplinäre Analyse der Grenzen des Lebens. Wien: Springer, S.53-68.

Gorer, Geoffrey, 1955: The Pornography of Death. In: Encounter, 5, 4, pp.49-52.

Gorer, Geoffrey, 1965: Death, Grief and Mourning in Contemporary Britain. London.

Greinert, Renate & Wuttke, Gisela (Hg.), 1993: Organspende. Kritische Ansichten zur Transplantationsmedizin. Göttingen: Lamuv.

Greive, Wolfgang & Wehkamp, Karl-Heinz (Hg.), 1995: Erzeugung und Beendigung des Lebens? Das Menschenbild in der Medizin und seine Konsequenzen (Loccumer Protokolle 63/94; Dokumentation einer Tagung der Evangelischen Akademie Loccum vom 2. bis 4. Dezemeber 1994). Loccum: Kirchliche Verwaltungsstelle.

Greive, Wolfgang, 1995: Die Notwendigkeit des interdisziplinären und interdimensionalen Dialogs. In: Greive, W. & Wehkamp, K.-H. (Hg.), Erzeugung und Beendigung des Lebens? Das Menschenbild in der Medizin und seine Konsequenzen (Loccumer Protokolle 63/94; Dokumentation einer Tagung der Evangelischen Akademie Loccum vom 2. bis 4. Dezemeber 1994). Loccum: Kirchliche Verwaltungsstelle, S.221-225.

Grewel, Hans, 1995: Lohnen sich Organtransplantationen? Zur Frage der Lebensqualität. In: Angstwurm, H., Frey, C. & Grewel, H.u.a. (Hg.), Gehirntod und Organtransplantation als Anfrage an unser Menschenbild (Beiheft 1995 zur Berliner Theologischen Zeitschrift, 12. Jg, 1995). Berlin: Wichern-Verlag, S.66-77.

Groll, Klaus M., o.J.: Vererben mit Sinn und Verstand, Schriftenreihe des Deutschen Forums für Erbrecht e.V.. München.

Gross, Peter, Hitzler, Ronald & Honer, Anne, 1985: Zwei Kulturen? Diagnostische und therapeutische Kompetenz im Wandel. In: Österreichische Zeitschrift für Soziologie, 10, 3-4, S.146-162.

Grosser, Monika, 1991: Organentnahme aus der Sicht einer Krankenschwester im Operationsdienst. In: Striebel, H.W. & Link, J. (Hg.), Ich pflege Tote. Die andere Seite der Transplantationsmedizin. Basel: Recom, S.55-76.

Grote-Janz, Claudia v. & Weingarten, Elmar, 1983: Technikgebundene Handlungsabläufe auf der Intensivstation: Zum Zusammenhang von medizinischer Technologie und therapeutischer Beziehung. In: Zeitschrift für Soziologie, 14, 4, S.328-340.

Gukenbiehl, Hermann L., 1992: Institution und Organisation. In: Korte, H. & Schäfers, B. (Hg.), Einführung in Hauptbegriffe der Soziologie (Einführungskurs Soziologie Band I). Opladen: Leske + Budrich, S.95-109.

Gurjewitsch, Aaron, 1995: Leben und Tod im Mittelalter. In: Beck, R. (Hg.), Der Tod. Ein Lesebuch von den letzten Dingen. München: C.H. Beck, S.105-112.

Hagner, Michael, 1995: Ist der Mensch ein homo cerebralis? Historische Anmerkungen zur Privilierung des Gehirns als Ort des Menschlichen. In: Greive, W. & Wehkamp, K.-H. (Hg.), Erzeugung und Beendigung des Lebens? Das Menschenbild in der Medizin und seine Konsequenzen (Loccumer Protokolle 63/94; Dokumentation einer Tagung der Evangelischen Akademie Loccum vom 2. bis 4. Dezemeber 1994). Loccum: Kirchliche Verwaltungsstelle, S.87-102.

Hagner, Michael, 1997: Homo cerebralis. Der Wandel vom Seelenorgan zum Gehirn. Berlin: Berlin Verlag.

Hahn, Alois & Kapp, Volker (Hg.), 1987: Selbstthematisierung und Selbstzeugnis: Bekenntnis und Geständnis. Frankfurt/Main: Suhrkamp.

Hahn, Alois & Willems, Herbert, 1993: Schuld und Bekenntnis in Beichte und Therapie. In: Kölner Zeitschrift für Soziologie und Sozialpsychologie, 45, S.309-330.

Hahn, Alois, 1968: Einstellungen zum Tod und ihre soziale Bedingtheit. Eine soziologische Untersuchung. Stuttgart: Ferdinand Enke.

Hahn, Alois, 1979: Tod und Individualität. In: Kölner Zeitschrift für Soziologie und Sozialpsychologie, 31, S.746-765.

Hahn, Alois, 1982: Zur Soziologie der Beichte und anderer Formen institutionalisierter Bekenntnisse: Selbstthematisierung und Zivilisationsprozeß. In: Kölner Zeitschrift für Soziologie und Sozialpsychologie, 34, S.408-434.

Hahn, Alois, 1987a: Identität und Selbstthematisierung. In: Hahn, A. & Kapp, V. (Hg.), Selbstthematisierung und Selbstzeugnis: Bekenntnis und Geständnis. Frankfurt/Main: Suhrkamp, S.9-24.

Hahn, Alois, 1987b: Sinn und Sinnlosigkeit. In: Haferkamp, H. & Schmidt, M. (Hg.), Sinn, Kommunikation und soziale Differenzierung. Beiträge zu Luhmanns Theorie sozialer Systeme. Frankfurt/Main: Suhrkamp, S.155-164.

Hahn, Alois, 1991: Literaturbesprechung zu Armin Nassehi und Georg Weber: ›Tod, Modernität und Gesellschaft. Entwurf einer Theorie der Todesverdrängung‹, Opladen: Westdeutscher Verlag 1989. In: Kölner Zeitschrift für Soziologie und Sozialpsychologie, 43, S.162-164.

Hahn, Alois, Eirmbter, Willy H. & JACOB, Rüdiger, 1992: AIDS: Risiko oder Gefahr?. In: Soziale Welt, 43, 4, S.400-421.

Hajer, Maarten A., 1993: The Politics of Environmental Discourse: A Study of the Acid Rain Controversy in Great Britain and the Netherlands, University of Oxford. Oxford 1993.

Hannich, H.-J., 1995: Organspende: Ein psychologisches Problem für Angehörige und Ärzte. In: Schwarz, G., Kröll, W. & List, W.F. (Hg.), Schädel-Hirn-Trauma: Aspekte des prähospitalen und frühen klinischen Managements - Hirntod: Medizinische, ethische und rechtliche Aspekte. Wien: Wilhelm Maudrich, S.257-264.

Hart Nibbrig, Christiaan L., 1989: Ästhetik der letzten Dinge. Frankfurt/Main: Suhrkamp.

Hartfiel, Günter & Hillmann, Karl-Heinz, 1982: Wörterbuch der Soziologie, 3.Aufl.. Stuttgart: Kröner.

Hartmann, Fritz, 1998: Grenzen ärztlichen Vermögens am Lebensende. In: Becker, U., Feldmann, K. & Johannsen, F. (Hg.), Sterben und Tod in Europa. Wahrnehmungen, Deutungsmuster, Wandlungen. Neukirchen: Neukirchener Verlag, S.37-52.

Heisterkamp, Jens, 1994: Der biotechnische Mensch. Genetische Utopien und ihre Rechtfertigung durch die 'Bioethik'. Frankfurt/Main: Info3-Verlag.

Helle, Horst J., 1988: Soziologie und Erkenntnistheorie bei Georg Simmel. Darmstadt: Wissenschaftliche Buchgesellschaft.

Helle, Horst J., 1992a: Krankheit im gesellschaftlichen Wandel (Vortrag zur Tagung des Arbeitskreises ›Gesellschaft und Psyche‹ am 18.11.1992). München 1992 (unveröff. Manuskript).

Helle, Horst J., 1992b: Verstehende Soziologie und Theorie der Symbolischen Interkation, 2., überarb. und erw. Aufl. Stuttgart: Teubner.

Helle, Horst J., 1997: Religionssoziologie. Entwicklung der Vorstellungen vom Heiligen. München: Oldenbourg.

Helle, Horst J., 1999: Verstehende Soziologie. München: Oldenbourg.

Henkel, Hans-Bernhard, 1997: Transplantationsgesetz im Bundestag / Der erwartete denkwürdige Schlagabtausch blieb aus. In: Ärzte Zeitung, 16, 26.6.1997, S.o.S.

Herranz, Gonzalo, 1995: Ein Spezialfall: Der Gehirntod bei Schwangeren. In: Schwarz, M. & Bonelli, J. (Hg.), Der Status des Hirntoten: Eine interdisziplinäre Analyse der Grenzen des Lebens. Wien: Springer, S.165-190.

Herrmann, Uwe (Hg.), 1996: Die Seele verpflanzen? Organtransplantation als psychische und ethische Herausforderung. Gütersloh: Gütersloher Verlagshaus.

Herzlich, Claudine & Pierret, Janine, 1991: Kranke gestern, Kranke heute. Die Gesellschaft und das Leiden. München: C.H. Beck.

Hildt, Elisabeth, 1996: Hirngewebetransplantation und personale Identität. Berlin: Duncker & Humblot.

Hirseland, Andreas, 1992: Vertreibung ins Paradies. Eine zeichenpraktische Bildlektüre. In: Hartmann, H.A. & Haubl, R. (Hg.), Bilderflut und Sprachmagie. Fallstudien zur Kultur der Werbung. Opladen: Westdeutscher Verlag, S.225-243.

Hitzler, Ronald & Honer, Anne, 1997: Einleitung: Hermeneutik in der deutschsprachigen Soziologie heute. In: Hitzler, R. & Honer, A. (Hg.), Sozialwissenschaftliche Hermeneutik. Eine Einführung. Opladen: Leske + Budrich, S.7-27.

Hitzler, Ronald, 1991: Dummheit als Methode. Eine dramatologische Textinterpretation. In: Garz, D. & Kraimer, K. (Hg.), Qualitativ-empirische Sozialforschung. Konzepte, Methoden, Analysen. Opladen: Westdeutscher Verlag, S.295-318.

Hitzler, Ronald, 1993: Verstehen: Alltagspraxis und wissenschaftliches Programm. In: Jung, T. & Müller-Doohm, S. (Hg.), ›Wirklichkeit‹ im Deutungsprozeß. Verstehen und Methoden in den Kultur- und Sozialwissenschaften. Frankfurt/Main: Suhrkamp, S.223-240.

Hitzler, Ronald, 1994: Wissen und Wesen des Experten. Ein Annäherungsversuch - zur Einleitung. In: Hitzler, R., Honer, A. & Maeder, C. (Hg.), Expertenwissen. Die institutionalisierte Kompetenz zur Konstruktion von Wirklichkeit. Opladen: Westdeutscher Verlag, S.13-31.

Hochreuter, Anna, 1994: Gebärzwang und tote Frau als Brüterin - patriarchale Ethik? Staatsrechtliche Überlegungen zum Paragraph 218 StGB und zum Fall der hirntoten Marion P. in Erlangen. In: Kritische Justiz, 27, 1, S.67-76.

Hoerster, Norbert, 1997: Definition des Todes und Organtransplantation. In: Universitas (Zeitschrift für interdisziplinäre Wissenschaft), 52, 607, S.42-52.

Hoerster, Norbert, 1998: Sterbehilfe im säkularen Staat. Frankfurt/Main: Suhrkamp.

Hoff, Johannes & IN DER SCHMITTEN, Jürgen (Hg.), 1995b: Wann ist der Mensch tot? Organverpflanzung und ›Hirntod‹-Kriterium. Reinbek: Rowohlt.

Hoff, Johannes & IN DER SCHMITTEN, Jürgen, 1995a: Kritik der Hirntod-Konzeption. Plädoyer für ein menschenwürdiges Todeskriterium. In: Hoff, J. & in der Schmitten, J. (Hg.), Wann ist der Mensch tot? Organverpflanzung und ›Hirntod‹-Kriterium. Reinbek: Rowohlt, S.153-251.

Hoff, Johannes, 1995: Von der Herrschaft über das Leben. Zur Kritik der medizinischen Vernunft. In: Hoff, J. & in der Schmitten, J. (Hg.), Wann ist der Mensch tot? Organverpflanzung und ›Hirntod‹-Kriterium. Reinbek: Rowohlt, S.270-331.

Hoff, Johannes, 1998: Die Frage nach den Grenzen des medizinischen Zuständigkeitsbereiches. In: Höglinger, Günter & Kleinert, Stefan (Hg.), Hirntod und Organtransplantation. Berlin: de Gruyter, S.65-72.

Hoffmann, Hilmar, 1988: Ein Gespräch über Jugend, Alter und Tod. In: Hoffmann, H. (Hg.), Jugendwahn und Altersangst. Frankfurt/ Main: Athenäum, S.9-18.

Höfling, Wolfram & Rixen, Stephan, 1996: Verfassungsfragen der Transplantationsmedizin. Hirntodkriterium und Transplantationsgesetz in der Diskussion. Tübingen: J.C.B. Mohr (Paul Siebeck).

Höfling, Wolfram, 1998: Verfassungsrechtliche Grundfragen des Transplantationswesens. In: Höglinger, Günter & Kleinert, Stefan (Hg.), Hirntod und Organtransplantation. Berlin: de Gruyter, S.83-90.

Hofmann, Irmgard, 1997: Aufgaben einer Pflegeethik. Wahrhaftigkeit im Umgang mit kranken/sterbenden Menschen, Humanitas.

Höglinger, Günter & Kleinert, Stefan (Hg.), 1998: Hirntod und Organtransplantation. Berlin: de Gruyter.

Honer, Anne, 1993: Das Perspektivenproblem in der Sozialforschung. Bemerkungen zur lebensweltlichen Ethnographie. In: Jung, T. & Müller-Doohm, S. (Hg.), ›Wirklichkeit‹ im Deutungsprozeß. Verstehen und Methoden in den Kultur- und Sozialwissenschaften. Frankfurt/Main: Suhrkamp, S.241-257.

Hossenfelder, Malte, 1995: Epikur: ›Der Tod geht uns nichts an‹. In: Beck, R. (Hg.), Der Tod. Ein Lesebuch von den letzten Dingen. München: C.H. Beck, S.67-69.

Huizinga, Johan, 1961: Herbst des Mittelalters. Stuttgart.

Hunke, Sigrid, 1986: Tod - was ist Dein Sinn?. Pfullingen: Neske.

Hunold, Gerfried W., 1997: Organtransplantation in ethischer Sicht. In: Landeszentrale für politische Bildung Baden- Württemberg (Hg.), Organentnahme und Transplantation im Spannungsfeld zwischen Ethik und Gesetz (Dokumentation der gleichnamigen Fachtagung vom 16-18. Oktober 1995). Bad Urach / Stuttgart: o.V., S.29-38.

Imhof, Arthur E. & Weinknecht, Rita (Hg.), 1994: Erfüllt leben - in Gelassenheit sterben (Beiträge eines interdisziplinären Symposiums vom 23.-25. Nov. an der Freien Universität Berlin). Berlin: Duncker & Humblot.

Imhof, Arthur E. (Hg.), 1983: Der Mensch und sein Körper. Von der Antike bis heute. München: C.H. Beck.

Imhof, Arthur E., 1998: Die Kunst des Sterbens (Ars moriendi) einst - und heute? Oder: Erfüllt leben - in Gelassenheit sterben. In: Becker, U., Feldmann, K. & Johannsen, F. (Hg.), Sterben und Tod in Europa. Wahrnehmungen, Deutungsmuster, Wandlungen. Neukirchen: Neukirchener Verlag, S.118-127.

Jacob, Rüdiger, Eirmbter, Willy H. & Hahn, Alois, 1992: AIDS. Krankheitsvorstellungen und ihre gesellschaflichen Folgen. In: Kölner Zeitschrift für Soziologie und Sozialpsychologie, 44, S.519-537.

Jäger, Margret & Ruth, Ina, 1997: Keine Heilung ohne Risiko! Biopolitik in der WAZ. In: Jäger, Margret, Jäger, Siegfried, Ruth, Ina, Schulte-Holtey, Ernst & Wichert, Frank (Hg.), Biomacht und Medien. Wege in die Bio-Gesellschaft. Duisburg: DISS, S.30-61.

Jäger, Margret & Schulte-Holtey, Ernst & Wichert, Frank, 1997: Biomacht und Medien. Neue Formen der Regulierung von Bevölkerungen. In: Jäger, Margret, Jäger, Siegfried, Ruth, Ina, Schulte-Holtey, Ernst & Wichert, Frank (Hg.), Biomacht und Medien. Wege in die Bio-Gesellschaft. Duisburg: DISS, S.8-29.

Jäger, Margret, Jäger, Siegfried, Ruth, Ina, Schulte-Holtey, Ernst & Wichert, Frank (Hg.), Biomacht und Medien. Wege in die Bio-Gesellschaft. Duisburg: DISS.

Jäger, Siegfried, 1993: Text- und Diskursanalyse. Eine Anleitung zur Analyse politischer Texte, 4.Aufl.. Duisburg: DISS-Studien.

Jäger, Siegfried, 1997: Spiel mir das Lied vom Tod. Biopolitik in BILD. In: Jäger, Margret, Jäger, Siegfried, Ruth, Ina, Schulte-Holtey, Ernst & Wichert, Frank (Hg.), Biomacht und Medien. Wege in die Bio-Gesellschaft. Duisburg: DISS, S.62-120.

Jäger, Siegfried, 1999: Kritische Diskursanalyse. Eine Einführung, 2. überarb. u. erw. Aufl.. Duisburg: DISS-Studien.

Jeggle, Utz, 1988: Die Angst vor dem Sterben. Besuch in einem imaginären Museum. In: Gökkenjan, G., Kondratowitz & Hans-Joachim v. (Hg.), Alter und Alltag. Frankfurt/Main: Suhrkamp, S.157-180.

Joerges, Bernward, 1996: Einleitung - Sterben und Leben ›Just in Time‹. In: Joerges, B. (Hg.), Körper-Technik. Aufsätze zur Organtransplantation (Hg. vom Wissenschaftszentrum Berlin für Sozialforschung). Berlin: Edition Sigma, S.9-19.

Johannsen, Friedrich, 1998: Auf der Suche nach dem Sinn von Sterben und Tod. Der Wandel von Deutungsmustern aus theologischer Perspektive. In: Becker, U., Feldmann, K. & Johannsen, F. (Hg.), Sterben und Tod in Europa. Wahrnehmungen, Deutungsmuster, Wandlungen. Neukirchen: Neukirchener Verlag, S.11-19.

Jonas, Hans, 1985: Technik, Medizin und Ethik. Zur Praxis des Prinzips Verantwortung. Frankfurt/Main: Insel Verlag.

Jonas, Hans, 1995: Brief an Hans-Bernhard Wuermeling. In: Hoff, J. & in der Schmitten, J. (Hg.), Wann ist der Mensch tot? Organverpflanzung und ›Hirntod‹-Kriterium. Reinbek: Rowohlt, S.21-27.

Jörns, Klaus-Peter, 1993: Gibt es ein Recht auf Organtransplantation? Ein theologischer Diskurs. Göttingen: Vandenhoeck und Ruprecht.

Jörns, Klaus-Peter, 1995a: Den Tod bekämpfen - den Tod akzeptieren. In: Schlaudraff, U. (Hg.), Transplantationsgesetzgebung in Deutschland. Streit um mehr als ein Gesetz (Loccumer Protokolle 54/94; Dokumentation einer Tagung der Evangelischen Akademie Loccum vom 2. bis 4. November 1994). Loccum: Kirchliche Verwaltungsstelle, S.33-52.

Jörns, Klaus-Peter, 1995b: Die ethische Beurteilung der Hirntod-Diagnose und der Organtransplantation in theologischer Perspektive. In: Ramm, W. (Hg.), Organspende. Letzter Liebesdienst oder Euthanasie. Abtsteinbach: Derscheider, S.91-106.

Jörns, Klaus-Peter, 1997: Der "Hirntod" ist nicht der Tod des Menschen. In: Gutjahr, Ilse & Jung, Mathias (Hg.), Sterben auf Bestellung. Fakten zur Organentnahme. Lahnstein: emu-Verlag, S.119-152.

Jungbauer-Gans, Monika & Schneider, Werner, 2000: Gesundheit. In: Allmendinger, J. & Ludwig-Mayerhofer, W. (Hg.), Soziologie des Sozialstaats. Gesellschaftliche Grundlagen, historische Zusammenhänge und aktuelle Entwicklungstendenzen. Weinheim: Juventa, S201-236.

Jutte, Robert, 1992: The Social Construction of Illness in the Early Modern Period. In: Lachmund, J. & Stollberg, G. (eds.), The Social Construction of Illness. Illness and Medical Knowledge in Past und Present. Stuttgart: Franz Steiner, pp.23-38.

Jüttemann, Gerd, Sonntag, Michael & Wulf, Christoph (Hg.), 1991: Die Seele. Ihre Geschichte im Abendland. Weinheim: Psychologie Verlags Union.

Kaiser, Gert (Hg.), 1995: Der Tod und die schönen Frauen. Ein elementares Motiv der europäischen Kultur. Frankfurt/Main: Campus.

Kalchschmid, Gertrud S., 1997: Die Organtransplantation. Überlegungen de lege lata und de lege ferenda. Wien: Österreichische Staatsdruckerei.

Kardoff, Ernst v., 1985: Zwei Diskurse über die Ordnung des Sozialen - Zum Verhältnis von Eigenrationalisierung und Verwissenschaftlichung am Beispiel von Psychiatrie und Soziologie. In: Bonß, W. & Hartmann, H. (Hg.), Entzauberte Wissenschaft. Zur Relativität und Geltung soziologischer Forschung (Soziale Welt, Sonderband 3). Göttingen: Otto Schwartz & Co, S.229-253.

Karl, Christian, 1995: Todesbegriff und Organtransplantation - gezeigt am Beispiel der Bundesrepublik Deutschland, der ehemaligen DDR und Österreich. Wien: Edition Praesens.

Kearl, Michael C., 1989: Endings: A Sociology of the Dying and the Dead. New York: Oxford University Press.

Keller, Reiner, 1997: Diskursanalyse. In: Hitzler, R. & Honer, A. (Hg.), Sozialwissenschaftliche Hermeneutik. Eine Einführung. Opladen: Leske + Budrich, S.309-333.

Keller, Reiner, 1998: Müll - Die gesellschaftliche Konstruktion des Wertvollen. Die öffentliche Diskussion über Abfall in Deutschland und Frankreich. Opladen: Westdeutscher Verlag.

Kiesecker, Regine, 1996: Die Schwangerschaft einer Toten. Strafrecht an der Grenze von Leben und Tod - Der Erlanger und der Stuttgarter Baby-Fall. Frankfurt/Main: Peter Lang.

Kimbrell, Andrew, 1994: Ersatzteillager Mensch. Die Vermarktung des Körpers. Frankfurt/Main: Campus.

Kirch, Katja, 1996: Das Fegefeuer und die Armen Seelen. In: Daxelmüller, Christoph (Hg.), Tod und Gesellschaft - Tod im Wandel (Begleitband zur Ausstellung im Diözesanmuseum Obermünster Regensburg, 8. November bis 22. Dezember 1996). Regensburg: Schnell und Steiner, S.43-48.

Kliemt, Hartmut, 1997: Wem gehören die Organe?. In: Ach, J.S. & Quante, M. (Hg.), Hirntod und Organverpflanzung. Ethische, medizinische, psychologische und rechtliche Aspekte der Transplantationsmedizin. Stuttgart-Bad Cannstatt: Frommann-Holzboog, S.271-290.

Kloth, Karsten, 1994: Rechtsprobleme der Todesbestimmung und der Organentnahme von Verstorbenen. Eine vergleichende Untersuchung unter besonderer Berücksichtigung ausgewählter Jurisdiktionen des kontinentaleuropäischen und des angloamerikanischen Rechtskreises (Inaugural-Dissertation zur Erlangung des Grades eines Doktors der Rechte bei dem Fachbereich Rechtswissenschaft der Freien Universtität Berlin). Berlin: o.V.

Knoblauch, Hubert & Soeffner, Hans-Georg (Hg.), 1999: Todesnähe. Interdisziplinäre Zugänge zu einem außergewöhnlichen Phänomen. Konstanz: Universitätsverlag.

Knoblauch, Hubert, 1995: Kommunikationskultur. Die kommunikative Konstruktion kultureller Kontexte. Berlin: de Gruyter.

Knoblauch, Hubert, Krech, Volkard & Wohlrab-Sahr, Monika, 1998 (Hg.): Religiöse Konversion. Systematische und fallorientierte Studien in soziologischer Perspektive. Konstanz: Universitätsverlag.

Knoblauch, Hubert, Schnettler, Bernt & Soeffner, Hans-Georg, 1999: Die Sinnprovinz des Jenseits und die Kultivierung des Todes. In: Knoblauch, Hubert & Soeffner, Hans-Georg (Hg.), Todesnähe. Interdisziplinäre Zugänge zu einem außergewöhnlichen Phänomen. Konstanz: Universitätsverlag, S.271-292.

Körner, Uwe, 1995: Hirntod und Organtransplantation. Fragen zum menschlichen Leben und zum menschlichen Tod. Dortmund: Humanitas-Verlag.

Krämer, Walter, 1989: Die Krankheit des Gesundheitswesens. Die Fortschrittsfalle der modernen Medizin. Frankfurt/Main: Fischer.

Krämer, Walter, 1993: Wir kurieren uns zu Tode. Die Zukunft der modernen Medizin. Frankfurt/Main: Campus.

Kravos, Marijana, 1998: Nah-Todeserlebnisse im interkulturellen Vergleich. Eine vergleichende Analyse von Berichten aus den vier Kulturkreisen Amerika und Europa, Indien, Afrika und Melanesien (unveröff. Diplomarbeit), Institut für Soziologie /LMU. München 1998.

Krefft, Max, 1997: Juristische Probleme der Transplantationsmedizin. In: Ach, J.S. & Quante, M. (Hg.), Hirntod und Organverpflanzung. Ethische, medizinische, psychologische und rechtliche Aspekte der Transplantationsmedizin. Stuttgart-Bad Cannstatt: Frommann-Holzboog, S.215-226.

Küfner, Nikolaus J., 1997: Rechtsphilosophische Aspekte moderner Medizintechniken am Beispiel der Organtransplantation und der Intensivmedizin. Frankfurt/Main: Peter Lang.

Kühn, Hagen, 1993: Healthismus: Eine Analyse der Präventionspolitik und Gesundheitsförderung in den U.S.A.. Berlin: edition sigma.

Kupatt, Christian, 1994: An der Schwelle des Todes. Zur Kontroverse um den Hirntod. München: Evangelischer Presseverband Bayern e.V.

Kurthen, Martin & Linke, Detlef B., 1995: Vom Hirntod zum Teilhirntod. In: Hoff, J. & in der Schmitten, J. (Hg.), Wann ist der Mensch tot? Organverpflanzung und ›Hirntod‹-Kriterium. Reinbek: Rowohlt, S.82-94.

Kurthen, Martin, 1997: Begriffliche Probleme des Hirntodes. In: Landeszentrale für politische Bildung Baden-Württemberg (Hg.), Organentnahme und Transplantation im Spannungsfeld zwischen Ethik und Gesetz (Dokumentation der gleichnamigen Fachtagung vom 16-18. Oktober 1995). Bad Urach / Stuttgart: o.V., S.55-58.

Labisch, Alfons & Spree, Reinhard (Hg.), 1989: Medizinische Deutungsmacht im sozialen Wandel des 19. und frühen 20. Jahrunderts. Bonn: Psychiatrie-Verlag.

Labisch, Alfons, 1992: Homo Hygienicus. Gesundheit und Medizin in der Neuzeit. Frankfurt/Main: Campus.

Lachmund, Jens & Stollberg, Gunnar (eds.), 1992: The Social Construction of Illness. Illness and Medical Knowledge in Past und Present. Stuttgart: Franz Steiner.

Lachmund, Jens, 1992: Die Erfindung des ärztlichen Gehörs. Zur historischen Soziologie der stethoskopischen Untersuchung. In: Zeitschrift für Soziologie, 21, 4, S.235-251.

Lang, Evelyn, 1996: Memento mori. Von Bruderschaften, Totentänzen und anderen Vergegenwärtigungen des Todes. In: Daxelmüller, Christoph (Hg.), Tod und Gesellschaft - Tod im Wandel (Begleitband zur Ausstellung im Diözesanmuseum Obermünster Regensburg, 8. November bis 22. Dezember 1996). Regensburg: Schnell und Steiner, S.49-52.

Lange, Dietz, 1995: Nächstenliebe zwischen medizinischen Möglichkeiten und den Grenzen der Hilfspflicht. In: Schlaudraff, U. (Hg.), Transplantationsgesetzgebung in Deutschland. Streit um mehr als ein Gesetz (Loccumer Protokolle 54/94; Dokumentation einer Tagung der Evangelischen Akademie Loccum vom 2. bis 4. November 1994), Loccum: Kirchliche Verwaltungsstelle, S.19-24.

Lau, Ephrem E., 1975: Tod im Krankenhaus. Soziologische Aspekte des Sterbens in Institutionen. Köln: Bachem.

Le Goff, Jaques, 1991: Die Geburt des Fegefeuers. Vom Wandel des Weltbildes im Mittelalter, 2.Aufl.. Stuttgart.

Le Roy Ladurie, Emmanuel, 1995: Seelenboten - Nachrichten aus dem Jenseits. In: Beck, R. (Hg.), Der Tod. Ein Lesebuch von den letzten Dingen. München: C.H. Beck, S.116-120.

Lengeler, Joseph, 1991: Tod als biologisches Phänomen. In: Ochsmann, R. (Hg.), Lebens-Ende. Über Tod und Sterben in Kultur und Gesellschaft. Heidelberg: Roland Asanger, S.85-100.

Lenzen, Dieter, 1991: Krankheit als Erfindung. Medizinische Eingriffe in die Kultur. Frankfurt/Main: Fischer.

Lenzen, Dieter, 1991: Krankheit als Erfindung. Medizinische Eingriffe in die Kultur. Frankfurt/Main: Fischer.

Lenzen, Wolfgang, 1991: Wie schlimm ist es, tot zu sein? Moralphilosophische Reflexionen. In: Ochsmann, R. (Hg.), Lebens- Ende. Über Tod und Sterben in Kultur und Gesellschaft. Heidelberg: Roland Asanger, S.161-178.

Lermann, Gisela (Hg.), 1995: Ungeteilt sterben. Kritische Stimmen zur Transplantationsmedizin. Mainz: Lermann.

Lindemann, Gesa, 1999a: Die Praxis des Hirnsterbens. In: Honegger, C., Hradil, S. & Traxler, F. (Hg.), Grenzenlose Gesellschaft? (Verhandlungen des 29. Kongresses der Deutschen Gesellschaft für Soziologie, des 16. Kongresses der Österreichischen Gesellschaft für Soziologie, des 1. Kongresses der Schweizerischen Gesellschaft für Soziologie in Freiburg i.Br. 1998, Teil 2). Opladen: Leske + Budrich, S.588-604.

Lindemann, Gesa, 1999b: Die Interpretation ›hirntot‹. In: Wiesemann, Claudia & Schlich, Thomas (Hg.), Tod im Kopf: Geschichte des Hirntodes und die Kulturen des Todes [in Vorbereitung].

Linderkamp, Otwin, 1998: Leben und Sterben vor der Geburt. In: Ruprecht-Karls-Universität Heidelberg (Hg.), Sterben und Tod: Studium Generale im Sommersemester 1997. Heidelberg: HVA, S.29-41.

Lindvall, Olle, 1996: Transplantation von Hirngewebe: Was ist heute und in naher Zukunft machbar?. In: Maar, C., Pöppel, E. & Christaller, T. (Hg.), Die Technik auf dem Weg zur Seele. Forschungen an der Schnittstelle Gehirn/Computer. Reinbek: Rowohlt, S.262-271.

Link, Jürgen & Link-Heer, Ursula, 1990: Diskurs/Interdiskurs und Literaturanalyse. In: LiLi, 77, S.88-99.

Link, Jürgen, 1986: Noch einmal: Diskurs, Interdiskurs, Macht. In: KultuRRevolution, 11, S.4-7.

Link, Jürgen, 1988: Literaturanalyse als Interdiskursanalyse. Am Beispiel des Ursprungs literarischer Symbolik in der Kollektivsymbolik. In: Forhmann, J. & Müller, H. (Hg.), Diskurstheorien und Literaturwissenschaft. Frankfurt/Main: Suhrkamp, S.284-307.

Link, Jürgen, 1999: Diskursive Ereignisse, Diskurse, Interdiskurse: Sieben Thesen zur Operativität der Diskursanalyse, am Beispiel des Normalismus. In: Bublitz, Hannelore, Bührmann, Andrea D., Hanke, Christine & Seier, Andrea (Hg.), Das Wuchern der Diskurse. Perspektiven der Diskursanalyse Foucaults. Frankfurt/Main: Campus, S.148-161.

Linke, Detlef B. & Kurthen, Martin et al., 1991: Der Hirntod: Testung, Kriterienfindung, Definition, Attribution und Personkonzept. In: Toellner, R. (Hg.), Organtransplantation - Beiträge zu ethischen und juristischen Fragen (Dokumentation der Jahresversammlung des Arbeitskreises Medizinischer Ethik-Kommissionen in der Bundesrepublik Deutschland, Köln 1990). Stuttgart: Gustav Fischer, S.73-80.

Linke, Detlef B. & Kurthen, Martin, 1995: Nekrose des Hirns oder der Funktionen? Justitias Schwert oder die Ganzheit. In: Hoff, J. & in der Schmitten, J. (Hg.), Wann ist der Mensch tot? Organverpflanzung und ›Hirntod‹-Kriterium. Reinbek: Rowohlt, S.257-269.

Linke, Detlef B., 1993: Die dritte kopernikanische Wende. Transplantationsmedizin und personale Identität. In: Ethica, 1, 1, S.53-64.

Linke, Detlef B., 1996a: Chancen und Risiken der Neurotechnologie. In: Maar, C., Pöppel, E. & Christaller, T. (Hg.), Die Technik auf dem Weg zur Seele. Forschungen an der Schnittstelle Gehirn/Computer. Reinbek: Rowohlt, S.259-261.

Linke, Detlef B., 1996b: Hirnverpflanzung. Die erste Unsterblichkeit auf Erden. Reinbek: Rowohlt.

List, W.F., 1995: Zur Hirntodproblematik aus historischer Sicht. In: Schwarz, G., Kröll, W. & List, W.F. (Hg.), Schädel-Hirn-Trauma: Aspekte des prähospitalen und frühen klinischen Managements - Hirntod: Medizinische, ethische und rechtliche Aspekte. Wien: Wilhelm Maudrich, S.129-132

Lock, Margaret, 1996: Death in Technological Time: Locating the End of Meaningful Life. In: Medical Anthropology Quarterly, 10, 4, pp.575-600.

Lock, Margaret, 1997: The Unnatural as Ideology. Contesting Brain Death in Japan. In: Asquith, P.J. & Kalland, A. (eds.), Japanese Images of Nature. Cultural Perspectives. Richmond: Cruzon Press, pp.121-144.

Lock, Margaret, 1999: On Dying Twice: Culture, Technology, and the Determination of Death. In: Lock, Margaret, Cambrosio, Alberto & Young, Allan (eds.): Living and Working with New Biomedical Technologies: Intersections of Inquiry. Cambridge: Cambridge University Press [im Druck].

Loetz, Francisca, 1993: Vom Kranken zum Patienten. ›Medikalisierung‹ und medizinische Vergesellschaftung am Beispiel Badens 1750-1850. Stuttgart: Franz Steiner Verlag.

Lucchetti, Sandra, 1991: Zwischen Herausforderung und Bedrohung. Subjektive Krankheitstheorien bei HIV-Infektion und AIDS. In: Flick, U. (Hg.), Alltagswissen über Gesundheit und Krankheit. Subjektive Theorien und soziale Repräsentation. Heidelberg: Asanger, S.144-159.

Luckmann, Thomas, 1986: Grundformen der gesellschaftlichen Vermittlung des Wissens: Kommunikative Gattungen. In: Neidhardt, F., Lepsius, M.R. & Weiss, J. (Hg.), Kultur und Gesellschaft (Sonderheft der Kölner Zeitschrift für Soziologie und Sozialpsychologie Nr. 27). Opladen: Westdeutscher Verlag, S.191-211.

Luhmann, Niklas, 1990: Der medizinische Code. In: Niklas Luhmann (Hg.), Soziologische Aufklärung 5. Konstruktivistische Perspektiven. Opladen: Westdeutscher Verlag, S.183-195.

Lupton, Deborah, 1995: The Imperative of Health. Public Health and the Regulated Body. London: Sage.

Machado, Calixto (ed.), 1996: Brain Death (Proceedings of the Second Conference on Brain Death Havana, Cuba, February 27 - March 1, 1996). Amsterdam: Elsevier.

Macho, Thomas H., 1987: Todesmetaphern. Zur Logik der Grenzerfahrung. Frankfurt/Main: Suhrkamp.

Mannheim, Karl, 1952 [1929]: Ideologie und Utopie, 3.Aufl.. Frankfurt/ Main: Vittorio Klostermann.

Manzei, Alexandra, 1997: Hirntod, Herztod, ganz tot? Von der Macht der Medizin und der Bedeutung der Sterblichkeit für das Leben. Eine soziologische Kritik des Hirntodkonzeptes. Frankfurt/ Main: Mabuse.

Marktl, Wolfgang, 1995: Die Bedeutung des Zentralnervensystems für die optimale Entfaltung der Lebensvorgänge. In: Schwarz, M. & Bonelli, J. (Hg.), Der Status des Hirntoten: Eine interdisziplinäre Analyse der Grenzen des Lebens. Wien: Springer, S.35-52.

Marten, Rainer, 1987: Der menschliche Tod. Eine philosophische Revision. Paderborn: Ferdinand Schöningh.

Marti, Urs, 1988: Michel Foucault. München: Beck.

Matouschek, E., 1989: Wovon reden wir, wenn wir von Sterben und Tod sprechen?. In: Matouschek, E. (Hg.), Arzt und Tod. Verantwortung, Freiheiten und Zwänge. Stuttgart: Schattauer, S.5-31.

Mauss, Marcel, 1989 [1925]: Soziologie und Anthropologie II: Gabentausch, Soziologie und Psychologie, Todesvorstellungen, Körpertechniken, Begriff der Person. Frankfurt/Main: Fischer.

Mayer, Johannes G., 1998: Zeichen und Zeitpunkt des Todes – Ein medizinhistorischer Streifzug durch die einschlägige Literatur. In: Höglinger, Günter & Kleinert, Stefan (Hg.), Hirntod und Organtransplantation. Berlin: de Gruyter, S.1-16.

Mayring, Philipp, 1990: Einführung in die qualitative Sozialforschung. Eine Anleitung zu qualitativem Denken. München: Psychologie Verlags Union.

Mayring, Philipp, 1997: Qualitative Inhaltsanalyse. Grundlagen und Techniken, 6. durchges. Aufl. Weinheim: Beltz.

McCullagh, Peter, 1993: Brain Dead, Brain Absent, Brain Donors. Human Subjects or Human Objects, Chichester: John Wiley & Sons.

Meckelburg, Ernst, 1997: Wir alle sind unsterblich. Der Irrtum mit dem Tod, München: Langen-Müller-Veralg.

Meinhold, Peter, 1980: Leben und Tod im Urteil des Christentums. In: Stephenson, G. (Hg.), Leben und Tod in den Religionen. Symbol und Wirklichkeit. Darmstadt: Wissenschaftliche Buchgesellschaft, S.144-164.

Métraux, Alexandre, 1998: Tod im Gewebe: M.R.X. Bichat (1771-1802) und der Hirntod (Vortrag bei der Tagung der Werner-Reimers-Stiftung ›Der Tod im Kopf. Zur Geschichte des Hirntod-Konzepts‹, Bad Homburg, 23.-25. November 1998) [unveröff. Manuskript].

Metzler, Sabine, 1996: Der Tod der Heiligen. In: Daxelmüller, Christoph (Hg.), Tod und Gesellschaft - Tod im Wandel (Begleitband zur Ausstellung im Diözesanmuseum Obermünster Regensburg, 8. November bis 22. Dezember 1996). Regensburg: Schnell und Steiner, S.27-32.

Meyer, Gabriele, 1998: "Der andere Tod". Die Kontroverse um den Hirntod. Frankfurt/Main: Mabuse.

Michailakis, Dimitris, 1995: Legislating Death. Socio-Legal Studies of the Brain Death Controversy in Sweden. Uppsala: Acta Universitatis Upsaliensis.

Mohler, Peter Ph., 1992: Ciu bono - Computerunterstützte Inhaltsanalyse für die qualitative empirische Sozialforschung. In: Hoffmeyer-Zlotnik, J.H.P. (Hg.), Analyse verbaler Daten. Über den Umgang mit qualitativen Daten. Wiesbaden: Westdeutscher Verlag, S.389-401.

Mollarét, P. & Goulon, M., 1959: Le coma dépassé (mémoire préliminaire), Revue Neurologique, 101, 1, S.3-15.

Möller, Doris, 1991: Organexplantationen. In: Striebel, H.W. & Link, J. (Hg.), Ich pflege Tote. Die andere Seite der Transplantationsmedizin. Basel: Recom, S.77-84.

Moltmann, Jürgen, 1998: Gibt es ein Leben nach dem Tod? In: Ruprecht-Karls-Universität Heidelberg (Hg.), Sterben und Tod: Studium Generale im Sommersemester 1997. Heidelberg: HVA, S.151-164.

Murauer, Michael, 1981: Organtransplantation, Recht und Öffentlichkeit. Dargestellt an der Entwicklung in der Bundesrepublik Deutschland (unveröff. Dissertation am Institut für Geschichte der Medizin und Medizinische Soziologie der Technischen Universität München). München: o.V.

Murken, Axel H., 1988: Vom Armenhospital zum Großklinikum. Die Geschichte des Krankenhauses vom 18. Jahrhundert bis zur Gegenwart. Köln: DuMont.

Nassehi, Armin & Weber, Georg, 1989a: Tod, Modernität und Gesellschaft. Entwurf einer Theorie der Todesverdrängung. Opladen: Westdeutscher Verlag.

Nassehi, Armin & Weber, Georg, 1989b: Verdrängung des Todes - Kulturkritisches Vorurteil oder Strukturmerkmal moderner Gesellschaften? Systemtheoretische und wissenssoziologische Überlegungen. In: Soziale Welt, 39, S.377-396.

Nassehi, Armin, 1995: Ethos und Thanatos. Der menschliche Tod und der Tod des Menschen im Denken Michel Foucaults. In: Feldmann, K. & Fuchs-Heinritz, W. (Hg.), Der Tod ist ein Problem der Lebenden. Beiträge zur Soziologie des Todes. Frankfurt/Main: Suhrkamp, S.210-323.

Némedi, Dénes, 1995: Das Problem des Todes in der Durkheimschen Soziologie. In: Feldmann, K. & Fuchs-Heinritz, W. (Hg.), Der Tod ist ein Problem der Lebenden. Beiträge zur Soziologie des Todes. Frankfurt/Main: Suhrkamp, S.59-79.

Neubeck-Fischer, Helga, 1993: Gesundheit als Pflicht. In: Rudolph, G. (Hg.), Medizin und Menschenbild: Eine selbstkritische Bestandsaufnahme. Tübingen: Attempto, S.86-97.

Nickel, Lars C., 1999: Die Entnahme von Organen und Geweben bei Verstorbenen zum Zwecke der Transplantation nach dem Transplantationsgesetz vom 5. November 1997 unter Berücksichtigung der nationalen Regelungen der anderen europäischen Staaten (unveröff. Dissertation an der Rechts- und Staatswissenschaftlichen Fakultät der Rheinischen Friedrich-Wilhelms-Universität Bonn). Bonn: o.V.

Nordmann, Yves, 1999: Zwischen Leben und Tod. Aspekte der jüdischen Medizinethik. Bern: Peter Lang.

Ochsmann, Randolph, Hettwer, Horst & Floto, Christian, 1991: Am Ende des Lebens: Nahe-Tod-Erlebnisse und Sterbeerfahrungen. In: Ochsmann, R. (Hg.), Lebens-Ende. Über Tod und Sterben in Kultur und Gesellschaft. Heidelberg: Roland Asanger, S.101-118.

Oduncu, Fuat, 1998: Hirntod und Organtransplantation. Medizinische, juristische und ethische Fragen. Göttingen: Vandenhoeck & Ruprecht.

Ohler, Norbert, 1990: Sterben und Tod im Mittelalter. München: Artemis.

Ohnuki-Tierney, Emiko, 1994: Brain Death and Organ Transplantation. In: Current Anthropology, 35, 3, pp.233-242.

Ott, Sieghart, 1997: Der Tod und der Schutz des Lebens und der Menschenwürde. Verfassungsrechtliche Überlegungen zur Wahl des Todeszeitpunktes. In: Vorgänge (Zeitschrift für Bürgerrechte und Gesellschaftspolitik; Themenheft ›Sterben und Tod‹), 138, 2, S.56-60.

Pace, Valentino, 1993: ›Dalla morte assente alla morte presente‹: Zur bildlichen Vergegenwärtigung des Todes im Mittelalter. In: Borst, A., Graevenitz, G.v., Patschovsky, A. & Stierle, K. (Hg.), Tod im Mittelalter. Konstanz: Universitätsverlag, S.335-376.

Pache, Volker, 1993: Wir pflegen Lebende, die aussehen wie Tote, und Tote, die aussehen wie Lebende. In: Greinert, R. & Wuttke, G. (Hg.), Organspende. Kritische Ansichten zur Transplantationsmedizin. Göttingen: Lamuv, S.91-110.

Palmer, Nigel F., 1993: Ars moriendi und Totentanz: Zur Verbildlichung des Todes im Spätmittelalter. In: Borst, A., Graevenitz, G.v., Patschovsky, A. & Stierle, K. (Hg.), Tod im Mittelalter. Konstanz: Universitätsverlag, S.313-334.

Parsons, Talcott & LIDZ, V.M., 1967: Death in American Society. In: Shneidman, E.S. (ed.), Essays in Self-Destruction. New York, pp.133-170.

Parsons, Talcott, 1951: The Social System. New York: Free Press of Glencoe.

Parsons, Talcott, 1984: Definition von Gesundheit und Krankheit im Lichte der Wertbegriffe und der sozialen Struktur Amerikas. In: Mitscherlich, A., Brocher, T. & Mering, O.v., Horn, Klaus (Hg.), Der Kranke in der modernen Gesellschaft. Frankfurt/ Main, S.57-88.

Parsons, Talcott, FOX, René C. & LIDZ, V.M., 1973: The ›Gift of Life‹ and its Reciprocation. In: Mack, A. (ed.), Death in American Experience. New York, pp.1-49.

Patschovsky, Alexander, 1993: Tod im Mittelalter. Eine Einführung. In: Borst, A., Graevenitz, G.v., Patschovsky, A. & Stierle, K. (Hg.), Tod im Mittelalter. Konstanz: Universitätsverlag, S.9-24.

Patzelt, Dieter, 1998: Die Hirntod-Problematik aus rechtsmedizinisch-biologischer Sicht. In: Höglinger, Günter & Kleinert, Stefan (Hg.), Hirntod und Organtransplantation. Berlin: de Gruyter, S.17-24.

Paul, Norbert & Schlich, Thomas (Hg.), 1998: Medizingeschichte. Aufgaben, Probleme, Perspektiven. Frankfurt/Main: Campus.

Penin, Heinz & KÄUFER, Christoph (Hg.), 1969: Der Hirntod. Todeszeitbestimmung bei irreversiblem Funktionsverlust des Gehirns (Symposion am 14. Dez. 1968 in Bonn). Stuttgart: Georg Thieme Verlag.

Petri, Harald, 1991: Vorbereitung einer Patientin zur Organentnahme. In: Striebel, H.W. & Link, J. (Hg.), Ich pflege Tote. Die andere Seite der Transplantationsmedizin. Basel: Recom, S.33-42.

Pfeffer, Christine, 1998: Brücken zwischen Leben und Tod. Eine empirische Untersuchung in einem Hospiz. Köln: Rüdiger Köppe Verlag.

Pflanz, Manfred, 1969: Medizinsoziologie. In: König, R. (Hg.), Handbuch der Empirischen Sozialforschung (Bd.II). Stuttgart: Ferdinand Enke, S.1121-1156.

Poliwoda, Sebastian, 1995: Die Römisch-Katholische Kirche in der Bundesrepublik Deutschland angesichts der bevorstehenden Transplantationsgesetzgebung. In: Schlaudraff, U. (Hg.), Transplantationsgesetzgebung in Deutschland. Streit um mehr als ein Gesetz (Loccumer Protokolle 54/94; Dokumentation einer Tagung der Evangelischen Akademie Loccum vom 2. bis 4. November 1994). Loccum: Kirchliche Verwaltungsstelle, S.141-149.

Pompey, H., 1989: Fragen zur Einstellung ›moderner Menschen‹ zum Tod. In: Matouschek, E. (Hg.), Arzt und Tod. Verantwortung, Freiheiten und Zwänge. Stuttgart: Schattauer, S.33-52.

Posner, Roland, 1991: Kultur als Zeichensystem. Zur semiotischen Explikation kulturwissenschaftlicher Grundbegriffe. In: Assmann, A. & Harth, D. (Hg.), Kultur als Lebenswelt und Monument. Frankfurt/Main: Fischer, S.37-74.

Prior, Lindsay, 1992: The Local Space of Medical Discourse. Disease, Illness and Hospital Architecture. In: Lachmund, J. & Stollberg, G. (eds.), The Social Construction of Illness. Illness and Medical Knowledge in Past und Present. Stuttgart: Franz Steiner, pp.67-84.

Probst, Charles, 1997a: Gehirn und Seele aus der Sicht von Neurochirurgie und Hirnforschung. In: Medizin & Ideologie, 19, 4, S.7-13.

Probst, Charles, 1997b: Hirntod und Organtransplantation. In: Medizin & Ideologie, 19, 2, S.4-13.

Putz, Brigitte, 1996: Psychische Belastungen des Pflegepersonals. In: Herrmann, U. (Hg.), Die Seele verpflanzen? Organtransplantation als psychische und ethische Herausforderung. Gütersloh: Gütersloher Verlagshaus, S.69-79.

Quante, Michael, 1996: ›Hirntod‹ und Transplantationsmedizin. In: Jahrbuch für Wissenschaft und Ethik, 1, S.243-262.

Quante, Michael, 1997: ›Hirntod‹ und Organverpflanzung. In: Ach, J.S. & Quante, M. (Hg.), Hirntod und Organverpflanzung. Ethische, medizinische, psychologische und rechtliche Aspekte der Transplantationsmedizin. Stuttgart-Bad Cannstatt: Frommann-Holzboog, S.21-48.

Reichertz, Jo & Schröer, Norbert, 1994: Erleben, Auswerten, Darstellen. Konturen einer hermeneutischen Wissenssoziologie. In: Schöer, N. (Hg.), Interpretative Sozialforschung. Auf dem Wege zu einer hermeneutischen Wissenssoziologie. Opladen: Westdeutscher Verlag, S.56-84.

Reichertz, Jo, 1993: Abduktives Schlußfolgern und Typen(re)konstruktion. In: Jung, T. & Müller-Doohm, Stephan (Hg.), ›Wirklichkeit‹ im Deutungsprozeß. Verstehen und Methoden in den Kultur- und Sozialwissenschaften. Frankfurt/Main: Suhrkamp, S.258- 282.

Reichertz, Jo, 1997: Objektive Hermeneutik. In: Hitzler, R. & Honer, A. (Hg.), Sozialwissenschaftliche Hermeneutik. Eine Einführung. Opladen: Leske + Budrich, S.31-55.

Rest, Franco H.O., 1995: Leben und Sterben in Begleitung. Vier Hospize in Nordrhein-Westfalen - Konzepte und Praxis - Gutachten im Anschluß an eine wissenschaftliche Begleitung (Studien zur interdisziplinären Thanatologie Bd.3). Münster: LIT.

Ridder, Paul, 1983: Tod und Technik: Sozialer Wandel in der Medizin. In: Soziale Welt, 34, 1, S.110-119.

Rixen, Stephan, 1999: Lebensschutz am Lebensende. Das Grundrecht auf Leben und die Hirntodkonzeption. Berlin: Duncker & Humblot.

Roberts, Carl W. (ed.), 1997: Text Analysis for the Social Sciences. Methods for Drawing Statistical Inferences from Texts and Transcripts. Mahwah: Lawrence Erlbaum Associates.

Roloff, Hans-Gert, 1983: Der menschliche Körper in der älteren deutschen Literatur. In: Imhof, A.E. (Hg.), Der Mensch und sein Körper. Von der Antike bis heute. München: C.H. Beck, S.83-102.

Romano, Ruggiero & Tenenti, Alberto, 1995: Abscheu vor der Endlichkeit: Die makabren Themen. In: Beck, R. (Hg.), Der Tod. Ein Lesebuch von den letzten Dingen. München: C.H. Beck, S.138-143.

Roosen, Klaus & Klein, Martin, 1989: Kriterien und Diagnostik des Hirntodes. In: Fassbinder, W.u.a. (Hg.), Ethik und Organtransplantation. Beiträge zu einer aktuellen Diskussion (Hg. von der Gesellschaft Gesundheit und Forschung e.V.). Frankfurt/Main: o.V., S.29-38.

Rosado, Johannes, 1995: Kein Mensch, nur Mensch oder Person? - Das Lebensrecht des Anencephalen. In: Schwarz, M. & Bonelli, J. (Hg.), Der Status des Hirntoten: Eine interdisziplinäre Analyse der Grenzen des Lebens. Wien: Springer, S.221-234.

Rosenberger, Michael, 1998: Von disziplinären Grenzen und interdisziplinären Brücken – Anmerkungen zur aktuellen Diskussion um das Hirntod-Kriterium. In: Höglinger, Günter & Kleinert, Stefan (Hg.), Hirntod und Organtransplantation. Berlin: de Gruyter, S.73-82.

Rössler, Dietrich, 1992: Zwischen Krankheit und Gesundheit. Über die Beziehung zwischen Arzt und Patient. In: Bierich, J.R. (Hg.), Arzt und Kranker. Ethische und humanitäre Fragen in der Medizin. Tübingen: Attempto, S.11-22.

Rossler, Reimara, Kloeden, Peter E. & Rossler, Otto E., 1996: Lebensverlängerung durch Eingriff in die biologische Uhr. In: Maar, C., Pöppel, E. & Christaller, T. (Hg.), Die Technik auf dem Weg zur Seele. Forschungen an der Schnittstelle Gehirn/ Computer. Reinbek: Rowohlt, S.309-319.

Roth, Gerhard & Dicke, Ursula, 1995: Das Hirntodproblem aus der Sicht der Hirnforschung. In: Hoff, J. & in der Schmitten, J. (Hg.), Wann ist der Mensch tot? Organverpflanzung und ›Hirntod‹-Kriterium. Reinbek: Rowohlt, S.51-67.

Rotondo, Roberto, 1995: Pflegerische Erfahrungen mit der Organtransplantation - ›Mit mir ist folgendes geschehen...‹. In: Die Schwester Der Pfleger, 5, S.381-384.

Rotondo, Roberto, 1997: "Hirntote" sind keine Leichen. In: Gutjahr, Ilse & Jung, Mathias (Hg.), Sterben auf Bestellung. Fakten zur Organentnahme. Lahnstein: emu-Verlag, S.75-98.

Rudolph, Jürgen, 1992: Was ist 'dichte Beschreibung'? Überlegungen zu einem Begriff, einer Praxis und einem Programm. In: Kea (Zeitschrift für Kulturwissenschaften), Thema: Writing Culture, 4, S.39-62.

Rügheimer, E., 1995: Schwangerschaft und Hirntod: Rechtlich-ethische Aspekte. In: Schwarz, G., Kröll, W. & List, W.F. (Hg.), Schädel-Hirn-Trauma: Aspekte des prähospitalen und frühen klinischen Managements - Hirntod: Medizinische, ethische und rechtliche Aspekte. Wien: Wilhelm Maudrich, S.281-288.

Rumpl, E., Schwarz, G. & Fuchs, G., 1995: Spinale Reflexe und spinal-motorische Schablonen beim Hirntod. In: Schwarz, G., Kröll, W. & List, W.F. (Hg.), Schädel-Hirn-Trauma: Aspekte des prähospitalen und frühen klinischen Managements - Hirntod: Medizinische, ethische und rechtliche Aspekte, Wien: Wilhelm Maudrich, S.151-156.

Sass, Hans-Martin, 1989: Hirntod und Hirnleben. In: Sass, H.-M. (Hg.), Medizin und Ethik. Stuttgart: Reclam, S.160-183.

Scarry, Elaine, 1992: Der Körper im Schmerz. Die Chiffren der Verletzlichkeit und die Erfindung der Kultur. Frankfurt/Main.

Schadewaldt, Hans, 1994: Geforscht.Was Leichen lehren - Zur Geschichte der Sektion. In: Thomas, C. (Hg.), Berührungsängste? Vom Umgang mit der Leiche. Köln: vgs, S.202-213.

Schaich-Walch, Gudrun, 1995: Einführung. In: Friedrich-Ebert-Stiftung (Hg.), Der gesellschaftliche Umgang mit Sterben und Tod. Humane, medizinische und finanzielle Aspekte (Gesprächskreis Arbeit und Soziales Nr. 54). Düsseldorf: o.V., S.7-11.

Schellong, Sebastian, 1990: Künstliche Beatmung. Strukturgeschichte eines ethischen Dilemmas. Stuttgart: Gustav Fischer Verlag.

Schelsky, Helmut, 1970: Zur soziologischen Theorie der Institution. In: Schlesky, H. (Hg.), Zur Theorie der Institution, Düsseldorf: Bertelsmann Universitätsverlag, S.9-26.

Scherer, Georg, 1979: Das Problem des Todes in der Philosophie. Darmstadt: Wissenschaftliche Buchgesellschaft.

Schetsche, Michael, 1996: Die Karriere sozialer Probleme. Soziologische Einführung. München: Oldenbourg.

Schiefenhövel, Wulf, 1985: Sterben und Tod bei den Eipo im Hochland von West-Neuguinea. In: Sich, D., Figge, H.H. & Hinderling, P. (Hg.), Sterben und Tod - Eine kulturvergleichende Analyse (Curare Sonderband 4/1985, Verhandlungen der VII. Internationalen Fachkonferenz Ethnomedizin in Heidelberg, 5.-8.4.1984). Braunschweig: Friedr. Vieweg & Sohn, S.191-208.

Schiefenhövel, Wulf, 1995: Perception, Expression, and Social Function of Pain: A Human Ethological View. In: Science in Context, 8, 1, pp.31-46.

Schlake, Hans-Peter & Roosen, Klaus, 1998: Der Hirntod – Tod des Menschen. In: Höglinger, Günter & Kleinert, Stefan (Hg.), Hirntod und Organtransplantation. Berlin: de Gruyter, S.25-56.

Schlake, Hans-Peter & Roosen, Klaus, o.J.: Der Hirntod als der Tod des Menschen (Hg. von der Deutschen Stiftung Organtransplantation). Würzburg: o.V.

Schlaudraff, Udo (Hg.), 1995: Transplantationsgesetzgebung in Deutschland. Streit um mehr als ein Gesetz (Loccumer Protokolle 54/94; Dokumentation einer Tagung der Evangelischen Akademie Loccum vom 2. bis 4. November 1994). Loccum: Kirchliche Verwaltungsstelle.

Schlich, Thomas, 1996: Die Geschichte der Herztransplantation: Chirurgie, Wissenschaft, Ethik. In: Schlich, T., Falter, R. & Ruden, R., Herztransplantation und Ethik. Historische und philosophische Aspekte eines paradigmatischen Eingriffs der modernen Medizin (Beiträge der III. Erlanger Studientage zur Ethik in der Medizin 1995). Erlangen: Verlag Palm & Enke, S.13-39.

Schlich, Thomas, 1998a: Die Erfindung der Organtransplantation. Erfolg und Scheitern des chirurgischen Organersatzes (1880-1930). Frankfurt/Main: Campus.

Schlich, Thomas, 1998b: Transplantation. Geschichte, Medizin, Ethik der Organverpflanzung. München: C.H. Beck.

Schlich, Thomas, 1999: Ethik und Geschichte: Die Hirntoddebatte als Streit um die Vergangenheit, Ethik in der Medizin, 11, S.79-88.

Schlosser, Horst D. (Hrsg.), 1998: Mit Hippokrates zur Organgewinnung? Medizinische Ethik und Sprache. Frankfurt/Main: Peter Lang.

Schmied, Gerhard, 1988: Sterben und Trauern in der modernen Gesellschaft. München: Piper.

Schnabel, Peter-Ernst, 1988: Krankheit und Sozialisation. Vergesellschaftung als pathogener Prozeß. Opladen: Westdeutscher Verlag.

Schneider, Gerald, 1985: Inhumane Intensivmedizin? Zur Struktur der Interaktion von Personal und Patienten auf der Intensivstation. In: Österreichische Zeitschrift für Soziologie, 10, 3-4, S.179-190.

Schneider, Werner, 1999a: Vom schlechten Sterben und dem guten Tod – Die Neu-Ordnung des Todes in der politischen Debatte um Hirntod und Organtransplantation. In: Wiesemann, Claudia & Schlich, Thomas (Hg.), Tod im Kopf: Geschichte des Hirntodes und die Kulturen des Todes [in Vorbereitung].

Schneider, Werner, 1999b: »Death is not the same always and everywhere« – Socio-cultural Aspects of Brain Death and the Legislation of Organ Transplantation: The Case of Germany. In: European Studies (Journal of the European Sociological Association), 1, 3, pp.353-389.

Schott, Heinz, 1986: Eros und Thanatos. Spekulationen über Tod und Sterben in der Medizin. In: Geyer-Kordesch, J., Kröner, P. & Seithe, P. (Hg.), Leiden, Sterben und Tod (Schriftenreihe des Westfälischen Wilhelms-Universität Münster, Neue Folge, Heft 7). Münster: Aschendorff, S.70-91.

Schöttler, Peter, 1989: Mentalitäten, Ideologien, Diskurse. Zur sozialgeschichtlichen Thematisierung der ›dritten Ebene‹. In: Lüdtke, A. (Hg.), Alltagsgeschichte: Zur Rekonstruktion historischer Erfahrungen und Lebensweisen. Frankfurt/Main: Campus, S.85-136.

Schreiber, Hans-Ludwig, 1989: Rechtliche Fragen bei der Organentnahme - auch der Lebendspende. In: Gesellschaft Gesundheit und Forschung e.V. (Hg.), Ethik und Organtransplantation. Beiträge zu einer aktuellen Diskussion (Sonderdruck des Arbeitskreises Organspende). Frankfurt/Main, S.39-46.

Schreiber, Hans-Ludwig, 1995a: Die Todesgrenze als juristisches Problem. Wann darf ein Organ entnommen werden?. In: Schlaudraff, U. (Hg.), Transplantationsgesetzgebung in Deutschland. Streit um mehr als ein Gesetz (Loccumer Protokolle 54/94; Dokumentation einer Tagung der Evangelischen Akademie Loccum vom 2. bis 4. November 1994). Loccum: Kirchliche Verwaltungsstelle, S.87-102.

Schreiber, Hans-Ludwig, 1995b: Wann darf ein Organ entnommen werden? Recht und Ethik der Transplantation. In: Angstwurm, H., Frey, C. & Grewel, H.u.a. (Hg.), Gehirntod und Organtransplantation als Anfrage an unser Menschenbild (Beiheft 1995 zur Berliner Theologischen Zeitschrift, 12. Jg, 1995). Berlin: Wichern-Verlag, S.112-121.

Schreiber, Hans-Ludwig, 1997: Wann darf ein Organ entnommen werden?. In: Ach, J.S. & Quante, M. (Hg.), Hirntod und Organverpflanzung. Ethische, medizinische, psychologische und rechtliche Aspekte der Transplantationsmedizin. Stuttgart-Bad Cannstatt: Frommann-Holzboog, S.199-214.

Schreiber, Hans-Ludwig, 1998: Wann ist der Mensch tot? – Rechtliche Perspektive. In: Höglinger, Günter & Kleinert, Stefan (Hg.), Hirntod und Organtransplantation. Berlin: de Gruyter, S.91-100.

Schreiner, Klaus, 1993: Der Tod Marias als Inbegriff christlichen Sterbens. Sterbekunst im Spiegel mittelalterlicher Legendenbildung. In: Borst, A., Graevenitz, G.v., Patschovsky, A. & Stierle, K. (Hg.), Tod im Mittelalter. Konstanz: Universitätsverlag, S.261-312.

Schröer, Norbert, 1997: Wissenssoziologische Hermeneutik. In: Hitzler, R. & Honer, A. (Hg.), Sozialwissenschaftliche Hermeneutik. Eine Einführung. Opladen: Leske + Budrich, S.109-129.

Schroth, Ulrich, 1997: Auf dem Weg zu einem neuen Transplantationsrecht. In: Vorgänge (Zeitschrift für Bürgerrechte und Gesellschaftspolitik; Themenheft ›Sterben und Tod‹), 138, 2, S.46-55.

Schwarz, G., Kröll, W. & List, W.F. (Hg.), 1995: Schädel-Hirn-Trauma: Aspekte des prähospitalen und frühen klinischen Managements - Hirntod: Medizinische, ethische und rechtliche Aspekte. Wien: Wilhelm Maudrich.

Seifert, Josef, 1995: Erklären heute Medizin und Gesetze Lebende zu Toten?. In: Ramm, W. (Hg.), Organspende. Letzter Liebesdienst oder Euthanasie. Abtsteinbach: Derscheider, S.51-90.

Sekretariat der Dt. Bischofskonferenz u.a. (Hg.), 1990: Organtransplantationen. Erklärung der Deutschen Bischofskonferenz und des Rates der Evangelischen Kirche in Deutschland. Bonn: o.V.

Shapin, Steven, 1998: Die wissenschaftliche Revolution. Frankfurt/Main: Fischer.

Shewmon, D. Alan, 1998: Chronic 'brain death'. Meta-analysis and conceptual consequences. In: Neurology, 51, December, pp.1538-1545.

Sich, Dorothea, Figge, Horst H. & Hinderling, Paul (Hg.), 1985: Sterben und Tod - Eine kulturvergleichende Analyse (Curare Sonderband 4/1985, Verhandlungen der VII. Internationalen Fachkonferenz Ethnomedizin in Heidelberg, 5.-8.4.1984). Braunschweig: Friedr. Vieweg & Sohn.

Siegel, Karl-Eugen, 1993: Wir durften nicht aufgeben. Ein Vater schildert die letzten Monate der Schwangerschaft seiner hirntoten Frau und die Geburt seines Sohnes. Gütersloh: Gütersloher Verlagshaus.

Siegenthaler, Walter & Haas, Rudolf (Hg.), 1994: A Delicate Balance: Möglichkeiten und Grenzen der Organtransplantation (ein Symposium, Preisverleihung 1993 und 1994, Forschungsberichte). Stuttgart: Georg Thieme Verlag.

Simmel, Georg, 1923 [1892]: Die Probleme der Geschichtsphilosophie. Eine erkenntnistheoretische Studie. 5.Aufl., München: Duncker & Humblot.

Smit, Heiner, Sasse, Ralf, Zickgraf, Thomas, Schoeppe, Wilhelm & Molzahn, Martin, 1998: Organspende und Transplantation in Deutschland 1997 (Hg. von der Deutschen Stiftung Organtransplantation). Neu-Isenburg / Wiesbaden 1998.

Soeffner, Hans-Georg & Hitzler, Ronald, 1994: Hermeneutik als Haltung und Handlung. Über methodisch kontrolliertes Verstehen. In: Schröer, N. (Hg.), Interpretative Sozialforschung. Auf dem Wege zu einer hermeneutischen Wissenssoziologie. Opladen: Westdeutscher Verlag, S.28-55.

Soeffner, Hans-Georg, 1991: Verstehende Soziologie und sozialwissenschaftliche Hermeneutik - Die Rekonstruktion der gesellschaftlichen Konstruktion der Wirklichkeit. In: Berliner Journal für Soziologie, 2, S.263-269.

Soeffner, Hans-Georg, 1992: Rekonstruktion statt Konstruktivismus. 25 Jahre ›Social Construction of Reality‹. In: Soziale Welt, 43, 4, S.476-481.

Sofsky, Wolfgang & PARIS, Rainer, 1991: Figurationen sozialer Macht. Opladen: Leske + Budrich.

Soyland, A.J., 1995: The Body in Culture. London: Sage.

Stehr, Nico, 1994: Arbeit, Eigentum und Wissen. Zur Theorie von Wissensgesellschaften. Frankfurt/Main: Suhrkamp.

Stehr, Nico, 1999: Fragile Societies. London: Sage [im Druck].

Steigleder, Klaus, 1998: Der Tod des Menschen als komplexes Phänomen – Die Unterscheidung von Todesbegriffen und ihre moralische Relevanz. In: Höglinger, Günter & Kleinert, Stefan (Hg.), Hirntod und Organtransplantation. Berlin: de Gruyter, S.57-64.

Stenger, Horst, 1993: Die soziale Konstruktion okkulter Wirklichkeit. Eine Soziologie des ›New Age‹. Leverkusen: Leske + Budrich.

Stephenson, Gunther (Hg.), 1980: Leben und Tod in den Religionen. Symbol und Wirklichkeit. Darmstadt: Wissenschaftliche Buchgesellschaft.

Stöckli, Rainer, 1996: Zeitlos tanzt der Tod. Das Fortleben, Fortschreiben, Fortzeichnen der Totentanztradition im 20. Jahrhundert. Konstanz: Universitätsverlag Konstanz.

Stoecker, Ralf, 1998: Der Tod – ein philosophisches Rätsel. In: Ruprecht-Karls-Universität Heidelberg (Hg.), Sterben und Tod: Studium Generale im Sommersemester 1997. Heidelberg: HVA, S.9-27.

Stoecker, Ralf, 1999: Der Hirntod. Ein medizinethisches Problem und seine moralphilosophische Transformation. Freiburg: Karl Alber.

Storkebaum, Sibylle, 1997: Jetzt ist‹s ein Stück von mir! Alles über Organtransplantationen. München: Kösel.

Storkebaum, Sibylle, 1998: Psychische Belastungen von Organempfängern – Gedanken zur Transplantation. In: Höglinger, Günter & Kleinert, Stefan (Hg.), Hirntod und Organtransplantation. Berlin: de Gruyter, S.135-140.

Strasser, Hermann & RANDALL, Susan C., 1979: Einführung in die Theorien des sozialen Wandels. Darmstadt: Luchterhand.

Strasser, Peter & Starz, Edgar (Hg.), 1997: Personsein aus bioethischer Sicht (Tagung der Österreichischen Sektion der IVR in Graz, 29. und 30. November 1996, ARSP Beiheft 73). Stuttgart: Franz Steiner.

Strauss, Anselm L. & Corbin, Juliet, 1994: Grounded Theory Methodology. An Overview. In: Denzin, N.K. & Lincoln, Y.S. (eds.), Handbook of Qualitative Research, Thousand Oaks. CA: Sage, pp.273-285.

Strauss, Anselm L. & Glaser, Barney G., 1977: Anguish. A Case History of a Dying Trajectory. London: Robertson.

Strauss, Anselm L., 1994: Grundlagen qualitativer Sozialforschung. Datenanalyse und Theoriebildung in der empirischen soziologischen Forschung. München: Fink.

Streckeisen, Ursula, 1994: Doing Death. Expertenpraktik in den Kontexten von Lebenserhaltung, Verlust und Wissenschaft. In: Hitzler, R., Honer, A. & Maeder, C. (Hg.), Expertenwissen. Die institutionalisierte Kompetenz zur Konstruktion von Wirklichkeit. Opladen: Westdeutscher Verlag, S.232-246.

Streckeisen, Ursula, 1998: Vom Kampf gegen den Tod zur Strategie des Offenhaltens - Definitionsverzicht und Handlungsmacht der Medizin am Sterbebett. In: Becker, U., Feldmann, K. & Johannsen, F. (Hg.), Sterben und Tod in Europa. Wahrnehmungen, Deutungsmuster, Wandlungen. Neukirchen: Neukirchener Verlag, S.73-82.

Stroh, Werner, 1995: Thesen zur Thematik ethischer Probleme in der Transplantationsmedizin. In: Schlaudraff, U. (Hg.), Transplantationsgesetzgebung in Deutschland. Streit um mehr als ein Gesetz (Loccumer Protokolle 54/94; Dokumentation einer Tagung der Evangelischen Akademie Loccum vom 2. bis 4. November 1994). Loccum: Kirchliche Verwaltungsstelle, S.25-28.

Sudnow, David, 1967: Passing On. The Social Organization of Dying. Englewood Cliffs: Prentice-Hall.

Sudnow, David, 1973: Organisiertes Sterben. Eine soziologische Untersuchung. Frankfurt/Main: Fischer.

Taupitz, Jochen, 1996: Das Recht im Tod: Freie Verfügbarkeit der Leiche? Rechtliche und ethische Probleme der Nutzung des Körpers Verstorbener. Dortmund: Humanitas.

Thomas, Carmen, 1994: Berührungsängste? Vom Umgang mit der Leiche. Köln: vgs.

Tröhler, U., 1995: Es begann im 19. Jh... Geschichtliche und ethische Aspekte der Organtransplantation. In: Appendix, 7, o.S.

Turner, Bryan S., 1992: Regulating Bodies. Essays in Medical Sociology. London: Routledge.

Ulrich, Anita, 1989: Ärzte und Sexualität - am Beispiel der Prostitution. In: Labisch, A. & Spree, R. (Hg.), Medizinische Deutungsmacht im Wandel. Bonn: Psychiatrie-Verlag, S.223-235.

Ulrichs, Karin F.A., 1998: Perspektiven der Xenotransplantation. In: Höglinger, Günter & Kleinert, Stefan (Hg.), Hirntod und Organtransplantation. Berlin: de Gruyter, S.155-164.

Veatch, Robert M., 1989: Death, dying, and the biological revolution. Our last request for responsibility. Rev. ed., New Haven: Yale University Press.

Viefhues, Herbert, 1989: Ethische Probleme der Transplantation. Die ethische Bewertung des Körpers und seiner Teile. In: Gesellschaft Gesundheit und Forschung e.V. (Hg.), Ethik und Organtransplantation. Beiträge zu einer aktuellen Diskussion (Sonderdruck des Arbeitskreises Organspende). Frankfurt/Main, S.63-81.

Viehöver, Willy, 1997: ›Ozone thieves‹ and ›hot house paradise‹. Epistemic Communities as cultural entrepreneurs and the reenchancement of sublunar space - Sociological analysis of the media discourse on the green house effect in the Federal Republic of Germany 1970-1995 (Doctoral thesis European Universitty Institute 1997). Florence 1997.

Virilio, Paul, 1997: Die Eroberung des Körpers. Vom Übermenschen zum überreizten Menschen. München: Fischer.

Vogt, Sebastian & KARBAUM, Davia, 1991: Transplantation - geschichtliche Trends und Entwicklungswege. In: Toellner, R. (Hg.), Organtransplantation - Beiträge zu ethischen und juristischen Fragen (Dokumentation der Jahresversammlung des Arbeitskreises Medizinischger Ethik-Kommissionen in der Bundesrepublik Deutschland, Köln 1990). Stuttgart: Gustav Fischer, S.7-20.

Vollmann, Jochen, 1996: Medizinische Probleme des Hirntodkriteriums. In: Medizinsche Klinik, 91, S.39-45.

Vollmann, Jochen, 1999: Ethische Probleme des Hirntods in der Transplantationsmedizin. Stuttgart: G. Fischer.

Vovelle, Michel, 1996: Abendländische Visionen vom Leben nach dem Tode. In: Barloewen, C.v. (Hg.), Der Tod in den Weltkulturen und Weltreligionen. München: Diederichs, S.388-405.

Wackers, Gerardus L., 1994: Constructivist Medicine. Maastricht: UPM.

Wagner, Gerald, 1995: Die Modernisierung der modernen Medizin. Die ›epistemologische Krise‹ der Intensivmedizin als ein Beispiel reflexiver Verwissenschaftlichung. In: Soziale Welt, 46, 3, S.266-281.

Wahl, Klaus, 1990: Die Modernisierungsfalle. Gesellschaft, Selbstbewußtsein und Gewalt. Frankfurt/Main.

Walter, Tony, 1993: Sociologists Never Die: Britisch Sociology and Death. In: Clark, D. (ed.), The Sociology of Death: Theory, Culture, Practice. Oxford: Blackwell Publishers, pp.264-295.

Weber, Hans-Joachim, 1994: Der soziale Tod. Zur Soziogenese von Todesbildern. Frankfurt/Main: Peter Lang.

Weber, Max, 1920/21: Gesammelte Aufsätze zur Religionssoziologie (3 Bde.). Tübingen: J.C.B. Mohr (Paul Siebeck).

Wehkamp, Karl-Heinz, 1998: Lebensende: Zwischen Medizinisierung und Sterbekultur. In: Bekker, U., Feldmann, K. & Johannsen, F. (Hg.), Sterben und Tod in Europa. Wahrnehmungen, Deutungsmuster, Wandlungen. Neukirchen: Neukirchener Verlag, S.59-63.

Weir, Robert F. (ed.), 1977: Ethical Issues in Death and Dying. New York: Columbia Press.

Weisenbacher, Uwe, 1995: Der Golfkrieg in den Medien - Zur Konjunktur von Paul Virilio und Jean Baudrillard im Feuilleton. In: Müller-Doohm, S. & Neumann-Braun, K. (Hg.), Kulturinszenierungen. Frankfurt/Main: Suhrkamp, S.284-309.

Weiss, Hilde, 1993: Soziologische Theorien der Gegenwart. Darstellung der großen Paradigmen. Wien: Springer-Verlag.

Wellendorf, Elisabeth, 1997: Seelische Aspekte der Organtransplantation. In: Gutjahr, Ilse & Jung, Mathias (Hg.), Sterben auf Bestellung. Fakten zur Organentnahme. Lahnstein: emu-Verlag, S.99-118.

Wellendorf, Elisabeth, 1998: Mit dem Herzen eines anderen leben. Die seelische Folgen der Organtransplantation. Stuttgart: Kreuz-Verlag.

Wesiack, Wolfgang, 1985: Über ärztliches Rollenverständnis in Vergangenheit und Gegenwart. In: Österreichische Zeitschrift für Soziologie, 10, 3-4, S.218-228.

Wesiack, Wolfgang, 1995: Das Menschen- und Weltbild der Medizin als Voraussetzung ärztlicher Entscheidungen. In: Greive, W. & Wehkamp, K.-H. (Hg.), Erzeugung und Beendigung des Lebens? Das Menschenbild in der Medizin und seine Konsequenzen (Loccumer Protokolle 63/94; Dokumentation einer Tagung der Evangelischen Akademie Loccum vom 2. bis 4. Dezemeber 1994). Loccum: Kirchliche Verwaltungsstelle, S.9-22.

Wetherell, Margaret & Potter, Jonathan, 1988: Discourse analysis and the Identification of Interpretative Repertoires. In: Antaki, C. (ed.), Analysing Everyday Explanation. London: Sage, pp.168-183.

White, Hayden, 1986: Auch Klio dichtet oder Die Fiktion des Faktischen. Studien zur Tropologie des historischen Diskurses. Stuttgart: Klett-Cotta.

White, R.J., Angstwurm, H. & Carrasco De Paula, I. (eds.), 1992: Working Group on the Determination of Brain Death and its Relationship to Human Death (10-14 December 1989). Vatikan: Pontificia Academia Scientiarum.

Wiesberger, Franz, 1990: Bausteine zu einer soziologischen Theorie der Konversion. Soziokulturelle, interaktive und biographische Determinanten religiöser Konversionsprozesse. Berlin: Duncker & Humblot.

Wiesemann, Claudia, 1995: Hirntod und Gesellschaft. Argumente für einen pragmatischen Skeptizismus. In: Ethik in der Medizin, 7, S.16-28.

Wiesemann, Claudia, 1999 [im Druck]: The History of Brain Death in Germany. A Case of Reflexive Modernization. In: Jütte, R. & Woodward, J. (eds.), Coping with Sickness: Medicine, Law and Human Rights.

Wiesing, Urban, 1997: Werden Spenderorgane nach medizinischen oder ethischen Kriterien verteilt?. In: Ach, J.S. & Quante, M. (Hg.), Hirntod und Organverpflanzung. Ethische, medizinische, psychologische und rechtliche Aspekte der Transplantationsmedizin. Stuttgart-Bad Cannstatt: Frommann-Holzboog, S.227-246.

Williams, Simon J. & Bendelow, Gillian, 1998: The Lived Body. Sociological themes, embodies issues. London: Routledge.

Winau, Rolf, 1983: Die Entdeckung des menschlichen Körpers in der neuzeitlichen Medizin. In: Imhof, A.E. (Hg.), Der Mensch und sein Körper. Von der Antike bis heute. München: C.H. Beck, S.209-225.

Winkler, E.R., 1996: Consideration of Anencephalic Newborns as Organ Donors: Ethical Problems Related to the Determination of Death. In: Machado, C. (ed.), Brain Death (Proceedings of the Second Conference on Brain Death Havana, Cuba, February 27 - March 1, 1996). Amsterdam: Elsevier, pp.207-212.

Wittkowski, Joachim, 1978: Tod und Sterben. Ergebnisse der Thanatopsychologie. Heidelberg: Quelle & Meyer.

Wittkowski, Joachim, 1990: Psychologie des Todes. Darmstadt: Wissenschaftliche Buchgesellschaft.

Wodak, Ruth, 1996: Disorders of Discourse. Harlow: Addison Wesley.

Wunderli, Jürg, 1976: Vernichtung oder Verwandlung? Der Tod als Verhängnis und Hoffnung. Stuttgart: Klett.

Wuttke, Gisela, 1993a: Der kleine Prinz von Erlangen - Eine kritische Reflexion über Gewalt in der Medizin. In: Bubner, A. (Hg.), Die Grenzen der Medizin.Technischer Fortschritt, Menschenwürde und Verantwortung. München: Wilhelm Heyne, S.59-77.

Wuttke, Gisela, 1993b: Ein Tod in Erlangen. Eine kritische Reflexion über Gewalt in der Medizin. In: Greinert, R. & Wuttke, G. (Hg.), Organspende. Kritische Ansichten zur Transplantationsmedizin, Göttingen: Lamuv, S.199-203.

Wuttke, Gisela, 1993c: Körperkolonie Mensch. Über den Mangel, die Nächstenliebe und den Tod - Eine kritische Bestandsaufnahme. In: Greinert, R. & Wuttke, G. (Hg.), Organspende. Kritische Ansichten zur Transplantationsmedizin. Göttingen: Lamuv, S.10-43.

Wuttke, Gisela, 1995: Das Leben als Dividuum oder Was die Transplantationsmedizin mit unserem Leben macht. In: Lermann, G. (Hg.), Ungeteilt sterben. Kritische Stimmen zur Transplantationsmedizin. Mainz: Lermann, S.9-42.

Wuttke, Gisela, 1996: Der Tod - eine Frage der Mehrheit. Transplantationsmedizin am Scheidepunkt. In: Wechselwirkung, Juni, S.14-19.

Zaner, Richard M. (ed.), 1988: Death: Beyond whole-brain criteria. Dordrecht: Kluwer.

Ziegler, Jean, 1977: Die Lebenden und der Tod. Darmstadt.

Ziegler, Jean, 1996: Die Herren des Todes. In: Barloewen, C.v. (Hg.), Der Tod in den Weltkulturen und Weltreligionen. München: Diederichs, S.433-496.

Anhang: Aufstellung der verwendeten Textmaterialien

Tab.1: Gesetzesanträge und Änderungsentwürfe 1995 bis 1997

Zitations-kennzeich-nung	Datum	Beschreibung
13/2926	7.11.95	Entwurf eines Gesetzes über die Spende, die Entnahme und die Übertragung von Organen (Transplantationsgesetz - TPG), eingebracht von B'90/GRÜNE: ›Hirntote‹ sind Sterbende; der Hirntod als Entnahmekriterium auf der Basis einer engen Zustimmungslösung;
13/4114	14.3.96	Gruppenantrag von SPD-Abgeordneten (Wodarg, Däubler-Gmelin u.a.): Organentnahme von der persönlichen Zustimmung des Spenders abhängig; Hirntod als Zeitpunkt des Eintritts des unumkehrbaren Sterbeprozesses, nicht jedoch als Tod des Menschen insgesamt;
13/4355	16.4.96	Gesetzesentwurf der Fraktionen CDU/CSU, F.D.P. und SPD, ›Omnibus‹-Entwurf – der Antrag stellt einen Rahmen für die beabsichtigte Gesetzgebung dar, alle kritischen Punkte sollten während der Beratungen ausgefüllt werden;
13/4368	17.4.96	Gruppenantrag von Abgeordneten der CDU/CSU, F.D.P. und SPD (Dreßler, Seehofer u.a.): der Hirntod ist zweifelsfrei der Tod des ganzen Menschen. Explantationen sollen außer bei persönlicher Einwilligung auch bei Zustimmung der Hinterbliebenen möglich sein (erweiterte Zustimmungslösung);
13/6591	17.12.96	Gruppenantrag von Abgeordneten der CDU/CSU, F.D.P. und SPD (Schmidt-Jortzig, Geis, v. Klaeden u.a.): Hirntodfrage kann unbeantwortet bleiben, Explantation nur bei persönlicher Einwilligung des Spenders möglich, ab Feststellung des Hirntods kann explantiert werden, an Bevölkerung soll dringend appelliert werden die Bereitschaft zur Organspende zu erklären;
13/8025	24.6.97	Wodarg u.a.: die enge Zustimmungslösung; Hirntod nur als Entnahmekriterium Änderungsantrag zu dem Gesetzesentwurf der Fraktionen CDU/CSU, SPD und F.D.P.: 13/4355 und 13/8017];
13/8026	24.6.97	Wodarg u.a.: die höchstpersönliche Zustimmung des Spenders soll für eine Organentnahme Voraussetzung sein [Änderungsantrag zu dem Gesetzesentwurf der Fraktionen CDU/CSU, SPD und F.D.P.: 13/4355 und 13/8017; im wesentlichen identisch mit 13/4114];
13/8027	24.6.97	Dreßler, Seehofer u.a.: Änderungsantrag mit der erweiterten Zustimmungslösung - nahestehende Personen können die Zustimmung zur Organentnahme geben;

13/8028	24.6.97	v.Klaeden, Götzer u.a.: die erweiterte Zustimmungslösung in einer engeren Form (der Wille des Betroffenen soll von Angehörigen erklärt werden können, aber nur unter bestimmten Bedingungen) [Änderungsantrag zu dem Gesetzesentwurf der Fraktionen CDU/CSU, SPD und F.D.P.: 13/4355 und 13/8017];
13/8029	24.6.97	Schmidt-Jortzig u.a.: Weil der Mensch sich ungern mit seinem Tod beschäftigt, sollen z.b. Krankenkassen bei jeder Übersendung der Versicherungskarte auffordern, sich zur Organspende zu erklären – Stichwort: Bürgerpflicht! Gleiche Verpflichtung soll alle staatlichen Stellen treffen bei Ausgabe von Personaldokumenten. [Änderungsantrag zu dem Gesetzesentwurf der Fraktionen CDU/CSU, SPD und F.D.P.: 13/4355 und 13/8017];
13/8030	24.6.97	Modifizierter Antrag Schmidt-Jortzig u.a.: Schwerpunkt: Einwilligung durch Verwandte und Eltern nicht einwilligungsfähiger Kinder. Es geht um den erklärten und um den mutmaßlichen Willen des potentiellen Organspenders, den auch der letztbehandelnde Arzt ermitteln könnte;
13/8031	24.6.97	Änderungsantrag Catenhusen u.a.: Angehörige sollen den erklärten oder vermuteten Willen des Betroffenen erklären, ist der ihnen nicht bekannt, dürfen sie selbst entscheiden;
13/8017	--	vom Gesundheitsausschuß erarbeitete Beschlußempfehlung zum Gesetzesentwurf 13/4355
TPG	--	Bundesgesetzblatt, 1997, Nr.74, Teil I, S.2631-2639: Gesetz über die Spende, Entnahme und Übertragung von Organen (Transplantationsgesetz – TPG)

Tab. 2: Stenographischer Bericht der 183. Sitzung des Deutschen Bundestages am Mittwoch, den 25.6.1997: Protokoll 13/183

darin enthalten im einzelnen [die Reihenfolge der Nennungen gibt die zeitliche Abfolge der Redebeiträge wieder]:

Zitations-kennzeichnung	Beschreibung
13/183: Thomae F.D.P.	Rede: *Dieter Thomae* (F.D.P.)
13/183: Knoche B'90/GRÜNE [1]	Rede: *Monika Knoche* (B'90/GRÜNE)
13/183: Schmidt-Jortzig F.D.P. [1]	Rede: *Edzard Schmidt-Jortzig* (F.D.P.)
13/183: Philipp CDU/CSU	Rede: *Beatrix Philipp* (CDU/CSU)
13/183: Wodarg SPD [1]	Rede: *Wolfgang Wodarg* (SPD)
13/183: Dreßler SPD	Rede: *Rudolf Dreßler* (SPD)
13/183: Nickels B'90/GRÜNE	Kurzintervention zu Beatrix Philipp: *Christa Nickels* (B'90/GRÜNE)

13/183: Klaeden CDU/CSU [1]	Rede: *Eckart von Klaeden* (CDU/CSU)
13/183: Seehofer CDU/CSU [1]	Rede: *Horst Seehofer* (CDU/CSU)
13/183: Schmidt-Jortzig F.D.P. [2]	Rede: *Edzard Schmidt-Jortzig* (F.D.P.)
13/183: Scholz CDU/CSU	Rede: *Rupert Scholz* (CDU/CSU)
13/183: Vollmer B'90/GRÜNE	Kurzintervention zu Rupert Scholz: *Antje Vollmer* (B'90/GRÜNE)
13/183: Däubler-Gmelin SPD [1]	Rede: *Herta Däubler-Gmelin* (SPD)
13/183: Rüttgers CDU/CSU	Rede: *Jürgen Rüttgers* (CDU/CSU)
13/183: Götzer CDU/CSU	Rede: *Wolfgang Götzer* (CDU/CSU)
13/183: Fuchs PDS	Rede: *Ruth Fuchs* (PDS)
13/183: Seehofer CDU/CSU [2]	Kurzintervention zu Herta Däubler-Gmelin: *Horst Seehofer* (CDU/CSU)
13/183: Knoche B'90/GRÜNE [2]	Rede: *Monika Knoche* (B'90/GRÜNE)
13/183: Schäfer SPD	Rede: *Hansjörg Schäfer* (SPD)
13/183: Schily SPD [1]	Rede: *Otto Schily* (SPD)
13/183: Schaich-Walch SPD	Rede: *Gudrun Schaich-Walch* (SPD)
13/183: Schmidbauer SPD	Rede: *Horst Schmidbauer* (Nürnberg) (SPD)
13/183: Möllemann F.D.P.	Rede: *Jürgen W. Möllemann* (F.D.P.)
13/183: Dreßen SPD	Kurzintervention zu Jürgen W. Möllemann: *Peter Dreßen* (SPD)
13/183: Wodarg SPD [2]	Kurzintervention zu Jürgen W. Möllemann: *Wolfgang Wodarg* (SPD)
13/183: Schily SPD [2]	Kurzintervention zu Jürgen W. Möllemann: *Otto Schily* (SPD)
13/183: Hirsch F.D.P.	Rede: *Burkhard Hirsch* (F.D.P.)
13/183: Hintze CDU/CSU	Rede: *Peter Hintze* (CDU/CSU)
13/183: Süssmuth CDU/CSU	Rede: *Rita Süssmuth* (CDU/CSU)
13/183: Büttner SPD	Kurzintervention zu Peter Hintze: *Hans Büttner* (SPD)
13/183: Häfner B'90/GRÜNE	Rede: *Gerald Häfner* (B'90/GRÜNE)
13/183: Schenk PDS	Rede: *Christina Schenk* (PDS)
13/183: Schuchardt CDU/CSU	Rede: *Erika Schuchardt* (CDU/CSU)
13/183: Höll PDS	Rede: *Barbara Höll* (PDS)
13/183: Knaape SPD	Rede: *Hans-Hinrich Knaape* (SPD)
13/183: Catenhusen SPD [1]	Rede: *Wolf-Michael Catenhusen* (SPD)

13/183: Kunick SPD	Rede: *Konrad Kunick* (SPD)
13/183: Kirschner SPD	Rede: *Klaus Kirschner* (SPD)
13/183: Däubler-Gmelin SPD [2]	Kurzintervention zu Klaus Kirschner: *Herta Däubler-Gmelin* (SPD)
13/183: Wodarg SPD [3]	Erläuterung zum Änderungsantrag: *Wolfgang Wodarg* (SPD)
13/183: Seehofer CDU/CSU [3]	Erläuterung zum Änderungsantrag: *Horst Seehofer* (CDU/CSU)
13/183: Klaeden CDU/CSU [2]	Erläuterung zum Änderungsantrag: *Eckart v. Klaeden* (CDU/CSU)
13/183: Schmidt-Jortzig F.D.P. [3]	Erläuterung zum Änderungsantrag: *Edzard Schmidt-Jortzig* (F.D.P.)
13/183: Catenhusen SPD [2]	Erläuterung zum Änderungsantrag: *Wolf-Michael Catenhusen* (SPD)
13/183: Duve SPD	Erklärung zum Abstimmungsverhalten: *Freimut Duve* (SPD)
13/183: Geis CDU/CSU	Erklärung zum Abstimmungsverhalten: *Norbert Geis* (CDU/CSU)
13/183: Kohn F.D.P.	Erklärung zum Abstimmungsverhalten: *Roland Kohn* (F.D.P.)
13/183: Lohmann & Zöller CDU/CSU	gemeinsame Erklärung zum Abstimmungsverhalten: *Wolfgang Lohmann* (CDU/CSU) und *Wolfgang Zöller* (CDU/CSU)
13/183: Opel SPD	Erklärung zum Abstimmungsverhalten: *Manfred Opel* (SPD)

Tab. 3: Schriftliche Experten-Stellungnahmen für die Anhörung am 28. Juni 1995: Ausschußdrucksachen 13/114, 13/116, 13/136, 13/137 und 13/140.

Zur Begründung: Im Vergleich mit dem schriftlichen Protokoll der Expertenanhörung vom 28.6.1995 erschien mir – im Gegensatz zu dem Verhältnis der Gesetzesentwürfe bzw. Änderungsanträgen und den vorgetragenen Reden der Abgeordneten – bei den Expertenstellungnahmen ein ausschließlicher Rückgriff auf die schriftlichen Vorlagen sinnvoller, da sich gezeigt hat, das die mündlichen Beiträge keine wesentlichen inhaltlichen Abweichungen enthalten, in den schriftlichen Darlegungen jedoch z.T. die argumentativen Hintergründe und Bezüge deutlicher und detaillierter zum Ausdruck kommen. Die Anhörungen vom 25.9.1996 und 9.10.1996 brachten nach einer Durchsicht der Protokolle ebenfalls keine solchen wesentlich neuen Aspekte, die nicht in anderem (z.T. von den Verfassern sogar in Beiträgen oder in Buchform publiziertem) Textmaterial bereits enthalten sind, so daß insgesamt aus Ressourcengründen eine

Konzentration auf die schriftlichen Stellungnahmen für die erste Anhörung vom 28.6.1995 vertretbar erschien.
Im einzelnen enthalten sind folgende Beiträge:

Zitationskennzeichnung	Bescheibung
13/114: Angstwurm	Prof. Dr. Heinz *Angstwurm*, Ludwig-Maximilians-Universität München
13/114: Bauer	Prof. Dr. H. *Bauer*, Krankenhaus Alt-/Neuötting, akademisches Lehrkrankenhaus der Technischen Universität München
13/114: Bavastro	Dr. Paolo *Bavastro*, Gesellschaft anthroposophischer Ärzte in Deutschland e.V., Stuttgart
13/114: Dörner	Prof. Dr. Dr. Klaus *Dörner*, Westfälische Klinik für Psychiatrie, Psychosomatik und Neurologie, Gütersloh
13/114: Gallwas	Prof. Dr. Hans-Ullrich *Gallwas*, Institut für Politik und öffentliches Recht, München (?)
13/114: Geisler	Prof. Dr. med. Linus *Geisler*, Chefarzt der Inneren Abteilung des St. Barbara-Hospitals, Gladbeck
13/114: Gerdelmann	Dr. W. *Gerdelmann*, Verband der Angestellten-Krankenkassen e.V., Siegburg
13/114: Gilmer	Peter *Gilmer*, Vorsitzender Dialysepatienten Deutschlands .e.V.
13/114: Graf-Baumann	Prof. Dr. Toni *Graf-Baumann*, Deutsche Gesellschaft für Medizinrecht
13/114: Höfling	Prof. Dr. Wolfram *Höfling*, Justus-Liebig-Universität Gießen
13/114: Sundmacher	Prof. Dr. med. Rainer *Sundmacher*, Universitäts-Augenklinik, Heinrich-Heine-Universität Düsseldorf
13/114: Vultejus	Prof. Ulrich *Vultejus*, Humanistische Union, Hannover
13/114: Zieger	Dr. med. Andreas *Zieger*, Nordwest-Krankenhaus Sanderbusch, Sande
13/114: Jörns	Prof. Dr. Klaus-Peter *Jörns*, Humboldt-Universität Berlin, Berliner Initiative für eine Zustimmungslösung im Blick auf ein Transplantationsgesetz
13/116: Bissegger	Monika *Bissegger*, Musiktherapeutin, Filderklinik, Stuttgart
13/116: Esser	Gerda *Esser*, Interessengemeinschaft Angehöriger

13/116: Boeck	Dr. Dieter *Boeck*, Marburger Bund, Verband der angestellten und verbeamteten Ärzte Deutschlands e.V.
13/116: Herrmann	Prof. Dr. med. H.-D. *Herrmann*, Deutsche Gesellschaft für Neurochirurgie
13/116: Huber	Bischof Prof. Dr. Wolfgang *Huber*, Evangelische Kirche in Berlin-Brandenburg
13/116: Neuhaus	Prof. Dr. P. *Neuhaus*, Chirurgische Klinik und Poliklinik
13/116: Schwochert	Barbara *Schwochert*, Deutscher Berufsverband für Pflegeberufe e.V.
13/136: Bocklet	Prälat Paul *Bocklet*, Kommissariat der Deutschen Bischöfe
13/136: Eigler	Prof. Dr. med. *Eigler*, Direktor der Abteilung für Allgemeine Chirurgie, Universitätsklinikum Essen
13/136: Höfling	Prof. Dr. Wolfram *Höfling*, Justus-Liebig-Universität Gießen (korrigierte Fassung)
13/136: Ingvar	Prof. Dr. David H. *Ingvar*, Lund, Schweden
13/136: Pichlmayr	Prof. Dr. Rudolf *Pichlmayr*, Medizinische Hochschule Hannover
13/136: Romanowski	Doz. Dr. med. habil. Uta *Romanowski*, Institut für Rechtsmedizin, Martin-Luther-Universität Halle-Wittenberg
13/136: Schreiber	Prof. Dr. jur. Dr. h.c. H.-L. *Schreiber*, Georg-August-Universität Göttingen
13/136: Spittler	Dr. med. J.F. *Spittler*, Bundesverband der Organtransplantierten e.V.
13/137: Fischer	Gertrud *Fischer*, Hilfsgemeinschaft der Dialysepatienten und Transplantierten e.V., Regensburg
13/137: Gubernatis	Prof. Dr. Gundolf *Gubernatis*, Medizinische Hochschule Hannover
13/137: Körner	Prof. Dr. Uwe *Körner*, Berlin
13/137: Mieth	Prof. Dr. Dietmar *Mieth*, Eberhard-Karls-Universität Tübingen
13/137: Roth	Prof. Dr. Dr. Gerhard *Roth*, Institut für Hirnforschung, Universität Bremen
13/137: Schockenhoff	Prof. Dr. Eberhard *Schockenhoff*, Institut für Systematische Theologie, Albert-Ludwigs-Universität Freiburg

13/137: Wellmer	Prof. Dr. med. Hans-Konrat *Wellmer*, Akademie für Ethik in der Medizin e.V.
13/137: Gründel	Prof. Dr. J. *Gründel*, Institut für Moraltheologie und Christliche Sozialethik, Ludwig-Maximilians-Universität München
13/137: Heun	Prof. Dr. W. *Heun*, Institut für allgemeine Staatslehre und politische Wissenschaften, Georg-August-Universität Göttingen
13/137: Kracht & Locker	Monika *Kracht* und Heinrich *Locker*, Bundesverband der Organtransplantierten e.V., Duisburg
13/137: Bundesärztekammer	*Bundesärztekammer*, Köln
13/140: Wellmer	Prof. Dr. med. Hans-Konrat *Wellmer*, Akademie für Ethik in der Medizin e.V. (identisch mit 13/137: Wellmer?)
13/140: Ebbrecht	Prof. Dr. Günter *Ebbrecht*, Evangelische Akademie Iserlohn
13/140: Gründel	Prof. Dr. J. *Gründel*, Institut für Moraltheologie und Christliche Sozialethik, Ludwig-Maximilians-Universität München

Tab. 4: *Weiteres Material (Auswahl, soweit im Text zitiert und nicht im Literaturverzeichnis aufgeführt):*

Zitationskennezeichnung	*Beschreibung und Quellennachweis*
AG dt. Transplantationszentren & DSO 1990	ARBEITSGEMEINSCHAFT DER DEUTSCHEN TRANSPLANTATIONSZENTREN e.V. und die DEUTSCHE STIFTUNG ORGANTRANSPLANTATION: Entwurf eines Transplantationsgesetzes, angenommen durch die Mitgliederversammlung am 18.12.1990
AGO-Aufruf 1997/I	Aufruf der ARBEITSGRUPPE ORGANSPENDE an die Abgeordneten des Dt. Bundestages: ›Transplantationsgesetz und Tod auf der Warteliste‹
AGO-Aufruf 1997/II	Aufruf der ARBEITSGRUPPE ORGANSPENDE an die Abgeordneten des Dt. Bundestages: ›Betrifft Transplantationsgesetz‹
Appel 1997	Eberhard Appel (Seminarleiter): Projektarbeit im Seminar ›Technikbewertung‹ Fachhochschule Hamburg (Fachbereich BPV) 1997: ›Bewertung von Organtransplantationen‹ (Projektteilnehmer: Dirk Brauns, Markus Deinhardt, Nikola Geilenkeuser, Jens Grothues, Sven Hardersen, Eckard Kröger, Thomas Licht, Jens Meyer, Frank Ralfs,

	Patrick Richarts, Bernd Schrader und Oliver Stroetzel)
ÄRZTE ZEITUNG 1997	Auswahl themenrelevanter Meldungen und Beiträge aus der Ärzte Zeitung, Jahrgang 1997
Baronikians in SÜDDEUTSCHE ZEITUNG 29./30.8.1998	Annette Baronikians: ›Das Organaufkommen in den Krankenhäusern geht rapide zurück. Transplantationsbeauftragter soll für Nachschub sorgen‹, in: SÜDDEUTSCHE ZEITUNG, Nr. 198, 29./30.8.1998, S.30
Bäumel in SÜDDEUTSCHE ZEITUNG 22./23.2.1997	Siegfried Bäumel, Dialysepatient und Vorsitzender der Hilfsgemeinschaft der Dialysepatienten und Transplantierten, Regensburg e.V.: ›Offenen Brief an die Patienten auf den deutschen Wartelisten zur Organtransplantation‹, in: SÜDDEUTSCHE ZEITUNG, Nr. 44, 22./23.2.1997, S.11
BMfG 26.9.1997	Bundesministerium für Gesundheit, Pressemitteilung Nr. 77, 26.9.1997: „Seehofer: Transplantationsgesetz mit breitem Konsens verabschiedet"
BMfG 7.10.1997	Bundesministerium für Gesundheit: „Informationen zum Transplantationsgesetz und zur Organspende, 7.10.1997
BR 2: Das Tagesgespräch 5.6.1998	Transkript der Hörfunk-Sendung des bayrischen Rundfunks Bayern 2 vom 5.6.1998: Reihe ›Tagesgespräch‹ – Thema: „Niere gesucht: Würden Sie ein Organ spenden?"
BT Presseinfo TPG	Pressezentrum des Deutschen Bundestages: „Gesundheit: Organentnahme soll bei Hirntod zulässig sein"
Bundesärztekammer 1997	BÄK-SPECIAL ›Beschlüsse - Standpunkte - Perspektiven‹, Ausgabe Februar 1997 (Auszug): ›Rechtsklarheit statt Verunsicherung – Organentnahme erst nach Tod des personalen Lebens‹, Pressestelle der deutschen Ärzteschaft, Herbert-Lewin-Str. 5, D-50931 Köln; sowie Pressemitteilung vom 6.6.1997
Dinkermann, Lillge & Pauls 1997	Jutta Dinkermann (Bundesvorstand des Club of Life), Dr. med. Wolfgang Lillge & Dr. med. Rolf Pauls (Fachbeirat des Club of Life): ›Der Hirntod und die Unantastbarkeit des menschlichen Lebens‹, in: NEUE SOLIDARITÄT, 1997, Nr. 33
EK Berlin-Brandenburg 1997	›Organtransplantation – Eine Orientierungs- und Entscheidungshilfe‹, herausgegeben von der Kirchenleitung der Evangelischen Kirche in Berlin-Brandenburg

Emmrich in FRANKFURTER RUNDSCHAU 1997	Michael Emmrich: ›Würde und High-Tech-Medizin. Zum Gesetz über die Organtransplantation‹, in: FRANKFURTER RUNDSCHAU 1997
Goetheschule Wetzlar 1997	Homepage des Religionskurs Jahrgangsstufe 11, Goetheschule Wetzlar zum Schwerpunktthema: ›Hirntod und Organspende‹, 1997, Quelle: http://www.dgbv.de/organ_index.html
Graupner in SÜDDEUTSCHE ZEITUNG 24.6.1997	Heidrun Graupner: ›Zwischen Leben und Tod – Bundestag legt erstmals Kriterien für die Organentnahme fest‹, in: SÜDDEUTSCHE ZEITUNG, Nr. 142, 24.6.1997, S.8
Graupner in SÜDDEUTSCHE ZEITUNG 25.6.1997	Heidrun Graupner: ›Die Prüfung des Professor Angstwurm. Seit zwanzig Jahren entscheidet ein Münchner Neurologe, ob bei Patienten der Hirntod eingetreten ist – eindringlich warnt er vor einem neuen Gesetz‹, in: SÜDDEUTSCHE ZEITUNG, Nr. 143, 25.6.1997, S.3
Gubernatis 1997	Interview mit Gundolf Gubernatis (geführt von Michael Emmrich): ›Es geht um ein Transplantations- und nicht um ein Todesgesetz, in: Mabuse, 1997, Nr. 196, März/April, S.23-24
Hirntod-Erklärung 1994	Erklärung Deutscher Wissenschaftlicher Gesellschaften zum Tod durch völligen und endgültigen Hirnausfall: ›Hirntod‹ (hrsg. von der Deutschen Gesellschaft für Anästhesiologie und Intensivmedizin, Deutsche Gesellschaft für Neurochirurgie, Deutsche Gesellschaft für Neurologie, Deutsche physiologische Gesellschaft 1994)
Hofmann ›Organspende & Transplantation‹	Reiner Hofmann: Infoseiten zu Organspende & Transplantation; Quelle: http://team.solution.de/gsf/organspende/org-start.html
Jordan in WASHINGTON POST 25.4.1997	Mary Jordan: ›Brain-Death Bill Passes Easily in Japanese House. Measure Would Engender Heart, Liver Transplants‹, in: Washington Post Foreign Service, 25.4.1997, S. A29, Quelle: Deutsches Ärzteblatt
Jungblut in STERN 1.10.1997	Christian Jungblut: ›Transplantation. Köpfen für ein neues Leben‹, in: STERN Nr. 41, 1.10.1997, S.198ff

Knoche 1996	Monika Knoche (B'90/Grüne): ›Organtransplantation braucht einen gesetzlichen Rahmen‹ und ›Transplantationsgesetz: Möglichst früh vom Tod oder lange vom Leben ausgehen?‹, in: kompakt & fündig 1316, Februar 1996
Kornelius & Strittmatter in: SÜDDEUTSCHE ZEITUNG 27.2.1998	Stefan Kornelius & Kai Strittmatter: ›Ein Geschäft auf Leber und Tod‹, in: SÜDDEUTSCHE ZEITUNG, Nr. 48, 27.2.1998, S.3
Lehmann 10.1.1996	Bischof Karl Lehmann: ›Stellungnahmen zum Thema „Organtransplantationen"‹ vom 10.1.1996
Loose in DIE WELT 14.2.1996	Hans-Werner: ›"Wir haben schon genug gegeben" – Von den Schwierigkeiten, um die Organe eines Verstorbenen zu bitten, in: DIE WELT, 14.2.1996
Lübbe 1998	Hermann Lübbe: ›Sinn und Wert des Lebens‹ – Orientierungsprobleme in der zivilisatorischen Evolution, Vortrag auf dem Bildungskongress des Bayer. Staatsministeriums für Unterricht und Kultus, Wissenschaft und Kunst: „Wissen und Werte für die Welt von morgen", LMU 29.-30. April 1998
Meyer o.J.	Frank Meyer: ›Sturz ins Absurde. Schattenwürfe einer totalen Medizin‹, Verweis über: ›Antthroposophie heute‹ (ohne Quellenangabe); Quelle: http://ourworld.compuserve.com/homepages/anthromedia/bio08.htm
Philipp 19.4.1996	Beatrix Philipp (CDU/CSU): „Organtransplantationsgesetz schafft Rechtssicherheit Bereitschaft zur Organspende muß steigen"; Infotext vom 19.4.1996; Quelle: http://www.cducsu.bundestag.de/texte/philipp.htm
Pielage 1997	Friedhelm Pielage, Transpersonale Psychologie und Psychotherapie, Die Frage des Monats Juli 1997: ›Wie sollte Ihr nächster Angehöriger handeln, wenn bei Ihnen (z.B. nach einem Unfall) der Gehirntod festgestellt würde? Warum?‹
Pichlmayr in DIE WELT 1995	Rudolf Pichlmayr: ›Organe spenden heißt Solidarität zeigen‹, in: DIE WELT, 1995
Riken Brain Science Institute	Präsentationsbroschüre des Riken Brain Science Institute (The Institute of Physical and Chemical Research), Tokio, Japan
Schadt 1996	Frank Schadt (Interessengemeinschaft Angehörige): ›Der "Hirntod" als sicheres Lebenszeichen‹ sowie ›Der Hirntod als schweres Krankheitsbild und Lebenszeichen‹, Erklärung anläßlich der öffentlichen

	Anhörung des Gesundheitsausschusses des Deutschen Bundestages am 25. 09. und 09. 10. 1996, vgl. auch die Broschüre zum Thema: "Zur Kritik der Vorverlegung des Todeszeitpunktes" (Info3-Verlag)
Schmidbauer 19.4.1996	Horst Schmidbauer: ›Ein Transplantationsgesetz ist längst überfällig‹ (Redeentwurf zur 1. Lesung des Entwurfs eines Organtransplantationsgesetzes vom 19.4.1996); Quelle: http://www.lipsia.de/~heiko/orginfo.htm
Schmidt-Jortzig & v. Klaeden in FRANKFURTER ALLGEMEINE ZEITUNG 13.5.1997	Edzard Schmidt-Jortzig & Eckart v. Klaeden: ›Leichen bekommen kein Fieber‹, in: FRANKFURTER ALLGEMEINE ZEITUNG, 13.5.1997
Schmundt in: WOCHENPOST 23.5.1996	Hilmar Schmundt: ›Neues Leben, neuer Tod‹, in: Wochenpost online, Im Brennpunkt; WOCHENPOST Ausgabe 22/96 vom 23.5.1996
Seehofer 19.4.1996	Horst Seehofer (CDU/CSU), Redeentwurf der Rede vor dem Deutschen Bundestag zum Entwurf eines Gesetzes über die Spende, Entnahme und Übertragung von Organen (Transplantationsgesetz) am 19. April 1996: ›Organspende: Ein besonderes Zeugnis der Mitmenschlichkeit‹, Pressemitteilung Nr. 35, 19. April 1996
Spittler in DIE WOCHE 28.4.1995	Johann F. Spittler: ›Pro: Der Hirntod ist der Tod des Menschen‹, in: DIE WOCHE, 28.4.1995, S.26
WDR 11.12.1995	Manuskript der Hörfunk-Sendung des WDR Radio 5 vom 11.12.1995: ›Lebendig tot – Wann stirbt der Mensch?‹
WDR 7.10.1996	Manuskript der Hörfunk-Sendung des WDR Radio 5 vom 7.10.1996: ›Selbstverstümmlung aus Liebe? Organspende zwischen Lebenden‹

Studien zur interdisziplinären Thanatologie
herausgegeben von
Prof. Dr. med. Detlef B. Linke (Bonn),
Prof. Dr. phil. Armin Nassehi (Münster/München),
Prof. Dr. päd. Franco Rest (Dortmund)
und Prof. Dr. theol. Dr. phil.h.c. Georg Weber (Münster)

Franco H. O. Rest
Leben und Sterben in Begleitung
Vier Hospize in Nordrhein-Westfalen – Konzepte und Praxis – Gutachten im Anschluß an eine wissenschaftliche Begleitung
Hospize sind Herbergen zur Lebensbegleitung sterbender Menschen. Vier stationäre Einrichtungen konnten während zweier Jahre für die Stiftung Wohlfahrtspflege des Landes Nordrhein-Westfalen wissenschaftlich begleitet werden. Die Arbeit der Hospize ist einerseits ein Beitrag zur veränderten Kultur im Umgang mit Sterben, Tod und Trauer, andererseits zur Euthanasie-Prophylaxe. Sterbebegleitung braucht gute Planungsdaten, eine Besinnung auf den historischen Ort, eine begründete Abwehr utilitaristischer Lösungen, sowie psychosoziale und spirituelle Kompetenzen der Begleitpersonen. Das vorliegende Buch zieht diesbezüglich Bilanz über Bemühungen der letzten zwanzig Jahre. Gleichzeitig werden Merkmale für die künftige Hospizentwicklung aufgezeigt. Es wird durch die Hospize auch ein Beitrag zur integrativen und toleranten Gesellschaft erwartet, in welcher Schwerkranke und Sterbende nicht länger ausgegrenzt werden.
Bd. 3, 1995, 200 S., 48,80 DM, gb., ISBN 3-8258-2559-0

Hugo Mennemann
Sterben lernen heißt leben lernen
Sterbebegleitung aus sozialpädagogischer Perspektive
Was wissen wir über Sterben und Tod? Welche Handlungsmöglichkeiten und -grenzen gibt es in der Sterbebegleitung? Die vorliegende Arbeit nähert sich diesen Fragen aus sozialpädagogischer Perspektive. Dazu wird zum einen ein allgemeines Theoriekonzept vorgestellt, das den Blick richtet auf den sterbenden Menschen als Subjekt, den Ort des Sterbens und die zwischenmenschliche Beziehung. Zum anderen werden grundlegende soziologische und psychologische Fragestellungen aufgenommen: die These von der gesellschaftlichen Verdrängung des Todes, Angst vor Tod und Sterben sowie die psychosoziale Situation Sterbender. Schließlich wird ein Kompetenzprofil von Sterbebegleitern entwickelt, das nicht nur für Sozialpädagogen von Interesse ist.
Bd. 4, 1997, 312 S., 49,80 DM, br., ISBN 3-8258-3325-9

Ingo Sperl; Gisela Suliţeanu
Die Totenklage in Rumänien – Musikethnologische und psychologische Studien
Bocetul în România – Studii etnomuzicologice si psihologice
In ländlichen Regionen Rumäniens beklagen die Frauen bis in die heutige Zeit ihre Toten. Die Totenklagen sind schmerzlicher Ausdruck der Trauer. In dem vorliegenden zweisprachigen Band (rumänisch/deutsch) werden Beispiele von Totenklagen vorgestellt und unter musikethnologischen Gesichtspunkten analysiert. In einem weiteren Teil werden die Klagen auf der Grundlage moderner Trauerforschung untersucht. Ein Ergebnis ist, daß die Totenklagen eine wichtige psychohygienische Wirkung haben und mit den Zielen der Trauerbegleitung innerhalb der Hospizbewegung übereinstimmen. Die Verfasser bezeichnen die Totenklagen als "verborgenen und wiederentdeckten Schatz" innerhalb der rumänischen Volkskultur.
Bd. 5, 1998, 376 S., 59,80 DM, gb., ISBN 3-8258-3473-5

Fremde Nähe – Beiträge zur interkulturellen Diskussion
herausgegeben von Raimer Gronemeyer (Gießen), Roland Schopf (Fulda) und Brigitte Wießmeier (Berlin)

Wolfgang Claus unter Mitarbeit von Christiane Hubo
Integration von Aussiedlern in Süd-Niedersachsen
Bd. 4, 1996, 384 S., 48,80 DM, br., ISBN 3-89473-666-6

LIT Verlag Münster – Hamburg – London
Bestellungen über:
Grevener Str. 179 48159 Münster
Tel.: 0251 – 23 50 91 – Fax: 0251 – 23 19 72
e-Mail: lit@lit-verlag.de – http://www.lit-verlag.de
Preise: unverbindliche Preisempfehlung

Jutta Bertram
"Arm, aber glücklich ..."
Wahrnehmungsmuster im Ferntourismus und ihr Beitrag zum (Miß-)Verstehen der Fremde(n)
Während in Europa Angehörige außereuropäischer Gesellschaften zunehmend als Bedrohung angesehen werden, hält die Faszination ihrer Herkunftsländer ungebrochen an. Im Rahmen von Fernreisen suchen die EuropäerInnen in der Fremde das, was sie zu Hause im Alltag meiden: eine Konfrontation von 'Eigenem' und 'Fremdem'.
Die Autorin geht der Frage nach, welche Wahrnehmungsmuster in der Sehnsucht nach der Fremde zum Ausdruck kommen. Auf dem Hintergrund der historischen Wurzeln und gesellschaftlichen Voraussetzungen dieser Wahrnehmung sowie ihrer Ausgestaltung im Ferntourismus untersucht sie deren Implikationen für ein Verstehen oder Mißverstehen der Fremde(n).
Bd. 6, 1995, 144 S., 28,80 DM, br., ISBN 3-8258-2393-8

Gertraude Lowien
Bilder vom Alltag italienischer Frauen
Erzählte Lebensgeschichte – gesellschaftliche Verhältnisse
Es handelt sich um Bilder im Sinne von Lebensbildern: Zehn Italienerinnen im Alter von Mitte Dreißig bis über neunzig Jahre kommen im ersten Teil zu Wort. Sie stellen ihre Biographien dar und schildern als Expertinnen ihrer eigenen Realität, wie sie in den letzten neun Jahren mit den vielen, oft "typisch italienischen" Schwierigkeiten ihres Alltags umgegangen sind. Die Auswahl dieser Frauen nach unterschiedlichem Alter, Herkommen, Ausbildungs- und Familienstand ermöglicht Einblicke in sehr unterschiedliche Lebensmodelle. Im zweiten Teil werden, weitgehend auf der Basis italienischer Literatur und aus der Perspektive von Frauen Fakten, Zusammenhänge und Einzelbeispiele zu den allgemeinen und speziellen Bedingungen dargestellt, die den Alltag von Frauen bestimmen: Rollen- und Selbstverständnis, Mutterschaft, Familie im Wandel, Arbeit im Beruf und in der Familie, Alter, Gesundheit, Wohnen.
Bd. 7, 1997, 384 S., 48,80 DM, br., ISBN 3-8258-3178-7

Andreas von Seggern
'Großstadt wider Willen'
Zur Geschichte der Aufnahme und Integration von Flüchtlingen und Vertriebenen in der Stadt Oldenburg nach 1944
Die vorliegende Untersuchung beschäftigt sich mit jenem Zeitraum der Oldenburger Stadtgeschichte, in dem sich innerhalb weniger Jahre die Entwicklung der vormaligen Residenz- bzw. Landeshauptstadt zur Großstadt vollzog. Die Dynamik des Zustroms von über 40.000 Vertriebenen und Flüchtlingen, die als Folge des nationalsozialistischen Krieges in das weitgehend unzerstört gebliebene Oldenburg strömten, schuf soziale, ökonomische, politische, vor allem aber sozio-kulturelle Probleme, deren Bewältigung – bei allen Integrationserfolgen – zum Teil bis in die Gegenwart nur unzureichend gelingen konnte.
Bd. 8, 1998, 424 S., 59,80 DM, br., ISBN 3-8258-3553-7

Yasar Uysal
Biografische und ökologische Einflußfaktoren auf den Schulerfolg türkischer Kinder in Deutschland
Eine empirische Untersuchung in Dortmund
Noch immer sind Schüler mit ausländischem Paß nach wie vor an den Hauptschulen und Sonderschulen über- und an den Realschulen und Gymnasien unterrepräsentiert. Trotz vielfältiger pädagogischer und didaktischer Maßnahmen hat sich die Schulsituation ausländischer Schüler nicht wesentlich verbessert. Die vorliegende Arbeit versteht sich zugleich als sozialwissenschaftlicher und als schulpädagogischer Beitrag zur Analyse von Lebensbedingungen türkischer Schüler sowohl im Elternhaus als auch in ihrem sozialen Umfeld. Ein zentrales Ziel der vorliegenden Arbeit ist es, konkrete Schwierigkeiten türkischer Schüler zu verdeutlichen, um daraus konkrete Hinweise zu gewinnen, die einer Verbesserung der Schulsituation türkischer Kinder dienlich sein können.
Bd. 9, 1998, 240 S., 34,80 DM, br., ISBN 3-8258-3606-1

LIT Verlag Münster – Hamburg – London
Bestellungen über:
Grevener Str. 179 48159 Münster
Tel.: 0251 – 23 50 91 – Fax: 0251 – 23 19 72
e-Mail: lit@lit-verlag.de – http://www.lit-verlag.de
Preise: unverbindliche Preisempfehlung

Hasan Alacacıoğlu
Außerschulischer Religionsunterricht für muslimische Kinder und Jugendliche türkischer Nationalität in NRW
Eine empirische Studie zu Koranschulen in türkisch-islamischen Gemeinden
Die Debatte um die Einführung eines islamischen Religionsunterrichts an deutschen Schulen wird überwiegend von Emotionen und Vorurteilen bestimmt. Diese fehlende Sachlichkeit ist vor allem zurückzuführen auf die verbreitete Unkenntnis hinsichtlich der großen islamischen Religionsgemeinschaften, die als Träger eines solchen Unterrichts in Frage kämen. Vor diesem Hintergrund leistet die vorliegende Studie einen wichtigen Beitrag zur Schließung vorhandener Informationslücken. Der Autor stellt die fünf größten islamischen Gemeinschaften in Deutschland – VIKZ, Milli Görüş, DITIB, Nurculuk-Bewegung, Aleviten – detailliert vor und gibt einen Überblick über ihre weltanschauliche Fundierung und ihre Zielsetzungen auf religiösem, kulturellem und politischem Gebiet. Im Mittelpunkt steht die Untersuchung des Religionsunterrichts, den diese Gemeinschaften in ihren Koranschulen anbieten, seiner inhaltlichen Schwerpunkte, seiner Zielsetzungen sowie der verwandten Unterrichtsmethoden. Eine ausführliche Beurteilung dieses Unterrichts unter pädagogischen und religionspädagogischen Gesichtspunkten rundet das Buch ab.
Bd. 10, 1999, 296 S., 39,80 DM, br., ISBN 3-8258-4144-8

Brigitte Wießmeier (Hrsg.)
"Binational ist doch viel mehr als deutsch"
Studien über Kinder aus bikulturellen Familien
Die interkulturelle Forschung focussiert bisher eher Probleme, wonach das Zusammentreffen zweier Kulturen grundsätzlich als divergent und in Form kultureller Zerrissenheit erlebt wird. Die sogenannte Kulturkonflikthypothese geht von grundlegenden Orientierungs- und Identitätsschwierigkeiten aus. Die Kultur wird als zentrale und primäre Dimension betont, und andere persönliche, soziale und ökonomische Faktoren werden vernachlässigt. Der Forschungsansatz der Forschungsgruppe ist hingegen ein anderer. Dieser meint nicht ein "sozialromantisches" Hinwegsehen kulturkritischer Komponenten. Es wird aber ein Zusammenhang gesehen zwischen einem "existierenden Kulturkonflikt" und "gesellschaftlicher Anerkennung bzw. Nichtanerkennung von Kultur". An dieser Stelle bekommen also die individuellen Internalisierungsprozesse bezogen auf Kultur und ihre gesellschaftliche Anerkennung und Wertschätzung eine Bedeutung. Weiterhin werden im mehrkulturellen Kontext Momente der Erweiterung von Lebens- und Handlungsmöglichkeiten erkannt, die in bisherigen kulturvergleichenden Zusammenhängen vernachlässigt wurden. An dieser Stelle soll kein "positives Vorurteil" konstruiert und ein genereller bikultureller Vorteil unterstellt werden. Vielmehr wird parallel zur interkulturellen eine bikulturelle Chance akzeptiert.
Bd. 11, 1999, 216 S., 34,80 DM, br., ISBN 3-8258-4166-9

Cüneyt Sözbir u. a. (Hrsg.)
Migration und gesellschaftlicher Wandel
Bd. 12, Herbst 2000, 200 S., 29,80 DM, br., ISBN 3-8258-4567-2

Shirin Daftari
Fremde Wirklichkeiten
Verstehen und Mißverstehen im Fokus bikultureller Partnerschaften
Menschen, die eine Situation gemeinsam erleben, nehmen diese meist verschieden wahr und handeln dementsprechend in verschiedene Wirklichkeiten. Von dieser Tatsache angeregt, hat Shirin Daftari versucht, verschiedene Dimensionen der Wahrnehmung herauszuarbeiten, auf Grund derer Wirklichkeit unterschiedlich entsteht. Hierzu wählt sie bikulturelle Partnerschaften als Fokus. Diese sind als Intimbeziehungen zum einen ein Ort intensivster Kommunikation, an dem Verschiedenheit nicht einfach übergangen werden kann. Zum anderen kann sich in der Auseinandersetzung mit bikulturellen Partnerschaften *einer* Dimension von Andersartigkeit, einem kulturell geprägten Andersartigkeit, angenähert werden.
Bd. 13, 2000, 216 S., 39,80 DM, br., ISBN 3-8258 4586 9

Stefan Körner
Das Heimische und das Fremde
Die Werte Vielfalt, Eigenart und Schönheit in der konservativen und in der liberalprogressiven Naturschutzauffassung
Die vorliegende Studie beschäftigt sich anhand einer Diskussion um die Bewertung fremder Arten im Naturschutz mit einem Problemkom-

LIT Verlag Münster – Hamburg – London
Bestellungen über:
Grevener Str. 179 48159 Münster
Tel.: 0251 – 23 50 91 – Fax: 0251 – 23 19 72
e-Mail: lit@lit-verlag.de – http://www.lit-verlag.de
Preise: unverbindliche Preisempfehlung

plex, der von den meisten Ökologen, Landschaftsplanern, Geographen und Naturschützern überhaupt nicht als Problem angesehen wird: Bei der Anwendung ökologischer Theorien im Handlungsfeld des Naturschutzes werden die in diesen Theorien enthaltenen Weltbilder, nämlich das konservative und das liberal-progressive, mit ihren jeweiligen fundamentalen Werten in die Natur projiziert, um sie in einem naturalistischen Fehlschluß dann wieder aus dieser als angeblich objektive ökologische Sachverhalte herauszulesen.
Bd. 14, Herbst 2000, 120 S., 34,80 DM, br., ISBN 3-8258-4701-2

Sucht

Historische, politische und soziale Zugänge für Forschung und Praxis
herausgegeben von Aldo Legnaro (Köln) und Arnold Schmieder (Osnabrück)

Burkhard Kastenbutt
Narzißmus und Jugendalkoholismus
Ursachen und Bedingungen des drogenhaften Alkoholkonsums bei männlichen Jugendlichen
Mit diesem Buch liegt erstmals eine Monographie vor, die sich kritisch und differenziert mit den vielschichtigen Ursachen und Bedingungen des männlichen Jugendalkoholismus auseinandersetzt. Im Kontext äußerer Pluralisierungs- und innerer Individualisierungsprozesse wird vor allem nach neuartigen Risiken und Gefahren der Persönlichkeitsentwicklung Jugendlicher gefragt, die für die Entwicklung des drogenhaften Alkoholkonsums von außerordentlicher Bedeutung sind. Welche Rolle dabei Selbstwertstörungen und Selbstwertkrisen spielen, wird hier eingehend erläutert.
Bd. 1, 1998, 344 S., 39,80 DM, br., ISBN 3-89473-943-6

Volker Wrusch
Frauenalkoholismus und Lebenslauf
Biographische Analysen
Die Faktoren für die Entstehung und Aufrechterhaltung der Alkoholabhängigkeit bei Frauen sind in letzter Zeit verstärkt in den Mittelpunkt des wissenschaftlichen Interesses gerückt.
Die Suchtentwicklung läßt sich nur im Zusammenhang mit dem Lebenslauf der Betroffenen begreifen.

Biographische Analysen auf diesem Gebiet sind selten, da bislang das empirische Instrumentarium nicht ausreichte.
Anekdotische Lebensbeschreibungen und praxisferne wissenschaftliche Untersuchungen standen sich in der Erfassung der weiblichen Alkoholabhängigkeit oft unversöhnlich gegenüber.
Der Autor versucht, diese Lücke zu füllen, indem er eine empirische Untersuchung vorstellt, die es erlaubt, die Biographie der Betroffenen methodisch exakt nachzuzeichnen.
Eine Auflistung moderner Theorien und Untersuchungen zum Thema "Alkoholabhängigkeit bei Frauen" sowie von Konzepten der wissenschaftlichen Bearbeitung von Biographien runden das Werk ab. Damit ist die Arbeit sowohl für in der Alkoholismustherapie tätige Praktiker als auch für Fachleute in der Alkoholismus- und Biographieforschung interessant.
Bd. 2, 1995, 200 S., 39,80 DM, br., ISBN 3-8258-2102-1

Insa Bohlen
Suchtentstehung und Suchtentwicklung
Bd. 3, 1998, 120 S., 24,80 DM, br., ISBN 3-8258-3649-5

Jahrbuch Sucht

herausgegeben von
Aldo Legnaro (Köln/Hamburg)
und Arnold Schmieder (Osnabrück)

Aldo Legnaro; Arnold Schmieder (Hrsg.)
Suchtwirtschaft
Das Jahrbuch Sucht ist als ein interdisziplinäres Forum des Nachdenkens über Drogen und Sucht und ihre Einbindungen in Gesellschaft, Kultur und Ökonomie konzipiert. Es soll nicht moralisch und normalisierend, sondern politisch und analytisch argumentieren und dem Thema damit die ihm gemäße Kontextuierung geben.
Der erste Band 'Suchtwirtschaft' stellt die Ökonomie der Sucht, ihre soziale, psychische, im tatsächlichen Sinne ökonomische Ökonomie in den Mittelpunkt. Die hier versammelten Aufsätze spannen einen historisch weiten Bogen und tragen dabei den vielfältigen Assoziationen des Titels in ganz unterschiedlicher Weise Rechnung.
Bd. 1, 2000, 144 S., 39,80 DM, br., ISBN 3-8258-3531-6

LIT Verlag Münster – Hamburg – London
Bestellungen über:
Grevener Str. 179 48159 Münster
Tel.: 0251 – 23 50 91 – Fax: 0251 – 23 19 72
e-Mail: lit@lit-verlag.de – http://www.lit-verlag.de
Preise: unverbindliche Preisempfehlung

Medizin und Gesellschaft

Birgit Siekerkotte; G. R. Bassiry
Öffentliches Gesundheitswesen und Rehabilitation
Die Bedeutung der Kurseelsorge im Rehabilitationsprozeß für individuelle Genesung und Volksgesundheit
Mit Wechsel des Rollenbildes vom unmündigen Patienten zum aktiven Partner in der Gesundheitsfürsorge haben sich auch die Erwartungen, welche Patienten an ihre medizinische Behandlung stellen, gewandelt: Gefragt sind nicht nur kompetente ärztliche Hilfe, sondern auch Sensibilität und Empathie auf seiten des medizinischen Personals, eine Forderung, der man jedoch nicht immer gerecht werden kann. Für den Bereich der Rehabilitation hat sich gezeigt, daß Seelsorge hier eine sinnvolle Erweiterung und Bereicherung des medizinischen Angebotsspektrums darstellt. Kurseelsorge kann darüber hinaus positive Rückwirkungen auf das gesamte Rehabilitationswesen aufweisen und so einen fruchtbaren Beitrag zur Weiterentwicklung des öffentlichen Gesundheitswesens leisten.
Bd. 8, 1998, 232 S., 39,80 DM, br., ISBN 3-8258-2851-4

Ellen Kuhlmann
Subjektive Gesundheitskonzepte
Eine empirische Studie mit Professorinnen und Professoren
Bd. 9, 1996, 166 S., 38,80 DM, br., ISBN 3-8258-2882-4

Medizinsoziologie
herausgegeben von Johannes Siegrist
(Düsseldorf)

Anne Lützenkirchen
Eßstörungen
Ursachen, Erscheinungsformen, Behandlung und Vorbeugung aus gesundheitswissenschaftlicher Sicht
Bd. 9, 1999, 160 S., 29,90 DM, br., ISBN 3-8258-3931-1

Christel Killmer
Burnout bei Krankenschwestern
Zusammenhänge zwischen beruflichen Belastungen, beruflichen Kontrollbestrebungen und dem Burnout-Phänomen
Gehen hohe berufliche Verausgabungen, die unzureichend belohnt werden, einher mit Burnout? Antworten auf diese Frage gibt das vorliegende soziologische Werk zur Situation des Krankenpflegepersonals.
Die Autorin eröffnet einen neuen Zugang zu diesem Thema, indem sie überprüft, ob das Modell beruflicher Gratifikationskrisen geeignet ist, Belastungen und Burnout im Dienstleistungsberuf 'Krankenpflege' zu erklären.
Dazu erörtert sie im *theoretischen Teil* die Konzepte 'Gratifikationskrisen' und 'Burnout'. Ebenso legt sie Gemeinsamkeiten und Unterschiede zwischen ihnen offen. Ihre neuartige berufssoziologische Analyse unter der Fragestellung "Krankenpflege – ein lohnenswerter Beruf?" leitet zum empirischen Teil über.
Auf der Grundlage einer schriftlichen Befragung von Krankenschwestern einer Universitätsklinik gelingt es der Autorin im empirischen Teil, die Zusammenhänge zwischen hohen Verausgabungen, die ungenügend belohnt werden, und Burnout weiter zu entschlüsseln.
Abschließend skizziert sie Interventionen, die dazu beitragen sollten, daß berufliche Krankenpflege sich mehr lohnt als heute.
Bd. 10, 1999, 248 S., 49,80 DM, br., ISBN 3-8258-4404-8

Birgit Aust
Gesundheitsförderung in der Arbeitswelt
Umsetzung streßtheoretischer Erkenntnisse in eine Intervention bei Busfahrern
Bd. 11, Herbst 2000, 240 S., 48,80 DM, br., ISBN 3-8258-4571--0

Dagmar Starke
Kognitive, emotionale und soziale Aspekte menschlicher Problembewältigung
Ein Beitrag zur aktuellen Stressforschung
Bd. 12, Herbst 2000, 312 S., 59,80 DM, br., ISBN 3-8258-4741-1

LIT Verlag Münster – Hamburg – London
Bestellungen über:
Grevener Str. 179 48159 Münster
Tel.: 0251 – 23 50 91 – Fax: 0251 – 23 19 72
e-Mail: lit@lit-verlag.de – http://www.lit-verlag.de
Preise: unverbindliche Preisempfehlung